多维视角的科举制度与科举文化研究

第二十届科举制与科举学国际学术研讨会论文集

陈季君 马菲菲 李士祥 主编

中央民族大学出版社
China Minzu University Press

图书在版编目（CIP）数据

多维视角的科举制度与科举文化研究：第二十届科举制与科举学国际学术研讨会论文集／陈季君，马菲菲，李士祥主编. —北京：中央民族大学出版社，2023.7（2023.9 重印）

ISBN 978-7-5660-2222-6

Ⅰ.①多…　Ⅱ.①陈…②马…③李…　Ⅲ.①科举制度—中国—文集　Ⅳ.①D691.3-53

中国国家版本馆 CIP 数据核字（2023）第 090027 号

多维视角的科举制度与科举文化研究

——第二十届科举制与科举学国际学术研讨会论文集

主　　编　陈季君　马菲菲　李士祥
策划编辑　舒　松
责任编辑　舒　松
封面设计　布拉格
出版发行　中央民族大学出版社
　　　　　北京市海淀区中关村南大街27号　邮编：100081
　　　　　电话：（010）68472815（发行部）传真：（010）68932751（发行部）
　　　　　　　　（010）68932218（总编室）　　　（010）68932447（办公室）
经 销 者　全国各地新华书店
印 刷 厂　北京建宏印刷有限公司
开　　本　787×1092　1/16　印张：33.75
字　　数　530 千字
版　　次　2023 年 7 月第 1 版　2023 年 9 月第 2 次印刷
书　　号　ISBN 978-7-5660-2222-6
定　　价　108.00 元

多维视角的科举制度与科举文化研究

——第二十届科举制与科举学国际学术研讨会论文集

前　言

科举制度是中国古代通过分科考试选拔官员的制度，对中国古代文化教育、官僚政治和社会历史进程都产生过重大而深远的影响。100多年来，众多学者从不同学科和视角对科举制度展开研究，并逐步形成了“科举学”这一专门学问。为深入研究科举制度，进一步推动“科举学”的发展，2021年9月28日，由中国社会科学院古代史研究所与遵义师范学院联合主办，中华炎黄文化研究会科举专业委员会、遵义海龙屯文化遗产管理局、遵义师范学院历史文化与旅游学院承办的第二十届科举制度与科举文化国际交流学术研讨会在遵义师范学院学术交流中心召开。来自北京大学、中国社会科学院、浙江大学、厦门大学、复旦大学、中央民族大学等高校和研究机构的80余名专家学者，围绕科举制度、科举文化等主题展开研讨与交流。会议共收到论文85篇，内容丰富。本次会议对于科举制与科举学的研究有巨大的推动作用，特别是由于本次会议在贵州召开，因此与会代表提交关于贵州地区科举问题和边地科举的论文较多，内容涉及面较广，如贵州开科、贵州进士家族及其分布、贵州考棚、贵州科举考场、社会动乱对贵州乡试的影响、改土归流与贵州科举、贵州科举人物、贵州乡试试题、贵州科举人才分布等方面，促进了贵州科举问题的研究。

本论文集由承办单位遵义师范学院历史文化与旅游学院和遵义海龙屯文化遗产管理局联合编辑和出版。我们选录的文章主要突出两个方面，一是关于科举制度的历史意义和科举制度的当代价值，二是边地科举。科举制度作为中国封建社会公平公正的选官制度，有重要的历史意义。如李世愉《从制度建设看科举制度的历史意义》从制度建设的角度出发，认为科举制度建设的全过程，体现了制度建设的全面性、持续性、规范性及适应性等特点，对中国古代社会的制度建设产生了积极影响，并强调“科举制度作为中国古代各项制度中的典范，也是在‘西学东渐’过程中唯一被西方效仿的制度”。刘海峰《科举文化与科举学》指出，科举文化作为中国传统文化的重要组成部分具备文化的传承性，因此对科举文化的研究有助于对中国传统文化的继承与发展，同时对科举文化的深入研究对推动科举学走向繁荣有诸多裨益。张希清《中国科举制度的历史地位与作用》强调，科举制度作为中华优秀传统文化的重要组成部分，我们要客观对待其在历史时期的积极作用与消极影响，并指出“科举制度，可以说是中国帝制社会中最进步、也是最重要的选拔官员的制度”。金滢坤《“中国第五大发明”及当代启示——科举制度的创建对隋唐选官制度变革的影响》以隋唐时期的科举制度为切入点，深入探讨隋唐时期科举制度对选官制度变革所产生的重要影响，认为科举制度不仅为后世选官制度的不断完善奠定了基础，更为当今国家治理方面的基础性制度建设提供了借鉴。冯家红《江南贡院的发展及遗址保护》、郑欣《明代贡院多重用途考论》、吴晓芳《清代贵州考棚述略》分别对江南贡院、贵州考棚等考试场所的形成及发展进行了论述，这些论文从对科举遗址保护和利用的角度认识科举考试的场所，对于弘扬及传承中国优秀传统文化，有着重要的现实意义和价值。科举制度不仅是中国古代社会重要的选官制度，同时也是具有世界性影响的考试制度。张晓波《18世纪中期中国与朝鲜王朝士人关于科举的认识与比较——以〈乾净衕笔谈〉为例》从科举制度对朝鲜的影响出发，探讨了科举制度的世界性影响。

明清时期，科举制度在西南边疆地区逐步推广，对于维护边疆稳定、国家统一发挥了重要作用。我们在选录论文时关注了这一问题。如毛晓阳《清代贵州科举考场述论》、郗玉松《土司参加科举与科举制度对西南少数民族社会影响研究》等，认为边疆地区作为国家不可分割的一部分，深入探讨边疆省份的科举及其相关问题，有助于了解中国古代社会科举制度之下的社会变迁，同时也更能看到科举制度的历史作用。

由于版面有限，我们选取了几个研究方向的代表作共36篇，编为本论文集正式出版，以供学界交流。没有入选的文章也是很优秀的，作为附录在后，以备检索。

编　者

目　录

科举制度与科举学

边地科举

科举制度与科举学

中国科举制度的历史地位与作用

张希清*

摘　要：科举制度在中国历史上曾起过很积极的作用。科举制度选拔了一批“寒俊之士”，参加国家管理，对于社会的发展起过促进作用；改变了帝制社会官僚队伍的人员结构，在一定程度上提高了官僚队伍的政治素质和文化素质；促进了社会阶层的上下流动；也促进了文化教育事业的发展；考试方法日趋完备，体现了公开考试、公平竞争、择优录用的普世原则，对于近代文官制度的创立起着借鉴作用。同时，科举制度也有许多弊病，在历史上也起过消极作用。明末清初之后，西方科学技术突飞猛进，中国科举仍然主要考试儒家经书，更显得考试内容陈腐。在考试方法上，明成化之后，以八股取士，形式更加日益僵化。

关键词：科举制度；历史地位；积极作用；消极作用

在我国历史上，时代不同，选拔官员的制度也各有差异。纵观中国古代历史，主要实行过世卿世禄制、察举制和科举制。世卿世禄制度是主要以血缘关系选拔官员的制度，察举制是主要以推荐选拔官员的制度，科举制度则是主要以考试成绩选拔官员的制度。科举制度不问家世，不须举荐，主要以考试成绩决定取舍，比世卿世禄制、察举制更具有公开、平等、择优的性质，因而在历史上也更具有进步性，可以说是中国帝制社会中最进步、也是最重要的选拔官员的制度。

科举制度在中国历史上曾经起过很积极的作用。这一点在唐宋时期表现得尤为突出。

---

* **作者简介**：张希清，北京大学历史系教授，博士生导师。

其一，通过科举制度，选拔了一批“寒俊之士”，即出身寒微而才能杰出的人才，参加国家管理，分掌兵、刑、钱、谷等事，对于社会的发展，起过促进的作用。以宋朝为例，宋太宗（976—997年在位）曾说：“吾欲于科场中广求俊彦，但十得一二，亦可以致治。”① 宋真宗（997—1022年在位）也曾说：“贡举重任，当务选擢寒俊，精求实艺，以副朕心。”② 事实也确实如此。如王禹偁（954—1001），“世为农家”，③ “其家以磨面为生”。④ 宋太宗太平兴国八年（983）进士及第，宋真宗朝官至翰林学士。杜衍（978—1057）是一个遗腹子，“其母改适河阳钱氏”，“乃诣河阳归其母，继父之不容，往来孟、洛间，贫甚，佣书以自资”。⑤ 宋真宗大中祥符元年（1008）进士及第，宋仁宗朝官至枢密使、同中书门下平章事（宰相）。范仲淹（989—1052）“二岁而孤，母更适长山朱氏，从其姓，名说。少有志操，既长，知其世家，乃感泣辞母，去之应天府，依戚同文学。昼夜不息，冬月惫甚，以水沃面；食不给，至以糜粥继之，人不能堪，仲淹不苦也”。⑥ 宋真宗大中祥符八年（1015）进士及第，宋仁宗朝官至枢密副使、参知政事（副宰相）。欧阳修（1007—1072）“四岁而孤，母郑，守节自誓，亲诲之学，家贫，至以荻画地学书”。⑦ 宋仁宗天圣八年（1030）省元及第，宋仁宗朝官至翰林学士、枢密副使、参知政事（副宰相）。如此等等。他们都并非出身富豪显贵，完全是通过科举考试，踏上仕途、官至高位并做出突出贡献的。又如包拯（999—1062）、王安石（1021—1086），也不过是出身于中小地主家庭，其父辈也仅官至县令，不通过科举考试，他们也很难位至同中书门下平章事（宰相）、枢密副使（相当于副宰相），参与大政的。这些通过科举选拔的官员在宋朝的政治改革以至诗文革新等方面，都起了积极作用，对后世也有深远的影响。

其二，科举制度改变了帝制社会官僚队伍的人员结构，在一定程度上提高了官僚队伍的政治素质和文化素质。中国帝制社会官员的主要来源为：科

① 叶梦得：《石林燕语》卷五。
② 李焘：《长编》卷四三、咸平元年正月丙寅。
③ 《宋史》卷二九三《王禹偁传》。
④ 邵博：《邵氏闻见后录》卷十七。
⑤ 司马光：《涑水记闻》卷十。
⑥ 《宋史》卷三一四《范仲淹传》。
⑦ 《宋史》卷三一九《欧阳修传》。

举取士、恩荫补官、胥吏出职、进纳买官、军功补官等。隋唐以来，科举出身的官员在高级官员中的比例，逐渐增加，到宋朝已占有绝对优势。根据北京大学教授吴宗国的统计，从唐宪宗（805—820 年在位）时起，进士出身者已经在宰相中占据多数；此后继续发展，至唐敬宗（824—826 年在位）之后占据绝对优势，而且直至唐末没有再发生变化。现仅列表 1 所示。

表 1　唐朝中后期科举出身宰相

纪元	宰相总数（名）	科举出身人数（名）	百分比（%）
唐宪宗（805—820）	29	17	59
唐穆宗（820—824）	14	9	64
唐敬宗（824—826）	7	7	100
唐文宗（826—840）	24	19	79
唐武宗（840—846）	15	12	80
唐宣宗（846—859）	23	20	87
唐懿宗（859—873）	21	20	95
唐僖宗（873—888）	23	22	96
唐昭宗（888—904）	25	23	92
唐哀帝（904—907）	6	6	100
总计	187	155	83

可见，唐宪宗至唐懿宗朝，进士出身者在宰相总数中所占比例平均已经达到将近 80%。在宋朝更是如此。现将北宋时期科举出身者在宰相（同中书门下平章事、尚书左仆射兼门下侍郎、尚书右仆射兼中书侍郎）、副宰相（参知政事、中书侍郎、门下侍郎、尚书左丞、尚书右丞）中所占比例列表 2 所示。

表 2　北宋时期科举出身宰相、副宰相

纪元	宰相			副宰相		
	总数（名）	科举出身数（名）	百分比（%）	总数（名）	科举出身数（名）	百分比（%）
宋太祖（960—976）	6	3	50	4	3	75
宋太宗（976—997）	9	6	67	23	21	91

续表

纪元	宰相			副宰相		
	总数（名）	科举出身数（名）	百分比（%）	总数（名）	科举出身数（名）	百分比（%）
宋真宗（997—1022）	12	11	92	17	17	100
宋仁宗（1022—1063）	23	22	96	39	37	95
宋英宗（1063—1067）	2	2	100	2	2	100
宋神宗（1067—1085）	9	9	100	18	18	100
宋哲宗（1085—1100）	11	11	100	23	22	96
宋徽宗（1100—1126）	13	13	100	34	31	91
宋钦宗（1126—1127）	7	6	86	16	11	69
总计	92	83	90	176	162	92

可见北宋九朝科举出身者在宰相、副宰相中所占比例平均高达90%及以上。宋朝中高级官员中也大都是科举出身者。科举出身官至翰林学士、三司使的蔡襄（1012—1067）说："今世用人，大率以文词进：大臣，文士也；近侍之臣，文士也；钱谷之司，文士也；边防大帅，文士也；天下转运使，文士也；知州郡，文士也。虽有武臣，盖仅有也。"① 所谓"文士"，就是科举出身者。元朝不重视科举，而明、清与宋朝的情况大致相仿。正如明孝宗弘治九年（1496）翰林侍读学士王鏊（1450—1524）所说："而进士为重，至我朝又加重焉。馆阁之选，于是焉取之；台、省、寺、院，于是焉取之；方岳、郡县，于是焉取之。不由是者，不谓之正途。百余年来，名臣硕辅、端贞鲠亮、声绩蔚然、昭卓中外者，必进士也。即非焉，十百之一耳。"②

科举出身者在高级官员中占绝对优势，对于提高官僚队伍的素质是有益的。如高官显宦子弟，凭借父祖的恩荫补官，"不限才愚，尽居禄位，未离襁褓，已列簪绅"。他们养尊处优，不学无术，只要到一定年龄，即可授官任职，"俾之从政，徒只害民"。③ 百司胥吏，主行文书，积年寡过，例该出职为官。他们文化素质较差，而且大多贪赃枉法，使之任官，往往

① 《蔡襄集》卷二二《国论要目·任材》。
② 王鏊：《震泽集》卷一一《会试录后序》。
③ 李焘：《长编》卷一三二、庆历元年五月甲子。

变本加厉。至于富室巨商进纳买官，目的在于提高政治地位，进而攫取更多的经济利益。所以出官之后，必然加倍搜刮民脂民膏，其能奉法治事者，恐百无一二。而科举所取之士，一般经过一二十年“治经阅史”① 的读书生涯，又经过解（乡）试、省（会）试、殿试三级比较严格的考试，百里挑一甚至千里挑一，方能及第授官。他们一般具有相当的文化知识，并且稍顾廉耻，比较注重地主阶级的整体利益和长远利益，虽然其中也有不少庸碌无能之辈，但较之恩荫补官、胥吏出职及进纳买官者，在政治素质和文化素质上，显然都要好得多。

其三，科举制度促进了社会阶层的上下流动。中国帝制社会主要分为“官”和“民”两个阶层。“官”又分为“君、臣”；“民”又分为“士、农、工、商”四民。科举取士，不问家世，“一切以程文为去留”，对社会各阶层开放，即使一些富裕的农民、手工业者、小商人的子弟，也可以通过科举进入仕途，从而提高家庭、家族的政治地位和经济地位。这样，就促进了社会阶层的上下流动，为社会下层开辟了一条通过“读书—科举—做官”而跻身社会上层的通道。正如北宋名臣陈襄（1017—1080）所说：“今天子三年一选士，虽山野贫贱之家子弟，苟有文学，必赐科名，身享富贵，家门光崇，户无徭役，庥荫子孙，岂不为盛事哉！”② 宋朝以来广为流传的《神童诗》，“朝为田舍郎，暮登天子堂”和《名贤集》“寒门生贵子，白屋出公卿”，正是社会阶层向上流动的热切希望和真实写照。

1947 年，即七十多年前，著名社会学家潘光旦（1899—1967）、费孝通（1910—2005）发表《科举与社会流动》一文，根据清朝康熙至宣统年间的 915 份科举朱墨卷的履历，统计出其父亲没有功名（进士、举人、贡生、生员）者为 306 人，占 33.44%。在清朝，“生员”是经童试合格而进入各府、州、县学就读的学生，俗称为“秀才”。“生员”虽是一种功名，但并不能直接选官，只是具有高于平民的身份和享受免役的待遇，所以不能列入仕宦出身。据潘光旦、费孝通的统计，915 份朱墨卷中父亲为生员者为 289 人，这样，其中父亲没有仕宦身份（进士、举人、贡生）者共为 595 人，占 65%。其中父、祖、曾祖三代没有功名（进士、举人、贡生、

① 李焘：《长编》卷四四九、元祐五年十月己未。
② 陈襄：《古灵集》卷十九《仙居劝学文》。

生员）者，为 152 人，占 16.61%。父、祖、曾祖三代有生员功名者为 393 人，这样，其中父、祖、曾祖三代没有仕宦者（进士、举人、贡生）者共为 545 人，占 59.56%。① 说明清朝出现了社会阶层的上下流动。

同年，美国著名历史学教授柯睿格（1908—1976）发表《科举考试中的门第与才学》一文，根据宋朝《绍兴十八年同年小录》统计，在有家庭背景可考的 279 名进士中，平民家庭出身者有 157 人，占 56.3%。据《宝祐四年登科录》统计，在有家庭背景可考的 572 名进士中，平民家庭出身者有 331 人，占 57.9%。② 这也说明由于实行科举制度，宋朝出现了相当大的社会阶层的上下流动。

1962 年，美国芝加哥大学讲座教授何炳棣（1917—2012）出版了《明清社会史论》一书，对明、清四十八科《进士登科录》12226 名进士的家庭背景进行了统计，发现明朝大部分时期（1371—1610）及第进士三代无任何功名者占 46.7%，三代中虽有生员功名、但无资格任官者占 2.8%，二者均为出身平民，共占 49.5%。及第进士三代中有监生、举人功名及任官者，共占 50.5%；其中，有监生、举人功名，只是具有任官的资格，并不一定就能出任官职，成为官员家庭。由此推论，明朝及第进士三代出身非官员家庭者应该在 60%以上。这说明明朝也出现了相当大的社会阶层的上下流动。③

此后，美国宾夕法尼亚大学郝若贝教授（1932—1996）和他的学生、哥伦比亚大学韩明士教授等学者发表了一些不同意见，认为对于及第进士的家庭背景，不仅要看他们的父系亲属（父、祖、曾祖）的仕宦情况，还要看他们的旁系亲属如堂房亲属、母系亲属、姻亲亲属的仕宦情况，其社会阶层流动的程度就没有那么大了。研究表明，父系亲属之外的其他亲属对士人的进士及第即社会阶层流动的程度影响不大。但无论其程度与性质如何，帝制王朝通过科举考试，从社会各阶层（官员和士农工商四民）的子弟中选拔杰出人才从政为官的社会现象是客观存在的。这对于帝制社会

① 潘光旦、费孝通：《科举与社会流动》，载清华大学《社会科学》1947 年，第 4 卷第 1 期，见《费孝通全集》第五卷，内蒙古人民出版社 2009 年版。

② 柯睿格（E. A. Kracke）：《科举考试中的门第与才学》，载《哈佛亚洲研究学报》，1947 年第 10 期。

③ 何炳棣：《明清社会史论》，中华书局 2019 年版。

调整统治阶级内部的关系，扩大帝制王朝统治的社会基础，提高统治的能力和效率，维持社会的稳定和发展，都是有益的。

其四，科举制度也促进了文化教育事业的发展。如在宋代，在科举考试的刺激下，读书人数急剧增加，对经、史、子、集各类书籍的需求量也大为增加；而在科学技术方面，雕版印刷术的发展和活字印刷术的发明，以及造纸技术的提高，也促使各类书籍得以大量印刷和广泛流布，这样就大大推动了文化的普及。为了适应科举考试的需要，中央官学、地方官学、各地书院及各种乡村私塾空前发展。如宋朝太学，宋徽宗时生员达上舍200人，内舍600人，外舍3000人，共3800人。各州县一般皆有官学，并有学田、房屋以供办学之费。[①] 据宋徽宗朝的国子祭酒葛胜仲（1072—1144）《乞以学书上御府并藏辟雍札子》称，据当时官方统计，宋徽宗大观三年（1109），宋朝全国二十四路官学生员共167622人，学舍95298楹，学钱岁所入3058872缗，学粮岁所入640291斛，学田105990顷，房廊155450楹。其官学在校学生之多，校舍之广，经费之大，都是空前的。至于民间的书院与私塾，更是不可胜数。

明、清时期，“科举必由学校”，[②] 官学与书院、义学、社学、私塾的学校教育更为发达。据《大明一统志》记载统计，明太祖洪武三十一年（1398），全国府州县的官学已经约有1200所。[③] 后来又增至1471所。清朝又有大量增加。清光绪十二年（1886）全国府州县的官学增至1810所。[④] 书院以及义学、社学、私塾等私学更是不计其数。如清乾隆初年，仅云南十四府三厅四直隶州就有义学570余所。[⑤]

其五，中国的科举制度，在考试方法方面日臻完备，体现了公开考试、平等竞争、择优录用的普世原则，因而对于近代文官考试制度的创立具有借鉴作用。从16世纪开始，欧美诸国的传教士陆续来到中国，将明清时期的科举制度介绍到西方。如葡萄牙传教士加斯帕德·达·克鲁兹（1520—1570）的《中国概说》、西班牙传教士胡安·冈萨雷斯·德·门多

---

① 参见何忠礼：《科举制度与宋代文代》，载《历史研究》1990年第5期。

② 《明史》卷六九《选举志》一。

③ 何炳棣：《明清社会史论》，中华书局2019年版。

④ 光绪《大清会典事例》卷三七〇—三八三。

⑤ 《滇系》卷六之一《人物》。

萨的《大中华帝国史》、意大利传教士利玛窦（1552—1610）的《中国传教史》及利玛窦的学生、耶稣会传教士金尼阁（1577—1628）的《基督教远征中国史》（又名《利玛窦中国札记》）等都介绍了中国的科举制度，并大加赞扬。1815年，罗伯特·马礼逊（1782—1834）的《汉英词典》比较详细地介绍了中国科举制度的历史发展、条令规则和实施情况，成为西方全面了解中国科举制度的工具书。1847年，英国人托马斯·梅多斯（1815—1868）出版了根据他在中国的数年考察而写成的《中国札记》，呼吁建立一种向全体英国臣民开放的竞争性的考试制度。1853年，英国任命托马斯·麦考莱（1800—1859）考察东印度公司借鉴中国科举制度而实行的考试选才的官职任用制度。1854年，托马斯·麦考莱等向英国议会提交了《印度文官制度报告书》。经过英国议会辩论，1855年5月开始实行文官考试制度。1870年6月，帕麦斯政府颁布了《关于录用王国政府官员的枢密院敕令》，英国文官考试制度走向制度化和正规化。此后，法国、美国等也相继实行文官考试制度。英、法、美等国的文官考试制度，显然都受到中国科举制度的影响。孙中山（1866—1925）在《五权宪法·民权初步》中也说："现在欧美各国的考试制度，差不多都是学英国的。穷流溯源，英国的考试制度原来还是从中国学过去的。所以，中国的考试制度，就是世界中最古最好的制度。"1896年，美国传教士丁韪良（1827—1916）在《中国环行记》一书中也说："科举是中国文明的最好方面，它的突出特点令人钦佩……当今在英国、法国和美国正在取得进展的文官考试制度，是从中国的经验中借鉴而来的。"

同时，我们也应充分看到，科举制度也有许多弊病，这一点在明清后期表现得尤为突出，在历史上也起过很消极的作用。

其一，在科举考试内容方面，主要是诗赋和"四书""五经"等儒家经书。当时的有识之士，已经提出了尖锐批评，连古代皇帝也不得不承认这一弊病。如唐玄宗开元二十五年（737）敕云："进士以声律为学，多昧古今；明经以帖诵为功，罕穷旨趣，安得为敦本复古，经明行修？以此登科，非选士取贤之道。"[①] 宋神宗朝宰相王安石（1021—1086）更指出："今以少壮时正当讲求天下正理，乃闭门学作诗赋；及其入官，世事皆所

① 王溥：《唐会要》卷七五《帖经条例》。

不习。此乃科法败坏人才，致不如古。”① 尤其到了清朝后期，西方国家的科学技术突飞猛进，中国则大大落后于时代的潮流和世界的发展，而科举制度仍然引导士人埋头于“四书”“五经”的“时文”和“试帖诗”，置数学、物理、化学、生物、地理等自然科学知识于不顾，甚至把科学技术看作是“奇技淫巧”，其考试内容陈腐，昭然若揭。1838 年，英国传教士沃尔特·亨利·梅德赫斯特（1796—1857）在《中国的现状与传教展望》一书中也指出：“该制度的弊端，也因他们有限的文学范围和一味地循古而不支持当代创造和才能开发而逐渐暴露。那些圣贤之书被认为蕴含着人间真谛，而除了人类社会之间的关系和主要美德之外的一切东西都是不屑一顾的。伦理学和玄学是他们的主课，自然科学则未开发。诸如地理、天文、化学、解剖学和机械学，以及电流学和磁学等原理；光、热、声的理论和所有归纳哲学的结果，都完全被人忽视，毫无所知。……人们的思想因之束缚，在科学的大道上裹足不前。”这一批评是十分深刻的。

其二，在考试方法上，隋唐及北宋前期，以帖经、墨义考经术，专取记诵，不循义理。宋神宗熙宁四年（1071）王安石贡举改革后，改为经书大义；明宪宗成化（1465—1487）之后又改为八股文。明末清初大思想家顾炎武（1613—1682）认为，以八股文取士，其弊甚于焚书坑儒。这绝非危言耸听。清雍正七年（1729），四川道监察御史李元直（1686—1758）在所上“更定取士之法”的密折中就曾指出：八股文是“无用之空言，雕虫之小技，劳士子无限之呫哔（tiè bì），费考官无限之精神，靡国家无限之供给，纵弊绝风清，亦无关实效”。② 康有为（1858—1927）在《请废八股试帖楷法试士改用策论折》中说：总计全国童生，30 年间约为 300 万之数，“以总角至壮至老，实为最有用之年华，最可用之精力，假从事科学，讲求政艺，则三百万之人才，足以当荷兰、瑞典、丹麦、瑞士之民数矣。以为国用，何求不得？何欲不成？乃以三百万可用之精力人才，日月钩心斗角，弊精费神，举而投之于枯窘搭截之文中，以言圣经之大义，皆不与之以发明也；徒令其不识不知、无才无用、盲聋老死，是比白起之坑长平赵卒四十万尚十倍之，其立法之谬异、流弊之奇骇，诚古今所未闻，

① 马端临：《文献通考》卷三一《选举考》四。

② 中国第一历史档案馆藏档案《宫中朱批奏折》，文教类 56：31。

而外人所尤怪诧者矣”。[①] 这完全是基于切肤之痛而发出的肺腑之言。连晚清来华的传教士也认为中国科举制度“立意甚良”，但在考试内容等方面也有很大弊病。如美国传教士林乐知（1836—1907）在《中国专尚举业论》一文中说：“若夫朝廷得人而官之，固欲其能经国家、利社稷、安民人者也。乃取士之制，只凭制义试律，土饭尘羹，即空疏而无用，即条对经史、时务诸策，浮词剿说，亦摭拾而无根。”因此，八股取士是“所举非所用，所用非所举”。[②] 以八股文取士，不但不能造就和选拔治国安民之才，而且会禁锢思想，败坏人才。

其三，帝制王朝统治者开科取士的目的之一，就是笼络天下士人，维护其王朝统治。为此，王朝统治者明知现行的科举制度有问题，仍坚持不改。传说唐太宗（626—649 年在位）“尝私幸端门，见新进士缀行而出，喜曰：‘天下英雄入吾彀中矣！’”[③] 认为通过科举使天下士人都在他的控制之下了。宋朝科举考试中的“特奏名”，也是为了“以一命之服而收天下士心”。[④] 南宋人王栐明白指出：“此特奏名所由始也。自是士之潦倒不第者，皆觊觎一官，老死不止。……英雄豪杰皆汩没消靡其中而不自觉，故乱不起于中国，而起于夷狄，岂非得御天下之要术欤！”[⑤]

清朝嘉庆、道光（1796—1850）之后，科举制度的腐朽没落表现得更为突出，但“禁锢生人之心思材力”，[⑥] 即禁锢思想自由，消磨聪明才智，则是历代统治者的一项意愿，也是科举制度的一大消极作用。乾隆三年（1738）讨论科举改革时，大学士鄂尔泰（1677—1745）就曾直言不讳地说过：“非不知八股为无用，而牢笼志士，驱策英才，其术莫善于此”。[⑦] 为了“牢笼志士，驱策英才”，维护帝制王朝的统治，明知八股文无用，直到清朝末年仍然坚持未改。

---

① 康有为：《请废八股试帖楷法试士改用策论折》，见《戊戌奏稿》。

② 林乐知：《中国专尚举业论》，载《万国公报》第 1882 年第 704 卷，台北华文书局 1968 年影印本。

③ 王定保：《唐摭言》卷一。

④ 蔡絛：《铁围山丛谈》卷二。

⑤ 王栐：《燕翼诒谋录》卷一。

⑥ 冯桂芬：《校邠庐抗议》，上海书店出版社 2002 年版。

⑦ 陆保璿辑：《满清稗史》汉史氏述《满清兴亡史》卷上第二章第三十一节“用儒术以笼络汉族”。

时代在前进，社会在发展，中国科举制度的痼疾日益明显，又不下决心彻底改革。清朝末年，以至“废八股、罢科举、兴学校”成为朝野上下的共识，终于在光绪三十一年（1905）八月，宣告实行1300年之久的中国科举制度被废除。中国科举制度已经完成了它的历史使命，它的废除也是历史的必然。

科举制度虽然被废除一百多年了，但是，在我们现行的高等学校入学考试、公务员考试等考试制度中，还保留着科举制度“公开考试、平等竞争、择优录用”的考试原则和许多考试方法。如试卷封弥制度，按号入座制度，禁止怀挟、传义、代笔制度，主要以考试成绩决定取舍高下制度，等等。科举制度对我们今天的思想观念、风俗习惯等也有重要影响。如科举文化、状元文化等。科举制度的许多方面，对于我们今天的政治体制改革，尤其是对于实行公务员考试制度、高等学校入学考试制度等，都会很有启迪和教益。深入研究中国科举制度，不但具有重要的历史意义和学术价值，而且具有重大的现实意义。

总之，科举制度及其实施1300年来所形成的科举文化，是中华优秀传统文化的一个重要组成部分，是历代祖先给我们留下的一份珍贵的文化遗产。我们应该继承这份文化遗产，取其精华，去其糟粕，弘扬优秀的科举文化，消除科举制度的弊病，增强文化自知、文化自觉、文化自信，为推动我国的政治清明、经济发展、文化繁荣，实现中华民族的伟大复兴和世界的和平与发展做出贡献。

从制度建设看科举制度的历史意义

李世愉*

摘　要：一个政权的巩固和发展，离不开各项制度的建设，科举制度便是突出一例。从科举制度的产生及发展历程中可以看出，其在推动制度建设方面表现出了极大的历史意义，如在制度建设的全面性、持续性、规范性、适应性。

关键词：科举制度；制度建设；历史意义

科举制度历经隋唐宋元明清诸朝，推行长达1300年之久，其选官功能经久而未衰，是中国古代最有效的选官制度。纵观科举制度的发展，不难发现，科举制度建设的全过程为我们提供了一个制度建设的成功范例。

历史的经验告诉我们：一个政权的巩固和发展，离不开各项制度的建设。随着社会的发展与进步，制度建设的作用也越来越凸显出来。科举制度便是突出的一例。1300年的科举发展史证明，科举制度的创立、发展、完善，体现了制度建设的全过程，而且科举制度的建设始终伴随着历代考试的实践，在实践中不断调整、改进，从未停止。甚至在废科举前还在努力变革。它是经实践检验，证明是行之有效的一项制度，也是在“西学东渐”过程中唯一被西方效仿的制度。

科举制度的建设是一个艰辛、复杂的过程，也是一个不断有所创新的过程。回顾科举制度建设的全过程，可以看到以下四个特点。

* **作者简介**：李世愉，中国社会科学院古代史研究所研究员，博士生导师。

一、制度建设的全面性

科举是通过设科考试来选拔官员的制度，涉及诸多方面，诸多环节。因此，从唐代开始就注重制度建设的全面性，以确保制度的有效实施，如对考试科目的设置、考生资格的确定，考官的选任，阅卷的程序，主管部门的确定等，都做了详细规定。宋以后各朝更是为之努力，科举制度的全面性不断显现出来。宋代不仅在考试科目上做了重要调整，还确立了三年一开科及殿试制度，同时确立了固定的考场（贡院），推行回避制度，建立了一套防止舞弊的措施，使科举制度更加完善。明代推行“科举必由学校”，从而增加了童生试，又推行八股文，使考试向标准化迈进。清代的科举制度集历代之大成，达到最完善的程度。主要表现在以下几点。①以各种方式增加科举名目，如恢复制科，广开恩科，建立宗室科目，设立翻译科，旨在为更多的人提供入仕的机会。②在会试中采取分省取士，以确保各省士子都有登科的机会；在乡试中实行编号制度，分别规定录取名额，以使偏僻之乡及少数民族子弟得有中式者。③进一步完善科场条例，从童生试起一直到乡试、会试的资格审查、考官选派、出题、阅卷、录取等各个环节都有详细的规定，以加强对整个考试过程的监管力度，旨在保证公平取士。对边远小省的政策倾斜，对土司科举之放宽，彰显了科举取士的笼络功能。④吸取历代之教训，全面推行落第政策，尽力安抚、安置乡、会试落第者，如发领落卷、恩赏老年落第者、推行举人大挑，旨在求得社会的相对稳定。⑤对科举经费的使用及管理完全制度化，如举人盘费、考官路费、科场支出等项开支，均按定制执行。可以说，清代的《科场条例》涉及考试的方方面面，可谓无所不包，甚至细到考场用笔的颜色都有明确规定：乡会试考生用墨笔，誊录书手用朱笔，对读生用赭黄笔，内帘主考用墨笔，同考用蓝笔，内监试官用紫笔，内收掌官及书吏用蓝笔，以体现各有专司，各负其责。

二、制度建设的持续性

科举制度自创建以来，不断在改进、完善之中。所有朝代都对科举制度的建设做出过贡献。可以说，科举制度的建设在1300年间从未间断，即使在废除科举前的光绪二十七年（1901），清廷为改革考试科目，还特开经济特科，以破格求才。科举制度的核心内容是公平公正，但几乎与科举诞生的同时，违背公平竞争的各种舞弊取巧行为就出现了。因此，防止舞弊从一开始就是科举制度建设的一项重要内容。我们仅以此为例，看看历朝在这一点上持续不断的努力。唐代实行科举之初，还保留有公荐制度，因此造成考场请托盛行。长庆元年（821），礼部侍郎钱徽掌贡举，接受请托，引起不满，穆宗下令复试，结果已录取的14个官员子弟有11人被黜落，由此开创了榜后复试制度。会昌三年（843），礼部尚书王起权知贡举，提出"凡有亲戚在朝者，不得应举"，以限制公卿子弟入仕。宋代为保证公平取士，废除了"公荐"及"公卷"制度，"一切以程文为去留"。同时严格了考场纪律，严格了贡院管理，考生入场前要进行搜检，以防夹带文字入场。后又做了技术性改进，如淳化三年（992）开始实行"糊名考校"，即将试卷封印糊名。真宗时，始行誊录制度，即将考生试卷誊录后再送考官评阅。此外，早在雍熙二年（985）即设立了亲属回避的"别头试"制度，即考官与应举之人有姻亲者，另设考场别试。金朝在考生入场搜检环节非常严格，以至有人指责"解发袒衣，索及耳鼻"，非"待士之礼"。故金世宗大定年间行"沐衣更衣之法"，令考生入场前先沐浴，"官置衣为之更之，既可防滥，且不亏礼"。明代防弊制度更为严密，除专设监试御史，以及弥封、誊录、对读、巡绰、监门、搜检等专管官员外，还令考生入场后每人单独一号舍，由号军看守，发现有挟带舞弊者，"于场前枷号一月，满日问罪革为民"。清代对考生入场时的穿戴及携带文具等有严格规定，甚至所带糕饼饽饽都要切开。此外，为保证公平取士，清代有许多新的规定，如审音制度、搜落卷制度、复试制度、回避制度等。审音制度是在童生试中，为防止考生冒籍跨考，以挤占他地录取名额而采取的一项措施，即考生入场前先核对口音，确认为本州县人，方准入场。可见在科举制度的建设中，历代对公平取士的努力一直没有停止过。

三、制度建设的规范性

自明代始，科举制度的发展有一个非常明显的特点，即各级考试的规范化，这也是科举制度成熟的标志。如明代规定，子、卯、午、酉年乡试，丑、辰、未、戌年会试；乡试在八月，会试在二月；乡会试各考三场，分别于初九日、十二日、十五日进行；考前一日入场，后一日出场；乡会试三场试题同，且有明确规定，届时主持者照章办事即可。清沿明制，只是会试时间改为三月，三场试题略有变化。而清代在规范性管理上更进一步。如乡试主考官一律由京官派出，且必须是进士出身。为保证主考官的文化素质，雍正朝开始推行“考差”制度，即对有资格任主考的官员进行考试选拔，称“考试试差”，简称“考差”。凡任乡试正副主考者，均按省份之远近颁发路费，且规定起程的时间。各省乡试试卷一律官办，均以官尺长一尺，宽四寸为标准，每本卷价定为一钱二分，全国划一。乡试揭晓，大省于九月十五日内，中省于九月十日内，小省于九月五日内。榜后鹿鸣宴，均在各省布政司设宴。乡试结束后，各省主考例应将考试情况上奏折汇报，称“试竣折”。清代对试竣折中应汇报的内容也有明确规定。如乾隆三十三年（1768），为督促各省主考认真搜落卷（保证公平取士的一项措施），特补充规定，“各房落卷，令主考照例尽数搜阅，有无取中，于奏报试竣折内声明”。各省举子进京会试，均按路程远近发给盘费，时称“公车银两”。乡会试放榜后十日，均发还落卷，令落第者领回阅看，以示至公。

四、制度建设的适应性

科举制度在发展的过程中，遇到过各种情况，如朝代更迭的动荡，王朝的对峙（宋与辽、金），少数民族政权的统治（元、清），但它始终表现出惊人的适应性，科举制度不但没有停下发展的脚步，反而练就出诸多适应性的特点。如少数民族建立的政权，他们在科举制度的建设上体现了浓厚的民族特色。元代取士，把蒙古人、色目人分作一类，汉人、南人分作一类，所考科目、难易程度均有区别。录取亦分两榜，元代尚右，故蒙古人、色目人为一榜，揭于中书省门之右，称“右榜”；汉人、南人为一榜，揭于中书省门之左，称“左榜”。金代为适应女真人应试，特设女真进士科。清初，为突出八旗的特殊地位，曾推行“满榜”与“汉榜”，后不分满汉，但规定各自的取中名额。雍正元年（1723）设立翻译科，只准八旗士子参加，凡乡试中式者称“翻译举人”，会试中式者称“翻译进士”。这些举措大大迎合了少数民族士子的需求，也将科举制度笼络读书人的功能发挥到了极致。清政府在治理西南土司地区的过程中，也推行了科举制，为了使科举适应这里的特殊情况，清政府采取了优惠政策，不仅在州县遍设官学，大力兴办书院和义学，还在地方官学专门设置少数民族子弟和土司子弟的入学名额，并严禁他省士子到这里来冒籍跨考。同时，增加乡试中额及进士名额。这些措施体现出科举适应时代的发展，适应特殊情况的需要，但又不违背公平公正的原则。因此，当科举在内地已逐渐衰落的情况下，在西南土司地区却呈现出一派兴旺的景象。自雍正以来，不断有土司呈请参加科举考试，便是有力的证明。

总之，科举制度的发展对中国古代社会的制度建设产生了积极的影响，也成为制度建设的一个典范。

科举文化与科举学

刘海峰[*]

摘　要：科举制是中国和其他东亚国家古代的考试取士制度，“科举学”则是以科举制及其运作的历史为研究对象的一门专学，同时科举作为中国帝制时代后期的制度支柱与文化主脉，因此科举文化的研究日渐成为科举学的重要内容。

关键词：科举制；科举文化；科举学

科举是中国帝制时代后期的制度支柱和文化主脉。从隋唐至明清，科场成为人文活动的首要场域，千年科举对中国传统文化产生过重大而深远的影响。科举制及科举文化与从隋唐到明清1300年间中国传统文化的关系至为密切，科举文化研究是科举学的一个重要方面。

一、科举文化释义

科举文化是一个长期被学界普遍使用的概念。笼统而言，科举文化是指因科举而形成和衍生的文化，或者说是与科举相关的文化。由于对文化的理解有广义和狭义之分，现在对科举文化也有广义和狭义两个概念。狭义的科举文化是指精神文明领域中的相对于政治、经济方面的文化概念，它包括与科举相关的文学、史学、哲学、教育、艺术、社会习俗，以及社会心理和价值观念，如注重考试竞争、读书做官的价值观，重视教育、学

* **作者简介**：刘海峰，浙江大学文科资深教授，浙江大学科举学与考试研究中心主任，厦门大学考试研究中心主任，博士生导师。

而优则仕的传统。

广义的科举文化为：凡是与科举有关的就属于科举文化，除狭义的科举文化以外，还包括科举制度下的政治文化、经济文化、军事文化、科举文化，以及物质形态的科举文物等，实际上几乎涵盖了科举时代的整个民族文化。现在人们通常说的科举文化一般多指广义的科举文化。① 当今一些科举类博物馆在进行科举题材展览的时候，通常都以“科举文化展”为名。

张亚群认为：“科举文化作为一个文化整体，广义上是指与分科考试选拔人才相关的观念、制度和物质形态的文化。它以‘大一统’的政治观和‘学而优则仕’价值观为导向，以公平竞争、平等择优为根本原则，在1300年的科举考试实践中，与传统文化中的经学、教育、文学、艺术、史学和民俗等文化现象相交融，积淀了丰富的科举文献典籍及其他相关的物质文化遗存。至于狭义的科举文化则专指与科举选士相关的观念形态的文化。”②

科举制及科举文化作为传统文化的重要组成部分，是中国传统文化研究中不可或缺的内容，并反映了中国帝制社会后期文化的主要特征。科举既是中国传统文化的一个重要构成部分，又对整个传统文化产生过巨大影响。或者说科举既是中国传统文化土壤中的生成物，反过来又改造了这片土壤的质地，使其更具中国特色。

二、科举对中国传统文化的影响

中国古代的官僚政治、文化教育和社会历史进程，儒家经学、文学、史学等都与科举有密切的关系，科举对中国传统文化的许多方面都产生过深刻的影响。

（1）科举是儒学的制度支撑。儒学是中国传统文化的核心或思想主流。因为有科举的制度化支撑，儒学才成为中国传统文化的基干和主体。受科举考试的推动，儒家经学不仅在社会上具有崇高的地位，而且造成所

① 刘海峰：《中国科举文化》，辽宁教育出版社2010年版，自序、第2页。

② 张亚群：《科举学的文化视角》，载《厦门大学学报》（哲学社会科学版）2002年第6期。

有士人努力钻研经典的现象，各种关于儒家经典的阐释和辅导著作层出不穷。

明清时期流传极广的《神童诗》中便有“学乃身之宝，儒为席上珍”“遗子黄金宝，何如教一经”之类的说法。虽然也有割裂经典和死记程墨等应试弊端，但科举时代“四书”“五经”为普通中国读书人所熟知，经学得以不断传承和繁衍，很大程度上得力于科举制的倡导利诱。1300年间科举以经术取士，造成了一场旷日持久的读经运动，使古代中国成为一个儒学社会。①

（2）科举与教育的关系。科举与教育有着不可分割的内在联系。作为一种古代的考试制度，科举制牵涉面很广，性质至为复杂。科举首先是一种文官考试，但也具有教育考试性质。在科举时代，办学的目的是“储才以应科目”，学而优是为了仕。科举考试成了学校教育的强大指挥棒，指导和操纵着学校教育的发展方向。科举成了学校的目标，考试内容便成为学校的教学内容，取士标准自然成为学校的培养标准。学校追求的是中举及第率。

民间私学绝大多数也以应举为办学目标。即使是书院，也是因科举盛而产生，随科举废而消亡。清代一些大书院也分配有科举生员的名额，甚至有所谓“洞学科举”的名目。纵观千余年的中国书院史，书院与科举关系密切的是长期的、普遍的，而较不重视科举的书院是短暂的、少数的。总体而言，科举确已成为当时整个教育的重心。

（3）科举对中国古代文学的影响。从考试内容和文体来看，科举具有文学考试性质。文学科举产生了科举文学，科场中产生的试帖诗与律赋、策论、八股文本身便有一定的文学性。用今天的眼光来看，科举几乎就是一种文学考试，一个人的文学水平往往决定其是否能被录取。但是，科举制的真正目的并非选拔文学家，而是选拔从政人才，以诗赋文章作试题并不是为了考察应试者的特殊文学天才，而是为了测试其智力水平和文化素养。八股文、策、论等文体，考察的标准也不外乎“文”与“理”两个方面，文采始终是科举考试注重的一个主要因素。

---

① 刘海峰：《科举制与儒学的传承繁衍》，载《中国地质大学学报》（社会科学版）2009年第1期。

因为有了科举，促使人们努力读书，增加了许多文人，减少了大量文盲，对中国的文化积累和文明的提升具有重要的意义。由于科举考试以文取人，导致1300年间官员文人化，文人官员化。科举时代的中国传统社会是一个读书至上的诗书社会，是一个朝野尚文、大多数读书人皆能吟诗作文的文学社会。①

（4）科举与史学的关联。所谓“六经皆史”，便是指许多儒家经典本身就是先秦的历史记载。1300年科场皆试策，策为经、史、时务策。科举中试“论”的体裁往往以史论为重，因而科举在以经术和文学取士的同时，实际上还以史学取士。尤其是“五经”中的《春秋》是分量较大的考试教材，历来被视为“大经”，而《春秋》实则为史书，可见经书中纯史学的分量也占有相当大的比重。唐宋时期有三传科目，便是以《春秋》公羊、谷梁、左传专门设立考试科目。而一史、三史（《史记》《汉书》《后汉书》）科则更是以史设科。

1901年8月改革科举，规定从次年开始，乡、会试头场试中国政治、史事论五篇。脱离了八股取士的轨道，开始向近代文官考试制度转变。重视以史取士的直接后果便是保证了入仕的政府官员具有一定的史学素养，知晓历代兴衰成败得失，有助于鉴古知今、鉴往知来，并进一步推动了中国古代史学的繁荣和发展。

（5）科举与出版业。古代出版业的兴盛也与科举推动文化的普及有关。科举考试促使读书人大量增加，致使对书籍需求的急剧增长，印刷术在强大的社会需求下日益发展，书籍广泛流布，这也是科举制对中国古代文化的正面效用之一。

历史上的中国是一个文化大国，在近世以前，用中文记载的文献数量比任何别的文字的文献都要多。1855年前后，有位西方学者就曾指出：“中国现存的各种著作很可能比欧洲的著作多得多。”② 1948年2月，英国汉学家德和美在担任牛津大学汉学教授的就职演说《中国——人文学术之邦》中也谈道：“至少到1750年为止，中国的书籍的数量超过世界其他所

---

① 刘海峰：《科举文学与科举学》，载《武汉大学学报》（人文科学版）2009年第2期。

② China: its Early History, Literature, and Language; Mistranslation of Chinese Official Documents; Causes of the Present War. *Westminster Review*, Vol. XXXIV, No. II, 1840, p. 280.

有国家的总和。”①

中国书籍的增加和印刷术的普及与科举制的推动是密切相关的。宋人岳珂曾说：“自国家取士场屋，世以决科之学为先，故凡类条目，撮载纲要之书，稍可以便检阅者，今汗牛充栋矣。建阳书肆，方日辑月刊，时异而岁不同，以冀速售。”② 从宋代直至清末废科举前，中国书籍印刷量最大的还是有关科举考试的教材（如“四书”“五经”等）、范文、闱墨、朱卷等各类备考资料和相关文献，也就是科举文献。《四库全书总目提要》在关于《钦定四书文》的提要中就指出：“时文选本，汗牛充栋。”

（6）科举与书法。书法的繁荣也与科举以书取士相关。唐代科举中有专考文字和书法的明书科，而且投考明经、进士科的举子也须善于书法，加上铨选考试身、言、书、判，其中“书”要求“楷法遒美”，促进了一代书风的形成。北宋中叶以后科举考试实行糊名誊录制度，书法相对不受重视。而清代殿试及朝考后试卷不再誊录，评卷重书法，也形成了朝野重视书法的社会风尚。清代状元陆润庠、刘春霖等人都是小楷名家，凡是进士出身者多写得一手优美的小楷，甚至许多应考的文童也会写“馆阁体”，说明科举考试推动练习书法具有巨大的作用。

此外，科举对社会习俗、民族文化心理等许多方面也有深刻的影响。

三、科举学的文化视野

随着时间的推移和对东西方文化了解的加深，中国人会越来越明白这个道理：清朝末年在西学东渐的大潮中被时代所淘汰的科举制，是中国传统文化中不可或缺的重要组成部分，是我们民族历史文化的主体内容之一。尽管科举制有许多局限和弊端，但它在历史上曾起过重大的作用，对中国传统文化曾产生过深刻的影响，对人类文明进程做出过重要的贡献，是中国不应忽视的一份文化遗产。

无论科举制的是非功过如何，它已成为中国传统文化的一个要素，或者说是中国历史与文化中的重大存在。不管我们是否意识或是否承认，科

---

① 刘永主编：《牛津人的辉煌》，延边大学出版社 2001 年版，453 页。

② 岳珂：《愧郯录》卷 9《场屋编类之书》，见《笔记小说大观》第 4 册，扬州：江苏广陵古籍刻印社 1984 年版，378 页。

举文化这种存在照样在起作用。因此，充分认识并深入研究科举文化，在今天还有明显的现实意义。

因为科举制长期实行，以考促学，儒学在社会上得以长期浸染，使其在东亚世界仍然具有深刻的影响。科举时代所形成的文化传统与教育价值观，对当今中国还有深刻的影响。例如，科举文化对现在两岸的教育都还有影响。2007 年 9 月 30 日，澳门教育暨青年局、澳门大学教育学院在澳门举办过一次“教育名家系列讲座”第四次活动，这次讲座的主题为“教育改革与科举文化”。当时邀请的 3 位主讲嘉宾，一位是香港大学原副校长程介明教授，一位是笔者，还有一位是时任台湾师范大学教育学院院长、台湾的教育学会会长周愚文教授。这个“教育改革与科举文化”主题是澳门方面请平素不研究科举的程介明先生提出的主题。他说之所以会想到用“教育改革与科举文化”作为讲座主题，是因为近年他经常应邀去台湾参加各种各样的教育评鉴，但是大家都发现，台湾的教改，最难改的就是“考试领导教学”，改来改去最后都会碰到科举文化，都是跟考试传统有关。尽管大学联考已改为多元入学，但“考试领导教学”的现象依然很严重，所以他深感教育改革要和科举文化一起来探讨才行。由此一例，便可见文化具有很强的传承性，科举文化研究因而具有很强的现实意义。

科举学是一门博大精深的专学，其中包含科举制度、科举政治、科举教育、科举文学、科举社会、科举文化、科举文献、科举地理、科举人物等研究。科举文化是科举学的重要内容，科举文化研究从一个重要方面支撑科举学走向繁荣。2010 年成立的中华炎黄文化研究会科举文化专业委员会，便以“科举文化”为名。

冯用军提出了“科举文化学”的概念，认为狭义的科举文化学，即采用独特的跨学科研究方法，依托丰富的科举史料，系统化科举文化的产生、发展、繁荣及至消亡与复兴的连续现象和规律性认识、研究科举中的文化现象、探索科举的文化功能、解析科举与文化及社会其他子系统的相互关系、提出科举文化之于当代中国高考与中华文化良性互动的启示性价值，属于科举学与文化学的交叉学科。① 无论科举文化研究是否可以独立成学，其研究的深入都会促使科举学进一步兴盛。

---

① 冯用军、王飞：《论科举文化学的学科基础》，载《教育与考试》2008 年第 2 期。

“中国第五大发明”及当代启示

——科举制度的创建对隋唐选官制度变革的影响

金滢坤*

摘　要：科举制度始创于隋，至唐时又有较大发展，其主要贡献在于选拔了大量职业化文官参与到国家治理中，从制度建设层面看，改变了重军功、轻文教的官员选拔制度，为唐及后世王朝的官员选拔奠定了重要基础，更为当今官员选拔提供借鉴。

关键词：科举制度；选官制度；影响；当代启示

隋唐盛世的形成主要得益制度创新，科举制度是中国最伟大的制度创新，有“中国第五大发明”之美誉。东晋南朝以来，世家大族把持朝政，形成了士族轮流当皇帝的怪圈，皇权依靠的是士族支持，导致皇权更替频繁，社会动荡。隋文帝取代北周之后，同样面临来自“关陇军功”贵族的威胁，因此，急需削弱世族势力。于是，隋文帝实行了“偃武修文”的政策，废除察举制，创立科举制，选拔大量职业化文官官僚阶层来治理国家，改变了重军功、轻文教的旧的察举制，从而解决了士族累世公卿、武断乡曲的严重的社会问题，为成就唐代盛世打下了坚实基础，奠定后世王朝的基本选官格局，在中国选举制史上具有革命意义。

一、打破选举观念——考试选人

隋文帝为了防止“关陇集团”势力过分强大，维护大一统的中央集

---

* **作者简介：**金滢坤，首都师范大学历史学院教授、博士生导师，首都师范大学中国童蒙文化中心主任，国家社会科学基金重大项目首席专家。

权，废除九品中正制，限制了“关陇集团”等旧族势力掌控中层官员选拔的权力，打破了以门第和军功的选拔标准，为通过文学、才能等治理国家的专门文化知识等来选拔青年才俊参与新政权的管理创造了条件，从而实现贵族官僚政治向文官治国的转变，一定程度上体现了中国古代政治的民主化。

首先，隋唐科举制实现了从察举到考试的转变。隋文帝为了革除士族把持地方选举权的弊病，“罢州府之权而归于吏部”，[①] 将州郡僚佐权一并收归中央，为中正“察举”向举人“自举”的转变创造了条件。科举制与察举制的最大差别应该是考试权的独立，包括考试机构与专知贡举的独立，不受皇帝、宰相及其他部门和权势的干涉，而是由吏部考功员外郎、礼部侍郎及知贡举主司负责。唐武德四年（621）高祖下诏，继承隋制，实行了科举考试，标志着府州乡贡考试和中央省试两级的科举考试制度正式形成，这是察举制与科举制演变的一个重要标志。

唐代科举考试开创了“至公”的原则，并成为历代科举考试追求的基本原则和理念，通过不断完善科举考试的程序、评判标准和防范舞弊措施来实现。唐代省试中逐步建立了进士、明经等常科科目三场试制度，逐场定去留，从制度层面避免“赎帖”等变通式舞弊行为，做到考试程序的有效公平。唐代省试贡院的建立、锁院制度的实行、中书门下复核和复试制度的建立，对防止科场舞弊、监督知贡举都起到积极作用。晚唐黄滔曾评价科举考试至公原则：“唐设进士科垂三百年，有司之取士也，喻之明镜，喻之平衡，未尝不以至公为之主。”[②]“至公之道”成为后世科举考试的核心理念，影响深远，宋代的誊录、密封、双重等第法和殿试制度与明清的八股文等考试程式、考试形式都是科举考试追求公平、至公的典型代表。

其次，科举较察举而言，选才标准实现了代表德行的经学向代表才能的文学转变，即“以文取士”。由于察举制、九品中正制“举”“选”不分，州郡长官、中正主要依靠所谓的“德行”，“以德取人”，辅之以中央

---

① 〔唐〕杜佑撰，王文锦、王永兴、刘俊文、徐庭云、谢方点校：《通典》卷18《选举典六》，第443页。

② 〔唐〕黄滔撰：《唐黄御史公集》卷8《颍川陈先生集序》，收入张元济等辑《四部丛刊初编·集部》第一三〇册，上海古籍出版社1989年版，第1页。

考试，兼顾“以能取人”“以名取人”。德行很难考察，功劳容易助长门阀势力，“量才”就成了必然的选择，“与其率私，不若自举”，而“量才”可以用考试来评判，就不如选择“量才”。在隋文帝大力推行“修文偃武”的背景下，南朝以来崇文的风气更盛，“世俗以此相高，朝廷据兹擢士”。[①]唐承隋制，科举考试实现了“举”“选”分离，重考试，“以文取士”，轻“德行”。士子应考及第，也仅仅是获得入仕资格，仍须参加吏部关试，通过吏部身、言、书、判的铨试，才能释褐为官，此后迁转仍须参加考试，充分体现了“以文取士”的特点。唐代科举考试、吏部铨选“舍德行而趋文艺”的趋势，[②] 在开元以后基本定型，文学超过了德行、政事，作为文官选拔标准。

二、打破出身观念——不论出身

唐代科举考试设科招考不论门第、地域、行业出身，充分体现了科举考试的开放性。其一，打破门第观念。科举制针对察举制下世家大族子弟出身便是“门第二品”、坐至公卿、累代为官的社会痼疾，打破了门第观念，允许士人“怀牒自进”，不辨士庶，自由报考。于是，无论“白屋之士”“流品之人”，还是“寒贱之子”，都可以在科场以“文艺自将”，使“朝为匹夫，暮为卿相”成为现实，从而打破了魏晋以来社会阶层固化的常态。[③] 因此，“春榜即写才文字，朝廷上下聘词章”的观念成为唐人的共识，童蒙读物中以“丈夫学问”，“读书”便是“随身宝”，“一朝肥马衣轻裘，富贵荣华万物有”，[④] 激励了无数家道贫寒者勤奋读书，登科入仕，光大门第，光耀祖宗。正如柳宗元所讲：“今世尚进士，故凡天下家推其良，公卿大夫之名子弟、国之秀民举归之。”[⑤]

---

① 〔唐〕魏徵、令狐德棻撰：《隋书》卷66《李谔传》，中华书局1973年版，第1544页。

② 〔宋〕司马光编著，〔元〕胡三省音注：《资治通鉴》卷203“唐高宗上元元年十二月”条，中华书局1956年版，第6489页。

③ 〔清〕董诰等编：《全唐文》卷846牛希济《寒素论》，中华书局1983年版，第8892页。

④ 上海古籍出版社、法国国家图书馆编：《法藏敦煌西域文献》第二十册，上海古籍出版社2002年版，第213页；参考任半塘：《敦煌歌辞总编》下册，上海古籍出版社1987年版，第1558页。

⑤ 〔唐〕柳宗元撰：《柳宗元集》卷23《送崔子符罢举诗序》，中华书局1979年版，第625页。

其二，打破了“四民之辨”。唐初对世人应举的限制相对比较严厉，随着时代发展逐渐放宽，充分显示了应举的公平性。唐初受商贾言利、浊吏贪腐的传统观念影响，科举考试还是要限制浊吏、商贾子弟应举，但中晚唐后限制逐渐被打破。在中晚唐文学已成为科场最为重要的考试标准，知贡举主司多“精求文行”，旨在选拔英彦，“士无华腴寒素”之辨。因此，“朝为田舍郎，暮登天子堂”成为寒素子弟，入仕清流，跻身新贵行列，进而改变门庭的最有效途径，加速了士族的衰落，从而促进了社会阶层的流动与变迁。

三、打破地域限制——兼顾平衡

唐代作为大一统的王朝，疆域广大，文化水平差距很大，故规定了诸州府试的解额，照顾了边远、落后地区举子的应试资格。但由于各州文化、教育水平差异，解额并没有解决诸州及第的公平问题，以致在省试放榜时出现了所谓京兆解前十名等同及第的“神州等第录”，与荆州“天荒解”形成了巨大反差。这就导致了落后地区的举子到京畿和文化较为发达的府州“冒籍”取解应举的行为，类似现代高考移民。开元以后，举子冒籍取解他州应举的现象愈演愈烈，于是皇帝屡次下诏禁止，责令举子本贯取解，但仍然始终未有成效。究其原因，“京华之地，衣冠所聚，子弟之间，身名所出，从容附会，不劳而成”。① 虽然有玄宗“开元二十五年二月敕”、武宗《会昌五年举格节文》对国子监、诸州和诸道的解额进行了定额分配，但始终没有解决中央与地方、区域之间解额以及最终及第名额不公平的问题，甚至没有遏制住举人冒籍问题。不过，后世解额分配、金代南北榜和清代分省定额与广额制等都受其启发，对当今诸省高考录取名额分配也有指导意义。此外，唐代采取举子交纳家状和相与为保的防止举子冒籍、寄应的举措，对当今高考防止伪冒行为亦有借鉴意义。唐代科举考试实行解额制度，以平衡地域文化、人口和地缘差距，对笼络天下士人，维护大一统中央集权具有重要意义。

---

① 《通典》卷17《选举典五》，第412页。

四、优化官僚结构——吏干与文官之辨

科举对唐代文官制度影响，不仅仅在于打破世人出身限制、考试标准的改变，而且改变了官僚队伍的出身结构。自魏晋以来，寒素阶层多担任浊吏等中低级官吏，所谓的清流被士族、门阀独占，隋唐科举考试改变了这一界限，科举出身成为清望官的主要人选。高宗以后，吏部铨选随着入流无限，员额有限影响，士人仕进出现了严重“选滞”问题，吏部虽然先后颁布了“长名榜”和“循资格”，通过增加阶等和按照资格高低让多数官员获得迁转，一定程度缓解了基层官“选滞”不迁的问题，但使得才能之士反而不能有效获得快速提拔。为此，唐代又通过增设科目选和制举科目方式，弥补其弊端，不次选拔才能之士。唐代科举、铨选的核心就是考试，尤以“诗赋”和试判为主，这就使得通过门荫、军功等诸色入仕的旧士族子弟在仕进中受到极大挫折，很难步入中高层官，而擅长诗文的科举出身的“新兴士族”凭借科名，获得更多升迁机会，从而优化中高层官员的治国专业素养，从而建立了以科举出身为核心的文官官僚阶层，高效维护中央集权的皇权统治。

玄宗朝科举出身者在诸色出身中达到59%，才略占优势，由此引发了唐代宰相等清望官选拔的一个大转变，打破了隋唐以来“文武不殊途，而将相可兼任”的选拔将相的观念，逐渐形成了以科举文词为择相的标准，导致了将相文武分途，最终促使了关陇集团的完全崩溃。① 这一转变在中晚唐得以强化，奠定了以科举制度为选拔标准的文官官僚制度的基础。肃代年间，科举出身的新官僚与旧士族展开了首次较量。② 代表旧世族的李揆入相后，力排元载等以科第出身而门第不显者，并讥笑：“龙章凤姿之士不见用，麞头鼠目之子乃求官。”③ 中晚唐拜相，“非以辞赋登科者，莫得进用”，成为常态，④ 进士出身由此成了入仕的第一出身、卿相的后备人

① 参阅陈寅恪撰、唐振常导读：《唐代政治史述论稿》，上海古籍出版社1997年版，第48页。

② 详见韩国磐师：《唐朝的科举制度与朋党之争》，收入其《隋唐五代史论集》，生活·读书·新知三联书店1979年版，第267-283页。

③ 〔后晋〕刘昫等撰：《旧唐书》卷26《李揆传》，中华书局1975年版，第3561页。

④ 《旧唐书》卷119《崔祐甫传》，第3440页。

选，门第退居其次，大大促进了旧士族的分化、衰落。

总之，科举打破了九品中正制下“门第二品”的观念，通过考试逐渐确立了“以文取士”的原则，分科考试，选取各类人才，将“学而优则仕”的观念付诸实践，使“文以干禄”成为选官主流，对隋唐以后的中国古代文官官僚制度产生了深刻影响。隋唐科举打破世人的出身界限，取士不辨出身，为寒素阶层“登第于有司者，去民亩而就吏禄，由是进而累为卿相”提供了机会，[①] 成功打破魏晋以来的门第观念，实现了社会流动，不断补充文官官僚阶层的新鲜血液，士庶子弟的精英有更多机会参与国家治理，在某种程度上有效实现了中国古代政治民主化。因此，士族中的精英子弟也不得不勉强“随计”参加科举考试，获取科名，入仕京畿，从而逐步实现了中央化、城市化，也意味着士族在原籍影响的削弱，从而彻底解决了魏晋以来世家大族武断乡曲的问题。科举制度优化了唐代官僚阶层中高层的专业文化素养，无论士庶子弟必须是诗书获取科名，促进了新旧士族的“圈内竞争”，使得“夫世之干禄，先资名第”等以科名干禄的观念成了士大夫的正途[②]。隋唐科举制的确起到了“志在牢笼英彦”，选拔天下英才的作用，一度形成了“美给华资，非第勿处；雄藩剧郡，非第勿居”的选贤任能风尚，以致“搢绅闻达之路，惟文章先”，[③]“太平君子唯门调户选，征文射策，以取禄位”，[④] 使得唐朝在政治、文化和经济上取得巨大成功，充分显示了制度创新、选贤用能的重要性。

科举制的创建是中国古代伟大的制度创新，奠定了后世选官制度和文化传统，对当今社会国家治理基础性制度的建设具有如下启示：

其一，科举制考试与“时舆”相结合，对我们当前选拔“德才”兼备干部的用人导向具有借鉴意义。可以提高干部的专业素养，强调实践能力与专业素养相结合，确保德才兼备之人有用武之地，国家有可用之才。

其二，坚持公平选人导向，不必一味追求统一考试、绝对的公平，应

---

① 〔唐〕韩愈撰，马其昶校注、马茂元整理：《韩昌黎文集校注》卷4《送牛堪序》，上海古籍出版社1986年版，第246页。

② 〔五代〕孙光宪撰，贾二强点校：《北梦琐言》卷8《裴相国及第后进业》，中华书局2002年版，第175页。

③ 〔唐〕独孤及撰：《毘陵集》卷11《唐故朝散大夫中书舍人秘书少监顿邱李公墓志》，上海古籍出版社1993年版，第86页。

④ 《通典》卷15《选举典三》，第358页。

充分考虑每个人成长环境的不同，成长道路的不同，接受教育存在的差异。唐代科举考试科目的多样性，为我们选拔社会需求的多样性人才提供了思路。

其三，新中国在地域广大、民族众多等方面与唐朝有很大相似之处，在各部委、省市等国家机关人才选用上，可参照其科举解额的经验，重视地区间的用人平衡，而不应该仅局限于各省高考录取名额分配层面，这对维护地域平衡和缓解民族问题具有积极意义。

国家治理要善于汲取科举选官的历史营养，把丰富的历史文化变成以古鉴今的丰富资源。隋唐科举制正处在开创阶段，非常有活力，充分体现了盛唐文化的多元、多样与自信，向隋唐学习制度建设和国家治理，对当今成就盛世伟业，具有典范意义。

“旧学”与“新知”：科举学学科性质论

冯用军*

摘　要：中国学人素来有重“学”轻“术”的传统，在命学、建学、立学等范式上与西方聚焦领域研究大异其趣。在领域视界，古代科举学早已有之，在学科场域，现代科举学已近而立。科举学的性质决定科举学的学科性质，通过在概念视界上分析与古代科举学相近的旧“学”之古今中外异同，发现跻身新“学”的现代科举学在研究方法和研究范式上的路径分野，显示经过科举学人三十余年有计划的高质量建设，“科举学”已由“旧学”蝶变为“新知”，在此定性下，运用斯托克斯象限追寻科举学的学科性质，认为其是一门运用跨学科方法研究科举人物、制度、活动、思想、事件、现象及其运行规律等的应用型基础性学科。

关键词：科举学；学科性质；专学；研究领域；跨学科研究

科举学是一门运用跨学科方法研究科举人物、制度、活动、思想、事件、现象及其运行规律等的科学，① 它与古代准备分科应举之学（study of imperial examination for testing）的“古代科举学”（科学、科举之学、举子学等）有本质不同，它是研究分科应考之学（study of imperial examination for researching）的专门学问，熔国内外科举各领域研究于一炉，可谓“现代科举学”。科举学的性质决定了科举学的学科性质，学科性质（the na-

* **作者简介**：冯用军（1980—），男，四川安岳人，陕西师范大学教育学部/“一带一路”教育高等研究院教授，教育学博士后，泰国斯坦福国际大学博士研究生导师，从事教育历史与文化、教育政策与评价、量化教育学研究。

① 冯用军、赵雪：科举学跨学科研究评价：原则、技术与标准，载《大学教育科学》2019年第2期：第89-96页。

ture of discipline）是学者依据学科分类基础形成的关于一门学科本质特点与要素形态的界定，也是一门学科在科学生态系统中的时空定位和终极归属。科举学的学科性质，就是对科举学本质特征和要素形态的认识问题，这代表了两种不同的价值取向和学科发展理路，是在学科建设实践中划分"领域派"或"专学派"与学科派的唯一标准。"十多年来，科举学作为一门专学或学科的概念已逐渐得到许多学者的认可，不过，对科举学的性质，还存在一些争论。随着研究对象的不断扩大，研究方法和研究成果的不断丰富，科举学逐渐形成了自己独特的学术话语，科举学研究者的自主意识日渐明朗，'科举学'中的'学'究竟是代表'学科'还是'专学'的内涵，成为科举学研究者关心的一个热点问题。对于科举学的性质，目前学术界的观点大体可分为两类。一类观点认为，科举学是一门独立学科……另一类观点则认为，科举学虽然名为'学'，但并非严格意义上的学科，而是一种专门学问或专门研究领域，简称为'专学'……总之，关于科举学的学科与专学之辩，不仅对科举学本身具有价值，而且对认识中国传统文化领域中的学问，如红学、敦煌学、甲骨学等学问的性质也具有普遍的意义。辩证地说，科举学是一门综合性的专学，一个多学科的研究领域。同时，也可以说科举学又是一门交叉学科，一门发展中的学科，或者说是一门成长中的新兴学科。"[①] 这种不会自由摇摆的"专学学科论"，也是一种有效的自圆其说的研究范式与方向，但是仍未能清晰地描述出何谓学科性质，以及什么是科举学的学科性质。为了解决这个根本问题，而且也必须解决这个问题，就要分析其背后的理论依据、学理基础和时代背景，从更适切的立场、观点、角度和范式上来加以综合求解。换句话说，关于科举学学科性质的追寻和界定，必须回到中西方文化对于"学"的科学认识、学科群的生态、学科性质的内在联系和科学象限归属四个基点上。

一、"学"之古今中外差异：概念视界

了解"学"的性质是掌握"学科"性质的基础。自科学诞生及分化以来，基于学术的严谨性、学科文化的规范性和学科建制的历史性，西方学界

---

① 刘海峰：《科举学导论》，华中师范大学出版社2005年版，第13-16页。

至今未有强烈的学科意识，即称“学”传统，多以研究（study/research）、或领域、或主修、或项目（program）、或问题指代所研究的对象，其逻辑严密性逐级递减，据此即可谋兴趣之好或专研之志，亦可获得编制、申请基金、招收学生、发表成果、交流学术等。中国学人，素来有称“学”的古风，从儒学而下已逾两千年，至今依然如故，这一方面固然有它的好处，那就是强烈的学科意识和归属感，当然另一方面也有莫大的坏处，那就是容易导致“学字满天飞”，坏了学的名分，尽是学不如无学。具体地说，中国称“学”的传统和心理思维定式古今尤甚，先有儒学（孔教之学、儒教之学、孔孟之学）、道学（老子之学、道德之说）、庄学（庄子之学）、墨学（墨子之学）、法学（韩非之学）等，继之有程朱理学（程学，程颢、程颐之学、二程之学；朱学，朱子之学、朱熹之学，其时也称徽学，与当代地域文化的徽学迥异。合称“程朱理学”）、阳明学（王阳明之学）、心学（陆九渊之学）、乾学（乾嘉考据之学）、朴学①、经学、汉学等，近之则青铜学（青铜器及铭文研究）、甲骨学（甲骨文研究）、红学（《红楼梦》研究、新红学）及敦煌学（敦煌石刻壁画佛经等研究）、西夏学（黑水城文献研究）、徽学（新安理学）、滇学、藏学、桂学、长安学等区域或省域古文化之学，晚近又出“科学学”（钱学森先生称为“关于科学的科学”）、“金学”（《金瓶梅》研究、金石学）、“三国学”“水浒学”“西游学”“木兰学”“蒲学”（蒲松龄研究）等，其实都是一些综合性、专门化的特定对象研究领域，远未达到科学化（scientific）的“学科”（-phy/-ology/-cs/-try 等）视界。

当然，从研究领域到“专学”再到“学科”的路径牵连的是学科、学术、学问、学者、学派、学会的“知识权力”与“资源话语”。按照一般系统科学的原理，自然科学、社会科学和人文科学等的全面或专门知识范畴，从宏观到微观的层次，可以划分为三类“学”：通学，如哲学、数学、物理、化学、文学等，揭示该领域及其交叉领域的基本规律和普遍联系，指导该领域的通约理论探索和实践验证；专学，属于通约科学或关系科学，如科举学、考试学、宇航学、海岸学、策学、书院学、《文选》学、闽学（又称“朱学”“朱子学”“考亭学派”等，是由南宋朱熹创建的理

① 祁龙威：《修纂〈清史·朴学志〉日记》，载《清史研究》2012 年第 1 期，第 125-147 页。

学学派）、关学（关中之学，就其内涵性质而言，它属于宋明理学中“气本论”的一个哲学学派）、论学（一指论说学问。《礼记·学记》：“七年视论学取友，谓之小成。”孔颖达注疏：“论学，谓学问向成，论说学之是非。”二指学术见解。梁启超《戴东原哲学》三：“望溪和恕谷论学不合。”东原即戴震字，皖派宗室，望溪为方苞号，桐城派奠基人，恕谷即李塨号，与其师颜习斋合创“颜李学派”）、匾额学①、韩国学等，揭示该领域的独特现象和运行机制，指导该领域的专门实践和理性思考；间学，介于通学和专学之间，兼有二者的部分属性，属于横断科学或边缘科学，是连接专学与通学的知识桥梁和纽带，比如教育科学、高等教育科学、环境科学、生命科学、纳米科学、海洋科学、遗传科学、管理科学等。② 科举学目前处于专学向间学发展的阶段，但经过不懈努力将来有可能成为通学，这不仅源于科举的“通”性（关乎科举社会几乎所有人、事），更在于“科举学既称之为‘学’，则有其内在的逻辑体系。‘学’为学说、学理，即注重使科举研究走向理论化。科举学强调‘通’，也就是会通、贯通、沟通，改变以往各学科之间不相往来的状况，将各学科和各国已有和正在进行的科举研究融会贯通起来，使各学科的学者尽量交流沟通，使科举研究的各个层次得以汇聚交融，以达到整体大于局部之和的效果”。③

按照知识生产和增长的一般规律，特定研究领域（主题）是通向“专学”、专门学问或范畴集合是通向“间学”、无数间学聚合而成“通学”。当然，并不是所有的研究领域都能称之为“学”或成其为“学”（无论是广义抑或狭义而言），比如司马迁著《史记》、司马光著《资治通鉴》等中华传统史籍的研究就不能称为“司马学”（它们只是史学的一个专门研究领域），还有如“金庸及其小说研究”就不能称为“金学”，“钱钟书及其著作研究”就不能称为“钱学”，“许慎《说文解字》研究”就不能称为“《说文》学”或“许学”，内涵外延虚无缥缈的“传统文化研究”就不能称为“新国学”，研究《聊斋志异》与《儒林外史》等就不能称为“蒲学”或“吴学”，研究古代“丝绸之路”（陆路、海路）就不能称为“丝学”，研究“董仲舒”的

① 姚远利：《捡漏与匾额学之梦》，载《北京日报》2012年3月16日19版。

② 冯用军：《跨学科视野的“新科举学”：概念系统与方法论》，载《考试研究》2011年第6期，第89页。

③ 刘海峰：《科举学导论》，华中师范大学出版社2005年版，第34页。

就不能称为"董学"，等等。"科举学"虽古已有之（如北宋《宣和书谱》卷一二载书法家、画家米芾"博闻尚古，不喜科举学"），但研究科举的关联概念如"八股文""进士""贡院""状元"等的专门学问就不能称为"八股学""进士学""贡院学""状元学"等。"任何一门专学，都应是义立而后名至，'学'字并不是一个可以随便乱贴的标签。如果某一研究对象内涵不够丰富，并不具备成'学'的条件，而研究者却硬是将其加上'学'字，那么这种'学'也是不成体系且难以为继的。"① 称"学"泛滥反而坏了"学"的名声、矮化了"学"的品位，"尽是学不如无学"，尤其是对于新生不久的现代科举学而言。治"学"要严谨、为"学"要谨慎、论"学"要权衡、称"学"要慎重，兼和经典与现代学科之路。一个研究领域能否成为"学"，除了历史悠久、内涵丰富、关联广泛、现实性强等模糊评价标准外，还需要有独特的研究对象、特有的研究方法、严密的理论体系、创始人和代表作、可持续的高水平研究项目和成果、重大奖励、教学科研机构、广泛交流的发表载体和会议论坛等。鲁迅先生曾言"治学必先治史"，跨越国界、学科、语言、民族等的科举学人治中外"科举运行史"的论著相继出版，为有丰富历史底蕴和积累的科举学成为一门概念系统、研究范畴与方法论独特的交叉学科奠定了历史基础。②

二、研究方法与范式："学"之分野

科举学的跨学科研究是求取科举研究最大值的必然选择。跨学科研究建构为科举学的独特方法论（研究范式），可以此方法论建构科举学学科理论体系和建设科举学学科制度，它是对跨学科研究方法运用于科举学研究领域的行为过程和结果的高度抽象和概括，是从多学科视野考察科举制与科举学基本理论问题的方法升级。③ 由于科举学在二十世纪初萌芽以来一直作为一个单学科和多学科视野考察的专门领域，探索了半个多世纪仍

① 刘海峰：《科举学导论》华中师范大学出版社 2005 年版，第 2 页。

② 冯用军：《科举学作为一门学科——兼论新科举学的判别标准、逻辑架构与发展前景》，载《中国考试》2013 年第 5 期，第 44-52 页。

③ 冯用军：《多学科视野的科举学研究——大规模考试视角》，云南人民出版社 2010 年版，第 1-2 页。

未出现任何实质性改变，直到1992年以刘海峰教授为首的科举学人立志将科举学建构成为一门学科，以推动古今中外科举研究的理论化、系统化、科学化，科举学者立学的“光荣的梦想”（glorious dream）才能逐渐照进现实，在新时代开创一代新学。跨学科研究方法传入我国后，在其他学科领域的运用正如火如荼，但在科举学领域，由于长期单学科研究的惯力（惯性）和多学科视野的不成熟，因此，真正的科举学跨学科研究成果很少，即使在我国科举学已经作为一门专学而存在三十余年的情况下仍是如此，因此，从科举学跨学科研究（包括科举学多学科研究）的范式探索到内涵界定，都没有比较权威的说法。据此，所谓科举学跨学科研究，就是综合而系统、多维而联系地运用交叉学科的研究工具、观点、原则、方法、范式等来探索、解析和解决科举学理论和实践问题的研究活动和过程的总和，即以学科的系统集成的方式来研究作为一个研究领域而存在的科举研究和作为一门学科而存在的科举学。照此界定，那么科举学就是一门运用跨学科研究方法研究科举人物、活动、事件及其要素运行规律等的新兴交叉学科，也是一门基础应用性学科，这包含了科举学的方法论、研究对象、学科性质。所谓学科的基础性，就是科举学是纲，具有统合性，纲举才能目张，即是指科举学在不断丰富和完善自身理论体系和学科构架的基础上，具有理论指向性，以为其分支学科领域提供基本理论和方法论指导，此所谓非学无以统摄、无学难以整合；[①] 所谓学科的应用性，就是科举学的历史借鉴功能，即是指科举学在合理、科学总结评价千年科举运行的历史经验教训和是非功过的基础上，尽量探寻出考试运行的一般规律，具有现实指向性，以为现代考试改革与发展实践服务，鉴古知今、古为今用。

在探索科举学的理论体系和界定科举学学科性质的基础上，再来分析科举学学科群的问题。在科举学内外部关系理论的指导下，无论是科举学的内学还是科举学的外学均得到长足的发展，科举学的学科群已初具规模、初成体系。[②] 归纳已有的科举学学科群分化的成果可以发现其两条比较明显的路径：其一是仍以科举整体作为研究对象，从多学科的

① Liu Haifeng: *The Examination Culture in Imperial China*, Paths International Ltd, 2018, pp. 255-256.

② 刘海峰：《科举学导论》，华中师范大学出版社2005年版，第23-33页。

视野探索其现象和规律，如科举起源论、策学、书院学、论学、经学、理学、《文选》学等；其二是以科举的一个局部现象或局部现象的一个侧面和（或与）其他学科领域的关联作为研究对象，分化出科举社会学、科举政治学、科举文学、科举地理学、科举文化学、科举文献学等科举学的子学科。前者相当于科举学的内学或基本理论学科，基本上属于较微观的研究，后者相当于科举学的外学或应用性学科，基本上属于较宏观的研究，两者之间的基本关系是，来自实践的应用研究主要是理论创新的基础，而创新的理论主要是实践的指南，各有各的价值和用武之地。“内学与外学只是大体划分，两者没有必然的分野，有时还互有交叉。因此，微观科举学和宏观科举学只是相对而言的”,[①] 理论科举学与应用科举学亦是如此。

同时，跨学科研究范式应用于科举学的学科性质分析，还必须充分揭示其学科性质的内在联系。具体来说，科举学的学科性质应包括两个方面的含义：其一，可远可近、可亲可疏的同行或邻居关系，即作为一个相对独立的学科，科举学与其他相邻学科或基础性学科，如哲学、政治学、教育学、文学、社会学、历史学等的关系，既相互制约又相互反作用；其二，亲密互补、合作无间的母子或兄弟关系，既包括元科举学（也可称之为科举学概论、科举学原理）之于科举学的母子关系，又包括科举学之于其他分支学科领域的母子关系（如科举学与科举文学），更包括科举学其他分支学科领域间的兄弟关系（如策学与书院学或科举文献学与科举社会学等）与内部的母子关系（如科举地理学、科举经济学与科举经济地理学等）。从学术邻居或同行关系讲，其他学科领域的理论、方法、观点、框架、视野、工具等经过科举学化，或者化“洋”为“土”，即跨学科研究，方才算是科举学独特的方法论体系。而不是立足或依附其他学科领域来考察科举学，果然如此，那绝不是科举学研究，而是其他学科的科举学研究；从母子或兄弟角度看，科举学研究经过跨学科的科举学化研究后所形成的独特的科举学跨学科研究方法不仅为科举学基本理论提供方法论，也为科举学的分支学科领域提供方法论源泉。科举学作为其他子学科领域的母学科，也承担着为其他子学科领

---

① 刘海峰：《科举学导论》，华中师范大学出版社 2005 年版，第 24 页。

域提供理论支持和方法论支撑的重要责任。科举学的分支学科如果放弃了科举学的理论和方法论观照，而从其他外部学科的视野来研究科举学，也不是科举学研究。所以，跨学科研究是保证科举学的学科性质、独立性和立场的关键。

相比于单学科视野的科举学研究或多学科视野的科举学研究而言，科举学的跨学科研究可以让研究者更好地摆脱一些固有偏见或旧有分析框架的羁绊，开阔视野拓展见识从而更大胆地、更具创新性地进行科举学基本理论探索和学科制度建设工作，无论是理论上的，还是实践上的，甚或是两者交叉的地方！比如有一项关于《红楼梦》的研究，就采用了跨学科研究方法，包括文学、科举学和知识考古学等的观点，不仅突破了传统的有关《红楼梦》中科第人物研究的观点，而且得出了许多新的认识，不仅为“新红学”提供了新成果，也为科举学开阔了新思路。类似的还有敦煌文书中的科举文献研究，对于敦煌学和科举学的理论体系建设均有积极作用。可以预计，在科举学学科建设中，跨学科研究不仅体现在学科性质的界定上，还将体现在学科群的建设上，更是科举学成为独立学科的重要助力，因此，跨学科研究进入科举学学科建设领域，不是要去代替或抛弃旧的方法，而是以此为基础尝试开拓跨学科系统整合提出科举学学科建设的新途径。科举学的跨学科研究，实质就是运用跨学科研究这个方法论范式的基本理论、视角、方法和工具等分析“什么是科举学”“如何建设科举学”“建设什么样的科举学”等核心问题，其具化研究即科举学学科理论体系和制度框架的建设问题。确立跨学科研究作为科举学理论体系建构和学科大学建制之独特而重要之方法论，对于整个科举学界而言，犹如傅斯年“新史学”之于“旧史学”的冲击：“开风气，立规模，定方位，辟路径，对史学界冲击之大且有甚于胡适。”① 可以预见，利用跨学科研究方法所看到的科举学世界、得到的科举学研究成果，无论是理论体系建构的基础性、逻辑性、完备性、成熟性和系统性，还是学科制度建设的完备性、自洽性、多样性、规范性和应用性，最终将远甚于考据、义理、词章取向的科举史料整理、科举制度分析②和科举文化研究。

① 许冠三：《新史学九十年》，岳麓书社 2003 年版，第 238 页。

② 宋元强：《清代科举制度论集》中国社会科学出版社 2015 年版，第 1-4 页。

三、学科性质追寻：斯托克斯象限

比较透彻地分析科举学的跨学科研究本质，其实是为了进一步引入另一个重要议题，就是在跨学科研究框架中科举学的学科性质的实证性判断问题，因为更科学的分析有助于更好地解决科举学的学科性质这个重要的理论问题。对于年轻的科举学而言，这也是一个至今悬而未决的难题。为了更进一步为解决这一难题提供思路，我们尝试引入斯托克斯［George Gabriel Stokes，英国力学家、数学家，斯托克斯定理（Stokes theorem）的提出者、斯托克位移（Stokes shift）的发现者］科技研究二维四象限模型（four-quadrant models），该模型旨在说明基础研究和应用研究的相互关系，并建立科技研究性质归属划分的二维标准，即以求知与增长知识为导向的纯学术标准和以指向应用为导向的纯应用标准，以此两两交叉，形成二维判别矩阵（图 1）。①

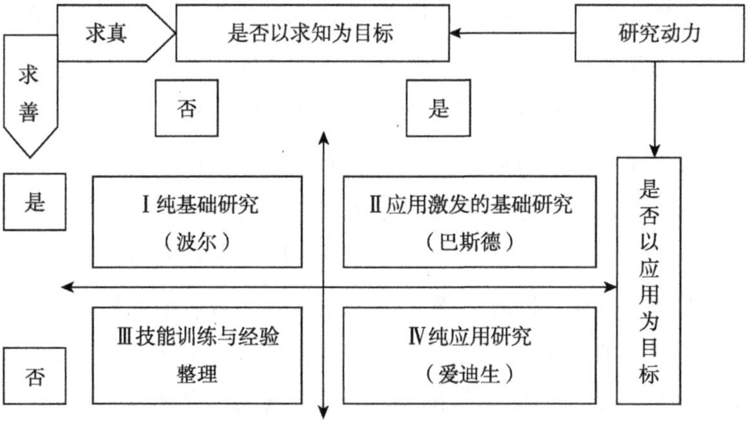

图 1　斯托克斯科技研究二维象限模型

象限I表示只由纯粹的原始求知欲引发而不考虑应用的基础研究，斯托克斯称之为“波尔象限”（Niels Henrik David Bohr quadrant）。他认为以波尔为代表的原子物理学家对原子结构的原始创新探索，典型地代表了探求新知的

① 焦建利：《教育技术学元研究论纲——教育技术学若干基本理论问题探索》，载《电化教育研究》2004 年第 4 期，第 12 页。

基础研究类型，类似的还有牛顿、爱因斯坦、普朗克（Max Karl Ernst Ludwig Planck）、薛定谔（Erwin Schrdinger）、李政道、杨振宁、丁肇中等。

象限Ⅱ表示既寻求知识的增长也关注其应用价值的基础研究，斯托克斯称之为“巴斯德象限”（Louis Pasteur quadrant）。他认为以巴斯德为代表的生物学家对微生物的探索促成了细菌学时代的到来，实现了理论研究与实践应用的完美结合，类似的还有舒尔茨（Theodore W. Schultz）的人力资本理论、曼哈顿工程（Manhattan Project）、人类基因组计划（Human Genome Project）、钱永健（Roger Yonchien Tsien）的绿色荧光蛋白研究、大隅良典（Yoshinori Ohsumi）的细胞自噬机制、颜宁的葡萄糖转运蛋白的晶体结构等。

象限Ⅲ表示既不以求知欲为引导也不考虑实践应用的实习性研究，主要是强化研究者的研究技能和对以往成功经验与失败教训进行分析整合，为准研究者从“新手”变为“专家”以更快地在新领域的工作中发挥创造性作用奠定良好的基础，比如各国盛行的博士后研究、访问学者、准聘-长聘制度等，为引进消化吸收再创新创造条件。

象限Ⅳ表示纯粹由应用导向而不考虑科学理论解释的研发活动，斯托克斯称之为“爱迪生象限”（Thomas Alva Edison quadrant）。他认为，以爱迪生为首的研究团队重视具有潜在商业利益或社会价值的各种发明创造，很少关心这些发明背后所隐喻的科学理论，更不注重用经典学科的基本原理对新技术作出必要的理论解释，类似的还有孟德尔（Gregor Johann Mendel）的豌豆实验、袁隆平的杂交水稻研究、罗伯特·杰弗里·爱德华兹（Robert Geoffrey Edward）的体外受精技术、乔布斯（Steven Paul Jobs）的苹果系列产品等集成创新。

虽然斯托克斯科技研发二维象限模型没有充分说明不同科技研发类型之间的相互转化关系，但他毕竟为不同类型层次的科研活动寻求自身的归属提供了重要的方法启示和分析视角。根据斯托克斯科技研发二维象限模型，目前以“学科为中心”趋向的科举学研究似乎还处于“波尔象限”，既不像以“问题为中心”趋向的科举领域研究那样关注理论的应用问题，也不像以“方法为中心”趋向的科举文献研究那样关注团队梯队的训练问题，显然这与科举学理想的“巴斯德象限”还有较大差距。一方面，现在的科举学研究需要向第Ⅲ象限和“爱迪生象限”挺进，为将来向第Ⅱ象限挺进奠定人力和物力基础；另一方面，如果考虑科举学研究不同的学科性质取向，那么不同的象限进入顺序就会有显著的路径差异。比如将科举学定位于应用型学科，那么科举学研究的发展轨迹应当是由目前的“波尔象限”出发，经过“巴斯德象限”，最终到达“爱迪生象限”，即直接为现代考试改革服务；如果将科举学定位于理论性学科，那么科举学研究的发展路径应当是收拢其他象限的工作，强化“波尔象限”的工作，即创生新的科举内容与形式。

虽然经过科举学人三十年如一日的砥砺前行，科举学基本得到国内外学术界公认，但科举学学科性质在学界仍是一桩悬而未决的“公案”，即“专学（领域）与学科之争”。刘海峰教授认为：“科举学是一门综合性的专学，一个多学科研究领域。同时，也可以说科举学又是一门交叉学科，一门发展中的学科，或者说是一门成长中的新兴学科。”[①] 根据这种辩证的、符合科举学发展现实的规律性概括和科学总结，科举学显然是一门具有历史（“旧学”）与现实（“新知”）、理论（“学”）与应用（“术”）特性的交叉学科（cross discipline）和软科学研究（soft science research），其关系科学的学科定位使得复杂性范式有两个显著特性：实践性和综合性[②]，所以，科举学的学科发展象限应该是指向“巴斯德象限”，即发展成为一门应用型基础性学科，兼有基础与应用的双重学科特征，既可以为科举学的理论性分支学科提供方法论指导，也可以为科举学的实践性学科提供工具性服务。这样的学科性质，也契合了科举学研究的理论兼和应用的综合取向，既着重从根本上探讨科举学的研究对象、方法论、核心范畴、理论体系等基本原理问题，实现古代“科举学”等“旧学”的创造性转化，也集中力量解决科举学学科建设的目标、路径和策略，并顺带解决来源于实践、又反作用于实践的一些理论困惑和意识迷茫问题，[③] 实现现代“科举学”等“新知”的创新性发展，加快将科举学建设成为一门兼具学术合法性与行政合法性的科学化学科的步伐。

（本文在写作和定稿过程中，得到了刘海峰、徐梓、邓洪波、程方平、郑若玲等教授的指点和帮助，特此致谢）

---

① 刘海峰：《科举学导论》，华中师范大学出版社 2005 年版，第 16 页。
② 李崇阳、李茂青：《软科学研究的复杂性范式》，厦门大学出版社 2009 年版，前言。
③ 冯用军：《科举学新论：跨学科研究视角》，科学出版社 2020 年版，第 140-147 页。

论科场信号传递的要素、机制与价值

毛鹏程*

摘　要：信息经济学领域中的信号传递理论可为分析科场活动提供一个新的视角。在科场中，考官与考生之间所拥有的信息不对称且无法直接沟通，需要求助于间接的信号加以传递。考生可视为“信号发送者”，通过写作可被观察的优秀作文“信号”，将自身道德、才识、能力等传递给考官，考官作为“信号接收者”，根据过往阅卷标准与个人喜好，对考生的科文作出甄别与筛选。考官的出题偏好与评判标准作为反馈机制，进一步引导考生调整自身作文信号，使科场取士达至“均衡”状态。同时，社会对“以文取士”观念的高度认同、政府革新举措的积极推动为科文信号的产生和传递提供了良好的文化环境与制度保障。

关键词：信息不对称；信号传递理论；科举制度；科场；科文

中国古代社会的人才选拔模式大致历经贡举制、察举制、九品中正制与科举制，由完全依靠“推荐面试”转向“面试”为主“笔试”为辅，再到“笔试”为主“面试”为辅，最后过渡到完全以“笔试”成绩决定人才去取。无论试士方式如何变换，选拔“德才兼备”的贤者能人从事国家管理工作一直是古代封建王朝统治的根本方略与不变宗旨。可无论是面试抑或是笔试，考官事先并不能做到一一接触考生、互相做深入对话与交流，也就是说在无法对个人“全部的品德、才能”进行全方位判断的基础

---

* **作者简介**：毛鹏程（1994—），男，浙江衢州人，厦门大学考试研究中心博士生，主要从事科举学研究。

上作出的选拔，其标准难免失于主观且片面。因为人与人的交往是相互不透明的，即信息存在不对称性，因此考生与考官都需要依靠“信号”作为“参照系”（“第三方机制”）来传递有效信息，共同完成人才甄选的目的。本文从科场切入，尝试运用信号传递理论分析科场人事活动与现象，探讨科场信号传递的基本要素、运行机制、辅助机制及其价值，为跨学科研究科举考试提供一些新思考与启示。

一、信号传递理论及其于本研究的适切性

在日常生活中，我们习惯根据自身掌握的信息思考问题、进行交际、作出决策，信息无处不在。从获取渠道的公私性来说，信息可分为能开放自由获取的“公共信息”与仅对部分公众开放获取的“私人信息”。著名经济学家斯蒂格利茨（Joseph E. Stiglitz）指出，当不同人知道不同的事情时，就会发生“信息不对称”（information asymmetry）。[①] “信息不对称”是指“私人信息”在那些拥有这些信息的人和那些若拥有这些信息就可能做出更好决策的人之间的分布是不对称的，即一方比另一方占有更多的信息资源。以劳动力市场为例，潜在雇员（求职者）对自己具备的能力了如指掌，却对其所要应聘岗位的具体情况不太了解；雇主（招聘者）对招聘岗位有着十足的了解，但对雇员能否胜任岗位需求、是否具备对应的工作能力知之甚少，这就产生了“信息不对称”的问题。那么该如何描述与解释在信息不对称条件下市场交易双方的互动行为及其本质？当代著名经济学家迈克尔·斯彭斯（michael spence）提出的“市场信号传递”（market signaling）[②] 理论可为我们研究该问题提供一个理论分析的框架。

（一）“信号”与信号传递

斯彭斯以劳动力市场为例模拟了教育的信号传递功能。他认为教育水平（学历、证书）可看作潜在雇员在劳动力市场中发出的一种“信号”（sig-

---

① Joseph E. Stiglitz: *Information and the Change in the Paradigm in Economics*, *American Economic Review*, No. 3, 2002, pp. 469.

② Michael Spence: *Job Market Signaling*, *The Quarterly Journal of Economics*, No. 3, 1973, pp. 355-374.

nal)，用以帮助雇员向潜在雇主传递能力信息，减少双方信息不对称的问题，雇主接收这一“信号”，根据其过去在市场中的招聘经验来理解与识别这一“信号”，判断与筛选出最适合聘任岗位需求的雇员。“可观测”(observability)与“高成本”(costly signaling)是信号实现有效传递的基本条件。“可观测”是指信号在多大程度上可以被外界市场关注到。如果雇员将所拥有的信息传递给市场的举措不容易被潜在雇主观察到，则其很难利用持有的信息资源与传递信息的举措来实现有效的沟通，自然也就达不到预期的聘任效果。① 信号传递理论主要关注雇员采取何种措施来传达其积极的、不易察觉的品质及行为，但需要注意的是这些品质与行为所传递的信号并非都是有效的信号，也就是说，“可观测”是有效信号的一个必要非充分的条件。“高成本”是信号传递理论的核心特征，它是指信号及信号传递需要耗费高额成本，因此有些学者也将该理论称为“高成本信号传递理论”②。例如因认证过程耗时费力，一件产品想要获得 ISO9000 的认证，花费的成本必然较不需认证的产品高。一般而言，高质量制造商与低质量制造商相比，其认证成本更低，低质量制造商需要作出相当多的改变才能获得资格认证，这其中成本的投入便是必不可少的要素之一。同样的，就劳动力市场而言，在其他因素相同的情况下，学习能力较强者花费较低的教育成本（时间、精力、金钱等）便可获取较高的教育水平；反之，学习能力较弱者，只能通过花费更多的成本以提高教育水平。

（二）信号传递理论的价值与应用

信号传递理论的意义在于反驳了传统人力资本理论认为接受教育能提高个人生产力的论断，提出教育只是为了证明个人能力，与提高个人生产力无关的观点。斯彭斯指出学习能力较弱者往往会放弃提高教育水平尤其是接受高等教育的努力与尝试，因为这样做的成本太高，多少有点得不偿失。由此他认为获取教育（综合受教育年限及教育成就等指标）的成本与一个人的相关生产能力显然呈负相关（negatively correlated）[4]。换言之，

---

① Brian L. Connelly, S. Trevis Certo, R. Duane Ireland, Christopher R. Reutzel: *Signaling Theory: A Review and Assessment*, *Journal of Management*, No. 1, 2011, pp. 45.

② Rebecca B. Bird, Eric A. Smith: *Signaling Theory*, *Strategic Interaction*, *and Symbolic Capital*, *Current Anthropology*, No. 2, 2005, pp. 223-224.

教育并非传统人力资本理论所强调的那样，用以提高个人工作能力，增加国民收入①，是最重要的人力资本投资②，而是求职者用以证明个人能力，获得雇主青睐的一种手段③，本质上可能无助于提升个人能力。

信号传递理论的实践价值在于呈现信息不对称环境下经济社会生活中信息获取与传递的过程，并为不完全信息④条件下的社会选择问题提供了一个独特的、实用的视角。在国外该理论被广泛应用于经济学⑤、市场营销⑥、人类学⑦、生物学⑧等研究中，其中尤以管理学领域为重。张燕等人在公司治理的研究上，用该理论分析了首席执行官如何通过其财务报表的可观察量向潜在投资者传达其公司的不可观察量⑨。苏阿索（Mark M. Suazo）等人则将其应用于人力资源管理领域，认为许多研究已经检验了招聘过程中发生的信号传递⑩。在国内教育研究领域，信号传递理论被用于分析大学教师录用制度⑪、教育“减负”⑫、大学生就业市场⑬、个人高等

---

① Michael Spence: *Market Signaling: Informational Transfer in Hiring and Related Screening Processes*, Harvard University Press, Cambridge, Massachusetts, 1973, pp. 15.

② 西奥多·W·舒尔茨. 论人力资本投资，吴珠华，等译，北京经济学院出版社 1990 年版，第 70 页。

③ 加里·贝克尔：《人力资本》，陈耿宣，等译，机械工业出版社 2016 年版，第 12-13 页。

④ Rebecca B. Bird, Eric A. Smith: *Signaling Theory, Strategic Interaction, and Symbolic Capital*, *Current Anthropology*, No. 2, 2005.

⑤ Andrew Weiss: *Human Capital vs. Signaling Explanations of Wages*, *Journal of Economic Perspectives*, No. 4, 1995, pp. 133-154.

⑥ Riley, J. C: *Silver Signals: Twenty-five Years of Screening and Signaling*, *Journal of Economic Literature*, No. 6, 2001, pp. 432-478.

⑦ Amna Kirmani, Akshay R. Rao: *No Pain, No Gain: A Critical Review of the Literature on Signaling Unobservable Product Quality*, *Journal of Marketing*, No. 2, 2000, pp. 66-79.

⑧ J. Maynard Smith, D. G. C. Harper: *Animal Signals: Models and Terminology*, *Journal of Theoretical Biology*, No. 3, 1995, pp. 305-311.

⑨ Yan Zhang, Margarethe F. Wiersema: *Stock Market Reaction to CEO Certification: The Signaling Role of CEO Background*, *Strategic Management Journal*, No. 7, 2009, pp. 693-710.

⑩ Mark M. Suazo, Patricia G. Martínez, Rudy Sandoval: *Creating Psychological and Legal Contracts through Human Resource Practices: A signaling theory perspective*, *Human Resource Management Review*, No. 2, 2009, pp. 154-166.

⑪ 缪榕楠：《信号失灵与试用期制度——信息经济学视角下大学教师录用的制度分析》，载《教育科学》，2006 年第 5 期，第 64-67 页。

⑫ 王波：《从信号传递理论看教育“减负”中的问题》，载《当代青年研究》，2000 年第 3 期，第 8-9 页。

⑬ 盛玉林：《大学生就业市场信号传递实验研究》，江苏大学 2006 年版。

教育投资需求[①]等问题。将该理论应用于考试研究并不多见，张善超等人尝试运用“信息不对称”理论分析新高考改革的困境并寻求突破之道。[②]王汎森用信号传递理论解释晚清废科举事件与近代新教育的兴起，[③]是跨学科研究科举思想史的有益尝试。本文受王文启发，却将视角作一转换，聚焦考场中的信号传递，即围绕着“在科场中考生与考官之间如何通过信号传递完成人才甄别与选拔的工作？”这一问题探讨科场信号的产生包括哪些基本要素？信号传递的机制与价值何在？尝试用信号传递理论分析科场中的人事活动可为跨学科研究科举制提供新的思考，同时进一步拓展该理论的应用范围。

二、科场信号传递的基本要素

在信号传递理论中，“信号发送者”（signaler）、“信号接收者”（receiver）与“信号”是三个基本的构成要素。“信号发送者”即信号传递的局内人，他们能获取局外人无法获得的产品或组织信息。这些信息既有积极成分亦有消极成分，他们必须决定是否将这些信息传达给局外人；“信号接收者”是自身缺乏却希望得到有关该产品或组织信息的局外人，他们可根据信号发送者的信号作出判断与反馈，[④]我们可以将科举时代的考生视为信号发送者，考官视为信号接收者；“信号”是实现信号传递的材料，在科举考试中它相当于联系考官与考生的间接的、可观测的“符码”。在前科举时代，据说西周在人才选拔方面，实行“贡举”制度，即“乡举里选法”[⑤]。这种举荐活动大概是以“德行道艺”“乡射之礼”为“信号”对人才加以区分。汉代出现察举制，以品行、状貌、年龄、对策等信号诏选

---

① 何辉：《身份获得和信号传递：中国个人的高等教育投资需求研究》，中国社会科学院研究生院2008年版。

② 张善超、李宝庆：《信息不对称理论视域下新高考改革的困境及突破》，载《大学教育科学》2020年第4期，第70–77页。

③ 王汎森：《跨学科的思想史——以“废科举”的讨论为例》，载《复旦学报》（社会科学版）2021年第2期，第51–60页。

④ Brian L. Connelly, S. Trevis Certo, R. Duane Ireland, Christopher R. Reutzel: *Signaling Theory: A Review and Assessment*, *Journal of Management*, No. 1, 2011, pp. 44–45.

⑤ 刘海峰、李兵：《中国科举史》（修订本），东方出版中心2021年版，第2页。

贤者入仕。魏晋南北朝大致以德行、经术、文法为信号取任人才。在科举时代，为政者主以客观、高效、易衡鉴的笔试为标准，用“文章”进行信号传递，以达到遴选真才的目的。科举史上曾经使用过的考试文体，诸如经义、论、表、判、策等皆有考察士子不同道德、知识及能力的作用，“经义所以考其根柢，论所以试其识见，表所以觇其淹洽，判所以观其断制，策所以验其经济”①，可见在制度设计者眼中，文可载道亦可见道，每类文章都切于实用，被视作士子将来入仕完成某类工作所具备的道德、知识、技能信号。

作为信号的科文，其内容与文体历经数次演变，各类文章的地位亦有起伏。中晚唐时期，朝野上下崇尚诗歌风尚，此时期诗赋文地位凸显，充当取士的主要信号，善于写作律诗与律赋便更容易得到考官的垂青。晚唐至宋初受“古文运动”的影响，诗赋文一再被平实的古文与实用性较强的策论文挑战，但却未能撼动其主导地位，作为取士信号其影响一直持续到北宋中叶。宋神宗执政时期，王安石首创经义文以取代诗赋文，诗赋文作为信号的功能逐渐为经义文取代。北宋中后期至南宋，诗赋文曾一度被罢废，至元、明、清中期科场不再考试律诗、律赋。明清时期，“四书”文逐渐被确立为首场必试之文，因其有“代圣人立言”“载圣人之道”的基本追求，成为取士主导信号，此时期士子研习与备考八股文是中举的必经之路。乾隆二十二年（1757）朝廷宣布科场加试五言八韵诗，而后将其提至首场“四书”文后以示重要地位，消失了近三百年的应试诗重回考场，再次充当信号功能，与制义一同成为取士最重要的文体。

科文在实际评阅中又逐渐衍生出许多具体细致的标准，这些评卷标准可视为更细化的信号，向考生传递作文信息。清代对于“四书”文的评判标准大多以“典雅纯粹”“典实纯正”“清真雅正”为标准，“理、法、辞、气”是考官阅卷批语的具体操作层面。② 科举时代后期对于此类科文的评判标准变得更为多样。康熙、雍正以前江苏一带院试“四书”文，有学使以“快、短、明”三字衡文，即“交卷愈快愈妙，篇幅愈短愈妙，意

---

① 《清实录：高宗实录（三）》，中华书局1985年版，第845页。

② 龚延明、高明扬：《清代科举八股文的衡文标准》，载《中国社会科学》2005年第4期，第176页。

义则取其明白轩爽”①。一般衡文定夺，向以文为主、字为辅。但清中后期考场中曾一度以书法为重，“朝廷重视翰林，而取之之道以楷法，文之工拙弗计也”②，字画端楷的“馆阁体”变成了一时趋之若鹜的考试信号。对于首场试帖诗，评阅标准大多讲究声律属对，是否压官韵等。对于三场表、判、策论等文章的评判大多以“文义”为主，“文理优长”为上品，“文理纰谬”为下品。但无论考试信号如何改变，总是关涉士林万千举子应试与入仕前途，有着明显的“指挥棒效应”。

三、科场信号传递的运行机制

科场中的信号传递大致遵循这样一个运行流程（见图1），考生通过写作可被观察与评阅的作文信号，将自身道德、才识、能力等信息发送给考官，考官观察到考生所传递的信号，根据“文义”“书法”等过往阅卷经验与个人喜好，对考生作出区分与筛选，考生再根据考官的出题偏好与评判标准等的反馈，进一步调整自身的作文信号，以备下次考场中传送更有效的科文信号。

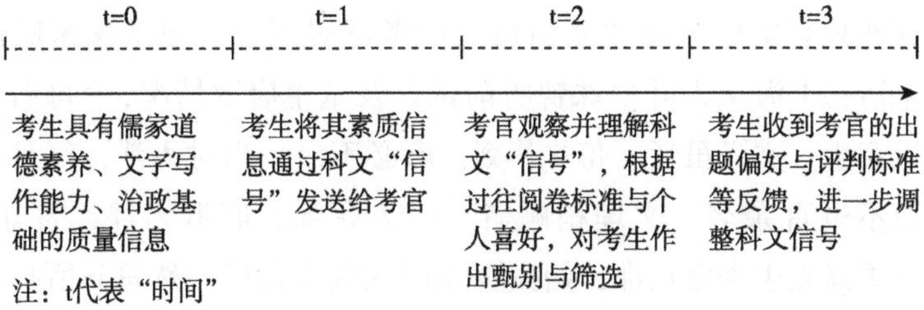

图1　科场中信号传递的流程

从信号传递理论的视角来看，接受高水平的文化教育与写作高水平的科文本身与士子能力并不直接挂钩，无意于提升个人的实操能力，事实上大多数从小接受儒家教育，学习传统写作以备科考的士子，在考试前几乎都没有实际治政经历与能力，如王安石曾批判北宋初期以诗赋取士之风，认为“今以少壮时，正当讲求天下正理，乃闭门学作诗赋，及其入官，世

① 徐珂：《清稗类钞》，中华书局2010年版，第608页。
② 徐珂：《清稗类钞》，中华书局2010年版，第678页。

事皆所不习，此科法败坏人材，致不入古”①。因此，就整个社会而言，对以学习儒家经典为主的文献教育与学作科场文章的训练进行的投资所产生的社会收益率可能为零。不过，考取功科名后就可以之为凭据，证明自己拥有执政阶层所认可的道德素养与治政基础，说明只要接受文献教育、写作训练与获得科名成正相关，那么接受更高水平的教育与写作训练就可以成为个人不可或缺的证明自身拥有更高素质与能力水平的信号。可当越来越多的人可以接受到良好的教育，得到高水平的写作训练时，信号的价值也会越来越低，但即使教育的发展使信号的价值降低，却依旧会出现获得更多教育的压力，从而进一步降低教育投资的社会效益。因此根据信号传递理论做进一步推演，当科文被作为一种选官制度的主导信号时，社会将存在对其过度投资的倾向。

如前文所述，调整与发送信号都可能需要高额成本的投入，这里的信号成本，即信号发送者将低水平信号调整为高水平信号的成本，可从广义上理解，即金钱成本、精神成本和其他成本。② 士子读书与应考活动需要支付高昂的成本，诸如聘请私塾先生执教、购买考试参考书籍、置办考试材料、解决赴考旅费、付出长年累月的时间与精力备考、恳请缙绅延誉公荐等，这些只有富庶家庭才能担负起的考试费用，一般平民家庭供应不起。明末清初上海文人叶梦珠曾听前辈言及童生府取情况，“每名价值百金，应试童生，文义虽通，苟非荐剡，府必不录。当时入泮，每县六七十名，府取不过百余名，文理稍顺者，竭力营谋，府取入泮，直如拾芥。……自方禹修先生来守松郡，始拔真才而取额亦渐广，然每县所拔孤寒无过二三十名”③。

通过接受高昂教育等方式调整信号，提高信号传递的有效性，富庶家族的考生会与寒畯家族的考生区分开来，如此便达成信号传递所谓的“区隔”④ 的目的，即信号发送者希望通过信号的传递使信号接收者识别出真正有能力者。同时，“区隔”还可在“抵消性机制”（counteracting institu-

---

① 脱脱，等：《宋史：卷一百五十五》，中华书局1977年版，第3617-3618页。

② Michael Spence: *Job Market Signaling*, *The Quarterly Journal of Economics*, No. 3, 1973, pp. 359.

③ 叶梦珠：《阅世编：卷二》，来新夏点校，上海古籍出版社1981年版，第35页。

④ 朱敬一、林全：《经济学的新视野》，联经出版社2004年版，第81页。

tions）下进行。所谓“抵消性机制”，即在信号传递之前，许多规则与许可制度的出台实施可以用于抵消或减少质量不确定性的影响。[①] 唐代进士科实行“通榜”与“公荐”制度，考生拥有的社会声誉、向考官投送平日优秀习作、借社会名流和达官显贵延誉与推荐等便可视为一类很明显的规则，这类规则就像购买商品时附带的“保修卡/保证书”（guarantee），以向考官保证自身素质与能力具有其所预期的某些特殊价值。许可制度主要是指技术性劳动者获得从事某种职业的许可证，以显示自己达到某一熟练程度的证明。[②] 在科举的场域中，考生已经取得的科名资格也承担着这种证明作用。考生通过层层竞争，相继取得秀才、举人、进士等科名，证明其熟练写作高水平文章的能力。无论是规则抑或是许可制度，它们也同时在扮演着“区隔”的角色，即优秀士子通过提供“保证书”等方法，将其与一般士子的文章区别开来，从而使考官相信其文章是高质量的，文章所传递的能力等信息当然也较常人更胜一筹。

一般而言，出于减少信息不对称的目的，信号发送者通常不会向信号接收者发送消极或负面信号，相反，他们一般会采取行动，故意传达其积极的、不易察觉的品质。晚唐至宋初，以诗赋取士，应考士子收敛起平日的才情气魄，于考场写作符合规范的声律、押韵的律诗与律赋，穷日夜疲精神以求中举。清前期殿试作策题，考生一般都以颂扬圣朝为主，考官从卷面上接收到的都是“歌功颂德、太平盛世”等的积极信息，考生对于策问中的现实问题或避而不答或避重就轻或浅尝辄止的分析，这些本是消极的信号却通过刻意处理在策文中并不显现，而是通过华丽辞藻的堆砌、虚妄空言的议论，向考官传达其高尚道德、学识底蕴以及国家的承平气象。

科场中信号可以被诚实地传递也可以被带有欺骗性地传递，即考生文章的质量可能被真实地呈现，也可能被虚假地展示，诚实传递的信号者增加了信号的可靠性，欺骗传递的信号者降低了信号的可靠性。考官的困难

---

① George A. Akerlof: *The Markets for "Lemons": Quality Uncertainty and the Market Mechanis-m*, *The Quarterly Journal of Economics*, No. 3, 1970, pp. 499-500.

② George A. Akerlof: *The Markets for "Lemons": Quality Uncertainty and the Market Mechanis-m*, *The Quarterly Journal of Economics*, No. 3, 1970, pp. 500.

当然是确认文章的质量，所谓“崇实黜浮，别裁伪体，司衡者之任也”①，因为当考生所传递的信号真实可靠，即考场写作显现真才实学时，那么考官根据接收到的真实信号作出的评阅与择选，对于考、选双方而言皆获益，考生可以借此一举中第，考官也可以坐拥一批门生，名满天下；当所传递的信号存在虚假性，如考生通过作弊的方式：抄袭、套作、倩代、传递、换卷等完成的考试，而未展示自身真实才能时，则考官会被虚假信号所欺骗，选拔出非真才实学的人，考生与考官之间的欺骗性“交易”会将诚实考生写作的优秀文章逐出科场。如此选拔也许会使那些庸碌之辈侥幸得中而考官利益将受损，来日磨勘一旦被查取士不实，不仅考生本人可能被取消功名，考官也面临着惩罚，轻则降级罚俸，重则革职流放，更甚者处以极刑。科场中原本可能有考官希望遴选出高质量的文章，而且确实有一批有能力的考生可写作优秀文章，但由于出现了这些蓄意以次充好进行欺骗性“交易”的人，使得诚实者被驱逐出场屋，破坏了考试的公平公正性。长此以往，科文形式将会固化，剿说雷同甚嚣尘上，文章的平均水平将会下降，选拔出的人才其人文素养将大打折扣，这个过程在经济学领域称之为“逆向选择”，也是“劣币驱除良币”在科场中的具体体现。如此分析，似乎可以为我们理解考试内容与文体在朝代末经常成为人们重点抨击对象、成为执政者改革重点等的问题提供另一种视角。

四、科场信号传递的辅助机制

信号传递的辅助机制包括信号反馈（feedback）与信号环境（signaling environment）两方面。信号反馈即信号接收者向信号发送者反馈其信号有效性的信息，使发送者进一步提高信号的有效性。这里的基本假设是，信息不对称在两个方向上都起作用，即接收者希望获得关于发送者的信息，但发送者也希望获得关于接收者的信息，这样他们就可以知道哪些信号最可靠，接收者对哪些信号最关注，以及接收者如何解释信号。在科举考试中，信号反馈主要指考官通过书面评语的形式将其评判标准与喜好反馈给考生，让考生了解考官如何看待他的文章、他的作文信号还存在哪些不足

---

① 《乾隆二十七年壬午科山东省乡试录题名》，乾隆二十七年刻本，第7页。

之处、考官的出题偏向与阅文标准等，进一步引导考生调整自身作文信号。

考官反馈的信号在很大程度上左右着士子备考的倾向，引导士风学风的走向，因此信号反馈的意义非凡。信号反馈可以是正向积极的，若一切以实用为导向、以文章定去留、以文理论高下，考官向考生反馈的信号无疑是公平公正的，则士风学风由此兴盛。信号反馈也可以是负面消极的，如此便容易让士子挖空心思讨好考官，文章易流于形式，陷入窠臼，从而导致文风与士风不振。如金朝大定后期，张行简知贡举，唯以格律为评判准则，似“洗垢求瘢”般苛甚文章，使士子向学竟“模题画影，至不成语言，以是有‘甘泉’‘甜水’之论”①。金章宗泰和与卫绍王大安以来，科文弊端更为凸显，但考官皆惟守格法，舍词章大体而专拾格式之小节，无育材心，因此所取之文皆陈腐萎弱，仅合格律要求而已。可见考官的反馈若流于一己私见，不但不能觇见士子学识，无益于选拔真正德才兼备之人，反而使士子作文为迎合其喜好，走向奔竞附会之歧途。

考官重复出题或偏重某类文体，其信号反馈功能就会被不断增强，从而易使考生揣摩到考官出题习惯与喜好，提前拟题以备考场套作。明清时期，三场考试之制成定式，但在具体衡文阅卷中，主司又多以初场“四书”文为重，而不深求二、三场表、判、论、策等文，导致士子只求捷径，于“四书一经之中，拟题一二百道，窃取他人之文记之。入场之日，抄誊一过，便可侥幸中式”②。“四书”文尚如此，“五经”文更甚严重。当临大比之年，士子便从其所治一经，选择其中可以命题的数篇阅读临摹，彼此抄袭，清初北方科场“五经”试中，甚至出现考生“每四人者各出其所记一篇，互换誊写”③ 的荒诞现象。

当一个信号被其他人以一种特殊的方式解读时，一个不确定如何解读信号的人可能会把模仿作为一种决策手段，④ 这可能会导致一种从众效应，

---

① 刘祁：《归潜志：卷九》，中华书局 1983 年版，第 97 页。

② 顾炎武：《日知录校注》，陈垣校注，安徽大学出版社 2007 年版，第 911 页。

③ 戴名世：《戴名世集》，王树民编校，中华书局 1986 年版，第 35 页。

④ Dirk Sliwka：*Trust as a Signal of a Social Norm and the Hidden Costs of Incentive Schemes.*

即信号以一种可能准确也可能不准确的方式被解释。① 从某些角度看，科文程式化的过程正是因为士子对作文信号理解不当所致。科文信号传递的环境建立之初，考生与考官传递的信息基本可以实现互通，后来出于应试之需，士子逐渐将官方钦定或民间坊肆印刷、出版的考场范作视为考官反馈信号的唯一解读，“模仿”便逐渐成为士子平日习作与考试套作主流。久而久之，将范作解读为科场有效传递的信号被广泛认同。当然模仿本身没有问题，或者说通过模仿范作而中举，不仅节约信号及其传递的成本，还有利于形成稳定的信号传递通道，可一旦全民投入到仿效行动中，作文势必出现千篇一律的局面，信号不免日益僵化，如此其作为区分的功能就会失灵，导致选拔不出所需要的人才。

科文信号的产生与传递同时需要相应的社会制度与文化环境做保障。中唐以后诗赋文成为进士科取士的重要信号，得益于初唐诗歌的繁荣、儒家诗教传统以及崇尚诗赋文体的社会风习等环境②；北宋中后期经义文逐步取代诗赋文作为传递的主要信号，主要在于王安石变革贡举法，提倡“罢诗赋，专以经义取士”所创造的制度环境。

科文信号产生与传递的环境由不确定到逐渐固定，有助于形成完整的通讯管道，提高人才甄别与选拔的效率；科文信号由固定逐步固化，则将抑制更先进的替代性信号的形成与传递，阻碍国家选拔适合实际之需的人才。以明清八股文为例，它源自唐代的试帖诗与宋代的经义，能够很好地考察士子的经术与文学两方面的才学，③ 其所论“虽曰小技，而文武干济、英伟特达之才，未尝不出乎其中”④。学作八股文逐渐为士人接受，以八股取士的风气逐渐固定下来，成为明清选拔人才的主导信号。不过，明清末期八股文逐渐显现出弊病。道光年间，杨绳武在论制艺得失中指出，“近

---

① Gerry M. McNamara, Jerayr J. Haleblian, Bernadine J. Dykes: *The Performance Implications of Participating in an Acquisition Wave: Early Mover Advantages, Bandwagon Effects, and the Moderating Influence of Industry Characteristics and Acquirer Tactics*, *Academy of Management Journal*, No. 1, 2008, pp. 113-130.

② 张蕊：《唐代诗赋取士制度形成的原因》，载《北京理工大学学报》（社会科学版）2002年第3期，第41-43页。

③ 刘海峰：《八股文百年祭》，载《厦门大学学报》（哲学社会科学版）2001年第4期，第91页。

④ 赵尔巽，等：《清史稿》，中华书局1977年版，第3151页。

二十年来，文章之病有二：槁其面目，钝置其心思，开卷索然，了无意味，假先辈之病也；臃肿其肢体，痴肥其肠胃，掩卷茫然，不知何语，烂时文之病也”①。而且帝制后期，八股文出题割截牵搭，强为凑合，不顾文义与经书的完整性，抑且大悖经义，非取士之正道。但此时作为信号的八股文已实行几百年之久，在士人眼中早已根深蒂固，若强为更改以肃清积习、敦崇实学，选拔出实学实用的人才，相当于将已经建立起的稳固的信号传递系统打破，而信号从产生到传递又会有一定的滞后性，此间易使士子难以及时作出调整与发送对应信号，引起思想的波动。康熙二年（1663）乡会考试停止八股文，改用策、论、表、判，康熙五年（1666）遂安人方渭仁在昏迷中梦见与逸民周仁、和州知府杨仲延等人用天平兑卷之轻重来决定丁未（1667年）春闱试卷的高下，“重一斤者为合式，十三四两次之，十两以下则不入格矣”②，当确定中试名额后，方渭仁竟从昏迷中苏醒并逐渐病愈，这件怪事从某种程度上流露出士子在八股文停试后某种茫然无措的心态。

五、科场信号传递的价值

事实上，考生的道德、才识、能力等是不可观测且难以验证的东西，考官不可能逐一考查考生德行艺能，达到基于“真正”了解成千上万考生的道德品质、知识与技能水平上作出公正选拔的目标，因为面对数量日渐庞大的考生群体这样操作既不现实也无必要。那么考官对考生儒家道德、经书学识、治政能力作出的判断大多也仅限于考生的答卷水平，即评阅他们文章文理是否畅达、字画是否端楷、卷面书写是否符合格式要求等，因为纸笔考试是一个可以被验证、被量化的指标，通过答题情况来判断应试者的道德与能力等特质，虽然不至全面，但在单位时间内提高了筛选效率，可以“套”出考生的能力与素养，所以在科举制设计之初确实比察举选人的方式更为客观公正、易为操作，这也是科举制能实行1300年之久的重要原因之一。

---

① 杨复吉：《昭代丛书辛集别编》，道光十三年刊本，世楷堂，第25页。

② 褚人获：《坚瓠集：秘集》，李梦生校，上海古籍出版社2012年版，第1233页。

考官之所以将考生闱墨与其德才高度关联，“以文取士”的逻辑起点根植于中国古代“文”“道”之密切关系理路中，所谓“文以明道”“文以载道”，只要人们认同文与道存在着紧密联系，反映到科举取士中，自然也就认同“以文取士”的优越性与不可替代。所谓“人心之精微，发宣于言，而著见于文。其人醇者，其文粹以廉；其人疵者，其文骏以肆；其人厚者，其文温以栗；其人薄者，其文纤以碎”①，也就是说，只要“以文章取士”与道德或能力之间存在正相关，则制度设计者便可用考试为手段测验并知晓应试者的能力与素养，进而选拔出一批符合于王朝统治的后备官吏。如此，纸笔考试也成功扮演了传递考生个人道德、能力信号的角色，这就是其重要价值所在。

① 潘耒：《遂初堂集：文集卷八》，康熙四十九年刻本，第3页。

18 世纪中期中国与朝鲜王朝士人关于科举的认识与比较*

——以《乾净衕笔谈》为例

张晓波**

摘　要：1766 年（朝鲜王朝英祖四十二年，清乾隆三十一年）正月，朝鲜王朝赴华使团成员洪大容与在北京准备应试的中国士子严诚、潘庭筠、陆飞进行了一系列笔谈，其中关于两国科举制度的讨论与比较，内容丰富、交流深入、互动性强，为我们了解 18 世纪中期中国与朝鲜王朝的科举制度及其中朝士人对两国科举制度的认识，提供了重要的史料。

关键词：《乾净衕笔谈》；科举；朝鲜王朝；洪大容；严诚；潘庭筠

学界对朝鲜王朝赴华《朝天录》《燕行录》研究成果很多，尤其是注重研究其中的中朝两国士人的笔谈情况，但较少关注其中的科举知识以及两国士人对科举制度的讨论与评价。其实，整理研究《朝天录》《燕行录》及笔谈中的中国与朝鲜王朝科举知识，对于推动东亚科举文化圈研究有独特的意义。由于朝贡制度①的存在，中国明清两朝与朝鲜王朝长时间往对方派出使臣，所留下的笔谈资料很多。但基于多种因素的考量，中朝官员之间的笔谈非常慎重，因此留存的涉及科举制度的内容较少，且不深入。相比较而言，非官方身份的读书人之间的交流，对身份等顾忌相对较少，

---

* 本文系国家社会科学基金项目“近代东亚秩序变迁研究”（项目编号：18BSS028）阶段性成果。

** **作者简介**：张晓波，山东师范大学讲师，历史学博士，主要研究方向为东亚史、朝鲜王朝科举制度。

① 李云泉：《万邦来朝 朝贡制度史论（修订版）》，新华出版社 2014 年版。

因此在探讨问题时没有过多的限制，为我们提供了难得的资料。对中国人与朝鲜人对彼此科举制度的认识与比较，记载最为详细、探讨最为深入的当属1766年（朝鲜王朝英祖四十二年，清乾隆三十一年）正月在北京乾净衕（今甘井胡同①）的一系列笔谈②，笔谈的主要成员如下：朝鲜王朝方面为使臣随员的洪大容；清朝方面为严诚（1733—1767，字力闇，号铁桥）、潘庭筠（1743—?，字兰公，号秋德园）、陆飞（1719—1789，字起潜，号筱饮）三人。在此当中，洪大容与严诚、潘庭筠三人之间进行了深入的笔谈。

一、缘起

洪大容（1731—1783），字德保，号湛轩，汉城人，18世纪朝鲜王朝著名的哲学家、自然科学家，实学派北学论的主要代表人物之一。他著述颇多，内容涉及天文、地理、历法、数学、政治、经济、哲学、教育、兵制等，现存有《湛轩书》14卷。洪大容倾心仰慕中华的文物制度，一直有“友中国之人而论中国之事”及“欲得一佳秀才会心人，与之剧谈”的心愿，但在朝鲜王朝国内并无此机会。清乾隆三十年（1765），朝鲜王朝派遣冬至兼谢恩使团赴中国，正使是顺义君李烜（1712—?），副使是参判金善行（1716—1768），书状官为执义洪檍（1722—1809）。洪大容是洪檍的侄子，随使团入华。③ 这次北京之行为洪大容近距离观察、了解中国制度提供了便利条件。

洪大容在出使途中不断寻找机会了解中国，其中也包括中国的科举知识。洪氏在赴京路上，从宁远卫举人王渭处了解到中国科试满汉并赴录取情况，从沙河郭生处了解到中国士人对读书、应举、为官的态度④；在北

---

① 权纯姬：《乾净衕与甘井胡同》，载《当代韩国》2000年第1期。

② 本文所使用的《乾净衕笔谈》版本，为洪大容五代孙洪荣善编纂的《湛轩书》（收入《韩国文集丛刊》第248册），邝健行点校的《朝鲜人著作两种》（2010年）中的《乾净衕笔谈》，即选用此版本。

③ 邝健行将洪大容称为跟随使节团到北京的“私人观光者”，见［朝鲜王朝］洪大容、李德懋著，邝健行点校：《朝鲜人著作两种：乾净衕笔谈·清脾录》，上海古籍出版社2010年版，第373页。

④ ［朝鲜王朝］洪大容：《湛轩书·外集》卷七《燕记》，《韩国文集丛书》第248册，第257-258页。

京游历时，亦见到登科者门前竖旗的景象；① 离京返程时，又从沈阳周学究处了解清书考试之法、从白姓山西贡生了解院试的录取人数。② 但上述认识都是关于中国科举制度的只言片语，并没有满足洪大容的求知欲，洪氏有机会对中国科举制度有更深入的认识，还是来自其在北京与严诚、潘庭筠的笔谈。洪大容与严、潘之间的认识过程及笔谈内容，学界多有研究，本文不再赘述，重点探析三人笔谈中关于两国科举的认识与讨论。

刚开始，由于洪大容与严、潘之间彼此并不熟悉，笔谈内容不多，涉及科举制度的内容更少。比如，二月初一日，朝鲜王朝裨将李基成从严、潘二人处带回他们的省试朱卷。洪大容在看过朱卷后，认为“虽未详其文体，而要其精炼可意”③。但同行的金在行似乎不清楚中国科举制度省试（即乡试）与会试的区别，问：“两位朱卷，是会试作耶?”潘庭筠答：“省试也，此时到都会试。”二月初四，严、潘二人到玉河馆拜访洪大容时，朝鲜正使李烜接见二人，除略致远客劳慰之意外，还简要问及朝鲜科期及科制。二月初八日，金在行曾对严、潘二人感慨：“我国以科取人，白身取官亦自不易，或得之只有斗禄末县而已，虽仕何用。”④

随着洪大容与严、潘之间越来越熟悉，笔谈越来越深入，其涉及两国科举制度的内容越来越多。二月十二日，洪、严、潘三人谈及两国读书人遇到的共同困境：科举中式不易，失败后，自己虽然不想再应试，但毕竟心有不甘；又加之父母之命、亲友之劝，往往以此尚未断迹科场。此外，在这次笔谈中，还引出了中国科举制度史上的一段公案。潘庭筠言：“国初，宫中有得一幅书，云‘谨具万里山河下’，书云‘文八股拜呈’。”洪大容未解其意。潘氏解释道：“言前明重文轻武以致亡国。”⑤ 其实，此典故语出明末清初吕留良，原文为：“崇祯末，有人书一仪状云：‘谨具大明江山一座，崇祯夫妇两口，奉申贽敬。晚生八股顿首。’贴于朝堂，亦愤

① ［朝鲜王朝］洪大容：《湛轩书·外集》卷八《燕记》，《韩国文集丛书》第248册，第278页。

② ［朝鲜王朝］洪大容：《湛轩书·外集》卷八《燕记》，《韩国文集丛书》第248册，第270-273页。

③ ［朝鲜王朝］洪大容：《湛轩书·外集》卷二《乾净衕笔谈》，《韩国文集丛刊》第248册，第129页。

④ ［朝鲜王朝］洪大容：《乾净衕笔谈》，《韩国文集丛刊》第248册，第129-131页。

⑤ ［朝鲜王朝］洪大容：《乾净衕笔谈》，《韩国文集丛刊》第248册，第141页。

世嫉俗之言也。”① 其意似乎是对科举制度中的八股取士有所不满。吕留良的这段话在清代以后被广泛引用，且引用者大多认为，大明江山之所以会走向覆亡，主要原因就是明朝科举采用八股文取士。②

二、洪大容对朝鲜科举制度的单向介绍

洪、严、潘三人围绕两国科举制度的讨论和认识，最为深入的当属二月十二日洪大容书写的《东国记略》和二月十七日的笔谈，现分述如下。作为对严、潘二人“东国郡县有几、山川如何”询问的答复，二月十二日，洪大容撰写《东国记略》近三千字，详细介绍朝鲜的地理、八道、郡县、职官、历史、山川、特产、风俗、古迹、房舍、衣饰、文教等，其中涉及本国科举制度的文字如下：

科制则三年一次为大比科，八道分乡试，如中国之法。初试三场，第一场论疑，第二场赋表，第三场策。取其入选者，会试于京。四书三经，每抽一章，并注背诵。一书不通，则不得入选。初试合取五百余人，会试取三十三人，此为大科，始通仕路。状元、探花，如中国之制。有进士试，初、会试皆两场，初场诗赋，终场疑义，亦分乡试、会试。于京初取一千余人，会取二百人，此为小科，非若中国之进士也。登进士者，谓之大学生。……此外国有庆事，则设科取士，有增广、别试、庭试、谒圣等名。初试则或有或无，皆赋、表、策、论，临时出一文试取。选初试者未登会试，则并削其初试，此亦异于中国也。此外学校月课，小小科名，不可尽记。武科与文科并设，其制亦大同，但试取倍多，无小科进士之名。步射、骑射、使枪、放炮，略如中国制。③

洪氏采用类比的方法，从四个方面介绍了朝鲜王朝的科举制度：文科的乡试、会试、殿试考试内容及录取名额等；小科进士试的初试、会试考

① （清）吕留良：《伥伥集·真进士歌赠黄九烟》夹注，见徐正主编：《吕留良诗文选》，浙江古籍出版社 2009 年版，第 60 页。关于此事，亦有他说。如王桐龄（1878—1953）记载如下：相传李自成陷京师时，营中接得送礼四摺帖一扣，上面写“谨具大明江山一座，奉申献敬”，下面写“文八股顿手拜”。见王桐龄：《中国史》（下），北京联合出版公司 2015 年版，第 1126 页。

② 李兵、刘海峰：《科举——不只是考试》，上海教育出版社 2018 年版，第 7 页。

③ ［朝鲜王朝］洪大容：《乾净衕笔谈》，《韩国文集丛刊》第 248 册，第 145-146 页。

试内容及录取人数；增广、别试、庭试、谒圣试、月课等特别试的考试内容、举行次数等；武科的考试内容与录取人数。其中，洪大容特别指出，朝鲜王朝科举制度不同于中国科举制度的两个方面。一是“进士试为小科，非若中国之进士也。登进士者，谓之大学生”，即朝鲜王朝科举中的“进士”相当于中国科举中的“生员”①。二是特别试中，如果举子“选初试者未登会试”，则“并削其初试”，下次科考还要从初试重新再考。这与中国科举中士子获得举人功名后可以多次参加会试不同。

三、两国士人对彼此科举制度的认识与比较

如果将二月十二日洪大容对朝鲜科举制度的单向介绍比作独奏曲的话，二月十七日洪、严、潘三人关于科举制度的笔谈，则是你来我往，相互问答，俨然一首协奏曲。尤其是在二月十七日，三人在关于两国科举制度的讨论中，涉及面广且深入，现详述如下。

（一）严、潘二人对朝鲜科举的询问

或许由于洪大容在《东国记略》中对朝鲜的科举制度有了比较集中的介绍，严、潘二人在二月十七日的笔谈中，对朝鲜的科举询问较少，且主要集中在考试内容、考试方法、选拔标准等三个方面。

潘庭筠询问朝鲜王朝科举考试内容：“东方试士以赋，律赋耶？古赋耶？”洪氏答以：“非古非律，自作一体耳。”即洪大容认为本国的科举考试内容与中国有异。

潘庭筠对朝鲜会试中的背书之法很感兴趣，询问：“东方会试有背书之法，成诵后不别试以文耶？”洪大容给出了肯定的回答，并认为朝鲜背书要求极高、难度极大，详细答曰：

别有殿试，试以文。但背书之法极难，别有谚解，必尽诵无一字差，然后乃入选应试。然专力记诵者，盖多徒诵其文而全不识其义，以此应之者少。弟辈亦不得应此试，以其工力之难也。②

---

① 详见张晓波：《朝鲜王朝科举中的“进士”与“壮元”》，载《教育与考试》2021 年第 1 期。

② ［朝鲜王朝］洪大容：《乾净衕笔谈》，《韩国文集丛刊》第 248 册，第 151 页。

在洪大容看来，与中国殿试单考策文不同，朝鲜王朝殿试中至少有两个特点：一是要求背书，且不差一字方能进入下一环节；二是使用谚文（朝鲜王朝时期民间使用的一种表音文字）对中国典籍进行解释。这种政策行之既久，出现了如下问题：士子们为求通过考试，便死记硬背，导致“徒诵其文而全不识其义”。洪大容承认自己不擅长背诵中国典籍，因此没有通过背诵获得直赴殿试的资格。

此外，潘庭筠对朝鲜以世禄取人、以地望择人的做法不以为然，认为其非善政。在潘氏看来，“人才不择地而生，立贤无方，必以此拘之，恐华胄中未必皆贤者，而贤者反限于资格矣”①。

与潘庭筠不断问及朝鲜王朝科举制度的内容相比，严诚似乎发问不多。只有当洪大容抛出一语“我东之状元，只见其忧而未见其荣”时，严、潘两生皆惊问何故也。洪氏答曰：“千金之躯，一朝委而致之于君。死生荣辱，不能自保，岂非可忧乎？戴花张盖、鼓吹前导，遨游于街上，仅得市童之怜，而其有识者笑之。此有何荣耶？”② 洪大容对本国科举中式者待遇及任官的介绍与评价，为严、潘二人留下了深刻印象。

（二）洪大容对中国科举的“七问”

与严、潘二人相比，洪大容针对中国科举考试的询问内容多、程度深，主要从以下七个方面展开。

洪大容首先询问了与严、潘二人同来参加会试的浙江省举人情况，潘氏答曰：“（浙江）同榜九十四人，皆谓之同年。而外省同科者，谓之遥同耳。”潘氏又言：“顺天乡试，谓之北榜，其中多有南士，此则如同乡同年一般。”潘庭筠为洪大容解释了“同年”“遥同”的含义，并说明了中国顺天乡试与“北榜”的问题。

洪大容的第二个问题是关于中国科举制度的弊端，即询问科场是否“亦有借文代述之弊”。一个“亦”字，即透露出朝鲜王朝科举中存在借文、代述等弊端。严、潘两人并不避讳，坦然承认中国科场之弊甚多，有怀挟、代倩、传递等种类。既然有作弊手段，必然有防止作弊的措施，严

---

① ［朝鲜王朝］洪大容：《乾净衕笔谈》，《韩国文集丛刊》第248册，第148-149页。
② ［朝鲜王朝］洪大容：《乾净衕笔谈》，《韩国文集丛刊》第248册，第151页。

诚便列举中国举子入场搜验、归号锁钥、交卷弥封誊等防止科场作奸的措施，认为“种种皆以防作奸者也，此时立法甚严，即不肖者亦皆有身家之念，犯法者少矣”。潘氏进一步指出，本国科场立法甚严，且处罚极重，因此科场弊端渐少：“如今少矣，此谓关节，情轻法重，觉则砍头，试官与士子骈首就戮。”实际上，严、潘二人所述情形，与清代科举舞弊严重的客观情况，并不完全一致。其中，潘庭筠似乎对本国举子的水平不抱乐观态度，认为即使没有借文代述的现象，举子的文章亦无足称道，总之科目中庸人多而奇人“千无一人”。

洪大容的第三个问题是由严、潘二人乡试朱卷所引出的。洪氏询问：“有习《易》、习《春秋》之语，此何谓也？”严诚对此解释说：“中国试士以五经，分取其专习一经者，谓之本经；即有通五经者，亦必专归一经，此即明经遗制也。……试之以经义四篇，每经出四题，人归一经。然近时经学荒芜，即专习一经者，亦多有茫然不知经义者矣。习之一字，殊为辜负。”严诚介绍，中国人虽专习一经，但亦有可改习所经，并拿二人为例进行解释：潘庭筠原习《诗经》而改《易》者，自己原习《诗经》而改《春秋》者。①

洪大容的第四个问题是中国科举考试中的策问与会试等问题。关于中国科举考试中策的具体内容，洪氏询问“策中亦论时务耶”。潘氏答曰：乡、会试五道内，则三条古策、二条时务；至于殿试，则时务。洪氏继续询问会试日期及发榜、题名录等事宜，严氏答曰：“会试为三月初八日开始，四月初五六时出榜，亦如乡试。本人则有报子，鸣啰持红单书姓名来飞报。”严诚特意提道：“不论远近，一出榜后，市场上便有卖题名录者。”无论识字与否，看客们都在购买，争先恐后查看自己的亲友是否登第。严诚说，中国故谚有之曰：“一举成名天下闻。”洪大容笑曰：“天下一理。”潘氏又曰：“过一月则皆不知之矣，惟会元姓名，虽百年犹在人口也。”②

洪大容的第五个问题是询问中国状元的待遇。严、潘二人举以实例，认为状元及状元夫人所获待遇极高。

余曰：状元后虽官高，必以状元称之耶？

① ［朝鲜王朝］洪大容：《乾净衕笔谈》，《韩国文集丛刊》第248册，第150页。
② ［朝鲜王朝］洪大容：《乾净衕笔谈》，《韩国文集丛刊》第248册，第150页。

兰公（潘庭筠）曰：亦不然，但乡里必以此称之。即在被此声者，亦甚乐其称此名，而不愿以高官称之也。钱塘有梁诗正，位至宰相而吾乡人皆称之曰“梁探花”，渠自以为荣。渠诗自注曰：“乡人至今称余为梁探花。”探花且然，况状元乎？

又曰：状元胪唱后，皇上开午门太清门。状元一人，骑马由中门出，顺天府尹执鞭，送状元归第。赐锦袍，皆宫人所制。夫人则本省城上乘舆，遍洒五谷，以压荒歉，分福于人。二事虽宰相，皆不能与焉。

余指遍洒五谷云云曰：此有何法？

力闇（严诚）曰：府县具供帐，都人聚观，近千万人。

又曰：外省总督、巡抚仪从，长及里余，司道以下递杀皆传呼，辟人于道，衙门列戟，鼓吹放炮。而状元初报到时，亦有府县官为之竖旗杆扯旗。其夫人游城之仪从，几不减督抚，此其所以为荣也。然而在我者，皆古之制也。在彼者，皆我所不为也。

兰公曰：凡女子必瞩其夫为状元，状元夫人与诸命妇不同，不亦妙乎。

……

兰公曰：禁城之上，无论官民妇女，皆不许登。状元夫人之舆，不行于街而行于城上者，尊之为天上人也，此事乃朝家制度。府县到门，敦请而出，仪从甚盛，非不下堂之谓也。①

在笔谈中，洪大容进一步了解了中国殿试状元及其亲属的特殊待遇。由状元之崇礼优待，严、潘二人谈及明代的三个状元周延儒、魏德藻、罗洪先。其中，潘氏介绍周延儒以大奸臣坏明国事，魏德藻降李自成而被刑，认为周、魏二人皆“状元中匪类”也。洪大容由此进一步了解到，学术与人品并不总是一致的。

洪大容的第六个问题是，中国人是否只有状元才能入选翰林。严诚详细介绍殿试后进士参加朝考及翰林录取、外方为官的情况：

余曰：若得中，则归乡当在何时？

力闇曰：点入翰林，必须待三年，散馆授职……外官则为知县，此须

① ［朝鲜王朝］洪大容：《乾净衕笔谈》，《韩国文集丛刊》第248册，第150-151页。

于吏部掣签分省，不能自主。知县不为本省官，即邻省亦不在五百里内。

余曰：翰林惟状元为之耶？

力闇曰：一甲三人，状元、榜眼、探花。状元即授职为翰林修撰，榜探为编修。二甲百余人或八九十人，其二甲第一人，谓之传胪，亦即授翰林。三甲百余人，凡二甲三甲内于朝考后，或点翰林，或授六部主事，或授知县。其不为翰林、主事、知县之人，谓之“归班进士”，十年得知县。会试后中进士约二百余人，四十人为翰林，二十人为主事，知县则无定额，近时亦不过四五六人，其余皆是归班。

余曰：十年后得知县，则是归班与举人无异。

力闇曰：与举人等耳。①

由上可知，潘庭筠为洪大容详细介绍了殿试三甲的录取人数、相关特定称谓、授官情况，特别介绍了翰林散馆、归班进士、任官回避等与科举相关的及第者的出身等问题。潘氏进一步介绍，在中国翰林虽然清贵但甚贫，因此翰林多有谋求外放为官者：“翰林一官，最为清华之选，然甚贫。近年多有翰林求出外者，点翰林三年内未授职者为庶吉士。然翰林不论大小，皆得张黄盖带数珠，终身不称晚生，与督抚平行。在家乡写名柬字寸许大，一改知县，即变为小字矣。”中式者放弃清贵的翰林待遇，转而谋求外放，可谓时移事异。这令洪大容大吃一惊，因为朝鲜王朝科举及第者不愿意到地方任官，只盯着中央的清要显职。

与前六个问题不同，洪大容询问“中国举子在考棚中是否往往吐血”，对此严诚没有正面回答，而是重点介绍了中国科举乡试、会试、殿试的分场考试内容和举子应试之辛苦：

中国凡乡试，则第一场试以四书文三篇、性理论一篇，一昼夜而毕进，此等场最为辛苦，先要精神为主，否则不能支矣。连日连夜不能睡，即苦矣。第二场试以经文四篇、排律一首，一日而毕。第三场试以策五道，或一日或一昼夜而毕，此一场亦极苦，每必七八百言或千言。会试亦同殿试，试策一道，亦一昼夜，然必至万余言，此最难。又必格式无一差误，乃可入翰林，而此后又有朝考，试以诏诰论诗，亦只许一日而毕。②

① ［朝鲜王朝］洪大容：《乾净衕笔谈》，《韩国文集丛刊》第248册，第151页。
② ［朝鲜王朝］洪大容：《乾净衕笔谈》，《韩国文集丛刊》第248册，第150页。

可见，中国的乡试、会试、殿试考试时间紧张，应试者面临着身体和精神的双重考验。最后，严诚总结乡试、会试的录取比例：乡试百人取一，会试三十取一，殿试则无不取者，但分一二三甲耳。

两国士子论及科举制度，经常会得出“天下同然”“天下一理”的感慨，往往会心一笑。比如，这三人均不满科举制度下搜验殆同防贼、以词章记诵取士的做法，仰慕古人有应试闻唱名而拂衣以去者的古风。再如，严诚谈到中国进士任官的变化时：“从前放知县者极多，此时反以外官为重耳。官卑转可救贫，此亦世运升降之一端也。”洪大容笑曰：“此亦天下一理也。”严、潘二人问曰：“贵处亦如是耶？”在得到洪氏肯定的答复后，严、潘二人亦笑。①

四、由笔谈看两国士人的应举心态

除谈论中朝两国科举异同外，科考中式问题亦引发了三人的讨论与思考：有人多年求索而不得，有人得来似乎不费功夫。严、潘二人提及科举中式极为不易，与举子学识不成正比，而与运气等有关。

兰公曰：然而幸选者多矣，其宿学者或不得与此选，亦不少也。

力闇曰：吾乡亦多有耆儒老学，然终身一青衿，可怜。乡试有经过十七八场者，三年一举，如年十七八时入学，至六七十岁时是也。

余曰：赚得英雄尽白头，正指此等人也。

兰公曰：有其徒之徒已登科甲，而其师之师尚应乡试者，可笑。

力闇曰：其实得之又甚易。

余曰：运好者实容易，若终身为举人，实是此生可怜。知几者不如早为之所。

力闇曰：终身为秀才，乃真可怜。若已中乡试为举人，则待至十余年，得为一知县，亦差足慰穷儒之愿矣。②

三人对中朝两国科举下的百态人生给予了同样的感慨：硕学之士终身不能参加殿试，甚至有的人考了近20次乡试后仍然痴心不改，足见科举制

---

① ［朝鲜王朝］洪大容：《乾净衕笔谈》，《韩国文集丛刊》第248册，第151页。

② ［朝鲜王朝］洪大容：《乾净衕笔谈》，《韩国文集丛刊》第248册，第150页。

度的极大魅力，“赚得英雄尽白头”。此外，潘氏谈到其认识的杭州某人为上科会元，极力谋求在殿试中夺魁；而朝臣中自宰相以下无不欲以此人为状元。最后出人意料，状元竟为他人所得，而中状元之人却又以无意得之。严诚总结道：不中乃意中事，中则意外耳。① 严、潘二人，均言科举考试中天命有在、不可强求。

从笔谈中可以看出，科举应试是两国读书人面临的普遍任务，既绕不开又逃不掉。但相比之下，两国士子的应举心态仍有所区别：严、潘二人似乎对科举结果看得相对轻一些，而洪大容似乎看得更重。

洪大容先后三次通过笔谈或书信的形式，提醒严、潘二人认真准备科举应试，并常常因为自己拜访他们而影响他们安心备考而自责。如二月初三，洪大容说：“诸公科期不远，当会心举业，久坐烦扰，恐不安。”严、潘二人皆挥手曰：“不然，吾辈到此，本不用心于此。”洪氏不理解，问：“然则不要登试乎？”严诚答曰：“要自要的，但听天命，且曰鄙等不是专意于名利者。”② 二月初五，洪大容在信中谈道：“试闱不远，此等奉渎，恐害蓄锐，极切不安。”③

如果说一次两次表示此意，可视为礼节或自谦之意，但随着笔谈和相互了解的深入，洪大容仍然坚持此种想法，当是其真实心意。二月初六，洪大容在信中再次规劝严、潘二人专心应考：

> 科场得失虽有定命，不专心致志则未能也。今会闱不远，政宜会神潜养待时而动也。忽此意外挠攘，应酬烦于外、意乱于中，不亦可闷乎！顾科宦之荣，不足为兄辈之能事。弟之期望于兄辈者，亦不在此也。虽然，亲庭之望、门户之计，数千里跋涉，准的在此，亦不可谓小事也，幸赐裁择焉。潘兄年尤少，气禀若清脆，尤以为念。④

二月十二日，洪大容试探着询问严诚，假如当科不中、是否还要再来应试。严诚老老实实答道：“不作诳人之语。如不中，则断不来矣。生平以诚字命名，又别号不二。”余曰：“兰兄不免再来，以几次为准耶？”兰

① ［朝鲜王朝］洪大容：《乾净衕笔谈》，《韩国文集丛刊》第 248 册，第 151 页。
② ［朝鲜王朝］洪大容：《乾净衕笔谈》，《韩国文集丛刊》第 248 册，第 131 页。
③ ［朝鲜王朝］洪大容：《乾净衕笔谈》，《韩国文集丛刊》第 248 册，第 134 页。
④ ［朝鲜王朝］洪大容：《乾净衕笔谈》，《韩国文集丛刊》第 248 册，第 135 页。

公曰："三次。"可见，严诚似乎对科举的态度较为坚决，如果当科不中，则不再赴会试；而潘庭筠由于年轻，还想在科举上有所作为，给自己设定参加三次会试。① 洪氏从潘庭筠的言语中亦觉察出其对科举的达观态度："弟辈举动，大异纷纷之辈，即如举业，已绝口不谈，而同辈人皆以为怪。然得之不得，有命。此孔子家法也。纷纷者，自生荆棘耳。"② 与严、潘二人相比，洪大容当时则不能如此达观。洪大容坦诚，由于父母之命、亲友之劝等因素，又加之自己心有不甘，"弟亦以此尚未断迹科场"。

从三人应举的结果来看，严诚当年未能考中进士，次年便病逝；潘庭筠当年亦未中式，于清乾隆三十四年（1769）中式，后官至陕西道御史。③ 洪大容几次科考应试未果后绝意科举，以荫补出仕，曾任侍直、礼宾寺主簿、司宪府监察、泰仁县监、荣川郡守等职。④ 可能由于应试经历坎坷，后期洪大容对科举由比较重视转为较为达观。洪氏认为："举业虽不免，而工亦粗足而止，不必穷神致力必得为期，以害实学。曲迳求售，丑甚穿窬，切宜戒之。立身之初，已作盗贼之事，则况高官美爵，其可欲也，又非科甲之比矣。"⑤ 此外，从洪氏对堂弟洪大应的劝导上亦可见其对科举态度的变化："汝则生质甚美，早脱科臼，专心向学为佳。""近来士习渐渝，科弊转甚，汝则虽随众应举，其于借述、关节一切欺君之事，毋或犯科、为李君行之罪人。"⑥ 洪氏此言，主要的意思是劝诫堂弟不必一心应举，而应专心向学；即使准备应举，也坚决不随波逐流，不得要借述、通关节、冒籍等违反科举规制的事情。

---

① ［朝鲜王朝］洪大容：《乾净衕笔谈》，《韩国文集丛刊》第 248 册，第 144 页。

② ［朝鲜王朝］洪大容：《乾净衕笔谈》，《韩国文集丛刊》第 248 册，第 150 页。

③ 屈广燕：《文化传输与海上交往——元明清时期浙江与朝鲜半岛的历史联系》，海洋出版社 2017 年版，第 49 页。

④ ［朝鲜王朝］朴趾源：《洪德保墓志铭》，见《湛轩书·附录》，《韩国文集丛刊》第 248 册，第 321 页。

⑤ ［朝鲜王朝］洪大容：《湛轩书·内集》卷三《自警说》，《韩国文集丛刊》第 248 册，第 75 页。

⑥ ［朝鲜王朝］洪大应：《从兄湛轩先生遗事》，见《湛轩书·附录》，《韩国文集丛刊》第 248 册，第 323 页。

五、小结

山川虽异域，风月共同天。18 世纪中期在北京的一次笔谈，成就了中朝文化交流史上的一段佳话。远道而来的朝鲜王朝士子洪大容与准备应试的中国士子严诚、潘庭筠在北京相见，他们由不识到相识，由浅识到深交，尤其是随着交往次数的增多，笔谈的内容愈加丰富，关于科举的讨论与比较愈加深入，这为我们观察、认识两国士人对彼此科举制度的比较提供了重要的史料。与中朝官员的笔谈相比，作为民间士人，洪、严、潘三人在笔谈中禁锢较少，笔谈的内容更加宽泛、讨论更加深入，尤其是关于两国科举制度的认识与比较。洪大容与严诚、潘庭筠在介绍本国科举时，虽然开诚布公深入交流，但仍有维护本国科举制度的考虑与言行。洪大容与严诚、潘庭筠关于两国科举制度的笔谈在朝鲜产生了一定的影响，尤其是洪大容对中国科举制度的认识常常被前往中国的朝鲜士人所提及与引述。如朝鲜王朝纯祖四年（清嘉庆九年，1804）作为冬至进贺使随员李海应，在《蓟山纪程・附录》中专列“科制”，其基本上完全照抄洪大容与严诚、潘庭筠的笔谈相关内容。综上，在众多记载中朝两国科举制度的资料中，洪大容与严诚、潘庭筠对两国科举制度的认识与比较，记载最为详细、探讨最为深入、影响最为深远，代表了 18 世纪中期两国人士对彼此科举制度认识的最高水平。

以上是中朝人士对彼此科举制度认识与比较的典型个案，属于对“异域”某一个方面的观察与分析。关于古代中国与朝鲜的相关认识，学界中的研究成果很多。[①] 研究者普遍发现，朝鲜王朝士人对中国明清两朝很感兴趣，留下的观察史料很多；而中国明清两朝的使臣等，对朝鲜王朝观察所留下的资料相对较少。韩国学者桂胜范认为，就明清时代的中朝关系而言，“中原的汉族知识人自然习惯于以自我为中心看待世界，既没有自我相对化的机会，甚至也不需要这样的机会。这是因为文明水准的差距原本

① 如陈尚胜《朝鲜王朝对华观的演变：〈朝天录〉和〈燕行录〉初探》（1999 年）、夫马进《朝鲜燕行使与朝鲜通信使：使节视野中的中国・日本》（2010 年）、葛兆光《想象异域——读李朝朝鲜汉文燕行文献札记》（2014 年）等。

就很悬殊。"① 具体到科举制度，亦是如此。由上文论述可知，明清时期中国人留下的关于朝鲜王朝科举的认识并不多，而且在有限的资料、认识中，体现出的是对异域科举制度的好奇与"同文"之情结，至多是一种潜意识的简单类比，绝无反观自我之意。与中国人关于朝鲜王朝科举制度的认识不同，洪大容所言"以所读者中国之书、所仰而终身者中国之圣人也，是以愿一致身中国，友中国之人而论中国之事"②，似乎代表了一部分朝鲜王朝赴华使臣及其随员们的心声。朝鲜人留下的关于中国科举的资料相对更多，除了对异域的好奇与"同文"之情结外，更多的是对儒家文明与中华制度的寻根与溯源，③ 以及在认识他者基础上，通过比较所展现的自我反观与揽镜自鉴。朝鲜赴华使臣对中国科举制度的观察与思考传入本国国内后，传播较广，影响较大，逐渐成为朝鲜王朝科举改革派开展论战及提出科举改革主张的重要因素。如赵宪在《东封还事》中对放宽举子应试资格限制的建议，丁若镛对本国科举制度弊端的抨击及以明朝科举制度为蓝本系统改革本国科举制度的主张④等。

---

① ［韩］桂胜范撰，丁晨楠译：《桂胜范评〈想象异域〉｜裁决文明》，https：//www. thepaper. cn/ newsDetail_ forward_ 6403438，2020 年 3 月 9 日访问。

② ［朝鲜王朝］洪大容：《乾净衕笔谈》，《韩国文集丛刊》第 248 册，第 133 页。

③ 关于朝鲜使臣踏上中国土地时的喜悦与振奋，吴政纬有一段精彩的描述："这不仅是政治上的宗主国，更是文化母国，前往中国的使行不惟是政治任务，更像是朝圣问道的实践。"见氏著：《从汉城到燕京：朝鲜使臣眼中的东亚世界》，秀威资讯科技股份有限公司 2017 年版，第 23 页。

④ 张晓波：《揽镜自鉴：朝鲜丁若镛眼中的中朝科举制度及其科举改革主张》，载《暨南史学》2019 年第 1 辑。

重文政策下的北宋科举变革*

祖　慧　费习宽**

摘　要：北宋以文治国，文官来源的主渠道是科举取士制度。宋初，唐以来的科举旧制已很难适应新的政治形势，因此，从太祖开始就着手改革科举制度。太宗朝，随着统一大业基本完成，崇文教、抑武事，建立以文人为主体的国家管理体系被提上议事日程。太宗基于文官政治的需要，不断扩大科举取士人数，吸纳大批读书人经科举考试进入官僚机构，奠定了文官政治的基础。为选拔符合国家管理所需的经世之才，科举考试科目与内容的调整也逐步展开，仁宗朝，说书举与明经科的创设，使唐以来重诗赋的选才理念开始向重经义的方面转变，熙宁四年，正式废罢诸科、明经科与诗赋、帖经、墨义，经义取士成为主流。徽宗朝，在王安石三舍法基础上创立三舍贡士法，将学校教育与科举取士结合起来，形成人才培养、选拔、任用一整套管理体系，这次的尝试对明清科举影响深远。总之，北宋对唐以来科举旧制的改革，在根除武人专权、建立文官政治、加强中央集权统治方面有着积极的历史意义。

关键词：重文政策；取士人数；科目内容；三舍贡士

北宋初定天下，有鉴于唐末五代藩镇割据、武人专权的分裂局面带来的危害，太祖、太宗确立了与士大夫共治天下的国策，推行文官政治。这需要选拔大批读书人进入官僚机构。于是，隋唐以来的科举取士制度受到

* 本文为国家社科基金重大滚动资助项目（项目编号：03BZS008）阶段性成果。

** **作者简介**：祖慧，女，浙江大学古籍所教授，浙江大学宋学中心兼职教授，历史学博士，主要从事宋史、职官科举文献研究；费习宽，男，浙江大学古籍所博士研究生，主要从事古代职官科举文献研究。

重视，成为国家选才最重要的途径。为了选拔经世致用的治国良才，提高文官队伍的整体素质与治理水平，朝廷必须对科举制度进行大刀阔斧的改革，以适应新形势下国家治理的需要。

北宋从太祖、太宗开始，就不断对科举制度进行调整。科举改革一直围绕着以文治国这个核心点展开，主旨是为了建立起一套完善的文官政治体系，维护政权的稳定。有关北宋科举改革的论著颇丰①，本文拟在已有研究基础上，以文官政治与国家管理为视角，从重文政策与登科人数变化、经世致用与科目内容调整、科举取士与学校教育结合三方面，探讨北宋科举变革的内在动因及其影响。

一、重文政策与登科人数的变化

科举取士制度起源于隋、确立于唐，录取人数很少。唐高祖时期，每榜录取进士大多不超过十人；唐太宗以后，录取人数有所增加，通常在20~30人，故有“桂树只生三十枝”之说②。据统计，唐代录取进士最多的是玄宗先天二年（713）榜，共录取71人；最少的是高宗永徽五年(654)，只有1人。五代后唐时期，进士录取人数波动很大，长兴二年（931）录取4人，长兴四年录取24人③。到了后周世宗时，每榜人数也只维持在10~20人。从总体上讲，唐代，明经科录取人数约为进士科的二至三倍，“平均每年录取进士、明经大约为80人”④。到了晚唐、五代时期，科举录取人在波动中不断下降，直到后周世宗时期才逐步上升，基本恢复到唐时规模，平均每榜录取80余人（见表1）。

---

① 关于北宋科举改制，参考张希清：《中国科举制度通史·宋代卷》，上海人民出版社2017年版；刘海峰、李兵：《中国科举史》(修订本)，东方出版中心2021年版；贾志扬：《宋代科举》，东大图书股份有限责任公司1995年版；宁慧如：《北宋进士科考试内容之演变》，知书房出版1996年版等。其他成果尚多，兹不备举。本文重点在于从文官政治与国家治理角度，探讨北宋科举变革的原因与影响。

② 李昉等：《文苑英华》卷二六五《赴举寄别所知》，中华书局1982年版，第1340页。

③ 金滢坤：《中国科举制度通史·隋唐五代卷》，上海人民出版社2019年版，第879-897页。

④ 张希清：《中国科举制通史·宋代卷·绪论》，上海人民出版社2019年版，第19页。

表 1　唐宪宗朝与五代后唐、后周时期登科人数比较

唐宪宗朝			后唐明宗朝		
时间	进士（人）	诸科（人）	时间	进士（人）	诸科、明经（人）
元和元年（806）	23	36	天成二年（927）	23	诸科 9
元和二年（807）	28	11	天成三年（928）	15	诸科 4
元和三年（808）	19	24	天成四年（929）	13	诸科 2
元和四年（809）	20	7	长兴元年（930）	15	明经 4、诸科 1
元和五年（810）	32	12	长兴二年（931）	4	
元和六年（811）	20	13	长兴三年（932）	8	诸科 81
元和七年（812）	29	14	长兴四年（933）	24	诸科 1
元和八年（813）	30	12	后周世宗朝		
元和九年（814）	27	11	时间	进士（人）	诸科、明经（人）
元和十年（815）	30	14	显德元年（954）	20	明经 1、诸科 121
元和十一年（816）	33	14	显德二年（955）	16	诸科 116
元和十二年（817）	35	14	显德三年（956）	6	诸科 29
元和十三年（818）	32	13	显德四年（957）	10	诸科 35
元和十四年（819）	31	12	显德五年（958）	15	诸科 72
元和十五年（820）	29	13	显德六年（959）	10	诸科 50

注：此表据徐松《登科记考》（中华书局 1984 年版）卷十六、卷二五、二六制成。

从表 1 所列数据看：第一，科举制度在晚唐、五代时期的发展受到限制，影响力下降。第二，进士取录人数减少，意味着官僚队伍中科举出身的文臣比例缩小，才学之士难有晋升之途，这种变化与唐末、五代时期武人控制权力的现状有密切联系。

宋太祖赵匡胤出身行伍，经陈桥兵变建立起赵宋王朝，他对军阀割据、武将专权的危害有着极为深刻的认识，“五代以来，典刑弛废，州郡掌狱吏不明习律令，守牧多武人，率恣意用法”①。武人治国是摧残社会经

① 李焘：《续资治通鉴长编》卷二，上海师大古籍所、华东师大古籍所点校，中华书局 2004 年版，第 46 页。

济，导致战乱频繁、政权更迭的祸根。宋初，地方州牧多以武臣为之，节度使、观察使、防御使、团练使，为名副其实的藩守之臣。太祖决心革除藩镇之弊，收回武人任州牧之权，派文臣取代武臣知州，以文治国。他曾对赵普说："五代方镇残虐，民受其祸。朕今选儒臣干事者百余分治大藩，纵皆贪浊，亦未及武臣一人也。"①

为了确保政权的平稳过渡，太祖初期并未对后周官僚体系进行大刀阔斧的改革，而是采用渐进方式，先保留后周旧臣，再采取文臣填阙的方式，推行以文代武的削藩行动。每遇"州镇有阙，则或遣文朝官权知"②。若刺史节帅因死亡、迁改、致仕等原因出阙，朝廷即派文臣权知。

以文臣替代武将出知地方，朝廷需要选拔大批读书人进入官僚机构，"艺祖革命，首用文吏而夺武臣之权。宋之尚文，端本乎此"③。于是，太祖将目光转向了科举取士制度。科举制在太祖朝的变革主要体现在增加殿试，改唐、五代二级考试为发解试（地方州府试）、省试（礼部试）、殿试（皇帝亲试）三级。开宝六年（973），落第举人徐士廉等击登闻鼓，诉权知贡举李昉取士不公，太祖于讲武殿复试新及第进士宋准及落第举子徐士廉、终场下第诸科等，得进士 26 人、诸科 101 人，"自兹殿试遂为常式"④。科举考试增加殿试，由皇帝亲自主持并确定录取进士名单，这在防止势家权贵垄断科举、保障科举公平公开、择优取士等方面有积极作用，也说明国家对读书人的重视。"自唐以来，进士皆为知举门生，恩出私门，不复知有人主"，实行殿试后，"御试进士不许称门生于私门"⑤，登第者遂称"天子门生"。这不仅提升了登第入仕人的身份地位，也提高了读书人经科举之路步入仕途的积极性。

北宋初立，重文抑武的国策尚处于摸索阶段，科举每榜录取人数延续五代之规模，未有大的变化。原因主要在于：第一，全国尚未统一，国家的重心放在消灭割据、稳固政权上。太祖制定先易后难、先南后北的统一

---

① 李焘：《续资治通鉴长编》卷一三，上海师大古籍所、华东师大古籍所点校，中华书局 2004 年版，第 293 页。

② 孙逢吉：《职官分纪》卷四〇，中华书局 1988 年版，第 734 页。

③ 脱脱等：《宋史》卷四三九，中华书局 2017 年版，第 12997 页。

④ 李焘：《续资治通鉴长编》卷十四，上海师大古籍所、华东师大古籍所点校，中华书局 2004 年版，第 279-298 页。

⑤ 王栐：《燕翼诒谋录》卷一，诚刚点校，中华书局 1981 年版，第 2 页。

方针，先后灭荆南、南汉、南唐等割据政权，但仍有吴越、北汉未能归宋。第二，为了稳定局势，国家在派儒臣出任地方官、清除武人势力方面比较谨慎，通常做法是对新征服地区的官员全盘接收，暂不触动旧官僚利益。如开宝四年（971），太祖灭南汉后，诏“伪署官并仍旧”①。因此，太祖朝官阙问题尚不突出。第三，在用人方面，太祖本身出自行伍，他虽然考虑用文官替代武臣，但是并没有绝对打压、抑制武臣的想法。邓小南认为，太祖主张“提倡武臣读书、鼓励文臣通达武事”，大兴文教，重文抑武的国策，尚未确立②。

科举制度出现重大调整是在太宗朝。太平兴国四年（979）五月，随着北汉政权被灭，统一大业基本完成，加快对新归并地区官员的整顿也提上了日程。太祖朝，以文臣填阙替代武人的办法进展缓慢。到了太宗朝，“疆宇至远”，需要加快由武人专权到文官治理的新旧更替进程，因此，大量派遣文臣掌管地方，改变割据时代武人把控地方政权的局面，强化中央对地方的管理，已经成为摆在太宗面前最迫切要解决的问题之一。据李焘《续资治通鉴长编》记载：

上初即位，以疆宇至远，吏员益众，思广振淹滞，以资其阙。顾谓侍臣曰：“朕欲博求俊乂于科场中，非敢望拔十得五，止得一二，亦可为致治之具矣。”③

为此，太宗将希望寄托于科举考试，他明确提出“兴文教、抑武事”，希望通过扩大科举取士人数，用新进士和诸科登科人来补充和更新官僚队伍。钱穆认为，宋代扩大取士、优待士人，“无非想转移社会风气，把当时积习相沿骄兵悍卒的世界，渐渐再换成一个文治的局面”④。太平兴国二年（977），太宗即位后的第一次开科举，共录取进士、诸科、特奏名进士、特奏名诸科500名：

---

① 李焘：《续资治通鉴长编》卷十二，上海师大古籍所、华东师大古籍所点校，中华书局2004年版，第261页。

② 邓小南：《祖宗之法：北宋前期政治述略》，生活·读书·新知三联书店2006年版，第180页。

③ 李焘：《续资治通鉴长编》卷十八，上海师大古籍所、华东师大古籍所点校，中华书局2004年版，第393页。

④ 钱穆：《国史大纲》（下册），北商务印书馆2010年版，第543页。

> 戊辰，上御讲武殿，内出诗赋题复试进士……得河南吕蒙正以下一百九人。庚午，复试诸科，得二百七人，并赐及第。又诏礼部阅贡籍，得十五举以上进士及诸科一百八十四人，并赐出身。“九经”七人不中格，上怜其老，特赐同“三传”出身。凡五百人，皆先赐绿袍、靴、笏，锡宴开宝寺……第一、第二等进士并“九经”授将作监丞、大理评事、通判诸州，同出身进士及诸科并送吏部免选，优等注拟初资职事判司簿尉。宠章殊异，历代所未有也。①

一榜录取500人，并且全部免选授官，得高第者初入仕途即委以一州通判之重任，录取人数之多、授权之重，以前是不可想象的。在科场中博求俊乂、大兴文教，成为北宋推行文官政治的“致治之具”。

太祖朝，共开科15次，录取进士190人，平均每榜录取不到13人。至于诸科与特奏名录取人数，因史料缺乏，难以统计②。太祖朝录取进士最多的是开宝八年（975）榜，只有31人。然而，二年之后的太宗太平兴国二年，录取人数陡然骤增，仅正奏名进士就录取了109人，是开宝八年的三倍多。当时的宰相薛居正曾提出批评，认为“取人太多，用人太骤”，然太宗“欲兴文教、抑武事，弗听”③。端拱元年（988），太宗先后三次殿试礼部放榜、落榜进士，原因之一就是地方上阙多官少，需要不断扩大取士人数，以填地方官阙。“时郡县缺官甚多，前诏礼部放榜，帝虑有司遗才。”④ 最终录取进士160人、诸科811人，总数近千人。然而这并不是最多的，太宗朝录取人数最多的是淳化三年（992）榜，进士科353人、诸科964人，总计1317人。由于连续取士人数太多，淳化四年以后的五年内一直没有再开科取士⑤，直到真宗咸平元年（998），才再次开科，见表2。

---

① 李焘：《续资治通鉴长编》卷十八，上海师大古籍所、华东师大古籍所点校，中华书局2004年版，第393-394页。

② 龚延明、祖慧：《宋代登科总录》卷一，广西师范大学出版社2014年版，第2页。

③ 李焘：《续资治通鉴长编》卷十八，上海师大古籍所、华东师大古籍所点校，中华书局2004年版，第394页。

④ 徐松辑：《宋会要辑稿》选举七之五，刘琳、刁忠民、舒大刚等校点，上海古籍出版社2014年版，第5389页。

⑤ 龚延明、祖慧：《宋代登科总录》卷二，广西师范大学出版社2014年版，第34页。

表 2　《宋代登科总录》录太祖、太宗朝登科人数

太祖朝				太宗朝			
时间	进士（人）	诸科（人）	特奏名（人）	时间	进士（人）	诸科（人）	特奏名（人）
建隆元年（960）	19	–	–	太平兴国二年（977）	109	207	184
建隆二年（961）	11	–	–	太平兴国三年（978）	74	82	–
建隆三年（962）	15	–	–	太平兴国五年（980）	121	534	–
建隆四年（963）	8	–	–	太平兴国八年（983）	229	764	–
乾德二年（964）	8	–	–	雍熙二年（985）	255	620	–
乾德三年（965）	7	–	–	端拱元年（988）	160	811	–
乾德四年（966）	6	9	–	端拱二年（989）	186	478	–
乾德五年（967）	10	–	–	淳化三年（992）	353	964	–
乾德六年（968）	11	–	–				
开宝二年（969）	7	–	–				
开宝三年（970）	8	106					
开宝四年（971）	10	–	–				
开宝五年（972）	11	17	–				
开宝六年（973）	28	101	–				
开宝八年（975）	31	34	–				

注：此表据《宋代登科总录》（第一册第 2、34 页）统计。

太祖朝 15 榜：进士 190 人、诸科与特奏名 267 人。总计 457 人。平均每榜 30 人。

太宗朝 8 榜：进士 1487 人、诸科 4460、特奏名 184 人。总计 6131 人，平均每榜 766 人。

通过数据统计分析，可以直观感受到太祖、太宗两朝科举取士政策的不同。到了真宗朝以后，登科人数依然呈现出波动上升的趋势。以进士科为例，平均每榜录取人数：真宗朝 147 人、仁宗朝 351 人、英宗朝 253 人、神宗朝410人、哲宗朝534人、徽宗朝691人①。这些数据说明，北宋自太宗朝以后，科举入仕人数一直维持在高位。

大量读书人通过科举考试进入官僚机构，使地方治理中以文臣替代武人的政策得到落实，也为推进文官政治的形成奠定了坚实基础。朝堂之上，科举出身的官员比例也大幅度提高。真宗朝以后，“为人臣者，自宰相以至令录，无不擢科，海内文士彬彬辈出焉”②。宰相为百官之长，令、录为州县最低层的文职，属选人阶。太祖晚年好读书，曾感叹：“宰相须用读书人。”③ 据迟振汉统计，北宋共有71名宰相，登第者65人，加上举茂才异等的富弼，科举出身的宰相占比高达93%④。说明自太宗朝以后，科举入仕逐渐替代恩荫，取得了主流正途的地位。宋人蔡襄曾感慨道：

今世用人，大率以文词进。大臣，文士也；近侍之臣，文士也；钱谷之司，文士也；边防大帅，文士也；天下转运使，文士也；知州郡，文士也。虽有武臣，盖仅有也。⑤

宋代被誉为科举社会，经科举入仕的官僚士大夫受传统儒家忠孝仁义思想的熏陶，大多有家国情怀，期望能为天地立心、为万世开太平，涌现出一批如范仲淹般“先天下之忧而忧，后天下之乐而乐”的精英人才。“宋有天下三百载，视汉唐疆域之广不及，而人才之盛过之”⑥，这与宋代文官政治、扩大科举取士之国策是分不开的。

二、经世致用与考试科目内容的调整

北宋，在重文政策引导下，读书人纷纷加入科考大军，踏上科举入仕

① 平均登进士人数，据龚延明、祖慧：《宋代登科总录》第157页、356-358页、950页、1020页、1350页、1638-1640页，统计得出。需要说明的是，神宗朝以后，每榜进士录取人数比真宗朝以前有大幅增加，这与熙宁四年（1071）罢诸科、明经科，只保留进士一科的政策有关。

② 脱脱等：《宋史》，中华书局2017年版。

③ 李焘：《续资治通鉴长编》卷四三九，上海师大古籍所、华东师大古籍所点校，中华书局2004年版，第12997页。

④ 迟振汉：《北宋宰相制度》，丽文文化事业股份有限公司2010年版，第65页。

⑤ 蔡襄：《蔡襄集》卷二二《国论要目·任材》，吴以宁点校，上海古籍出版社1996年版，第384页。

⑥ 范仲淹：《范仲淹全集》附录七《重建文正书院记》，李勇先、王蓉贵校点，四川大学出版社2007年版，第1196页。

征途。从国家治理层面来说，官僚士大夫不仅要有文学之才，还要兼具经世致用的管理之才。唐以来的进士科考试重诗赋不重经义、策论，明经诸科重帖经、墨义不重策论，考试科目内容与国家治理所需人才之间有着不小的差距。这与唐代科举的性质有关。唐代科举只是选才而非选官，进士只是身份，若要为官，还需要参加吏部的铨选，而吏部则是选官之所①。宋代，进士登第即为官，“故事，登科皆有选限，近制，及第即命以官”②。近制，是指太宗朝。登第即命官，模糊了礼部选才与吏部选官之间的界线，为了选出才学与能力兼具的文官，就要在科举考试中更注重能力的考察。

唐代科举有秀才、明经、进士等几十个科目③。宋初承唐制，常科设进士、“九经”“五经”“开元礼”“三史”“三礼”“三传”、学究、明经、明法等科，其中，进士科最受尊崇，号“将相科”；而“九经”以下各科，地位、待遇都远不及进士，一律归入诸科。故《宋史·选举志》曰：“宋之科目，有进士，有诸科。”④

总体上讲，与进士相比，诸科很难选拔出经世致用之才。诸科考试主要试帖经、墨义。帖经，是从儒经书籍中截取片段，将两端掩蔽，中间开几行，考生将帖没的字写出；墨义，是从儒经书籍中抽出一句，考生按经疏中的原文作答。如宰相吕夷简参加乡试时的墨义题目为：“见有礼于其君者，如孝子之养父母也。请以下文对。”吕夷简答曰：“下文曰：‘见无礼于其君者，如鹰鹯之逐鸟雀也。’谨对。”⑤ 帖经、墨义注重背诵经文与注疏，无须通经明理，不能有个人的思想与观点，这些内容往往脱离实际、对邦国大计、治人要务没有多大裨益。时人曰：“诸科徒专诵之学，无补于时。”⑥ 因此，国家一方面精简压缩诸科考试科目，另一方面对考试内容进行调整，以更好地适应选拔人才的新标准新要求。

---

① 王勋成：《唐代铨选与文学》，中华书局 2001 年版，第 1 页。

② 李焘：《续资治通鉴长编》卷六十，上海师大古籍所、华东师大古籍所点校，中华书局 2004 年版，第 1343-1344 页。

③ 欧阳修、宋祁：《新唐书》卷四四，中华书局 1975 年版，第 1159 页。

④ 脱脱等：《宋史》卷一五五，中华书局 2017 年版，第 3604 页。

⑤ 马端临：《文献通考》卷三〇，上海师范大学古籍研究所、华东师范大学古籍研究所点校，中华书局 2011 年版，第 877 页。

⑥ 王珪：《华阳集》卷七《议贡举庠序奏状》，中华书局 1985 年版，第 73 页。

仁宗天圣三年（1025），颁诏贡院："将来考试诸科举人，有明习经义、长于讲说及三经以上者，许经主司自陈，量加试问。"① 第二年，正式设立说书举②。关于国家新设说书举的原因，胡宿在所上《论增经术取士额状》奏折中，有比较详细的说明：

试进士，止以诗、赋、策、论，简拔才俊，其实少有专门名学之人。诸科虽能诵记章句，复又不通大义，施于有政，则又面墙……进士、诸科过落外，许自陈尝于某处讲授某经，贡院别试经义十道，直取圣贤意义，解释对答。或以《诗》《书》引证，不须全具注疏，以六通为合格。讲诵精通，具名闻奏。③

从胡宿所奏内容看，说书举并不是一单独的考试科目，它类似于一种附加试，凡是擅长讲经、曾于某处讲经的考生，若诗赋、策、论考试有一项不合格，可自行申请参加说书考试，"别试经义十道"，合格者仍可视为考试过关。如：皇祐元年（1049），刘恕殿试不中格，因省试时试说书为第一，诏："更下国子监试讲经，复第一，释褐巨鹿主簿、和川令。"④ 又如：嘉祐二年（1057），苏轼在礼部省试时落赋，自陈善讲经义，遂别试《春秋》大义十道，居第一，勉强通过省试。⑤

说书举初设于天圣四年（1026），废罢于嘉祐二年⑥，存在了短短的三十一年，这是科举考试内容的一次小调整，说明国家越来越重视经义之学。善于阐释儒家经义、有独立思考能力的读书人，相比于以诗赋、帖经、墨义见长者，更符合国家对人才的要求。

嘉祐二年，罢说书举，诏："别置明经科。"⑦ 明经之称始于两汉，为

① 徐松辑：《宋会要辑稿》选举一二之二九，刘琳、刁忠民、舒大刚等校点，上海古籍出版社 2014 年版，第 5508 页。

② 李焘：《续资治通鉴长编》卷一八六，上海师大古籍所、华东师大古籍所点校，中华书局 2004 年版，第 4496 页。

③ 胡宿：《文恭集》卷八《论增经术取士额状》，中华书局 1985 年版，第 99 页。

④ 司马光：《司马光全集》卷六五《刘道原〈十国纪年〉序》，四川大学出版社 2010 年版，第 1350 页。

⑤ 苏辙：《苏辙集》《栾城后集》卷二二《亡兄子瞻端明墓志铭》，陈宏天、高秀芳校点，中华书局 1990 年版，第 1117 页。

⑥ 脱脱等：《宋史》卷一二，中华书局 2017 年版，第 242 页。

⑦ 李焘：《续资治通鉴长编》卷一八六，上海师大古籍所、华东师大古籍所点校，中华书局 2004 年版，第 4496 页。

明习经学之意。唐代，明经科科目繁多，有“五经”“三经”“二经”、学究一经、“三礼”“三传”、史科等。五代时期，“明经”演变成单独独立的科目，与其他科目（诸科）相并列。但此时分裂出来的明经科与诸科在考试内容、考试方法及取人标准上并无太大区别，明经科与诸科名异而实同，不受重视，后晋天福五年（940）曾下诏罢明经，后周显德初一度恢复，又很快下诏罢去①。据上文“表1”，五代有记录的明经登科只有五人：后唐明宗长兴元年（930）取明经4人，后周显德元年（954）取明经1人。

宋承前制，有进士、诸科，无明经科。到仁宗嘉祐二年（1057），下诏新开明经科：

> 业经为儒，要在传道，徒能口诵名数，而或心昧指归，摘句摛文，有乖旧学……其明经科，并试三经，谓大经、中经、小经各一也。以《礼记》《春秋左氏传》为大经，《毛诗》《周礼》《仪礼》为中经，《周易》《尚书》《榖梁传》《公羊传》为小经。其习《礼记》为大经者，许以《周礼》《仪礼》为中经；习《春秋左氏传》者，许以《榖梁传》《公羊传》为小经。每经试墨义、大义各十道，仍帖《论语》《孝经》十道，分八场，以六道为合格。又试时务策三道，以文词典雅者为通，其出身与进士同。②

从诏书内容来看，国家新设明经科的初衷，是希望扭转或弥补宋代诸科取士只重经文（口诵）而轻经义之弊。宋代诸科以试帖经、墨义为主，专注“背功”，宋人孙觉曰：“学究诸科多不通经义，而猥以记诵为工。记诵不能，则或务为节抄，至断裂句读，错谬文辞，甚可闵笑。仁宗患其如此，始立明经科。”③ 北宋中期，随着儒学的复兴，原有章句训诂之学遭到士大夫厌弃，“自汉儒至于庆历间，谈经者守训故而不凿……自庆历后，诸儒发明经旨，非前人所及”④，讲究义理、阐发经典大义的新风气也影响到科举取士。可以说，仁宗新开明经科是顺应时代发展的潮流，而说书举

---

① 何忠礼：《略论宋代的明经科》，载《杭州大学学报》1992年第4期，第89页。

② 徐松辑：《宋会要辑稿》选举三之三三，刘琳、刁忠民、舒大刚等校点，上海古籍出版社2014年版，第5302页。

③ 赵汝愚编：《宋朝诸臣奏议》卷八〇《上神宗论取士之弊宜有改更》，上海古籍出版社1999年版，第868页。

④ 王应麟：《困学纪闻》卷八《经说》，上海古籍出版社2015年版，第291页。

是明经科设立前的预演和尝试。

北宋明经科考试内容，在保留传统的墨义、帖经同时，增加大义十道，加试时务策三道。明经科的取人标准是，既要通晓义理，又要了解时政；既要懂经，又要通史。这样的人才相比诸科取人更符合以文治国的理念，更具有经世务实的特质，故而受到重视。宋代试明经出身者，地位要高于诸科，“出身与进士同”。

从说书举到明经科，国家通过改变唐、五代科举考试科目与内容，选拔通晓儒家经义、有经世之才的文人来治理天下。经过不断调整，到神宗熙宁四年（1071），科举制迎来巨变，朝廷正式颁诏：“罢诗赋及明经、诸科，以经义、论、策试进士。”① 需要说明的是，仁宗朝新开明经科考试经义、策，熙宁四年新调整的进士科也考经义、策，二者同质化明显，明经科被废是情理之中的。王安石科举改革最重要的两点是：第一，废除以记诵为主的诸科和重经义的明经科；第二，把诗赋剔出进士科考试，以经义取代之。这项改革对后世科举制度影响深远，自此以后，科举常科只保留进士一科，以经义取士，诗赋不再重要，直至清末废科举。

进士科考试重诗赋，这是唐朝遗风。唐自玄宗开元以来，进士科以诗取士，“开元以后，四海晏清，士无贤不肖，耻不以文章达”②。唐文宗开成二年（837），高锴知贡举，所取前五名进士均以诗赋胜出：

> 今年试诗赋，比于去年，又胜数等。臣日夜考较，敢不推公？进士李肱，《霓裳羽衣曲诗》一首最为迥出，更无其比……兼是宗枝，臣与状头第一人，以奖其能。次张棠诗一首，亦绝好，亚次李肱，臣与第二人。其次沈黄中《琴瑟合奏赋》又似《文选》中《雪》《月》赋体格，臣与第三人。其次王牧赋，自立意绪，言语不凡，臣与第四人。其次柳棠诗、赋，兴思敏速，日中便成，臣与第五人。③

当然，进士科以诗赋为重，并不意味着只考诗赋。唐文宗太和八年（834）十月礼部奏：“进士举人，自国初以来，试诗赋、帖经、时务策五

① 脱脱等：《宋史》卷一五，中华书局2017年版，第278页。
② 杜佑：《通典》卷一五，中华书局1988年版，第357页。
③ 董诰等编：《全唐文》卷七二五《先进五人诗赋奏》，中华书局1983年版，第7466-7467页。

道。”[①] 但是，主考官高锴在阅卷时只重诗赋而忽略帖经与时务策，主观倾向性尤为明显。南宋严羽曰：“唐以诗取士，故多专门之学。”[②] 唐末重诗赋的传统一直延续至北宋前期。

宋承唐制，进士科试诗赋、论、策、帖经、墨义。“凡进士，试诗、赋、论各一首，策五道，帖《论语》十帖，对《春秋》或《礼记》墨义十条。”[③] 而在这些考试内容中，帖经、墨义形同具文，“进士帖经、墨义一场，从来不曾考校，显是虚设”[④]。论、策也不受重视，进士科被誉为“文学之科”，依然延续着唐以来重诗赋的传统。

随着社会逐步稳定以及科举取士人数的成倍增长，越来越多的读书人进入各级政府，文官队伍日益庞大。在这种背景下，国家对于进士身份官员的治政能力提出了更高的要求，仅凭文学才华不足以治理天下。宋初，进士科以诗赋为初场试，在随场淘汰机制下，处于首场的诗赋占据绝对优势，考生如果诗赋不合格，直接黜落，不再有机会参加接下来的策、论考试。太宗朝以后，这种考试方式受到质疑，官员纷纷建议于诗赋之外兼考策论。大中祥符元年（1008），冯拯建议：“比来省试，但以诗赋进退，不考文论……望令于诗赋人内兼考策论。”[⑤] 天禧元年（1017），真宗颁诏，令“进士兼取策论”[⑥]，目的就是要改变以诗赋定去留的旧规，强调诗赋与策论并重。仁宗设说书举，让诗赋考试不合格者可以有一次弥补的机会。在这方面，苏轼省试“落赋”，应说书举第一，勉强通过省试，是最好的证明。

对于国家而言，科举考试内容中最关乎治国理政的，当属通知古今的策论，而不是以文学见长的诗赋。真宗天禧元年（1017），右正言鲁宗道

---

① 王钦若等：《册府元龟》卷六四一，中华书局1982年版，第7684页。

② 严羽：《沧浪诗话》之《诗评》，中华书局1985年版，第147页。

③ 脱脱等：《宋史》卷一五五，中华书局2017年版，第3604页。

④ 司马光：《司马光全集》卷二八《贡院定夺科场不用诗赋状》，四川大学出版社2010年版，第700页。

⑤ 李焘：《续资治通鉴长编》卷六八，上海师大古籍所、华东师大古籍所点校，中华书局2004年版，第1522页。

⑥ 李焘：《续资治通鉴长编》卷九〇，上海师大古籍所、华东师大古籍所点校，中华书局2004年版，第2082页。

言："进士所试诗赋，不近治道。"① 当时，持这种观点的官员不在少数。南宋高宗也曾对科举考诗赋给出这样的评价："诗、赋止是文词，策、论则须通知古今，所贵于学者修身齐家治国以治天下。"② 也就是说，诗赋考的是文学才华，与国家治理关系不大，而策、论关注的是古今治道、现实治乱，能检验一个人的真才实学。

王安石罢诗赋的根本原因在于，他认为诗赋于文官政治无有裨益："今以少壮时正当讲求天下正理，乃闭门学作诗赋，及其入官，世事皆所不习，此乃科法败坏人才。"③ 以诗赋取士，对于发展文学、造就赋家诗人或许有一定作用，但对于培养和选拔经世之才多为无益。策问，是一种政务咨询类的考试，国家就当前的政治、经济、军事、文化各方面提出疑问，由应试者作书面回答，一般也称"时务策"。至于论，考试内容也与国家治理相关。如太宗朝，殿试论题有《登讲武台习战》《文武何先》《文武双兴》《玄女授兵符》等，聚焦于国家的统一战争与文官政治④。嘉祐二年（1057），苏轼参加礼部试，写下著名的《刑赏忠厚之至论》，以史为鉴，阐述儒家的仁政思想。经义，考试"先列注疏，次引先儒异说，末乃断以己意"⑤，要求考生引据圣人言论或经典材料，来阐发有关政治、经济、道德和修身方面的思想理论，并结合社稷民生等社会现实问题，进行创造性的回答，"断以己意"。用王安石的话说："经术者所以经世务也；果不足以经世务，则经术何所赖？"⑥

总之，王安石变法，罢诸科、明经，只保留进士一科；进士科考试罢诗赋，以经义代之，这是自唐以来科举史上具有里程碑式的改革。它不但

① 李焘：《续资治通鉴长编》卷九〇，上海师大古籍所、华东师大古籍所点校，中华书局2004年版，第2082页。

② 徐松辑：《宋会要辑稿》选举四之二五，刘琳、刁忠民、舒大刚等校点，上海古籍出版社2014年版，第5330页。

③ 马端临：《文献通考》卷三一，上海师范大学古籍研究所、华东师范大学古籍研究所点校，中华书局2011年版，第907页。

④ 徐松辑：《宋会要辑稿》选举七之三至五，刘琳、刁忠民、舒大刚等校点，上海古籍出版社2014年版，第5388-5390页。

⑤ 脱脱等：《宋史》卷四四四，中华书局2017年版，第13118页。

⑥ 黄以周等：《续资治通鉴长编拾补》卷四，顾吉辰点校，中华书局2004年版，第153页。

对选拔通经致用人才参与国家管理有积极意义，[①] 而且对北宋以后及明、清科举政策的制定也具有深远的历史意义。自此，进士科考试由以试诗赋定去留转变为经义、策、论并重，科举取士也由文学之选转入才华与能力并重的轨道。无论科举如何发展，王安石改革科举的初衷与务实的治国理念还是值得肯定的。

三、科举取士与学校教育相结合的改革尝试

投牒自举，是科举制区别于两汉察举制与魏晋九品中正制的一项重要标准，隋唐以来，乡贡和学馆构成科举取士的两大来源，“由学馆者曰生徒，由州县者曰乡贡”[②]。宋承唐制，无论是学馆养成的生徒，还是未经正规教育的贡生，都可以参加科举考试。随着糊名誊录法的推行，“一切以程文为去留”成为现实，天下读书人无论背景出身，都可以通过科举考试步入仕途，这就是欧阳修所称赞的：“至公如权衡。”

宋代以文治国，必须要不断地培养有治国理政能力的文官。科举通过考试来为国家选拔输送人才，读书人通过学习提高自己的文化知识水平并参与科考竞争，举业优秀者登科入仕，成为国家文官队伍中的一员。但是，科举考试是指挥棒，考试内容就是读书人的举业，国家缺乏对人才的系统教育与培养，只重个人读书，不重举子的品德行为与办事能力。科举取士无论是试诗赋，还是试经义、策论，均为以言取人，以程文定去留，“贤否邪正，未可遽判”[③]，正如御史中丞李定所言：“艺可以一日而校，行则非历岁月不可考。”[④] 才学与能力同样重要。然而经科举入仕的读书人，大多无做官经历，于政务民事缺乏足够认识，也无基本训练；而且，在文化繁荣、学派纷起的北宋，不同教育背景下培养出来的读书人，他们对世界的认知不同、观点各异，这也不利于中央集权统治。从国家治理层面

---

① 张希清：《论王安石的贡举改革》，载《北京大学学报》（哲学社会科学版）1986 年第 4 期，第 67 页。

② 欧阳修、宋祁：《新唐书》卷四四，中华书局 1975 年版，第 1159 页。

③ 马端临：《文献通考》卷三一，上海师范大学古籍研究所、华东师范大学古籍研究所点校，中华书局 2011 年版，第 912 页。

④ 李焘：《续资治通鉴长编》卷三百一，上海师大古籍所、华东师大古籍所点校，中华书局 2004 年版，第 7327 页。

讲，官员特别是基层官员是政权稳定的根基，必须提高文官队伍的整体素质与治事能力。为此，国家开始关注教育，鼓励官方办学，希望将学校教育与科举选才结合起来，以“教之、养之、取之、任之”①，把学校作为国家人才培养基地。

宋承唐、五代之制，于建国之初在开封设国子监、太学。庆历四年（1044）四月，判国子监王拱辰、田况、王洙、余靖等官员纷纷建言，仿唐制立四门学，招收八品以下官员子弟、或“庶人之俊异”者，被仁宗采纳。国家又颁诏，以锡庆院为太学之所，② 此为宋代太学独立建校之始。不过，此时的学校教育与科举取士并不挂钩，北宋除了国子监生（太学生）有发解试外，州县学并没有独立发解试，州县学生要参加州府军监发解试、或转运司发解试。而且，国家对于读书人的学习方式没有任何要求，他们可以自由选择，或自学、或拜师，或经学校教育、或进私塾书院、或入寺庙住读，这显然不利于提高整个社会对学校教育的重视程度。

宋神宗熙宁元年（1068），新任翰林学士王安石上书，对“以诗赋、记诵求天下之士，而无学校养成之法”③ 的选官制度提出批评。熙宁四年（1071），王安石主持变法期间，创“三舍法”：

> 其生员分三等，以初入学生员为外舍，不限员；自外舍升内舍，内舍升上舍，上舍以百员，内舍以二百员为限。其生员各治一经，从所讲之官讲授。主判官、直讲逐月考试到优等举业，并申纳中书。④

按规定，太学诸生分外舍、内舍、上舍三等，随直讲学习，每月一私试、每年一公试，成绩优异者，参考平时行艺校定积分，差次升舍。初入太学为外舍生，外舍生考校合格升入内舍，内舍生成绩优异进入上舍。元丰二年（1079），颁布太学学令：“上舍分三等：俱优为上，一优一平为中，俱平若一优一否为下。”⑤ 上舍生依据考试成绩的高低，享受不同待

---

① 王安石：《临川先生文集》卷三九《上仁宗皇帝言事书》，中华书局1959年版，第412页。

② 李焘：《续资治通鉴长编》卷一四八，上海师大古籍所、华东师大古籍所点校，中华书局2004年版，第3589页。

③ 黄以周等：《续资治通鉴长编拾补》卷三上，顾吉辰点校，中华书局2004年版，第94页。

④ 徐松辑：《宋会要辑稿》崇儒一之三一，刘琳、刁忠民、舒大刚等校点，上海古籍出版社2014年版，第2744页。

⑤ 马端临：《文献通考》卷四二，上海师范大学古籍研究所、华东师范大学古籍研究所点校，中华书局2011年版，第1225页。

遇：上等授官，谓之“两优释褐”或“上舍释褐”；成绩中等者，可享有免省试的恩遇，直接参加殿试。由于嘉祐二年（1057）“殿试不黜落”之制已经形成，[①] 这意味着上舍中等人殿试时若无大的过失，均登第授官。至于下等的上舍生，则享有免解的待遇，待下次开科举时径赴省试。[②] 于是，政府就把文官选拔与学校教育直接关联，把养士和取士统一起来，这是科举改制的一次尝试，对后世科举影响深远。不过，由于太学规模不大，上舍释褐授官人数有限，在当时社会影响并不大。

北宋前期，国家对于地方州县学教育重视不够，学校不兴。仁宗庆历四年（1044），范仲淹推行新政十条，对学校教育与科举取士政策作出调整，主张加强对地方学校的建设，“今诸道学校，如得明师，尚可教人“六经”，传治国治人之道”，但这不是长久之计，应该兴建学校，广纳明师，“教以经济之业，取以经济之才，庶可救其不逮”[③]。范仲淹也身体力行，将自己在苏州的私宅捐出，建苏州州学。王安石推行三舍法的同时，进一步加大对地方州学的建设。

随着科举罢诗赋，地方州学的教育内容也紧跟科举考试内容的变化作出调整：生员各治一经，不再教授诗赋；所授经定为《诗》《书》《易》《周礼》《礼记》，兼授《论语》《孟子》。[④] 熙宁八年（1075）六月，《三经新义》[⑤] 编纂完成，神宗颁诏赐宗室、太学及诸州府学，《三经新义》成为学校的统一教材与科举考试的取人标准。同时，学校置律学教授生员，培养精通律法的专门之才，规定：公试“习律令生员义三道，习断案生员一道，刑名五事至七事”；私试“义二道，案一道，刑名五事至三事”[⑥]。“元祐更化”，学校教育内容重新修订，除经义、策论外，恢复诗赋，并剔

---

① 龚延明：《宋代“殿试不黜落”考》，载《西北师范大学学报》（社会科学版）2005年第1期，第57-61页。

② 徐松辑：《宋会要辑稿》职官二八之六，刘琳、刁忠民、舒大刚等校点，上海古籍出版社2014年版，第3754页。

③ 李焘：《续资治通鉴长编》卷一四三，上海师大古籍所、华东师大古籍所点校，中华书局2004年版，第3435页。

④ 李焘：《续资治通鉴长编》卷二二〇，上海师大古籍所、华东师大古籍所点校，中华书局2004年版，第5334页。

⑤《三经新义》由王安石负责编撰，包括王安石《周官新义》，王雱、吕惠卿撰《毛诗义》《尚书义》。

⑥ 马端临：《文献通考》卷四二，上海师范大学古籍研究所、华东师范大学古籍研究所点校，中华书局2011年版，第1224页。

除律义。哲宗亲政后，教学内容又逐步恢复到神宗时期。可以说，自仁宗朝以后，学校的教学内容与科举考试内容相匹配，学校已成为人才培养基地和重要科举生源地，更好地服务于文官政治。国家希望通过加强学校教育来选拔经世之才的意图日益显现。徽宗朝，当州县学普遍建成后，学校教育与科举取士相结合的改革正式开始。

崇宁元年（1102），徽宗采纳蔡京之言，扩大太学建置规模，并于太学外别置辟雍，用来安置各地升贡的学生。崇宁三年，诏："将来科场，如故事外，并严州郡发解及省试法，其取士并由学校升贡。"① 这条诏令实际上是要停科举，改由学校考校升贡。紧接着，朝廷又颁布《岁贡法》，于地方州县推行三舍贡士法，并在各地设诸路提举学事官，专门负责对州学生员的考校。据记载，当时天下三舍教养学生多达21万余员。② 于是，选官与学校教育合而为一，具体方式：地方举子先就读地方县学，考试合格后升入州学；州学教养仿中央太学分为三舍，外舍升内舍，内舍升上舍，上舍生再经地方官员考校，合格者贡入辟雍；辟雍考校合格者再贡入太学，太学上舍生经殿试，合格者赐及第、出身，称"贡士及第"或"上舍及第"③。

国家停科举、兴学校，推行三舍贡士法的初衷是要为官僚队伍培养、输送人才，但是政策的急剧变动也招致大量的质疑声。为解决众多未能进入学校、一直在准备科举考试举子的出路问题，缓解社会矛盾与压力，朝廷决定在推行三舍贡士法的同时，重开科举。"（崇宁）五年三月八日，上御集英殿，试礼部奏名进士……得蔡薿以下六百七十一人，赐及第、出身、同出身。"④ 到了宣和三年（1121），诏罢天下三舍贡士法，规定："开封府及诸路并以科举取士，惟太学仍存三舍，以甄序课试，遇科举仍自发解。"⑤ 国家选才又恢复到徽宗以前的科举取士制度，三舍贡士法以失

---

① 徐松辑：《宋会要辑稿》选举四之四，刘琳、刁忠民、舒大刚等校点，上海古籍出版社2014年版，第5318页。

② 彭百川：《太平治迹统类》卷二八《祖宗科举取人·徽宗》，崇宁四年冬十月条转引罗靖《杂记》，广陵古籍刻印社1990年版。

③ 祖慧：《两宋"上舍释褐"考述》，载《文史》2007年第4辑，第240页。

④ 徐松辑：《宋会要辑稿》选举七之三二，刘琳、刁忠民、舒大刚等校点，上海古籍出版社2014年版，第5405页。

⑤ 马端临：《文献通考》卷三一，上海师范大学古籍研究所、华东师范大学古籍研究所点校，中华书局2011年版，第918页。

败告终。

三舍贡士法自崇宁三年确立到宣和三年废罢，前后存在了十七年。在这期间，贡士试与科举试并行，共举行了5次科举试、12次贡士试。贡士试，是专门面向学校三舍升贡生员的考校，属于中央太学与地方州县学考试范畴。[①] 贡士试每榜录取人数较少，一般在十数人，最多的是宣和二年，也只录取66人。[②] 贡士试登第者称贡士及第，按成绩高低赐予上舍及第、上舍出身。在三舍贡士法推行期间的5次科举考试录取人数，马端临《文献通考》卷三二《选举》五《宋登科记总目》有详细记载：

崇宁五年，进士六百七十一人。省元吴偶，状元蔡嶷。

大观三年，进士六百八十五人，宗室、上舍四十二人。上舍魁李弥逊，状元贾安宅。

政和二年，进士七百一十三人。上舍魁师骥，状元莫俦。

（政和）五年，进士六百七十人，宗子、上舍十七人。上舍魁傅崧卿，状元何㮚。

（政和）八年，进士七百八十三人，上舍魁何大奎，状元王嘉。[③]

上舍魁，是指参加礼部省试并荣登第一的生员。如政和二年上舍魁师骥，以学生身份参加礼部省试，夺得第一名。[④] 按规定，在科举考试年份，不举行贡士试，地方州学生及太学生与无学籍的举子共同参加科举试，按照7∶3的比例分别录取，有学籍的生员占七成，无学籍的举子占三成。[⑤] 为了配合定期举行的科举考试，大观二年（1108）规定，诸路在执行贡举条例的同时，要预留十分之三的名额，用以发解地方上未由学校升贡的举子。“其应举人除太学已有专法外，其诸路不以曾系学籍不系学籍，自合

① 龚延明：《北宋徽宗朝“贡士”与“进士”考辩——兼评〈皇宋十朝纲要〉编撰体例》，见《中国古代制度史研究》，浙江大学出版社2013年版，第647页。

② 徐松辑：《宋会要辑稿》选举一之一五，刘琳、刁忠民、舒大刚等校点，上海古籍出版社2014年版，第5255页。

③ 马端临：《文献通考》卷三二，上海师范大学古籍研究所、华东师范大学古籍研究所点校，中华书局2011年版，第946页。

④ 脱脱等：《宋史》卷四六〇，中华书局2017年版，第13484页。

⑤ 李：《皇宋十朝纲要校正》（下册），燕永成校正，中华书局2013年版，第456页。

取应，依贡举元条施行。”① 也就是说，地方发解名额中，有学籍者至少占到了七成。这也意味着更多经由学校培养的人才，通过科举考试进入文官系统。

对于科举考试在选拔文官方面存在的问题，王安石有着比较清醒的认识，他曾说：“文吏高者，不过能为诗赋，及其已仕，则所学非所用，政事不免决于胥吏。”② 认为“朝廷礼乐行政之事，皆在于学”③。这应该是王安石创三舍法的初衷，希望能把学校教育与国家选才结合起来，一方面可以分层次逐步培养符合国家需要的经世之才，另一方面也能起到“一道德”的作用，统一思想，稳固统治。徽宗朝兴学校、定三舍贡士法，践行了王安石的治国理念。三舍贡士法废除后，太学三舍生仍维持了较大规模，南宋以后有所减少，太学三舍生基本维持在八百人左右。④ 到了明清时期，科举考试与学校教育已融为一体：

> 科举必由学校，而学校起家可不由科举。学校有二：曰国学，曰府、州、县学。府、州、县学诸生入国学者，乃可得官，不入者不能得也。⑤

科举考试从投牒自举到“必由学校”，只有入国学者方能入仕为官，究其源头，则是北宋王安石的三舍法与徽宗朝的三舍贡士法。

四、结语

北宋以文治国，重视科举取士，太祖创立殿试，将选才大权控制在自己手中，举子登科即为天子门生，读书人科举入仕的积极性大大提高。太宗朝以后，扩大科举取士人数，科举出身的官员在官僚体系中的比例不断提高，形成文治的局面。在重文政策引导下，国家通过科举考试科目与考试内容的调整，引导读书人关注社会现实。在此情形下，诸科与进士科的

---

① 徐松辑：《宋会要辑稿》选举四之五，刘琳、刁忠民、舒大刚等校点，上海古籍出版社2014年版，第5319页。

② 李焘：《续资治通鉴长编》卷二二一，上海师大古籍所、华东师大古籍所点校，中华书局2004年版，第5386页。

③ 王安石：《临川先生文集》卷三九《上仁宗皇帝言事书》，中华书局1959年版，第412页。

④ 李心传：《建炎以来朝野杂记》甲集卷一三《太学养士数》，徐规点校，中华书局2000年版，第278页。

⑤ 张廷玉等：《明史》卷六九，中华书局1974年版，第1675页。

帖经、墨义、诗赋等，因脱离现实、无益于时用而被淘汰，与现实政治关系密切的经义、论、策等，越来越成为考试的重心。仁宗新开明经科，是诗赋取士向经义取士的过渡，而说书举则是新开明经科的前奏，这些变革在中国科举发展史上意义重大。

从王安石创立三舍法，到徽宗朝三舍贡士法，这是北宋政权将学校教育与科举取士相结合的一次有益尝试，虽然说这种新型的取士模式存在时间很短，但影响深远。南宋太学延续了北宋的三舍法并有所调整，减少乃至隔断地方升贡的路径，州学生与无学籍举子都可以经考试混补入太学，或者共同参加地方发解试。到了明代，"科举必由学校"终成现实。

当然，北宋基于文官政治而进行的科举改革，也有着矫枉过正之处。科举使普通人看到了改变命运的希望，对于很多从事举业的读书人而言，读书为了考试，考试为了做官，目的性和功利色彩浓郁。在利益驱动下，读书人往往热衷于做科举文章，闭门只读圣贤书，较少关注现实，这与国家选拔经世之才的设想并不完全一致。所以，在苏轼看来，科举考诗赋、考经义、考策论并没有太大差别，"自文章言之，则策论为有用，诗赋为无益；自政事言之，则诗赋论策均为无用"①。学校教育与科举取士相结合，规范了国家培养人才、选拔人才、任用人才的一整套制度，但其带来的负面效果也不容忽视，特别是到了明清，烦琐的考试流程、僵化的考试内容，使无数读书人深陷其中不能自拔。

---

① 马端临：《文献通考》卷三一，上海师范大学古籍研究所、华东师范大学古籍研究所点校，中华书局2011年版，第907页。

宋代科举繁盛与省试同知贡举官的增设

钟伟春*

摘　要：科举制度的完善与考官制度的发展相始终。在宋廷“广开科举之门”“博求俊彦于科场”等因素的驱动下，科举呈现出一片繁盛景象，与之相应的是考官制度的发展与完备。其中，省试同知贡举官的增设就是考官制度发展完善的一个小小缩影：它因省试“举人浸多”所致知贡举考务繁重而设，又因有益于杜绝科举考试“用情取人”与“朋比结党”等弊端而保持延续。考察同知贡举官的选任条件等方面后，发现知举官队伍呈现出专业性、流动性与临时化的特征，这些能够在一定程度上表明宋朝政府建立“至公”科举社会的愿景与决心，也可从另一方面反映宋代科举制度的正规化、专业化与严格化进程。

关键词：宋代省试；考官制度；考官；同知贡举

宋建隆元年（960），赵匡胤“黄袍加身”建立宋朝。即位后，就在吸取前朝教训的基础上，采用了“兴文教，抑武事”的国策，以稳定社会秩序。具体在文教方面，则“广开科举之门”①，以大量选拔士人、文官。该做法几乎为南北两宋朝君主所沿用，以达到“博求俊彦于科场中”② 的效果，也因此造就了宋朝科举的繁荣。宋朝科举的繁盛主要表现为各类考试名目繁多、取士人数为历朝之最等方面，且科举功名为万千士子所趋，

---

* **作者简介**：钟伟春，男（1995—），江西赣州人，浙江大学科举学与考试研究中心在读博士研究生。研究方向：考试制度史。

① （宋）王楙：《燕翼诒谋录》卷一，上海古籍出版社 2007 年版，第 4583 页。

② （元）脱脱：《宋史》卷一百五十五《选举一》，吉林人民出版社 1995 年版，第 2258 页。

“人人皆有觊觎之心”①，达到“如水赴壑，不可禁遏”②的地步，由此宋代被称为开始定型的“科举社会”③。而科举考官制度建设上，“宋承唐制，抑又甚焉”④，在承继唐、五代之制的基础上，又有了进一步的发展，并随着科举制度的发展而日益完备。因此，本文即以宋代省试同知贡举官为中心，对其产生、发展以及特点等方面进行考察，以小见大，管窥宋代科举考官制度，乃至科举制度的发展与完善。

一、宋代省试知贡举官的“前世”“今生”与“未来”

知贡举之设始于唐。唐初，明经、进士等科试一般皆以考功员外郎主试事，但在开元二十四年（736），“会考功员外郎不称，为士所诋诃，朝议以郎官地轻，移知贡举于礼部侍郎”⑤。此事件使得贡举权由吏部移至礼部，因此开元二十四年为礼部选士之开端，后世的礼部知贡举之称也始于此。按照唐制，知贡举就是贡举考试的主考官，一般专以礼部侍郎任之。据统计，唐开元二十四年（736）以前，仅有五次以他官兼知贡举，也就是说在礼部侍郎专知贡举前，基本上由考功员外郎专知。⑥但很多时候“知贡举亦有不专用礼部侍郎而别命他官者”⑦，如唐德宗时（780—805），萧昕以礼部尚书知贡举，包佶以国子祭酒知贡举；宪宗时（806—820），李逢吉以中书舍人知贡举；穆宗时（821—824），李宗闵以中书舍人知贡举；武宗时（841—846），王起以太长卿知贡举；宣宗时（847—860），杜审权以中书舍人知贡举。而后，又因“礼部侍郎阙人”，所以“亦以他官主之”，一般称之为“权知贡举”⑧。从德宗建中元年（780）至后周显德七年（960）间，以礼部侍郎知贡举共计89人次，中书舍人知贡举35人次，户部侍郎7人次，其他19种职官知贡举的次数在1~4人次，共有22

---

① （宋）王林：《燕翼诒谋录》卷一，上海古籍出版社2007年版，第4583页。
② （宋）赵汝愚：《宋朝诸臣奏议》上，上海古籍出版社1999年版，第897页。
③ 钱穆：《国史新论》，生活·读书·新知三联书店2001年版，第31页。
④ （元）脱脱：《宋史》卷一百六十一《百官一》，吉林人民出版社1995年版，第2258页。
⑤ （明）冯梦祯：《历代贡举志》，中华书局1985年版，第3页。
⑥ 金滢坤：《中国科举制度通史 隋唐五代卷》，上海人民出版社2015年版，第339页。
⑦ （清）赵翼：《陔馀丛考》下，上海古籍出版社2011年版，第537页。
⑧ （宋）王钦若：《册府元龟》卷六百三十九《贡举部》，四库全书本，第18227页。

种职官。[①] 五代时期，知贡举“亦或以他部尚书侍郎为之”[②]，如《旧五代史·选举志》中载：“梁开平中，始命兵部侍郎杨涉权知贡举。”[③] 到宋代，科举承继唐、五代之制，一般省试仅设一名主考官，由于该职为“临期御笔点差”[④]，因此在知贡举前加一个“权”字，同样称之为“权知贡举”。如“太祖建隆元年（960）二月二十日，中书舍人扈蒙权知贡举……二年二月十日，工部尚书窦仪权知贡举……三年三月十九日，翰林学士王著权知贡举……”直到开宝六年（973）二月二十八日，仍以“翰林学士李昉权知贡举”[⑤]。此为知贡举或权知贡举的大致演化历程。

而同知贡举（权同知贡举）之设则始于宋朝。开宝八年（975），朝廷御命扈蒙、梁周翰与雷德骧三人为权同知贡举，与权知贡举王祐共同主持贡举省试，此为增设同知贡举官的开端。《续资治通鉴·卷第八》中也如是评论：“丁卯，以知制诰王祐权知贡举，知制诰扈蒙、左补阙梁周翰、秘书丞雷德骧并权同知贡举。权同知贡举始此。”[⑥] 宋初的同知贡举官，主要为知贡举的辅佐，与其一同负责出题、考校等事宜，故后来殿中侍御史胡卫有言“盖不司考校，不应谓同知举”[⑦]。宁宗嘉定六年（1214）十二月十五日，有臣僚建言：“窃见近制差台谏一员同知贡举，既不预考校，而贡院一行事，又使知举裁处，恐心力不能两用。乞自今贡院内外事务，皆决于同知举台谏，使得一意检柅吏奸，关防弊幸。其三知举，专主去取，勿以他事为累，庶几各举其职。”[⑧] 这一建议使得同知贡举官的权力进一步扩大，监察贡举官员也成为其职责之一。宋代同知贡举官配额并不固定，1~9人都有，如太平兴国八年（983）癸未科，“以中书舍人宋白权知贡举，知制诰贾黄中、吕蒙正、李至、直史馆王沔、韩丕、宋准、司封员外郎李穆、监察御史李范、秘书丞杨砺权同知贡举”[⑨]，同知贡举官的配额

---

① 金滢坤：《中晚唐至五代科举与社会变迁》，人民出版社2009年版，第74-75页。

② （清）赵翼：《陔馀丛考》下，上海古籍出版社2011年版，第538页。

③ （宋）薛居正：《旧五代史》卷一百四十八《选举志》，吉林人民出版社2005年版，第1241页。

④ （清）徐松：《宋会要辑稿》选举二〇，上海古籍出版社2014年版，第5640页。

⑤ （清）徐松：《宋会要辑稿》贡举一，上海古籍出版社2014年版，第5247页。

⑥ （清）毕沅：《续资治通鉴》卷第八《宋纪八》，岳麓书社2008年版，第90页。

⑦ （清）徐松：《宋会要辑稿》选举六，上海古籍出版社2014年版，第5377页。

⑧ （清）徐松：《宋会要辑稿》选举六，上海古籍出版社2014年版，第5377页。

⑨ （清）徐松：《宋会要辑稿》贡举一，上海古籍出版社2014年版，第5248页。

达到了9人；到南宋时同知贡举的配额就已经较为固定，一般为2人左右。另外，值得注意的是知举官的称呼问题，有研究指出：一般认为徽宗崇宁五年（1106）之前，均称“权知贡举”“权同知贡举”；崇宁五年之后，则均称“知贡举”“同知贡举”①。如嘉定元年（1208）正月二十五日省试贡举时就称为“知贡举”和“同知贡举”，“命吏部尚书兼翰林院学士楼钥知贡举，兵部尚书倪思、中书舍人蔡幼学、右谏议大夫叶时同知贡举”②。

知贡举官之设虽不始于宋，但却完善于宋朝，并为元、明、清三朝所沿袭，此三朝或设知贡举，或知贡举、同知贡举两者同设。如元代省部会试，“都省选委知贡举、同知贡举官各一员，考试官四员，监察御史二员，弥封、誊录、对读官、监门等官各一员”③。明朝时期，“胡忠安公淡为礼部尚书，自宣德丁未（1427）至景泰甲戌（1454），凡十为会试，知贡举官”④，亦有万历三十五年（1607）丁未科会试，“李九我（廷机）以礼左侍兼读学署部，为知贡举官”⑤ 等的记载。而清朝则“以大员总摄场务，乡试曰监临……会试曰知贡举，礼部侍郎为之”⑥。

二、举人浸多与勿容朋比：宋代省试同知贡举官的增设缘由

宋开宝八年（975），扈蒙、梁周翰与雷德骧三人为权同知贡举，标志着权同知贡举官的正式增设。该职的增设是诸多因素综合的产物：既是宋朝科举取人太骤、举人浸多致使主考官事务繁忙、力常不给的现实考虑；也是保证科举考试的公正性，防止因知贡举官位要权重、一人执掌可能发生的用情取人、朋比结党等弊端的防范考虑。

如前所述，宋朝科举开科取人之多为历朝所未有。以进士中式人数为例，唐代时期，共开考计262次，正取进士6658人，每次平均取士只有

---

① 张希清：《中国科举制度通史 宋代卷》，上海人民出版社2015年版，第220页。

② （清）徐松：《宋会要辑稿》选举二一，上海古籍出版社2014年版，第5652页。

③ （明）宋濂：《元史》卷八十一《选举一》，岳麓书社1998年版，第1340页。

④ （清）赵吉士：《寄园寄所寄》，黄山书社2008年版，第429页。

⑤ （明）沈德符：《万历野获编》卷十《丁未闽中词林之盛》，上海古籍出版社2012年版，第225页。

⑥ 赵尔巽：《清史稿》卷一百八《选举三》，吉林人民出版社1995年版，第2140页。

25.41人；五代时期科举共开考47次，正取进士641人，年均取进士只有13.64人；而至宋代，北宋时期科举共开考69次，正取进士19259人，每次平均取进士279.12人；南宋时期科举共开考49次，正取进士23198人，每次平均取进士473.43人。[①] 如此看来，仅以进士中额人数相比，宋代科举所取人数都数十倍于前朝，若再加上特奏名诸科，那数据差别将更加巨大。也由此看出，宋朝取人之多实属罕见，若因循旧制，仅设一名知贡举为主考官，那么贡举官员事务繁忙、无力应对无疑在情理之中。事实上，宋朝贡举考试，因事务繁忙抽调人手的情况也较为常见，据《宋会要辑稿·选举三·贡举杂录》载，哲宗八年（1093）十二月二十四日，翰林学士范祖禹就曾上书言："窃见祖宗时，知贡举官止以出题、较艺为职，专意抡选天下之士，间得奇伟绝异之才，由其用心精一也。承平日久，举人浸多，比岁以来，法令益密，知举官受接词状，兼治杂事，日力常苦不给，为之者无不告劳，非复曩之优裕也。夫承平之世，政事所宜从容。况选贤取士，朝廷必重，择其人付以文柄，今乃疲弊于吏事如此，恐非设贡举之意也。臣愚欲乞每遇贡举，别差礼部郎中一员专治杂事，凡词状之类，委知举官判送检法施行，庶使知举官专意于考校，以副陛下求贤之意。"[②] 范祖禹在上书中条陈了贡举官员所涉考务，恐因疲于应付各类吏事而不利于考校事宜，而因此奏请增设人手；他的建议是否被采纳未见明确记载，但却实实在在地反映了贡举官事务繁忙之实。欧阳修也曾上书奏明同样情况，"是于诗赋、策论六千卷中（每一人三卷）选五百人，而日限又迫，使考试之官殆废寝食，疲心竭虑，因劳致昏"[③]。绍兴二十一年（1151），宋廷下诏："礼部贡举案许于省试前一年六月一日添差手分五人、贴司三人，通本案人吏行遣。其当行职级二人，并本案及添差到手分、贴司各八人，于见请外，每人每日各添破别给钱二百文，内贴司减半，不理为次数，于本曹四司职级、手分、贴司内选差，并罢身分文字，以次人承权。"[④] 可见，随着贡举人数的增多，朝廷抽调人手也成为常态。由此可断

① 统计口径以刘海峰、李兵：《中国科举史（修订本）》，上海东方出版中心2021年版，第565-585页所载唐、五代、北宋、南宋登科录为准。

② 曾枣庄，刘琳主编：《全宋文》卷二一四一《范祖禹二十七》，上海辞书出版社2006年版，第199页。

③ （宋）欧阳修著，张春林编：《欧阳修全集》，中国文史出版社1999年版，第625页。

④ （清）徐松：《宋会要辑稿》职官一三，上海古籍出版社2014年版，第3372页。

言，权同知贡举的增设与省试“举人浸多”所致贡举事务繁重密切相关。

当然，权同知贡举的增设也与宋朝试图建立“至公”的国家取士之制息息相关，是总结前朝私门请托、朋比结党之经验教训后的改善手段之一，也是防治科举主考官一人专权、用情取人的手段之一。唐朝开元二十四年（736），贡举权由吏部移至礼部后，礼部侍郎一人专掌贡举事宜，称知贡举，全权负责贡举事务，所取进士皆称为“知举门生”，后人曾评论这一现象道：“自唐以来，进士皆为知举门生，恩出私门，不复知有人主。”① 礼部侍郎的地位也由此变得越发显赫，甚有“礼部侍郎重于宰相”② 之说。但是，这种考官与考生的门生关系，容易滋生“朋党”，非常不利于中央集权政治。而且，唐朝贡举考试由一人主考也还存在另一弊端，即主考官容易受当朝权臣掣肘，不同派系势力借科举考试党同伐异、提拔心腹，使得唐朝的“朋党政治”再度加剧。《旧唐书》就有关这方面的记载：“（刘太真）及转礼部侍郎，掌贡举，宰执姻族，方镇子弟，先收擢之。”③《册府元龟》又载：“（贞元）十一年礼部侍郎吕渭知贡举，结附户部侍郎判度支裴延龄，延龄之子操举进士，文词非工，渭擢之登第，为正人嗤鄙。”④ 可见，贡举权由一人专掌，弊端丛生。到宋代，中央政府决定一洗故习，增设殿试一级考试，使得及第士子由“知举门生”变为“天子门生”，《宋会要辑稿》载：“开宝六年（973），李昉知贡举，取宋准等十一人。上以进士武济川、三传刘浚材质最陋，诎去之。济川，昉乡人也，上颇不悦。会有诉昉用情取人者，上乃令籍终场下第人姓名，得三百六十人，皆召见，择其一百九十五人并准以下，乃御讲武殿，各赐纸扎，别试诗赋，命殿中侍御史李莹等为考官，得进士二十六人，五经四人，《开元礼》七人，三礼三十八人，三传二十六人，三史三人，学究十八人，明法五人，皆赐及第。又赐钱二十万，以张宴会。寻昉等皆坐责。自兹殿试遂为例程。”⑤ 此次事件基本奠定了宋朝殿试考试的程式。此外，我们应

---

① （宋）王栐：《燕翼诒谋录》卷一，上海古籍出版社 2007 年版，第 4584 页。

② （宋）宋祁、欧阳修：《新唐书》卷一百六十九《韦贯之传》，岳麓书社 1997 年版，第 3212 页。

③ （五代）沈昫：《旧唐书》卷一百三十七《刘太真传》，岳麓书社 1997 年版，第 2360 页。

④ （清）徐松：《登科记考补正》卷十四，贞元十年丁丑条，北京燕山出版社 2003 年版，第 598 页。

⑤ （元）马端临：《文献通考》卷第三《选举考》，山东画报出版社 2004 年版，第 58 页。

该也能从该事件中看到，贡举考试仅设一名主考官还容易发生“用情取人”的弊端。为此，开宝八年（975）二月二十四日，“以知制诰王祐权知贡举，知制诰扈蒙、左补阙梁周翰、秘书丞雷德骧并权同知贡举”①，正式增设权同知贡举官，与知贡举一起主持科举省试。同知贡举官的设立具有较大的积极意义，对推动考试公平有一定作用。南宋建炎三年（1129）左司谏唐辉的上书中就得到一定反映，他一面批评诸道类省试委派考官“专委宪臣，奸弊滋生，才否贸乱，士论嚣然”，另一面却对同知贡举官等在内的旧制考官之设予以了肯定，“旧制，省试用六曹尚书、翰林学士知贡举，侍郎、给事中同知贡举，卿监、郎官参详，馆职、学官点检，御史监视，故能至公厌人心”②。可见，宋初的考官制度改革包括增设同知贡举官的做法，是科举考试公正性的保障之一。后世对同知贡举官的增设也表达了类似的看法，如郑天挺《中国历史大辞典》“知举官”词条言：“宋代每礼部试，必于侍从近臣、两省和台谏官中，临时选差知贡举一员或权知贡举一员，同知贡举二至三员（其中一员须差台谏官），主持当届考试，决定合格举人名次，以防事先请托。”③ 郑的解释更为具体，直接言明了知贡举与同知贡举的临时选差是为了防止事先请托。

三、宋代省试知举官队伍的主要特征

（一）专意文衡：知举官队伍的专业化

宋代知举官队伍的专业化包括两个方面：一方面，知举官等考官的选拔均要求文学素养较高者充任。时任知制诰的富弼就曾对此有过较为精辟的阐释，他说省试有“三长”，其中“南省主文者四五人，皆两制宗匠。又选馆阁有辞学者数人，以助主文考校。复有监守、巡察、糊名、誊录，上下相警，不能容毫厘之私，此一长也”④。治平三年（1066），知谏院司

① （清）毕沅：《续资治通鉴》卷第八《宋纪八》，岳麓书社2008年版，第90页。
② （元）脱脱：《宋史》卷一百五十六《选举二》，吉林人民出版社1995年版，第2271页。
③ 郑天挺：《中国历史大辞典》，上海辞书出版社2007年版，第3611页。
④ （宋）王应麟：《玉海》第6函，文物出版社1992年版，第12页。

马光也上奏说："朝廷每次科场所差试官，率皆两制、三馆之人。"① 从两人的阐述可以看出，主持考校事宜的均"两制宗匠"②，协助考校的也都是"馆阁有辞学者"③，这些人几乎都经由科举正途入仕，因此科举考官从这些人中挑选无论是在来源，还是在素质上都是有所保障的，具备一定的专业性。嘉定十一年（1218）十月四日，有臣僚还建言："窃见昨来朝廷凡遇差官考校，颇费选择，乞诏二三大臣，博求科第硕望，学问器识，佥论推重，布列班着，以备考官之选。"④ 这里还提出了考官应具备的素质，即"科第硕望，学问器识"，还须经众人推选等步骤后，才可以成为考官人选。由此可见，成为一名科举考官绝非易事。

另外，宋廷还通过抽调人手、增设考官等手段使知举官免于锁务，专心考校衡文事宜。哲宗八年（1093），范祖禹上书时就曾说：知举官应以出题、较艺为职，专意抡选天下之士，但是过多的吏事，并兼治杂事，使得知举官力常不给，实在有违设知举官以"专意考校"的初衷。嘉定十三年（1220）正月二十二日，殿中侍御史胡卫认为诸州解试都设有监试官，但省试却没有设置，因此他建议将一名同知贡举官改作监试，一者可以监督纠察考官，二者使知举官从烦琐的事务中脱身，专意文衡。《宋会要辑稿》载："今科举之法，诸州解试、别院省试，皆有监试官，安得省试大院，独无监试，今宣锁在即，乞将台谏同知贡举一员，改作监试。其校文之官，有勤惰不一者，察之；执事之吏，有内外容奸者，纠之；凡贡闱事，不属考校、去取者，悉听于监试。然后名正言顺、责有所归；且使知举免琐务，专意文衡，诚非小补。"⑤

由此可见，通过上述两大举措，使得知举考官队伍更加专业化；而宋代参详官、点检试卷官、监试官的增设则进一步加强了队伍建设，再加上

---

① （宋）司马光：《司马光奏议》卷十五《贡院乞逐路取人状》，山西人民出版社1986年版，第162页。

② 两制：指"两制官"，分内制和外制，宋赵彦卫《云麓漫钞》卷五言："翰林学士司麻制批答等，为内制；中书舍人六员，分房行词，为外制云。"宋赵昇《朝野类要·称谓》中又言："翰林学士官谓之内制，掌王言、大制诰、诰令、赦文之类。"可见，内制主要指的是翰林学士等撰写皇帝诏命的人员，外制主要指的是知制诰等草拟诰命的人员，两者皆为文人宗匠。

③ 馆阁：是指宋廷昭文馆、史馆、集贤院三馆和秘阁、龙图阁等阁，分掌图书经籍和编修国史等事务，通称为"馆阁"。

④ （清）徐松：《宋会要辑稿》选举二二，新华书店1957年版，第4608页。

⑤ （清）徐松：《宋会要辑稿》选举六，上海古籍出版社2014年版，第5377页。

誊录、对读、封弥、监门，以及编排官、巡铺官等考官的齐心协力，为宋廷建立“推朝廷至公，待四方如一，惟能是选”① 的考选制度的目标奠定了重要的组织基础。

（二）皆无常员：知举官队伍的流动性

宋代知举官队伍另一重要特点就是流动性，即省试知贡举官等考官的选差通常既不固定于某一种或某几种官职上，也不固定于某一个人或某几个人上。这是因为宋代大规模科举考试的高厉害性已经充分显现，加强考官队伍的流动性可以有效防止考官专权或腐化，进而保证科举考试的公平正义。

不固定选差考官的做法在唐代就已经比较盛行，唐时贡举权移至礼部，中央政府就有意识地将知贡举一职的选任不固定于礼部，而推至他部，《册府元龟·贡举部》载：知贡举“以礼部侍郎专焉，其间或以他官领者，多用中书舍人，及诸司四品清资官，惟会昌中，命太常卿王起主贡举时乃检校仆射耳”②。《唐语林·补遗》也曾记载：“后有左补阙薛邕，中书舍人达奚殉……太常少卿李建，尚书萧昕，仆射王起，常侍萧仿，黄门侍郎许孟容、郑显，刑部侍郎崔枢，户部侍郎韦昭度杂主之。而弘靖不以进士显。”③ 虽然王谠所记载的部分官职有误，④ 但是唐时不固定从礼部选差，而从他部选任贡举主考官却是不争的事实。宋时，这一做法尤甚，充任贡举考试考官的官职大大丰富，就像有研究所指出的那样，朝廷并不专门指定某一官职为权知贡举和权同知贡举，而是在较大范围内挑选，六曹尚书、翰林学士权知贡举和侍郎、给事中权同知贡举只是有较大的可能性而已。⑤ 以同知贡举官为例：宋代有资料可查的科举省试同知贡举共有 247 人，考察这些出任同知贡举的官员的官职后发现，其官职不仅包括常见的知制诰、翰林学士，各部郎官，还有《尚书》博士、宝文阁待制、天章阁待制、国子司业等不常充任该职的职官（见表 1）；根据统计，曾任同

---

① （宋）欧阳修著，张春林编：《欧阳修全集》，中国文史出版社 1999 年版，第 668 页。
② 张海鹏，孙培青主编：《中国考试史文献集成》，高等教育出版社 2003 年版，第 325 页。
③ （宋）王谠：《唐语林》卷八《补遗》，古典文学出版社 1957 年版，第 275-276 页。
④ 金滢坤：《中国科举制度通史 隋唐五代卷》，上海人民出版社 2015 年版，第 341 页。
⑤ 姚红：《宋代省试考官述略》，载《江西社会科学》，2002 年第 10 期，第 63-66 页。

知贡举官的职官数量达78种之多（一人身兼多职也重复计算在内），可见其来源官职之丰富。

表1 宋代同知举官选任人数及官职一览

序号	朝代	同知贡举人数	出任同知贡举之官职
1	宋太祖朝（960—976）	3人	知制诰、左补阙、秘书丞各1人
2	宋太宗朝（977—997）	28人	知制诰11人，直史馆6人，中书舍人2人，御史中丞、殿中丞、《尚书》博士、司封员外郎、监察御史、秘书丞、右散骑常侍、礼部郎中、翰林学士各1人
3	宋真宗朝（998—1022）	25人	知制诰8人，龙图阁待制3人，直昭文馆、直史馆、枢密直学士各2人，御史中丞、直集贤院、主客郎中、右谏议大夫、翰林学士、工部侍郎、屯田郎中、刑部郎中各1人
4	宋仁宗朝（1023—1063）	43人	知制诰16人，翰林学士6人，天章阁待制4人，龙图阁直学士，翰林侍读学士，御史中丞各3人，龙图阁待制，集贤校理兼同修起居注各2人、直史馆兼同修起居注、侍读学士、天章阁侍讲、集贤殿修撰各1人
5	宋英宗朝（1064—1067）	4人	知制诰3人，翰林侍读学士1人
6	宋神宗朝（1068—1085）	12人	知制诰5人，御史中丞，侍御史知杂事，天章阁待制，直舍人院，直集贤院兼同修起居注，集贤校理兼同修起居注，天章阁侍讲兼直舍人院各1人
7	宋哲宗朝（1086—1100）	12人	起居郎2人，吏部侍郎、户部侍郎、刑部侍郎、中书舍人、国子司业、翰林学士、侍御史、给事中、宝文阁待制、天章阁待制兼吏部侍郎各1人
8	宋徽宗朝（1101—1125）	26人	其中吏部侍郎5人，中书舍人4人，给事中3人，尚书兵部侍郎2人，礼部侍郎、刑部尚书兼侍读、御史中丞、右谏议大夫、侍御史、起居舍人、大司成、给事中、同修国史，大司成兼同修国史，尚书吏部侍郎兼同修国史、左司谏、符宝郎各1人
9	宋高宗朝（1127—1162）	18人	中书舍人、右正言各3人，权礼部侍郎、右谏议大夫、给事中、起居郎各2人，权吏部侍郎、殿中侍御史、起居舍人、秘书少监各1人

续表

序号	朝代	同知贡举人数	出任同知贡举之官职
10	宋孝宗朝（1163—1189）	18人	（试）侍御史3人，（试）中书舍人、右谏议大夫各2人，权户部侍郎、试兵部侍郎、试礼部侍郎、起居舍人、给事中、右正言、试给事中兼直学士院、右谏议大夫兼侍讲、尚书刑部侍郎兼侍讲兼给事中、中书舍人兼侍讲、权刑部尚书兼侍讲兼太子詹事各1人
11	宋光宗朝（1190—1194）	4人	右谏议大夫、权吏部侍郎、给事中、左司谏各1人
12	宋宁宗朝（1195—1224）	25人	右谏议大夫5人，礼部侍郎4人，吏部侍郎3人，（权）刑部侍郎、中书舍人、起居舍人各2人，兵部尚书、工部尚书、左司谏、侍御史、起居郎、右正言、礼部侍郎兼直学士院各1人
13	宋理宗朝（1225—1264）	27人	权吏部侍郎、吏部侍郎、兼给事中、吏部侍郎兼中书舍人、礼部侍郎兼直学士院、权礼部侍郎兼侍读、刑部尚书、刑部侍郎兼祭酒、权刑部侍郎兼给事中、兵部侍郎、权兵部尚书兼直学士院、兵部侍郎兼直学士院、兵部尚书、太子詹事、中书舍人、起居舍人、中书舍人兼权吏部侍郎、中书舍人、兼侍讲、起居舍人兼国子司业、殿中侍御史、秘书少监兼侍立修注官崇正殿说书、国子祭酒、权修注官、起居郎兼侍讲、太常少卿兼权中书舍人、吏部、御史各1人
14	宋度宗朝（1265—1274）	2人	朝散大夫、起居郎兼权兵部侍郎，朝散大夫、起居舍人兼权直学士院兼国子司业兼侍讲
合计		247人	

注：由于前人已对同知贡举官进行考证，遂不做重复工作，只做数据统计，可参见夏亚飞：《宋代科举考官制度研究》，河南大学博士论文，2016年，第52-67页。

另外，宋代省试考官的流动性还表现为考官的选差不固定于某一个人或某几个人上。考察有宋一代知贡举和同知贡举官的人选可以发现：北宋时期科举共开考69次，除扈蒙（建隆元年庚申科、开宝三年庚午科、开宝五年壬申科）、卢多逊（乾德三年乙丑科、乾德五年丁卯科、开宝四年辛未科）三知贡举，以及王祜（开宝元年戊辰科、开宝八年乙亥科）、苏易简（端拱元年己丑科、淳化三年壬辰科）、赵安仁（景德二年乙巳科、大中祥符八年乙卯科）、刘筠（天圣二年甲子科、天圣五年丁卯科）、王珪

（嘉祐六年辛丑科、熙宁三年庚戌科）、许将（元丰二年己未科、元丰八年乙丑科）六人两知贡举外，共有58人曾任知贡举；南宋时期科举共开考49次，除建炎二年（1128）戊申科、绍兴二年（1132）壬子科、咸淳十年（1274）甲戌科三次知贡举人选不详外，仅程珌（嘉定十六年癸未科、宝庆二年丙戌科）一人两知贡举，共有45人曾任知贡举。而考察同知贡举官的人选后也发现与知贡举有同样的趋势，鲜有官员多次任同知贡举。这种现象与唐代可多次连年担任主考官的情况存在着显著差异，像唐代王师旦（646—649）、达奚珣（743—746）、杨浚（753—756）三人就曾四任主考官，而三任、两任主考官在唐代则是普遍现象。

加强考官队伍的流动性具有重要意义，有研究曾指出："如果选拔、考核儒生以及官员任免完全由官僚机构内部的有关部门来完成的话，就很容易在这些要害部门形成固化的权力中心，官僚中的个人势力和门阀贵族化倾向就会不断加强，就会发生像日本大化改新后官僚贵族演变的过程，官僚机构的吐故纳新就越来越困难。"① 因此，宋朝对前朝主考官皆有常官、皆有常人的现象进行极大改善，形成皆无常员的机制，以此加强考官队伍的流动性，最大限度地防止预先请托以及避免汤鹏举所言"试官容私"等问题，进而保证科举考试的至公性，为普通士人提供了相对公平的竞争与上升渠道。

（三）临期选差：知举官队伍的临时化

中晚唐时期，礼部省试多为临时选派的他官权知贡举，使权知贡举使职化，有效地选拔了天下英彦，对防止省试舞弊现象的发生起到了积极的作用。② 宋代对此进行了继承与发展，主要表现为考官的"临期选差"，即考官在临考试前任命，且任命后须即刻上任，因此宋代科举知举考官的选任还具有显著的临时化特征。《宋会要辑稿·试官》曾载绍兴二十六年（1156）正月九日殿中侍御史汤鹏举言："近年试官容私，公道不行，故孤寒远方士子不得预高甲，而富贵之家子弟常窃巍科。将期预差试官，以通私计，而知举、考试官皆登贵显，天下士子归怨国家。伏乞申严，革去容

① 金观涛：《在历史的表象背后：对中国封建社会超稳定结构的探索》，四川人民出版社1984年版，第57页。

② 金滢坤：《中国科举制度通史：隋唐五代卷》，上海人民出版社2017年版，第353页。

私之弊。挟书代笔继烛，必欲尽禁；封弥立号誊录，必欲依条；考校定去留，分高下，必欲至公。如知举、参详、考试官，临期御笔点差，以复祖宗至公之法。从之。"① 汤鹏举列举了"将期预差试官"可能导致试官容私、失去公允，天下士子归怨国家等弊端，因此建议应沿袭旧制，对知贡举等考官实行"临期御笔点差"，才能使考试达到至公，这一建议最终得到了皇帝的采纳。因此，宋朝省试官员是一个临时性的差遣，② 等省试结束后这些考官即回归原有官职。《宋会要辑稿·礼部》中对此有明确记载："掌受诸州解送九经、五经进士，通礼、三礼、三传、毛诗、尚书学究、名法之名籍，及家保状、文卷，考验户贯、举数、年几而藏之，以朝官一员主判。若遣官知贡举，即主判官罢举事毕，复别遣官。"③ 此外，一旦考官临期任命完毕，应立马上任，不准更至私第，以防止事先请托。《宋史·选举志》载淳化三年（992）"苏易简知贡举，受诏即赴贡院"④，此举后成为常制。

当然，除知贡举和同知贡举这两种重要考官的选任具有临时性特征外，其他考官如监试官也同样具备如此特征。如端拱元年（988），贡院规定"借御史台驱使官一人监门"⑤，以起到监督考官的作用，其中"借"字也在一定程度上反映了临时性特征；绍兴三年（1133），左司谏唐辉又援引省试旧制，建议以"御史监视"⑥，即以监察御史临时充任监试官；到庆元二年（1196），又有大臣建议"帘内知举必差台谏官，可以纠察"⑦，就是差遣台谏官充任知贡举或同知贡举，负责监督、纠察考官事宜。从这些记载可以看出：监试官是从不同地方、岗位借调而来，且无常制，因此监试官无疑也是一个临时性质的官员。直到端平元年（1234），侍御史李鸣复等条列建言："台谏充知举、参详，既留心考校，不能检柅奸弊，欲乞仍旧差台谏为监试。"⑧ 该建议得宋廷采纳后，监试官才慢慢定制为由台谏官充任。

---

① （清）徐松：《宋会要辑稿》选举二〇，上海古籍出版社 2014 年版，第 5640 页。
② 张希清：《中国科举制度通史：宋代卷》，上海人民出版社 2015 年版，第 218 页。
③ （清）徐松：《宋会要辑稿》职官一三，上海古籍出版社 2014 年版，第 3374 页。
④ （元）脱脱：《宋史》卷一百五十五《选举一》，吉林人民出版社 1995 年版，第 2259 页。
⑤ （元）脱脱：《宋史》卷一百五十五《选举一》，吉林人民出版社 1995 年版，第 2259 页。
⑥ （元）脱脱：《宋史》卷一百五十六《选举二》，吉林人民出版社 1995 年版，第 2271 页。
⑦ （清）徐松：《宋会要辑稿》选举五，上海古籍出版社 2014 年版，第 4320 页。
⑧ （元）脱脱：《宋史》卷一百五十六《选举二》，吉林人民出版社 1995 年版，第 2580 页。

四、结语

宋朝是科举制度变革与发展的关键期，也是科举制度的完备与成熟期，尤其是各种规章制度逐步健全，使考试取士走向法制化和规范化，最大限度地减少人为因素的干扰。[①] 本文的考察对象——同知贡举，也是宋代科举制度改革完善进程中的组成部分：它的增设既是宋代科举考试繁盛发展所致主考官考务繁忙的现实情况驱使，同时也是科举考官制度完善的一个小小缩影，整体反映的仍是不断正规化、专业化、严格化的宋代科举制度。当然，宋朝为构建一个“至公”的科举考试制度，从考官制度建设等方面进行了果断的试验是不争的事实，锁院制度、封弥制度、誊录制度、监督制度以及回避制度等的施行就是最好的确证，但科举舞弊问题的层出不穷、屡禁不止，如雍熙二年（985）省试，苏易简为权同知贡举，“苏易简妻兄进士崔范……易简隐而不奏，荐名在高等”[②]，这表明：即便宋朝在努力完善包括考官制度在内的各项科举制度，但舞弊依然无法杜绝；这些不仅是在宋朝，在明清时期，乃至当代也依旧是久悬未决的重大课题。

---

① 刘海峰、李兵：《中国科举史（修订本）》，东方出版中心 2021 年版，第 165 页。

② （清）徐松：《宋会要辑稿》选举一九，上海古籍出版社 2014 年版，第 4766 页。

宋代科举下“神童”教育的方式及特征

苑津山　林传舜[*]

摘　要：穿过历史烟云，“神童”恰如鲜艳的蓓蕾，自宋代开始，被相关历史典籍大量记载。但关于他们应该如何绽放的问题，困扰着当代和以往历朝历代的教育者。缘此，本文拟从宋代以前“神童”的历史起源出发，并着重聚焦历史中“神童”教育最为完备的宋代，梳理宋代教育与宋代童子举的发展；进而探究宋代“神童”教育的多种方式；概括提炼宋代“神童”教育的特点；最终对“神童”教育进行评析，为我国当代“神童”教育提供启示借鉴。

关键词：“神童”教育；童子举；宋代科举；教育方式；教育特征

在我国源远流长的五千年文明发展中，宋代是中华文化发展的关键期。严复先生认为：“若研究人心政俗之变，则赵宋一代历史，最宜究心。中国之所以成为今日现象者，为善为恶，姑不具论，而为宋人之所造就，什八九可断言也。”当前，随着科技进步和社会环境的不断变革，儿童在生理和心理方面发展更为迅速，追求儿童中心立场、为不同儿童进行个性化学习设计的时代呼声愈发强烈，[①] 如何为“吃不饱”的“神童”提供教育，是当前开展个性化教育的第一道难关。关于“神童”的教育问题，从古至今一直贯穿始终，当前关于“神童”教育的研究较少，在学术期刊中

---

* **作者简介**：苑津山，浙江大学教育学院、科举学与考试研究中心博士生；林传舜，复旦大学硕士研究生。

① 顾明远：《个性化教育与人才培养模式创新》，载《中国教育学刊》，2011年第10期，第5页。

以赵忠心[①]等学者的三篇论文为主，其余研究多注重当前“神童”教育的讨论，缺乏从我国古代关于“神童”教育的史料挖掘角度看待“神童”教育问题。观今宜鉴古，本文在“神童”教育上聚焦“神童”教育现象十分繁盛的宋代，力图梳理“神童”的起源、童子举和宋代教育的发展、探究宋代“神童”的教育方式与特征、评析宋代“神童”教育。明其源才能清其流，历史对于现实社会，既是借鉴的镜子，而又不仅作为镜子而已。[②]

一、宋代“神童”教育的历史因由

在宋代，“神童”原指应“神童”举的考生，如“召试‘神童’蔡伯俙”“与晏元献俱五六岁以神童侍仁宗於东宫”[③]。此外，宋人也褒扬和艳羡那些生而知之的童子，称赞他们是“奇童”“受之天也”“幼敏”之童，但一般不直接称“神童”。本文所称的“神童”主要指后者，即那些自幼学习力极强，智慧出众或才赋优异的超常儿童。[④] 本文所称的“神童”教育指家庭对“神童”的教育。“神童”自古有之，宋以前关于“神童”的记载不多。到了宋代，教育文化事业极大发展，宋代童子举愈加兴盛，使得宋代“神童”及其“神童”教育成为这一时期教育所应关注的重点问题。

（一）宋以前“神童”教育的历史渊源

宋人王应麟在《三字经》里列举的“融四岁，能让梨”与“莹八岁，能咏诗”分别是东汉与南北朝时期的“神童”，此外还有宋人编的《册府元龟·幼敏》和明人编的《儿世说》等典籍记载着前代关于“神童”的故事。有的古代典籍记载了古人对“神童”的评述，如《世说新语·言语》[⑤] 陈韪对孔融的应对机敏泼了冷水：“小时了了，大未必佳。”又如南北朝时期的江淹六岁能诗，晚年却才思减退，世人称他是江郎才尽。然

① 赵忠心：《“神童”是不能复制的》，载《学前教育研究》，2001年第4期，第18页。

② 韩国磐：《历史是现实社会的镜子》，载《东南学术》，1999年第1期，第3页。

③ 马端临撰：《文献统考》，中华书局1986年版，第329页。

④ 吕智红、唐淑：《神童教育的历史回顾与反思》，载《学前教育研究》，2001年第5期，第11页。

⑤ 刘义庆撰，沈海波注：《世说新语》，中华书局2009年版，第15页。

而，从总体来看，历代典籍关于唐宋以前“神童”的记载是零星出现的，关于“神童”受教育的情况，史籍记载更是少之又少。

在唐代科举中，童子科正式成为与明经科、进士科等并列的科目。赵彦卫《云麓漫钞·卷六》[①] 记载，童子科有童子明经、童子学究和“神童”三科。《文献统考·选举第八》[②] 载：“唐有童子科，凡十岁以下能通一经，及《孝经》《论语》每卷诵文十通者予官，通七者与出身。开成三年，敕：‘起今以后，不得更有闻荐……虽有是命，而以童子为荐者，比比有之。’”可知唐代童子科考试的具体内容为儒家经典，并且当时官员推举童子的现象较为普遍，引起了君王的关注。唐代的童子科时兴时废，兴时选拔出了比较著名的“神童”，如初唐四杰之一的杨炯，《旧唐书·文苑上》[③] 记载杨炯“幼聪敏博学，善属文。‘神童’举，拜校书郎，为崇文馆学士”。还有“神童”刘晏，《三字经》载“唐刘晏，方七岁，举‘神童’，作正字”。在神童科之外，“神童”们也能通过科举制度脱颖而出。如“神童”李泌，《三字经》载“泌七岁，能赋棋”。再如韩愈有一篇《赠张童子序》，文中张童子在十一二岁时考中明经科，韩愈撰文表达对张童子的肯定和勉励，称“人皆谓童子耳目明达，神气以灵，馀亦伟童子之独出于等夷也”。可见，唐代科举制度选拔出了一批少年英才，其中的一些“神童”引起了当时社会的广泛关注。

（二）宋代教育事业的极大繁荣

宋代图书印刷业发达。据《中兴馆阁书目》记载，到宁宗嘉定十三年（1220），南宋藏书已达五万九千四百二十九卷，[④]《宋史·艺文一》[⑤] 记载宋代书籍的数量“累而数之，有非前代之所及也”。且民间的书坊、书肆几乎开遍全国。许多“神童”曾受益于家中的藏书，例如《宋史·卷二百九十一》[⑥] 记载名臣宋绶小时候“聪警，额有奇骨”，被外祖父所器重。外祖父杨徽之没有儿子，于是就把家中大量的藏书都给了宋绶。家中书籍众

---

① 上海师范大学古籍整理研究所编：《全宋笔记》，大象出版社 2012 年版，第 168 页。
② 马端临撰：《文献统考》，中华书局 1986 年版，第 329 页。
③ 刘昫等撰：《旧唐书》，中华书局 2000 年版，第 3401 页。
④ 夏征农、陈至立主编：《大辞海·文化、新闻出版卷》，上海辞书出版社 2013 年版，第 211 页。
⑤ 脱脱等：《宋史》，中华书局 2000 年版，第 3366 页。
⑥ 脱脱等：《宋史》，中华书局 2000 年版，第 7914 页。

多，加之宋绶的母亲也常常亲自教子，长大后宋绶的学问渊博，文章出彩。他十五岁时被赐同进士出身，最终官至兵部尚书、参知政事。再如《宋史·儒林四》① 记载，“神童”蔡元定的父亲博览群书，在他小时候就“以程氏《语录》、邵氏《经世》、张氏《正蒙》”等珍贵的理学著作来教育他。蔡元定努力学习，咀嚼和吸收这些理学典籍精华，最终成为著名的西山先生。

宋代的学校教育和家庭教育兴盛。宋代中央官学的入学门槛大大降低，学生来源有所扩大，如国子生从三品以上降至七品以上，太学生从五品以上降至八品以下，其他学校学生的出身等级也有所降低。《续资治通鉴长编·卷一百五十》② 记载：“负担之夫，微乎微者也，日求升合之粟，以活妻儿，尚日那一二钱，令厥子入学，谓之学课。亦欲奖励厥子读书识字，有所进益。”各行各业的人十分重视送子女到学校接受教育。宋人对家庭教育的重视表现为三点：一是许多流芳后世的蒙学教材成书于宋代，如《三字经》《百家姓》等；二是很多经典的家训类书籍也源自宋代，如司马光的《家范》《涑水家仪》是当时许多人家的家庭教育课本，朱熹《童蒙须知》③ 中读书要“眼到、心到、口到”的训诫一直流传至今；三是家训诗歌也在宋代较为流行。如陆游的《冬夜读书示子聿》，朱熹的《送子入板桥桐江书院勉学诗》。除此之外，还有许多宋代名人夸赞表扬“神童”，甚至向“神童”赠送财物、诗歌。

（三）宋代童子举

宋代科举活动十分兴盛，童子举受到重视。《神童诗》中“满朝朱紫贵，尽是读书人”并非虚言，有学者指出宋代登科人数是历朝最多的。④ 在童子举方面，童子举的考试方式、给予的待遇没有常例，其待遇有时为免文解，有时为赏赐币帛，少数人也会成为皇族子弟的伴读。宋人的政策意图在于“旌表颖异、储器业也”，即为朝廷储备人才，嘉奖有才学的童

---

① 脱脱等：《宋史》，中华书局 2000 年版，第 10049 页。
② 李焘撰：《续资治通鉴长编》，中华书局 1995 年版，第 3646 页。
③ 孟琢、彭著东译注：《童蒙须知》，中华书局 2013 年版，第 23 页。
④ 龚延明：《〈宋登科记考〉成书的回顾与展望》，载《清华大学学报》（哲学社会科学版）2010 年第 3 期，第 34 页。

子。在选拔人才的成效方面，礼部言："本朝童子以文称者，杨亿、宋绶、晏殊、李淑，后皆为贤宰相、名侍从。"① 从录取人数来看，两宋通过童子举入仕者约在百人上下，这只相当于常年一次科举人数的几分之一，是非常少的。② 虽然录取人数不多，但人们十分重视这一科。与科举制度相呼应，出现了诸多以"送童子"赶考为主题的诗歌，如方岳《送童子卢亲国试玉堂》以杨亿、晏殊来激励童子，"要令汗竹俱流芳，子岂不见晏与杨"；姚勉《送童子敬赴省》的"此去稳登云里路，定知荣冠籍中仙"；王迈《和毗陵傅知录送其侄得隽广童科》的"窃效序送童子张，期子更阅几星霜，姓名金榜相颉颃"；杨万里《送刘童子》提到"澜翻六籍吞诸子，声动三公及九卿"。这些诗歌旨在勉励参加科考的童子，江湘《赠李崇义应童子科长歌》更是直言对童子的赞赏"通经应童科，诗书尤所长。生儿有如此，族党真有光"。连宋真宗都曾有御诗送给一个叫蔡伯俙的"神童"："七闵山水多才俊，三岁奇童出盛时。家世应传清白训，婴儿自得老成资。初尝学步来朝谒，方及能言解诵诗。更励孜孜图进益，青云千里有前期。③" 与人才选拔考试制度紧密联系是中国古代教育的一大特点，④ 宋代围绕童子举开展的教育也不例外。

在童子试的年龄限制方面，北宋时期的年龄要求为 15 岁以下，《宋史·选举二》⑤ 载："凡童子十五岁以下，能通经作诗赋，州升诸朝，而天子亲试之。其命官、免举无常格。"到了南宋，统治者对童子举更加重视，对年龄的限制也更加严格。《宋会要辑稿·童子科》⑥ 记载在嘉定年间，"迩来应是科者，或年至十二三，甚而十四五，俱冒称十岁以下"。可知嘉定年间童子举的应试年龄上限已调整至 10 岁。在考试内容方面，童子举主要考察记诵经书典籍，有时也会考察诗赋。《宋史·选举志二》⑦ 记载，"(建炎) 八年，始分为三等：凡全诵'六经'《孝经》《语》《孟》及能文，如'六经'义三道、《语》《孟》义各一道、或赋一道、诗一首为上

① 脱脱等：《宋史》，中华书局 2000 年版，第 2443 页。
② 汪圣铎：《宋代的童子举》，载《文史哲》，2002 年第 6 期，第 116 页。
③ 上海师范大学古籍整理研究所编：《全宋笔记》，大象出版社 2012 年版，第 155 页。
④ 刘海峰：《千科举与中国传统文化》，载《大学教育科学》，2020 年第 4 期，第 7 页。
⑤ 脱脱等：《宋史》，中华书局 2000 年版，第 2443 页。
⑥ 刘琳等点校：《宋会要辑稿》，上海古籍出版社 2014 年版，第 5512 页。
⑦ 脱脱等：《宋史》，中华书局 2000 年版，第 2443 页。

等，与推恩；诵书外能通一经，为中等，免文解两次；止能诵‘六经’《语》《孟》为下等，免文解一次。复试不合格者，与赐帛。”由此可以窥见童子举的具体考试内容。

总之，伴随着宋代科举及其相关教育的进一步发展，社会上逐渐形成了一种“唯有读书高”的、追求功名的科举文化，并成为社会上的主导文化,[①] 即使是农、工、商家庭的子弟，家长也督促及早向学,[②] “神童”教育由此逐渐流行。

二、宋代“神童”教育的方式

与前代相比，宋代的家长更加注重对“神童”的教育，这突出表现在宋代记录“神童”教育的方式的典籍远多于前代。在《旧唐书》等典籍中，我们只能看到某人“幼聪敏”“善属文”“好学”这类的记载，却很少能看到父母对“神童”的教育过程。在《宋史》中，我们则时而可以看到诸如“(欧阳修) 母郑，守节自誓，亲诲之学，家贫，至以荻画地学书”的具体教育方式。此外，宋代流传下来的笔记小说也有很多关于“神童”教育方式的记载。如果说唐代的“神童”教育是勃兴的，那么我们便可以说宋代的“神童”教育是繁荣的。

关于宋代“神童”的教育方式，主要呈现出五种样态：一是循序渐进，德教为先；二是劝勉勤学，以学为要；三是苛责问难，严格施教；四是身为垂范，榜样育才；五是向学助学，援师以教。宋代文献中记载的“神童”案例较多，这里选取关于“神童”教育的方式的记载相对完整、对后世影响较大的“神童”案例进行分析。

(一) 循序渐进，德教为先

宋代的许多儿童在少年时就享有盛名，但他们的父母并没有因此而沾沾自喜，也没有大肆炫耀子女的事迹，而是继续“低调”地教导子女，直

---

① 曲铁华、朱永坤：《现代教育学视阈中的科举价值》，载《教育评论》，2006 年第 2 期，第 84 页。

② 刘海峰：《科举停废 110 祭》，载《厦门大学学报》（哲学社会科学版）2015 年第 5 期，第 87 页。

到子女的道德品性形成之后再让他们接受世俗的褒贬。司马光在小的时候就比肩“神童”。在学习方面，“光生七岁，凛然如成人，闻讲《左氏春秋》，爱之，退为家人讲，即了其大指。自是手不释书，至不知饥渴寒暑”①。在机敏方面，司马光砸缸的故事更是被当时的人画成画作，在京、洛间广泛流传。尽管司马光少年有名，他的父母却并不为之所动，没有宣扬司马光的事迹，而是继续在品德方面对他严格要求。《邵氏闻见后录·卷二十一》② 记载了一则关于对司马光进行品德教育的故事，“光年五六岁，弄青胡桃，女兄欲为脱其皮，不得。女兄去，一婢子以汤脱之。女兄复来，问脱胡桃皮者。光曰：‘自脱也。’先公适见，诃之曰：‘小子何得谩语！’光自是不敢谩语”。在家庭的影响下，司马光形成了“不喜华靡”的人格，后来司马光官至尚书左仆射，完成了巨著《资治通鉴》，还获得了最为美好的谥号“文正”。

黄庭坚少时表现出了非凡的才能。据《道山清话》③ 记载，他在五岁时就能背诵除《春秋》以外的五经。有一次他问老师为何不教《春秋》，师答《春秋》不值得读。黄庭坚着急道说：“於，是何言也！既曰经矣，何得不读？”用十天把《春秋》熟练地背诵下来。八岁时，黄庭坚曾作诗“君到玉皇香案前，若问旧时黄庭坚，谪在人间今八年”，表现出非凡的智慧④。在七八岁时，黄庭坚还曾作《牧童诗》：“骑牛远远过前村，吹笛风斜隔陇闻。多少长安名利客，机关弄尽不如君。”写出如此以厌弃功名为主题的诗，可见其少年老成。他的父亲对黄庭坚很满意，“欲令习‘神童’科举”，黄庭坚却笑着说“是甚做处”，拒绝了父亲的要求。若是寻常的父亲就会强迫子女应举，尽早取得功名，而黄父并没有如此做，反而更加重视和爱护他。在品德教育方面，黄庭坚的父母在起名时就对黄庭坚给予了较高的期望，他的名是为追慕古代大哲帝颛顼高阳氏的后裔“八恺”之一的“庭坚”，他的字“鲁直”是为了纪念北宋诤臣鲁宗道。在父母的培养下，黄庭坚成了著名的文学家和书法家。

有的家庭并不注重对“神童”的品德培养，这导致“神童”成人后轻

---

① 脱脱等：《宋史》，中华书局 2000 年版，第 8607 页。
② 上海师范大学古籍整理研究所编：《全宋笔记》，大象出版社 2012 年版，第 149 页。
③ 上海师范大学古籍整理研究所编：《全宋笔记》，大象出版社 2012 年版，第 115 页。
④ 脱脱等：《宋史》，中华书局 2000 年版，第 10208 页。

则招惹是非祸及自身，重则卖国卖主苟图衣食。大名府的姜盖十二岁时曾经“中‘神童’第，人竞观之”，由于思想品德不坚定，他颇有些飘飘然，忘乎了所以。二程的母亲断定姜盖“非远器也”，后来姜盖果然“以罪废”①。再如孙觌从小就表现出惊人的文学天赋，七八岁时，苏轼曾“望见，奇之，呼来前与语……（苏轼）与之题云‘衡茅稚子璠玙器’，仲益随声应之云：‘翰苑仙人锦绣肠。’大加赏叹，赠之以缣酒，嘱其父善视之”②。但他长大以后却卖国求荣，朱熹《记孙觌事》揭露了他的罪行：靖康之难后孙觌与宋钦宗一同被掳掠到敌营，敌人要孙觌写降表，结果孙觌颇为主动地写下一份文采华丽的降表。面对人们的指责唾骂，他以“孟子所谓‘顺天者存，逆天者亡者，盖谓此也’”为自己开脱。《四库全书》在《鸿庆居士集》的行状部分记载了孙觌的生平，并记载他曾“极诋岳飞，作万俟卨墓志，极表其能杀岳飞一事”③。

（二）劝勉勤学，以学为要

《神童诗》的作者汪洙是名气很大的“神童”。他“九岁善诗赋。牧鹅黉宫，见殿宇颓圮，心窃叹之，题曰：‘颜回夜夜观星象，夫子朝朝雨打头。万代公卿从此出，何人肯把俸钱修。’上官奇而召见，时衣短褐以进。问曰：‘神童衫子何短耶？’应声曰：‘神童衫子短，袖大惹春风。未去朝天子，先来谒相公。’世以其诗诠补成集，训蒙学，为汪神童诗。登元符三年进士，仕至观文殿大学士。谥文庄。仁厚忠孝，着闻于时”④。虽然史书没有明确记载他的家教情况，但“神童”诗中有“少小须勤学，文章可立身”“学问勤中得，萤窗万卷书”等句，可见汪洙在读书学习方面曾下过非常大的功夫。他的儿子王思温、王思齐，孙子王大猷后来都官至大学士，这与他家中刻苦学习的风气是分不开的。

杨亿在刚刚学会说话的时候，母亲就用口授的方式教授他篇幅较短

① 永瑢、纪昀等：《文渊阁四库全书本》（第1345册），台湾商务印书馆股份有限公司2008年版，第736页。

② 永瑢、纪昀等：《文渊阁四库全书本》（第1038册），台湾商务印书馆股份有限公司2008年版，第623页。

③ 永瑢、纪昀等：《文渊阁四库全书本》（第1135册），台湾商务印书馆股份有限公司2008年版，第6页。

④ 朱国祯撰，王立根校点：《涌幢小品》，上海古籍出版社2012年版，第489页。

的经书，杨亿很快就能背得下来。七岁时他就能写作文章，在接待宾客时言论十分老成。《宋史·卷三百零五》① 载他十一岁就参加宋代的童子试，受到太宗的赏识，称赞他是“越景绝尘，一日千里”。在当官后仍然不放弃读书，昼夜不断地学习。与他一起在许州做知州的亲戚杨徽之感叹道“兴吾门者在汝矣”。后来杨亿官至翰林学士，在当时与宰相晏殊齐名。

路振从小记忆力超群，据《宋史·卷二百》② 记载，他五岁能背诵《孝经》和《论语》。有一次他听人讲授《阴符》，听了几百字就不听了，父亲路洵美责怪他并让他继续学下去，他说：“百言演道足矣，余何必学?”父亲十分惊异。父亲死后，他的母亲“虑其废业，日加诲激，虽隆冬盛暑，未始有懈”。后来，他到京城考试受到了宋太宗的看重，将他擢置甲科。长大以后，他成了优秀的历史学家。

欧阳修小时候读书也非常刻苦。他“四岁而孤，母郑，守节自誓，亲诲之学，家贫，至以荻画地学书。幼敏悟过人，读书辄成诵。及冠，嶷然有声”③。欧阳修在《泷冈阡表》中回忆了母亲对他的劝勉“此吾知汝父之必将有后也。汝其勉之!”。在母亲的影响下，欧阳修废寝忘食地学习，他“得昌黎遗稿，苦志探赜，至忘寝食，必欲并辔绝驰而追与之并”④。后来他终于成了宋代的宰相，位列唐宋八大家。

有些家庭并没有劝勉“神童”和培养他们对学问的志趣，故而有些“神童”一旦获得功名就不再学习，最后碌碌终老。前文列举的曾获赠御诗的“神童”蔡伯俙虽然三岁成名，但却沦于平庸，“颇不循法令，或被劾取旨，上识其姓名，必曰：‘藩邸旧臣，且令转官’”。虽然君主顾念旧情，但他的无能仍然让他生活难以自给。到了老年他不得不倚老卖老，请求君主再破例赐予他一份带薪水的差事以养活家人。他最终只落得一个“碌碌无所闻，岂非聪明不及于前时邪?”的评价。⑤

① 脱脱等：《宋史》，中华书局2000年版，第8149页。
② 脱脱等：《宋史》，中华书局2000年版，第10170页。
③ 脱脱等：《宋史》，中华书局2000年版，第8349页。
④ 黄宗羲撰：《黄宗羲全集》，浙江古籍出版社1992年版，第190页。
⑤ 上海师范大学古籍整理研究所编：《全宋笔记》，大象出版社2012年版，第155页。

（三）苛责问难，严格施教

《三字经》的作者王应麟“九岁通六经，淳祐九年举进士，从王野受学”①。王应麟的父亲王撝对他的要求十分苛刻，袁桷《延祐四明志·卷四》② 载王撝“性严急，每授题，设巍坐，命先生与其弟应凤坐堂下，刻烛以俟，少缓辄叱怒。由是先生为文称敏疾”。在父亲的影响下，王应麟成才后在《三字经》中多次夸赞历史上的“神童”，同时继承了严格施教的家教方式。他的孙子王厚孙也是一位“神童”，朱国祯《涌幢小品·卷二十四》③ 记载他：“八岁能诗，十岁能词赋，为象山教职，调浦江。归养，累荐不起，自号遂初老人。性介洁，文法三代两汉，有遂初集三十卷。”

苏颂十岁即能作省题诗，并获得许多达官贵人的赏识。据《苏魏公文集·卷五》④ 记载，“时予（苏颂）十岁，独侍先公入都会……相过诸公皆一时之望。予获侍侧，颇蒙奖顾，时盛仲谟学士坐中，试予以省题诗，予即时赋成，尤见赏激”。他曾在《累年告老恩旨未俞诏领祠宫遂还乡闬燕间无事》一诗中回忆自己的童年：“我昔就学初，龆童齿未龀……十龄独侍行，千里赴朝觐……虽免逃杖訾，犹虞裕蛊吝。十三从师友，群彦得亲近……六经日沈酣，百氏恣蹂躏。”在诗的自注部分，苏颂提到，“我生五岁，先公口授《孝经》、古今诗赋，皆成诵。又令从诸父教学，不数年而诵五经，习《尔雅》，知声律。”可知苏颂是在父母的严格要求下成长起来的。后来，苏颂不仅官至宰相，成为一代名臣，更发明了被誉为是世界上的最早的天文钟的水运仪象台。

贾黄中是宋代著名的官员和“神童”。《宋史·卷二百六十五》⑤ 记载他的父亲贾玭“严毅，善教子，士大夫子弟来谒，必谆谆诲诱之。初，通判镇州，葬乡党群从之未葬者十五丧，孤贫不自给者，咸教育而婚嫁之”，

① 脱脱等：《宋史》，中华书局2000年版，第10123页。

② 永瑢、纪昀等：《文渊阁四库全书本》（第491册），台湾商务印书馆股份有限公司2008年版，第388页。

③ 朱国祯撰，王立根校点：《涌幢小品》，上海古籍出版社2012年版，第489页。

④ 永瑢、纪昀等：《文渊阁四库全书本》（第1092册），台湾商务印书馆股份有限公司2008年版，第157页。

⑤ 脱脱等：《宋史》，中华书局2000年版，第7526页。

是一个严格而且善于教育的人。贾黄中“幼聪悟”，他五岁的时候，父亲要求他每天早晨站好，拿书卷和他的身高相比，称为“等身书”，要求他诵读。成语“著作等身”即出自此处。贾黄中的学问成长得很快，他“六岁举童子科（此为五代时期的童子科，并非宋代的童子科），七岁能属文，触类赋咏”。父亲对他的要求更加严格，只允许他吃蔬菜，说：“俟业成，乃得食肉。”在这种严格的教导下，贾黄中十五举进士，后来成为一代名臣。

寇准小的时候就十分聪明，而且胸怀大志。“寇莱公八岁吟《华山诗》云：只有天在上，更无山与齐。其师谓莱公父曰：‘贤郎怎不作宰相！’”① 而寇准的成长和成才离不开她母亲的严格教导。寇准少时十分淘气，喜欢做一些飞鹰走狗的事情。他的母亲对他要求历来很严格，某日看到寇准在贪玩，非常生气，用秤砣向寇准砸了过去，将他的脚打出血来。寇准从此立志为学，并很快取得了成果。司马光《涑水记闻·卷七》② 有一段记载，意思是到了冠准成名的时候，母亲已经去世，他每次摸到脚上的伤痕，都会因想起母亲的严教而哭泣。后来，寇准成了历史上著名的贤相。

（四）身为垂范，榜样育才

宋代还有许多父母以自身的品行为“神童”子女树立了榜样，通过榜样的感召力可以引领儿童的各方面发展。③ 刘恕“少颖悟，书过目即成诵。八岁时，坐客有言孔子无兄弟者，恕应声曰：‘以其兄之子妻之’。一坐惊异。……未冠，举进士，时有诏，能讲经义者别奏名，应诏者才数十人，恕以《春秋》《礼记》对，先列注疏，次引先儒异说，末乃断以己意，凡二十问，所对皆然，主司异之，擢为第一。他文亦入高等，而廷试不中格，更下国子试讲经，复第一，遂赐第”④。刘恕在年少时表现出的对历史材料的掌握令时人佩服。在做人方面，刘恕也是“重意义，急然诺”。他性格的形成与他的父亲有密切关系。他的父亲刘涣与欧阳修是同年进士，

---

① 郭绍虞：《宋诗话辑佚》，中华书局 1980 年版，第 292 页。

② 上海师范大学古籍整理研究所编：《全宋笔记》，大象出版社 2012 年版，第 87 页。

③ 王睿、王凌皓：《宋代理学家道德养成教育的理论与实践探赜》，载《思想政治教育研究》，2020 年第 6 期，第 58 页。

④ 脱脱等：《宋史》，中华书局 2000 年版，第 10208 页。

由于耿直得罪上官，后来隐居庐山三十多年，这期间他安贫乐道，欧阳修曾作《庐山高》来赞美他。诗中提到“宠荣声利不可以苟屈兮，自非清泉白石有深趣，其意何由降？丈夫壮节似君少，嗟我欲说安得巨笔如长杠！”可见欧阳修对他的品行有极高评价。这为刘恕树立了道德和学识上的榜样。后来，刘恕与司马光共同修编《资治通鉴》，为《资治通鉴》的成书做出了巨大贡献。

王庠出身于“义门王氏”，祖、父都曾有过奋不顾身为民请愿的义举。他“幼颖悟，七岁能属文，俨如成人。年十三，居父丧，哀愤深切，谓弟序曰：父以直道见挤，母抚柩誓言，期我兄弟成立赠复父官，乃许归葬，相与勉之。且制科先君之遗意也，吾有志焉。遂闭户，穷经史百家书传注之学，寻师千里，究其旨归”[①]。父亲的品行感染了王庠，他决定遵循父亲遗愿努力读书考取制科。后来他的文章受到了苏轼等人的器重，最终朝廷为他赐号“处士”。

陆九渊、陆九龄兄弟受父亲的影响较大。《宋史·儒林四》[②] 记载陆氏兄弟的父亲陆贺“以学行为里人所宗，尝采司马氏冠昏丧祭仪行于家”。兄陆九渊“幼颖悟端重，十岁丧母，哀毁如成人”，并在后来继承了父亲的治家方法，取得了良好成效，“九龄尝继其父志，益修礼学，治家有法。阖门百口，男女以班各供其职，闺门之内严若朝廷。而忠敬乐易，乡人化之，皆逊弟焉”。弟陆九渊从小也表现出不凡的气度，并受到父亲的启发诱导。陆九渊“生三四岁，问其父天地何所穷际，父笑而不答。遂深思，至忘寝食。及总角，举止异凡儿，见者敬之”。陆九渊后来又钻研《论语》和伊川先生程颐的著述，有所领悟。在父亲的教导下，陆氏兄弟成为当时著名的学者，后世之人尊他们与王阳明共为心学的创始人。

（五）向学助学，援师以教

宋代的许多父母为子女创设了良好的学习环境，为子女提供优质的教育资源。《宋史·道学三》[③] 记载，朱熹小时候很聪明，父亲指着天教他说“这是天”，朱熹却问父亲，天的上面是什么。父亲十分惊异。后来朱熹从

---

① 脱脱等：《宋史》，中华书局2000年版，第9221页。
② 脱脱等：《宋史》，中华书局2000年版，第10051页。
③ 脱脱等：《宋史》，中华书局2000年版，第9965页。

师就学，读《孝经》的时候，朱熹在书上写道“不若是，非人也”。在和别的小孩一起玩沙子时，他就单独坐在一旁，用手指在沙地上画八卦图。在朱熹十三岁时，父亲朱松病重。在卧病期间，父亲为朱熹推荐了三位老师：“籍溪胡原仲、白水刘致中、屏山刘彦冲三人，学有渊源，吾所敬畏，吾即死，汝往事之，而惟其言之听。”这三人都是当时非常杰出的学者。朱熹后来不远百里去拜他们为师，后来终于成为著名的理学家。朱熹编写的《四书章句集注》也对中华文明的发展产生了巨大的影响。

《宋元学案·高平学案》① 记载范仲淹的长子范纯祐“十岁能读诸书，为文章有声”。范仲淹让他跟随胡瑗学习。当时胡瑗订立的学规也很严格，有许多学生不守纪律，再加上范纯祐的年龄在诸生中最小，范仲淹很担心。结果范纯祐带头践行胡瑗的规矩，以至于“诸生随之，遂不敢犯。自是苏学为诸郡倡”。《鸡肋编·卷中》② 载范纯祐长大后：“材高善知人，如狄青、郭逵，时为指使，皆礼异之，又教狄以《左传》，幕府得人，多所荐达。又通兵书，学道家能出神。”范纯祐的成才之路与范仲淹的择师和信任是分不开的。

《宋史·儒林四》③ 记载蔡元定“生而颖悟，八岁能诗，日记数千言”，他的父亲博览群书，在他小时候就“以程氏《语录》、邵氏《经世》、张氏《正蒙》”等珍贵的理学著作来教育他，告诉他说：“此孔、孟正脉也。”蔡元定仔细品味消化这些典籍的含义，长大一些后又到“登西山绝顶，忍饥啖荠读书”。在听说过朱熹的名声后，他想拜朱熹为师，并与朱熹切磋学问，“熹扣其学，大惊曰：‘此吾老友也，不当在弟子列。’遂与对榻讲论诸经奥义，每至夜分。四方来学者，熹必俾先从元定质正焉”。在父亲的启发下，在与朱熹的交流中，蔡元定的学问有成，得到了尤袤、杨万里等人的推荐，最终成为著名的理学家西山先生。

三、宋代“神童”的教育特征

宋代“神童”教育的特征呈现着瑕瑜互见的面貌。一方面，一些家长

① 黄宗羲撰：《黄宗羲全集》，浙江古籍出版社 1992 年版，第 190 页。
② 上海师范大学古籍整理研究所编：《全宋笔记》，大象出版社 2012 年版，第 63 页。
③ 脱脱等：《宋史》，中华书局 2000 年版，第 10049 页。

对“神童”给予厚望，积极帮助“神童”成长，为之远谋，使得“神童”从小有发自内心对学业的向往。这些“神童”习与智长，化与心成，问难论辩，磅礴郁积，成为宋代栋梁之材；另一方面，也有家长要求“神童”举业至上，拘检枯坐，攻其一点，不及其余，相关心智与德行没有匹配其学业成就，考得了功名就知足苟安，造成了“神童”教育下“神童”大未必佳的特征。

（一）寄予厚望

子曰：“爱之，能勿劳乎？忠焉，能勿诲乎？”“神童”的父母常常对童子寄予厚望，希望他们成才。例如欧阳修的母亲曾对欧阳修说“汝父之必将有后也”，又如寇准的母亲恨铁不成钢，希望寇准浪子回头。宋代的科举考试已经成为“神童”教育是否成功的最重要的指标，如黄庭坚的父亲要求儿子参加“神童”举，“善教人”的贾黄中的父亲要求他“业成方食肉”。为了让“神童”成才，参加科举考取功名，实现光耀门楣的愿望。谚曰：“五十少进士，三十老明经”，有许多“神童”竟然能在不到二十的年级就考中极其困难的进士科。在学习方式上，背诵是当时最重要的学习方式，对古文的理解居于次要地位。在教育手段上，家长对“神童”们施加超乎寻常的严格训练。从“日加诲激，虽隆冬盛暑，未始有懈”到“刻烛以俟，少缓辄叱怒”再到“等身书”，“神童”们往往高强度地学习很多文化知识。在教育内容上，“神童”所学的内容具有极大的相似性，大都是科举考试需要用到的儒家经书或辞赋。南宋时一些家庭也传授军事知识，但少有传授生产知识、水利地理等实学知识的记载。

（二）为之远谋

柳永在《劝学文》写道：“父母养其子而不教，是不爱其子也。虽教而不严，是亦不爱其子也。父母教而不学，是子不爱其身也。虽学而不勤，是亦不爱其身也。是故养子必教，教则必严；严则必勤，勤则必成。学，则庶人之子为公卿；不学，则公卿之子为庶人。”父母在很早的时候就开始教授子女科举所需要的知识。“神童”们固然天资聪颖，但父母如果不教授子女儒家经书，子女又如何成诵？不教子女阅读辞赋，子女又如何会属文？有许多“神童”家庭甚至在四五岁之前就已经口授完诸多经书。明智的父母不仅会教“神童”知识，还会从长远考虑，激发“神童”读书学习的自主性。现代教育学研究表明，教育资源需要学生较强的学习动力匹配才能达到较高的效率，[①] 有的“神童”天生就如胡瑗那般“以圣贤自期许”，有的“神童”则如寇准那样喜欢飞鹰走狗，但无论如何，他们都在家长的循循善诱下最终都确立了将学问作为自己的志趣，并在主观意愿上期望在经书和诗赋方面取得成果。他们中有的家境贫困但持志猛进，有的珍惜自己享有的优质学习资源奋发图强，终有所成。

（三）拘检枯坐

宋代的父母经常要求儿童拘检枯坐来学习文化知识，在《石林家训》[②]中，叶梦得要求后辈：“旦起须先读书三五卷，正其用心处，然后可及他，暮夜见烛亦复然。若遇无事，终日不离几案，苟善于此一生，永不会作向下一等人。”连《三字经》也鼓励儿童要“朝于斯，夕于斯”“头悬梁，锥刺股”。对普通儿童的要求尚且如此，对待“神童”的要求就更加严酷和极端了。例如，考中“神童”举的童子有很多出身于饶州。《宋会要辑稿·选举》[③] 记载了童子出身的情况。对十五岁以下童子赐出身、任官、免解、赐物者，其中有籍贯可考者六十一人，江东出身二十四人，占39%，为全国之最。[④] 据记载，自从北宋神宗时饶州少年朱天锡“以‘神童’得官，俚俗争慕之。小儿不问如何，粗能念书，自五六岁即以次教之五经。以竹篮坐之木杪，绝其视听。教者预为价，终一经偿钱若干。昼夜苦之……流俗因言饶州出‘神童’。然儿非其质，苦之以至死者盖多于中者”。饶州地区为了造就“神童”不惜采用极端的方法，逼迫儿童终日枯坐苦读，以致“苦之以至死者”的极端案例甚至比考中的案例还要多。咸淳二年礼部侍郎李伯玉也正是因为看到了这一弊端而进言统治者：“人材贵乎善养，不贵速成，请罢童子科，息奔竞，以保幼稚良心。”[⑤] 整个两宋时期，家长们声称其子孙为“神童”，或个人回忆自己有早慧之举的现象

---

① 陆一、于海琴：《“拔尖计划”学生的学习有何不同》，载《高等教育研究》，2016 年第 5 期，第 60 页。

② 叶梦得撰：《石林家训》，宣统三刊本，第 21 页。

③ 刘琳等点校：《宋会要辑稿》，上海古籍出版社 2014 年版，第 5443 页。

④ 苗春德、赵国权：《南宋教育史》，上海古籍出版社 2008 年版，第 92 页。

⑤ 脱脱等：《宋史》，中华书局 2000 年版，第 602 页。

多不胜举，有的为真，有的则为强制拔高。不论实际情况如何，只要孩子稍微表现聪颖，就断定孩子为早慧，不同众人，便要求子女多行读书识字之事，日夜督促，形成一种造就“神童”的教育方式。[①] 在这种形势下，一些聪颖异常的真“神童”乐于研究学问，而一些并无特殊之处的童子则只能在拘检枯坐中度过自己的童年，蒙受着身体和心理的双重痛楚。

（四）大未必佳

很多“神童”的作品缺乏童趣，甚至具有浓厚的成人化色彩，有学者指出“鹅鹅鹅，曲项向天歌”这样充满童趣的儿童诗歌已经不见，取而代之的是讨论道德、历史、名利等更加严肃的诗歌作品。[②] 这与“神童”们极早地、极其用功地学习成人世界的知识有关。另外，很多“神童”出名时并不一定对学习有多么热爱。由于没有对学业产生兴趣，加之又背上了过重的学习压力，很多“神童”在科举结束后就不再学习。《旧五代史》[③]载，五代后晋天福五年四月，礼部侍郎张允奏：“国家悬科待士，贵务搜扬；责实求才，须除讹滥。童子每当就试，只在念书，背经则虽似精详，对卷则不能读诵。及名成贡部，身返故乡，但克日以取官，更无心而习业，滥颈徭役，虚占官名。其童子一科，亦请停废。”张允阐述的五代时期的童子只顾死记硬背和考试完就放弃学习的弊端，到了宋代也仍然存在。宋代“神童”教育在总体上呈现出“大未必佳”的特征。

四、宋代“神童”教育的评价

宋代家长们对“神童”的教育呈现出了正反两面的结果，有的发挥了积极作用，将“神童”培养成了国家栋梁，也有的发挥了消极作用，这些“神童”被牺牲掉了。缘此，在当代应全面吸收宋代“神童”教育的经验，要做到施教真“神童”，杜绝造“神童”；培养自主性，激发内驱力；理性涵养之，德才配位之。

从宋代“神童”教育成功的一面来看，许多“神童”在接受相应的教

① 阎爱民撰：《中国古代的家教》，商务印书馆 1997 年版，第 100 页。
② 马秀娟：《宋代的神童与神童诗》，载《中国典籍与文化》，1992 年第 3 期，第 56 页。
③ 薛居正等：《旧五代史》，中华书局 2000 年版，第 1370 页。

育之后能够出将入相，实现人生理想。此外，许多高官大员曾经为“神童”，其中颇具名气的大臣如晏殊、王禹偁等。这在唐以前是完全没有过的现象，在唐代也只是初露端倪，并无宋代这样的“神童”规模和质量，在这个层面上说，宋代“神童”教育有意识理念的先进性，有其可取的经验。但在另一方面，我们应当看到在“神童”教育中也有牺牲品。俞文豹在《吹剑四录》① 中记载倪伯骥年幼时在自家书院学习：“骥辄坐树上，及下即背诵。由是，日以为常，其师但自诵二十遍，不二年，骥尽通九经，以童科免解，而家遂陵替。今年二十七，貌寝材劣，竟未省试。然以童科显者，百不二三聪慧，长昏懵者，十常八九。”即使成功者中不乏流芳后世者，但不能因此忽视被牺牲了的童子。在学习风气方面，孝宗时叶适曾进言：“今天下之士，虽五尺童子无不自谓知经，传写诵习，坐论圣贤。其高者谈天人，语性命，以为尧舜周孔之道技尽于此，雕琢刻画，侮玩先王之法言，反甚于词赋。”② 这种轻浮的学风也和只重视记诵的“神童”教育不无关系。

宋代的“神童”教育也深刻影响了后代，为明清经久不衰的“神童”教育实践立下了规程。例如，明代的某些极端严苛的教子方式应当是承袭宋代。据《清稗类钞·教育类》③ 记载，明代邴半聋曾强令儿子读书，结果儿子十五岁时吐血而死，并且“妻痛子，亦殒，乃大悔”。这种悲剧在明清时有发生。再如凌濛初在《二刻拍案惊奇》中流露出对“神童”的赞赏艳羡之情，“小时了了大时佳，五岁孩童已足夸。计缚剧盗如反掌，直教天子送还家”。这种态度与唐宋时期人们对待“神童”的态度如出一辙。

① 俞文豹撰：《吹剑录全集》，古典文学出版社 1958 年版，第 91 页。
② 叶适撰：《叶适集》，中华书局 1961 年版，第 677 页。
③ 徐珂：《清稗类钞》，中华书局 2010 年版，第 579 页。

辽代状元释褐职任蠡测

周腊生*

辽代（907—1125）共218年，早期也有开科取士的零星记载，也许未经逐级选拔，尚不正规，所以《辽史》《续通考》《续通鉴》等史书都忽略不计，而认为辽代正式开科取士应从圣宗统和六年（988，宋太宗端拱元年）算起，笔者亦认同。最后一次科举考试是萧德妃德兴元年（1122，宋宁宗嘉定十五年），这是没有争议的。135年间共举行考试57次，产生了57名状元，有56名状元的姓名可考。但是“辽代史料为数甚少，元末修《辽史》，已有文献不足征之苦……见于记载的辽人著作……属于史部和集部的不过二三十种。就是这些著作，也大都已散失。现存的只有《焚椒录》《龙龛手镜》和《一切经音义》三书”①，因此，绝大多数状元都只留下了姓名与及第年月，能查知其大概仕历的只是少数，能查到其释褐职任的就更少。遍查《四库》及其他相关资料，目前只能找到11位状元的初始仕历。

一、目前所见辽代状元及同期宋代状元释褐职任资料

1. 吕德懋，圣宗统和十二年（994，宋太宗淳化五年）状元，以将仕郎、试秘书省校书郎、檀州军事判官释褐。

该幢建于辽统和十四年（996），为八角直楞幢，青石石质，现只存幢身。幢身高130厘米，八面刻经文。第八面后半部镌刻题记。计61行，竖

* **作者简介**：周腊生，湖北职业技术学院教授。

① 陈高华、陈志超等：《中国古代史史料学》，北京出版社1983年版，第284-285页。

刻，汉文正书。多数文字泐蚀不清。幢为檀州（治所在今北京密云）军事判官将仕郎吕德懋书，檀州刺史李守英所建。现存于北京密云图书馆碑林。题记文字为："维统和十四年岁次丙申九月戊辰朔十五日壬午丙时再建……檀州军事判官、将仕郎、试秘书省校书郎吕德懋兼书。"①

吕德懋统和十二年夺魁，统和十四年所署的"檀州军事判官、将仕郎、试秘书省校书郎"显然就是其释褐职任。日本学者高井康典行《辽朝科举与辟召》一文也说统和十二年状元吕德懋的释褐职任为"试秘书省校书郎、檀州军事判官"（他注明资料出自《辽史》卷13，但是笔者遍翻能见到的各种版本的《辽史》卷13，找不到相关记载，也许另有特殊版本流失到日本了）②。

吕德懋的释褐职任比较全，而且颇像北宋官员的官衔。"将仕郎"是他的散官官阶，《旧唐书》卷42载"将仕郎，从九品下"，《宋史》卷169则载将仕郎为从九品。"试秘书省校书郎"是他的寄禄官（解说见下文）。"檀州军事判官"是他的职事官。这两个官职在宋代都是从八品（《宋史》卷168）。

吕德懋夺魁这一年，宋朝没有科举。此前太宗淳化三年（992）考过，状元孙何释褐职任为将作监丞、通判陕州。③ 比吕德懋要优胜许多。

2. 王用极，圣宗统和十三年（995，宋太宗至道元年）状元，以将仕郎、试秘书省校书郎、滦州军事判官释褐。

《银青崇禄大夫检校工部尚书左千牛卫将军兼殿中侍御史武骑尉彭城刘府君墓志》前滦州军事判官、将仕郎、试秘书省校书郎王用极撰。④

此墓志撰于辽统和十八年（1000），离他夺魁已有5年。署名加"前"字，说明是原来的职衔，即释褐时的职任，此时因守制或别的什么原因无职了。

王用极夺魁这一年，宋朝也没有科举，离这年最近的宋朝状元依然是

① 北京市文物局：《北京辽金史迹图志》，北京燕山出版社2003年版，第50页。

② ［日］高井康典行著，程尼娜译：《辽朝科举与辟召》，载《史学集刊》2009年第1期，第87页。

③ （清）徐松辑，叶渭清校：《宋会要》（续修四库全书版），上海古籍出版社2002年版，第16页。

④ 王晶辰主编：《辽宁碑志》，辽宁人民出版社2002年版，第112页。

上文说的孙何。

3. 张俭，圣宗统和十四年（996，宋太宗至道二年）夺魁，初任顺州从事。

王讳俭，字仲实。其先清河人，后徙蓟北，遂占籍焉。自良为汉丞相，华为晋司空，贤杰间出，锡羡昌大。……统和中，一举冠进士甲科，一命试顺州从事（原注：“‘一命试顺州从事’，传谓：‘举进士第一，调云州幕官。’但未载由何职而调，从志文始知由顺州从事。”）。署棘寺丞，以谳狱调范阳令，以字民迁监察御史。①

今人介绍张俭，大都依据《辽史》：“张俭，宛平人。性端憝，不事外饰。统和十四年举进士第一，调云州幕官。”以为其释褐职任为“云州幕官”。如侯福兴主编1998年版《中国历代状元传略》云：“张俭中状元后，调云州幕官。”② 中共云南省委宣传部2014年编辑出版的《俭约故事》云：“张俭（962—1053），宛平人，性格中正谨慎，不在意穿着，不喜欢打扮自己。统和十四年，中进士第一名，被委派到云州做幕僚。”③ 又如“百度百科”张俭：“张俭（962—1053），字仲宝，宛平（今北京）人，辽朝大臣，统和十四年，举进士第一，调任云州幕官。”④ 当是未见其墓志之故。

张俭的这个释褐职任不全，依上两科之例，全职应是“将仕郎、试秘书省校书郎、顺州军事判官”。因为，“从事”并非职名，张国刚先生《唐代藩镇研究》对“从事”一词做过深入研究后说“它其实是所有幕职的泛称”⑤。

张俭夺魁这一年，宋朝也没有科举。离这年最近的宋朝状元还是孙何。

4. 杨佶，圣宗统和二十四年（1006，宋真宗景德三年）为23名进士之首，初授校书郎。

校书郎

① 向南：《辽代石刻文编》，河北教育出版社1995年版，第266页。

② 侯福兴主编：《中国历代状元传略》，中国人事出版社1998年版，第179页。

③ 中共云南省委宣传部编：《俭约故事》，云南大学出版社2014年版，第61页。

④ 百度《百科》张俭（辽朝大臣）. 百度百科 https：//baike. baidu. com/item/%E5%BC%A0%E4%BF%AD/4002861。

⑤ 张国刚：《唐代藩镇研究》，湖南教育出版社1987年版，第182页。

杨佶，统和中为校书郎①

杨佶，字正叔，南京人。幼颖悟异常，读书自能成句，识者奇之。弱冠，声名籍甚。统和二十四年举进士第一，历校书郎，大理正。开泰六年转仪曹郎，典掌书命，加谏议大夫，出知易州。②

他这个初始职任也不全，当像上述3位状元一样，只是个寄禄职。他的散官与职事官未见记载。

杨佶夺魁这年宋朝也没开科举，上年，宋真宗景德二年（1005）考过，状元是李迪。他的释褐职任为将作监丞，通判徐兖。③

5. 史克忠，统和二十六年（1008，宋真宗大中祥符元年）戊申科状元及第，初授积庆宫都部署判官、将仕郎、试大理评事。

作于统和三十年的《耿延毅妻耶律氏墓志》，署“积庆宫都部署判官、将仕郎、试大理评事史克忠撰”④。从上述4位状元的释褐职任来看，这个职衔应该就是他的释褐职任。此时他已夺魁4年，因某种原因未得升迁也是情理之中的。《张衍墓志》：“张衍，寿昌元年登进士第，授校书郎，管内都商税判官⑤。”史克忠的职事官“积庆宫都部署判官”应该跟张衍的职事官“管内都商税判官”性质一样，显然不能算京官，当跟州郡幕职属于同一大类，品级相同，不过，史克忠的职事官从感觉上似乎优于吕德懋等人。同样，其寄禄职“大理评事”依宋制跟前几位状元“秘书省校书郎”同级别而排位靠前。

本年宋朝有状元姚晔，释褐将作监丞，通判诸州。⑥

6. 张昱，圣宗太平五年（1025，宋仁宗天圣三年）以第一名进士及第，初授太子校书郎。

五年十一月，试进士张昱等七十二人，各授官有差。时帝幸内果园宴，京民聚观。求进士，得七十二人。命赋诗第其工拙。以张昱等一十四

① （元）脱脱等：《辽史》（文渊阁《四库全书》原文及全文检索电子版），上海人民出版社1999年版。

② （元）脱脱等：《辽史》，四库电子版，卷89。

③ （元）脱脱等：《宋史》，四库电子版，卷310《李迪传》。

④ 向南：《辽代石刻文编》，河北教育出版社1995年版，第142页。

⑤ 向南：《辽代石刻文编》，河北教育出版社1995年版，第691页。

⑥ （宋）李焘：《续资治通鉴长编》，四库电子版，卷68。

人为太子校书郎，韩栾等五十八人为崇文馆校书郎。①

十一月庚子，幸内果园宴。京民聚观。求进士，得七十二人，命赋诗第其工拙。以张昱等一十四人为太子校书郎，韩栾等五十八人为崇文馆校书郎。②

两处记载说的一样，他这个“太子校书郎”并非实职，而是寄禄职（说见下文），两处记载都略去了他的散官与职事官。

张昱夺魁这年，宋朝未开科举，上年宋仁宗天圣二年（1024）考过，状元宋庠以大理评事、同判襄州释褐。③ 这是因为该榜为亮阴榜，释褐职任降格。下一科天圣五年（1027）状元王尧臣以将作监丞、通判湖州释褐。④ 这算恢复正常。

7. 张人纪，圣宗太平九年（1029，宋仁宗天圣七年）为22名进士之首，初授保州戍将。

进士张人纪、赵陆（今人著述都作“睦”——笔者注）等二十二人，入朝试以诗赋，皆赐第，超授保州戍将。⑤

九年十一月，皇城进士张人纪、赵睦等二十七人入朝，试以诗赋，皆赐第。⑥

张人纪这个释褐职任也不全，宝州戍将是什么品级，未见记载，应该是个实职，为“超授”，属特殊情况。既然是“将”，当高于前几位状元所授的州郡幕官。

本年非宋朝科举之年，次年，王拱辰，天圣八年（1030）夺魁，释褐将作监丞、通判怀州。⑦

8. 冯立，兴宗重熙五年（1036，宋仁宗景祐三年）丙子科状元及第，超授右补阙。

重熙……五年十月，御元和殿，放进士冯立等四十九人。时以《日射

① （明）王圻撰：《续文献通考》，四库电子版，卷34。
② （元）脱脱等：《辽史》，四库电子版，卷17。
③ （元）脱脱等：《宋史》，四库电子版，卷284《宋庠传》。
④ （元）脱脱等：《宋史》，四库电子版，卷292《王尧臣传》。
⑤ （元）脱脱等：《辽史》，四库电子版，卷17。
⑥ （明）王圻撰：《续文献通考》，四库电子版，卷34。
⑦ （宋）王称：《东都事略》，四库电子版，卷74。

三十六熊赋》《幸燕诗》试进士于廷。赐冯立、赵徽四十九人进士第，以立为右补阙，徽以下皆为太子中舍，赐绯衣、银鱼，遂大宴。①

五年十月，御元和殿，放进士冯立等四十九人。时以《日射三十六熊赋》《幸燕诗》试进士于廷。赐冯立、赵徽四十九人进士第。以立为右补阙，徽以下皆为太子中舍。赐绯衣、银鱼，遂大宴。宰臣张俭请幸礼部贡院，欢饮至暮而罢，赐物有差。②

壬子，御元和殿，以《日射三十六熊赋》《幸燕诗》试进士于廷，赐冯立、赵徽四十九人进士第。以冯立为右补阙，赵徽以下皆为太子中舍，赐绯衣、银鱼，遂大宴。御试进士自此始。③

这里3处记载说的一样，冯立以右补阙释褐，应该不是误记。从“徽以下皆为太子中舍”来看，冯立的右补阙也只是寄禄职（解说见下）。在唐代补阙为谏职，分左、右，从七品上，左属门下省，右属中书省（《旧唐书》卷42）。宋初仅成寄禄职，多出领外任，不专任谏职。太宗端拱元年（988）改为左、右司谏，正七品，左属门下，右属中书（《宋史》卷168）。南宋及元、明又设过补阙，但都是随设随罢。“太子中舍”在唐、宋皆为“太子中舍人”的省称，在唐为正五品下，在宋为从七品，赵徽名次在后，官品不可能高过冯立，显然辽代是采用宋朝官制，但是某些官名却沿用旧称。如“补阙”和下文要谈到的“拾遗”等。

冯立以右补阙释褐，亦为“超授”，比前几位状元所得的寄禄职“校书郎”高三级。

同年，宋朝吕溱博得状元，释褐将作监丞、通判亳州。④

9. 梁援，道宗清宁五年（1059，宋仁宗嘉祐四年）己亥科进士第一名，以儒林郎、守右拾遗、直史馆释褐。

公讳援，字辅臣，其先著籍于定州。……清宁五年，公二十有六岁，乃登甲科。实我大孝文皇帝龙飞之第一榜，所作辞赋世称其能。初命儒林郎、守右拾遗、直史馆，历左补阙、起居郎，并充史馆修撰。⑤

---

① （明）王圻撰：《续文献通考》，四库电子版，卷34。
② （明）王圻撰：《续文献通考》，四库电子版，卷34。
③ （元）脱脱等：《辽史》，四库电子版，卷18。
④ （宋）王称：《东都事略》，四库电子版，卷76。
⑤ 向南：《辽代石刻文编》，河北教育出版社1995年版，第520页。

清宁五年（1059）梁援二十六岁，登百福殿甲科，为道宗朝飞龙第一榜。所作辞赋为世人称奇。初任儒林郎、守右拾遗、直史馆，历左补阙、起居郎，并充史馆修撰。①

《梁援墓志》　乾统元年

宋代的儒林郎正九上（《宋史》卷169）。左、右拾遗跟左、右补阙一样，自端拱元年始都不再用了，改为左、右正言，从七品（《宋史》卷168）。他的散官官阶依宋代官制提升了3级（从九上、正九、正九上），寄禄职右拾遗在宋朝改为右正言，高于秘书省校书郎2级。直史馆为馆职，无品级而置身清要。他这个“龙飞第一榜”得到了特别的照顾。

这年，宋朝也是开科之年，状元刘辉的释褐职任为大理评事、河中府签判。② 相比而言，梁援的寄禄官与职事官都远优于刘辉。

10. 王鼎，道宗清宁八年（1062，宋仁宗嘉祐七年）六月以第一名进士及第，初授易州观察判官。

（清宁）八年……六月……是月御清凉殿，放进士王鼎等九十三人。③

某州军观察判官

王鼎，清宁五年为易州观察判官。④

王鼎，字虚中，涿州人。幼好学，居太宁山数年，博通经史。时马唐俊有文名燕蓟间。适上巳与同志祓禊水滨，酌酒赋诗。鼎偶造席。唐俊见鼎朴野，置下坐，欲以诗困之，先出所作索赋。鼎援笔立成。唐俊惊其敏妙，因与定交。清宁五年，擢进士第，调易州观察判官。改淶水县令，累迁翰林学士，当代典章多出其手。⑤

关于王鼎的3处资料均出自《辽史》，在时间上却不一致。对此，张永翠《王鼎其人考证》认为实为一人，后2处“清宁五年”均为误记，应是“清宁八年”⑥，清宁五年状元是梁援。王鼎清宁八年六月夺魁，后2处

① 曹建华主编：《大辽上京人物谱》，文史出版社2005年版，第241页。

② 昌彼得、王德毅、程元敏、侯俊德：《宋人传记资料索引》（增订再版，第5册），鼎文书局1987年版，第3885页。

③ （元）脱脱等：《辽史》，四库电子版，卷22。

④ （元）脱脱等：《辽史》，四库电子版，卷48。

⑤ （元）脱脱等：《辽史》，四库电子版，卷104。

⑥ 张永翠：《王鼎其人考证》，载《衡水学院学报》2011年第2期，第74-76页。

皆载其当年的职任为“易州观察判官”，当为释褐职任，《王鼎传》中有一“调”字，或为衍文。《续文献通考》云：“八年六月，御清凉殿，放进士王鼎等九十三人（原注：‘臣谨按：《王鼎传》称清宁五年进士’）。”① 已注意到这个时间误差。

依照惯例，他的全职应该是“将仕郎，试秘书省校书郎、易州观察判官”。到此，辽朝的状元释褐职任又回归惯例。

本年宋朝非开考之年，而上一年和下一年均有开考。上年状元王俊民，释褐大理评事、签书徐州节度判官厅公事②；下年状元许将，释褐大理评事、签书昭庆军节度判官厅公事。③

11. 韩昉，天祚帝天庆二年（1112，宋徽宗政和二年）状元及第，以承奉郎、守右拾遗、权史馆修撰、应奉阁下文字释褐。

韩昉，字公美，燕京人。仕辽，累世通显。昉五岁丧父，哭泣能尽哀。天庆二年中进士第一，补右拾遗，转史馆修撰。累迁少府少监、乾文阁待制，加卫尉卿、知制诰，充高丽国信使。④

韩昉作于夺魁次年，即天庆三年（1113）的《丁文玉墓志》署“子婿承奉郎、守右拾遗、权史馆修撰、应奉阁下文字、赐绯鱼袋、骁骑尉韩昉撰”。⑤ 很明显，他的实职是“权史馆修撰、应奉阁下文字”，带着馆职给天祚帝起草文件，而且得了“赐绯鱼袋”的荣誉、“骁骑尉”的勋官。辽代骁骑尉是什么概念未见记载，宋代勋官分十二级，第九级为骁骑尉，正六品（《宋史》卷163）。他的散官“承奉郎”，依宋制为从八品上，比梁援的“儒林郎”还要高2级（从八、从八上）。他一起步就有如此待遇，更是特例中的特例。

这年，宋朝也有个状元莫俦。释褐承事郎、校书郎。⑥

---

① （明）王圻撰：《续文献通考》，四库电子版，卷34。

② 周腊生：《宋真宗仁宗朝状元释褐职任考》，载《湖北职业技术学院学报》2016年第1期，第59-60页。

③ （宋）王安石：《临川文集》，四库电子版，卷51。

④ （元）脱脱等：《金史》，四库电子版，卷125。

⑤ 向南：《辽代石刻文编》，河北教育出版社1995年版，第639页。

⑥ 侯福兴主编：《中国历代状元传略》，中国人事出版社1998年版，第137页。

二、几点思考

（一）辽代政府对状元释褐职任有没有过明确的规定

辽史没有《选举志》，叶隆礼《契丹国志》也没有《选举志》，只有个《试士科制》栏目，该栏目下又只有一段话：

太祖龙兴朔漠之区，倥偬干戈，未有科目。数世后，承平日久，始有开辟。制限以三岁，有乡、府、省三试之设。乡中曰乡荐，府中曰府解，省中曰及第。时有秀才未愿起者，州县必根刷遣之。程文分两科，曰诗赋，曰经义，魁各分焉。三岁一试进士，贡院以寸二纸书及第者姓名给之，号“喜帖”。明日举案而出，乐作，及门击鼓十二面，以法雷震。殿试，临期取旨。又第一人特赠一官，授奉直大夫、翰林应奉文字。第二人、第三人止授从事郎，余并授从事郎。圣宗时，止以词赋、法律取士，词赋为正科，法律为杂科。若夫任子之令，不论文武并奏，荫亦有员数。①

清厉鹗《辽史拾遗》卷十六《补选举志一·科目》转述了这段话略有改动而未加辨析。②

这里所谓“第一人特赠一官，授奉直大夫、翰林应奉文字”似乎就是辽廷对状元释褐职任的明文规定，但是却与我们能找到释褐职任的11名状元都不相符：既没有一个授奉直大夫的，也没有一个授翰林应奉文字的。就散官而言，能看到的就只有将仕郎、儒林郎、承奉郎等，依照宋朝官制，与奉直大夫相去天壤。就职事官而言，多数状元，如吕德懋的檀州军事判官，王用极的滦州军事判官，张俭初任顺州从事，王鼎初授易州观察判官，与“翰林应奉文字”差距也不小，只有韩昉的“应奉阁下文字”旗鼓相当。再说，辽代似乎并没有“奉直大夫”“翰林应奉文字”这两个官职。这两个官职金朝倒有，而且类似记载金朝相关史料经常出现。

诏：“自今策论词赋进士第一甲第一人特迁奉直大夫，第二人以下经

① （宋）叶隆礼：《契丹国志》，上海古籍出版社1985年版，第236-237页。
② （清）厉鹗：《辽史拾遗》，四库电子版，卷16。

义第一人并儒林郎，第二甲以下征事郎，同进士从事郎，经童将仕郎。”①

贞祐三年，状元授奉直大夫，上甲儒林郎，中甲以下授徵事郎。②

奉直大夫从六品。③

孟宗献发解第一，伯仁读其程文称曰：“此人当成大名。”是岁，宗献府试、省试、廷试皆第一，号“孟四元，时论以为知文”。故事，状元官从七品阶承务郎。世宗以宗献独异等，与从六品阶，授奉直大夫，改著作郎。④

临期取旨，又将第一人特加一官，授奉直大夫、翰林应奉文字，第二、第三人止授征仕郎，其余并授从仕郎。⑤

“第一人特赠一官，授奉直大夫、翰林应奉文字”放在辽代是空洞的，找不到印证，而放在金代则有血有肉，可以印证。因此，有张冠李戴之嫌。奉直大夫一职在《辽史》及相关史料里未见出现，《宋史》（大观年间才设此职）出现也不多，倒是《建炎以来系年要录》及《金史》《元史》《明史》里出现较多。

不仅如此，这段话涉及辽代科举的多个方面，都颇值得推敲。如所谓“三岁一试进士”，就根本不符合实际。实际情形是：开始十几年像宋初的13科一样，年年开考。自统和二十年（1002）始才逐渐有所间隔（宋朝是自太宗太平兴国三年，即978年始已不再频繁举行科举考试，“自是间一年或二年乃贡举”⑥），辽朝实际的考试间隔时间为：1年一考19次；2年一考15次；3年一考5次；4年一考12次；5年一考3次；6年一考1次；最后2次是同年举行。真正“三岁一试”的只有5次，占8.8%。可见有没有过“三岁一试进士”的诏令颇值得怀疑，即使有这样的诏令，肯定不是颁布于统和六年，而是在统和十九年以后的某年，而且这道诏令并没有切实执行。

总之，这段记载颇不可信。对于状元释褐职任，辽廷也许是有过明确

① （元）脱脱等：《金史》，四库电子版，卷14。
② （元）脱脱等：《金史》，四库电子版，卷52。
③ （元）脱脱等：《金史》，四库电子版，卷52。
④ （元）脱脱等：《金史》，四库电子版，卷125。
⑤ （宋）宇文懋昭：《重订大金国志》，四库电子版，卷35。
⑥ （元）脱脱等：《宋史》，四库电子版，卷155。

规定的，也许像宋代一样，这个规定在不同时期有所更改，只是都没有流传下来，但不会是“第一人特赠一官，授奉直大夫、翰林应奉文字”这样的规定，也不会一成不变。

都兴智先生指出：“辽代科举，《契丹国志》试士科制条有简略记载，《续文献通考》和《续通志》亦有类似的记录内容。后代论辽科举者，包括今人的许多论著，多以此为依据。然细审《契丹国志》的记载，则多与史实不合……《契丹国志》所记皆非辽科举事。……把金朝科举事记成辽制。”① 对此，笔者深表认同。

（二）所谓辽代“内外官多仿中国者”

状元释褐职任也是官制的一部分。叶隆礼《契丹国志》云：辽代“内外官多仿中国者”，②《资治通鉴》亦云：“是岁契丹改元会同，国号大辽，公卿庶官皆仿中国，参用中国人。”③《续长编》卷110和卷50、《续通志》卷635、《文献通考》卷346等都有这种说法。

辽会同元年（938）为后晋高祖石敬瑭天福三年，这种仿“中国”官制，应该是从这个时候开始，而且也应该包括状元的释褐职任。上述资料已表明，辽代对状元释褐职任的模仿并非亦步亦趋地仿“中国”同期，而是相对滞后，并且滞后很多年。

前文已述，吕德懋夺魁这一年，宋朝没有科举。此前太宗淳化三年（992）考过，状元孙何释褐职任为将作监丞、通判陕州。比张俭要高几个档次。孙何夺魁后，太宗下令停一次科举，不久他就去世了，所以下一次是真宗咸平元年（998），状元是孙仅。他的释褐职任仅为舒州防御推官，④这是因为真宗尚在守丧期，没有举行殿试，状元也好，其他进士也好，释褐职任都大为降低。吕德懋的释褐职任跟孙仅差不多。而孙仅授防御推官只是在真宗亮阴这种特殊情况下。可见，吕德懋的释褐职任模仿的并非宋朝同期。

有初始职任资料的11位辽代状元最早的是吕德懋，994年，最晚的是

---

① 都兴智：《有关辽代科举的几个问题》，载《北方文物》1991年第2期，第56-57页。

② （宋）叶隆礼：《契丹国志》，上海古籍出版社1985年版，第224页。

③ （宋）司马光：《资治通鉴》，四库电子版，卷281。

④ （宋）洪迈：《容斋随笔，续笔》，四库电子版，卷13。

韩昉，1112年。这118年宋朝经历了太宗、真宗、仁宗、英宗、神宗、哲宗、徽宗7朝。就状元释褐职任而言，宋朝已经制度化、程式化了。以仁宗嘉祐三年（1036）为界，这个时段前期状元宋廷规定的初始职任是将作监丞、诸州通判，特殊情况才有所变动。正如侯艳华《宋代状元研究》所云："宋太宗即位以后状元所授官职的品级有了提升。太平兴国二年(977)，吕蒙正夺得状元，授予将作监丞，通判升州。自此以后，状元一般都授予将作丞，通判诸州。之后的胡旦、苏易简也被授予将作丞，通判升州。孙何则以将作丞，通判陕州。……状元初授的官职逐渐固定下来，基本上都是将作丞或者大理评事、通判某州。"①

后期两职均降一格，改为都授予大理评事、诸州签判，也是特殊情况才有所变动。

《续长编》卷189载："嘉祐三年……闰十二月丁卯朔……丙子……先是，朝议以科举既数，则高第之人倍众，其擢任恩典宜损于故。诏中书门下裁之。丁丑诏曰：'朕惟国之取士与士之待举不可旷而冗也。故立间岁之期，以励其勤；约贡举之数，以精其选。著为定式，申敕有司。而高第之人，日尝不次而用，若循旧比，终至滥官，甚无谓也。自今制科入第三等与进士第一除大理评事、签书两使幕职官事。代还升通判，再任满试馆职。制科入第四等与进士第二、第三除两使幕职官，代还改次等京官。制科入第四等次与进士第四第五除试衔知县，代还迁两使职官。锁厅人视此。若夫高材异行施于有政，而功状较然者，当以茂恩擢焉。自是骤显者鲜，而所得人才及其风迹比旧亦寖衰。"②

很显然，当时朝臣中，"高第之人，日尝不次而用，若循旧比，终至滥官（同上）"这样的思维占了上风，促使仁宗下诏明确规定："自今制科入第三等与进士第一除大理评事、签书。代还升通判，再任满试馆职。"《文献通考》也强调过这种变化："嘉祐四年之制，前三名始不为通判，第一人才得评事、签判，代还升通判，又任满始除馆职。"③ 状元们先要做一任签书两使幕职官，才能升为通判，显然是降格了。

状元释褐改授大理评事、诸州签判的规定得到很好的贯彻，自嘉祐四

① 侯艳华：《宋代状元研究》，河南大学，第43页。

② （宋）李焘：《续资治通鉴长编》，四库电子版，卷189。

③ （宋）马端临：《文献通考》，四库电子版，卷31。

年起执行，一直到南宋灭亡都没有再作更改。

上述资料表明，不仅吕德懋的释褐职任未曾模仿宋朝同期，其余10人也没有一个是模仿宋朝同期的。

那么，是模仿“中国”哪个时期的呢？笔者以为主要模仿宋代初年太祖时期，而小部分官职在宋朝更改了之后仍沿用唐代名称。一些学者从研究进士初始职任的角度，认为辽代进士释褐的初始职任是模仿唐代。状元也是进士（有两科只录取一人，状元就是进士），至少从状元释褐职任的角度看，笔者认为不妥。唐代近300年，初、盛、中、晚，在状元释褐职任的制度上是有变化的，五代继承晚唐而又有新的变化，宋初继承五代也有新的变化。

其一，释褐途径之仿。

上述资料表明，辽代状元释褐只有一个途径。京官也好，州郡幕职也好，“超授”戍将也好，其获取的途径只有一个：榜下由朝廷直接授职。笔者在《五代状元初始职任考》曾提出浅见：

> 从取得初始职任的方式来看，唐代40人中，首先最多的是通过从幕入仕的15人，占37.5%；其次是科目试释褐，8人；占20%；再次是制科释褐5人，12.5%；最后是守选4人，10%；直接授职1人，2.5%；不知方式的，7人，17.5%。①

唐代状元的从幕入仕，并非由中央政府直接授予，而是状元自己设法运作人脉关系，由地方大僚聘用，再由地方大僚“奏授”一个官职，以此入仕。这样的占了37.5%，还有科目试释褐的、制科释褐的、守选释褐的等，真正有资料证明榜下由朝廷直接授职的只占2.5%。状元释褐可以有多种途径，一般进士也一样。韩愈就是进士及第后，多年得不到官职，最后以从幕入仕，他并非状元。

日本学者高井康典行《辽朝科举与辟召》认为：“辽朝……进士初任军事判官之类的幕职官，并不是由于存在冗官现象，新进士为求入仕而受藩镇辟召的结果，而是中央要主导官吏任免权的结果。……辽朝应与后周、北宋一样，在实行科举制度后，经过大约二十年，到开泰年间才不再

① 周腊生：《五代状元初始职任考》，载《盐城师范学院学报》2014年第2期，第114页。

有辟召州县官的事例。这二十年期间，当幕职官等辟召阙出现欠员时，朝廷便以新进士补充，通过这种办法直到开泰初年逐渐将地方官用人权收归中央。此后，朝廷增加科举取士的人数，以保证相应官职需要的任职者。”① 这个说法是比较符合实际的。

其二，废除守选之仿。

状元释褐五代已不强调守选，“唐代状元一般都要数年守选，最长的达15年，而五代守选似乎成了象征性的。没见强调守选时间的记载。这种变化正是宋代改为直接授职的一种过渡。”②

宋初开始，状元都明确不再守选了（引文见下文），上述11位辽代状元释褐没有一个提到要守选，都是直接授职。“唐代是实行科举制度的早期，并未给状元以直接释褐的机会。一般情况下，考上普通进士也好，被定为进士第一名（那时状元还只是个民间称呼）也好，都只是取得了入仕资格，并不立即授职，只有少数人例外。”③ 对此，《唐代的铨选与文学》第一、二章有详细分析。越是早期守选强调得越厉害，晚唐才逐渐放松，正是因为要逃避守选，唐代状元的释褐途径才五花八门。

其三，释褐职任之仿。

这个问题上文已有涉及。高福顺《辽朝及第进士释褐任官考论》云：“辽朝进士释褐后，初授官秩以校书郎、著作佐郎为常态，主要在秘书省、崇文馆等处从事修文或校雠典籍的事务，同时还授有阶官。”④ 李桂芝《辽金科举研究》认为：“辽朝进士，一般及第后多授校书郎。辽朝进士中，目前所见初授校书郎者91人……基本可以判定，进士首任职官为校书郎。然后为各职能部门吏员或属官，在朝则为枢密院及其各房令史，出外则为军州或刑、宪、财等机构判官，用以考察和历练其管理能力，可用者，再除州县或各职能机构长官过佐贰。”⑤ 蒋金玲《辽代进士仕宦问题考述》说：“从目前史料来看，辽代进士有初授官职记载者122人，其中初授官

① ［日］高井康典行著，程尼娜译：《辽朝科举与辟召》，载《史学集刊》2009年第1期，第87页。

② 周腊生：《唐代状元李亿娶鱼玄机为妾的时间职任考辩》，载《宁波职业技术学院学报》2013年第3期，第43页。

③ 周腊生：《初盛唐状元初始职任考》，载《湖北职业技术学院学报》2013年第1期，第58页。

④ 高福顺：《辽朝及第进士释褐任官考论》，载《学习与探索》2015年第2期，第150页。

⑤ 李桂芝：《辽金科举研究》，中央民族大学出版社2012年版，第62页。

职为各类校书郎的有85人，……另外，辽代进士初授官职为著作佐郎的有7人。”① 这几位都是说的进士释褐，有一个共同的意思很明确：辽代进士的释褐职任基本制度化，主要是校书郎，其次是著作佐郎。其实这是不够准确的，校书郎也好，著作佐郎也好，一般都不是实职，只是像宋代一样的寄禄职。如吕德懋，“试校书郎”就不是实职，“檀州军事判官”才是实职。如果校书郎是实职，那么张昱夺魁那年“以张昱等一十四人为太子校书郎，韩栾等五十八人为崇文馆校书郎”，即使这两个职位一直空缺，一下任命这么多，能有这么多编制吗？我们找不到辽朝的官员职数，但可参考宋朝。《宋史》卷164载：“秘书省……校书郎四人、正字二人，掌校雠典籍判正讹谬。”宋朝秘书省的秘书省校书郎只有4个编制！显然，辽朝一下安排14个实职的太子校书郎、58个崇文馆校书郎是绝对不可能的。同理，重熙五年“赐冯立、赵徽四十九人进士第。以立为右补阙，徽以下皆为太子中舍”。很显然，太子中舍不可能有48个编制。

高井康典行则认为“圣宗朝的新进士包括状元吕德懋、张俭，无一例外都授予军事判官一职，后代新科状元梁援（道宗朝）、韩昉（天祚帝朝）不仅得到较高的品阶（右拾遗），而且被任为史馆官员。”② 高井先生的说法更符合实际。

辽代的状元释褐职任不像唐代那样五花八门，而是像宋初一样相对简单、固定。而且，从宋初开始，多数状元的第一执事官都是幕职。在宋代，太祖朝状元的初始职任已经较为制度化。要么以秘书郎的身份“直史馆”，要么以“将仕郎，试校书郎”的身份到州府做推官、参军等幕职。直接在中央政府任职的只有2人，为特殊处理，而到地方州府做幕职的6人，占绝大多数，为惯例。我们可以跟唐代比较一下：初唐状元从幕职的只占当期状元的10%，中唐发展到43.75%，晚唐则达到71.43%。宋初颇有点像晚唐的情形。不过唐五代时期状元的幕职都是由地方大僚自主聘用，表示其身份的京职也是大僚“奏授”的，而宋初这些状元则都是由中央政府直接委派，表示其身份的寄禄官也是中央政府直接授予的。我们再也看不到某状元被某节度使聘为从事之类的记载。

① 蒋金玲：《辽代进士仕宦问题考述》，载《中国边疆史地研究》2012年第1期，第19页

② ［日］高井康典行著，程尼娜译：《辽朝科举与辟召》，载《史学集刊》2009年第1期，第87页。

从初始执事官的官阶来看，要么正八品，要么从八品，差距很小，比较整齐划一。进士及第后就直接由中央政府授职了，没见有守选的痕迹。也没有像唐代那样通过制科或吏部科目试释褐的现象，更没有像唐代韩愈那样“三试于吏部卒无成”的情形。① 上述资料显示，辽朝多数状元的释褐职事官也是幕职。

宋代，从太宗朝开始，状元已经特被重视，都当作栋梁之才进行培养，要首先到地方历练，以促其成长，已成为朝野共识。这种共识一直贯彻到南宋灭亡，只有奸臣长期当道的徽宗朝违背了这一共识，当道重臣往往给愿意投靠的状元直接授予京职，并迅速提拔，这是一种倒退。辽朝仿中原官制虽然有些滞后，但是宋朝这种让状元先到地方历练的做法还是在时紧时慢地效法着。

《宋史》卷158云：“先是，选格未备。乾德二年，命陶谷等议：‘凡拔萃、制举、及进士、九经判中者并入初等职官，判下者依常选。初入防御、团练、军事推官、军事判官者，并授将仕郎，试校书郎。周三年得资，即入留守两府节度推官、军事判官，并授承奉郎、试大理评事。又周三年得资，即入掌书记、防御、团练、判官，并授宣德郎、试大理评事兼监察御史’。”② 这里所谓“判中者并入初等职官，判下者依常选”，显然就是“判中者”直接授职，而“判下者”才要守选。“廷试赐出身者亦免选，于是策名之士尤众，虽艺不及格，悉赐同出身，乃诏有司，凡赐同出身者并令守选，循用常调，以示甄别。”③

乾德二年（964）这种“初入防御、团练、军事推官、军事判官者，并授将仕郎，试校书郎”的规定一直实行到太宗初年。以后就大幅提高了。“太平兴国二年……进士及九经皆授将作监丞、大理评事，通判诸州，其余亦优等授官。”④ 但是辽朝并没有跟着提高。吕德懋（滞后30年）、王用极（滞后31年）的初始职任跟宋乾德二年（964）陶谷等议定的一模一样。张俭的初始职任记载不全，他是王用极的下科状元，夺

① 周腊生：《宋初状元释褐职任考》，见刘海峰编：《科举学的历史价值与现实意义》，华中师范大学出版社2016年版，第132-133页。

② （元）脱脱等：《宋史》，四库电子版，卷158。

③ （元）脱脱等：《宋史》，四库电子版，卷155。

④ （元）脱脱等：《宋史》，四库电子版，卷155。

魁于次年，上文已述，其完整的初始职任应为“将仕郎、试校书郎、顺州军事判官”。他滞后32年。王鼎更是滞后98年。宋初官制分为阶（散官）、官（寄禄官或叫本官、阶官）、职（馆阁贴职）、遣（执事官，就是具体办事的职务），各有品级。从状元释褐所得到的职衔来看，辽朝显然也是如此。

（三）辽代状元释褐职任的两个特点

其一，状元的释褐职任模仿宋初但未随宋朝的更改而更改。

能找到资料的仅11例，样本不足状元总数的五分之一，我们只能说是蠡测。这11例中，明确初授地方职任的有6例：吕德懋，檀州军事判官；王用极，滦州军事判官；张俭，顺州从事；张人纪，保州戍将；王鼎，易州观察推官；史克忠，积庆宫都部署判官，占比54.5%，超过一半。剩下5例并不一定是在中央政府任职。杨佶，初授校书郎；张昱，初授太子校书郎；冯立，超授右补阙，他们的相关记载都不全，这些个职务较大可能只是寄禄职，他们的职事官都是幕职也未可知。只有梁援、韩昉直接做了京官是明确的。梁援因为是道宗“龙飞第一榜”的状元，所以“初命儒林郎、守右拾遗、直史馆”，显然是一种特殊处理。韩昉直接授予京官也是临时波动，是什么原因，未见记载。

似乎可以说辽代状元跟宋初一样，多以州郡幕职释褐。其寄禄职为校书郎，散官官阶为将仕郎。其他的都属临时波动。

从上文与同期宋代状元释褐职任相对照来看，差距很大。宋代自太宗朝开始状元释褐职任逐渐制度化：先到地方历练3年，等下一科状元产生了再召回京从正字做起。状元初授的散官与具体职任上辽朝没有模仿同期宋朝的做法，而是定格模仿宋初，当然有时也有所波动。辽代在状元释褐的相关资料里没见有守选的记载，榜下直接由中央政府授职，这种不同于唐代的做法也是模仿宋初的。

其二，状元释褐职任有惯例，但没有严格制度化。

从现有资料看，圣宗统和年间的吕德懋、王用极、张俭、史克忠等人初授执事官都是幕职，到道宗清宁八年（1062）的王鼎，又是幕职，跨时数十年，张昱、冯立的职事官很有可能也是幕职，这应该就是惯例。但是这种惯例经常被打破。11例中，超授4例（戍将1例，右补阙1

例、右拾遗 2 例)，占了 36.4%，可见辽朝对于状元初职的授予颇有随意性、情绪化的倾向。超授右补阙这 1 例，向上波动了 3 级，是源于兴宗那段时间兴致特高。梁援的释褐职任向上调动是因为“龙飞第一榜”。而韩昉一释褐就“赐绯鱼袋”，得勋官，这超过了中原王朝自唐至清所有状元，是什么原因未见记载。张人纪以武职释褐是奖赏他们守城之功，更是格外异常。

明代科举研究的基石

——《明代登科总录》

龚延明*

《明代登科总录》，属国家社科基金重大项目《中国历代登科总录》子项目。

《中国历代登科总录》，先于1995年列为全国高校古籍整理工作研究委员会项目；2003年，又批准列入国家社科基金项目；2013年，经专家对《中国历代登科总录》课题前期成果进行中期评估，升格为国家社科基金重大滚动资助项目。

《中国历代登科总录》全书，按隋唐五代、两宋、辽金元、明、清五个部分，分为五卷，总字数将达4200万左右。

以龚延明为首席专家的课题团队，以绳锯木断的不懈精神，前后进行了近二十年的艰辛努力，终于进入了收获的季节。

2014年，《中国历代登科总录》第一份硕果——《宋代登科总录》（14册、1000万字）首先瓜熟悉蒂落，在桂林广西师大出版社出版。出版后，受到学术界欢迎，并获得高度评价，荣获2015年浙江省第十八届哲学社会科学优秀成果一等奖、2019年教育部第八届高等学校科学研究优秀成果历史类二等奖。

2019年，第二份硕果——《明代登科总录》完稿，交广西师大出版社。如今，以25册、总字数1961万字的巨著问世。

这是一场漫长而艰辛的学术接力赛。继《明代登科总录》出版，接下去将是《辽金元登科总录》《隋唐五代登科总录》《清代登科总录》的陆

---

* **作者简介**：龚延明，浙江大学古籍研究所教授，博士生导师。

续完成与出版……

摆在读者面前、还散发着清香的《明代登科总录》，是1300多年中国科举制度史中的一个长时段。中国科举考试取士制度，历经隋唐创立期，宋代成熟、完善期，元代衰落期，到了明代，重振雄风，迈入了健全、鼎盛期，中国科举进入了第二个高峰。

明代于洪武四年（1371）首开进士科科举考试，其后罢辍十三年，至洪武十八年（1385）重开，继而三年一大比，没有中止，共举行了89榜科举考试（崇祯十三年赐特用榜不计在内），每榜进士人数平均在270人，共录取进士27591人。[①] 为明王朝培养了大批治国安邦的人才。

明代科举考试制度，在继承了宋元三级考试、以经义取进士的基础上，又有不同于宋、元的创新。

其一，科举考试建立在学校考试的基础上，"科举必由学校"[②]，科举与学校紧密联系。建立县、州、府、卫所儒学、盐运司儒学、土官学等学校入学考试制度，[③] 童生经学校入学考试合格，选拔为入校学生，方称生员；凡生员经县考、府考与提督学政主持的岁考，进行奖惩，生员俗称秀才，许着青衫，头戴方巾。宋代三年定期举行一次的科举考试，为明代所继承，明代称三年一大比。大比之年以前，明代生员要参加提学官主持的科考，科考为乡试预备考试，也就是参加乡试的资格考试。科考成绩列入一、二等的生员，就获取了参加乡试的资格。[④] 在府、州、县学之上，中央有国学（太学），入国学者为国子生，国子生又细分为：府、州、县学生员贡入国学者，称监生；举人入国学者，称举监；品官子弟入国学者，称荫监；捐赀入国学者，称例监。国子生，其待遇比郡县学生员要高，凡入国学者，可以入官，也可直接参加乡试或会试。明代进士国子生比例较高。

如《成化二年进士登科录》载：一甲第一名罗伦、二甲第一名季琮、第三甲第一名刘烜，全是国子生出身。可见，"明制，科目为盛，卿相皆

① 龚延明、邱进春：《明代登科总录》，广西师范大学出版社2021年版。
② 《明史》（点校本）卷六九《选举志》一，中华书局1974年版，第1675页。
③ 郭培贵：《明史选举志考论·总论》，中华书局2006年版，第9页。
④ 《明史》（点校本）卷六九《选举志》一，中华书局1974年版，第1676-1677、1687页。

由此出，学校则储才以应科举”，明代学校与科举考试紧密衔接，[①] 是对唐宋科举考无资格试考的，许士子“投牒自应”的一大革新。[②]

其二，钦定朱熹注“四书”“五经”为学校教材，形成了科考必由学校始，学校必从读经始的科举培养儒学人才的路径。

其三，考试形式的创新，以八股文命题取士，这是科举考试文体的创新，此种文体，以“载道”为基本追求，有起、承、转、合规定程式的约束，用代圣人立言的口气议论时政，有助于熏陶与树立举子儒家学说的治国理念和立身处世的伦理道德规范，适应当朝统治者巩固王朝的需要；同时便于阅卷官有统一的评判试策优劣高下的标准。[③]

相比已经出版的《宋代登科总录》，《明代登科总录》有一大亮点，即大量利用了原始的明代登科录、会试录。纵观中国一千三百多年科举史，明以前，唐代没有留下一榜《登科录》，宋代借朱熹、文天祥名人效应，得以留下《绍兴十八年进士登科录》《宝祐四年登科录》两种，元代 16 榜只留下《元统元年进士录》一榜，而明代所保存至今的明代《登科录》数量为最多。据统计，海内外现存于宁波天一阁、国家图书馆、上海图书馆、台湾图书馆、台湾研究院史语所、美国国会图书馆等馆藏明代《登科录》，总数为 58 种，而天一阁独家所藏明代《登科录》就有 41 种！海内外其余馆藏为天一阁所无之明代《登科录》总数才 17 种，比天一阁所藏一半还不到。明代科举名录，除《登科录》外，还有《会试录》，光天一阁就庋藏有 38 种。这是十分可观的珍贵科举文献遗产。本课题团队，尽最大努力利用了明代第一手科举文献资料。如现存的、分散在海内外明代《登科录》《会试录》，课题组力尽所能予以搜集，还征集到山东民间保存的《万历五年登科录》[④]。以上明代科举名录，成为进士传记信息的最原生态依据，这就保证了《明代登科总录》具有权威性。此外，书稿充分运用了明代正史、野史、实录、文集、总集、笔记、碑刻、方志中的进士传记资料。这是空前的明代进士数据的大普查，此项成果的出版，为明代科举

---

① 《明史》卷六九《选举志》一《选举之法》，第 1675 页。

② 《全唐文》卷三三一，杨绾《条奏贡举疏》称“投牒自应”，第 3357 页。《新唐书》卷四四《选举志》上引礼部坐郎杨绾上疏，称“投牒自举”。

③ 参龚延明、高明扬：《清代科举八股文衡文标准》，载《中国社会科学》2005 年第 4 期，第 180 页；龚笃清：《明代科举图鉴》，岳麓书社 2007 年版，第 736 页。

④ 《万历五年登科录》，由四川大学古籍研究所陈长文教授提供，谨致谢意。

史研究奠定了坚实的基础。

本课题有严格的统一体例，即凡从现存文献中能辑录到的明代登科进士，按朝代、榜次顺序，列其姓名，姓名下撰一小传。小传包括登科人字、号，籍贯，登科年，初授官，所历官（举例）及终任官（或最高官），谥号。小传之下，基本上做到有三条以上的书证。书证引用的论著，写明哪一朝作者、书名、卷次及与小传有关的原著引文。例如：

【马鸣銮】　字君御，号凤麓。四川成都府内江县人。明万历二年进士第二甲第三十二名，赐进士出身。初授工部都水司主事。历官分守上湖南道，陕西按察使，右布政使，都察院右佥都御史、巡抚郧阳，副都御史。终官宣大总督军务、兵部右侍郎兼右都御史。赠兵部尚书。

《天一阁藏明代科举录选刊·万历二年进士登科录》："第二甲七十名赐进士出身：马鸣銮，贯四川成都府内江县。民籍。县学生。治《书经》。字君御。行一。年二十七，正月十五日生。曾祖恺。祖升阶，知县。父鲁卿，进士。母刘氏，继母高氏。重庆下。弟鸣录、鸣銮、鸣衡、鸣金、鸣毂、鸣鉴、鸣鎏。娶谭氏。四川乡试第十二名，会试第一百五十四名。"

《光绪明清两代进士题名录·明万历二年进士题名碑录甲戌科》："赐进士出身第二甲七十名：马鸣銮，四川成都府内江县。民籍。"

明谈迁《国榷》卷八一，5024页，万历三十八年八月丙申："总督宣大军务、兵部右侍郎兼右都御史马鸣銮卒。鸣銮字□□，内江人。万历甲戌进士，授工部主事，历今官……年六十三。赠兵部尚书。"

明张朝瑞辑《皇明贡举考》卷八第47页："（甲戌万历二年会试）第二甲七十名赐进士出身：马鸣銮，四川内江县。"

明叶向高《苍霞续草》卷十《资善大夫总督宣大山西军务都察院右都御史兼兵部右侍郎赠尚书马公墓志铭》："内江县西南十里回龙山之原，曰故尚书马公之墓。公以右都御史兼兵部右侍郎督宣大军，卒于位……赠公兵部尚书……公讳鸣銮，字君御，别号凤麓……避兵徙内江，遂为内江人……生子鲁卿，为云南佥事，公之父也……公弱冠第万历甲戌进士，授工部都水司主事……移陕西迁按察使……进右布政使……寻拜都察院右佥都御史，抚治郧阳。再起复巡抚宣府……进副都御史，以至今官……没之日为万历庚戌八月三十四日申时，距生嘉靖戊申正月十五日，得年六十三。”

明张鼐《宝日堂初集》卷十六《赠资善大夫马公墓志铭代叶阁师》：“内江县西南十里回龙山之原，曰故尚书马公之墓。公以右都御史兼兵部右侍郎，总督宣大军务，卒于位……公讳鸣鸾，字君御，号凤麓……遂为内江人……公弱冠第万历甲戌进士，授工部都水司主事……进右布政使……寻拜都察院右佥都御史，提督郧阳六郡军务。再起，复巡抚宣府……寻迁兵部右侍郎，总督宣大山西军务，卒赠兵部尚书云……公生于嘉靖戊申某月日，卒于万历庚戌某月日，年六十有三。”

清盛子邺辑《类姓登科考》（湖北图书馆藏清钞本）（卷三）二十一马（子226-635上）：“马慥，陕西同州人，自强子，万历甲戌二甲。马鸣銮，四川内江县人，三甲，兵部右侍郎兼副都御史，又赠尚书，鲁卿子。”

《雍正四川通志》卷九上《人物·直隶资州·明》：“马鸣銮，字君御，内江人……登万历甲戌进士。历右都御史、兵部侍郎，总督宣大，卒于官。”

明代科举考试制度的创新，使明代科举具有承前启后的样板性，明代的科举制度为清代全盘继承。然而，“20世纪的科举研究，总体上看，‘两头’即隋唐与清代科举研究多，中间研究少。其实明代科举的研究更有意义：一则明代是中国科举的成熟期，有典型性与样板性。二则历朝留下的科举名录不多，唯独明代留下大批的原始科举名录。这也就是说，选择明代科举为考察中心，既有学术视野上的典范性，又能建立在踏实的基础上，从面推进科举制度的研究①”。然明代虽留下了大批登科录，仍是不完整的，尚缺31榜；此外，原始登科录主要提供进士的家状与登科年、名次，其仕宦履历需由其他文献资料搜集。这就需要一部体例完整的、包括进士仕宦信息的《明代登科总录》，才能使明代科举研究建立在全面、扎实的基础上。此项成果，从统筹、搜集文献、检录每榜进士、输录、建立数据库、纸质书稿的四次校对，至推出这部《明代登科总录》，前后历经二十多年的努力。最后一校，由江西师大邱进春副教授与出版社编审对接，最为繁杂、细密，花了近三年时间！由此也可见此项工程之艰辛！

《明代登科总录》的完成与问世，为全面、深入研究明代科举，奠定

① 钱茂伟：《国家·科举与社会》，北京图书馆出版社2004年版，第9页。

了最基本的，也是最坚实的基础，堪谓“明代科举研究的基石”。其所提供的明代 89 榜、27591 名进士，1961 万字的传记信息大数据，将有助于推进明代科举史的深入研究，该书还为明代政治史、教育史、文化史、人才学与区域经济的研究开拓了新的视角，诸如利用明代进士的大数据，对明代精英分类、分等及上下流动的变化、区域分布特点等，提供了便捷的数据统计，为重新审视明代进士群体精英对明代政治、教育、文化的介入与影响力等问题，提供了可靠的文献资料基础。其学术价值可望日益彰显。

明代会试同考官选任规则探析

李思成[*]

摘　要：明代会试决定着举人能否成为进士，对国家与社会发展都有重要影响。其中会试同考官直接负责阅卷取士，对士子去取有相当话语权，故朝廷选任会试同考官时有较多限制规则。梳理明代会试录并结合相关记载发现，明中期以后会试同考选任有限官、限资、限次等要求。此外，同考官分房还需遵循“阅本经”的原则，考官自身专经与所分经房存在大致对应关系。上述规则共同导致明代会试同考人选易于预测，存在钻营请托的空间，导致了明中后期几次重大科场弊案的发生。从中可见科举制下同时维持专业公平与选拔公平的不易。

关键词：明代；会试；同考官；本经；科场弊案

明代是中国科举制度高度成熟的时期，从科考到殿试均有完备规范的制度。其中，会试决定着举人能否成为进士，是朝廷选官制度的重要一环，关系到国家治理的成效。故会试考试官与同考官均责任重大，地位尊崇，备受瞩目。但现存典章对会试同考官的选任问题语焉不详，仅有简单介绍。近年来研究者则对此深入考察，取得了较丰硕的成果。汪维真对明代会试“分房阅卷”现象进行研究，考察了五经专员制的出现、同考官人数的变化、各专经进士的比例情况。① 大野晃嗣梳理了各科会试录中同考

* **作者简介：**李思成，历史学博士，现为中国国家图书馆博士后，研究方向为明代制度史、科举史、政治史。

① 汪维真：《明清会试十八房源流考》，载《史学月刊》2011年第12期，第36-53页。

官的相关情况并制成表格，其注意力主要放在阅卷流程上。① 郭培贵则统计了明代会试考官记录，总结出考试官品级不断升高，同考官由翰林、科道、部属官员充当，以翰林为主等特点。②

尽管如此，符合会试同考官条件的官员仍为数不少，如何在合格者中挑选考官尚需回答。例如，各地文风不一，甚至有地域专经的现象，同考官选任是否要考虑地域平衡？③ 分房阅卷出现后，同考官本经与其分房间是否存在对应关系？阅卷取士，会形成门生座主的联系，则担任同考官是否有次数限制？以上种种，都是制度在实际运行过程中需要加以考虑的因素。清代以“考差”决定乡试主副考，④ 会试同考则“以上年考差单各员，注明升迁出差事故开列”⑤。明代虽无“考差”，但实际运行中必遵循一定规则。通过梳理现存会试录并结合相关文献记载，可以对明代会试考官的选任规则作出进一步探索，进而分析规则中的漏洞与科场弊案间的关系。文章错漏之处难免，希望借此就教于方家。

一、选任会试同考官的基本规则

洪武十七年（1384），为重开科举，朱元璋颁布了《科举成式》。其中涉及会试同考选任的内容为：“会试考试官皆访经明公正之士，官出币帛，先期敦聘。主文考试官二人……同考试官乡试四人，会试八人。”⑥ 当时以社会名望为标准选择会试考官，而不依据官品职任等客观条件，显然是王朝草创、科举停开多年背景下的权宜之计，而非制度体系下的长久举措。

---

① 大野晃嗣：《明代会试考官初探——以会试录为中心》，见陈文新、余来明编：《科举文献整理与研究：第八届科举制与科举学国际学术研讨会论文集》，武汉大学出版社 2013 年版，第 148-168 页。

② 郭培贵：《中国科举制度通史·明代卷》，上海人民出版社 2015 年版，第 304-336 页。

③ 地域专经的问题，可参见丁修真：《科举的竞争：明代南直隶地区〈春秋〉专经现象研究》，载《中国史研究》2020 年第 1 期，146-164 页。

④ 李世愉：《试论清代科举中的考差制度》，载《湖南大学学报》（社会科学版）2007 年第 4 期，第 11-17 页。

⑤ （嘉庆）《钦定大清会典》卷二六《礼部·仪制清吏司七》，见沈云龙主编：《近代中国史料丛刊三编》第 64 辑，文海出版社 1991 年影印本，第 1144 页。

⑥ 《明太祖实录》卷一六〇，洪武十七年三月戊戌，“中研院”历史语言研究所 1962 年校印本，第 2468 页。以下各朝实录出版信息相同，不复注。

正德《会典》载第二年即发生改变："（洪武）十八年，令会试主考官二员，并同考官三员，临期具奏，于翰林院官请用，其余同考官五员，于在外学官请用。"① 该诏令《实录》失载，时间应系洪武十八年定翰林院官制后，② 标志着会试考官这一重要职任被纳入正规官僚体系中。

随后，同考官身份被进一步限定，将教官排除在外：

> （景泰四年九月乙亥）同考试官从礼部推选……至是礼部尚书胡濙言："翰林及春坊以艺为职业，宜专其事。京官由科第、有学行者宜兼取以充，教官不许充。请着为令。"从之。③

在《中国科举制度通史·明代卷》中，郭培贵梳理了明代各科会试同考官的名单，大体已较完备。④ 但因尚有数科会试录仅藏于各地图书馆，故笔者进一步搜集了南京图书馆藏《皇明程世录》中成化五年（1469）、成化十四年、弘治三年（1490）三科会试录，美国国会图书馆藏《弘治六年会试录》，台北傅斯年图书馆藏《万历十一年会试录》共5科会试同考官名单，合已有的42科名单，则景泰二年（1451）至万历三十二年（1604）间共存47科会试同考官名单，大体较为完备。⑤ 分析上述名单并结合制度条文内容，可梳理出以下同考选任基本规则：

（1）同考官被限定在中低级官员内。万历《会典》载："其会试同考试官，于本院讲读、史官及春坊司经局官内，与各衙门官相兼推选。"⑥ 47科会试中，翰林同考确均为讲读以下官员担任。其原因是讲读学士以上即为翰林院正官（堂官），多有担任会试主副考者，且又常有带衔，品秩更尊，不宜再与属官一同担任同考。而带坊局衔者，最高为正五品庶子。其他衙门的同考也遵循类似限定，品级最高者为正五品郎中。同时，前一

① （正德）《大明会典》卷七七《学校二·科举·会试》，汲古书院1989年影印本，第195页。

② 《明太祖实录》卷一七二，洪武十八年三月丁丑，第2627页。

③ 《明英宗实录》卷二三三，景泰四年九月乙亥，第5095-5096页。

④ 郭培贵：《中国科举制度通史·明代卷》，上海人民出版社2015年版，第320-335页。

⑤ 按将《皇明程世录》《弘治六年会试录》《万历十一年会试录》再加上《天一阁藏科举录选刊》《中国科举录汇编》《明代登科录汇编》等丛书中影印的明代会试录、同年录整合之后，景泰二年至万历三十二年间52科会试仅阙弘治九年、嘉靖五年、嘉靖十四年、嘉靖十七年、万历十七年5科的完整同考官名单。万历三十二年后，会试录、登科录均缺失甚多，考官本经等信息难以查对，故以此为下限。

⑥ （万历）《大明会典》卷二二一《翰林院》，广陵书社2007年影印本，第2941页。

科入仕的进士资历过浅，通常不会被任命为同考。

（2）翰林官从明初便一直参与会试，明中期以后更是同考官的主要来源。而随着同考人数的不断增加，担任同考的翰林官数量亦随之增长。从成化五年定为8人起，成化十七年定为9人，正德六年定为11人，最终发展到万历十四年丙戌科后的12人："十七房用翰林十一人，六科三人，六部三人，此衙门之定额也。至丙戌《书》卷复多，而《易》不可裁，于是增十八，以翰林充，是翰林增一人矣。"① 与此同时，同考总量则为成化五年12人，成化十七年14人，正德六年17人，万历十四年18人。翰林官始终占据会试同考的主体。

（3）成化以后，翰林之外的会试同考被固定在科、部中拣选，并呈现出一定规律（如图1所示）。

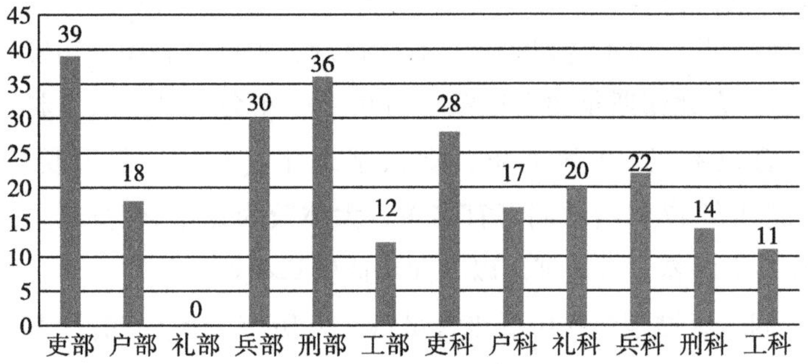

图1　部科同考官人次

图1中一个特殊的现象是，其间礼部从未有官员担任同考。万历四十四年礼部请增房考时便以此为据，并得到批准："……房考诸臣，翰林、科、部皆有定员，惟本部无之，似为缺典。况乡试已复旧遣，会试不宜独遗，合无增设本部司官一房充同考试官，以便分阅……俱依拟。"② 然而，礼部本身负责组织会试，其堂官更担任着会试的"知贡举官"，礼部司官不参与同考事务，应是遵循不成文的回避原则，并非"缺典"。礼部的提请，为一部之私，打破了景泰以来的长期惯例，不利于会试的公正性。除此之外，五部、六科中各自同考官多寡，则大致与其地位相对应：吏部、

① 《明神宗实录》卷五四一，万历四十四年正月庚辰，第10286-10287页。
② 《明神宗实录》卷五四〇，万历四十三年十二月戊辰，第10279-10280页。

吏科最显要，同考人次最多；工部、工科地位最低，同考人次最少。

（4）同1名官员担任同考的次数被限制在3次以下。在47科会试共计695人次的同考官中，有86人担任了2次以上同考，其中14人担任过3次，未发现担任4次以上者。而三任同考者的传记中，多以此为荣，大书特书。如李杰："初先生为编修、侍讲时，尝充经筵及东宫讲读官，三为会试同考官。"[①] 王教："公在史局最久，自丙戌后为同考官者三，连为同考，从来惟公一人。"[②] 王教不仅3次担任同考，且是连续3次，"从来惟公一人"。董份："公凡同考会试者三……所取士多烝烝向用，位通显者。"[③] 李廷相："公自史馆至学士，凡分校礼闱者三。"[④] 马自强："己未分试礼部，壬戌再分试礼部，乙丑复分试礼部……公屡典乡会试，所推毂名士遍海内。"[⑤] 3次同考会试十分难得，故碑传多夸耀如此。笔者在所见会试录、同年录中并未发现有4次同考会试者，但瞿景淳墓志铭称其："又善以文知人，分考会试者四。"[⑥] 瞿景淳为嘉靖二十三年（1544）榜眼，担任过嘉靖二十六、三十二、三十五年三科会试同考官。[⑦] 嘉靖四十一年十月，升为翰林侍读学士。[⑧] 其间的嘉靖二十九、三十八、四十一年三科同考官名单并无瞿景淳。李春芳或是误记，或为谀墓之词，瞿景淳实际上仅担任3次会试同考。

此外，地域平衡和年龄也是一个值得考虑的问题。明代政治中存在较突出的地域平衡原则，其中有惯例如吏部各司官需考虑地域均衡，[⑨] 庶吉

---

① 梁储：《郁洲遗稿》卷八《礼部尚书石城李公墓志铭》，见《明别集丛刊》第一辑第69册，黄山书社2013年影印清刻本，第342页。

② 李开先：《李中麓闲居集》卷九《中川王亚卿传》，见《四库全书存目丛书》集部第93册，齐鲁书社1997年影印明刻本，第121页。

③ 申时行：《赐闲堂集》卷二九《礼部尚书董公合葬墓志铭》，见《四库全书存目丛书》集部第134册，影印明刻本，第597-598页。

④ 严嵩：《钤山堂集》卷三五《神道碑·户部尚书李公神道碑》，见《四库全书存目丛书》集部第56册，影印明刻本，第300页。

⑤ 王锡爵：《王文肃公文集》卷四《马文庄公传》，见《四库禁毁书丛刊》集部第7册，北京出版社2000年影印明刻本，第131页。

⑥ 李春芳：《贻安堂集》卷七《礼部左侍郎瞿文懿公墓志铭》，见《四库全书存目丛书》集部第113册，影印明万历刻本，第194页。

⑦ 见《嘉靖二十三年登科录》《嘉靖二十六年会试录》《嘉靖三十二年会试录》《嘉靖三十五年会试录》，俱出自《天一阁藏明代科举录选刊·会试录》，宁波出版社2006年影印本。

⑧ 《明世宗实录》卷五一四，嘉靖四十一年十月乙亥，第8448页；"壬戌，进侍读学士"，李春芳：《贻安堂集》卷七《礼部左侍郎瞿文懿公墓志铭》，第193页。

⑨ 参见潘星辉：《明代文官铨选制度研究》，北京大学出版社2005年版。

士要按省直分配名额等。[①] 乡会试中则尤为突出，“南北卷”和各省举人定额制是明载典章的公开制度，[②] 而不仅是不成文的惯例。表面上看，既然已设置“南北卷”，似不必再限制考官选任。然而，各地文风不一，用词有别，考官可能会依据文风相近来偏袒桑梓，造成部分科举强省形成“马太效应”，强者更强。故会试同考也可能需要地域限制。

同考官地域分布情况如图 2：

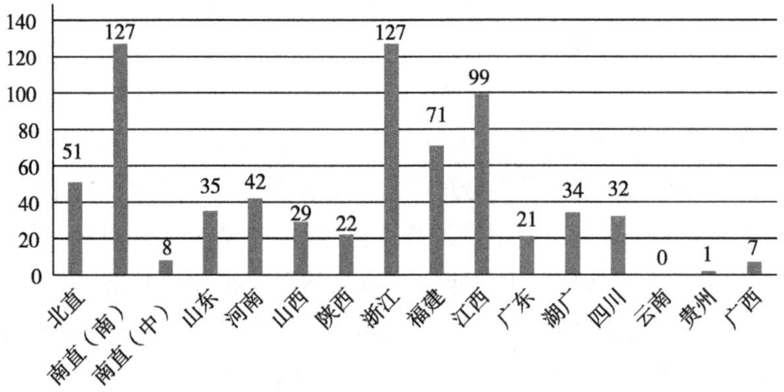

图 2　同考官分省人次

在可考的 706 位同考官中，南卷区共 479 人次，约占 68%；北卷区 179 人次，约占 25%；中卷区 48 人次，约占 7%。其比例超过了“南北卷”的划分比例，且南直、浙江、江西遥遥领先其他省直。从微观来看，景泰二年的考官共 8 人，其中刘俨、李绍、罗崇本 3 人为江西人，钱博、谢琏、陈翊 3 人为南直江南人，萨琦为福建人，邵昆为浙江人，8 人不仅全部来自南卷区，且主要来自江西与南直二省直。[③] 又如明英宗号称偏爱北人，彭时记载天顺四年（1460）英宗曾下令：“庶吉士止选北方人，不用南人。南方若有似彭时者方选取。”[④] 但是，天顺四年会试考官共 12 人，其中陈鉴、刘宣、王㒜、丘浚、尹直、王铉、何宜、程宗、陈俊 9 人为南人，李

① 参见李小波：《明代庶吉士制度拾遗》，载《史林》2015 年第 4 期，第 64-72 页。

② 参见汪维真、牛震宇：《明代会试分区配额制考察》，载《史学月刊》2016 年第 10 期，第 42-62 页；李新峰：《明代南北卷与南北解额》，载《明代研究》第 30 期，第 71-101 页。

③ 《天一阁藏明代科举录选刊·景泰二年会试录》。

④ 彭时《可斋杂记》，见《续修四库全书》第 1166 册，上海古籍出版社 2002 年影印明刻本，第 572 页。

本为四川人，仅有邢让和阎禹锡 2 人为北人。[①] 到弘治十二年，情况依然没有改变，该年考官共 14 人，其中费宏、徐穆、顾清、吴一鹏、王瓒、濮韶、林廷玉、赵士贤、邵庄、赵璜、胡爟 11 人来自南卷区，刘春、蒋冕 2 人来自中卷区，北卷区仅有贾咏 1 人。[②] 至万历十四年，同考官分布更为特异。该年考官共 18 人，其中赵志皋、赵用贤、曾朝节、陆可教、杨起元、杨德政、庄履丰、萧良有、顾绍芳、齐世臣、陈与郊、沈一中 12 人来自南卷区，杨芳为中卷区，盛讷、冯琦、王庭譔、黄克念、王谦 5 人为北卷区。[③] 不仅如此，赵志皋与陆可教均为浙江兰溪人、杨德政与沈一中均为浙江鄞县人、主考试官王锡爵与同考赵用贤、顾绍芳均为南直苏州府人、主副考王锡爵与周子义又均为南直江南人。这表明无论是宏观还是微观，都不存在地域平衡的情况。

在年龄上也没有限制的痕迹。高龄者如成化十四年状元曾彦，科年 54 岁，[④]《明三元考》则称时年 60 岁，[⑤] 他担任弘治三年会试同考时至少 66 岁。[⑥] 其后嘉靖二年榜眼王教，科年 45 岁，[⑦] 嘉靖十一年担任会试同考时为 54 岁。[⑧] 年少者如李东阳、费宏，第一次担任同考时均为 23 岁。[⑨]

---

① 根据该科会试录标注同考籍贯，陈鉴南直长洲、刘宣江西安福、王僎南直武进、丘浚广东琼山、尹直江西泰和、王铉浙江临安、何宜福建福清、程宗南直常熟、陈俊福建莆田，均位于无疑的南卷区；李本四川富顺，为中卷区；邢让山西襄陵、阎禹锡河南洛阳，为北卷区。见《天一阁藏明代科举录选刊·天顺四年会试录》。

② 费宏江西铅山，徐穆江西吉水，顾清南直华亭，吴一鹏南直长洲，王瓒浙江永嘉，濮韶南直当涂，林廷玉福建侯官，赵士贤湖广石首，邵庄浙江鄞县，赵璜江西安福，胡爟南直芜湖；刘春四川巴县，蒋冕广西全州；贾咏河南临颍。见《弘治十二年会试录》。

③ 根据该科会试录标注同考籍贯，赵志皋浙江兰溪、赵用贤南直常熟、曾朝节湖广临武、陆可教浙江兰溪、杨起元广东归善、杨德政浙江鄞县、庄履丰福建晋江、萧良有湖广汉阳、顾绍芳南直太仓、齐世臣江西南昌、陈与郊浙江海宁、沈一中浙江鄞县；杨芳四川巴县；盛讷陕西潼关卫、冯琦山东临朐、王庭譔陕西华州、黄克念河南宁陵、王谦锦衣卫。考试官王锡爵南直太仓、周子义南直无锡。见《明代登科录汇编·万历十四年会试录》，学生书局 1969 年影印本。

④ 《天一阁藏明代科举录选刊·成化十四年进士登科录》。

⑤ 张弘道、张凝道：《皇明三元考》，见《四库全书存目丛书》史部第 271 册，影印明刻本，第 121 页。

⑥ 《弘治三年会试录》，载南京图书馆藏《皇明程世录》。

⑦ 《天一阁藏明代科举录选刊·嘉靖二年进士登科录》。

⑧ 《天一阁藏明代科举录选刊·嘉靖十一年会试录》。

⑨ 《天一阁藏明代科举录选刊·天顺八年进士登科录》；《成化五年会试录》，载南京图书馆藏《皇明程世录》；《天一阁藏明代科举录选刊·成化二十三年进士登科录》；《弘治三年会试录》，载南京图书馆藏《皇明程世录》。

地域和年龄没有限制，可能是已无暇顾及。因为根据以上规则，实际上会试同考官已被限制在一个很小的范围内，尤其是翰林同考官的人选已可大致预测。因为讲读以下翰林官虽“后无定员”①，但翰林官乃清华之选，人数较少，却是会试同考的主体，其选择范围显然窄于部、科官员。今试以正德六年（1511）、嘉靖十一年、万历十四年三科为例进行“预测”。之所以选取这三科，是因为正德六年会试同考由14人增至17人，其中翰林11人，大体与后来“十八房”相等；嘉靖十一年受“大礼议”风波影响，可供会试同考的翰林官数量最低；万历十四年会试同考增至18人，其中翰林12人，且此时庶吉士连选，留馆者众，翰林官数量大幅增加。选择这三科会试进行考察，能得到翰林同考官选择范围适中、最窄、较宽三种情况。

因必须入闱阅卷，故当时丁忧、居家者均无法参与，这部分官员应予以排除。正德六年会试前此类官员有弘治六年进士侍读顾清“居忧……（正德八年五月）服阙”②，编修黄澜“授翰林编修，以母老告归十余年，母终复起供职”③，弘治九年状元朱希周“庚午（正德五年）主应天乡试，明年以忧归”④，弘治十五年进士编修李时“己巳（正德四年）……以少傅翁婴疾乞归，归即翁卒，壬申（正德七年）服除”⑤，修撰何瑭“（正德五年三月）奏乞回籍养病，许之”⑥，弘治十八年状元顾鼎臣“己巳（正德四年）……十二月丁杨夫人忧壬申（正德七年）服阕，告病家居”⑦，编修严嵩“授编修，数移疾告归，读书钤山中”⑧，检讨易舒诰“瑾诛，乃复为检讨，谒告归省，念二亲年高，留侍不忍去，卧家十有四年，绝意荣利”⑨。上述官员虽然尚在翰林院册籍，但并未在京供事，自然也不可能参

① 万历《大明会典》卷二《吏部·文选清吏司·官制一·京官》，第79页。

② 《明武宗实录》卷一〇〇，正德八年五月甲戌，第2074页。

③ 焦竑辑：《国朝献徵录》卷二三《南京翰林院侍读学士黄公澜传》，见《续修四库全书》第526册，第207页。

④ 焦竑辑：《国朝献徵录》卷二七《南京吏部尚书朱公希周墓志铭》，第397页。

⑤ 焦竑辑：《国朝献徵录》卷一六《吏部尚书华盖殿大学士李公时行状》，见《续修四库全书》第525册，第558页。

⑥ 《明武宗实录》卷六一，正德五年三月己卯，第1346页。

⑦ 陆深：《俨山文集》卷八〇《礼部尚书武英殿大学士顾公行状》，见《明别集丛刊》第二辑第1册，黄山书社2016年影印明嘉靖刻本，第707页。

⑧ 焦竑辑：《国朝献徵录》卷一六《大学士严公嵩传》，第571页。

⑨ 严嵩：《钤山堂集》卷二九《翰林院检讨易君墓志铭》，第250页。

与会试。

排除掉上述官员后，正德六年辛未科会试前翰林官讲读以下在京供事者尚有吴一鹏、汪俊、陈霁、贾咏、伦文叙、刘龙、李廷相、温仁和、滕霄、赵永、董玘、崔铣、湛若水、陆深、翟銮、徐缙、穆孔晖、吕柟、景旸共19人。19人中，吕柟、景旸为正德三年一甲进士，年资过浅，参与会试概率不高；吴一鹏、贾咏、刘龙已两次同考，再次同考概率亦不高。此时翰林同考应有11人，理论上会在剩余14人中产生。最终实际担任同考的11名翰林官为吴一鹏、伦文叙、李廷相、温仁和、赵永、董玘、崔铣、湛若水、翟銮、徐缙、穆孔晖。① 除吴一鹏第三次入选外，剩余14人中仅汪俊、陈霁、滕霄、陆深4人未能入选，该科会试同考大部分人选均可预测。

嘉靖十一年壬辰科会试前，因"大礼议"风波，翰林官遭到清洗，讲读以下在京供事者仅余11人，分别为伦以训、童承叙、王用宾、张衮、姚涞、王教、龚用卿、杨维杰、欧阳衢、程文德、杨名。这意味着11名翰林同考无须挑选，显然不利于选拔公平。因此夏言上疏请求：

同考试官十七员，该内阁推举讲读修撰编修等官一十一员及六科给事中三员、六部司属官三员以充。为照先年翰林史馆及各坊局储材甚众，五经各有剩员，每遇会试、乡试，主考、同考俱得于群彦之中遴选以充，人不可必得，士子不能必知考官为某，是以关节难通，人鲜猜议，况至于开科年分，凡翰林院官俱预先杜门谢客以远嫌疑。近年以来，事体稍异，今查得本院除学士五员外，自侍读以下通得十一人，则当尽数入场，始足供事，然中间或有临时妨碍，则五经房考官必不能备，难免误事。乞敕内阁今次于六科、部属查照旧规六员之外再加访推三四员，以补翰林不足之数。②

该科最终仅用翰林同考7人，为王教、伦以训、龚用卿、张衮、欧阳衢、程文德、杨名。③ 仅童承叙、王用宾、姚涞、杨维杰4人未参与。尽管夏言申请了临时的措施，但大部分人选仍可预知。

---

① 《天一阁藏明代科举录选刊·正德六年会试录》。

② 夏言：《夏桂洲文集》卷一二《请变文体以正士习等事疏》，见《四库全书存目丛书》集部第74册，影印明崇祯刻本，第558页；《明世宗实录》卷一三四，嘉靖十一年正月壬申，第3179页。

③ 《天一阁藏明代科举录选刊·嘉靖十一年会试录》。

万历十四年丙戌科会试时，翰林同考增至12人，“十八房”形成。[①]此时丁忧、家居的翰林官有张元忭：“忽心动驰归，归五日而太安人病不起矣，人以为孝感云。丁亥（万历十五年）起家用词林。”[②] 邓以讚：“戊子（万历十六年），特疏起纂修，不赴。辛卯（万历十九年），诏起宫允管司业事，疏辞。”[③] 王祖嫡：“于是公悟，复趣驾以北，俄迁国子司业。”[④]“(万历十五年十月庚辰）升翰林院检讨王祖嫡为国子监司业。”[⑤] 吴中行：“公遂乞休，执政拟旨许之……竟卒于家。”[⑥] 敖文祯：“癸未（万历十一年）分校礼闱……时太公且八旬矣，四月使岷藩便道归省，遂乞假侍养，又四年而太公捐馆，凡家食八年。”[⑦] 冯梦祯：“癸未（万历十一年），分考会试，丁父忧。”[⑧]

除去以上官员，万历十四年会试时在京供事的讲读以下官员有赵志皋、赵用贤、黄洪宪、刘虞夔、张应元、刘楚先、刘元震、盛讷、孙继皋、曾朝节、沈自邠、顾绍芳、陆可教、杨起元、杨德政、冯琦、庄履丰、余继登、萧良有、王庭譔共20人。以及万历十一年癸未科的翰林官13人，但他们大部分人刚刚授职不久，不太可能参与会试。刘虞夔、刘楚先已担任两次同考，再任概率也不高。最终丙戌科会试的翰林同考为赵志皋、赵用贤、盛讷、曾朝节、顾绍芳、陆可教、杨起元、杨德政、冯琦、庄履丰、萧良有、王庭譔12人。[⑨] 符合资格的落选者为黄洪宪、刘虞夔、张应元、刘楚先、刘元震、孙继皋、沈自邠、余继登8人，其中黄洪宪、刘元震、沈自邠、余继登都担任了上一科癸未科的同考，这或是其落选的缘由。

---

① 参见汪维真：《明清会试十八房源流考》，载《史学月刊》2011年第12期，第36-53页。

② 焦竑辑：《国朝献徵录》卷一九《左谕德兼侍读阳和张公元忭墓志铭》，第19页。

③ 邹元标：《愿学集》卷六《吏部右侍郎兼侍读学士定宇邓公墓志铭》，国家图书馆藏明万历刻本，叶9a。

④ 焦竑辑：《国朝献徵录》卷一九《右庶子兼侍读师竹王公祖嫡行状》，第7页。

⑤ 《明神宗实录》卷一九一，万历十五年十月庚辰，第3602页。

⑥ 赵南星：《赵忠毅公诗文集》卷一三《侍读学士复菴吴公传》，见《四库禁毁书丛刊》集部第68册，影印明崇祯刻本，第345页。

⑦ 敖文祯：《薜荔山房藏稿》附录《敖文祯墓铭》，见《明别集丛刊》第四辑第5册，影印明万历刻本，第401页。

⑧ 钱谦益著，钱曾笺注，钱仲联标校：《牧斋初学集》卷五一《南京国子监祭酒冯公墓志铭》，上海古籍出版社1985年版，第1300页。

⑨ 《明代登科录汇编·万历十四年会试录》。

综合上述三科情况来看，明代会试同考官的选任由于要遵循限资、限次等不成文惯例，导致候选范围狭窄，大部分同考官人选易于预测，也无暇顾及地域平衡。可以认为早在礼部临期具奏同考官人选之前，熟稔这套规则的人已经大致能推测出候选名单了。

二、“阅本经”原则及其实践

不仅会试同考官的选派遵循着严密的规则，同考在分派经房时亦有章可循。这与明代士子因在五经中专习一经而形成的“五经专员”制度密不可分：

顺天府府尹王贤奏：“今年该乡试，往者各处取正考试官二员，同考试官四员或三员。臣以五经宜用考官五员，若他经官带一二经，则去取文字岂无谬误?”……部计议：“今后在京、在外乡试取同考试官，五经务要五员，专经考试，不用带考。”……帝从之。①

此处虽然是针对乡试，但汪维真已指出，随后不久朝廷便在会试也推行了“五经专员”制度。②“五经专员”制提示出一个文献未曾明言而亟待解决的问题：该制度的出现，与考生需专习五经中一经密不可分，而同考官自身亦有本经，则经房分配与同考之本经是否有一定联系，本经在何种程度上对同考官选任发挥影响?

据文意来看，文中提及的“他经官”，对应的应是“本经官”。正是“本经”与“他经（别经）”的区别，导致“去取文字，岂无谬误”。故王贤不仅要求“五经专员”阅卷，同时也要求同考官须“阅本经”，或者可以说，“五经专员”制本身即蕴含了“阅本经”原则。

据《实录》记载，万历时期礼部曾多次部议，应坚持房考“阅本经”的原则：

礼部覆御史崔景荣条陈科场事宜：“……一议分经阅卷，各房分卷务照各官所治本经，但许内经内裒多益寡，不许别经官欲求数均，以致越

① 《明英宗实录》卷一八八，景泰元年闰元月甲子，第3843-3844页。
② 汪维真：《明清会试十八房源流考》，载《史学月刊》2011年第12期，第40页。

组。”……俱依拟行。①

礼部以会试届期，条议科场规则六事：“一正文体，非纯正典雅者不收；一议程录，悉用士子原文；一专阅卷，房考必阅本经；一别字号，五经卷号不得相混；一核墨卷，真草不全者不得中式；一公填榜，拆卷后毋引嫌辄更。”上曰：“立考为国抡才，须文理纯正，经术通明，方许收录，其有文词险怪，背经离传者，场后卷发礼部戒饬。程文须用真卷，勿得改拟示欺。余如议行。”②

上述记载表明，明人因五经分考的缘故，既要求五经专员阅卷而不许“带经”，也要求阅卷者必须“阅本经”。但该原则绝非迟至万历时期才开始实行，将会试录、登科录、同年录等材料中记载的进士专经情况，与会试同考官的本经及其负责的经房进行比对后发现，景泰元年实行五经专员制后，各科会试大体都遵循了同考官本经与所分经房一致的原则。尤其是景泰至弘治期间执行异常严格，其间可考的18科会试、214位同考官中，仅有5人次“阅他经”，其中天顺元年同考官钱溥同时负责了《春秋》与《诗经》两房，是最后一次出现“带经”的现象。③ 正德以后“阅他经”的现象略有增加，至万历三十二年间可考的29科会试、496位同考官中，共有48人次“阅他经”，约占总数的10%。整体上会试同考官仍遵循着“阅本经”的原则，这意味着万历时期的部议只是对旧例的重申，而非定制新例。据此，可知顺天府尹王贤不仅要求“五经专员”阅卷，同时也要求同考官须“阅本经”。“阅本经”原则实施的时间应定为景泰二年，与五经专员制同时。但是，正德以后，同考官阅“他经”的现象增加，“阅本经”原则未得到严格遵循，其原因何在？

其一是《春秋》《礼记》两经在明代号为“孤经”，习经士子数量较少，占进士总比例低，难于选择同考官。据汪维真统计，明代进士中，《春秋》《礼记》两经进士大致稳定在总数的14%左右。④ 而同考官大部分又来自翰林官，选择范围较窄，未必能面面俱到，尤其在正德六年同考官

① 《明神宗实录》卷二四三，万历十九年十二月壬子，第4540-4541页。

② 《明神宗实录》卷二四四，万历二十年正月丙子，第4550页。

③ 《天一阁藏明代科举录选刊·天顺元年会试录》。

④ 汪维真：《明清会试十八房源流考》，载《史学月刊》2011年第12期，第43页。

增员后更是如此。[①] 事实上，万历二十年礼部重申“阅本经”原则后六年，便对此作出修正：“丁未，礼部复议科场事宜五款……一议调房照旧例，孤经缺人，以他经年深翰林充数，其孤经考官不许与他经调阅。从之。”[②]《春秋》《礼记》房常因“孤经缺人”，不得不由习他经的翰林官担任同考，前述53次“阅他经”中有15次属于这种情况。同时，礼部还要求调阅他经者，必须是“年深翰林”，这在实践中也有所反映：除景泰五年章陬以兵部主事的身份调阅《诗经》外，[③] 其他所有“阅他经”者皆是翰林官，而部、科同考官却严格遵循“阅本经”原则。这应是其仅占据少量同考名额，较易遴选之故。

其二则是同考官避嫌而调阅他经。万历二十六年礼部复议中的另一要求“孤经考官不许与他经调阅”，在实践中并没有得到遵循。该年会试，本经《春秋》的朱国祯，[④] 调阅了《诗经》。[⑤] 万历二十九年，本经《礼记》的郭淐，[⑥] 也调阅了《诗经》。[⑦] 而且孤经之外，也存在调阅他经的现象，即使万历二十年重申“阅本经”原则后仍然如此，这或与同考官主动避嫌密不可分。例如嘉靖二十三年会试，同考官欧阳�“亦汝俭等师，本同经，又改看书经，迹若引嫌”[⑧]。欧阳晙本经为《诗经》，[⑨] 因学生翟汝俭等人参加此科会试，改阅了《尚书》。又如万历十一年会试同考官黄洪宪自述：“癸未之春，张、申二公子皆以书经会试，生入帘不阅书经而阅他经，人所共知。”[⑩] 黄洪宪本经为《尚书》，但因与阁臣申时行等人交好，“游申、王二相君甚欢”[⑪]，担任同考时便改阅他经。此外，顺天乡试中也有类似现象：“原任行人司副沈璟……初入帘，虑同乡士多习《书经》，请

① 万历《大明会典》卷七七《礼部三五·科举·会试》，第1234页。
② 《明神宗实录》卷三一八，万历二十六年正月丁未，第5928-5929页。
③ 《天一阁藏明代科举录选刊·景泰五年会试录》。
④ 《天一阁藏明代科举录选刊·万历十七年进士履历便览》。
⑤ 《天一阁藏明代科举录选刊·万历二十六年进士履历便览》。
⑥ 《天一阁藏明代科举录选刊·万历二十三年进士履历便览》。
⑦ 《天一阁藏明代科举录选刊·万历二十九年进士履历便览》。
⑧ 《明世宗实录》卷二八九，嘉靖二十三年八月甲午，第5568页。
⑨ 《天一阁藏明代科举录选刊·嘉靖十四年进士登科录》。
⑩ 黄洪宪：《碧山学士集》卷一六《柬李渐庵孙立庭》，见《四库禁毁书丛刊》集部第30册，影印明万历刻本，第389页。
⑪ 于慎行著，吕景琳点校：《谷山笔麈》卷八，中华书局1984年版，第93-94页。

更阅他经，又请不阅皿字号卷，以远嫌疑。”① 这些史实表明，明中后期因避嫌而改阅他经的现象较为常见。

如果将“阅本经”原则与前述会试同考官的选任规则相结合，便会发现这使得对同考分房的预测更加精确。翰林官自身的专经具载于会试录、登科录，传布天下，可担任同考的候选名单又易于揣测，那么翰林同考的各自分房也随之基本确定，这显然不利于考试公正。从上述避嫌的事例来看，明人对此已有体察。但尽管如此，调阅他经并未成为一项固定制度，朝廷始终反复强调“阅本经”原则，直至崇祯元年（1628）仍然如此：“礼部条陈会闱十事……一重本经，《春秋》《礼记》当遴选专经，以服士心。”② 其坚持背后必有缘故。

此前的讨论并未说明坚持该原则的原因，崇祯元年的部议简要提到其目的在于“服士心”，但无进一步解释。不过，从对儒家早期发展历史的探讨中，或可揣摩出何为“服士心”。如胡宝国指出，西汉儒家发展中，强调家学之传承，其含义是指“累世无更改地传一经”，如韦氏传《诗》、欧阳氏传《尚书》、虞氏传《易》、尹氏传左氏《春秋》等等。同时随着东汉人强调“博通”等原因，家学在东汉衰落了。③ 胡氏认为之所以“博通”会导致家学衰落，是因为要想通习五经，必须广泛游学，博采众家，这便跳出了家学的范畴。循此继续思考，那些已经通晓五经的大儒如桓谭、许慎、郑玄，何以不能将其学术在家族内部传承下去呢？这应当归结于通晓五经的难度大大超出了专习一经：“孟子通五经，尤长于《诗》《书》。”④ “夫兼通五经，圣门犹难之。子游之文学尤长于礼，其他亦不著。”⑤ 亚圣与孔门贤人虽号称通五经，但犹有长短之分。真正通晓五经者必为当世大儒，非一般儒者可比，这或是家学只能传一经而不能传五经，以及《后汉书》中会特别以“五经从横”“五经无双”评价士人的缘故。⑥

① 黄洪宪：《碧山学士集》卷八《辩周主事等疏》，第261页。

② 《崇祯长编》卷五，崇祯元年正月丙戌，第231页。

③ 参见胡宝国：《两汉家学的变化》，见胡宝国：《将无同——中古史研究论文集》，中华书局2020年版，第12-19页。

④ 朱熹：《四书章句集注》之《孟子集注·孟子序说》，中华书局1983年版，第197页。

⑤ 陈祖范：《司业文集》卷二《言博士寿序》，见《四库全书存目丛书》集部第274册，影印清乾隆刻本，第153页。

⑥ 《后汉书》卷六一《周举传》、卷七九《儒林传》。

明代以专经取士，士人更缺乏动力去遍习五经。五经中难度最大的《春秋》《礼记》尤少人钻研："《礼》经卷帙浩繁，难于诵读。及因《春秋》三传迭出，而主司或主比、或主合、或主传，纷无定见，难以迎合，是故弃而之他经者往往而是……圣经几于孤矣。"① 专习"孤经"者尚且如此，遑论通五经？如果再一味要求调阅他经，考生必将面临阅卷者专业素养不足的窘境，"纷无定见，难以迎合"的状况则愈演愈烈，这便是"以服士心"的根据所在。调阅他经为的是选拔公平，阅本经则是为了专业公平，两种公平在科举制度中同样重要，不可偏废。

要之，在明代会试中存在同考官须"阅本经"的原则，其目的是为满足专经取士的需要，保证专业公平，令广大举子信服，该原则在具体实施中大体得到了贯彻。同时，因《春秋》《礼记》为"孤经"，缺乏符合资格的同考人选，以及同考官为防弊而避嫌等因素，也存在着调阅他经的现象，这在正德六年同考官增员后较为明显。

三、规则漏洞与明后期科场弊案

理论上，会试考官均是"临期具奏"，入帘后与外界隔绝，并无舞弊机会。但是据上文所述，明代同考官的选任既需遵循限资等基本惯例，又要尽量满足"阅本经"的需求，这导致其人选易于预测，善于钻营者可能提前打通关节。万历三十二年会试前，沈鲤曾上疏言："臣初应召北来，无不预知臣为今春主考者，惟正考必用次辅，相沿为例，故人皆预知之也。夫预知则不密，不密则弊端易生。"② 沈鲤虽是针对考试官而言，但同考官又何尝不是如此？根据前述事实，会试中的翰林同考候选名单和所分经房是可以大体预知的。由此出发，可重新审视明代会试及乡试中考官舞弊的事件，理解其中的幽微之处。

明代同考被指责舞弊的情况屡有发生，其中与前述规则紧密相关的代表性事件有如下几次：

正德三年戊辰，阁臣焦芳私托考官，会试取中其子焦黄中。焦黄中本

---

① 陈儒：《芹山集》卷二四《学政条约》，见《北京图书馆古籍珍本丛刊》第106册，书目文献出版社1991年影印明刻本，第196页。

② 《明神宗实录》卷三九三，万历三十二年二月甲申，第7405页。

经为《诗经》，是科《诗经》房考为康海、何瑭、崔铣、王承裕四人。[①]其中崔铣为弘治十八年进士，习《诗经》，选庶吉士，授翰林院编修："校修敬皇实录，同考会试，宰执托私其子，铣拒之。"[②]"戊辰同考会试，执政欲私其子，公不可，而执政子竟录于他手。"[③]正德三年会试取中的阁臣之子惟焦黄中一人，可知"执政"正是指焦芳。崔铣拒绝后，焦芳又私托了另一名《诗经》房考，使其子"竟录于他手"。

嘉靖二十三年甲辰科后，刑科给事中王交、王耀日弹劾副考官江汝璧，同考官沈坤、彭凤、欧阳�、高节通同作弊：

> 大学士翟銮以内阁首臣，二子汝俭、汝孝既联中乡试，又连中会试，若持券取物然。崔奇勋乃汝俭等师，焦清与俭结姻，又同受业，四人者会试俱一号。汝俭、汝孝、奇勋皆彭凤所取，《诗经》考官五人，何俱在凤一房？欧阳晙亦汝俭等师，本同经，又改看《书经》，迹若引嫌，而阴助凤寻卷。及沈坤之取中陆炜，高节之取中彭谦、汪一中，皆以纳贿故，乞明正其辜丑。[④]

该科会试，翟銮的两个儿子、姻亲、家中塾师四人全部被取中。这一非同寻常的现象自然引起言官注意。同考官中，欧阳晙、彭凤均为嘉靖十四年进士，本经均为《诗经》，又一同考取庶吉士留馆为翰林官。[⑤]依据选任规则，两人都应阅《诗经》卷，但欧阳晙曾教导过翟汝俭、翟汝孝，故避嫌改阅了《尚书》。同时，他又凭预先约定的暗号，帮助彭凤寻得四人的试卷。案发后，嘉靖认为："迹弊明显，大坏祖宗取士之制，遂勒銮并汝孝、汝俭、奇勋、清及凤、晙俱为民，汝璧等俱下镇抚司逮问。"[⑥]欧阳晙、彭凤担任会试同考，本无不合惯例之处，但熟稔同考选任规则的权臣不必等到"临期具奏"，便早已洞悉先机，通同作弊。此外，奏疏中的

---

① 《中国科举录汇编·正德三年会试录》。

② 郭朴：《郭文简公文集》卷一《崔文敏公传》，见《四库未收书辑刊》第五辑第19册，北京出版社2000年影印清康熙刻本，第421页。

③ 沈一贯：《喙鸣文集》卷一七《南京礼部右侍郎后渠崔公神道碑铭》，见《续修四库全书》第1357册，影印明刻本，第397页。

④ 《明世宗实录》卷二八九，嘉靖二十三年八月甲午，第5567-5568页。

⑤ 《天一阁藏明代科举录选刊·嘉靖十四年进士登科录》；《明世宗实录》卷一九六，嘉靖十六年正月乙巳，第4150页。

⑥ 《明世宗实录》卷二八九，嘉靖二十三年八月甲午，第5568-5569页

“寻卷”表明，最迟在嘉靖时期，已经出现了同经考官“越房搜卷”的现象，“居尝突入他考官所，强其卷夺之”，故四人的考卷均在彭凤一房。

万历初年，张居正之子并捷南宫，亦是其一手操纵的结果。黄洪宪称：

桂又谓科场之弊，坏于张居正擅权之时，而疑臣等有所趋附，则又冤矣。往岁丁丑会试，居正有子入场，必欲臣洪宪为同考官，臣以回避力辞数四，居正明责臣远嫌，词色俱厉，终亦无奈臣何。①

丁丑会试，张嗣修以《书经》入场，江陵师必欲生为同考官。岂曰遽有他意，而小夫细谨，坚请回避者至三至四，虽出厉言而不顾。②

黄洪宪号葵阳，隆庆五年进士，庶吉士留馆授编修，该科会试主考官为张居正，二人有师生之谊。③ 万历二年黄洪宪并未担任会试同考，④ 故万历五年丁丑会试应可入场。但是他教导过张居正之子：“小儿敬修、懋修夙承教迪，兹并捷于南宫，敢忘所自。”⑤ 黄洪宪便以此为由，避嫌坚拒，不出任同考，但张敬修、张懋修最终还是以《书经》“并捷于南宫”。此事件中，黄洪宪具备担任同考的一切资格，且是张居正门生，又教导张敬修等人，故为张居正通同作弊的首选。只是黄洪宪坚持原则而拒绝，张居正只能拜托其他考官。

以上数例中的请托者皆为当时阁臣，他们本为翰林出身，熟稔同考选任规则，又位高权重，易于与同考建立联系，通同作弊。但是，能够利用同考选任规则的并不只有权臣，万历三十八年爆发的“庚戌科场案”即是明证。

该案的大体经过，文秉在《定陵注略》中的记述较为全面：

汤宾尹当民变时，遁迹西湖，莫有过而问者。韩敬以太学生具五千金为贽，执业请正，两人交好最密也。己酉，敬中顺天乡榜，庚戌会试，敬

① 黄洪宪：《碧山学士集》卷八《辩科场第一疏》，第249页。

② 黄洪宪：《碧山学士集》卷一六《柬李渐庵孙立庭》，第388页。

③ 《天一阁藏明代科举录选刊·隆庆五年会试录》；《明神宗实录》卷一三，万历元年五月戊子，第419页。

④ 《天一阁藏明代科举录选刊·万历二年会试录》。

⑤ 张居正著，张舜徽主编：《张居正集》第二册《书牍》卷二五《答翰学黄葵阳》，湖北人民出版社1994年版，第892页。

卷在徐鎏房中，已涂抹矣。宾尹遍往各房，搜阅诸卷，识敬卷于落卷中，移归本房，潜行洗刷，重加圈点，遂取中本房第一。复以敬故，于各房恣意搜阅，彼此互换，以乱其迹。吴公道南在场中与宾尹动色相争，主考萧、王两公亦大不堪，试录叙内有："两臣才望浅劣，不足为重，以后请以同臣莅事，庶几成体。"盖指汤也。榜出，都下大哗。①

文中提到的"越房搜卷"，在万历时期已经是官方认可的潜规则："各房分卷，务照各官所治本经，但许内经内裒多益寡，不许别经官欲求数均，以致越殂。一议公平落卷，必参酌于各房，裁定于主考，须正备卷公评不如落卷，然后准中。"② 牛明铎指出这虽然不允许别经官越俎，但并未禁止同经各房间搜取落卷，"裒多益寡"③。事实确实如此，直至庚戌科场案爆发后，万历四十年二月礼部才奏请："一分经房，先年科臣有不许分房之说，然近岁会场不分房，不能令士子心服，但宜谕各房将所分硃卷，键户细阅，毋得旁搜广猎，以滋弊窦。果多佳卷，即多取不为嫌，否则少取不为过。"④

庚戌科场案中，汤、韩二人是否真如文秉所述通同舞弊，已不可晓。但其中的细节，却是理解明代科场弊案的关键。首先，汤宾尹、韩敬本经均为《易经》，汤氏为万历二十三年中进士，庶吉士留馆授编修，仅担任过二十六年会试同考，三十八年会试时任右庶子兼翰林院侍读。⑤ 是科出任同考且阅本经，合乎选任规则。其次，汤、韩二人有师生情谊，两人在会试前便联系密切，故汤宾尹在场中能准确识别韩敬的试卷："汤、韩闱中之事，至今有为言者。汤在闱，手持其文，扬言'此韩敬卷也。'盖成弘名士，多以射覆得之，汤其故智也。批语有'吾拜子矣'之句，时人戏曰：'十年前门生拜座主要汤，十年后座主拜门生答敬。'"⑥ 最后，同经内

---

① 文秉：《定陵注略》卷九《庚戌科场》，北京大学出版社1985年影印清抄本，第753页。

② 《明神宗实录》卷二四三，万历十九年十二月壬子，第4541页。

③ 牛明铎：《明代科举防范与惩治作弊制度研究》，福建师范大学2016年，第230页。

④ 《明神宗实录》卷四九二，万历四十年二月乙亥，第9259-9260页。

⑤ 《天一阁藏明代科举录选刊·万历二十三年进士履历便览》；《天一阁藏明代科举录选刊·万历二十六年戊戌科进士履历》；《明代登科录汇编·万历三十八年庚戌科序齿录》；《明神宗实录》卷四六五，万历三十七年十二月辛酉，第8777页。

⑥ 黄尊素：《黄忠端公文集》卷六《说略》，见《四库禁毁书丛刊》集部第185册，影印清康熙刻本，第70页。

可越房搜卷，故汤宾尹能在全部《易经》考卷中搜中韩敬的落卷。

综上所述，刻板的会试同考选任规则、“阅本经”原则、同经内可“越房搜卷”三要素均是科场弊案的必要条件。会试同考限官、限资、限次，使得担任同考主体的翰林官易被预知；同考应“阅本经”，有心舞弊者便只需寻访同经翰林，约定暗语；同经可“越房搜卷”，则一经试卷同考皆能寓目，不会错失。上述制度设计的缺陷，导致了明代后期科场弊案频发，科举公信力下降，政治环境日益腐败。

四、余论

明代会试考官的选任与科场舞弊间的联系，朝廷亦不无认识，曾针对“阅本经”原则与“越房搜卷”有过改革的尝试。由于“阅本经”与同考人选极强的对应关系，在号为“孤经”的《春秋》《礼记》中更是如此，因此庚戌科场案后，礼部奏准防弊之策：“调阅孤经，以清钻刺；查明添注，以防倩笔。蚤送卷，则评定得以从容；对朱墨，则讹字不致溷售。”①以往虽亦有调阅孤经之举，但是因为“乏人”，且“孤经考官不许调阅他经”。庚戌科场案后，则明确调阅孤经是为了“以防钻刺”。孤经之外，同考官主动回避改阅他经的现象必定也有所增加，惜无从查考。但调阅他经的频频出现，又引来了士子对科场专业性公平度的质疑：“礼部条陈会闱十事……一重本经，《春秋》《礼记》当遴选专经，以服士心。得旨允行。”②《礼记》《春秋》成为“孤经”正是因为学习难度大，故习经人数少。调阅孤经意味着难以保证同考官专业性，故崇祯年间为“以服士心”，强调“重本经”，恢复了阅本经原则，宣告此前改革失败。

针对“越房搜卷”的情况，朝廷也屡有规定。万历十九年，礼部便奏准：“一议公平落卷，必参酌于各房，裁定于主考，须正备卷公评不如落卷，然后准中。”③但之后又发生了庚戌科场案，其中各房落卷互易甚多：“至各房考之应议者，如本房之卷被人搜去，及搜中别房落卷者，似姑免议。惟两房各相互易最多者，令甲既所不载，形迹似涉乖张，所当从公议

① 《明神宗实录》卷四九二，万历四十年二月乙亥，第9260页。
② 《崇祯长编》卷五，崇祯元年正月丙戌，第231页。
③ 《明神宗实录》卷二四三，万历十九年十二月壬子，第4541页。

处者也。"① 此后，建言极端者如上文："先年科臣有不许分房之说，然近岁会场不分房，不能令士子心服。"不分房虽无"越房搜卷"，但并不能防止舞弊。相反，同考更可轻易寓目一经试卷，寻得关节之人，所以"不能令士子心服"。朝廷最终采用较现实的方案："各房将所分硃卷，键户细阅，毋得旁搜广猎，以滋弊窦。果多佳卷，即多取不为嫌，否则少取不为过。"后又细化具体措施："一搜落卷，原为士子攻苦担凿，以求得一当，而好尚不偶，或有遗珠。今后揭晓前二日，主考与房考齐集内堂，将各房落卷互送分阅，如得佳卷，即呈送主考，公同品骘，不妨将取卷稍次者更易，系某房者原归某房。"② 这一措施如严格执行，或能改善明末科场舞弊状况。

降及清代，继承了明代科举制度的新王朝，同样需面对其中暗藏的科场舞弊问题。清廷采取的办法，则是努力保证裁判公平，而忽视专业公平。顺治二年（1645）明令："至于《春秋》《礼记》经孤，恐易揣摩，临时听监临官兑换房分。"③ 顺治十一年题准："习孤经者，不许充孤经房考，止令拟题，听主考阄用。"④ 而至乾隆四十二年（1777），清高宗最终下令废除分经阅卷：

以一二人专阅一经，则暗藏关节，易于识认，立法不能无弊。况各经卷多者，一房阅至数百卷，甚且多至千卷；其卷少者，一房止阅一二百卷。校阅多寡，亦太觉悬殊，办理未为尽善。各省主考既以一人兼阅五经卷，则房考官同系科甲出身，谅无不能阅看他经之理。着自乾隆丁酉科为始，乡、会同考试官俱不必拘泥五经分房。如房考官十人，场卷五千本，则每房各阅五百本，均匀分派，其每经分中卷数，仍照原额。如此各房通看，即欲呈送关节，势不能遍送多人，于防范更为周密。而各房考均匀派阅，亦不虑多寡相悬，致滋草率之弊。将此通行传谕，并刊入《科场条例》，一体遵行。⑤

---

① 孙慎行：《玄晏斋集五种·奏议》卷二《会议庚戌科场疏》，见《四库禁毁书丛刊》集部第123册，影印明刻本，第278页。

② 《明神宗实录》卷五〇三，万历四十年十二月丙申，第9544页。

③ 嘉庆《大清会典事例》卷二六八《礼部·贡举·乡会同考官》。

④ 雍正《大清会典》卷七二《礼部十六·礼部仪制司·贡举一·科举通例》。

⑤ 《清高宗实录》卷二〇三〇，乾隆四十二年四月上乙巳，中华书局1985年影印本，第810-811页。

此后，为了弥补专业公平的损失，清廷要求士子必须通习五经，抽选试题。[①] 不过，套用当下时兴的“内卷化”概念，这一做法并没有实质提升“为国选材”的水平，反而加剧了士子的内部竞争，使他们不得不耗费更多的时间在场屋之事上，一定程度影响了个人素质的全面发展。

明代针对考官可能的舞弊，虽然采取各种措施，但始终未能寻得较完善的办法。其原因在于，一刀切的改革措施，如彻底的废弃“阅本经”原则，或者“不分房”等，皆“不能令士子心服”。明代的广大士子希望科场既能保证专业公平，又能保证选拔公平，朝廷便须努力寻出两全之道，而非仅举其一端。制度的高要求，客观增加了改革的难度。而清代则不分经房，“均匀派阅”，士子通习五经，最大程度解决了这一问题。不过，其弊端也很显著，“通五经”毕竟是极高的要求，即使仅仅为应付场屋之事，士子们也不得不皓首穷经于此，而损失了其他方面发展的可能，这或是“八股文”带来思想束缚的根源。

此外，明代专习一经下的“地域专经”现象，是否与会试考官的“阅本经”有关，也值得探讨。从明代会试考官的选任来看，专经不仅是士人入仕的一个“专业背景”，在其入仕后仍有一定实际意义。以此为视角，将专经与明代制度史、政治史结合观察，或能有更多新认识。

---

① 参见丁修真：《科举的竞争：明代南直隶地区〈春秋〉专经现象研究》，载《中国史研究》2020 年第 1 期，146-164 页。

论明代会试费用的供给制度

刘明鑫*

摘　要：明代会试费用主要是指会试运行过程中产生的考务、考场、宴席等支出。为供应会试大规模的费用支出，明廷主要通过实物供应、力役佥派、直接拨银、折银供给等制度予以保证，形成一个互为补充的供给体系。明初的会试费用供给主要是以“物”“役”结合的形式进行；明中期则由物到银转变，同时还存在着实物供应的制度，反映出会试供给的货币化和复杂性；明末由于“三饷加派”等的需要，明廷对会试费用的供给也有所削减。明代会试费用供给制度反映出明王朝以国家财政保障科举考试正常实行的政治意图，有助于理解明朝顺天府在地方财政中的特殊作用。

关键词：明代；会试费用；供给制度；实物；力役；货币

为供应规模庞大的考生人群，明廷在会试考务、考场、宴席等方面的费用支出也非常庞大。因此相比科举的其他考试，其费用供给制度最能反映明代科举考试费用供给制度的全貌。再者，会试费用的供给制度不仅是会试正常运行的物质基础，而且有助于从科举考试费用的视角观察明代国家财政转型与赋役改革。目前学术界对明代会试费用问题的研究主要集中在考生路费、贡院经费等方面，① 而专门就会试运行过程中的费用供给制度进行研究的成果尚未出现。因此，有必要对其做初步探讨。

---

* **作者简介**：刘明鑫，福建师范大学历史学院，博士，讲师。

① 代表性成果有刘明鑫：《明代乡会试贡院修建与维护经费来源考述》，载《求索》2017年第9期；丁修真：《举人的路费：明代的科举、社会与国家》，载《中国经济史研究》2018年第1期；刘明鑫：《明代会试考生路费资助制度考论》，载《历史档案》2020年第2期。

一、实物供应

明初实物劳役型财政体制是指以实物征纳和力役佥派为主体的财政分配体制。在此财政体系下，会试各项费用的供给也以官府提供实物和劳役为主。洪武年间会试费用的供应有笔札、笔墨、纸札、恩荣宴花等项，由礼部题请相应衙门发放。如洪武十七年，礼部颁行《科举成式》规定："凡供用，笔札、饮食之属，皆官给之。"① 具体由礼部在会试前一年的八月份题请相关衙门置办。如《礼部志稿》载："凡治办，本部（礼部）于会试前一年八月内，将合用修理试院厅房、板舍、添盖厂屋并考官礼币下程，入院、出院管待茶饭，状元冠服帽带，进士巾服，恩荣宴花，帘内外官、举人、巡绰官军人等饮馔、笔墨、纸札，办事官吏等项，题请通行各衙门预办送用。"② 这就保证了会试井然有序地举行。

文币与彩段。关于会试考官的聘金，洪武十七年，礼部所颁《科举成式》规定："考试官皆访经明公正之士，官出币帛，先期敦聘，主文考试官二人，文币各二表里，同考试官：乡试四人，会试八人，文币各一表里。"③ 可见此时会试主考与同考的聘金为"文币"，主考各二表里，同考各一表里，由官方发放。到正德年间，"凡考官礼币，本部于会试年正月内，行内府承运库照例关领。彩段总二十一表里：考试官二员，彩段四表里；同考试官十七员，每员彩段一表里"④。可知会试主考与同考的聘金变为"彩段"，具体为：主考各二表里，同考各一表里，具体由"内府承运库"负责发放。

驿马与廪粮。关于会试考官的路费，《明会典》载："国初，公差人员应合给驿及应付脚力，各有等差。累朝以来，给驿渐广，事例不一。"⑤ 因

---

① （明）胡广等：《明太祖实录》卷一六〇"洪武十七年三月戊戌朔"，"中研院"史语所，1962年校印本，第2468页。

② （明）俞汝楫：《礼部志稿》卷七二《会场治办》，《景印文渊阁四库全书》第598册，商务印书馆1986年版，第229页。

③ （明）胡广等：《明太祖实录》卷一六〇"洪武十七年三月戊戌朔"，第2468页。

④ （明）俞汝楫：《礼部志稿》卷七二《会场治办》，第229页。

⑤ 万历《明会典》卷一四八《兵部三十一·驿传四·应付通例》，中华书局1989年版，第758页。

会试考官属于公差人员，故其往来省城或京城的路费，也是由兵部所属驿传提供，具体形式为驿马和脚力。时至嘉靖中，明廷申明旧制："公差俱改给勘合，其应给勘合及拨夫，俱有则例。"① 此后官府发给会试考官的路费由驿马和脚力改为勘合，作为其在沿途驿站食宿及搭船用马的凭证。如嘉靖后期，云南也实行会试考官路费制度改革，由之前直接供应廪给与脚力改为量定数目，编发勘合，对此，当时镇守总兵黔国公沐朝弼、巡按御史王大任等官奏，"臣查得先年举人会试及聘取考官，俱该布政司起关应付，近因奉例裁革，以致上科聘取考官不到者二员"，所以请求"比照顺天府取考官与新选云贵官员事例"，将云南"考试官员马匹、廪粮，量定数目，请自上裁，每遇开科之年，先期编发勘合，行臣等钦遵填给，永为遵守"②。

芦席与长杉条。为减轻财政负担，明廷对搭盖会试考场所用芦席、长杉条等物品的供给采取"借用"制度。如正德八年十二月，礼部上疏称："会试合用芦席一万五千领，咨行户部于在京各仓借用。"该奏最终得到武宗皇帝的允准。自后，每遇会试之年，顺天府皆要向户部所管各京仓借用芦席一万五千领，并"委官搬运，场中听用，事完给还"③。由于所借芦席用完即归还各京仓，故花费较少。同年礼部奏称：会试考场"供给下程，付精膳司行；搭盖棚宇，咨行工部，取长杉条三百根，仍札顺天府委官前去该部借领。应用事毕，责令委官交还工部"④。可见自正德九年开始，每遇会试，考场搭盖棚宇，则向工部借取长杉条，用完归还，这样的实物供给制度无疑节约了很大一部分费用。

会试封闭期间考官、应试考生以及相关考务人员的饮食也是由官方供应。如成化二年（1466）正月，礼部奏称："供给饭食，顺天府官多有造作不精，供给失节，士子嗟怨，合无本部另差官一员，专一提督供给。"该奏，最终"上从之"⑤。嘉靖十年（1531），礼部又题准："帘内外官并举人、执事等廪馔，务要精洁。"⑥ 此制直到明末仍在施行。天启七年

① （万历）《明会典》卷一四八《兵部三十一·驿传四·应付通例》，第758页。
② （隆庆）《云南通志》卷一四《艺文志第十之一》，民国二十三年龙氏重印本，第37页。
③ （明）俞汝楫：《礼部志稿》卷七二《会场治办》，第229页。
④ （明）俞汝楫：《礼部志稿》卷七二《会场治办》，第229页。
⑤ （明）俞汝楫：《礼部志稿》卷七一《题行会试条约》，第209页。
⑥ （明）俞汝楫：《礼部志稿》卷七一《题行会试条约》，第210页。

(1627) 正月，河南道御史李应公、云南道御史卓迈疏言："士子昼夜拈管，舌干心苦，而饮食粗粝，茶汤虚应，岂国家重士初意哉？厨役减克，良可痛恨！宜于散粥饭时，供给官禀监试亲验，照号均给，违者巡缉拿究。"① 时至崇祯，明廷曾一度对考场饮食供应进行削减。如陈启新在清理顺天府钱粮时，曾将"科场供给裁削太过，主考犹可交吾，房考至无炊爨"②。清人施闰章也说："故事，科举有路费，入场有烛、有饮食，皆官办。明末渐减。"③ 在这种制度下，考场就需要提前购置大量主食与点心、肉食、水产品、蔬菜、干果、水果、调味等食品，以满足考场封闭期间考官、考生及相关人等正常的饮食需求。

米麦。会试考场所用米麦，具体由顺天委派相关官员到户部太仓库支取，并将其运送至考场，以供支用。如正德五年（1510）十二月，礼部具题："会试供给，场中合用米麦，尽数户部关支，不必拘定将在仓一二年者给放。"奉武宗皇帝圣旨："是！"④ 可见会试所用米麦例由户部太仓库负责发放。此年以后，"每遇会试之年，该本部具题，咨行户部取老米一百二十四石八斗、糯米三十八石、粟米九十五石、小麦二百一十石，本部札付顺天府委属官一员，径赴户部太仓，照数关支，运场应用"⑤。由上引史料可知，正德五年后，供应会试考场的米麦，皆由礼部预先题奏，授意顺天府派一名属官具体负责米麦的关支与解运工作，不必限定储仓年数。具体关支数额为各色米 257 石，小麦 210 石。

家禽。关于会试考场饮食所用家禽，弘治以前，明廷是以"役"的形式摊派至北直各府，由其出办供应。《明会典》规定："凡会试天下举人，入院、出院管待茶饭并内外帘官、举人、巡绰官军人等饭馔合用牲口，俱坐派直隶各府。"⑥ 各府具体的征派数额为：

猪四十三口：永平府五口，真定府十口，保定府九口，大名府九口，

① 《明熹宗七年都察院实录》卷一三"天启七年七月十六日"，台湾史语所，1962 年校印本，第 1599 页。

② （清）杨士聪：《玉堂荟记》卷上，中华书局 1985 年版，第 34 页。

③ （清）施闰章：《学余堂文集》卷二八《与毛方伯论遗才》，见《景印文渊阁四库全书》第 1313 册，第 352 页。

④ （明）俞汝楫：《礼部志稿》卷七二《会场经费》，第 228 页。

⑤ （明）俞汝楫：《礼部志稿》卷七二《会场经费》，第 228-229 页。

⑥ （万历）《明会典》卷一一六《礼部七十四·牲口》，第 609 页。

广平府五口，顺德府五口。羊五十三只：永平府五只，真定府十一只，保定府十一只，大名府十只，广平府九只，顺德府七只。鹅八十一只：永平府十只，真定府十九只，保定府十三只，大名府十九只，广平府十只，顺德府十只。鸡一千五十只：永平府一百二十只，真定府二百四十六只，保定府二百四十六只，大名府二百四十六只，广平府九十六只，顺德府九十六只。干鱼二千五百斤，俱河间府出办。①

由上述史料可知，会试饮馔合用家禽共有猪、羊、鹅、鸡四类，加上干鱼共计五类。其中，前四类各府的征派中，真定府所占比例最大，如猪，真定府负责供应10口，在各府中供应数额最大；羊，真定府负责供应11只，与保定府并列第一；鹅，真定府负责供应19只，与大名府并列第一；鸡，真定府负责供应246只，与保定、大名二府并列第一。

二、直接拨银

针对会试大规模的费用支出，除了进行实物和力役的供应外，明廷还直接划拨银两，具体而言，有以下几种：

（一）乡试余银

旧例，会试费用皆由北直隶各府供应，所谓“百尔供给止取办于京畿诸府”②。《玉堂丛语》也载，弘治以前，“贡举试院诸需，旧皆取之顺天宛、大二县，裁数百金而民不堪，用且不给”③。也即会试试院相关费用具体由顺天府宛平、大兴二县负责拨款供给，弘治七年（1494）八月，时任礼部尚书倪岳在其《为科举事》的奏疏中也说：

礼部会试乃合应天、顺天二府并浙江等十三布政司举人考试，将及四千，视前几倍，而所用供给亦止赖于顺天并直隶各府。其间人数多寡，夐不相同，而预备供给与之无异，及用度不足，却又一切取给于在京两县之

---

① （万历）《明会典》卷一一六《礼部七十四·牲口》，第609页；（明）俞汝楫：《礼部志稿》卷四〇《顺天府牲额》，第740-741页。

② （明）李东阳等：《明孝宗实录》卷九一“弘治七年八月丙子”，台湾史语所，1962年校印本，第1677页；（明）俞汝楫：《礼部志稿》卷七二《会场经费》，第228页。

③ （明）焦竑：《玉堂丛语》卷六《事例》，中华书局1981年版，第205页。

民，百方驱迫，干办不前，盖供给既已因，人而日增，则钱粮亦合随时而异处，若不量为加添，铺行愈累贫乏，深为未便。①

由此可见，弘治七年以前，会试的相关供应皆由北直各府承担。为此加重了北直隶官府的财政负担，故倪岳建议：

即今各处开科乡试，合无本部行移浙江、江西、福建、湖广、四川、河南、山东、陕西、山西九布政司并应天府于本处供给科举余剩钱粮内，各扣除银，浙江、江西、湖广、福建、四川各一百两，山东、山西、陕西、河南、应天府各八十两，俱责付本处司府朝觐官吏，于弘治八年十二月内，赍送到部，转发顺天府收贮。

该奏最终得以实行。② 此制虽在弘治七年八月奏准，③ 但正式施行却始于弘治九年，该年会试，各直省具体的分摊标准为："浙江、江西、湖广、四川、福建各取乡试所用余银一百两，山东、山西、河南、陕西及应天府各八十两，以助其费。"④ 对此，《明会典》也载："凡科场应用物件，弘治七年，令各布政司并应天府量将本处科举供给余银送部，以备会试供给，云南两广免送。"⑤ 而《涌幢小品》也载，弘治七年，时任礼部尚书倪岳议称，"各省乡试用度，皆有羡余，请限数解部，贮顺天府支用，凡八百金，以后费用日多"⑥。《涌幢小品》所载800两与倪岳奏疏和实录等所记900余两不同，应以倪岳本人奏疏和实录为准。

自弘治九年开始，明廷虽然实行浙江等十省与应天、顺天二府共同分摊会试费用的制度，但顺天府却仍要承担其中三分之一的经费，财政负担依然较重，即"会试之费出于本府者，居天下三分之一，民力不堪"⑦。为进一步减轻顺天府的财政负担，正德六年（1511）二月，担任该科会试知贡举官的费宏奏称，"各省乡试用度皆有羡余，请俱令解部，转贮顺天府

① （明）倪岳：《青溪漫稿》卷一三《科举一》，见《景印文渊阁四库全书》第1251册，第152页。

② （明）倪岳：《青溪漫稿》卷一三《科举一》，第152-154页。

③ （明）李东阳等：《明孝宗实录》卷九一"弘治七年八月丙子"，第1677页。

④ （明）李东阳等：《明孝宗实录》卷九一"弘治七年八月丙子"，第1677页；（明）俞汝楫：《礼部志稿》卷七二《会场经费》，第228页。

⑤ （万历）《明会典》卷七七《科举·会试》，第451页。

⑥ （明）朱国祯：《涌幢小品》卷七《会场支费》，中华书局1959年版，第144页。

⑦ （明）俞汝楫：《礼部志稿》卷七二《会场经费》，第228页。

库而取用之。遂加旧额三之二，诸用以足"①。正德八年初，顺天府尹杨廉也上疏"乞令各布政司增数输银以助之"。后经礼部覆议，"增原定数至二千五百五十两，有旨，令查上科所费数酌定。已而，本府查报多实数而间有一二难据者，乃不果定"②。说明此次礼部增银并没有最终执行。到正德九年十二月，"会试并登科录进呈事竟，通计用银三千一百四十二两有奇，内除见有银数外，借支本府银一千一百九十七两有奇"③。可见，正德九年会试经费分摊中，顺天府依然要负担约 38.1%的费用，居三分之一强。所以，礼部奏请，以该年会试用银即 3142 两为准，摊派至各布政司，其具体分摊数额为：

浙江、江西、湖广、福建、四川各增一百二十两，并原派各共输二百七十两；应天、山东、山西、陕西、河南各增八十两，广东增一百两，并原派各共输二百两；云南、广西各增五十两，并原派各共输一百两。以后科分，悉准此责朝觐官赍纳。

该奏最终得以奏准，④ 但正式施行于正德十二年（1517）。对比弘治九年可知，自正德十二年会试开始，浙江、江西、湖广、福建、四川分摊金额，各增加 120 两，达到 270 两；山东、山西、河南、陕西和应天增加 100 两，分摊金额，各增加 80 两，达到 200 两；广东分摊金额增加 100 两，为 200 两；云南、广西分摊金额，各增加 50 两，达到 100 两。至此，十二省一府的分摊总数增加至 2750 两，而顺天府则只需负担余下的 392 两，仅占总数的 12.48%，居十分之一强，可见，该制大大减轻了顺天府的财政负担。

嘉靖年间，正德九年所定会试费用分摊制度依然正常施行。如嘉靖十七年（1538）题准，会试期间，"试院应用物件并板木、纸札及登科录纸札等项银一千九百五十两，供给银五百两，筵宴银三百两，俱各省科举用剩银解用。内浙江、江西、湖广、福建、四川各二百七十两；河南、山

① （明）张萱：《西园闻见录》卷四四《礼部三》，见《明代传记丛刊·综录类 30》第 120 册，明文书局 1991 年版，第 339 页。

② （明）俞汝楫：《礼部志稿》卷七二《会场经费》，第 228 页。

③ （明）费宏：《明武宗实录》卷一一九"正德九年十二月辛亥"，台湾史语所，1962 年校印本，第 2406-2407 页。

④ （明）费宏：《明武宗实录》卷一一九"正德九年十二月辛亥"，第 2407 页。

东、山西、陕西、广东、应天府各二百两；云南、广西各一百两”①。可见该年严格执行了正德九年所定会试费用分摊制度，而顺天府则不用负担相关费用。

（二）税金

税银。如正统四年（1439）五月，顺天府尹姜涛等奏言：“本年二月初九日，行在礼部会试天下举人，其买办物料钞共五十七万七千八百余贯，请于内府天财库并通州商税课钞内关出给散。”英宗“从之”②。又如隆庆元年（1567），“应那借解本部巡抚咨开见贮茶引税银六千八百余两，专备科举、历日等项支用”③。

铺行银。明代的铺行是由官府强制佥编，被编入的工商业者称为“铺户”或“行户”，他们为官府承担买办之役，是一种“役籍”，即服役名册。④ 为了减轻铺户的困苦，嘉靖末年将当行买办改为纳银代役，形成“铺行银”。如隆庆元年（1567），礼部题准：“会试诸费，实该银一千八百六十一两五钱四分，除额征牲口等价并各省解到前银，止共一千一百九十九两，其余于顺天府贮库铺行银内动支六百六十二两五钱四分，补足前数，后为定例。”⑤ 又如万历二十年（1592），会试修理贡院、上下马二宴赁办物品、场内供给补办物品、内供给赁办物品、场内供给工匠工食、场内供给燃料、场外供给抬送行李烛卷人夫等项、通共该银 1102.78 两，由宛平、大兴二县“铺税银均办”⑥。同年会试主考、监试等官用过轿伞、执事、夫皂、马匹，会试场杂办钱粮、搜检察院，礼部提调取刑具、梨板、棍板、鲜鱼、黄腊，入场书皂工食银，顺天府通判在场点名等五项，共该银 406.69 两，于宛平县“铺税银支办”⑦。又如万历二十二年八月，顺天

---

① （万历）《明会典》卷七七《科举·会试·凡科场应用物件》，第 451 页。

② （明）陈文等：《明英宗实录》卷五五“正统四年五月庚戌”，第 1050 页。

③ （明）王圻：《续文献通考》卷三六《国用考》，见《续修四库全书》史部第 762 册，第 408 页。

④ 高寿仙：《行业组织”抑或“服役名册”？——宋代“团行”和明代“铺行”的性质与功能》，载《北京大学学报》2011 年第 6 期。

⑤ （万历）《明会典》卷一一六《礼部七十四·牲口》，第 609 页。

⑥ （明）沈榜：《宛署杂记》卷一五《报字·经费下·会试》，古籍出版社 1982 年版，第 162-165 页。

⑦ （明）沈榜：《宛署杂记》卷一五《报字·经费下·会试》，第 165-166 页。

府尹沈应文奏言："京师铺户既征免行之银，一切供具自应委官买办，不当复从派累。部覆，以后乡会场及官府各项供费，着两县委官照价承办，其大小铺行人户除纳银外，不许侵扰。从之。"① "免行银" 相当于代役银，由官府将所征之银交由官员到市场采购，免除铺行商人的买办差役。

（三）废寺银

嘉靖二十年（1541），"会试开科，各布政共带银两千两，送部公用，嗣有务侈者不敷，取顺天废寺银充补。公（葛守礼）谓前开科，未有废寺银皆足用，今何可指此妄费，但节省可足，乃自其身及吏皂之需，近所添者，皆裁之"②。如果说各直省乡试用剩银和税金是明代会试经费中的制度性的财政款项，那么从"前开科，未有废寺银皆足用"可知，废寺银应是非制度性的财政款项。

三、折银供给

明中期赋役制度改革的一个重要发展，是"白银货币进入赋役领域，逐步成为各种赋役征派统一采用的预算和支付手段"③。在此背景下，会试各项费用支出的供应也逐渐由征物转变为折银。如弘治七年题准，如果"永平等府供用不敷"，则"行浙江等处九布政司并应天府"④ 征银供应。此后逐渐出现关于会试的各项折银。如会场供应银的折征，主要集中于北直各府州县，具体项目有厨役、干鱼、刊字匠工食等等。如万历十六年（1588）至二十年，时任宝坻知县的浙江嘉善人袁黄，在其《宝坻政书》中载，"乡、会各取厨子五名"，每名给银 1.2 两，共银 11 两，"通共私赔银" 100.4 两。"三年均征"，每年该银 33.47 两。⑤ 万历四十三年（1615），

① （明）叶向高等：《明神宗实录》卷二七六"万历二十二年八月己酉"，第 5108 页。

② （明）葛昕：《集玉山房稿》卷五《先祖考太子少保都察院左都御史与川葛公行述》，见《景印文渊阁四库全书》第 1296 册，第 440 页。

③ 刘志伟：《在国家与社会之间：明清广东地区里甲赋役制度与乡村社会》，中国人民大学出版社 2010 年版，第 107 页。

④ （万历）《明会典》卷一一六《礼部七十四・牲口》，第 609 页。

⑤ （明）袁黄撰，刘邦谟、王好善辑：《宝坻政书》卷四《赋役书》，第 333 页。

河间府河间县编有“礼部会场干鱼银”67.5两。[①] 万历四十三年，河间府任丘县编有“礼部会场刊字匠工食银”14两。[②] 又如会试誊录对读生儒银的折征。该银一般也在北直各府州县征派，因相关人员的不同而名称有所不同。多数地区称“礼部提取誊录吏农银”，如万历年间，真定府灵寿县所刊“条鞭赋役法”规定，“礼部提取誊录吏农”盘缠银共银4两。[③] 真定府定州新乐县“礼部提取誊录吏农盘缠银”共5.33两。[④] 真定府饶阳县“礼部提取誊录吏农四名”，“盘缠银”也为5.33两。[⑤] 万历十九年（1591），北直大名府东明县所编“礼部提取誊录吏农银”共9.33两。[⑥] 少数地区称“会试誊录书手工食银”，如嘉靖年间，真定府藁城县编有“会试誊录书手工食银十六两”，征派方式为“三年一办”[⑦]。又如万历四十三年（1615），河间府十八州县编有“礼部会场誊录书手工食银”330两[⑧]。崇祯十五年（1642），真定府元氏县礼部提取誊录吏农每年所编盘缠银为8两。[⑨]

关于会试刊字、刷印等场内工匠的工价，北直各府也有明确折征标准。如嘉靖十七年（1538）题准，会试试院“刊字、刷印等匠工食，俱北直隶各府解用：内真定府二十八两，保定府二十五两二钱，大名、永平二府，各二十二两四钱，顺德、广平二府，各一十九两六钱，河间府一十四两”[⑩]。此科会试，对真定、保定、大名、永平、顺德、广平、河间七府各自应编工食银做出规定。其中，真定府所编工食银最高，为28两。嘉靖三十一年，明廷延续了嘉靖十七年所定北直七府各自应编工匠总工食银的标准，并在此基础上，进一步对刊字、刷印等匠工价折银数以及七府各自应

---

① （万历）《河间府志》卷五《财赋志》，明万历刻本。

② （万历）《河间府志》卷五《财赋志》，明万历刻本。

③ （同治）《灵寿县志》卷四《田赋志上》，见《中国方志丛书》华北地方第506号，成文出版社有限公司，1976年影印本，第212页。

④ （乾隆）《新乐县志》卷七《贡赋志·经费》，见《中国方志集成·河北府县志辑⑧》，上海书店2006年版，第49页。

⑤ （乾隆）《饶阳县志》卷上《地征志·明》，清乾隆十四年刻本。

⑥ （乾隆）《东明县志》卷三《赋税》，第285-286页。

⑦ （嘉靖）《藁城县志》卷三《赋役志》，明嘉靖刊民国铅字重印本，第10页

⑧ （万历）《河间府志》卷五《财赋志》，明万历刻本。

⑨ （崇祯）《元氏县志》卷二《田赋·待支》，见《明代孤本方志选》第8册，第292页。

⑩ （万历）《明会典》卷七七《科举·会试·凡科场应用物件》，第451页。

编工匠名数做出了规定："会试刊字、刷印等匠工价，分永平等七府，每名该工食银二两八钱；永平（'永平'二字为笔者所补）、大名二府各八名，各该银二十二两四钱；顺德、广平二府各七名，各该银十九两六钱；河间府五名，该银十四两；真定府十名，该银二十八两；保定府九名，该银二十五两二钱。遇会试年分，行文各府催取。"① 综上可知，嘉靖年间，永平等七府会试刊字、刷印等工匠的工价折银皆为每名 2.8 两。

关于看守贡院匠作人夫的工食费用，官府编有贡院门子银，如万历二十一年（1593），顺天府大兴、宛平二县各编"贡院门子二名，每名原编银二两，今量减，每名实编银一两五钱"②。可见顺天贡院看守人夫每名工食折银约在 1.5~2 两。

关于雇募誊录对读人员的路费，官府编有礼部提取誊录吏农盘缠银，具体额度为每名 1.33 两。如万历间，北直顺德府沙河县"礼部提取誊录吏农四名，每年每名盘缠银" 1.33 两③。万历十九年（1591），大名府东明县"礼部提取誊录吏农七名，每名银" 1.33 两④。万历二十一年，顺德府广宗县"礼部提取誊录吏农六名八两"⑤，则每名誊录人员盘缠折银也约为 1.33 两。真定府定州新乐县"礼部提取誊录吏农四名，每年每名盘缠银" 1.33 两⑥。崇祯十五年（1642），真定府元氏县"礼部提取誊录吏农六名，每名每年盘缠银" 1.33 两⑦。会试誊录需要书手，而造册编号也需要书手，关于其工食银。《宝坻政书》载："乡、会各取书手二名，造册编号，每名蒙府批定工食银三两，共银一十二两。"⑧ 可见北直宝坻县对乡会

---

① （明）俞汝楫：《礼部志稿》卷七二《会场经费》，第 228 页。

② （万历）《顺天府志》卷三《食货志 · 徭役》，《四库全书存目丛书》史部第 208 册，齐鲁书社 1996 年版，第 90 页。

③ （万历）《沙河县志》卷三《里甲 · 额支》，见《日本藏中国罕见地方志丛刊续编》第 1 册，北京图书馆出版社 2003 年版，第 54 页。

④ （乾隆）《东明县志》卷三《赋税》，《中国方志丛书》华北地方第 513 号，成文出版社有限公司，1976 年影印本，第 285-286 页。

⑤ （万历）《广宗县志》卷四《田赋志》，《明代孤本方志选》第 10 册，国家图书馆地方志和家谱文献中心 2000 年版，第 92 页。

⑥ （乾隆）《新乐县志》卷七《贡赋志 · 经费》，《中国方志集成 · 河北府县志辑⑧》，上海书店 2006 年版，第 49 页。

⑦ （崇祯）《元氏县志》卷二《田赋 · 待支》，见《明代孤本方志选》第 8 册，第 292 页。

⑧ （明）袁黄撰，刘邦谟、王好善辑：《宝坻政书》卷四《赋役书 · 申请审编减派公移》，见《北京图书馆古籍珍本丛刊》史部第 48 册，书目文献出版社 1998 年版，第 333 页。

试造册编号书手的工食发放额度为每名 3 两，该标准高于誊录对读人员工食费，反映出该工作的重要性与繁重程度。

四、结论

明代各科会试费用供给制度具有显著的多样化特征，具体呈现为实物供应、力役佥派、直接拨银和折银供给、制度性供给与非制度性供给之间既彼此交叉又相互补充。这种费用的多样化特征一方面反映出明廷对全国尤其是云南、广西等边陲地区财政资源有效的调度能力，又反映出明代国家财政用于科举经费的不足和会试费用供应制度的不稳定性。

作为京畿重地和会试举行的场所，顺天府在明代会试经费的供给体系中扮演着一个非常重要的角色，所以其财政也承担了大部分供给责任，永乐十三年至正德九年分摊的财政单位较少，故顺天府分摊经费占三分之一强，财政负担较重；正德十二年开始，由于财政分摊单位的增多，故顺天府分摊经费降为十分之一强，负担减轻；隆庆年间开始又升为三分之一强，负担再次加重。[①] 顺天府在会试费用供应负担的变化过程，反映出顺天府不断试图转移财政负担的努力以及中央财政的作用不明显。

① （万历）《明会典》卷一一六《礼部七十四·牲口》，第 609 页。

明代贡院多重用途考论

郑　欣*

摘　要：明代贡院的使用并非如学界长期认为的“三年方开一次”，除了最基本的作为文举乡、会试考场外，实际上还有作为其他考试场所：讲学场所、官员宴饮场所、方志纂修场所、临时公署等五种常见用途；且又有用作鹿鸣宴场所、同年会场所、遣琉球册封使馆舍、皇室用品制作场所等十余种偶发性用途，反映出明代贡院在乡、会试之外具有多重用途的实态。因受贡院建设情况及具体社会背景的影响，上述多重用途主要出现于明中后期，总体呈现出官方垄断性、封闭性和临时性等特点，体现了明人对贡院管理的较高灵活性及统治者“撙节财用”的治国理念。

关键词：明代；贡院；用途；功能

“试士之所，谓之贡院”①，贡院作为科举制度的实物载体，其历史价值已得到学界的高度认同，如刘海峰先生认为贡院是“是科举制度的有形体现，也是科场的具体表现”②；学界对明代贡院的建造、规制、经费等问题也有了一系列重要的研究成果。③ 然而，目前对明代贡院在文举乡、会试考场之外的用途尚无专门探讨，且在其他研究中提及此问题的学者普遍

---

* **作者简介**：郑欣，福建师范大学历史学院博士研究生。

① 《明史》卷70《选举二》，中华书局1974年点校本，第1694页。

② 刘海峰：《科举学导论》，华中师范大学出版社2005年版，第286页。

③ 郑欣：《明代乡会试贡院研究述评》，载《河南理工大学学报》（社会科学版）2021年第6期。

认为贡院三年仅使用一次。① 这不免让人疑惑——明代贡院作为京师和各省会城市中的大型建筑群，有着高昂的修造成本，若只在每“三年”开科取士时“方开一次”，而平时则大门紧锁、闲置不用，是否过于浪费？如若可作他用，则具体有哪些用途？围绕这些问题，笔者梳理、考订了相关文献，对明代贡院多重用途有了一定的认识，故拟本文试做探讨，并求教于方家。

一、各类考试场所

明代贡院虽是专为文举乡、会试设计建造的考试场所，但其作为“考场”的根本属性使其能够适应文举乡、会试以外多种考试的运行。从明代的实际情况来看，贡院也确实发挥了这一作用，如武举策论试、科考等各类考试均可在其中举行。

（一）武举策论考场

明代武举乡、会试俱开设于天顺八年（1464），②，但其仍处于萌发、发展的阶段，直到正德间（1506-1521）才最终确立了武举制度③。其第三场策论考试在贡院举行，也是最终确立于正德年间，而最早记载该规定的条例，则是正德三年（1508）正月兵部奏准的《武举条格》，即规定该试于会试年的四月十五日在“文场”举行。④ 明人刘春为正德三年四月武举会试所撰写的《武举录序》中重申了这部《武举条格》内容，指出武举会

---

① 如龚笃清先生认为“贡院三年方开一次，平时里面无人走动，蓬蒿没人”（《明代科举图鉴》，岳麓书社 2007 年版，第 368 页）；胡天佑先生认为“一般情况下，贡院三年使用一次，每临乡试考试完毕，即行关闭”（《论科举经济的主要构成》，载《考试研究》2018 年第 3 期），虽使用了“一般情况下”这样避免绝对化的措辞，但从后文论述可知作者基本持“贡院三年只使用一次”的观点。此外，王力先生在研究明清贵州贡院时，虽也认为其“一般要三年才使用一次”，但注意到了明代贵州贡院“有时兼作寓馆以接待公差”，这是对明代贡院多重用途的有益探索。（《明清贵州贡院的使用与维修》，载《贵州文史丛刊》2015 年第 1 期）。

② 曹循：《明代武举与武官选任新探》，载《中国史研究》2021 年第 1 期。

③ 郭培贵：《明代武举的形成与确立》，载《明史研究》2017 年第 1 期，第 78-92 页。

④ 《明武宗实录》卷 34“正德三年正月庚申”，“中研院”历史语言研究所校印本，1962 年（以下各朝《实录》皆引此本），第 829-831 页。

试“终策论于贡院”①。此外，在嘉靖元年（1522）的武举条例中同样能看到会试“（四月）十五日于贡院试策一道、论一道”② 的内容，体现了此制度的延续性。

武举乡试的策论考试在贡院举行的规定，则最早见于正德十四年（1519）六月兵部所制定的《武举乡试条格》：“在京武举乡试……于团营东官厅，南京……于教场各考验……在外布政司于所在教场或贡院考验。”针对该条格，武宗批示：“都依拟行。”③ 此外，《嘉靖三十一年福建武举乡录》中所附《武举条例》也载“（十月）十五日，试论、策，如贡院较试”，“令于十五日五更时分……赴贡院牌坊下，听候都司分守道点名，进至二门”，④ 说明武举乡试在贡院举行策论试的规定也具有一定的延续性。

除了以上制度层面的规定，我们从明代《武举录》及明人诗文中还可挖掘出很多武举在贡院举行的实态。如上文提到的正德三年《武举录序》和《嘉靖三十一年福建武举乡录》均重申了武举策论试在贡院举行的规定，且未提及当科考试地点有临时变更的情况，这就意味着对应科次的武举策论试实际就在贡院中举行。再如张居正《京师重建贡院记》言“余……及官词林，典试文、武士，数游其中”⑤，说明他曾在贡院主持过武举考试。又如汪道昆有《武闱校士登明远楼》⑥ 一诗，明代的“明远楼”是贡院中特有的建筑，故可断定其“武闱校士”地点是贡院。另外，沈榜《宛署杂记》详细记载了万历十八年（1590）武场会试修理所耗费用

① （明）刘春：《东川刘文简公集》卷 12《序·武举录序》，见《四库全书存目丛书》集部第 1332 册，齐鲁书社 1997 年版，第 154 页。

② （万历）《漳州府志》卷 9《漳州府三》，见《明代方志选》第 3 册，台湾学生书局 1965 年影印本，第 161 页。

③ （明）王圻：《续文献通考》卷 47《选举考·武举》，见《续修四库全书》史部第 762 册，上海古籍出版社 2002 年版，第 574-575 页。

④ 《嘉靖三十一年福建武举乡录·武举条例》，见《明代登科录汇编》第 12 册，台湾学生书局 1969 年版，第 6216-6227 页。黄群昂先生在探讨明代武举发展历程时注意到了这条史料，并指出明代武举乡试策论考试“在当地文场考试的贡院进行”。（《略论明代武举乡试制度的发展完善及其影响》，载《教育与考试》2017 年第 5 期）

⑤ （明）张居正：《张太岳集》卷 9《京师重建贡院记》，上海古籍出版社 1984 年影印本，第 114 页。

⑥ （明）汪道昆：《太函集》卷 114《武闱校士登明远楼》，黄山书社 2004 年点校本，第 2528 页。

的类目及数额，其内容基本上就是针对贡院的修理费用，[①] 这也是武举在贡院内举行的力证。

由上引史料可知，至迟在武宗朝，“贡院用作武举策论试场地”通过制度的形式得以确定，也成为明代贡院在文举考场之外最常规的用途。

（二）科考考场

“科考”在明代特指始于正统九年（1444）的“考生竞取乡试资格的考试”[②]。除了提学官亲巡各府举行考试的常规形式外，科考还包括“会考历事监生”“录遗”等多种特殊形式。通过分析相关史料，我们能够确定明代科考可在贡院举行，例证如下：

万历三十三年（1605），户部郎中李作舟被任命为浙江提学佥事，[③] 此人言论虚妄夸诞，曾言其“一日能阅五百卷”。是年秋，作舟始“行科考事”，但至三十四年（按：此年为乡试年）七月仍未考完，“场期迫甚，监临牌督之，犹作喜雨诗来上，更画二猫，行杭州府发裱，以示优裕”。待其返回省城已是七月十五日，“时杭、嘉、湖生儒，集省城候久”，作舟因时间紧迫，“乃合三府于贡院，一日试之”，至八月初三，“三府案始出”。[④] 此例中的提学官在时间紧迫的情况下，于贡院中举行了针对杭、嘉、湖三府考生的科考。

明代的“历事监生”在嘉、隆朝曾有一段时间须经“吏、礼二部堂上官会考”才能取得乡试资格，这种“会考”也是科考的一种特殊形式。然吏部认为“科举事于吏部本无关涉”，并不愿参与其中，于是在隆庆四年（1570）七月，掌吏部事大学士高拱上《议革会考科举疏》，列举了吏部参与该考试的种种不便，其中一条透露出了会考的场所——“况今本部……止有左侍郎王本固在任，每日承旨奏事，难以前赴贡院会考”[⑤]。故可知

---

① （明）沈榜：《宛署杂记》卷15《经费下·乡会试武举》，北京出版社2018年点校本，第167-167页。

② 郭培贵：《中国科举制度通史·明代卷》，上海人民出版社2015年版，第40-60页。

③ 《明神宗实录》卷414“万历三十三年十月乙卯”，第7763页。

④ （明）赵维寰：《雪庐焚余稿》卷10《随笔·闱变》，见《四库禁毁书丛刊》集部第88册，北京出版社2000年版，第565页。

⑤ （明）高拱：《高文襄公集》卷10《掌铨题稿·议革会考科举疏》，见《四库全书存目丛书》集部第108册，第143-144页。

嘉、隆间吏、礼二部对历事监生获取乡试资格的“会考”也是在贡院举行的。

此外，明代“录遗”考试同样可在贡院举行。如嘉靖四十三年（1564）八月，钟沂作《贡院试遗才遇雨诗》①；万历三十四年（1606），四川提学副使王志“较诸生遗才于贡院中”②，均展现出录遗考试在贡院中举行的实态。

（三）其他考场

除了武举策论试、科考这两种与文举乡会试关系较密切的考试外，有证据表明其他考试也可在贡院举行，下面试举例分析。

弘治六年（1493），南京通政使司左通政郑纪向孝宗上《备荒五事》，建议对于武职应袭子弟，其袭替前应先接受三场考校，其中第三场试其经传韬略，应“命翰林、春坊、国子监等衙门有学行兵法官员就贡院中试之”，再据考校结果决定考生应否袭替父祖原职。③ 此疏的后续虽已无从查考，但从郑纪建议将“经传韬略”考试安排在贡院中这一举动及其措辞来看，当时贡院被用作其他考试的场所似为寻常之事，并无违碍之虑。

嘉靖十九年（1540），广东巡按洪垣邀请致仕南京兵部尚书湛若水为诸生讲学，“乃简俾府庠教授高君宝，馆诸生于贡院，旬日考较，五日、十日一会讲于天关”④。“天关”即湛若水所建之“天关书院”⑤，诸生被安排居于广东贡院中，每五天前往天关书院听湛若水讲学一次，每十天在贡院进行一次考试。此例中，广东贡院被用作诸生日常学业测试场所，这种临时小考也可在贡院举行，进一步反映出贡院使用上的灵活性。

此外，明代小说《醒世姻缘传》对山东童生狄希陈参加童子试三级考试直至成为府学生员的过程作了细致描写。文中提到狄希陈在通过县试

---

① （民国）《咸宁长安两县续志》卷12《金石考上·明》，见《中国方志丛书》华北地方第229号，第574页。

② （明）李光元：《市南子》卷14《行状·朝散大夫云南右参政新盘王公行状》，见《四库禁毁书丛刊》集部第105册，第228页。

③ （明）郑纪：《东园文集》卷2《奏议·备荒五事》，见《景印文渊阁四库全书》第1249册，台湾商务印书馆1986年版，第745页。

④ （明）湛若水：《湛甘泉先生文集》卷17《序·赠广州府学掌教信庵高君致政归维扬序》，见《四库全书存目丛书》集部第56册，第717页。

⑤ 乾隆《番禺县志》卷7《学校·书院》，见《故宫珍本丛刊》第168册，第107页。

后，前往济南参加府试，待考试时发现“那日济南府却在贡院里考”①，这里的“却”体现出童子试在贡院考是一种非常规但又在情理之中的状况，应符合明代实际情况。

二、讲学场所

贡院因其“考场”的基本定位而天然具有较强的“文化气质”，这种气质在一定程度上催生了贡院的另一种用途——作讲学场所：

弘治二年至九年（1489—1496），吴伯通任浙江提学副使，任该职期间他曾于浙江贡院讲学，听讲学生多至数百人，伯通“各以其经分番进讲”②。

弘治六年，陕西真宁县儒学教谕强晟因“提学宪臣檄取”而“会讲于贡院”，他因参加了这次在陕西贡院举行的会讲，故受到了秦简王朱成泳的赏识，成泳回忆道：“因悉见其所作……有足以动人者。用是援例请于朝，蒙恩许备藩臣。”③ 可见，此次贡院讲学的影响较大，甚至会被当地藩王所关注。

嘉靖十七年（1538），邹守益“起南京吏部考功郎中”，在上任途中路过南昌，时任江西提学副使徐阶乃“约藩臬诸公率诸生肃先生，开讲于贡院”。此次讲学效果较好，守益“发明性善之旨，痛快明白，一时闻者，莫不跃然省悟”。④

徐阶在江西任提学副使的嘉靖十五年至十八年（1536—1539），还组织过其他贡院讲学活动，据《董司寇文集》记载，来自江西抚州府的书生

---

① （明）西周生：《醒世姻缘传》第37回《连春元论文择婿 孙兰姬爱俊招郎》，齐鲁书社1980年点校本，第484页。

② （嘉庆）《四川通志》卷45《舆地·陵墓·顺庆府》，见《中国地方志集成·省志辑·四川》第3册，第300页。

③ （明）朱诚泳：《小鸣稿》卷9《罗川翦雪诗序》，见《景印文渊阁四库全书》第1260册，第337页；《弘治五年湖广乡试录》，《天一阁明代科举录选刊》，宁波出版社2010年影印本，第7页。

④ （明）宋仪望：《华阳馆文集》卷11《行状·明故中顺大夫南京国子监祭酒前太常少卿兼翰林院侍读学士追赠礼部右侍郎谥文庄邹东廓先生行状》，见《四库全书存目丛书》集部第116册，第410页；（明）耿定向：《耿天台先生文集》卷14《传二·东廓邹先生传》，见《四库全书存目丛书》集部第131册，第354页。

陈廷霖曾“捧直指陈骝山、督学徐存斋公檄，以茂才课业于贡院”，而命薛应旂“典教事”。“陈骝山”即江西巡按陈褒，“徐存斋”即指徐阶。此次讲学活动还有“江省髦士若钟君崇武、罗君良辈咸在会”①，陈廷霖来自抚州府，钟崇武、罗良二人分别来自南昌府和吉安府，② 说明此次贡院讲学面向的不仅是南昌的学生，外地学生也可参加。

嘉靖四十一年（1562），王宗沐被任命为广西左布政使，由于他在十余年前任广西提学官期间曾于三贤书院讲学，于是“新旧诸生刘梦彩等若干人，筮日为书”，邀请宗沐“复讲于贡院”，宗沐“不敢辞”，乃于广西贡院开讲。③

隆庆初，山东督学邹善、按察司佥事周怡“讲学贡院”，其间一位名叫孟秋的山东东平生员“多所问辩，且发明天地万物一体甚透”，邹善、周怡“大奇之”，于是将其“弁诸生首”，可见在这次贡院讲学过程中，讲授者还会对学生进行排名。④

上述六例时间跨越弘治至隆庆朝，地点涉及浙江、陕西、江西、广西、山东等多省贡院，可知明代贡院讲学具有一定的普遍性。此外，若将上述案例作一汇总，则可发现嘉、隆时期的贡院讲学活动之间具有强关联性——主要人物几乎全部是“王（阳明）学后人”，如第三例的徐阶属“南中王学”流派，邹守益属“江右王学”流派；第四例的江西贡院讲学仍由徐阶发起，负责教学工作的薛应旂属“南中王学”流派；第五例的王宗沐属“浙中王学”流派；第六例的邹善是邹守益之子，继承了其父的学术衣钵，周怡则属“南中王学”流派，孟秋也是“北方王学”的代表人物。⑤ 可以想见，这些讲学活动所授内容应是紧密围绕“王学”而展开的。

---

① （明）董裕：《董司寇文集》卷5《传·益国陈学博传》，见《四库未收书辑刊》，第5辑第22册，第608页。

② 《嘉靖二十九年进士登科录》，《天一阁藏明代科举录选刊》，第83页a；《嘉靖三十二年进士登科录》，见《天一阁藏明代科举录选刊》，第70页b。

③ （明）王宗沐：《敬所王先生文集》卷5《内编·序·道南会录序》，见《四库全书存目丛书》，集部第111册，第114页；《明史》卷223《王宗沐传》，第5876-5877页。

④ （明）姚思仁：《尚宝司司丞孟公秋墓碑》，（明）焦竑：《国朝献征录》卷77《尚宝司》，见《四库全书存目丛书》，史部第104册，第250页；乾隆《山东通志》卷35之17《艺文志十七·传》，见《景印文渊阁四库全书》，第541册，第599页。

⑤ 俞樟华：《王学编年》，吉林大学出版社2010年版，第1页；武振伟：《明儒邹善提学山东及其王学思想探析》，载《国际儒学论丛》2020年第1期；张宏敏：《王宗沐著作考论》，载《浙江社会科学》2018年第5期。

史籍中既可见如此多通过贡院传播“王学”的例子，一方面反映出王学后人对“贡院讲学”这种学术传播方式的重视，另一方面也显示出嘉、隆时期王学后人在中高层官员中已形成较大势力，故可动用贡院这种高级别官方建筑作其宣讲场所。

三、官员宴饮场所

明代乡会试锁院期间，考务人员通常有机会在贡院内聚饮，此种活动不在本文探讨范围内，故不赘述，而主要关注乡会试考期之外贡院被当地官员专门开启以用作宴饮场所的情况。因相关线索多见于文学色彩浓厚的明代诗文中，表述较为隐晦，故在下面的探讨中我们将针对几篇有关的诗文略做“情景还原”。

杨仪《杨梦羽南宫小集》中收录《滕王阁留别藩臬诸公》一诗，其序写道：“丙申秋，予使江西，刑部郎中冯望之期以七月二十六日论刑于南昌，三司诸公欲以是日饯予于贡院……”[①] 按，诗作者杨仪，字梦羽，嘉靖五年进士,[②] 从他中进士时间可推断诗序中的“丙申”应为嘉靖十五年(1536)。查《明世宗实录》及《杨氏南宫集》，知杨仪于嘉靖十五年五月由礼部精膳司员外郎升为四川按察司佥事，但“续奉旨因臣见差，留臣在职办事”，至嘉靖十五年十一月升为礼部祠祭司郎中，故该诗应是其在出差途至江西时所作，其当时的官职为从五品的“礼部精膳司员外郎”。[③] 综上可知，嘉靖十五年七月二十六日，江西三司官员曾在江西贡院为礼部员外郎杨仪饯行。

明宗室朱睦㮮曾作一首描写其在贡院中宴饮情形的诗，诗题较长，加标点后可成一长句子——《早春，中丞石叠公张宴于贡院至公堂，是席虚舟、杏山二宪副，嵩渚佥臬，少泉参知，广玄郡守及中尉睦㮮为六人焉，

---

① （明）杨仪：《杨梦羽南宫小集》，见《明别集丛刊》第2辑第47册，黄山书社2015年版，第228页。

② （明）钱允治、陈仁锡：《类编笺释国朝诗余》卷1《国朝》，见《续修四库全书》集部第1728册，第219页。

③ 《明世宗实录》卷187“嘉靖十五年五月壬戌”，第3955页；（明）杨仪：《杨氏南宫集》卷3《表疏启·引疾疏》，见《北京图书馆古籍珍本丛刊》第106册，第745页。

予故戏拟唐六逸云云》①，根据该标题及相关史料记载我们可知：首先，朱睦㮮是明代周王一支的宗室，世居河南；“石叠”是河南巡抚李宗枢的号，且未见李宗枢做过他省巡抚，② 而“中丞”在明清时被用作对“巡抚”的称呼，这与李宗枢的身份相吻合，故朱、李二人共有的“河南”要素揭示出诗题中的“贡院”应为河南贡院。其次，此诗作于“早春”，并不在乡试的时间范围内，且李宗枢“张宴于贡院至公堂”，意即此为一次专门举行的宴饮活动。再次，李宗枢于嘉靖二十一年十二月被任命为河南巡抚，二十三年六月卒于任上，③ 结合“早春”这一时间，可知此诗应写于嘉靖二十二年至二十三年（1543—1544）。另外值得注意的是，参宴的“嵩渚金泉”即指河南祥符人李濂，他于嘉靖五年以山西按察司佥事致仕④，参加此宴时并无官职。综上所述，嘉靖二十二年至二十三年早春某日，河南巡抚李宗枢曾邀请 6 位当地官员、友人在河南贡院宴饮，具体地点是至公堂。

嘉靖三十七年（1558），遣琉球册封使郭汝霖作《游凌云台记》，节录如下：

闽贡院有凌云台，台高而望可远。戊午冬，余奉使琉球，造舟于闽以从事。时总宪而诘戎者，王公芳湖也；巡风而饬治者，樊公斗山也。王将肆伐海滨，樊将谳疑外郡，乃偕余觞凌云台以叙别……⑤

查《实录》知嘉靖三十七年四月“遣刑科右给事中郭汝霖……持节，册封琉球国中山王尚清世子尚元为中山王”⑥，此年为戊午年，与记文中“戊午”吻合；文中提及参宴的另外两人即“总宪而诘戎者，王公芳湖也；

---

① （明）朱睦㮮：《早春中丞石叠公张宴于贡院至公堂是席虚舟杏山二宪副嵩渚金泉少泉参知广玄郡守及中尉睦㮮为六人焉予故戏拟唐六逸云云》，（明）朱□□：《丽泽录》卷 10《诗》，《北京图书馆古籍珍本丛刊》，书目文献出版社 1998 年影印本，第 69 页。

② （明）马理：《明都察院右佥都御史石叠李君墓志铭》，（明）李宗枢：《石叠集》附录，明嘉靖二十九年西亭书院刊本，第 1 页 a-4 页 a。

③ 《明世宗实录》卷 269“嘉靖二十一年十二月丁酉”，第 5307 页；（明）朱睦㮮：《故都察院右佥都御史富平石叠李公行状》，（明）李宗枢：《石叠集》附录，明嘉靖二十九年西亭书院刊本，第 7 页 a。

④ 《明世宗实录》卷 60“嘉靖五年正月辛亥”，第 1422 页。

⑤ （明）郭汝霖：《石泉山房文集》卷 9《记 · 游凌云台记》，见《四库全书存目丛书》集部第 129 册，第 511-512 页。

⑥ 《明世宗实录》卷 458“嘉靖三十七年四月戊寅”，第 7743 页。

巡风而饬治者，樊公斗山也”，结合宴饮地点为福建贡院的情况，再查《实录》知记文撰写时福建巡抚为王询，福建巡按是樊献科，① 故可确认此二人即记文中提及的王、樊二公。将上述记事完整还原，即嘉靖三十七年冬，福建巡抚王询、巡按樊献科将前往外地处理公务，临别之际与遣琉球册封使郭汝霖于福建贡院内饮酒叙别，具体宴饮地点是“凌云台”。

在以上各例中，参宴人员构成各有不同，一例是江西三司官员饯别京官，一例是河南巡抚邀请当地官员、友人聚会，另一例则是暂居福州的册封使饯别福建抚、按官，说明明代官员在贡院中的聚会形式多样，并不拘于某种模式，但有一点却是共通的，即参宴人员中需有当地较高级别的官员。除上述事例以外，还有很多诗文涉及明代官员在贡院宴饮的情形，如王缜《赣州节推邓诚之余同年也不相见者十年矣诚之过金陵会予于贡院因写在京时留别诸诗次韵答之并以赠行》②、唐龙《会请桂洲先生于贡院》③、林燫《贡院新成沈吴二方伯邀饮》④ 等等，贡院俨然成为明代中高级官员的社交场所。那么，官员为何会选择贡院作宴饮场所？笔者认为原因至少有四：第一，贡院是具有强烈“威严感”的建筑群，在其中进行宴饮有利于官员维护自身“官威”；第二，贡院大门一旦关闭，他人便无法进入，这种严密的内外隔绝满足了官员对宴饮私密性的需要；第三，贡院内原有的厨房、厅堂、桌椅等可直接供宴饮使用，取具较便利；第四，对于多数中高级官员来说，贡院是他们的“进身之地”，他们对贡院往往有着特殊的情感，故在其中举行宴饮，有利于激发参宴官员的共鸣，营造更良好的宴会氛围。

四、方志纂修场所

中国自古以来就有修地方志的传统，明代更是出现了“寰宇以内，虽

① 《明世宗实录》卷 457 “嘉靖三十七年三月丙寅”，第 7731 页；卷 460 “嘉靖三十七年六月丙申”，第 7780 页；卷 471 “嘉靖三十八年四月庚戌”，第 7914 页；卷 478 “嘉靖三十八年十一月戊寅”，第 7993 页。

② （明）王缜：《梧山王先生集》卷 17《七言律诗》，见《明别集丛刊》第 1 辑第 77 册，第 682 页。

③ （明）唐龙：《渔石集》卷 4《诗》，见《四库全书存目丛书》集部第 65 册，第 461 页。

④ （万历）《闽都记》卷 8《郡城东北隅・侯官县》，方志出版社 2002 年点校本，第 59-60 页。

支郡下邑，率有志以纪事”[①] 的盛况，且与宋、元相比，明代设立的志馆、志局数量增多，修志人员的内部分工也更明确。[②] 在这种背景下，贡院成为地方志纂修的理想场所之一。

嘉靖十一年（1532），山东提学副使陆釴、布政司左参政陈沂负责纂修《山东通志》，“乃召高唐张判官寅、临淄王知县一槐暨高唐王学正应槐、莱芜刘教谕应祥、济南历城庠生十有余人同事编摩。济南杨郡守抚亦与其事。六月十有六日开局于贡院，迄明年三月稿成”[③]。参与此次纂修的主要人员至少有十余人，山东贡院为其提供了足够的工作空间。

陈沂在修完《山东通志》后，不久便“以不附张孚敬、桂萼，改行太仆卿致仕”，于是他回到南京的家“杜门著书，绝意世事”。[④] 居家期间，他又与督学闻人诠主持纂修了《南畿志》，他在该志序中言：“兹归老，督学侍御闻人公……乃汇集诸郡县志，属诸邑博五人，郡学诸生二十有二人，开局于贡院。”[⑤] 这次修志的主要人员比上次更多，地点选在了应天贡院，该志约于嘉靖十五至十六年（1536—1537）刊成。[⑥]

嘉靖三十三年（1554），在河南贡院修《河南通志》。这次修志的主事者是致仕按察司佥事李濂和镇国中尉朱睦㮮，睦㮮言此次修志“礼聘佥宪嵩渚李公及余主其事，复檄贰守何君，学正蒲从礼，教谕黄积庆、王栋、吴之翰、郭懋、罗琳、李栋、程文俊、薛绍、李绪、朱绍舜，及诸生之秀拔者分裁之。是岁十一月朔，开局于贡院”[⑦]。邹守愚在《通志》序文中记载该志“始自甲寅之冬，历乙卯秋八月而成”[⑧]，即在嘉靖三十三年十一月

---

① （明）谢杰：《顺天府志序》，万历《顺天府志》，见《四库全书存目丛书》史部第 208 册，第 1 页。

② 杨军仕：《明代地方官员与方志编修》，载《中国地方志》2015 年第 3 期。

③ （明）陈沂：《山东通志叙》，嘉靖《山东通志》，见《四库全书存目丛书》史部第 187 册，第 709 页。

④ 《明史》卷 286《文苑二 · 陈沂传》，第 7355 页；（明）顾璘：《凭几集续编》卷 2《杂文 · 明故山西行太仆寺卿石亭陈先生墓志铭》，见《景印文渊阁四库全书》第 1263 册，第 330 页。

⑤ （明）陈沂：《南畿志序》，嘉靖《南畿志》，见《四库全书存目丛书》史部第 190 册，第 125 页。

⑥ 谢晖：《明嘉靖本〈南畿志〉刊成年代小考》，载《图书馆论坛》1997 年第 1 期。

⑦ （明）朱睦㮮：《河南通志序》，嘉靖《河南通志》，明嘉靖三十五年刊本，第 1 页 b-2 页 b 页。

⑧ （明）邹守愚：《通志旧序》，康熙《河南通志》卷 42《艺文》，《哈佛中国旧方志集》，康熙三十四年刻本，第 14 页 a。

至三十四年八月间纂修。但实际上嘉靖三十四年八月仅是将该志大体完成，因此时临近乡试，众多修志人员“以应聘应试各辞去”，且该年是乡试年，贡院将用作河南乡试考场，故无法继续在其中修志，于是朱睦㮮将稿件带回自己家中做进一步的完善，“又逾年始卒事焉”。①

嘉靖三十六年（1557），在广东贡院开局修《广东通志》。这次纂修方志的负责人是致仕少詹事兼翰林院侍读学士黄佐，当年十一月在抚、按官的“敦请”下，“开局于贡院”，“三历寒暑而后成”。② 黄佐在通志序言中记载了参与该志纂修的主要人员：“所征乡进士陈绍文、黎民表、梁绍曾及予中子在素皆集”，“郡檄复征庠生，多辞不至。越明春，至者惟曾元鲁、黄万春、陈冕、欧大任、林乔、黎民怀、梁有兆，而予长子在中与焉”③。可见，这次至少有十余人在广东贡院中参与了纂修。

从上述事例中，我们可发现明代在贡院中修方志的活动有如下几个明显特点：第一，仅可见“通志”在贡院纂修，这应是由于更低级别的方志纂修活动无法与贡院等级相匹配，且其发起者通常也无足够的权限使用贡院。第二，“通志”的纂修人员较多，一般在十余人以上，这就需要较大的修志场所，而贡院内部原本就设有供乡会试考务官员、对读誊录生员工作、居住的建筑，可以满足修志需求。第三，“通志”因体量庞大，需耗费较长时间进行纂修，如上述几例“通志”的纂修耗时几乎都在半年以上，长期的多人集中工作对后勤供给的要求很高，而贡院本身就有强大的供给保障功能，庖、湢、厕一应俱全，能够满足长时间修志工作的需要。

五、临时公署

在明代，若地方衙门因特殊情况而导致暂缺公署，贡院就有可能被作为其临时公署使用：

明代贡院曾被用作临时巡抚署。如在成化十八年（1482）之前，南直

---

① （明）朱睦㮮：《河南通志序》，嘉靖《河南通志》，明嘉靖三十五年刊本，第2页b-3页a。

② （清）黄佛颐：《文裕公年谱》，见《北京图书馆藏珍本年谱丛刊》第45册，北京图书馆出版社1999年影印本，第695-696页。

③ （明）黄佐：《广东通志序》，嘉靖《广东通志》，广东省地方史志办公室1997年誊印本，第8-9页。

隶巡抚在南京没有固定的官署，巡抚王恕称“其官治事之所之在都城者，或会同馆、或朝房、或贡院，亦不一其居”，即暂借贡院等处为巡抚署，直到成化十八年秋才在王恕的争取下建成巡抚署。[①] 正德十五年（1520）四月，时任江西巡抚王守仁奏称巡抚衙门因“近遭兵火废毁”而在贡院等处寄驻，“妨政失体，深为未便”。[②]

明代贡院也曾被用作临时提学署。如嘉靖十四年（1535）上任的福建提学官江以达曾作《福建提学署碑记》，该文载“福建藩臬职巡守兵谷者，各专有署，乃提学顾独无专署，署贡院”。然而，将福建贡院作为提学署就会导致在乡试之年循例修缮贡院时，提学官需搬离贡院，“仿徨觅所空署止”，甚至有时“已不便，则更觅他空署，已又不便，则就浮屠氏之宫”，提学官在寻觅官署的过程中奔波劳累，十分狼狈。于是江以达勉强在贡院中办公一年后，就将福州城中废弃的镇守所之署改为了提学署，福建提学官自此有了固定的官署。[③]

明代贡院还作过临时县署。如明代江西贡院创建于洪武二十九年（1396），自永乐元年（1403）起，“新建县权居其中”，在县署借用贡院十余年后，至永乐十八年，新建县“乃建县治于子城北”，才将江西贡院中的临时县署搬出。[④]

六、其他偶发用途

明代贡院除了上述几种常见用途外，还有很多偶然出现过的用途，如用作鹿鸣宴场所、同年会场所、遣琉球册封使馆舍、皇室用品制作场所等等，它们往往由特殊事件引发，重复出现的概率较小，但其种类之丰富也能反映出贡院在乡会试考期以外普遍可供其他事务使用的状况。以下是笔

---

① （明）王恕：《王端毅公文集》卷1《记·修巡抚厅事记》，见《四库全书存目丛书》集部第36册，第170页。

② （明）王守仁：《王阳明全集》卷13《别录五·奏疏五·巡抚地方疏》，浙江古籍出版社2010年点校本，第472页。

③ （明）江以达：《午坡文集》卷3《福建提学署碑记》，见《四库全书存目丛书》集部第89册，第100-102页。

④ （嘉靖）《江西通志》卷1《藩省》，见《四库全书存目丛书》史部第182册，第23页；雍正《江西通志》卷18《学校二》，见《景印文渊阁四库全书》第513册，第613-614页。

者整理出的十余种明代贡院偶发用途：

（一）鹿鸣宴场所

明代乡试中式名单张榜公布后，会举行由帘内、外官和新科举人等参加的宴会，名为“鹿鸣宴”，十三布政司乡试鹿鸣宴的举行场所通常为布政司衙门，[①] 但明代两京乡试鹿鸣宴的地点则鲜见于文献记载。景泰七年（1456），应天乡试在新创建的贡院中举行，在放榜后，便于贡院中举行鹿鸣宴，史载“列宴于新堂之上，时鹿鸣兴歌……京闱科贡之盛，于斯为备矣”[②]。这次鹿鸣宴虽在应天贡院中举行，但究竟是因为贡院刚建成而特意选此地举行宴会，还是此后历科鹿鸣宴均在应天贡院举行？因缺乏史料支撑，仍需作进一步的探讨。

（二）同年会场所

在明代还出现过新科举人在贡院举行同年会的情况。如四川学政王崇文为正德八年（1513）新科举人同年会所作的《全蜀乡试同年会序》载“越重阳前三日，榜首毛生翥偕同举士醵金会于贡院，序齿为坐，俱录其名字年岁”，可见这次同年会是举人们自筹经费在四川贡院中举行的。由于此宴不同于鹿鸣宴，并无官员出席，故其气氛应是较为自由、欢乐的，特别是学政王崇文在记文中反复强调：“其会也，岂徒识面貌，资笑谑，夸里闬之为乐哉？”“兹会也，非酒食游戏相征逐者可同日语”，[③] 可能恰恰反映出此会举行过程中轻松愉悦的气氛。

（三）生员学习场所

弘治四年至十一年（1491—1498），杨一清以陕西按察司佥事、副使的身份督学陕西，在此期间，他曾命当地生员“卒业贡院”。据史籍记载，当时有一位名叫周奎的生员即受杨一清之命在陕西贡院中完成学业，贡院

① 郭培贵：《中国科举制度通史·明代卷》，第241页。

② （明）吴节：《江宁贡院碑记》，康熙《江南通志》卷70《艺文十一·记》，见《中国地方志集成·省志辑·江南》第2册，第698-699页。原文中载这次鹿鸣宴时间是景泰四年，但据《实录》等其他相关史料可知正确时间应为景泰七年。

③ （明）王崇文：《兼山遗稿》卷下《序·全蜀乡试同年会序》，见《明别集丛刊》第1辑第85册，第410页。

"距家十余里"，其年幼的弟弟周吉"每携榼饷"，杨一清"稔其至，尝嘉赏之，曰：'岐嶷儿又来饷兄耶？'"。①

（四）遣琉球册封使馆舍

在明代，琉球国若"中山王"去世，会向明王朝请命册封新王，朝廷会应其所请，任命册封使前往琉球进行册封，嘉靖以后的册封使在出海前均会在福州停留较长时间以进行造舟等准备工作，② 而福建贡院就曾被作为册封使的馆舍使用。

万历四年（1576），"封琉球国世子尚永为中山王，以户科左给事中萧崇业为册封使"③。萧崇业一行人于当年九月十一日"赍诏敕，出潞河，传遽入闽"，至万历七年（1579）五月"初十日启行"前往琉球，④ 在福建停留超过两年。萧崇业在福州进行出海筹备工作期间，福建贡院"暂为使馆"，然万历六年春，贡院因萧崇业"家人弗戒，毁于火"，于是福建贡院于万历六年八月至七年六月进行了重建。⑤ 由于册封琉球中山王的活动仅发生在新中山王接任之时，故册封使在福州进行相关工作的频率总体较低，福建地方官府不太可能为其修建专门的馆舍，然册封使作为天子的代表，级别很高，其馆舍又必须与其地位相符，在此情况下，贡院便成为一种较合适的选择。

（五）皇室用品制作场所

正德八年八月初六日，武宗命"陕西镇守三司内外官员……造大小毡帐房、影壁共一百五十七间座，门窗、槅扇……马骡俱全"，并要求于当

① 《明孝宗实录》卷50"弘治四年四月戊申"，第999页；《明孝宗实录》卷95"弘治七年十二月戊午"，第1789页；《明孝宗实录》卷145"弘治十一年十二月癸巳"，第2526页；康熙《咸宁县志》卷8《艺文》，见《哈佛中国旧方志集》刻本，第65页。

② 谢必震：《明清册封琉球论略》，载《海交史研究》1991年第1期。

③ 《明神宗实录》卷52"万历四年七月丁酉"，第1219页。

④ （明）萧崇业、谢杰：《使琉球录》卷上，见《续修四库全书》史部第742册，第555-556页。

⑤ 万历癸丑《福州府志》卷75《杂事志四·时事》，海风出版社2001年点校本，第742页；万历《闽都记》卷8《郡城东北隅·侯官县》，方志出版社2002年点校本，第59页；（明）耿定向：《耿天台先生文集》卷11《序记·闽新贡院记》，见《四库全书存目丛书》集部第131册，第302页。

年十二月内将做好的毡帐房等物件运至京师。陕西三司官员接旨后，于正德八年九月初四“在贡院内兴工成造”。[①]

（六）软禁场所

万历三十一年（1603），发生了轰动一时的“楚宗案”[②]，案发后，楚王朱华奎被软禁在湖广贡院中接受调查，而在湖广贡院对面的山巅之上，“起圆堆阜，俗呼‘望儿台’”，据传是在华奎软禁期间，“王母于此望之，故台也”。[③] 南明隆武二年（1646），土司沙定洲叛，占领了昆明，将督师大学士王锡衮“馆之贡院，以礼待之，欲与共灭沐氏”，但锡衮不从，定洲因其人望而未杀之，仍将其羁留于云南贡院。次年四月，孙可望兵至，定洲拟弃城逃离，“遣将杜其飞劫锡衮同行”，锡衮依然大骂不从，遂被害于贡院。[④]

（七）校尉逮捕地方官时的居所

崇祯十三年（1640），四川巡抚邵捷春因不配合杨嗣昌的军事行动，“被参失机，有诏逮问”。十一月，逮捕捷春的使者到达四川，居住在贡院中，“蜀民泣拥，不与开读者一月余”，甚至出现“百姓万余人往击之，校尉逾墙走”的局面。不得已，捷春“乃与缇骑谋约私遁”，才被逮往京师。[⑤]

（八）清查军队人数场所

天启四年（1624），陆梦龙被任命为贵州参政。梦龙初至贵州，便下令清查军队人数，“令各为鱼贯集贡院，身坐大门，禁阑入者”，士兵过去常通过重复应点的方法来诈冒人数，不料这次竟在贵州贡院内清查人数，

---

① （明）蓝章：《乞罢毡帐疏》，《蓝司寇公劳山遗稿》，见《四库未收书辑刊》第5辑第18册，北京出版社1997年版，第6-7页。

② 《明神宗实录》卷387“万历三十一年八月戊子”，第7274-7275页。

③ 乾隆《江夏县志》卷1《山川》，清乾隆五十九年刻本，第2页b。

④ 康熙《云南府志》卷5《沿革志之一·大事考》，见《中国地方志集成·云南府县志辑录》第1册，第109页；（清）温睿临：《南疆逸史》卷20《列传第十六·王锡衮》，见《续修四库全书》史部第332册，第281页。

⑤ （清）叶梦珠：《续编绥寇纪略》卷5《附纪闻》，见《续修四库全书》史部第390册，第147页；（明）陈燕翼：《思文大纪》卷3，见《续修四库全书》史部第444册，第27页。

“至是术穷”。这次清查军队人数卓有成效，“先后汰兵万人”。①

（九）南明皇帝行宫

南明弘光元年（1645）六月，南安伯郑芝龙具启向唐王朱聿键禀告不久后唐王在福州监国的事宜，启本中提及唐王虽欲将福建贡院作为其行宫，但芝龙“察贡院系山腋，稍雨即患水”，故建议以布政司为行宫。虽然最终唐王接受了芝龙的建议，以原福建布政司为行宫，但也反映出唐王心仪的行宫是福建贡院。② 南明永历十年（1656），晋王李定国迎永历帝入昆明，“既入，以贡院为行宫，群臣朝谒”，云南贡院成为永历帝的行宫。③

（十）明末农民军王府

贡院除了受南明皇帝青睐，还被明末农民军首领看中，如乾隆《云南通志》载云南贡院“明末……据为伪王府，多所拆毁”④；《明末滇南纪略》也载永历帝入昆明前夕，李定国先赴昆明“着定北家口移住别所，将贡院誊出作行宫”⑤，即云南贡院在作永历帝行宫之前，由定北王艾能奇的家人居住。

（十一）弘光帝选淑女场所

弘光元年，在应天贡院和浙江贡院两地为弘光帝选淑女，应天贡院中有七十人参选，“中选阮姓一人”；浙江贡院中的淑女选拔由太监田成负责，“树黄旗二，选五人”，后又在这五人中“选王姓一人”，中选者“俱

① 《明熹宗实录（梁本）》卷 40“天启四年三月戊寅”，第 2311 页；（明）郑仲夔：《玉麈新谭》隽区卷 1《业隽》，见《续修四库全书》子部第 1268 册，第 517 页。

② （明）陈燕翼：《思文大纪》卷 1，《续修四库全书》，史部第 444 册，第 5 页；（清）三余氏：《明末纪事补遗》卷 3，见《四库禁毁书丛刊》史部第 13 册，第 216 页；顾城：《南明史》，光明日报出版社 2011 年版，第 185 页。

③ （清）倪蜕辑，李埏校注：《滇云历年传》卷 10，见《李埏文集》（第 4 卷），云南大学出版社 2018 年版，第 312 页。

④ （乾隆）《云南通志》卷 18《秩官二·文员公署·云南府》，见《景印文渊阁四库全书》第 569 册，第 622 页。

⑤ 佚名：《明末滇南纪略》，浙江古籍出版社 1988 年点校本，第 58-59 页。

进皇城内”。[①]

七、结语

综上所述，明代贡院除了最基本的作为文举乡、会试考场的用途外，还有用作其他考试场所、讲学场所、官员宴饮场所、方志纂修场所、临时公署等五种常见用途，此外还有多种偶发用途。从对上述多重用途的考证和分析中，可以得出如下结论：

第一，贡院用途的多重化主要出现在明中后期，这是由明代贡院建设情况及相应的具体社会背景等因素共同作用的结果。据笔者统计，明代两京十三布政司中，于洪武至宣德间创建贡院的有河南（洪武）、山东（洪武）、福建（洪武）、江西（洪武）、浙江（洪武）、广东（宣德）6地，于正统至正德间创建贡院的有顺天（正统）、应天（景泰）、山西（正统）、陕西（景泰）、湖广（正统）、四川（天顺）、云南（景泰）7地。此外广西在洪武初便直接承袭了宋代贡院，贵州则在嘉靖间才创建贡院。由此可知，明初虽开乡试，但其时仅有不到半数的直省有贡院，其余直省均在中叶之后才逐渐创建贡院，且明代很多贡院在创建初期规制简陋，如湖广贡院在弘治十七年之前的状态是“一毕事即如废墟”[②]，所以在明中后期贡院规制趋于完备之时，才有了支撑贡院多重用途的较扎实的物质基础。同时，明代的武举、科考、讲学、修方志等各类与贡院多重用途相关的社会活动也往往是在明中后期出现或繁荣的，这也是催生该时期贡院用途多元化的重要原因。

第二，以上多重用途总体呈现出三大特点：官方垄断性、封闭性和临时性。具体来讲就是上述所有用途对应的事务几乎全部由官方发起或授权，即便是战乱时期的特殊情形如沙定洲软禁王锡衮于贡院、明末农民军据贡院为王府等，也是由贡院当地的掌权者所发起的事务；同时，这些事

---

① （明）东村八十一老人：《明季甲乙汇编》卷3《正月初一日起五月三十日止》，见《四库禁毁书丛刊》史部第33册，第705页；（清）许重熙：《明季甲乙两年汇略》卷3《正月初一至五月三十日》，见《续修四库全书》史部第441册，第53页；（清）谈迁：《枣林杂俎》仁集《选宫》，中华书局2006年点校本，第127页。

② （明）林俊：《见素集》卷8《记·湖广贡院增修记》，见《内阁文库藏明代稀书》，明万历十三年（序）刊本，第13页a–15页b。

务大多都有较高的封闭性需求，如考试需封闭的场地以维持纪律、讲学需要秩序井然的授课场所、官员宴饮需封闭以保证私密和庄重的场地、纂修方志也需要不受打扰的安静空间等；此外，贡院承接的各类事务基本都是临时性的，对这些事务本身而言，官方一般不会为它们修建专门场地，这促使它们需借用场地，对贡院而言，其需定期举办科举考试，若被其他事务长期占用则会影响考试的正常举行，故地方政府通常也仅允许临时性事务借用贡院。

第三，明人对贡院使用价值的充分挖掘，反映出明代贡院管理具有较高的灵活性。传统观点认为明代贡院三年使用一次，似乎明人为了维护贡院作为科举考场的“威严感”或某种“象征意义”，只会简单地在乡会试结束后将其封闭，而不去考虑贡院的高额修造成本与使用率过低之间存在的巨大矛盾。实际上，明人对此问题的处理方式是较为灵活的，虽会在贡院中举行各类活动，但基本都是官方性质的事务，通常都较为庄重或严肃，再加上贡院本身的封闭性，对于高墙外的普通百姓而言，墙内发生的事情它们几乎一无所知，贡院依然是那个“神秘且威严”的存在。

此外，贡院的多重用途也反映出明统治者“撙节财用”的治国理念。早在至正二十五年（1365），朱元璋就告诫部下要“撙节财用，抚绥人民”①，在建立明朝后仍表示“我国家赋税，已有定制，撙节用度，自有余饶”②。朱元璋“撙节财用”的治国理念也作为明代“祖制”得以延续，而贡院用途的多样性正是这一理念的真实写照：允许贡院在乡会试以外的时间承接各类官方事务，可提高贡院建筑的使用率，减免许多不必要的修造活动，节省民力；木质结构房屋长期封闭不用易导致虫、鼠、草等的滋生，从而加速建筑老化，而贡院在闲时适当用作其他事务的场所，则会有效缓解该问题，节约贡院修缮成本。

明代贡院是专为文举乡会试设立的考试场所，其规模之大及被其基本用途所使用的频率之低，在明代的国家机构中几乎是独有的。考察这种情况下贡院的多重用途，或对我们进一步理解明代贡院的历史定位和客观评价明代科举制度有一定的意义。

---

① 《明太祖实录》卷 17“乙巳七月辛酉”，第 235 页。

② 《明太祖实录》卷 177“洪武十九年三月戊午”，第 2682 页。

江南贡院的发展及遗址保护的思考

冯家红*

摘　要：科举制度是中国封建时代最重要和最有影响力的人才选拔制度，对人类文明进程做出过重要贡献。南京江南贡院作为中国最大的科举考场，是封建时代科举制度兴盛成败的历史见证，也是科举制度文明的有形遗产在南京最直观的体现。现今对科举制度的研究在于传播中国优秀传统文化、传承中华文明，从江南贡院遗址的保护和利用，来认识江南贡院对保护、传承及弘扬中国优秀传统文化的意义和价值。

关键词：江南贡院；遗址保护；价值

一、江南贡院的发展

中国的科举制度创立于隋朝，经过唐宋元明历朝，一直延续至清代末期，历时1300年之久，是在中国封建社会制度中是实行时间最长的一种制度。科举制度是封建时代较为先进的选官制度，它冲破了世家大族垄断仕途的局面，为不同阶层的知识分子参政提供了机会。科举制度也影响了东亚和西方文官考试制度的形成，这是中国在精神文明领域对世界的一大贡献。

贡院是科举考试发展到一定阶段的产物，是向国家贡献人才的考试场所。贡院最早出现在唐玄宗开元年间，是省试的管理机构和考试场所。进入宋朝，随着参加科举考试的士子不断增多，到南宋孝宗年间，州郡创建贡院开始逐渐普遍。贡院不仅建筑规模宏大，而且考试规制严密，是科举

* **作者简介**：冯家红，中国南京科举博物馆馆长。

制度或科举文化的具体象征。贡院是科举考试专门化、制度化的产物，反过来又保证了科举考试的专门化与制度化。江南贡院，作为中国最大的科举考场，在中国科举史上占有独特的地位。它位于江宁城东南隅，鼎盛时期占地面积达30余万平方米，“东接桃叶渡，南抵秦淮河，西邻状元境，北对建康路，为古代风水宝地”。

南京贡院最早可以追溯到南唐在南京建都期间，在秦淮河畔，曾设置有开科取士的国子监考场。南宋乾道四年（1168），建康知府史正志设建康府贡院。由于当时只是建康府、县学的考试场所，因此它的规模还不大，房屋只有110间。若遇考生增多时，则借用僧寺举行考试。据记载，当时建康府贡院面秦淮，接青溪，远挹方山，气象雄秀。

南宋绍熙二年（1191），建康府知府余端礼“以贡院湫隘，修而广之”。江东转运副使杨万里为此撰《重修贡院记》道：“考官有舍，揖士有堂。爰廊四庑，爰拱二掖。可案可几，可研可席。堂之北堧，中闑以南，前后仞墙，内外有闲。自闑之表，缄封之司，写书之官，是正之员，左次右局，不肴不并。”从这段文字可以看出，虽然规模还不算大，但贡院内的房屋设置已经是有些讲究了：官员有办公场所，考生有应试考场，内帘区、外帘区之间砌筑有垣墙，相互隔离开来。

元朝，由于统治者不重视科举，而且对“南人”实行歧视政策，据《至正金陵新志》中记载，元至元年间建康府贡院这一带已成为管理丝织工匠的东织染局。

明洪武元年（1368），明太祖朱元璋定都南京后，集乡试、会试于南京的江南贡院举行。明永乐十九年（1421），明成祖朱棣迁都北京，南京为留都。因江南地区人文荟萃，参考士子日益增多，原有考场便越来越显得狭小。明成祖朱棣便将犯臣纪纲的府邸，又取怀来卫指挥陈彬家人陈通、忠勇伯家人侯清等人的房舍以及府尹黄公永元祠、秦桧之子秦喜祠等改建“江南贡院”。

明景泰四年（1453），应天府尹马谅筹建贡院。在选择地址时，得知“秦淮之阳有地廓如，前武臣没入废宅也，鞠为氓隶之圃久矣，若葺而理之可办也”。于是上疏奏请以其地为贡院新址。得到批准后，他立即筹措经费，鸠工庀材开工。新贡院落成后，适逢大比之期。这一届中式者多于往届，盛极一时。春风得意的新科举人们在放榜后“相与列宴于新堂之上，时《鹿鸣》兴歌，笾豆有践，流观焕彩，文物交并，京闱科贡之盛，于斯为备矣”。①

明嘉靖十三年（1534），建造明远楼，“楼凡三层，作四方形，下檐出甍，四面皆窗”，明远楼是贡院的中心建筑，也是最高建筑。楼上既可发号施令、指挥全场，也是监临、监视考场之处。“明远”二字取自《大学》中“慎终追远，明德归厚”之意。科考期间，监临、骆试、巡查等官员昼夜登楼查望，“白天摇旗示警，夜间举灯求援”，以防考生骚乱、作弊。江南贡院明远楼也是中国目前保留的最古老的一座贡院考场建筑。

清康熙年间，始划分苏、皖两省，而政治、军事仍为一体，乡试仍沿用明南京近畿制，两省举子都来南京应试，但不是各县所有的秀才、廪生都可以参加考试，而是要事先通过预试录取。

清咸丰三年（1853）太平军占领南京后，江南乡试被迫停止，江南贡院建筑也遭毁灭性破坏。清同治三年（1864）曾国藩的湘军攻克南京时，除明远楼、衡鉴堂、至公堂等建筑尚存外，“监临主考官及各所片瓦无存”，一派衰败景象。为笼络士子、争取民心，曾国藩果断决定立即修复江南贡院，不仅要把贡院的规模加以扩大，还希望当年就开科考试。其时正是乡试之年，全国各省都已在八月按期举行了秋闱，唯独苏、皖二省例外。经曾国藩多次到工地视察督促，十月底江南贡院按期修竣。“遂定本年十一月举行乡试，一以慰群士进取之志，一以招转徙无归之氓。”消息一出，“两江士人，闻风鼓动，流亡旋归，商贾云集”，当年就有2万考生涌进江宁城。清同治六年（1867），继任两江总督的李鸿章继续在江南贡院增加号舍数百。

此后，贡院于同治八年（1869）、同治十年（1871）、同治十二年（1873）又经几次增扩，规模“房屋四百九十九间，披厂七十四间，号筒二百九十五字，共号舍二万零六百四十四间”。可供2万多名考生同时应试，为南京城里占地最大的建筑群之一，也是清代全国17座贡院中规模最大的一座。

清光绪三十一年（1905），袁世凯、张之洞奏请立停科举，以便推广学堂，咸趋实学。从此江南贡院便结束了它的使命。中国的科举制一直到

① 周道祥：《江南贡院》，北京物资出版社1999年版。

清代的初期传到了西方，形成了现在的西方文官考试制度，被称为对世界人类进程有巨大影响的中国第五大发明。

科举废除之后，民国三年（1914），经江苏省长齐耀琳、安徽省长韩国钧同意，两省代表在南京商讨江南贡院处置方案。三年后《江南贡院处分法》出炉，凡十条，作为处置江南贡院的章程。1918 年，处分事务所成立，决定“留明远楼及衡鉴堂为方式，存遗迹以示方来。别存号舍若干间，以明前代试场之遗轨。余则辟市肆，利群商”。1919 年，两省又任命专员售卖江南贡院，获银币近十万，“苏六皖四，悉入公家”①，后江苏省又出一万元，买断了安徽省对于江南贡院遗迹的最后处置权，江南贡院尽归江苏所有。

二、江南贡院的地位与影响

（一）从江南贡院的格局上看

江南贡院是以明远楼为中心，由至公堂、戒慎堂、衡鉴堂、飞虹桥、号舍、各门、各房屋、围墙等所组成的建筑群。江南贡院规模之大、布局之精巧，位居各省贡院之首。

据史料记载：贡院在秦淮上，县学之北，地广十余亩。中有楼，曰明远，堂曰至公，左右为监试、提调院，列以誊录、对读、供给诸所，前空处即东、西文场地，号若干间。堂之后又堂七间，三间为会堂，左右各二间，为考官燕居，两序则五经同考官室。堂后大池，架梁于上。池北之堂，曰飞虹，左右掖皆有屋。明隆庆初，都御史盛汝谦购隙地，缭以土垣，四通以巡警，外设公馆及群舍以备供馔。四隅各有岗楼。岗楼之间，有两道高墙连接，高墙之间留有通道，环绕贡院。两道围墙顶端，遍铺荆棘作为戒备，故贡院又名“棘闱”。

江南贡院修于明景泰年间，天顺元年（1457）最终完工。入清以后，江南贡院继续作为江南乡试的试院。分省之后，安徽曾一度要求在安徽另设贡院，雍正年间朝廷曾专门对此讨论，两江总督查弼纳明确反对，最终被否决。清代江南贡院的基本格局虽没有发生大的变化，但经历了多次增

① 冯家红：《江南贡院碑刻》，文汇出版社 2014 年版。

修、扩建，其中规模较大的是康熙、雍正、道光、同治时期，至清末，号舍多达两万余间。江南贡院规模之大、布局之精巧，位居各省贡院之首。工程主要由官方尤其是两江总督出面推动和协调，其他官员如江苏巡抚、江苏学政等也往往参与其事。两省士绅主导民间力量也发挥了一定的作用。有关款项，既有官府公项银两、官员所捐俸禄，也有士绅所募钱款。

清代，江南贡院不断扩建，已形成一座拥有考试号舍20642间，另有主考、监临、监试、巡察以及同考、提调执事等官员的官房千余间，再加上膳食、仓库、杂役、禁卫等用房，更有水池、花园、桥梁、通道、岗楼的用地，规模之大，占地之广，房舍之多，为全国考场之冠。历史上，江南贡院大门为三阙辕门，木结构，中通人行，两侧平时封闭。正门五间大小，正中门上为朱匾黑字“贡院”。左额“辟门”，右额“吁俊”。门前石狮一对，两旁有牌坊各一座，书曰“明经取士”“为国求贤”。门内有二碑亭，碑曰“整齐”“严肃”。东西有官房各三间，为府县官员休息之所。略西为二门，门对盘龙雕照壁，照壁背后（南面）为贴“金榜”之所在。金榜为御制，主考出京时皇帝颁发，四周有龙凤飞舞，彩云呈祥，正中上方印有皇帝玺印，以示国家重视人才。①

据《应天府新建贡院碑记》《江宁贡院遗迹碑》《奉宪板行碑示》等碑刻记载，江南贡院曾数次扩大规模，受秦淮河、孔庙和学宫的制约，它的重心逐渐东移，最终形成了一个不规则扇形。这种形状在众多贡院中绝无仅有。据《应天府新建贡院碑记》记载：“贡举有院，内外通制也。南京应天府为天下贡举首，其制度亦必为四方所取法。”清代江南贡院许多方面也被其他省贡院效法，如江南贡院《三路点名定式》曾经成为一些省贡院的典范。

（二）从江南贡院的地位上看

江南贡院是举行应天乡试和江南乡试的场所，涉及今江苏、安徽两省和上海市。这两省一市为人文发达之地，曾选拔出大批科举人才，在全国极有地位。江宁省城并设江南贡院和上、下江考棚，与清前期江南地方行政建制的兴废分合有着很大关系。今安徽、江苏、上海，在明代皆属南直

---

① 刘海峰：《江南贡院之最》，第十届科举制与科举学国际学术研讨会。

隶。经清初一系列调整，康熙初苏、皖分治。因历史渊源及分省过程的复杂性，两省仍有不少事务纠缠在一起。

江南贡院考生众多，除了江南贡院考场之外，还有上江考棚，下江考棚。江南贡院、上江考棚以及下江考棚，三位一体，共同支撑着江南乡试，缺一不可。贡院号舍的增多反映了考试学子的增多，也表明南京作为天下文枢之地位更趋重要。

清代 112 科，112 位状元（不含 2 位满州状元），其中江苏 49 人、浙江 20 人、安徽 9 人、山东 6 人、广西 4 人，直隶、江西、湖北、福建、广东各 3 人，湖南、贵州各 2 人，顺天、河南、陕西、四川、八旗蒙古各 1 人，奉天、山西、甘肃、云南无。江苏榜眼 26 人、探花 42 人，安徽榜眼 7 人、探花 4 人。乡试中额共享。上（皖）下（苏）江四六分配，解元则两省轮流取中。如乾隆初上江 45 名、下江 69 名。(见表 1)

表 1　清代各省夺魁人数表

省份	状元（名）	榜眼（名）	探花（名）	会员（名）
江苏	49	26	42	40
浙江	20	29	27	32
安徽	9	7	4	9
山东	6	5	3	6
直隶（包括顺天）	4	7	6	11
广西	4	1		1
江西	3	10	5	2
福建	3	6	1	2
湖北	3	5	4	4
广东	3	4	4	2
湖南	2	5	6	1
贵州	2		1	–
满洲	2	2	2	2
河南	1	2	2	1
陕西	1	1	–	1

续表

省份	状元（名）	榜眼（名）	探花（名）	会员（名）
四川	1	1	1	
蒙古	1	–	–	–
山西	–	1	3	–
汉军	–	1	3	–
宗室	–	1	–	–

清代自顺治丙戌科至光绪甲辰科，共殿试 112 次，但却产生出状元 114 名。这是因为顺治壬辰科（1625 年）与乙未科（1655 年），清朝统治者实得满汉分榜，所以此两科造成了每科 2 名状元的奇闻。

清代在江南贡院，苏皖两省士子中举之后，赴京考中状元者共有 58 名，占全国状元总数的一半以上。因此李鸿章曾说：两省士子冠冕半天下，丞相、御使、翰林学士之属，更仆不能属，皆出于院中！此外，中额决定应试名额，如乾隆初皖额 45 名而应试者为 3600 名，苏额 69 名而应试者为 5520 名。后又定副榜 1 名可加 40 名应考。考务共管。主考由中央钦派，负责考选房官、纠察关防、总摄闱场的监临则由两省轮流。

（三）从江南贡院的影响上看

1. 带动了南京经济的发展

江南贡院地点设立在秦淮河畔，因人们对于科举考试的重视，每逢大比之年，赴考的士子及家人、期待以文会友的名士、趁机贩卖杂货的商人等都会趁此机会云集江南之地，在一定程度上促进了南京在教育、医疗、卫生、艺术、宾馆、餐饮、交通、运输等各方面发展，让秦淮成为商贾云集、才子佳人荟萃之地，一度也让南京成为我国最繁华的都市之一，道光十一年（1831）两江总督陶澍奏折：“计额定入场士子并来省录遗以及随行仆从、赶场买卖，总共不下四五万人。”如制笔业、造纸业、刻书业、运输业的发展为古代士子写字、读书提供了方便，但同时由于科举选士的盛行、报考门槛的降低，报考人数猛增，众多士人尤其是寒门之子更是将科考视为改变人生命运的重要途径，因此科举制度对制笔业、刻书业等经济方面的发展又会产生极大的促进作用。例如，在《清异录》中记载了一个故事：在举行考试前夕，一些笔工、商贩争相叫卖“健毫圆笔”，称为“定名笔”，价钱比平时高出10倍。

2. 促进了南京文化的繁荣

江南乡试先后走出了一大批中国历史上的一流人物，郑板桥、方苞、秦大士、翁同龢、张謇、吴承恩、吴敬梓等或都有过在其中参加乡试的经历，他们徜徉于秦淮河畔，作品早已成为经典，明清的戏曲传奇成就颇大，如孔尚任的《桃花扇》、李渔的《笠翁十种曲》等。明清时期，文人唱和结社蔚然成风，成为时尚，城南一带诗人对雅集活动十分痴迷，甚至超出社会阶层、门第、贫富的差异，这些风流人物的诗作如林，词作如海，粗略统计，吟咏秦淮河的诗词多达万首。诗词歌赋数量之多，代表了南京自古以来特定的历史和文化形象。

3. 奠定了“天下文枢”地位

南京自南唐以来，经济繁荣，文化发达，其在漫长的历史文化中积累的丰厚文化底蕴，成为东南文化中心。作为文化载体的举人进士，从江南贡院考出去之后分布在全国各地，他们承袭良好的读书风气，发扬崇文重教、刻苦读书的精神，为后人留下了许多宝贵的精神财富。科举废除后，贡院和号舍是古今中外唯一一种除了考试别无他用的建筑。它占地广阔，又位于城市的中心位置，一旦不再具有科举考场价值，要么拆毁，要么改作他用，但仍发挥着重要的政治功能、文化功能和区域中心职能。

光绪三十三年（1907），夫子庙学宫变成了夫子庙小学。民国十一年（1922），佘恒等众议院议员纷纷提议在贡院遗迹上建立遗址公园，江宁绅商甘鋐等提议号舍应力为保存，最终江苏省省长王瑚同意修整部分贡院遗迹，并于1921年10月10日至30日，在贡院旧址上举办江苏第二次省地方物品展览会，“从至公堂东首入，转至后而衡鉴堂，乃由西首向南出，招待周至，秩序井然”。此后几年，贡院旧址都作为江苏省地方物品展览会的场所。

作为中国科举制度的载体，江南贡院是中国历史上规模最大、影响最广的科举考场，它不仅是中国封建科举制度的千年化石和兴盛成败的历史见证，也是科举制度文明的有型遗产在南京的最直观的体现。

三、江南贡院遗址保护与利用

（一）江南贡院遗址的保护

（1）遗址是人类社会发展和进步的有力证据，也是考古研究中价值较高的研究对象，遗址博物馆的建设主要建立在保护遗址的理念之上。江南贡院至今保存有23块江苏省级重点文物保护单位“贡院碑刻”。这些碑是江南贡院数百年历史的见证，它忠实的记录下江南贡院曾发生过的一切重大事件，这样无间断地记载着几百年科举考场史实的碑刻，在全国也仅此一处。虽然它记载的只是江南贡院历史，但是通过它可以反映出中国古代整个科举制度的概貌，所以它是当之无愧的中国科举制度独特的历史见证。为此，需要在江南贡院确保遗址完整性的基础上设立遗址博物馆，在发扬遗址博物馆建设特色的同时，加大对遗址的保护力度。让现代群众身临其境的感受遗址文化，为遗址保护理念和价值的传递做出较大贡献。

（2）提升夫子庙历史文化街区整体品质

在保护文物建筑及其历史格局的前提下，恢复江南贡院的历史轴线，可减少贡院西街的商业气氛，增强其文化氛围：建设科举博物馆及其周边配套设施，可解决地块内部及周边的停车问题，缓解交通压力，起到疏通夫子庙历史街区公共步行交通系统的作用，提升街区整体的城市公共环境品质。进而拉动景区经济发展，提升对城市的贡献度。

（二）江南贡院遗址的利用

根据《保护世界文化遗产和自然遗产的公约》规定，凡属于下列各项内容之一者，可申报成为文化遗产：

（1）文物：从历史、艺术或科学角度看，具有突出、普遍价值的建筑物、雕刻和绘画。具有考古意义的成分或结构。铭文、洞穴、住区及各类文物的综合体……

（2）又根据凡提名列入《世界遗产名录》的文化遗产项目，必须符合下列一项或几项标准方可获得批准……

（3）能为一种已消逝的文明或文化传统提供一种独特的至少是特殊的见证……

对照以上规定，一方面江南贡院为我国古代最大科举考场，同时也是我国仅存的乡试考场。其历史文物“明远楼”“飞虹桥”以及23块“贡院碑刻”，无论从历史或科学的角度来看，都具有突出的价值，是中国科举文化的一种独特的见证。另一方面科举制度为我国的主要选官制度，它一直紧紧地伴随着中华的文明史。后又西传欧美并推进了西方文明的进程，然而随着1905年中国科举制度的废除，这一被认为中国“第五大发明”的科举制度从此在中国本土消逝。是“已消逝的文明或文化传统提供一种独特的至少是特殊的见证”。

（三）建设世界一流、国内顶尖专业博物馆

在江南贡院遗址上建立的南京中国科举博物馆，是夫子庙黄金地段不可多得的遗址群，是秦淮区全力打造的重点文化项目。它是全国最大的建立在地下的科举制度专题博物馆，主体展馆在地下20米深处，馆内拥有10000余件馆藏文物，有互动参与的展陈设计、数字化的多媒体设备，还有高度还原的场景设计，将千年科举历史尽收其中。

2017年元月，南京中国科举博物馆开馆，运营四年来，通过金钥匙服务的理念来提升社会服务水平，多次策划打造了博物馆精品展览，以高效的社会担当搭建馆校合作平台，以精致的文创产品让观众把博物馆带回家。四年来，共接待观众超过500万人次，观众留言20多万条，开展的各类学术及讲座活动50余场，出版的书籍20套（册）100余万字。

2018年5月，南京中国科举博物馆常设展《文明的阶梯——科举文化专题展》荣获第十五届（2017年度）全国博物馆十大陈列展览精品推介精品奖第二名，该奖项是全国博物馆陈列展览的最高荣誉。

2020年12月，通过不断努力创新，南京中国科举博物馆获得了第四批国家一级博物馆的称号，并获得中国国际华侨文化交流基地、全国中小学生研学教育实践基地、南京市十大新锐文化地标等荣誉。

南京中国科举博物馆周边配套设置坚持以文化为内核，以科举文化为重心，打造特色鲜明的餐饮与酒店，将博物馆文化渗透游客生活，带动周边餐饮酒店产业发展，打响“夜泊秦淮”品牌知名度，持续助推夫子庙夜

间经济发展。

未来，南京中国科举博物馆将多方拓展业务范围、筹资渠道。以文化+生活、文化+商业、文化+科技、文化+金融等方式主动作为，通过多渠道、多角度的方式与力量办馆，发挥专业人才的作用，实现科举文化展示中心、科举文物保护中心、科举制度研究中心的目标。不断提升博物馆的公共文化服务功能和效益，确保博物馆可持续发展，努力打造世界一流，国内顶尖专题性博物馆。

明代武举会试述论

黄群昂*

摘　要：武举会试作为明代武举的最高考试层级，其形成与发展对于考察明代科举的发展以及武官选拔体制改革与明朝军事的发展演变的关系具有重要意义。天顺至弘治年间，武举会试参照文举会试规制，在考试时间、考试频次等方面规范武举会试制度。正德年间，朝廷两次颁布《武举条格》，详尽规定武举会试的规制与中式者的官职选授、待遇等，武举会试最终确立。嘉靖以降，进一步完善了武举会试的考试时间与应试考生范围、考试内容、录取额数、武会试防弊体制等，提高了武举会试的规格地位。但在武会试自身的规制缺陷、武官世袭制度与重文轻武政治体制根深蒂固、明代君主专制政体下普遍的政风腐败等内外因素的作用下，武会试的抡才效果被无形降低。所以，有明一代，武举始终无法取得与文举并驾齐驱的地位。

关键词：明代；武举会试；武官铨选；科举

明代武举开科于天顺八年,① 是明代武官铨选的重要途径，其诠注由

---

* **作者简介**：黄群昂，韩山师范学院历史文化学院，博士，讲师。

① 明代武举制度整体研究的成果主要有晁中辰《明代武举制度》(《明史研究》第三辑，黄山书社 1993 年版)、李建军《明代武举制度述略》(《南开学报》1993 年第 3 期)、周致元《明代武举研究》(《文史》2003 年第 3 辑)、晁中辰《明代武举制度考论》(《文化学刊》2007 年第 5 期)、王凯旋《明代武举考论》(《社会科学战线》2008 年第 11 期)、张祥明《明代武举新论》(《齐鲁学刊》2011 年第 3 期)、郭培贵《明代武举的形成与确立》(《第十六届明史国际学术研讨会暨建文帝国际学术研讨会》，九州出版社 2015 年版)。明代武举开科时间，学界存在争议，但多数学者根据《明会典》与《明实录》的记载，都认为武举开科于天顺八年。晁中辰、李建军、周致元、王凯旋、郭培贵等均持此说。张祥明《明代武举新论》认为武举开科于弘治十四年 (《齐鲁学刊》2011 年第 3 期)，但张说忽视了弘治之前的武举制度处于萌芽与发展阶段。故这里采用天顺八年说。

兵部武选司负责。据《明史》载："凡大选，曰色目，曰状貌，曰才行，曰封赠，曰袭荫。""其途有四，曰世职，曰武举，曰行伍，曰纳级。""皆隶部除授。"洪武初年的武官铨选以勋旧为主，其后"乃参用将材，三岁武举，六岁会举，每岁荐举"①。武举、会举、荐举三者中由于武举具有选拔范围广泛、制度化程度高而逐渐成为仅次于世职的武官铨选途径。目前学界关于明代武举的研究已经取得一定成果，但主要是从武举的整体发展来对其进行论述。实际上，明代武举主要分为武举乡试和武举会试两级考试体系。② 由于武职冒滥，武举乡试中举者大多滞于地方，仅具经济待遇，并未正式进入武官铨选的制度体系。而武举会试作为明代武举的最高考试层级，其制度建设与发展对明代武举制度的制度建设、武举抡才功能的发挥起着重要作用，对明代的武官选拔体制改革与明朝军事的兴亡也具有深远影响。本文利用明代武举会试录及各官私档案文献，主要从明代武举会试的考试时间、地点、考试内容、录取率、考试程序等方面对其进行探讨，进而探讨其军政影响。

一、武举会试的形成与确立

天顺八年，"立武举法"，"凡天下贡举谙晓武艺之人，兵部会同京营

---

① （清）张廷玉等：《明史》《选举三》第1725页。

② 关于武举考试层级，由于受《明史·选举志》"崇祯四年，武举殿试自此始"说法的影响，大部分学者认为明代武举考试层级一直以来都是乡、会两级试，直到崇祯四年以后才形成乡、会、殿三级考试制度。李建军《明代武举制度述略》（《南开学报》1993年第3期）、晁中辰《明代武举制度考论》（《文化学刊》2007年第5期）、王凯旋《明代武举考论》（《社会科学战线》2008年第11期）等均持此说。而有些学者对此则提出质疑。郭培贵《明史选举志考论·科举》通过究本溯源，初步质疑并纠正《明史·选举志》"崇祯四年武举殿试"的错误说法，提出明代武举从始至终只实行乡、会两级考试，明代武举未设殿试。但作者没有系统、全面地对其进行阐述（详见郭培贵：《明史选举志考论》，中华书局2006年版，第261页）。刘小龙、郭培贵《明代武举未设殿试考》一文弥补了缺陷，该文通过细考相关史料，认为直至明亡，明廷都没有在会试上举行过由皇帝主持的武举殿试，崇祯四年会试只是开始由皇帝钦定其中式者前二十位的名次并举行传胪、给赏仪式而已（《教育与考试》2014年第1期）。一般而言，初级考试是为下一级考试准备（会试）、会试是为下一级考试（殿试）准备，笔者认为明代从始至终都没有举行殿试，因为崇祯四年的"殿试"并未再举行考试，而只是排定名次，根本不具备考试层级的基本要素，因此这里采用郭说。武举乡试的主要研究成果有黄群昂：《试论明代武举乡试的发展》，载《湖南科技学院学报》2016年第5期、黄群昂：《明代武举乡试的发展完善、成因及其影响》，载《教育与考试》2017年第5期。

总兵官于帅府内考其策略，于教场内试其弓马”，[①]“凡天下贡举谙晓武艺之人”，不分等级、不分阶层，扩大了应试者的选拔范围。这里的“帅府”即是中军都督府。中军都督府及校场作为武举会试的考试场所，主要是因为校场适合考试弓马，但毕竟中军都督府文场考试设施简陋，难以容纳大规模的应试考生，所以天顺八年的武举会试考试规模不大。成化年间，武举乡会试时行时废，录取规模小，以致有明人以为“武举，成化以前无”[②]，表明了处于制度初创期的武举制度运行尚处于不稳定状态。弘治初年，南京户部侍郎郑纪建言仿照文举考试模式于文科乡试考试次年设立武举会试考试。“京闱则钦命总兵官二员，会同兵部官巡按京畿……当日公定优劣，亦分为上中下三等。随即密封送入试院，与考试官分配等第。论策、弓马、阵法俱优者，列为上等；论策颇优而弓马稍次者，列于中等之前；弓马颇优而论策不及者，列于中等之后；论策弓马俱不及者，退在下等。照例择日揭晓，上中二等，送该部引奏。会试下等者，发回原卫肄业，以俟后科。”[③] 武举会试的策论考试进入“文场”考试场所，说明武举会试的考试规模扩大，武举会试考试的规范化程度进一步提高。此外，郑纪在武举会试考官派遣、考试内容、中式标准、中式名次划分、考试程序等方面都予以限定，这些建议在不同程度上为皇帝所吸纳，并促成了武举会试制度的初步形成。弘治十七年，兵部奏：“武举取中许泰等八人……例宜升署职二级。请如文举引见、赐宴、主席等故事，以礼振作。”明孝宗批复：“武举重事，将材须从此出。可特引见、赐宴；光禄寺仍送羊酒；令尚书刘健主席。今后三年一次举行，不中者，许再试，不必拘定次数。”[④] 弘治十七年的武举会试参照文举会试的考试方式，在考试时间、考试频次、武会试功名的授予与中式人员职位晋升、举行隆重的官方庆祝仪式等方面进一步规范武举会试制度，提高武举地位，奠定武举会试在武举考试中的关键地位。至此，经过天顺至弘治年间的制度建设，武举会试制度正式形成。

明武宗在参考斟酌唐宋武举殿试旧制与本朝文武举考试制度的基础

---

① 《明宪宗实录》卷一〇天顺八年冬十月甲辰条。

② （明）毕恭：《（嘉靖）辽东志》卷四《典礼志·武举》。

③ （明）郑纪：《东园文集》卷四《奏议奏设武举以培养将材疏》。

④ 《明孝宗实录》卷一九〇“弘治十五年八月乙巳”，第3502页。

上，将武举会试以制度化的形式确立下来。正德三年，太子太傅兵部尚书刘宇等奏言："孝宗在位，务储拔将材以资世用。虽尝三年一开科，犹以仪式未备，仍诏参定以闻。兹维其时，请一视文举例。简命司考校者，洎诸执事，自夏四月九日为始而三试之。"正德三年武举会试考试时间与文举乡试同年举行、实行三年一试，武举会试的应试者由各地武举乡试中式者构成，并由朝廷选任帘内官和帘外官①举行考试。主要考试内容与程序为"初骑射，次步射于教场，终策论于贡院，而皆间二日一试"②。中式标准为"初九日初场，较其骑射，人发九矢，中三矢以上者，合式。十二日二场，较其步射，亦发九矢，中一矢以上者为合式"③，并参酌策论成绩分等级。中式后朝廷举行欢庆仪式，"其揭晓陛见、赐宴之典，咸如旧所更定。上即报可。已而复请宴名，定曰：会武"。并"书获第之名氏并文之优者为《武举录》，而冠以条格"④。至此，其考试时间、内容、程序、中式标准、纂修《武举录》与举行会武宴等原则与流程完备。在录取额数方面，正德三年武举会试"应试者几四百人"，"既参其射以定差等，而取六十人焉"，⑤ 平均录取率高达15%，而该科的文举会试录取率仅为9%，⑥说明了武举会试的录取率较高。这些都标志着武举会试制度的初步确立。据史载，正德三年的武举会试制度在正德年间得以严格执行。正德九年春，"上既亲策进士于廷，遂诏有司试武举士。夏四月，太子少保兵部尚书臣陆完等具条格以闻。盖三年春，上所定也。越壬寅，试骑射，乙巳，试步射，完等莅之。戊申，试文三道。则命侍读学士臣清、中允臣咏主焉。既乃与都给事中臣阳春、臣金，郎中臣果，臣文祥等参互考校，取射之及格，与文之中程者六十人，录其氏名。又择其文之优者六篇刻之以

① 帘内官是负责出题、阅卷和取士的考官，包括主考官和同考官；帘外官是负责贡院准备、所有考务及供给的各种执事官，包括知贡举官、监试官、提调官、印卷官、受卷官、弥封官、誊录官、对读官、收掌试卷官、巡绰监门官、供给官等。因在贡院中，考官与执事官实行隔离制度，考官在帘以内，故称帘内官；各类执事官皆在帘以外，故称帘外官。（详见郭培贵：《中国科举制度通史·明代卷》，上海人民出版社2015年版，第304页）。

② （明）刘春：《东川刘文简公集》卷十二《武举录序》。

③ 《明武宗实录》卷三四"正德三年春正月庚申条"，第829页。

④ （明）刘春：《东川刘文简公集》卷十二《武举录序》。

⑤ （明）刘春：《东川刘文简公集》卷十二《武举录序》。

⑥ 据郭培贵先生研究，正德三年文举会试应试者数量为3880余人，会试录取数量为350人，平均录取率为9%（详见郭培贵：《中国科举制度通史·明代卷》，上海人民出版社2015年版，第392页）。

献，以传示于天下。武举之文，至是凡再录。盖真与文科并矣。”① 正德三年以后，武举会试与文举考试颇多相似之处，规格地位明显提高。

正德十三年，朝廷颁布《武举条格》。相比正德三年武举会试规制，正德十三年的武举会试规定更为细化，详尽规定武举会试的规制与中式者的官职选授、待遇等。武举会试与武官铨选制度间的紧密结合，标志着武举会试制度的最终确立。正德十三年的武举会试主要呈现以下新特点：

其一，武举会试考官品级地位高，各考官分工明确，主考官员与监察官员紧密配合。“会试之年四月，兵部于团营教场会集考验……内阁大学士、兵部尚书为考验官，提督各营官、兵部左右侍郎、锦衣卫官二人、给事中二人为同考验官，监察御史二人为监试官。”主持武举会试考务的官员以二三品文武大员为主，主要有内阁大学士、兵部左右侍郎、锦衣卫官、提督各营官。相比于武举乡试由各地巡按御史主考，会试则由位卑权重的监察御史监试。御史监试对严肃考纪、防止官员徇私舞弊具有重要意义，体现了武举会试作为最高层级武举考试的权威性、公平性。

其二，武举会试实行定额录取制度，严格控制武举乡试的录取数额，确保会试应考人员的政治和军事素质。正德十三年规定“会试每科中选如正德三年例，取六十人。官以品级为次，舍人序见任武职后，外取中选总小旗人等不得过二十人”，武举会试定额录取六十人。中式者授予其武进士功名，第一、二、三名授予武状元、武榜眼、武探花称号。另外，规定“各处起送必须操行无过，言貌出众、膂力过人及弓马熟闲、策答通晓兵法者，不得滥举以足额数”。通过审查应试者资格，严格中式标准，加强业务考核，一定程度上防止武举会试应试者滥竽充数。

其三，根据考试录取等级、武举中式者身份与原有职位，授予不同的武职。“中试官除都指挥使难升外，其都指挥同知以下俱升署一级，遇推用署指挥使同知、佥事，俱加署都指挥佥事职衔，俱终其身不袭。”属于在两京卫所、各都指挥使司任职的，“遇本都司及本地备倭守备、总运等缺”，优先推选。“未中选而曾经奏保者，各卫所军政、掌印、佥书、管屯、巡捕等缺，亦于武举中选官推用。”中试的世袭军户子弟，则待其袭职后，在原职基础上升赏。“中试总小旗、舍余、军余，两京及各边镇者，

---

① （明）顾清：《东江家藏集》卷十九北游稿清文渊阁四库全书本《武举录序》。

俱委管队；在外者，各于本卫所委管守城操练巡捕；其民人，委管本州县民壮。”① 从中可见，世袭武官的职位高低决定了中举者授予官职的高低，这说明武举会试为世职武官提供进身之阶，而对民人的提拔力度则不够。与文举考试出现的“朝为田舍郎，暮登天子堂”的现象相比，武举会试远不足以改变应试者的身份地位。但毕竟相比僵化的武职世袭制度，引入考试的形式公平选拔将才无疑是一种改革的尝试与进步。

二、武举会试的发展

嘉靖以降，明朝边疆多事，明朝统治者在改革武官选拔体制方面煞费苦心，武举会试制度由之而发展。嘉靖以降的武举会试规制在考官派遣、评价标准、任用规格等方面与正德年间的武举会试大同小异。嘉靖改革与发展主要包括考试时间与应试考生范围、规模，考试内容②和录取额数的变化、武会试防弊体制的完善等方面。其要者如下：

（1）考试时间与应试考生范围、规模。关于考试时间。嘉靖十七年，“钦奉圣谕，武举着秋行……方合其义，钦此。该本部议于秋九月举行，以后开科年，永为遵守”③。将武举会试的考试时间推延至九月，准备时间更为充裕。这一举行时间在其后被严格执行。例如，“隆庆戊辰秋九月，圣天子既命有司择郡国所贡材勇士于射宫”④。万历十六年，“万历己丑秋九月，天下材官介士待试，司马集之泽宫，校步骑射，其中的者，当以词臣试筹略”⑤。又如，崇祯元年，陈仁锡主持武举会试，“天子登极之元年秋九月，都试郡国材官介士”⑥。文武举会试考试时间具有一定间隔，为考试场所的布置、考官的派遣与各项考试制度的完整执行奠定时间基础。

关于应试考生的范围和规模。嘉靖元年议准，“武举官生，两京武学

① 《明武宗实录》卷一六六正德十三年癸丑条。

② 李建军：《明代武举制度述略》一文对明代考试内容的变化所述甚详，值得参看，本文对此则一笔略过（《南开学报》1997年第3期）。

③ 《大明会典》卷一百三十五《武举 武举会试条格》。

④ （明）张四维：《条麓堂集》卷二十《武举录后序》。

⑤ （明）王祖嫡：《师竹堂集》卷七序《武举录序》。

⑥ （明）陈仁锡：《无梦园初集》文集《武举录序》。

于兵部月考优等选取。在外，听巡按御史考试选取”①。相比于正德年间“各处起送必须操行无过，言貌出众、膂力过人及弓马熟闲、策答通晓兵法者”的规定，嘉靖元年的规定更为具体。各地选取两京武学优秀生员与各地武举人汇集京师，选拔的地域范围包括两京武学与全国各军事、行政单位，辐射边方、腹里等地，涵盖各个阶层，这扩大了会试应试者的范围。同时，嘉靖时期改革了往科会试落第武举人再次应会试需重新参加乡试的制度。嘉靖三十二年议准：“三次乡试中式武举官生，查照文举会试事例，免其再试。径许赴京会试。”② “三科武举”概念的提出，既保护了落第举子的利益，也客观上使应试考生的规模呈现不断扩大的趋势。嘉靖十七年“天下武举士集京师者七百九十人而奇”③，与正德时期“应试者几四百人”④ 的规模相比，嘉靖时期应试考生扩大近两倍，可见会试考试愈加激烈。

（2）武举会试录取额数。明代武举会试的录取人数，在天顺至弘治年间的形成时期规模较小。据载：“及查成化四等年，武举取中，少者二名，多不过七名，弘治十七等年，少者十五名，多不过三十二名。”⑤ 正德年间则规定武举会试录取的名额为六十名。嘉靖以后对武举会试录取名额予以增加。但从史料来看，由于历来统治者“重文轻武”的趋向，武举记载史料少。明代武举录也多有遗失。现存的明代进士登科录当中，武举录共有四科，分别是《嘉靖十七年武举会试录》《嘉靖二十八年苏松武举录》《嘉靖三十一年福建武举乡试录》《嘉靖四十四年武举会试录》。⑥ 现存的武举录当中武举会试录仅存二科，笔者在搜集武举录的基础上，利用《明实录》与各类文集等官方史书，兹谨将笔者所搜集到的嘉靖至崇祯间各科会试应试考生数和录取数如表 1 所示。

---

① 《大明会典》卷一百三十五《武举武举会试条格》。

② 《大明会典》卷一百三十五《武举武举会试条格》。

③ 屈万里：《明代进士登科录汇编》《嘉靖十七年戊戌科武举会试录武举录序》。

④ （明）刘春：《东川刘文简公集》卷十二《武举录序》。

⑤ 屈万里：《明代进士登科录汇编》《嘉靖十七年戊戌科武举会试录》。

⑥ 屈万里：《明代进士登科录汇编》，台湾学生书局 1969 年版。

表1　嘉靖至崇祯时期各科会试录取额数统计①

开科年份	录取名数（名）	第一名	出处与说明
嘉靖二年四月	30	杨州鹤	《世宗实录》卷25第728页
嘉靖五年四月	50	孙堪	《世宗实录》卷63第1471页
嘉靖八年四月	50	王浩（一说为王佐）	林文俊《方斋存稿》卷3《武举同年录后序》、徐咸《皇明名臣言行录》续集卷8《王佐》则记为“王佐”
嘉靖十一年四月	60	周乾	《世宗实录》卷137第3230页
嘉靖十七年九月	65	袁士	《世宗实录》卷216第4431页。《明代进士登科录汇编·嘉靖十七年戊戌科武举会试录》
嘉靖二十三年九月	40	王世科	《世宗实录》卷290第5579-5580页
嘉靖二十六年九月	70	尹凤	《世宗实录》卷327第6039页
嘉靖三十二年九月	90	文质	《世宗实录》卷402第7048页
嘉靖三十五年九月	80	周敖	董份：《泌园集》卷25《武举录序》
嘉靖三十八年九月	85	杨斌	《世宗实录》卷476第7579页。明·李春芳《贻安堂集》卷4《武举录序》
嘉靖四十一年九月	85	陈彦	《世宗实录》卷513第8429页
嘉靖四十四年九月	90	程文范	《明代进士登科录汇编·嘉靖四十四年武举会试录》
隆庆二年九月	100	杨俊卿	明·张四维《条麓堂集》卷20《武举录后序》
隆庆五年九月	110	谢天佑	《穆宗实录》卷24第665页
万历二年九月	80	袁白章	《神宗实录》卷61第1492页
万历五年九月	80	张大德	《神宗实录》卷67第1461页
万历十一年九月	100	李延机	《神宗实录》卷142第2640页
万历十四年九月	100	陈大猷	明·赵用贤《松石斋集》文集卷8《武举录叙》

① 郭培贵：《明史选举志考论》，中华书局2006年版，第255-260页主要利用《明实录》对天顺至崇祯年间的武举会试录取情况予以统计，笔者在阅读《明实录》与搜集大量文集史料的基础上，以郭表为基础，予以补充。

续表

开科年份	录取名数（名）	第一名	出处与说明
万历十七年九月	100	赵绅	《神宗实录》卷 215 第 4028 页
万历二十年九月	120	顾凤祥	明・冯琦《宗伯集》卷 14《武举录序》
万历四十一年九月	130	顾景元	《神宗实录》卷 511 第 9670 页
天启二年九月	160	郑惟城	《熹宗实录》卷 29 第 1443 页
天启五年九月	100	姚万宪	《熹宗实录》卷 63 第 2983 页
崇祯元年九月	120	周思庶	《崇祯长编》卷 2
崇祯四年十一月	120	王来聘	《崇祯长编》卷 52

由上表所示可知，除了嘉靖初年短暂反复以外，嘉靖至崇祯年间的武举会试录取额数呈现持续增长的态势。其中尤以天启二年中式者达到 160 人之多。而相比成化、弘治年间的几名、十几名，相差达 100 多名，录取名额扩大 10 倍左右，可从侧面反映武举会试考试规制的逐渐完备与武举在武官选拔体制中的地位稳步提升。嘉靖三十二年以后，武举会试的录取额数在 100 名上下波动，表明了武举会试运行处于稳定状态。而随着统治危机的加深，武举会试的录取额数愈趋增加。尤其是万历四十一年、天启二年、崇祯元年、崇祯四年四科，武举会试录取额数达到空前状态。这表明了统治者尝试通过扩大武举会试录取名额的方法来增加选拔合格将才的概率，以应对日趋恶化的军事形势。可惜的是，仅仅通过扩大武举会试录取额数的方法来改革武官选拔体制的方法不得要领，于明朝覆亡的大势无济于事。

（3）武会试防弊体制的改进。天顺八年武举开科，应试者于“帅府”较试。因应试规模小、行之仓促，所以武场考试防弊规制并未跟着建立。正德年间在考官的设置上，除了主考官、同考官以外，设立监试官维持考纪。监试官依照文举会试入场搜检制度，命令对进入考场的举子进行检查，杜绝其携带与考试无关的物品。“止就身搜检，举巾看视，不必屏脱衣服，剥露体肤”①，这一方面固然维护了举子的体面，另一方面则给举子

① 《明武宗实录》卷一三二正德十年十二月己亥，第 2630 页。

怀挟作弊以可乘之机。而最为难以防备与监试力度远远不够的是步下箭与马上箭两场考试。万历年间，在监试御史毛堪一再吁请下增加了对武场考试的监督力度。“试箭之宜严也。文场监试两臣，东西搜检点进，似已严密，犹有法外之遗奸，乃武场试箭则异是矣。官生既多，不得不分为十围。臣等即尽日之力，亦仅可分校两围耳。其余势所不逮，监察难周，虽府部堂属，济济多贤，然下役夤缘……臣以为宜申饰各官，倍加防检，互相觉察，倘有不自爱者，臣等纵不能登时纠举，定行访实上闻，必不敢自溺其职也。”通过严格监试职责分工，增加监考人员名额，强化问责制度，减少监试疏漏。而在文场考试方面，为了防止泄露题目，推迟了上呈试题的时间，加强保密工作。“进录之宜迟也。向来武场试题，往往先时泄漏，致腾物议，岂诚官之有心作弊哉！良由试录进呈，即在发榜之日，多系预先属稿，以待刊刻下役耳。目遂不能尽防，臣以为宜照文场例，先呈题名，俟旬日后呈录，则临时拟题，可杜窥伺之隙矣。”[①] 天启五年，御史陈朝辅条武闱末议曰：“监射宜公，试题宜秘，磨勘宜严，遗才宜收。”御史石三畏亦条列四款，曰：“查代替，严监射，拟试题，创廷试。”兵部具覆言：“二臣条画武场事宜，如代替怀挟诸弊，此外帘之责。臣部业与该管司官严为诎毖。其试题则内帘之责，诸臣自能矢公矢慎，以襄大典”[②]，防弊制度建设不可谓不密。然而，至崇祯年间，竟然有人罔顾制度，利用权势公然作弊。“乃今者武闱大选……闱二场步箭较射之时，至武生李起凤，止中一矢，旁有青衣数人，口称厂卫人役，强逼司官，添作三矢，奉司官执公怒叱不行，臣不知起凤有何神通，弁髦国宪，公然无惮，敢于行私”[③]。所谓“厂卫人役”以皇权为靠山，明目张胆地破坏制度，篡改考试成绩进行作弊，可见君主专制政体下产生的权力滥用对武举会试防弊制度的运行与发展产生了消极的影响。

三、武举会试的作用

明代文官铨选的主要途径是科举，而武官铨选的主要途径是武官世

---

① （明）毛堪：《台中疏略》卷四《武场监试条陈疏》。

② 《明熹宗皇帝实录》卷六十三天启五年九月丁未。

③ 《敬亭集》卷七《文武闱大弊疏》。

袭。“文职设科贡二途以取士，武职世袭，故不设科”①，所以武举一直未开科。武官世袭制度的设立是为了奖励为明王朝的奠基建立功勋的武臣，“国初武职虽世袭，法不滥也。武职之滥也，其自永乐始乎？革除年间，卫所官旗者有称。全城归顺，升听者有称江上朝见，并有功升职者”。永乐初，“令洪武三十一年至二十五年奉天征讨有功升职者为新官，子孙年十六，出幼袭职替免比试。永乐元年以后，与旧官同……又如此武职之滥其始于此乎？”“武职冗滥，京师为甚，俸给不时入，非善治生、顾行检者，往往指俸预贷于人”。② 时移势转，世袭武官日益冗滥，至明末竟至无俸可发的地步。世袭武官凭借祖荫袭职，一无所长，军事素质低下，无力应付日益复杂的军事斗争。为了选拔具有真才实学的武将，武举由此而开科。而武举乡试由于是基础层级考试，所选的武举人一般仅具经济待遇，朝廷给其支米，或者冠带荣升。武会试中式者具有武进士功名，中式者除了第一名升署职二级以外，其他的均升署职一级，并由兵部武选司统筹安排至京营或地方各都司任职。

虽然武举会试存在的初衷是为了打破武官世袭制度僵化的选官模式，但在实际运作过程中却难以达成这一目标。经过长时间发展，世袭武官集团形成庞大的利益共同体，占据了大量武职实缺。而武举会试录取人数多，实缺少，“兵部题：‘会试中式武举迩来若甚急，而用实甚缓，往往有录而不用，用而不尽之叹，岂国家设科意哉！”。武官员额固定，“不过钦依守、把、提、备等官，总计各处员缺四百余员”。其中“见任者居十之八九，世职待用者十之五六”③，武进士的仕进之途为世袭武官所阻，长期处于待选状态。部分武进士“既登科目，文义自明，乃推升不尽，空老冠裳，不知举之为何，竟弃之无用也？”④ 另外，明朝廷在对武会试中式者的官职升赏方面，注意照顾世袭武官的政治利益，让其在原有职位的基础上给其级别上的晋升，而民人则被任命为最低级的、无实职的武官。世袭武官与民人身份差距的鸿沟难以逾越，降低了武举会试的社会流动性与公平

① （明）王琼：《晋溪本兵敷奏》《续修四库全书》编辑委员会编上海古籍出版社史部第0476册为武举事。

② （明）何孟春：《余冬录序》卷五七《四库全书存目丛书》影印本，子部第102册，第150-151页。

③ 《明神宗实录》卷四百八十三万历三十九年五月辛酉条。

④ （明）吕坤撰：《实政录》九卷，《续修四库全书》0753史部职官类，第四五三至四五四页。

性。武举会试中式者若欲由署职转任更高一级实职，需在有实缺的基础上，一是凭借军功，二是凭借官员的层层拔荐。例如，“太子太保兵部尚书臣赵等谨题为遴选将材，谨请推补旗鼓生营官员事，职方清吏司案呈，奉本部送准两广总督胡□咨照得：臣衙门旗鼓一官，朝夕宣号令，整肃戎行，必须材勇兼优，始克称任……查有岭西兵巡道、中军守备、以都指挥体行事、指挥佥事刘宇请缨壮志……智略堪拟众旅，该道亟□其能，臣亦心韪之，相应改补旗鼓员缺”①。武进士的仕途荣辱与命运深嵌入复杂的政治社会网络中，限制了武官选拔体制改革的效果。

与此同时，武会试的规制缺陷制约了武举选官的效果。例如，在中式标准上，明代武举会试的中式标准是以策论优者为上等，策论优、弓马稍劣者为次等，策论劣的为下等，体现了重谋略、轻技艺的基本原则。所谓“臣见从来武举，多以论策取中，不惟开假代之门，炫欺人无用之画，即使忠勇如韩世忠、狄青、李抱真等，若应此科，且亦不能自见”②。由此许多文举落第举子亦趁机混入其中，以求一逞，可谓“凡今之学为武者，始未有不先习文者也。习文不成，则退而循下，大约皆跅弛骀宕之流尔，不得已而设为科目以处之”③，很难保证选拔文武兼备的人才。明人吕坤认为武举会试所考的策论是寻章摘句之学，无济实用。“策摘括段之文，论拟必出之句。凑泊成章，便得会举。曰：此将材也”④，以此遴选将才可谓荒谬。崇祯四年，“御史钱守谦上言，谓：‘武举所习固套，但求合式，专以策、论去取，天下皆然。今年会试，仍是旧日之人，亦何由而骤得奇士’！”⑤ 同时，武举策论阅卷与主持武会试的官员主要为不知兵的文官。如嘉靖三十五年九月，“命翰林院学士董份，侍读瞿景淳主武举会试”⑥。隆庆五年，“命翰林院侍读学士丁士美，左春坊左中允兼翰林院编修申时行主武举会试”⑦。身居翰林，懵不知兵，舞文弄墨的文士竟成武举会试的

---

① 《兵部尚书等荐刘宇堪补旗鼓、守备员缺事题行稿（天启四年正月初八日）》，见《中国明朝档案总汇》，广西师范大学出版社 2001 年版，第 365 页。

② （明）董应举：《崇相集》卷一疏一明崇祯刻本《危急效计疏》。

③ （明）张溥：《七録斋诗文合集》馆课卷一《选择将帅之术议》。

④ （明）吕坤：《去伪斋文集》卷一《摘陈边计民艰疏》。

⑤ 《崇祯长编》卷五一崇祯四年十月丙辰条第 2980 页。

⑥ 《明世宗肃皇帝实录》卷之四百三十九嘉靖三十五年九月戊辰。

⑦ 《明穆宗庄皇帝实录》卷之六十一隆庆五年九月癸酉条第 1489 页。

主试与判卷官员，焉能保证所选军事人才具有文韬武略之资？况且选拔武官重在实战，与选拔文官大相径庭。“鄙见以为选将与校士不同。若用之于腹里军政，则取其廉谨才华之美。至于边庭，斩将搴旗之士，必须曾经战阵，谋勇素闻者，始可以当之。古之名将，起于行伍居多，若徒以文义求之，虽读父书如赵括者，亦将安用？况今之所试论策，皆下第生员所能者，纵使长于骑射，亦不过一人之敌耳，恐未足以知真将才也。”① 以上种种缺陷，都在很大程度上限制了明代武举会试制度的抡才效果。

尽管如此，武会试因其严密的考试规制，也为国家选拔了具备一定素质的军事人才，巩固了明朝的国防。例如，正德年间，“命都督佥事韩辅子玺，代为署都指挥佥事。玺例应授指挥使，以中武举升署一级云”②，韩玺升任高级将领，颇具边功。同时期的“后军都督府都督同知郭鋐”，“初嗣指挥使。成化乙酉，以广西荔浦功，进都指挥佥事。己丑中武举，进都指挥同知。戊戌备倭扬州……壬子，升副总兵，镇广西永安诸路。时苗獞攻掠府江，鋐请兵进剿，俘斩甚多”。③ 郭鋐镇服西南土司，军功赫赫。嘉靖时期武会试中式者更是名臣辈出。例如，“胡襄懋（宗宪）善相人，武举朱暹，一见许以总兵，卒如其言，为名将”④，朱暹后中会试，被朝廷重用，成为抵御蒙古入侵的中流砥柱。陆炳，为维护京师的安全也殚精竭虑。“掌锦衣卫事太保兼少傅陆炳，浙江平湖人，祖墀以尺籍隶锦衣卫……炳，松之子也，中武举会试，授副千户，积功至指挥佥事。”⑤ 还有著名的抗倭名将俞大猷，“原任福建泉州卫百户，嘉靖十四年武举中式，升署正千户”⑥，屡屡挫败倭寇的节节进攻。万历年间游击将军吴贞庵，“庚辰中武举，第晋指挥同知。大司马器其材选，掌金吾卫事。调小营把总，晋新江营坐营”⑦。吴贞庵任职期间在江防体系的构建过程中起了重要的作用。由此可见，武举会试制度的建立及其运行为明朝选拔了拱卫皇室的军事人才，其作用不容忽视。

---

① （明）顾应祥：《静虚斋惜阴録》卷十一《杂论二》。
② 《明武宗孝皇帝实录》卷之三十八正德三年五月乙卯条。
③ 《明武宗毅皇帝实录》卷之五十四正德四年八月辛亥条。
④ （明）丁元荐：《西山日记》卷上神识。
⑤ （明）焦竑：《国朝献征録》卷一百九《锦衣卫掌锦衣卫事太保兼少傅左都督陆炳传》。
⑥ （明）郑晓：《郑端简公奏议》卷十三《刑部类覆题俞大猷黎鹏举立功疏》。
⑦ （明）焦竑：《焦氏澹园集》卷三十《墓志铭游击将军贞庵吴公墓志铭》。

明前期军事力量强盛，武将云集，朝廷应对军事危机举重若轻。明中后期以降，边海疆多事，卫所制度败坏，武官冗滥，朝廷对将才的渴求日甚一日。武举会试的产生与发展正是与明代政治军事格局的演变桴鼓相应。总体而言，武举会试引入考试竞争的要素，其发展对改革武官选拔体制具有一定的积极意义，也选拔了一些有用的人才，对明代军政格局产生积极影响。但在武会试自身的规制缺陷、武官世袭制度与重文轻武的政治体制根深蒂固、明代君主专制政体下普遍的政风腐败等内外因素的作用下，武会试的抡才效果被无形降低。以致有人屡屡认为武举会试的设立对明代军事的发展作用有限，“但其所得，不过挽强引重之粗材，入耳出口之腐语，且待之甚轻。即至总、副、参、游，要亦命于人，非命人者”。武进士即使有幸任实职，“至居阃外，所听命者，又竖儒也”①。明代的军事指挥体制呈现以文驭武的特点，武会试规格虽不断提升，但从整体看，武进士政治地位并不高，与武进士相比差若天渊。所以有明一代，武举始终无法取得与文举并驾齐驱的地位。

① （明）叶春及：《石洞集》卷二清文渊阁四库全书补配清文津阁四库全书本《择将帅》。

明代儒生弃举从医现象略论

张献忠　尹金秀*

摘　要： 中国古代一向是重儒轻医，明代亦如此。但与前代不同的是，明代出现了众多儒生弃举从医的现象。这一方面与明中后期科举竞争加剧的现状密切相关，另一方面是因为受当时思想观念的影响，有的也与儒生个人经历或社会环境有关。儒生弃举从医现象的出现对当时社会产生了很大影响，一方面拓宽了士人的谋生方式，另一方面壮大了从医者队伍，使得更多的病人得到救治。而其更为深远的意义则在于，大量儒生弃举从医，促进了明代医学事业的发展。明清时期不仅形成了完善而系统的中医理论体系，分科也进一步细化，与现代中医的分科基本相同，中医的临床实践也取得了很大发展。

关键词： 明代；儒生；弃举从医；中医学

在明代科举兴盛的情况下，出现了众多儒生放弃科举转投医业的事例，其背后有着种种复杂的原因，并对当时社会，特别是医学的发展产生了深刻影响。针对这一现象，一些明代儒、医相关论文中曾略有提及，但未有专门研究。本文在此对这一现象发生的社会背景、出现的原因以及由此带来的影响展开进一步探究。

---

* **作者简介：** 张献忠，历史学博士，天津师范大学历史文化学院教授、博士生导师，主要研究方向为明清史、医疗社会史、书籍史；尹金秀，天津师范大学 2020 级硕士研究生，主要研究方向为明清史。本文系 2021 年度国家社科基金项目“明代科举考试用书与思想文化互动关系研究”（21BZS009）的阶段性成果。

一、明代“重儒轻医”的社会现状

在中国古代社会，“士农工商”之中，一向是“士”的社会地位最高，最受人尊重。明朝建立以后，依然沿袭汉代以来的思想文化政策，尊孔崇儒，将儒学作为官方正统思想，重用儒生来充实各级官僚机构。洪武三年（1370）正式实行科举制度，首场取“四书”“五经”命题，此后（洪武六年曾罢科举，十五年复设），通过读书习儒，参加科举考试取得功名，成为时人入仕做官的重要途径。

一方面，随着明代科举功名体系的进一步完善，儒生可以享受更为优厚的待遇，我们可以看一下明代科举取士的大略情况：

> 状元授修撰，榜眼、探花授编修，二、三甲考选庶吉士者，皆为翰林官。其他或授给事、御史、主事、中书、行人、评事、太常、国子博士，或授府推官、知州、知县等官。举人、贡生不第、入监而选者，或授小京职，或授府佐及州县正官，或授教职。①

由此可见，明代儒生一旦通过科举取得一定功名，就有了相应的选官资格，科举成为时人入仕为官，进而提高社会地位，步入统治阶层，获取政治、经济特权的途径。

另一方面，出于国家对选官用人的重视，明朝统治者不断根据现实需要对科举制度进行完善，科举制度因此达至鼎盛，科举考试也更为公平客观，更具开放性，所有这些都源源不断地吸引着社会各阶层的人士加入举业。

在选官用人上，相对于唐宋科举与门荫、恩荫的并驾齐驱，以及元代科举长时段的停罢与鲜明的民族色彩，明代相对来说科举入仕所占比例更大，特别是明中后期，文臣绝大多数都是通过参加科举考试后入朝为官的。明朝在洪武三年正式实行科举制，明太祖在当时所下达的诏书中便言明设科举的意义在于“取经明行修，博古通今，名实相称者”②，并且提出

① 张廷玉：《明史》卷70《选举二》，中华书局1974年版，第1695页。
② 张廷玉：《明史》卷70《选举二》，中华书局1974年版，第1695页。

要做到“由于使中外文臣皆由科举而进，非科举者，毋得与官”①。诚然，由于立国之初急需补充官僚队伍，明朝在间行科举的同时，“而监生与荐举人才参用者居多”，但到明中后期，“进士日益重，荐举遂废，而举贡日益轻”，出现“众情所趋向，专在甲科”的局面。② 见科举成为其选官最主要的途径。且明代对考试的内容范围、格式作出了统一规定，并完善了防作弊制度诸如考官回避制度、锁院制度等，又考虑到地区差异，实行会试分卷制度，从而使科举考试更为公平公正。

另外，明代的科举面向人群更为开放。相对于唐宋对工商业者参加科举的种种限制，明朝科举几乎向所有阶层的读书人开放，除贱民户籍外，所有属于良民户籍（包括民户、军户、匠户、灶户等）的男子都有入学和参加科举考试的资格，有学者对此进行了分析，认为具有良民身份的户籍几乎占明代户籍的全部。③ 因而，参加科举考试成为人们跨越社会阶层，提高社会地位的重要途径，于是社会各个阶层、各行各业的人都热衷于科举。

总之，明代的思想和科举政策，进一步提高了儒生的社会地位。明人推崇儒学，纷纷学习儒家典籍，积极参加科举。据相关资料，明中叶后，由各省直提学官主持的确认应试儒生乡试资格的科考考试中，人数多者可达上万甚至数万。④ 有明人对当时的科举盛况做过描述：“黉序之间，五尺之童，皆知诵义理之文而宗圣贤之学；场屋之士，操笔议论，动数千言，皆煜然成章。”⑤ 由此可见，“学而优则仕”在当时成为大部分士人的共同选择。

然而，相对于儒学被大力推崇、人们对科举的趋之若骛和对儒生的尊重，医学却受到轻视和冷遇，医者也时常遭遇不平的对待。

在思想方面，儒家思想一向重视人文伦理而轻视科学技术，把包括医学在内的其他知识视为奇技淫巧、旁门左道。在传统的观念中，多有“医为贱工”的思想，在正史和地方志中，医也被归于方技之列。医与儒的地

① 张廷玉：《明史》卷70《选举二》，中华书局1974年版，第1695-1696页。

② 张廷玉：《明史》卷69《选举一》，中华书局1974年版，第1679页。

③ 郭培贵：《中国科举制度通史·明代卷》，上海人民出版社2017年版，第71-72页。

④ 郭培贵：《明代科举各级考试的规模及其录取率》，载《史学月刊》2006年第12期。

⑤ 顾清：《东江家藏集》卷20《会试录后序》，见《景印文渊阁四库全书》（第1261册），第580页。

位更是天壤之别，“儒以纲常治天下，岂方技所得比？”[①] 这也是大众的一般态度。明代亦是如此，这从明人的只言片语中即可窥见一斑，如明代医学家何瑭曾在《医学管见》的题词中说：“医虽小道，而可以寄死生之命。”[②] 此语虽然表达的是他对医学救死扶伤功能的肯定，但也不难从中得见当时社会人们心中“医为小道”的普遍看法。

在国家制度层面，医者的待遇也远不如儒生。在政治上，相对于儒生考取进士便有机会入翰林，明初太医院院使，秩仅正三品，洪武十四年，又降为正五品。[③] 在经济上，相对于明代儒生一旦成为生员即可享有“除本身外，户内优免二丁差役”[④] 的优待，及元代医户所能享受到的一定免役特权，明代医户却仍属普通民户之列，[⑤] 没有太多的经济特权；甚至于即便是太医院的院士，也没有优厚的待遇，明前期太医院医士并没有月粮，直到宣德时“医士贺祥等奏贫无以赡，比照天文生例，请给月粮。始命有家者月支米五斗，无者月三斗”[⑥]。由此可见，明代无论在思想上还是政策上都比较轻视医学。同时，在社会上，大多数医士往往地位较低，医者遭受歧视和迫害的事件也时有发生。

在重儒轻医的社会风气下，医学的发展势必要受到影响，甚至从医有时都不是世医子弟的第一选择，他们中不少人纷纷投入举业。这一情况也将在下文中略有涉及。

二、弃举从医的现象及其原因

前文对明代“重儒轻医”的社会现状作了简要分析，然而，就是在这种社会背景下，纵观明代医史，却不难发现存在众多儒生弃举从医的现象。据笔者不完全统计，有明一代，仅是有医书传世的医家之中，有明确文献记载其为中途弃举从医的竟多达数十人，其中包括龚廷贤、汪机、吴

① 宋濂：《元史》卷125《列传第十二》，中华书局1976年版，第3072页。

② 转引自严世芸：《中国医籍通考》（第2卷），上海中医学院出版社1991年版，第2486页。

③ 张廷玉：《明史》卷74《职官三》，中华书局1974年版，第1813页。

④ 南炳文、吴彦玲辑校《辑校万历起居注·万历三年》，天津古籍出版社2010年版，第105页。

⑤ 龙文彬：《明会要》卷50《民政一》，中华书局1956年版，第936页。

⑥ 余继登：《典故纪闻》，明万历王象干刻本，第255页a。

崑、邹志夔、李守钦、李中梓、万全、缪希雍、李梴等，这些明代著名的医学大家。这些人在医学上取得了不菲的成就，但他们最开始时都是从事举业，后来弃举从医，并成为著名的医学家。其他弃举从医但未有医书传世或是所著医书现已散佚的儒生应当更不会在少数。

就前文所分析的明代社会儒、医现状来看，难免会让人觉得大量儒生选择弃举从医实在是一种难以理解的“奇怪”的社会现象。那么，产生这种现象背后的原因是什么，又会对当时的社会产生怎样的影响呢？

明代众多儒生弃举从医现象的出现，背后有着种种复杂的原因，既受到当时社会背景、思想观念的影响，也与儒生个人等因素密切相关。

其一，在众多儒生弃举从医的事例中，最为普遍的原因便是儒生举业的不顺。由于明代科举考试竞争压力极大，儒生在屡试不第后，最终选择从医。有学者专门对明代科举各级考试的规模及其录取率进行过研究，得出以下结论：

> 明中叶后，各省直的科考规模在四五千人至数万人之间，平均录取率估计在10%上下。乡试录取率，明初一般在10%上下，成、弘间定为5.9%；嘉靖末年又降为3.3%；而实际录取率又低于此。会试录取率，自洪武至万历中平均为8.6%；其中，洪武至永乐二年平均为21.7%，永乐四年至万历中期平均为8.4%。①

由此可见，明代各级科举考试的录取率都很低，特别是到了明中后期，科举竞争极其激烈，每次考试势必会有大量的举子落选，他们在多次落榜后，对科举一事逐渐失望，加之生活压力，于是选择转投他业，其中，就有众多儒生选择业医。如《脉理正义》的作者邹志夔“少业儒，一再试被黜，遂弃去”②，后来精通于医学。又如《诊家正眼》的作者李中梓“以良相之材而屡困场屋，数奇未遇”，后在医学上“登峰造极”。③

至于这些弃举的儒生缘何选择业医，也是受多种因素的影响。其中一些人是受思想观念的影响。一则是受“医儒相通”观念的影响。古人多认为医学和儒学之间有互通之处，医儒二者互为表里，儒生从医恰好可以

① 郭培贵：《明代科举各级考试的规模及其录取率》，载《史学月刊》2006年第12期。
② （光绪）《靖江县志》卷14《艺术》，第62页b。
③ 李中梓：《诊家正眼》，北京：中国医药科技出版社，2011年，“尤序”，第1页。

“因学以明医，借医以明学”①。如王国光在为杨继洲《针灸大成》所作的序中言：“余素知杨子去儒业业医，今果能以医道侔相功，益信儒道之通于医也。”② 二则是受到儒家“济世”思想及“不为良相，则为良医”思想的启发。一些儒生在屡试不第后没有从事其他职业，而是选择业医，很大的原因是受到儒家“济世”思想的影响。儒生长期学习儒家经典，深受其入仕济世思想的熏陶，“修身、齐家、治国、平天下”已经成为其价值观。在科举无望后，为官济世的抱负受挫，又受前人“达则为良相，不达则为良医”之语的启发，希望通过业医治病救人，以另一种方式来实现自己济世的志向与抱负，这种思想在许多弃儒从医的医家口中都曾提及。如，吴崑在《脉语·自序》中便言道：“越十年，以举子业不售，里中长老谓余曰：‘古人不得志于时，多为医以济世，子盍事医乎？奚拘一经为也！’余于是投举子笔，专岐、黄业，乃就邑中午亭余老师而养正焉。”③

另外，有一些儒生屡试不第后选择从医也是受到家学渊源的影响。正如上文中所提到，在明代“重儒轻医”的社会环境下，许多世医子弟选择了科举入仕之路，然而，当他们的举业之路行不通后，往往又回归世业。如前面提到的医家杨继洲，其“幼业举子，博学绩文，一再厄于有司，遂弃其业业医”，他的家族数代业医，父祖皆曾任职于太医院，“医固其世家也”，家中所藏医书甚多，为其日后学医提供了丰富的资源。④

其二，也有不少儒生是由于某些个人或家庭原因而弃举从医的。有的儒生是因病从医。如缪存济，“妙龄攻举子业，游学姚江，既而多病，即就叔肆轩岐之术”⑤。又如梁学孟，其幼习举业，十分刻苦，“每下帷发愤，忘食废寝，耳不知有嚣哗，目不知有形色”，然身体羸弱，“火病大发，几

---

① 何瑭：《医学管见》，“题词”，转引自严世芸：《中国医籍通考》（第2卷），上海中医学院出版社1991年版，第2614页。

② 杨继洲：《针灸大成》，天津科学技术出版社2017年版，“《卫生针灸玄机秘要》叙”，第5页。

③ 吴崑：《脉语》，见《中国医学大成》，上海科学技术出版社1990年版，“序”，第1页。

④ 杨继洲：《针灸大成》，天津科学技术出版社2017年版，“《卫生针灸玄机秘要》叙”，第5页。

⑤ 缪存济：《新刊伤寒撮要》，见《中国古医籍整理丛书》，中国中医药出版社2015年版，“序一”，第1页。

不起”，痊愈后弃举从医。[①]《医林正印》的作者马兆圣在该书自序中也对其弃举从医的经历有所提及：

余家世能医，因各售儒，弗以医名。余少承先君子业，十余岁搦管为举子家言，稍有端绪。年十五，忽抱危疾，郡邑老医皆为袖手。遂废举子业，尽发先世所藏岐黄诸书……病亦寻解，复恋呫哔前业，竟其事，而事变更起，终复蹉跎，扼腕无聊，旧疾仍作……于是壹意专攻医业。[②]

马兆圣的从医之路也是经历了一番曲折，他原本是从事举业，后因自己患病弃举从医，但仍不愿就此放弃科举，于是在病愈后又回归举业，但因世事更变，旧疾复发，最终决意专攻医学。可见对不少儒生来说，弃举从医有时也确系无奈之举。

有的儒生是为侍亲而弃举从医，他们的举动无疑也是对儒家孝道的践行。他们中有的因为家里的父母身染重疾，而去接触医学，最终决定放弃举业而从医。如顾儒便是因为父亲生病而久病成医，这点他曾在《简明医要》自序中言明：“儒因先君多病，久病成医，得延寿考，乃示余曰：‘事亲者不可不知医，汝能攻之，非惟济世，亦可养生，古良医良相并驰于穷达之间，药有益于生民，则相业不见其多，而医道不见其少，汝姑勉之。’余拜敬诺，即弃儒就医。”[③]《医学正传》的作者虞抟，也是“幼习举子业，博览群书，能词章”，后来“因母病攻医，医道大行，求疗者不贵其报，尤精于脉理”。[④]

其三，有些儒生则是困于生计，从医成为其谋生之举。顾逢伯就曾发出喟叹：

人生百年，旦暮几何，所难遂者适意耳，他尚奚恤哉？但高堂垂白，俯顾妻儿，无以为资生计，入利途便奔走不暇，较趋名更桎梏甚，莫若就

---

① 梁学孟：《国医宗旨》，见《中国医学珍本丛书》，上海科学技术出版社1984年版，“自序小引”，第1页。

② 马兆圣：《医林正印》，见《中国古医籍整理丛书》，中国中医药出版社2016年版，“自序”，第1-2页。

③ 顾儒：《简明医要》，“自序”，转引自严世芸：《中国医籍通考》（第二卷），上海中医学院出版社1991年版，第2626页。

④ 崇祯《义乌县志》卷17《人物传·方伎》，第548页a。

医，济人以自活，闲时可适志。①

参加科举的考生并非都是出身于富贵之家，平民百姓甚至是贫民子弟并不在少数，然许多儒生在备考时一心读书，无暇他顾，生计迟早会成为问题，相比于弃举后“入利途”，儒生更愿意从医。

其四，政治也会成为促使儒生弃举从医的一个因素，不少儒生受政局动荡的影响，选择“隐于医”。如袁黄的家族在其高祖袁顺时因受到靖难之变牵连，不得已离乡逃亡，也失去了科举入仕的资格，其后数代人选择从医，其中就包括袁顺的儿子袁颢和曾孙袁仁，直到袁黄时，方再次参加科举。袁颢也对自己的这一经历有过提及，称“吾年十八，已能操笔为举业，将赴于县试”，受到父亲的劝阻，考虑到“吾家既不应举，子孙又未必能力耕，而工商皆不可为……于诸艺中，唯医近仁，习之可以资生而养家，可以施惠而济众”，于是选择从医。② 在明末社会动荡，明清鼎革之际，更是有大批儒生弃举从医。如明人宋龙，万历时因诸生遭乱避地娄东，鼎革后“隐于医”。③ 程自玉，少为名诸生，遭世变，隐于医。④ 还有归安人徐行，本为诸生高等，明朝末年，由于明帝国的崩溃及清军入关而放弃举业，《归安县志》有载：“（徐行）乙酉（1645）后弃举业，偕同志讲求正学，往来删切。尝思范文正言，不为良相则为良医。遂究习岐黄家言，大行于时。”⑤

此外，也有些儒生从医是源于对医学的兴趣；甚至有儒生是偶遇良医或偶得医书，在因缘际会之下从医的。

一般来说，儒生较高的知识水平也为其习医奠定了坚实的基础。儒生因为自幼便读书习文，具有较高的文化素养，而中医学复杂深奥，学习医术也需要熟读各种医书，对从医者的文化要求较高，故而儒生习医也具有得天独厚的条件，往往可以在医学上取得一定的成就。

然而，对于儒生来说，选择弃举从医绝非如我们从简短的几行文字中

---

① 顾逢伯：《分部本草妙用》，“张肇林序”，转引自严世芸：《中国医籍通考》（第一卷），上海中医学院出版社 1990 年版，第 1155 页。

② 袁颢：《袁氏家训》，转引自章宏伟：《袁了凡生平事迹考述（上）》，见《第十一届明史国际学术讨论会论文集》，2005 年版。

③（嘉庆）《直隶太仓州志》卷 40《隐逸》，第 1218 页 a。

④ 康熙《徽州府志》卷 15《隐逸》，第 973 页 a。

⑤（光绪）《归安县志》卷 41《隐逸》，第 808 页 a。

所看到的那样轻描淡写，他们所面对的是数年寒窗苦读的一夕尽废，是志向抱负的落空和人生道路的重新选择，而这大概是他们经过深思熟虑和反复思想斗争后的结果。对他们来说，放弃科举和为官之路显然心意难平，绝非轻易便可释怀，所谓“良医良相”的言论也许是他们的一种自我开解，这从他们在医书著述中多次提及自己弃举从医一事便可得见。如龚廷贤在《万病回春》自序中就对其弃举从医的经历有过感慨：

> 余弗类，龆龄博载籍，有志效古良相，佐天子调元化，登生民于春天和煦之境。寻以数奇谫劣弗售，遂卸仕晋，隐于春云林麓之滨。赖家大人以医学鸣世起家，乃世其传。思弗克为良相，赞庙谟以寿国脉；则为良医，诊民谟以寿苍生。①

从他所述的寥寥数语中便可感受其中心境，而其虽弃举从医，却仍心系苍生。许多为医书作序的人显然也能理解他们的心情，并适当地予以宽慰，如时任刑部尚书的舒化在为该书作序中便直言：“古谓良相良医同功非欤？然则，生虽不显遇，而博济仁泽，谅不在当事者下也。”② 对龚廷贤医学上的功绩给予了充分肯定。

在笔者看来，儒生的“弃举”绝非“弃儒”，许多儒生从医后以“儒医”自居，他们将儒学与医学理论相贯通，并将儒家思想践行于其从医生涯之中，也将个人的人生理想和济世情怀寄托其中。

三、弃举从医的影响

从上文所分析的儒生弃举从医的各种原因来看，无论是对于有治病或侍亲需求还是无意继续参加科举的儒生来说，从医无疑是一个不错的选择，这大大拓宽了士人的谋生方式。同时，明代儒生弃举从医现象对当时社会以及中医学发展也产生了一系列的影响。

一方面，儒生在从医后，以医济世救人，挽救了无数生命。他们救人的种种事例数不胜数。如弃举从医的许兆贞，医术高超，“上自王侯大臣，下至里井闾弄，凡有患者，沾其匕剂，经其疗理，焕然如赫日之消冻，洒

---

① 龚廷贤：《万病回春》，中国医药科技出版社 2014 年版，“自序”，第 1 页。
② 龚廷贤：《万病回春》，中国医药科技出版社 2014 年版，“舒序”，第 1 页。

然如执热之濯清"①。其中更有不少人的诊治病案被记录并整理成个人医案，如汪机的《石山医案》，李中梓的《李中梓医案》，等等。这些医案不仅是他们治病救人的见证，更是对总结交流临床经验具有重要意义，同时对医学的发展也有积极作用。

在治病救人的过程中，有些医者还招收了众多弟子，形成了庞大的医者群体，促进了这一地区医学的发展。

还有许多弃举从医者精通医术，在医学上取得了很高成就，并得以在太医院任职，成为医官，为皇室治疾。甚至还有人被载入《明史·方技传》中，青史留名。如归安凌云，弃举从医后成为御医，《明史》有载：

凌云，字汉章，归安人。为诸生，弃去。北游泰山，古庙前遇病人，气垂绝，云嗟叹久之。一道人忽曰："汝欲生之乎?"曰："然。"道人针其左股，立苏，曰："此人毒气内侵，非死也，毒散自生耳。"因授云针术，治疾无不效……孝宗闻云名，召至京，命太医官出铜人，蔽以衣而试之，所刺无不中，乃授御医。年七十七，卒于家。子孙传其术，海内称针法者，曰归安凌氏。②

这些弃举从医的儒生通过行医救人，以另一种方式实现了自己济世的抱负，可以称得上是"虽列方技，不愧儒林"③。

另一方面，也是更为重要的一点，儒生从医后潜心钻研医术，并将所得撰述成书，极大地促进了明代乃至后世中医理论和医学事业的发展。如前所述，明代儒生较高的文化水平为其习医提供了得天独厚的条件，同理，众多儒生加入医者的行列，势必也会促进明代医学的发展。明清时期不仅形成了完善而系统的中医理论体系，医学分科也进一步细化。

在弃举从医的众多儒生中，诞生了许多中医学名家，不少人成为明代医史上的代表性人物，并为明代中医理论的进一步发展完善做出了重要贡献。金元时期形成的丹溪学派在明代得以继承发扬，其重要传人汪机便是弃举从医的儒生，他在继承丹溪理论的同时指出其并非专主阴虚论治，复提出"固本培元"说，从而也为新安学派的发展奠定了基础。李中梓则针

---

① 转引自严世芸：《中国医籍通考》(第二卷)，上海中医学院出版社1991年版，第2600页。

② 张廷玉：《明史》卷299《方传》，中华书局1974年版，第7635页。

③ 康熙《会稽县志》卷26《人物志·方技》，第248页a。

对当世医界寒凉时弊提出“药性合四时论”，为明代温补学派的形成和发展奠定了基础。明代中医对伤寒学的研究也进一步深入，缪存济精于伤寒，著有《伤寒撮要》，在对前人伤寒理论进行整理的同时，提出了自己的“新论”。明代医学在儿科和妇产科方面也得到很大发展，万全便以儿科和妇科见称，他因“不得志于八股”而从医，著述甚丰，有《万氏女科》《广嗣纪要》《育婴秘诀》《幼科发挥》《痘疹心法》《痘疹心要》等书。

此外，杨继洲精于针灸，著有《针灸大成》；梁学孟精于痰火，著有《痰火颛门》；吴崑精于脉理，著有《脉语》……他们为明代医学理论体系的发展做出了极大贡献，也促进了明代中医分科的发展，明代中医分科达到十三大科，包括伤寒、外科、儿科等，已与现代中医的分科体系基本相同。除了专科医书，综合性的医书也得到大量著述。此外，临证实用性的医方以及专载具体医学案例的医案大量辑录，也使得明代医学临床实践经验得到进一步总结，四诊法与辨证论治也得到充实完善，明代医学理论和临床实践更趋于系统和全面。

与此同时，随着明代出版业的繁荣，图书的刊刻出版已是寻常之事，医者在写作成书后，出于“梓行以广其传”“锓梓以广惠于四方”的目的，往往会将医书刊刻出版，如汪机从医后就著述并出版了众多医书，他在《医学原理·自序》中说：

余幼习举子业，寄名邑庠，后弃儒业医，越二十年，得以医道鸣世，编订《素问钞》《本草会编》《运气易览》《外科理例》《痘治理辨》《针灸问答》《推求师意》《脉诀刊误》《伤寒选录》等书。幸诸从游者协力锓梓，以广其传。①

医书的出版进一步促进了医学的传播与发展，更多的人能够读到医书，其中有许多还留存至今，医者也因此得以显名于世。

除了以上两方面外，大量儒生从医，还在一定程度上扭转了当时社会上人们“轻医”的思想观念，提高了医士的社会地位。

在古代“重儒”的社会中，儒生即使从医，仍会受到一定的尊重；且

① 汪机：《医学原理》（上），见《新安医学名著丛书》，中国中医药出版社 2009 年版，“医学原理序”第 1 页。

儒生虽然放弃举业，但其以前积累的声望和人脉依然存在，不少儒医还和在朝为官的士人相交甚密。此外，相对于良莠不齐的江湖游医，这些儒生无论是在文化修养还是医学素养上大致都能略胜一筹，他们的加入无疑提高了医者的整体素质。所以当这些儒生加入医士行列中，势必会整体上提高医者的社会地位。

儒生从医也改变了不少人对医的看法，提高了人们对医学的重视。陈函辉就在为邹志夔《脉理正义》所作序中为医正名：

医也者，病家之司命也，而世人每以小技视之，医岂小技乎哉？不明天地之道者不可以为医，不识阴阳变化之微者不可以为医，医岂小技乎哉？①

还有不少明代官员也旁通医术，撰写医书，如胡濙、王纶、丁瓒、张时彻等人。此外，官方也经常会进行医书的刊刻。

可见，大量儒生加入从医的行列，一定程度上动摇了人们轻医贱医的思想痼疾，整体上提高了医者的社会地位，也使得一些医士得到了人们的敬重。

但是我们也应当认识到，在中国古代"官本位"根深蒂固，传统的社会结构和儒家思想仍占绝对主导地位的社会环境下，明代儒生从医现象无法从根本上彻底改变当时人们对医学的态度，扭转医士的社会地位。经过有明一代大量儒生弃举从医后，到清初顺治时，仍有士人对医学的地位表示感慨："盖医虽系人生死，然今方视为末伎。"②

四、余论

本文选择从明代儒生弃举从医这一现象出发，探究其发生的社会背景、具体原因及所产生的影响，也是对明代科举制度下士人出路问题的一种思考。一方面，明代科举制度日趋完善，科举考试达至鼎盛；另一方

① 邹志夔：《脉理正义》，见《中国古医籍整理丛书》，中国中医药出版社2016年版，"脉理正义题辞"第1页。

② 邹志夔：《脉理正义》，见《中国古医籍整理丛书》，中国中医药出版社2016年版，"跋·脉理正义后"，第317页。

面，由于从事举业者日趋增多，科举竞争因此日趋激烈，大部分儒生要么终生无缘乡会试，要么“久困场屋”。这就使大部分士人面临着生计问题，在这种情势下，弃举从医无疑成为很大一部分科举失败者的职业选择。

很多士人之所以弃举从医，还与儒、医相通有很大关系。儒、医之间的融通性，一方面体现在知识背景上，另一方面还体现在价值观上。天地之道、阴阳之变化，既是儒者探求的主题，也是传统中医的知识基础。另外，济世救民是儒、医共同的价值理念和责任担当。

明代科举文献中的中医史料

陈长文*

摘　要：本文主要利用存世明代进士登科录、会试录、进士同年录、进士履历便览等科举文献，共稽考出明代历朝84名医籍出身进士，他们主要分布在南直隶、浙江、河南、四川等藩省。明英宗正统十三年（1448）至孝宗弘治十二年（1499），其间有10名医生相继进士登科，其中8名乡贯为南直隶，2名为浙江，多为太医院籍，且其父辈多为太医院官员。刘宇、王纶、何瑭、丁瓒、陈仕贤、王肯堂、武之望、王化贞等进士出身的医家，在为官的同时，在医学上亦卓然名家。滑寿、盛寅、吴杰等于《明史·方技传》列传名医，其后裔有进士登科者。滑浩、何选、郝国章等进士，其家族皆至少四代行医，堪称明代的中医世家。另外，进士家属中还有大量各类从医人员，包括太医院官、王府医官、地方医官等。

关键词：明代；科举文献；中医史料

科举文献是历史文献的重要分支和组成部分。其中明代科举文献中进士登科录、会试录、进士同年录、进士履历便览等原始文献记载了进士出身人员的名籍、家状，乃至为官履历，具有原始性和权威性，是非常珍贵的历史文献，惜其长期以来一直被束之高阁，少人问津，近年来才逐渐受到学人的重视。① 有许多珍贵的中医史料，尤其是中医史史料隐藏在这些科举文献里，其中包括：医籍出身进士、医生进士登科、进士出身医家、

---

* **作者简介**：陈长文，文学博士，历史学博士后，四川大学国际儒学研究院、古籍整理研究所特聘研究员。四川大学创新火花项目库“明清科举文献中的中医史料整理研究”（项目编号：2018hhf-19）阶段性成果。

① 陈长文：《明代科举文献研究》，山东大学出版社2008年版。

名医后裔、中医世家、进士家属从医人员等大量相关史料。由于现代学科分野，“隔行如隔山”，以至于这些珍贵史料至今尚未引起史学界，尤其是中医学界的关注和重视。笔者撰写此文，旨在抛砖引玉，促进历史学与中医学两个学科之间的交流与融合。倘能如此，幸莫大焉。

一、医籍出身进士史料

明代进士登科录通常包括玉音、恩荣次第、进士家状、御制策问、一甲进士对策等五部分。其中“进士家状”部分，记载了进士的姓名、乡贯、役籍、学籍、专经、表字、行第、年龄、出生日期、曾祖父祖父父亲三代名字及仕历、母亲姓氏、长辈存亡情况、兄弟名字及仕历、妻子姓氏、某地乡试名次、会试名次等，内容丰富翔实，是进士登科时本人及家庭状况的官方记载，具有人事档案性质，具有绝对的权威性。

为了便于国家管理，明代继承元代的户籍制度和严格缜密的役籍制度。役籍包括：民籍、军籍、匠籍、官籍、盐籍、儒籍、医籍等。其中的“医籍”，是从事医疗卫生事业人员的役籍。医籍像其他役籍一样，在明代政府管控也有一个由严格到松弛的过程。

明代科举考试共开 88 科 89 榜，[①] 本文主要利用存世 58 种进士登科录和《国朝进士题名碑录初集》所载 19 科役籍，以上两类共计 77 科，稽考出医籍出身的进士 81 名。但仍缺洪武十八年（1385）、二十一年、二十四年、二十七年、三十年春、夏，永乐二年（1404）、四年、十六年、十九年、二十二年，宣德二年（1427），共 11 科 12 榜进士无役籍信息。故医籍总数当不止 81 人。此外，明代中后期，随着役籍制度逐渐分崩瓦解，医籍也像其他役籍一样，在登记时也可能会归并到民籍大类之中。现把有明一代历朝医籍出身的进士简列如下：

成祖永乐年间 1 人：李春，永乐九年第三甲第二名，山西平阳府绛州稷山县医籍。[②]

英宗正统年间 2 人：沈讷，正统七年（1442）第三甲第七十二名，直

---

① 案：洪武三十年（1397）有春夏两榜。

② 《永乐九年进士登科录》，上海图书馆藏明永乐刻本。“绛”，该科《登科录》误作“终”。

隶苏州府昆山县医籍。曾祖叔阳，元医学正。[①] 蒋敷，正统十三年第三甲第二名，应天府江宁县医籍，太医院医生。父彦升，太医院御医。弟敔。[②]

代宗景泰年间 6 人：张璿，景泰二年（1451）第二甲第三十七名，陕西西安府长安县医籍。父泽，医学正科。兄瓒，医士。[③] 宁珍，景泰五年第三甲第十五名，直隶镇江府丹徒县医籍，太医院医生。父得中，太医院判。[④] 王绩，景泰五年第三甲第五十四名，直隶松江府华亭县医籍，太医院医生。父拳，医士。[⑤] 蒋敔，景泰五年第三甲第八十四名，应天府江宁县医籍，直隶丹徒县人。医生。父彦升，御医，赠户部主事。[⑥] 史珍，景泰五年第三甲第九十三名，江西九江府德化县医籍。祖虚诚，训科。兄瓛，正科。[⑦] 陈孟晟，景泰五年第三甲第一百三十四名，直隶池州府铜陵县医籍。祖嗣良，训科。[⑧]

英宗天顺年间 5 人：李祥，天顺元年（1457）第三甲第七十九名，直隶松江府华亭县医籍。祖思恭，医学正科。[⑨] 熊瑞，天顺元年第三甲第一百四十九名，四川眉州医籍。曾祖如泰，医学典科。[⑩] 孙佐，天顺四年第三甲第三十五名，太医院籍，浙江仁和县人。父愚，御医。[⑪] 孙义，天顺八年第二甲第四十三名，应天府上元县人，太医院医籍。父让，医士。[⑫] 翟瑄，天顺八年第二甲第七十名，河南洛阳县人，太医院医籍。曾祖伯常，医学正科。祖垒，医士。父观，御医。[⑬]

宪宗成化年间 20 人：翟瑛，成化二年（1466）第二甲第二十八名，

---

① 《正统七年进士登科录》版心页第 39 页，见《天一阁藏明代科举录选刊·登科录》，宁波出版社 2006 年版。以下所引诸科《进士登科录》，除特殊说明外，皆为该版本，不一一具明。

② 《正统十三年进士登科录》版心页第 21 页。

③ 《景泰二年进士登科录》版心页第 17 页。

④ 《景泰五年进士登科录》版心页第 44 页。

⑤ 《景泰五年进士登科录》版心页第 54 页。

⑥ 《景泰五年进士登科录》版心页第 61 页。

⑦ 《景泰五年进士登科录》版心页第 63 页。

⑧ 《景泰五年进士登科录》版心页第 74 页。

⑨ 《天顺元年进士登科录》版心页第 52 页，《明代登科录汇编》，屈万里：《明代史籍汇刊》，台湾学生书局 1969 年版，第 556 页。

⑩ 《天顺元年进士登科录》版心页第 70 页，《明代登科录汇编》第 591 页。

⑪ 《天顺四年进士登科录》版心页第 29 页。

⑫ 《天顺八年进士登科录》版心页第 12 页。

⑬ 《天顺八年进士登科录》版心页第 19 页。

河南洛阳县人，太医院医籍。曾祖伯常，医学正科。祖𪓐，医士。父观，御医。兄瑄，进士。① 张钝，成化二年第二甲第九十四名，陕西西安府长安县医籍。祖润芳，正科，赠给事中。② 陈琦，成化二年第三甲第十名，直隶苏州府吴县人，太医院籍，医生。③ 翟庭蕙，成化二年第三甲第一百二十名，河南河南府洛阳县医籍。父通，医学正科。④ 余金，成化二年第三甲第一百三十一名，四川成都府内江县医籍。⑤ 吴黼，成化二年第三甲第一百三十二名，直隶松江府华亭县医籍。父泰，医士。⑥ 蒋谊，成化二年第三甲第二百四十九名，应天府句容县人，南京太医院官籍。祖用文，院判，赠院使。父主孝。兄让，医士。⑦ 王瑞，成化五年第二甲第十六名，直隶安庆府望江县医籍。⑧ 王溥，成化五年第三甲第六十九名，河南南阳府邓州内乡县医籍。曾祖得，医学训科。祖贤，训科，赠监察御史。父俨，光禄寺少卿。⑨ 徐瓒，成化五年第三甲第一百二十七名，浙江嘉兴府秀水县人，太医院医生。⑩ 汪篪，成化八年第三甲第五十九名，浙江杭州府仁和县人，太医院籍。兄谐，翰林修撰。⑪ 乐镛，成化十一年第三甲第四十二名，浙江定海县人，太医院籍。弟鐩，医官。⑫ 刘傅，成化十一年第三甲第一百一十一名，直隶苏州府嘉定县医籍。⑬ 滑浩，成化十一年第三甲第一百四十二名，浙江余姚县人，太医院籍。曾祖伯仁。祖孟骥，医学训科。父志镛，良医正。兄思杰，医学训科。⑭ 王恩，成化十七年第三甲第二十名，直隶松江府华亭县医籍。⑮ 程愈，成化十七年第三甲第一百

---

① 《成化二年进士登科录》版心页第 15 页。
② 《成化二年进士登科录》版心页第 31 页。
③ 《成化二年进士登科录》版心页第 35 页。
④ 《成化二年进士登科录》版心页第 63 页。
⑤ 《成化二年进士登科录》版心页第 65 页。
⑥ 《成化二年进士登科录》版心页第 66 页。
⑦ 《成化二年进士登科录》版心页第 95 页。
⑧ 《成化五年进士登科录》版心页第 12 页。
⑨ 《成化五年进士登科录》版心页第 44 页。
⑩ 《成化五年进士登科录》版心页第 58 页。
⑪ 《成化八年进士登科录》版心页第 42 页，《明代登科录汇编》第 1218 页。
⑫ 《成化十一年进士登科录》版心页第 42 页。
⑬ 《成化十一年进士登科录》版心页第 59 页。
⑭ 《成化十一年进士登科录》版心页第 67 页。
⑮ 《成化十七年进士登科录》版心页第 37 页。

三十一名，浙江严州府淳安县医籍。祖懋正，训科。[①] 仲棐，成化二十三年第二甲第六十一名，直隶扬州府高邮州宝应县医籍，医生。父兰，通政使司右通政。[②] 戴恩，成化二十三年第二甲第一百零八名，直隶安庆府潜山县医籍。父冕，医学正科。[③] 钱春，成化二十三年第三甲第一百三十五名，浙江嘉兴府嘉善县医籍。祖安，正科。[④] 王琚，成化二十三年第三甲第二百一十八名，直隶安庆府望江县医籍。兄瑞，参议；琳，训科。[⑤]

孝宗弘治年间 11 人：仲本，弘治三年（1490）第二甲第二十三名，贯太医院医籍，直隶宝应县人，医生。父兰，太医院院使。弟棐，礼部主事。[⑥] 段敏，弘治三年第三甲第五十一名，直隶镇江府金坛县医籍。曾祖观，医学训科。[⑦] 蔚春，弘治六年第三甲第五十二名，直隶庐州府合肥县医籍。[⑧] 刘琏，弘治六年第三甲第一百四十一名，江西饶州府鄱阳县医籍。曾祖彦清，医学正科。祖孟启，太医院医士。[⑨] 濮韶，弘治九年第二甲第六名，贯太医院籍，直隶当涂县人。曾祖观，医士。祖镛，良医。父琰，教授。[⑩] 翟铨，弘治九年第三甲第六十四名，太医院医籍，河南洛阳县人。祖观，御医，赠太常寺卿。父瑄，右都御史。[⑪] 史良佐，弘治十二年第三甲第七十八名，南京太医院医籍，直隶昆山县人，医生。[⑫] 张龙，弘治十五年第三甲第六名，直隶松江府上海县医籍。曾祖逢吉，御医，赠中书舍人。祖翌，尚宝司卿。父庆，光禄寺丞。[⑬] 王材，弘治十五年第三甲第三十九名，直隶安庆府望江县医籍。[⑭] 张元春，弘治十五年第三甲第四十八

---

① 《成化十七年进士登科录》版心页第 64 页。
② 《成化二十三年进士登科录》版心页第 23 页。
③ 《成化二十三年进士登科录》版心页第 35 页。
④ 《成化二十三年进士登科录》版心页第 69 页。
⑤ 《成化二十三年进士登科录》版心页第 90 页。
⑥ 《弘治三年进士登科录》版心页第 13 页。
⑦ 《弘治三年进士登科录》版心页第 43 页。
⑧ 《弘治六年进士登科录》版心页第 44 页。
⑨ 《弘治六年进士登科录》版心页第 66 页。
⑩ 《弘治九年进士登科录》版心页第 48 页，《明代登科录汇编》第 1874 页。
⑪ 《弘治九年进士登科录》版心页第 48 页，《明代登科录汇编》第 1951 页。
⑫ 《弘治十二年进士登科录》，上海图书馆藏明弘治刻本。
⑬ 《弘治十五年进士登科录》版心页第 33 页。
⑭ 《弘治十五年进士登科录》版心页第 41 页。

名，江西南昌府新建县医籍。曾祖灿，良医。祖升，良医。[1] 宁溥，弘治十五年第三甲第一百四十七名，直隶淮安府山阳县医籍。祖瑛，御医。[2]

武宗正德年间 9 人：茹鸣凤，正德三年（1508）第二甲第三十五名，太医院医籍，直隶常州府无锡县人。[3] 王浚，正德三年第二甲第六十二名，浙江严州府建德县医籍。[4] 钱宏，正德三年第二甲第八十三名，太医院官籍，浙江杭州府钱塘县人。父益，御医。[5] 高鹏，正德六年第二甲第一百零一名，湖广岳州府澧州医籍。[6] 蒋亨，正德六年第三甲第一百零一名，直隶常州府武进县医籍。祖宗武，礼部左侍郎。[7] 路直，正德六年第三甲第二百一十九名，河南河南府洛阳县医籍。[8] 李濂，正德九年第二甲第一百一十八名，河南开封府祥符县医籍。[9] 陈沂，正德十二年第二甲第五十七名，南京太医院医籍，浙江鄞县人。[10] 汤虺，正德十六年第三甲第四十三名，四川潼川州医籍。父海，典科。[11]

世宗嘉靖年间 16 人：茹鸣金，嘉靖二年（1523）第二甲第六十五名，太医院医籍，直隶无锡县人。兄鸣玉，知州；鸣凤，知县，前光禄寺寺丞。[12] 查懋光，嘉靖五年第二甲第四十二名，太医院医籍，直隶长洲县人。[13] 杨顺明，嘉靖五年第二甲第七十七名，四川顺庆府南充县医籍。[14] 翟镜，嘉靖八年第三甲第一名，河南河南府洛阳县医籍。曾祖通，正科，赠监察御史。祖庭蕙，按察司副使。[15] 吴希孟，嘉靖十一年第三甲第六十二名，太医院医籍，直隶武进县人。授分水知县，历官兵科右给事中、参

① 《弘治十五年进士登科录》版心页第 44 页。

② 《弘治十五年进士登科录》版心页第 68 页。

③ 《正德三年进士登科录》，国家图书馆藏明正德刻本，版心页第 16 页。

④ 《正德三年进士登科录》版心页第 23 页。

⑤ 《正德三年进士登科录》版心页第 28 页。

⑥ 《正德六年进士登科录》版心页第 33 页。

⑦ 《正德六年进士登科录》版心页第 62 页。案：宗武由太医院使累升礼部左侍郎。

⑧ 《正德六年进士登科录》版心页第 91 页。

⑨ 《国朝历科题名碑录初集》，见《北京图书馆古籍珍本丛刊》，书目文献出版社 1987 年版，第 712 页。

⑩ 《正德十二年进士登科录》版心页第 23 页。

⑪ 《正德十六年进士登科录》版心页第 46 页，《明代登科录汇编》第 3080 页。

⑫ 《嘉靖二年进士登科录》版心页第 24 页。

⑬ 《国朝历科题名碑录初集》第 731 页。

⑭ 《国朝历科题名碑录初集》第 731 页。

⑮ 《嘉靖八年进士登科录》版心页第 33 页。

议、广信府知府。父杰，前太医院院使。兄希颜，冠带医士；希曾，冠带医士。[①] 马承学，嘉靖十四年第二甲第八十九名，太医院医籍，直隶苏州府吴县人。[②] 杨子臣，嘉靖十四年第三甲第一百二十七名，四川顺庆府南充县医籍。兄济，理问；顺明，知州。[③] 卢梗，嘉靖十四年第三甲第二百零九名，直隶苏州府常熟县医籍，昆山县人。父志，前太医院院判。[④] 朱应云，嘉靖十七年第二甲第二名，浙江嘉兴府海盐县医籍。[⑤] 刘廷仪，嘉靖十七年第三甲第三十八名，太医院籍，浙江慈溪县人。弟廷诰，同科进士。[⑥] 贵仁，嘉靖二十年第三甲第一百八十五名，太医院籍，河南汝宁府汝阳县人。曾祖茂，御医。祖瑄，良医正。[⑦] 查懋昌，嘉靖二十三年第二甲第二十二名，太医院籍，直隶苏州府长洲县人。弟懋光，前刑部主事。[⑧] 杨修，嘉靖三十五年第二甲第八十三名，四川顺庆府南充县医籍。[⑨] 黄廷聘，嘉靖三十五年第三甲第十九名，湖广永州府道州医籍。[⑩] 黄宏宇，嘉靖三十八年第二甲第七名，太医院籍，广东琼州府琼山县人。父显，按察司副使。[⑪] 严大纪，嘉靖三十八年第三甲第一百一十一名，太医院医籍，浙江杭州府余杭县人。父元，御医。[⑫]

穆宗隆庆年间1人：施策，隆庆五年（1571）第二甲第二名，直隶常州府无锡县医籍。祖恩，医学训科。父教，医学训科。兄阳得，户部主事；梦龙，知州。[⑬]

神宗万历年间10人：刘弘道，万历二年（1574）第三甲第八十三名，太医院医籍，直隶苏州府吴县人。[⑭] 郝国章，万历二年第三甲第二百一十

---

① 《嘉靖十一年进士登科录》版心页第45页，《嘉靖十一年进士同年序齿录》版心页第73页。
② 《嘉靖十四年进士登科录》版心页第31页。
③ 《嘉靖十四年进士登科录》版心页第64页。
④ 《嘉靖十四年进士登科录》版心页第85页。
⑤ 《嘉靖十七年进士登科录》版心页第9页。
⑥ 《嘉靖十七年进士登科录》版心页第42页。
⑦ 《嘉靖二十年进士登科录》版心页第78页。
⑧ 《嘉靖二十三年进士登科录》版心页第14页。
⑨ 《嘉靖三十五年进士登科录》版心页第29页。
⑩ 《嘉靖三十五年进士登科录》版心页第36页。
⑪ 《嘉靖三十八年进士登科录》版心页第10页。
⑫ 《嘉靖三十八年进士登科录》版心页第58页。
⑬ 《隆庆五年进士登科录》版心页第9页。
⑭ 《万历二年进士登科录》版心页第47页。

八名，太医院官籍，山西太原府阳曲县人。曾祖荣，太医院院判。祖儒，太医院医士。父钺，太医院医士。弟国奇，太医院医士。① 杨文举，万历五年第三甲第二十九名，四川顺庆府南充县医籍。父修，按察司佥事。② 沈时叙，万历五年第三甲第二百二十九名，河南开封府祥符县医籍。③ 朱国祚：万历十一年第一甲第一名，朱国祚，贯太医院官籍，浙江嘉兴府秀水县人。父儒，修职郎、太医院御医。兄国祯。④ 何选，万历十一年第三甲第一百八十七名，贯太医院官籍，直隶苏州府嘉定县人。曾祖信，王府良医正。祖祥，太医院御医。父云凤，太医院御医。兄惠，医士；迁，冠带医士。⑤ 郭如星，万历十七年第三甲第二百零五名，河南河南府新安县医籍。⑥ 朱大启，万历三十八年第三甲第七十五名，太医院官籍，浙江嘉兴府秀水县人。授江西南昌府推官，历官吏部验封司、考功司主事。祖儒，太医院院使，累赠礼部左侍郎、兼翰林院侍读学士。⑦ 段镤，万历四十一年第三甲第二十六名，直隶镇江府金坛县医籍。⑧ 施元征，万历四十七年第三甲第二百四十三名，直隶常州府无锡县医籍，无锡县人。⑨

毅宗崇祯年间3人：蒋煜，崇祯元年（1628）第三甲第九十七名，直隶常州府武进县医籍；⑩ 何平，崇祯十三年第三甲第九十九名，太医院籍，直隶苏州府嘉定县人；⑪ 朱茂曝，崇祯十三年第三甲第一百六十九名，太医院籍，浙江嘉兴府秀水县人。⑫

综上所列，成祖永乐朝1人，英宗正统朝2人，景帝景泰朝6人，英宗天顺朝5人，宪宗成化朝20人，孝宗弘治朝11人，武宗正德朝9人，

---

① 《万历二年进士登科录》版心页第81页。
② 《万历五年进士登科录》版心页第31页。
③ 《万历五年进士登科录》版心页第81页。
④ 《万历十一年进士登科录》版心页第8页
⑤ 《万历十一年进士登科录》版心页第72页。
⑥ 《国朝历科题名碑录初集》第828页。
⑦ 《万历三十八年进士登科录》版心页第41页，台湾史语所傅斯年图书馆藏明万历刻本；《万历庚戌科序齿录》，《明代登科录汇编》第11759页。
⑧ 《国朝历科题名碑录初集》第858页；《万历四十一年会试录》，北京大学图书馆藏明万历刻本。
⑨ 《国朝历科题名碑录初集》第870页；《万历四十七年会试录》，《明代登科录汇编》第11978页。
⑩ 《国朝历科题名碑录初集》第882页。
⑪ 《国朝历科题名碑录初集》第900页。
⑫ 《国朝历科题名碑录初集》第900页。

世宗嘉靖朝16人，穆宗隆庆朝1人，神宗万历朝10人，思宗崇祯朝3人。共计84人。其中南直隶39人，浙江14人，河南11人，四川7人，江西3人，湖广、陕西、山西各2人，广东1人。主要集中在南直隶、浙江、河南、四川。

二、医生进士登科史料

由于科举制度日趋稳定和发展，加之太医院院判宁得中、御医蒋彦升、太医院院使仲兰等人“为子孙谋”而进行的推动，自英宗正统十三年（1448）至弘治十二年（1499），这半个世纪不仅有大量医籍人员参加科举考试，而且还有10名医生通过科举考试最终进士登科。

蒋敷，正统十三年第三甲第二名，贯应天府江宁县，医籍。太医院医生，治《礼记》。字宗德，行一，年三十，正月初六日生。曾祖义甫，祖子中。父彦升，太医院御医。母周氏。慈侍下。弟敔、叙。娶史氏。顺天府乡试第三十一名，会试第十七名。[①]

宁珍，景泰五年第三甲第十五名，贯直隶镇江府丹徒县，医籍。太医院医生，治《书经》。字伯珍，行三，年二十四，正月十六日生。曾祖仲山。祖彦诚。伯得刚，府同知。父得中，太医院判。母宋氏。具庆下。兄瓒、瑢。弟琮。娶黄氏。顺天府乡试第一百五十三名。会试第三百七名。[②]

王绩，景泰五年第三甲第五十四名，贯直隶松江府华亭县，医籍。太医院医生，治《书经》。字功伟，行一，年二十五，三月三十日生。曾祖九山，祖敏。父拳，医士。母徐氏。具庆下。娶柳氏。顺天府乡试第一百二十六名，会试第一百二十一名。[③]

蒋敔，景泰五年第三甲第八十四名，贯应天府江宁县，医籍，直隶丹徒县人。医生，治《诗经》。字宗仁，行二，年三十一，九月十六日生。曾祖义甫，祖子中。父彦升，御医，赠户部主事。母周氏，封太安人。慈侍下。兄敷，户部主事。弟叙。娶孙氏。顺天府乡试第一百十三名。会试

① 《正统十三年进士登科录》版心页第21页。

② 《景泰五年进士登科录》版心页第44页。

③ 《景泰五年进士登科录》版心页第54页。

第四十六名。①

潘琚，天顺八年第二甲第四十八名，贯浙江金华府金华县，民籍。太医院医生，治《诗经》。字廷用，行四，年二十六，十二月十九年生。曾祖仲德，祖士可，父惠，母朱氏。具庆下。兄瑾，医士；珎。娶赵氏，继娶方氏。顺天府乡试第三十一名，会试第一百八十一名。②

陈琦，成化二年第三甲第十名，贯直隶苏州府吴县人，太医院籍。医生，治《诗经》。字粹之，行二，年二十八，二月初九日生。曾祖孚敏，祖纪，父茂，母钱氏，继母张氏。具庆下。兄琳，弟瑄。娶吴氏。顺天府乡试第十二名，会试第五十二名。③

徐瓒，成化五年第三甲第一百二十七名，贯浙江嘉兴府秀水县人。太医院医生，治《诗经》。字国用，行三，年三十四，五月二十八日生。曾祖润德，祖秉中。父文昭，典史。母范氏。严侍下。兄珪，国子生；璋。弟璧、玉。娶庄氏。顺天府乡试第一百二十名，会试第七十六名。④

仲棐，成化二十三年第二甲第六十一名，贯直隶扬州府高邮州宝应县，医籍。医生，治《易经》。字与成，行六，年二十二，十月十四日生。曾祖恭。祖旺，赠尚宝司卿。父兰，通政使司右通政。母杨氏，封宜人。重庆下。兄森；楷，监生；槟；本；概。弟相、桂、机、模、采、柯。娶高氏。顺天府乡试第二十五名，会试第一百一名。⑤

仲本，弘治三年第二甲第二十三名，贯太医院医籍，直隶宝应县人。医生，治《易经》。字与立。行四，年二十七，十一月十四日生。曾祖恭。祖旺，赠尚宝司卿。父兰，太医院院使。母杨氏，封宜人。重庆下。兄森；楷，监生；槟。弟概；棐，礼部主事；相；桂；机；模；采；柯。娶赵氏。顺天府乡试第一百十四名，会试第二百七十二名。⑥

史良佐，弘治十二年第三甲第七十八名，贯南京太医院医籍，直隶昆山县人。医生，治《易经》。字禹臣，行三，年二十八，二月初八日生。

---

① 《景泰五年进士登科录》版心页第 61 页。
② 《天顺八年进士登科录》版心页第 14 页。
③ 《成化二年进士登科录》版心页第 35 页。
④ 《成化五年进士登科录》版心页第 58 页。
⑤ 《成化二十三年进士登科录》版心页第 23 页。
⑥ 《弘治三年进士登科录》版心页第 13 页。

曾祖谨，推官。……聘庞氏。应天府乡试第八十五名，会试第二百三名。①

以上10名由医生进士登科者，其中8名乡贯为南直隶，2名为浙江。多为太医院籍，其中，太医院御医蒋彦升之子蒋敷、蒋敌，太医院院使、官至通政使司右通政仲兰之子仲棐、仲本皆兄弟相继进士登科，还包括太医院院判宁得中之子宁珍。

由于弘治五年太医院院判刘文泰奏疏，太医院“其子弟止令专习医业，不许营求科举以贰其心”②。后来又由于给事中赵竑奏革诈冒，认为此辈科举不由旧例，止许食粮当差医士医生应试，而子弟不得复与。③ 加之国家政局日非、内忧外患，科举考试竞争激烈，科举出身官员为官时间短，且选任、考核等政治环境日趋险恶，而行医收入颇丰，也更切民生，故医籍应考者大大减少，医生也更无进士登科者。

三、进士出身医家史料

有些医家并非出自医籍，其进士登科前也非医生身份，但或出于自身或家人罹患疾病需要医治的现实需要，或有感于亲人病故所带来的痛楚和激奋，或出于“不为良相，便为良医”的救世情怀，抑或出于其他方面的机缘巧合，在为官的同时，还为民疗疾，甚至还有医著行世，可谓儒医兼治。限于篇幅，仅举数例：

刘宇，字志大，河南开封府钧州人，成化八年（1472）壬辰科第三甲第四十六名。该科《会试录》载：“中式举人二百五十名……第三十五名，刘宇，河南钧州人，监生，《书》。”④《进士登科录》载：“刘宇，贯河南开封府钧州，民籍。国子生，治《书经》。字志大，行一，年三十四，六月十五日生。曾祖大渊。祖纲，知州。父鼒，母魏氏，慈侍下。弟宁、定。娶苗氏。河南乡试第四十二名，会试第三十五名。”⑤ 后官至山西按察司副使，辑《安老怀幼书》。

① 《弘治十二年进士登科录》，上海图书馆藏明弘治刻本。

② 《明孝宗实录》卷六九，弘治五年十一月戊寅条，台湾历史语言研究所1962年影校本。

③ 《明孝宗实录》卷一三一，弘治十年十一月癸卯条。

④ 《成化八年会试录》版心页第21页，《天一阁藏明代科举录选刊·会试录》，宁波出版社2007年版。以下诸《会试录》版本皆同。

⑤ 《成化八年进士登科录》，《明代登科录汇编》第1212页。

王纶，字汝言，号节斋，浙江慈溪人，成化二十年（1484）第二甲第二十七名。该科《会试录》载：“中式举人三百名……第一百十七名，王纶，浙江慈溪县人，监生，《诗》。”官至右副都御史，巡抚湖广。年轻时因父病钻研医学，进士登科后，《慈溪县志》说他“朝听民论，暮疗民疾”。《明史方技传》说“其士大夫以医名者，有王纶、王肯堂。纶，字汝言，慈谿人，举进士。正德中，以右副都御史巡抚湖广，精于医，所在治疾，无不立效。有《本草集要》《明医杂著》行于世”。

何瑭，字粹夫，号柏斋，河南怀庆卫籍，直隶如皋县人，弘治十五年（1502）壬戌科第二甲第四十八名。该科《会试录》载：“中式举人三百名……第十六名，何瑭，河南河内县学生，《诗》。”① 《进士登科录》载：“何瑭，贯河南怀庆卫籍，直隶如皋县人。河内县学生，治《诗经》。字粹夫，行一，年二十九，十月二十九日生。曾祖贵，祖滨，父森，母刘氏，具庆下。弟璋。娶周氏。河南乡试第一名，会试第十六名。”② 官至南京右都御史，掌院事。卒谥文定，事具《明史儒林传》，撰《医学管见》1卷。

丁瓒，字敬夫，号点白，直隶镇江府丹徒县人，正德十二年（1517）丁丑科第三甲第一百二十四名。该科《会试录》载：“中式举人三百五十名……第二百六十八名，丁瓒，直隶丹徒县人，监生，《易》。”③《进士登科录》载：“丁瓒，贯直隶镇江府丹徒县，民籍。国子生，治《易经》。字敬夫，行二，年四十二，八月十二日生。曾祖思惪。祖宁，卫经历。父元贞，寿官。母纪氏，慈侍下。兄玑，按察司副使，弟璧、玮、瓘。娶沈氏。应天府乡试第一百九名，会试第二百六十八名。”④《正德十二年丁丑同年增注会录》载：“丁瓒，字敬夫，号点白，年四十二，八月十二日生。直隶丹徒县人。癸酉，会试二百六十八名，三甲一百二十四名。吏部观政，工部主事，改南刑部主事，升温州知府，浙江副使致仕。”⑤ 由此可知，他历官温州知府、浙江副使等职。著有《素问钞补正》12卷。

陈仕贤，字邦宪，福建福清县人，嘉靖十一年（1532）壬辰科第二甲

① 《弘治十五年会试录》，《明代登科录汇编》第2248页。
② 《弘治十五年进士登科录》版心页第20页。
③ 《正德十二年会试录》版心页第32页。
④ 《正德十二年进士登科录》版心页第69页。
⑤ 《正德十二年丁丑同年增注会录》，国家图书馆藏明刻本。

第四十名。该科《会试录》载："中式举人三百二十名……第二百九十一名，陈仕贤，福建福清县学附学生，《春秋》。"① 《进士登科录》载："陈仕贤，贯福建福州府福清县，民籍。县学附学生，治《春秋》。字邦宪，行一，年三十四，十二月初八日生。曾祖旺。祖元泽。父纲，母林氏，具庆下。弟仕贵、仕贡、仕赟、仕贽、仕宝、仕贺、仕贞。娶戴氏。福建乡试第七十三名，会试第二百九十一名。"② 《嘉靖十一年进士同年序齿录》载："福建陈仕贤，辛卯乡试七十三名，会试二百九十一名，廷试二甲四十名。字邦宪，治《春秋》，己未年十二月初八日生，福清县人。观□部，授户部主事，升员外、郎中，杭州知府，湖广副使，广东参政、按察使，河南右布，浙江左布，巡抚湖广右副都，止。号希斋。曾祖旺，祖元泽，父纲，母林氏，弟仕贵、仕贡、仕赟、仕贽、仕宝、仕贺、仕贞。子世则。"③ 由此可知，他历官户部郎中、杭州知府、广东按察使、浙江左布政使等，官至右副都御史，巡抚湖广。著有《经验良方》11 卷。

王肯堂，字宇泰，别号损庵，南直隶镇江府金坛县人，万历十七年（1589）己丑科第三甲第一百八十四名。《万历十七年进士履历便览》载："南直隶六十人……镇江府二人……王肯堂，曾祖瀚，赠兵部主事。祖臬，进士，副使，祀名宦、乡贤。父樵，进士，由鸿胪寺卿进中宪大夫。损菴，《书》一房，乙卯九月十三日生，金坛县人。己卯乡试，三甲一百八十四名，工部政，改翰林院庶吉士，辛卯八月，授检讨。□□二月，京察浮躁，乙巳，降秀水县丞。□□，升南行人司副。辛亥，升南礼部郎……福建参议，癸丑，升浙江参政，养病。"④ 由此可知，选翰林院庶吉士，历官福建参议、浙江参政。王肯堂著成《六科准绳》44 卷。该书"博而不杂，详而有要"，集明代以前医学之大成，为后世医家所推崇。正如《明史·方技传》所说"肯堂所著《证治准绳》，为医家所宗"⑤。另外，其祖父王臬，中正德十二年进士第二甲第十七名，官至山东按察司副使，《正

① 《嘉靖十一年会试录》版心页第 30 页。

② 《嘉靖十一年进士登科录》版心页第 19 页。

③ 《嘉靖十一年进士同年序齿录》版心页第 37 页。

④ 《万历十七年进士履历便览》版心页第 8 页。

⑤ 《明史》卷一八七《方技传》，中华书局 1974 年版，第 7651 页。

德十二年进士登科录》①《正德十二年丁丑同年增注会录》② 有相应记载。其父王樵，中嘉靖二十六年进士第三甲第十五名，官至都察院右副都御史，《嘉靖二十六年进士登科录》③《嘉靖丁未科进士序齿录》④ 记载颇详。这些科举文献对于研究明代著名医家王肯堂的家世至为重要。

武之望，字叔卿，陕西临潼县人，万历十七年（1589）己丑科第三甲第一百三十八名。《万历十七年进士履历便览》载："陕西十一人，西安府八人……武之望，曾祖钺，生员。祖承训。父寅，生员。扬宇，《书》一房，庚申四月初五日生，临潼县人。戊子乡试，三甲一百三十八名，都'察院'政……南直霍丘知县。辛卯九月，调繁江都县。……升考功司主事，甲午，调文选……主事。癸卯，养病。己酉，补南兵部主事。本年，升员外。庚戌，升郎中。辛亥，升辽东布……山东兖西道副使，照旧管永平道。□□，升南通政右参议。戊午，升南太常寺少卿。"⑤ 晚年以兵部侍郎总督陕西三边军务，卒于官。于政务之暇，钻研医学，著有《济阴纲目》14 卷、《济阳纲目》108 卷、《疹科类编》（不分卷）等鸿篇巨制，与同年王肯堂齐名。

王化贞，字肖乾，山东诸城县人，万历四十一年（1613）癸丑科进士。该科《会试录》载："中式举人三百五十名……第二百三名，王化贞，山东诸城县人，监生，《礼记》。"⑥ 官至佥都御史，巡抚辽东。著有《普门医品》48 卷。

此外，黄承昊，字履素，浙江秀水县人，万历四十四年（1616）丙辰科进士。授大理评事，历官给事中、按察使。著有《折肱漫录》《医宗撮精》等。高武，号梅孤，浙江鄞县人，嘉靖间中武举。晚年研究医学，尤长针灸。著有《针灸聚英》《针灸节要》《痘科正宗》等书。遗憾的是二人相关的科举文献早已亡佚。

---

① 《正德十二年进士登科录》版心页第 13 页。
② 《正德十二年丁丑同年增注会录》，国家图书馆藏明刊本。
③ 《嘉靖二十六年进士登科录》版心页第 35 页。
④ 《嘉靖丁未科进士序齿录》，上海图书馆藏明嘉靖刻本。
⑤ 《万历十七年进士履历便览》版心页第 31 页。
⑥ 《万历四十一年会试录》，北京大学图书馆藏明万历刻本。

四、名医后裔史料

明代名医甚多，限于篇幅，本文仅举《明史·方技传》有传者数例予以介绍。

滑寿，字伯仁，元末明初著名医家。《明史·方技传》言“晚自号撄宁生，江、浙间无不知撄宁生者”。撰《十四经发挥》《读伤寒论抄》《诊家枢要》《痔瘘篇》《医韵》等。其曾孙滑浩中成化十一年进士第三甲第一百四十二名，该科《进士登科录》这样记载：“贯浙江余姚县人，太医院籍。国子生，治《礼记》。字宗源，行十六，年三十二，二月十九日生。曾祖伯仁。祖孟骥，医学训科。父志镛，良医正。母吴氏。具庆下。兄思让；深；思述；思杰，医学训科。弟思贤、瀚。娶夏氏，继娶徐氏。顺天府乡试第一百十六名，会试第二百八十名。”①

盛寅，字启东，吴江人。永乐年间授为御医，历任南京北京两太医院，《明史方技传》载“两京太医院皆祀寅。寅弟宏亦精药论，子孙传其业。”② 其子盛侅，中天顺四年进士第三甲第六十五名，该科《进士登科录》这样记载：“贯直隶苏州府吴江县，军籍。国子生，治《易经》。字汝愚，行六，年三十二，十月十一日生。曾祖嗣初。祖景华。父启东，御医。母颜氏，生母蒋氏。慈侍下。兄汝望；文刚，医学正科；汝正；汝德；汝静。弟侗、佐、傭。娶朱氏，继娶刘氏。应天府乡试第六十四名，会试第一百二十九名。”③ 其后裔盛应期，弘治六年进士第三甲第六十五名，该科《进士登科录》这样记载：“贯直隶苏州府吴江县，军籍。府学生，治《易经》。字斯征，行一，年二十，八月二十一日生。曾祖佖，祖昕，父瑾，母胡氏。重庆下。弟应望，聘沈氏。应天府乡试第二十九名，会试第二百六十一名。”④ 盛应阳，中嘉靖二年进士第二甲第一百三十七名，该科《进士登科录》这样记载：“贯直隶苏州府吴江县军籍，吴县人。国子生，治《易经》。字斯显，行六，年三十一，四月十八日生。曾祖俨，

---

① 《成化十一年进士登科录》版心页第 67 页。

② 《明史》卷一八七《方技传》，第 7647 页。

③ 《天顺四年进士登科录》版心页第 37 页。

④ 《弘治六年进士登科录》版心页第 47 页。

太医院医士。祖暟，太医院医士。父坤，义官。母柳氏。重庆下。兄应期，都察院右副都御史；应璧，冠带医士；应登；应龙。弟应祯，冠带医士；应时；应陵；应宾。娶陆氏，继娶陈氏。应天府乡试第八十二名，会试第三百五十一名。"①

吴杰，南直隶武进县人，武宗正德年间为太医院院使。《明史·方技传》载："弘治中，以善医征至京师，试礼部高等。……正德中，武宗得疾，杰一药而愈，即擢御医。……自是，每愈帝一疾，辄进一官，积至太医院使，前后赐彪虎衣、绣春刀及银币甚厚。……（江）彬伏诛，中外晏然，杰有力焉。"② 其子吴希孟，中嘉靖十一年进士第三甲第六十二名，该科《进士登科录》这样记载："贯太医院医籍，直隶武进县人。顺天府学增广生，治《诗经》。字子醇，行三，年二十五，十二月十一日生。曾祖玘，寿官。祖宁，封太医院院判。父杰，前太医院院使。前母周氏；李氏，封安人；母朱氏，继母廖氏。严侍下。兄希颜，冠带医士；希曾，冠带医士。弟希周、希程。娶王氏。顺天府乡试第一百十五名，会试第二百五名。"③ 该科《同年序齿录》也载："南直隶吴希孟，辛卯乡试一百十五名。会试二百五名。廷试三甲六十二名。字子醇，治《诗经》。戊辰年十二月十一日生，太医院籍，武进县人。观都察院政，授分水知县，改东知县，升科给事中，兵科右给事中，参议，降会稽县县丞，广信府知府，致仕。号（缺）。曾祖玘，寿官。祖宁，封太医院院判。父杰，太医院院使。母朱氏，继母廖氏。兄希颜、希曾。弟希周、希程。"④

五、中医世家史料

《礼记·曲礼》云："医不三世，不服其药。"世代行医者，被称之为"中医世家"。这类史料屡屡见诸明代历科进士登科录、进士同年录或履历便览等科举文献。

滑浩，成化十一年进士第三甲第一百四十二名，浙江余姚县人，太医

① 《嘉靖二年进士登科录》版心页第 42 页。
② 《明史》卷一八七《方技传》，第 7649-7650 页。
③ 《嘉靖十一年进士登科录》版心页第 45 页。
④ 《嘉靖十一年进士同年序齿录》版心页第 73 页。

院籍。曾祖伯仁。祖孟骥，医学训科。父志镛，良医正。兄思杰，医学训科。① “伯仁”乃元明医家滑寿之表字。

郝国章，万历二年进士第三甲第二百一十八名，贯太医院官籍，山西太原府阳曲县人。曾祖荣，太医院院判。祖儒，太医院医士。父钺，太医院医士。弟国奇，太医院医士。②

何选，万历十一年进士第三甲第一百八十七名，贯太医院官籍，直隶苏州府嘉定县人。曾祖信，王府良医正。祖祥，太医院御医。父云凤，太医院御医。兄惠，医士；迁，冠带医士。③

由上可知，滑浩、郝国章、何选等进士，其家族皆至少四代行医。如果再充分利用相关家谱、族谱、宗谱等家族史料，清代进士登科录、硃卷，明清、民国方志，以及其他医学专书，就可以把中国明清至当代的中医世家给梳理出来，促进中医流派及学术传承等相关领域的深入研究。

六、进士家属从医人员史料

（一）太医院官员

据《明史·职官志》，明代太医院设正官三名：院使一名，正五品；院判二名，正六品。首领官一名：吏目一名，从九品。属官四名：御医，正八品。所属衙门有二：惠民局和生药库，各设大使一名、副使二名。此外，还有相对数量的冠带医士、医士、医生、司吏、吏员等医务人员。现择其要者，分类予以枚举。

1. 院使

仲兰，据《弘治三年进士登科录》第二甲第二十三名仲本，贯太医院医籍，直隶宝应县人，医生。父兰，太医院院使。④

吴杰，据《嘉靖十一年进士登科录》第三甲第六十二名吴希孟，贯太

① 《成化十一年进士登科录》版心页第 67 页。

② 《万历二年进士登科录》版心页第 81 页。

③ 《万历十一年进士登科录》版心页第 72 页。

④ 《弘治三年进士登科录》版心页第 13 页。

医院医籍，直隶武进县人。父杰，前太医院院使。①《嘉靖十一年进士同年序齿录》亦载吴希孟，父杰，太医院院使。②

朱儒，据《万历三十八年进士登科录》第三甲第七十五名朱大启，贯太医院官籍，浙江嘉兴府秀水县人。祖儒，太医院院使，累赠礼部左侍郎、兼翰林院侍读学士。③

2. 院判

宁得中，据《景泰五年进士登科录》第三甲第十五名宁珍，贯直隶镇江府丹徒县，医籍。太医院医生。父得中，太医院判。④

蒋用文，据《成化二年进士登科录》第三甲第二百四十九名蒋谊，贯应天府句容县人，南京太医院官籍。祖用文，院判，赠院使。父主孝。⑤

卢志，据《嘉靖十四年进士登科录》第三甲第二百零九名卢楩，贯直隶苏州府常熟县，医籍，昆山县人。父志，前太医院院判。⑥

3. 御医

蒋彦升，据《正统十三年进士登科录》第三甲第二名蒋敷，贯应天府江宁县，医籍。太医院医生。字宗德。父彦升，太医院御医。⑦

贵茂，据《嘉靖二十年进士登科录》第三甲第一百八十五名贵仁，贯太医院籍，河南汝宁府汝阳县人。曾祖茂，御医。⑧

何祥、何云凤，据《万历十一年进士登科录》第三甲第一百八十七名何选，贯太医院，官籍，直隶苏州府嘉定县人。曾祖信，王府良医正。祖祥，太医院御医。父云凤，太医院御医。⑨

4. 吏目

曹逵，据《嘉靖三十五年进士登科录》第二甲第七名曹子朝，贯直隶

① 《嘉靖十一年进士登科录》版心页第 45 页。
② 《嘉靖十一年进士同年序齿录》版心页第 73 页。
③ 《万历三十八年进士登科录》版心页第 41 页。
④ 《景泰五年进士登科录》版心页第 44 页。
⑤ 《成化二年进士登科录》版心页第 95 页。
⑥ 《嘉靖十四年进士登科录》版心页第 85 页。
⑦ 《正统十三年进士登科录》版心页第 21 页。
⑧ 《嘉靖二十年进士登科录》版心页第 78 页。
⑨ 《万历十一年进士登科录》版心页第 72 页。

兴州后屯卫军籍，直隶苏州府长洲县人。曾祖鼎，御医。祖逵，太医院吏目。①

谢万钟，据《隆庆二年进士登科录》第三甲第一百一十九名谢万寿，贯直隶顺德府任县，民籍。兄万钟，太医院吏目。②

项铠，据《万历三十八年进士登科录》第二甲第五十四名项良梓，贯浙江宁波府鄞县，民籍。祖铠，太医院吏目。③

此外，太医院冠带医士、医士、医生，以及所属衙门惠民局及生药库大使、副使等医务人员，人数众多，此不悉举。

（二）王府医官

明代诸王府皆设有良医所，负责该王府医疗事宜。设良医正一名，正八品。良医副一名，从八品。良医若干名。

1. 良医正

李良，据《成化五年进士登科录》第三甲第九名李琎，贯直隶安庆府怀宁县，民籍。祖良，良医正。④

贵瑄，据《嘉靖二十年进士登科录》第三甲第一百八十五名贵仁，贯太医院籍，河南汝宁府汝阳县人。曾祖茂，御医。祖瑄，良医正。⑤

邢如约，据《万历二年进士登科录》第三甲第一百八十二名邢侗，贯山东济南府临邑县，军籍。父如约，王府良医正。⑥

2. 良医

温彦中，据《天顺八年进士登科录》第三甲第一百四十一名温琮，贯四川成都府华阳县，民籍。父彦中，良医。⑦

张灿、张升，据《弘治十五年进士登科录》第三甲第四十八名张元春，贯江西南昌府新建县，医籍。曾祖灿，良医。祖升，良医，进阶修

① 《嘉靖三十五年进士登科录》版心页第 10 页。
② 《隆庆二年进士登科录》版心页第 58 页，《明代登科录汇编》第 8950 页。
③ 《万历三十八年进士登科录》版心页第 21 页。
④ 《成化五年进士登科录》版心页第 29 页。
⑤ 《嘉靖二十年进士登科录》版心页第 78 页。
⑥ 《万历二年进士登科录》版心页第 72 页。
⑦ 《天顺八年进士登科录》版心页第 56 页。

职郎。①

仇炳、仇火，据《嘉靖四十一年进士登科录》第三甲第一百八十三名仇灵，贯山西潞安府长治县，民籍。兄炳，良医；火，良医。②

（三）地方医学官员

明代各府州县俱设医学。各级医学既是医疗人才的培养机构，也是当地的医疗机构。各府设医学正科一名，从九品。各州设医学典科一名，各县设医学训科一名，俱未入流。这些医官既是地方医疗部门官员，同时也是当地的医务工作的负责人，率领医士、医生致力于地方医疗事业。此类史料较为丰富，仅举数例，以见其他。

1. 医学正科

张泽，据《景泰二年进士登科录》第二甲第三十七名张瓒，贯陕西西安府长安县，医籍。父泽，医学正科。③

高淮，据《弘治六年进士登科录》第二甲第三十八名高济，贯直隶扬州府江都县，军籍。弟淮，医学正科。④

曹芳，据《隆庆五年进士登科录》第二甲第十四名曹时聘，贯直隶真定府获鹿县，军籍。祖芳，医学正科。⑤

2. 医学典科

罗绶，据《正统十年进士登科录》第二甲第三十八名罗绅，贯直隶庐州府无为州，民籍。兄绶，医学典科。⑥

李纶，据《成化八年进士登科录》第三甲第九十四名李谅，贯山西泽州，民籍。父纶，医学典科。⑦

杜汝舟，据《正德三年进士登科录》第三甲第二百三十一名杜寀，贯四川潼川州遂宁县，民籍。曾祖汝舟，医学典科。⑧

---

① 《弘治十五年进士登科录》版心页第 44 页。
② 《嘉靖四十一年进士登科录》版心页第 76 页。
③ 《景泰二年进士登科录》版心页第 17 页。
④ 《弘治六年进士登科录》版心页第 17 页。
⑤ 《隆庆五年进士登科录》版心页第 12 页。
⑥ 《正统十年进士登科录》版心页第 17 页。
⑦ 《成化八年进士登科录》版心页第 51 页，《明代登科录汇编》第 1236 页。
⑧ 《正德三年进士登科录》国家图书馆藏明正德刻本，版心页第 94 页。

3. 医学训科

邹希鲁，据《宣德八年进士登科录》第三甲第四名邹来学，贯湖广黄州府麻城县，军籍。父希鲁，本县医学训科。①

陈鉴，据《成化二年进士登科录》第二甲第六十七名陈廷琏，贯湖广长沙府攸县，军籍。父鉴，医学训科。②

王嘉猷，据《万历三十五年进士登科录》第二甲第三名王命禹，贯浙江绍兴府萧山县，民籍。祖嘉猷，医学训科。③

（四）“医官”

还有些进士登科录中三代及兄弟仕历署“医官”。指代不明，很可能是太医院所属衙门惠民局和生药库的大使、副使、司吏等，或所辖地方业务部门的长官，或有职衔的医士等。

乐鐩，据《成化十一年进士登科录》第三甲第四十二名乐镛，贯浙江定海县人，太医院籍。弟鐩，医官。④

陆钊，据《嘉靖二年进士登科录》第三甲第一百四十七名陆冈，贯江西抚州府临川县，儒籍。兄钊，医官。⑤

贺岳，据《万历三十八年进士登科录》第二甲第五十名贺万祚，贯浙江嘉兴府海盐县军籍，嘉兴县人。曾祖岳，医官。⑥

（五）元代医学官员

元代医学设医学提举、医学提领、医学正、医学教谕等官职。到了明代正统、景泰年间，随着对元朝诸多避讳的减弱，进士登科录中也载有进士曾祖、祖父在元朝医学的任职情况。

王万里，元医学教谕。据《正统元年进士登科录》第二甲第八名王

---

① 《宣德八年进士登科录》版心页第 12 页。

② 《成化二年进士登科录》版心页第 24 页。

③ 《万历三十五年进士登科录》版心页第 9 页，《中国科举录汇编》第九册第 212 页，全国图书馆文献缩微复制中心，2010 年版。

④ 《成化十一年进士登科录》版心页第 42 页。

⑤ 《嘉靖二年进士登科录》版心页第 80 页。

⑥ 《万历三十八年进士登科录》版心页第 20 页。

澍，贯河南开封府兰阳县，民籍。曾祖万里，元医学教谕。[①]

王吉甫，元医学正；王思诚，元医学提领。据《正统元年进士登科录》第二甲第三十名王忠，贯浙江台州府临海县，军籍。曾祖吉甫，元医学正。祖思诚，元医学提领。[②]

李廷璧，元医学提举。据《景泰五年进士登科录》第三甲第一百五十八名李岳，贯直隶大名府长垣县，民籍。曾祖廷璧，元医学提举。[③]

---

① 《正统元年进士登科录》，上海图书馆藏明正统刻本。

② 《正统元年进士登科录》，上海图书馆藏明正统刻本。

③ 《景泰五年进士登科录》版心页第80页。

举人的进击：明清时期大运河上的科举、社会与国家

丁修真*

摘　要：明清时期的大运河，是科举士子北上赴试的必经之路。在归有光、文震孟、袁中道、赵维寰、陆陇其、徐昭等人笔下，均有不少赴试途中与大运河相关的记载，是反映明清大运河及其沿线地理环境、气候变化、社会情境的生动史料。在举人眼里，运河既是直跨天堑的通途，又是人生中的畏旅，运河既代表着天时与地利，又反映着时势与国运。在大运河上，科举、人生与国运紧密地结合到了一起。

关键词：运河；举人；明清；科举

一、引言

嘉靖四十一年，昆山人归有光会试下第，其在《壬戌纪行》中写道："予自丙申计偕，后七试南宫，往来程路及此行，计七万里矣。"① 对于一名老举人而言，二十余年的科举生涯，除黄卷青灯下的苦读外，七万里的赴试路程，已成为人生中颇为熟悉的一道风景。《壬戌南还作》一诗，便是对其七进七出后见闻心境的写照②：

---

* **作者简介**：丁修真，安徽师范大学历史学院教授，副院长，主要研究方向为明清史，科举史。本文为国家社科基金后期资助项目"在国家与社会之间：明代举人研究"（项目编号：19FZSB057）阶段性成果。

① 归有光著，周本淳校点：《震川先生集》卷六《壬戌纪行》，上海古籍出版社 2007 年版，第 853 页。按，下文关于归氏的赴试经历，若无特别说明，均以本注为准。

② 归有光著，周本淳校点：《震川先生集》卷一〇《古今诗》，第 946-947 页。

自出皇都门，渌水明可掬。高风抟羊角，飞沙旋雾縠。
乘快得顺流，溯行又转辘。长河亘千里，回溪每九曲。
时序值暮春，光景信明淑。市邑临水折，岸柳新雨沐。
欲问北州故，但以南期促。同行近百艘，晨夕相追逐。
挂席雁翅接，转棹鱼尾续。长闻夜集喧，又见风排簇。
所遇皆南金，胡为弃荆玉？非有弹冠庆，相呼入山麓。

文字描绘的主要场景，应当是在出京师至张家湾、白河的运河道中。作者站立舟头，见到百舸争流的景象，心中并没有激起几许壮丽之情，反是催生出几分人生不遇之感。“欲问北州故，但以南期促”，“所遇皆南金，胡为弃荆玉？”科考的失利，使得士子们更无意久滞异乡，顺着运河飞速南下，减少旅途劳顿，或许便是对疲惫身心的最好告慰。

明清之际，进士不第终身保有举人身份者，大概在20万人左右。每逢三年一期的会试，这其中的大部分人便会往来奔波于旅途道中，而运河又是大部分士子的必经之路。对举人而言，运河既是直跨天堑的通途，又是人生中的畏旅，运河既代表着天时与地利，又反映着时势与国运。本文就此择选几篇有代表性的文字，对士子们在运河途中的路线、见闻等加以梳理，从他们的视角，以见明清时期大运河之上的风物与人情。

二、科举之旅：相同的终点不同的命运

对于南方诸省士子，尤其是久经科场的老举人而言，“陆路劳而速，水路逸而迟”。选择陆路，不仅有“骡轿顿撼”“饭钱腾涌”等诸多不便，且“只行李上下骡背，一日定有四次”，体质羸弱的书生们实在难堪重负。选择水路，则“饭米一切俱可多带，沿途食用，费少而物充，视陆路才迟十许日，便宜孰多。所不可测者，直风波耳”①。

上述经验，出自嘉兴举人赵维寰。赵氏出生于嘉靖四十二年，19岁赴乡试，前后六次不中，入国学，于万历二十八年获顺天乡试解元。然此后

① 赵维寰：《雪庐焚余稿》卷一〇《征途》，《四库禁毁书丛刊》集部第88册，北京出版社1997年版，第580页。

至天启五年，会试八进八出，不得一第，只能以一举人身份终老。[①] 故于赴试路程，熟谙于心，并以亲身经历，总结文字，以告来者。其所作《征涂》一文，不啻一份赴试指南。文中将嘉兴至北京的运河路线，分成几个节点，并对时间路程进行了大致的估算：

四日，可从嘉兴抵京口。若风顺，三、四日决抵清江。入黄河，清口抵宿迁，不及三百里，苟非斗风，只三宿可入新河。入新河，自夹沟而上至济宁，水溜闸多，粮艘为碍，虽不满千里，需以十日。过济宁，去临清仅四百里，水甚浅，有一日止行五里、十里者，非十日不能过。临清讨关，一二日要停，出北闸，河平水顺，昼夜可行。二日决抵德州。又三日决抵天津。又三日决抵张家湾。[②]

按照赵氏推算，从嘉兴至北京水程，大概在四十日，其中通过山东境内的运道占据一半时间，是行程中最为艰难之处。

归有光，嘉靖十九年举人，九上公车，至嘉靖四十三年方才通过会试，结束近三十年的科举生涯。会试之旅，对其而言，更多时候是不得不面对的人生负担。其在《己未会试杂记》中写道："垂老有此远役，意中忽忽不乐。欲慕古人之高致而不可得，有欲言者，而口不能道。"[③] 尽管如此，屡败屡战的归氏，仍然没有错过任何一次北上的机会，其《壬戌纪行》一文中[④]，详细地记录了其最后一次科举赴试的经历。嘉靖四十三年十二月二十四日，归有光从苏州出发，于嘉靖四十四年二月初四日抵达北京，前后四十余日，水路粗计三千四百余里。行程大概可分为以下几个阶段：

第一阶段为苏州至丹徒的江南水路。路线为平乐→阊门→新安→无锡→白家桥→毗陵驿→丹阳→丹徒，计四百余里水路，耗时六日。

第二阶段为渡长江至淮安的里下河水路。路线为焦山→江都→孟城→平河桥→里河，计五百余里水路，耗时四日。

第三阶段为溯黄而上，至徐州北如运河，过沛县入山东。路线为桃

① 钱茂伟：《明代的家族文化积累与科举中式率》，载《社会科学》2011年第6期。
② 赵维寰：《雪庐焚余稿》卷一〇《征途》，第580页。
③ 归有光著，周本淳校点：《震川先生别集》卷六《己未会试杂记》，第847页。
④ 归有光著，周本淳校点：《震川先生别集》卷六《壬戌纪行》，第851-858页。

源→崔镇→宿迁→直河→新安→吕梁→宝应→境山，计五百余里，耗时七日。

第四阶段为山东境内的运河水路，计八百余里，耗时十日。路线为沽头→八里湾南→仲家浅→济宁→南旺→聊城→清凉→漳河→武城→郑家口→故城→老君堂。

第五阶段则为直隶境内水路，计一千余里，耗时十日。路线为沧州→兴济→刘指挥庄→韩家树→滹沱河→桃花口→杨村→华黎庄→武清→灵石屯→马驹桥→京师。

归氏赴试，常于冬至后动身（嘉靖三十五年赴会试亦选择在十二月二十四日）。一路之上，由南向北，少不得寒潮侵袭。如过宝应湖时“遇大风”，过桃源，遇雪，至彭城，大雪。入今天的苏北境后，更是“阴寒，雨雪间作”，十余日始见日，仍感“尤寒”，“刺舟者发眉皆冰”。至八里湾（今山东省泰安市八里湾村附近），“霜下如雪，岸柳皆凝白”。在天气的影响下，行船颇为不便。彭城附近，“舟几落洪去，力挽以出”，大雪影响下，又不得不停舟一日。至境山，因船犯凌，几乎倾覆。八里湾处，以连日寒冻，“冰雪乍凝，非复壮冰”，以致舟人畏怯，不敢行船。至南旺，冰雪壅河，同行船只更相挽破冰而出。至兴济，以冰阻，渡滹沱河，风极冽厉，有河冰，待久之，一路上“千艘相聚，行数里，辄相呼击冰，如是数里，又行”。

万历二十五年（1597），二十出头的长洲人文震孟踏上了自己的会试之旅，在其后，尚有八进八出，总计十赴会试的经历。文氏虽出自名门之后，却自陈“苦乏车马之资”，加之“性复柔脆，不堪劳顿”，所以听从家人建议，取道运河北上。文氏动身于八月十五，十月初四至京城，路上共计四十六日。途经的主要路线为扬州→邵伯驿→界首驿→宝应→淮安→徐州→安山驿→东昌府→故城→德州→莲窝驿→静海→天津→张家湾→北京。与归氏相较，文氏路途的路线、时间大体相同，但笔下所展现的情境却大有不同。①

文氏之旅，虽不时有“秋雨微夜，羁旅之怀为之倍增”的伤感，但因

① 文震孟：《北征纪行》，载《北京图书馆古籍珍本丛刊》第20册，书目文献出版社1987年版，第525-527页。按，下文关于文氏的赴试经历，若无特别说明，均以本注为准。

少了酷寒的煎熬，更多一份恬淡。如在江南道中“蓬窗坐雨，焚香展卷，岑寂之悰，亦自有趣”。过镇江，“更历旧游，雄心飞动”。徐州城前，“登岸小步，夕阳半山，洪河奔流，沙岸层层，雁飞三五，宛然图画”。境山候闸间，“天气朗洁，微风不起，月色佳甚，夜登岸行三四里，碧水潺潺，绿树依依，蛰吟古岸，片帆漾影，渔歌牧吹，时起沧溟”。山东境内，临清关阻，遂“舟中危坐，摘野花数茎，插瓶中作供，读《春秋》尽一卷”。从武城至夹马营，“忽大风自东南起，尘埃障天，缆舟竟日，庄坐挟卷，颇能自快”。与归有光北上“跼蹐小舟中，少所见，独记所止处而已”不同，年轻的文震孟，一路访僧侣、游胜迹，发怀古幽思之情，展现的是一个生机盎然的举人心境。

北上的举人也会视情况选择水路、陆路兼行的方式。万历四十三年，湖北公安人袁中道北上赴试。伊始沿着扬州→邵伯→高邮→宝应→淮安→宿迁的运河水道通行。在宿迁时，因风阻徘徊不前，“始知黄河竹箭之流，复当西北风生发时，万万乎不可舍陆从舟”，加之“二仆又病不支，青女渐至，前途寒苦”，遂决意束装，陆走徐州，此后一路，均改从陆路北上。①

清初嘉兴人陆陇其赴试，也是水、陆兼行。其记载的公车之行有两次，第一次为康熙五年十一月二十八日由嘉兴出发，康熙六年正月初三日至京，耗时三十四天，第二次为康熙八年十一月十五日，自嘉兴出发，于十二月二十日抵达京城，计三十五日。与前述三人相较，在时间上，为“陆路劳而速，水路逸而迟”提供了一个印证。②

陆氏改变路线，主要因水路拥塞。第一次北上，在丹徒，因粮船挨挤，步行至镇江，渡江至瓜州，复步行至陈家湾雇小船，后至扬州雇骡，路线为扬州→邵伯镇→高邮州→宝应→清江浦→王家营→新集→仰化集→宿迁→峒峿集→郯城县→李家庄→沂州→鹅庄→伴城→青驼寺→垛庄→蒙阴县→敖阳→新泰县→翟家庄→羊流店→化马湾→崔家庄→泰安州→店苔→长城铺→张夏店→杜家庙→齐河→晏城→禹城镇→刘普站→平原县→

① 袁中道著，钱伯城校点：《珂雪斋游居柿录》卷三，上海古籍出版社2011年版，第1173页。

② 陆陇其撰、杨春俏点校：《三鱼堂日记》，中华书局2016年版，第7-25页、第38-48页。按，下文关于陆氏的赴试经历，若无特别说明，均以本注为准。

黄河涯→德州→卫河→留智庙→景州→漫河→阜城→富庄驿→单桥→献县→商家林→河间府→河间县→石门城→关张村→任丘县→莫州→雄县→白沟河→新城县→涿州→宝店→良乡→长新店→卢沟桥→彰义门。

自山东境内至京城，陆行一千五百余里，陆氏计十六日，相同区间，归有光与文震孟水路约计两千里，归氏计二十日，文氏一路赏玩，共计二十五日。水、陆差异，由此可见。

康熙八年（1609），陆陇其再度北上。与此前稍有不同的是，其陆行的起点，由扬州改换成了清江浦。其间情形，较前次记载更为详细。陆氏于十一月十五日从嘉兴出发，廿二日至扬州过关，“因粮船挨挤，泊关上不行”，至二十四日早，始自扬州开船，然行数里便止。二十五日，至露筋庙闸口，因粮船塞闸口，乃复从外湖转。二十六日，又因风阻不行。之所以走外湖，是因连年水灾，闸内岸卑，官方恐湖水淹没运道，塞金口闸，船只只能从外湖绕行，故易受风阻。二十八日早，过宝应，因水浅难行，遣人至岸上雇驴。二十九日，陆行至淮安。三十日，雇小舟至清江浦，登陆叫担至王家营。因上年河患，此时王家营非复旧地，已东移三四里。从扬州至宝应，二百四十余里水路。按照赵维寰的说法，“若风顺，三、四日决抵清江”，但陆氏此番已约六日，而前次陆路之行，也只需三日。运道拥塞以及连年水患，使得水路北上十分迟缓。故从王家营后，陆氏再度更换为陆路。

乾隆十三年（1748）正月十二日，嘉兴秀水人徐昭北上赴试。[①] 取水路至扬州过关。二月初，行经高邮至宿迁途中，因大风而停滞。至半片店，又起风暴，漕船呼噪，各舟加橛乃安。初三日，因水急，宿河成闸。从清江浦至河成闸，三百余里水路，受天气及水患影响，徐氏费时六日。故于初四日起，徐氏等人改由陆路而行。

上述众人的科举之旅，终点相同，但命运却各自不同，心境更是各异。相较于水路，陆路行速而少风波之阻，更无与运艘争道之虞，只是安全堪忧，常有迷路的危险。如上文袁中道改换陆路，至“吕梁、徐州，径三十余里。既就道，屡迷路。途中间有人家，流亡颇多，居室俱不存，惟

① 关于秀水人徐昭在乾隆年间的赴试旅程，可参见伍跃：《普通の知识人による普通の旅》，大阪经济法科大学論集，第95号，2008年版。其文后附有徐昭《公车纪程》原文，下文关于徐氏赴试经历，若无特别说明，均以该文为据。

余石子墙，颇有绿林之惧”。[①]

三、运河之旅：举人们的赴试日常

举人赴试，有喜一人行者，如归有光谓“予每北上，长翛然独往来，一与人同，未免屈意以狥之，殊非其性”[②]。话虽如此，考虑到路途遥远，也为互相照应，更多时候，举人往往结伴而行。一般情况下，走运河者，三三两两，或同住一船，或各自租船。明初宁波人郑真由江南运河赴南京应试，“同舟者郭可学、陈希贡、黄自强、孙原仲、陈仲贤、仆从共十余人”[③]。讲究点的，如归氏赴试，同行者太仓举人周士淹，是各自租船而行。有时，同行的也非全是赴试同僚，万历四十三年（1615），袁中道便是与“汪唯修、僧玄徹、吕书记并仆五人同发”[④]。归有光虽屡试不中，但在文化圈，渐渐积累起了名气。嘉靖三十八年（1559），归有光在济宁逗留时，遇泉州举子数人，共憩市肆中。数人者问知予姓名，皆悚然环揖，言：“吾等少诵公文，以为异世人。不意今日得见！”[⑤] 万历四十一年（1613）会试下第，至武城附近，有二童子来，自言学《易》，因与之言《易》。[⑥]

饮酒是赴试途中少不得的常规活动。出发壮行需饮，归有光出苏州城前，与叶子寅、周士淹游海会寺，饮舟中。[⑦] 路途佐餐需饮，袁中道至雄县，见有小鱼野鸭，遂市之佐酒。[⑧] 地方特色需饮，袁中道过许州，闻有襄陵酒，令人沽而饮之。[⑨] 友人途中相遇需饮，归氏过兴济，“先后来者皆聚，几及千艘，半天下之士在此矣，始见同县诸友。夜，饮子敬舟中”[⑩]。

---

① 袁中道著，钱伯城校点：《珂雪斋游居杮录》卷三，第 1173 页。

② 归有光著，周本淳校点：《震川先生别集》卷六《己未会试杂记》，第 850 页。

③ 郑真：《荥阳外史集》卷九七《计偕录》，《四库明人文集丛刊》，上海古籍出版社 1991 年版，第 604 页。

④ 袁中道著，钱伯城校点：《珂雪斋游居杮录》卷一〇，1348 页。

⑤ 归有光著，周本淳校点：《震川先生别集》卷六《己未会试杂记》，第 848 页。

⑥ 归有光著，周本淳校点：《震川先生别集》卷六《壬戌纪行》，854 页。

⑦ 归有光著，周本淳校点：《震川先生别集》卷六《壬戌纪行》，851 页。

⑧ 袁中道著，钱伯城校点：《珂雪斋游居杮录》卷三，第 1175 页。

⑨ 袁中道著，钱伯城校点：《珂雪斋游居杮录》卷一〇，1349 页。

⑩ 归有光著，周本淳校点：《震川先生别集》卷六《壬戌纪行》，853 页。

途经友人处需饮，文震孟过清江，有顾其言、顾世芳尽地主谊，“邀予饮酒甚恭”。饮酒时间，以晚上居多，文震孟“晚至宝应，访刘静之，夜饮而归”，也有下午就开喝的，“未刻，同年王元夫招饮舟中”①。

除行舟外，举人也会选择陆上住宿。郑真赴试，“新宫桥处宿旧主人陈店”②，想必不是第一次投宿。叶绍袁，“除夕，始抵任丘，时黄昏矣。客舍已满，止坊下一家仅空”③。归有光至济宁时，“至刘指挥庄，雇肩舆小车，庄人皆来叩头”④。徐昭北上南下，住宿方式颇为多样，如在集庆寺借宿，至“三家店，宿，店颇宽敞洁净”，“至雄县店中，驿骑充斥，几无宿处”，“十八日，靳家庄宿、二十日，杨村宿”，“廿二日、杨青驿宿；廿四日，流河驿宿。廿六日，砖河驿宿”，德州，“有雨，不及进城，遂宿崖下。是夜，雨大船漏，竟夕不能安寝”。⑤ 可见，举人出行，虽以水路居多，但岸上住宿似乎更为舒适。

赴试途中，时常需购买一些必需用品以及地方特产。叶绍袁便因母亲患有痰疾，北上途中，特意取道青州，购买青州白丸。⑥ 陆陇其则记载了由水路转陆路，购买交通工具的成本：在淮安雇小船，价二钱。至清江浦闸口登陆叫担，担至王家营，每担七分半。渡河，渡河船一钱三分。至王家营卸骡，骡价每头四两五钱，银色约九一二。⑦ 徐昭南还，在京城雇下车五辆，每辆三百五十文老钱（京城至张家湾路程），至东平县，买竹叶石砚；清县买菜；郑家口买菜；武城县买菜；油坊镇买菜；临清买羊绒；宝塔买菜；土桥闸买绒衣；阿城买阿胶；张秋镇买菜；平望买银鱼，且闻市中米价腾贵，每升制钱廿三文。⑧

行途中的出游也是不可少的。不同的人物，路途各异，加之时代各

---

① 文震孟：《北征纪行》，《北京图书馆古籍珍本丛刊》第20册，第527页。

② 郑真：《荥阳外史集》卷九七《计偕录》，第605页。

③ 叶绍袁原编，冀勤辑校：《午梦堂集》下册《附录一·谱传类·叶天廖自撰年谱》，中华书局2015年版，第1014页。

④ 归有光著，周本淳校点：《震川先生别集》卷六《壬戌纪行》，853页。

⑤ 伍跃：《普通の知识人によゐ普通の旅》，大阪经済法科大学論集，第95号，2008年版。

⑥ “驱车之夫，别行一道，遁途夹谷，迂驾淄青”，原因就在于“太宜人苦痰，尝言青州白丸，可蠲我疾，至是，余忽道经此途，喜出望外。”叶绍袁原编，冀勤辑校：《午梦堂集》下册《附录一·谱传类·叶天廖自撰年谱》，第1014页。

⑦ 陆陇其撰，杨春俏点校：《三鱼堂日记》卷二，第39、40页。

⑧ 伍跃：《普通の知识人によゐ普通の旅》，大阪经済法科大学論集，第95号，2008年版。

异，笔下出现的景物也各不相同。如归有光，似喜逛祠庙：丹徒的留侯庙、还会寺，境山的大云禅寺，南旺的宋尚书祠，张秋的戴家庙，武城的父子庙，故城的马都御史祠，河北泊头的扁鹊庙，天津附近华黎庄的观神庙等。徐昭所处时代，运河两岸烟火气息浓厚：如沧州“东南隅有药王庙，市甚闹，游女颇众”，泊头“有药王会，两岸士女络绎”，莲儿窝“药王会亦盛，岸上游人如蚁，河中渡船如织”，聊城附近，“市廛稠密，百货俱陈，杏大如拳，味甚甘美”，张秋镇，“形势雄壮，两岸人烟稠集，舟樯鳞接”。①

一些著名的城市与景点，即使时代各异，众人也会不约而同，驻足观摩。如济宁太白楼。归有光南归途中，道经济宁，便同五位举人同登观望，并注意到楼下的行军司马碑：“‘永乐十八年正月二十日，敕行军司马樊敬往守济宁，抚操十万壮士，指挥以下，除授总兵官亦听调，违令斩首。’行军司马其重如此，皆一时之制。与国初诸翼元帅，会典亦失于记载也”②，颇长见闻。文震孟至济宁，先赏杜陵池，“池广十亩，亭其上曰浮玉，残荷萎谢，景物清寂，悠然会心”，后登太白楼“楼据城巅，巍然远览”。③ 清初陆陇其过济宁，亦提到“其南城上有太白酒楼，乃太白与任城令贺知章饮酒之所，有太白所书壮观二字，城外有古南池，杜子美有游南池诗，即此地也，与太白楼相对”④。徐昭则观察到“入济宁城，登太白楼。楼下即杜甫南池大街。陈氏宅有巨槐一树，庇荫十余家”⑤。

赴试途中，与举人相伴的，还有不时的病痛。太仓举人周士杰，北上至山东境内始患小恙，本打算还家，为归有光所阻。试罢南下，与归有光途中分别后，最终病死于胡陵附近。⑥ 旅途艰辛，加上无法及时医治，往往会产生致命的后果。下面也是一则举人赴试途中病死的事例：

范君箣林讳某，云间人，中庚午榜，芳洲范先生冢子，宪副某爱婿，夙禀异材，有刻行于世，高卓古健，无不啧啧以大魁期许。……偶范宿一

① 伍跃：《普通の知识人による普通の旅》，大阪経済法科大学論集，第95号，2008年版。
② 归有光著，周本淳校点：《震川先生别集》卷六《壬戌纪行》，856页。
③ 文震孟：《北征纪行》，《北京图书馆古籍珍本丛刊》第20册，第527页。
④ 陆陇其撰，杨春俏点校：《三鱼堂日记》卷二，第15-16页。
⑤ 伍跃：《普通の知识人による普通の旅》，大阪経済法科大学論集，第95号，2008年版。
⑥ 归有光著，周本淳校点：《震川先生别集》卷六《壬戌纪行》，856页。

老娼名杜韦者，韦无异姿，特善枕席而脂韦，最能悦人，笏林年少易惑，谓一生惟杜姬当余意。……相与驾一舟同上北计偕，范于舟中忽病作不起，杜畏范族有擒而法之者，亦投水死。①

对举人生命构成威胁的，除了病，尚有盗。归有光过宿迁，见“岸上有骑者，挟弓矢，叱挽人令之下，皆踉跄入舟。寻见有人聚立，颇疑其盗”，不过最后安然无恙。② 但赵维寰就没那么幸运了：

暴客劫掠之横，余尝闻之，然未亲睹见也。乙丑冬，计偕北上，与郭舟葵，陆巨平同舟，既渡黄河入新河，自以为险阻且过。一日舟行，望台儿庄可二三里，而舟子以日暮水急，辄舣舟，宿时有货舟同泊，才一更许，盗忽至，列炬持斧独上。余舟三人从梦中惊醒，急从舱后遁，而炬旋入舱矣。但闻邻舟大噪，须臾，舟子报曰，贼已去，乃徐入舱，取灯照之，诸行李俱无恙也。于船头上得折柄斧一，折柄鎗一。及天明，勘之血迹，从船头起直至闸上，想暗中与邻船战败去耳。当始至时，用巨斧劈船，声殆如霹雳，余始亲睹暴客情状云。③

赵氏的遭遇虽然惊险，但总归性命无虞。如与艾南英齐名的江西四家之一罗万藻便曾在旅途中险遭毒手。④ 也正因为如此，文人往往依据听闻，将上述事迹文学化为小说中的情节，颇为生动。如写作于明末清初的小说《醉醒石》中，便描写了三个北上的举人，在苏州运河附近遭遇劫匪的情景：

浦肫夫择了个日，腰了银子，叫了只船，走常州。过得吴江，将到五龙港，只见一只船横在岸边，三个人相对痛哭，还有三四个坐的卧的，在地下呻吟叫痛。浦肫夫道：“这一定是被劫的，不知要到那里去，天色寒冷，衣服都被剥，不冻死也要成病，这须救他。”船家道：“才出门，遇这彩头。莫要管，去罢。”浦肫夫喝道：“叫住就住。还摇。”船家只得拢了。

---

① 蒋以化：《西台漫纪》卷三，《四库全书存目丛书》子部第 242 册，齐鲁书社 1995 年版，第 105 页。

② 归有光著，周本淳校点：《震川先生别集》卷六《壬戌纪行》，852 页。

③ 赵维寰：《雪庐焚余稿》卷一〇《横盗》，第 574 页。

④ 罗氏在与师友的来信中曾云：“征舟至济宁地面，身落贼手，几毙于斧。”见罗万藻：《此观堂集》卷六《侯倪老师书》，《四库全书存目丛书》集部第 192 册，齐鲁书社 1996 年版，第 459 页。

浦肫夫跳上去问，原来是福建举人，一个姓林，一个姓黄，一个姓张。诉说到此被盗，行李劫去，仆从打伤，衣服剥尽，往京回闽进退无资，以此痛哭。浦肫夫道："列位到京，可得银多少方彀？"林举人道："路费一人得三十金，到如今衣服铺陈也得十余两。"浦肫夫道："这等列位不必愁烦，都在学生身上。相近苏州，就在此制办，以便北上。"就在近村，打些水白酒，与他荡寒，又把自己被褥，与他御风。到了苏州，在阊门边，与他寻了下处，为他买毡条，细布做被褥，为三箇举人做衣服。失了长单，为他府中告照。又赠盘费三十两。这三箇问了姓名居址，道："异日必图环报"。两下相别。①

这一段描写，把江湖人士的豪侠仗义与书生的落魄懦弱映衬得颇为分明。

与上述诸人赴试之旅相区别的是，袁中道有一段因兄长袁宗道在京去世，扶榇回乡的经历。其间取道运河，遭遇自是不同，兹摘录几段：

潞河争舟："潞河多舟，驰驿者舟人以贿求之。是岁，水涸无舟，与差使争，乃得二舟。方行十余里，遂不能行，舟人下水推移，一日仅里许"。

至天津，两岸起火，几乎殃及行舟："予见岸上多草舍，心计曰：'傥回禄忽起，奈何？'三鼓，舟人皆倦卧，予尚坐，俄岸上大呼'火起'，予急窥之，火光已烛天。予大呼舟人及诸仆起，令急移舟。舟人起仓卒，拔铁鹿不得动。火逾近，百计乃移至对岸，予不能声矣"。

途中行船争先，又与漕船相撞："初以镇江一舟置眷属，而榇舟尾焉。镇江舟疾，其人皆悍喜事，与山东一运船相撞，运船破，粮澌澌堕水中，予舟在后，未知也。见岸上戍卒随予舟而呼曰：'坏舟沉粮，愿救性命。'予大骇，乃知爲前舟事也。予自思此系官粮，事不小，当奈何，乃令人持一字告之督运者，幸督运者宽之曰：'但往，吾自区处之。'乃得脱。"

至交河处，因民生困苦，无纤夫引舟："舟人于驿递乞夫，竟无有。

① 东鲁狂生编：《醉醒石》第一〇回《济穷途侠士捐金，重报施贤绅取义》，上海古籍出版社1956年版，第150-151页。

曰地近荒旱，又无支费，驿丞吏俱远遁，前一官住此一月，始得行。盖于市上居民稍温饱者，使顾募。后于公费内偿之，十不得一人，甚苦之，以此居民亦多散亡耳”。

> 舟人为抓人揽舟，不惜干戈相见，几乎闹出人命：“解缆半里许，舟人各持挺督牵缆者。顷之，舟尾鸣金大呼，可百余人，持器械追来。至则击舟人，能水者入水避之，惟一人不能入水，遂为所伤，头破昏死。以大石及瓦，中舟如雨下，窗棂皆破，眷属尽号泣，骇欲绝。”①

上述可见，无论是公车抑或私行，运河上的举人日常，绝非只有“长风破浪”的快感，陷入“行路难！行路难！多歧路，今安在？”的困境也是常态。对此，前后七上公车的常熟籍举人孙楼概括道：“往复八千里之遥，抗南人之柔骨，冒北漠之刚风，驱车峻坂，则覆辙是虞，挽舟坚冰，则沉船几殆，寇盗丛中，鲸鲵波上，艰难险阻，备尝之矣。”② 可谓至实之论。

四、水运与国运：举人们的遭际与思考

对于明清时期的举人而言，运河已经成为科举的必经之路。在举人看来，其通畅与否，既受制于天时地利，也受制于时势与人事，一定程度上，水运反映着国运。

隆庆二年（1568），四川举人来知德受友人邀约游吴，“附一商船，商待之甚勤，意欲九江说关也。先生初不知，比至九江，商方言其故。……以诗投之主司，尽免其税”③。可知此时的举人赴试或外出，可以借助科举身份免除随船货税，从中获利。同样的事例又见苏州吴县人周顺昌，忆其应试北上时，有商人赠以厚赀，希望能随船载货，以免沿途商税，计酬仪

---

① 袁中道著，钱伯城校点：《珂雪斋集》卷二一《行路难》，第873-874页。

② 孙楼：《刻孙百川先生集》卷三《纪黜》，《四库全书存目丛书》集部第112册，齐鲁书社1996年版，第631页。

③ 古之贤等撰：《太史来瞿唐先生年谱》，《北京图书馆藏年谱珍本丛刊》第50册，北京图书馆出版社1999年版，第76页。

可百金，周氏固却之。①

然而至万历中期，这样的优待已经消失。前述文震孟于万历二十五年北上，舟过临清，“例附皇砖百枚入都，官人及计偕士子则否。后乃按砖入税，多索金钱，而计偕者仅免其半。今则尽征，无稍优恤，胥吏因缘为奸利，一时上公车者十余辈，莫能谁何。因共叹国家待士未尝不隆，即嘉、庆间，犹给传以行，不失授飧遗意。中更新政，一切裁革，然尚能庇一叶之舟，兹诛求复苛及矣”②。按照文氏记载，运舟过临清，例需按皇砖数量入税，嘉靖、隆庆以前，赴试举人尚能凭公文自保，而至新政之后，优免失效，待士之礼荡然无存。

万历二十八年（1600），尚是举人身份的袁中道舟至临清，为税使所厄，大输金钱乃得行。抵徐州，又厄于税使，“输金钱以脱，亦如临清事也，而纵爪牙登舟搜索甚之矣”③。

万历年间，税使四出，极尽搜刮之能，举人赴试亦不能免。时任右副都御史、巡抚山东的黄克缵，便曾书信与税监，反对于境内汶河堽城坝委官抽税之事，其中可见会试举人遭受盘剥的情况：

奉到大教，欲于堽城坝委官抽税，谓徐州税少，商有从扬州、淮安别寻捷路越过徐州者。夫商人欲越江北，必于邳、宿之间别寻径路，岂能飞越？徒借此为名，欲重山东之困耳。近见会试举人由此经过者，委官亦夺其行李，此辈入京者三四千人，众口嗷嗷，咸谓不佞不能禁戢？冒缩朒之名。至其含怨于门下者，恐亦不少也。夫堽城委官能认税几何？而使吾辈犯众怨，结士大夫之仇，亦何利而爲之？山东缙绅任两衙门者每每以税既包认，委官骚扰如故，以是爲不佞罪，不佞亦付之无可奈何矣。敬具衷言奉达，幸勿听细人之言，再生事端，以失同事之雅为望。④

运河作为明清时期连接南北最主要的经济动脉，既是百货辐辏之地，亦是官府兴利之区。运河北上，一路关卡重重，商人自然难免盘剥之苦。

① 殷献臣：《周吏部年谱》，《明代名人年谱丛刊》第9册，北京图书馆出版社2006年版，第226页。

② 文震孟：《北征纪行》，《北京图书馆古籍珍本丛刊》第20册，第527页。

③ 袁中道著，钱伯城校点：《珂雪斋集》卷二一《行路难》，第875-876页。

④ 黄克缵著，李梦生点校：《数马集》卷三四《柬陈税监》，商务印书馆2019年版，第427页。

对于举人，则是经历了一个从优待到诛求的过程。

运河北上途中，“水溜闸多，粮艘为碍”，加之水势不时增减，尤其是闸门启闭亦有时限，因此通行之权亦有先后。袁中道便谓：“路多中贵人舟，予数数戒舟人，令相让，不过迟接缆一刻耳。舟人多不逊，数有争斗，予曰：‘此凶事也，失手谁当之？’舟人曰：‘漕河常也’，”[①] 乾隆年间徐昭从京南还，至聊城附近李海务关，因总河官京眷夺溜掀板，闸牌子需索不遂，便与舟人打架，以致舟行过闸时已是深夜。第二日晓行，过十里至周家店闸，“李海务牌子来禀，且验伤，邻舟舟人扑其十板，诸船攒凑，纳贿于闸官，乃得究免，许明日放行”[②]。归有光船过张秋、戴家庙处，遇有龙衣船行而封水，至第二日食时方行。“龙衣船岁于此过，阉挟南货，故船常滞浅”，故有封水利其先行之故。归氏尚记得“一岁首适巡抚过界，水为封锢，东平张长史以金币贿阉买水”，“买水，所未闻也”。[③] 可见，行运途中，虽百舸争流，但行至水穷途处，仍有通行等级之先后。大运河上通行权的先后，是与身份等级地位相匹配的。

万历二十年（1592），丰臣秀吉入侵朝鲜，明朝派军支援，一度逼停战事。万历二十五年（1597），日军再度发动进攻。文震孟在赴试途中，亦感受到大战即开的氛围：“天津去海甚迩，东事渐迫，城中汹汹，治甲兵，马羸卒敝，殊无素备，而老夫稚子，皆能言奸臣欺国状，不胜发指。”[④] 此处所指奸臣欺国，当是指万历二十五年石星、萧大亨等人因与日本谈判失败之事。根据《明实录》记载，可知在文震孟到达天津前，朝廷已经将石星等人定罪。[⑤] 兵事再起，一面虽是群情激昂，另一面却是马羸

① 袁中道著，钱伯城校点：《珂雪斋集》卷二一《行路难》，第 873 页。

② 伍跃：《普通の知识人によゐ普通の旅》，大阪経済法科大学論集，第 95 号，2008 年版。

③ 归有光著，周本淳校点：《震川先生别集》卷六《壬戌纪行》，第 855 页。按，龙衣船，即龙袍船，是专门运送南京等地制作龙袍及宫廷衣饰的船只。据学者考证，龙衣船应当是一种宽大而吃水深的船只，故通行往往需封闭河道，待积水较深，方才能通过。见李泉、李芹：《明代的宫廷运输与运河交通》，载《故宫学刊》2010 年第 1 期。而根据归有光的描述，龙衣船之所以笨重，一定程度上还在于阉宦利用权力，挟带南方私货所致。

④ 文震孟：《北征纪行》，《北京图书馆古籍珍本丛刊》第 20 册，第 527 页。

⑤ 三法司会审前兵部尚书石星。酿患祸国，拟极边永戍，上以法司徇私朋比，切责回话，石星另拟罪。于是刑部尚书萧大亨等惶恐引罪，命革大亨官衔、世袭、恩荫。白栋革职为民，余夺俸一年。石星坐隐匿军情失误，律论死。妻子俱流，发烟瘴永戍。狱成，刑科给事中罗栋仍数星罪十二疏劾奏，上是其说。《明神宗实录》三一四“万历二十五年九月十四日辛丑”，第 5872 页，台北“中研院”历史语言研究所校印本，1962 年。

卒敝，政治宣传与军事应对两相比较，殊可见明代后期的国家情状。

万历二十八年（1600），援朝之役已经结束，从北京南还的袁中道却在运河上碰到了群龙无首的三千浙兵，沿途烧抢虏掠，生动反映了当时“浙兵半天下”所产生的社会影响：

泊野市，予方晏坐，见舟尾有人呼曰：“前舟移去。”予出视之，见有十余健儿，牵缆逼舟后。舟人怒曰：“此贵人舟也，客舟乃敢尔耶！”予见牵缆者一人，私向舟语曰：“我辈浙中征东卒也，凡三千人，无帅又无粮，沿途掳掠，尔舟不宜犯之，可急移对岸。”予曰：“此神教之言也。”急移舟，则见后舟可数百艘，中多女妓及良人妇，皆所掳掠者。移稍迟，其中人皆戟手奋拳詈，我舟渐远，尚闻叱咤声。予嘱舟人及仆辈曰：“此浙中乱卒也，既无统帅，即受其虐，谁控诉者？汝辈但静坐舟中，不得出一语，致争端也。”语未终而市民哭声震地，有夺妇女去者，有夺所市物去者，误以予为帅舟也，隔岸诉者，以头抢地，哀吁不绝。予叹曰：“古人云，聚兵易，散兵难，当事者置此三千人度外，不以一官统之，且不与粮，令其何策以归，是教之盗也。惜此小费，令一路民受大毒苦，有司袖手无计，干戈乱离之象，今日见矣。”予固徐行，使之先去，然其舟沿途肆毒不即行，每与我舟相植，予益缓，乃离后军。舟至临清，居民诉夺妻女者如雨，宪使钟公乃用市上排门夫四五千人围之，令曰：“若不纵妇人上岸，当立歼若辈。”诸卒惧，悉听诸妇女走岸上，亲识号泣持之去。钟公又令人逮其为魁者百人，皆与杖，仍以卒围送出境后始戢。①

天启年间，魏忠贤掌权，北上会试的叶绍袁，目睹“东林诸名公大老为逆珰所逐，自首揆苕上朱文肃公，以征车连镳，载途南下矣”的景象，②满朝正气，为之一空。乾隆年间，徐昭北上途中，道经山东滕县，“时流亡载道，树皮尽剥。初七日，至界河，饥民有向车中夺饼而食者，有要截仆从而强讨者。夜宿邹县东滩店。官方煮赈，流亡载道”③。盛世饥饿，可

① 袁中道著，钱伯城校点：《珂雪斋集》卷二一《行路难》，第873-874页。关于此段史料反映的现象，牛传彪有专文论述，见《明中后期“浙兵半天下”现象考释》，载《史学月刊》2019年第12期。

② 叶绍袁原编，冀勤辑校：《午梦堂集》下册《附录一·谱传类·叶天廖自撰年谱》，第1014页。

③ 伍跃：《普通の知识人による普通の旅》，大阪経済法科大学論集，第95号，2008年版。

见一斑。

大运河并非天然，而是成自人工。运道通畅与否，实赖于历朝治水之功效。治水能否取得实效，技术固然重要，最终却是各方利益博弈的结果。文震孟便谓：

余自维扬以北，每历洪河，遍览堤筑，因思治河使者，如荥阳公辈，焦心尽力，不为无功，乃全躯保妻子之□臣，媒蘖不已，彼拥厚禄取高位，漫无事事者，反得以功名始终，兹可长叹也。①

清初陆陇其，借顺治时人顾大申之口道：

夫从古任人之难，难于任事，任事之难，难于虑始。暑雨祁寒，民曰怨咨，利未及身，罔不腾口。及观厥成，而亿禩称便也。历数前后经理，虽由明君哲相，始终倚任，而诸君子之兴而辍，辍而复集，招尤丛谤，曾勿利钝之是计，而身名之是图，以几于永赖者，不诚忘身体国，矫矫烈丈夫哉？②

言下之意，国运与人事，方是运河通畅的根本保证。

五、结语

本文选取了明清之际，奔波于大运河上几位举人们的见闻，对其与运河相关的路线路程、所见所闻、遭际与思考进行了初步的归纳与整理。举人们对运河的观察，视角广阔，内容生动，思考也较为深刻，是反映运河风土人情的重要史料。对于明清时期的科举士人而言，赶考途中，既有天气地理的影响，也有来自经济、政治等方面的干扰，甚者还有性命之虞。在大运河上，科举、人生与国运紧密地结合到了一起。大运河，既是举人们通向科举成功的必经之路，也是举人们人生进击的生命之旅。大运河是宿命，大运河也是自由。何去何从，这是摆放在明清举人群体面前的一道必选题。

---

① 文震孟：《北征纪行》，《北京图书馆古籍珍本丛刊》第20册，第526页。

② 陆陇其撰，杨春俏点校：《三鱼堂日记》卷一，第18页。

咸丰九年科举借闱之争及其当代启示

傅冠华　许　露*

摘　要："借闱"为科举学术语之一。这是中国古代科举制度发展到一定阶段的特殊产物，指战争、自然灾害等不可抗力因素出现时，封建政府借用异地科场集中办理乡试或会试的科举现象，以保障科举制度的实行和杰出人才的选拔。由于太平天国运动，苏、皖二省大乱，江南乡试停滞。为了维护封建统治秩序，咸丰九年苏、皖二省向清廷中央提议借浙闱举办江南乡试。而后，众官员从借闱的必要性、可行性、安全性、公平性、保障性五个维度出发，对此提议展开激烈讨论，赞成者多从教育公平、社会影响等角度分析优势，反对者则从考场承载力、考场安全等方面质疑其实际可操作性。三个多月争论的焦点在于如何维护科举制度的公平。最终清政府决定苏、皖二省借浙闱举行己未恩科乡试，同时补带乙卯正科。观古鉴今，清代"借闱"对高考制度的完善仍有启示意义。

关键词：借闱；江南乡试；高考

"借闱"为科举学术语之一。这是中国古代科举制度发展到一定阶段的特殊产物，指战争、自然灾害等不可抗力因素出现时，封建政府借用异地科场集中办理乡试或会试的科举现象，以保障科举制度的实行和杰出人才的选拔。学界关于科举与地域政治、经济、教育、人口、社会风俗之间

---

* **作者简介**：傅冠华，女，浙江诸暨人，湖南大学教育科学研究院硕士研究生，主要研究方向：教育史；许露，男，安徽合肥人，厦门大学教育研究院博士研究生，主要研究方向：中国近现代高等教育史。

关系等“科举地理学”[①] 的研究成果非常丰富，但较少关注借闱现象，未能充分讨论借闱的价值。因此，本文从“闱”字含义着手，进而诠释“借闱”一词的意蕴；并以咸丰九年（1859）苏、皖二省借浙闱举行乡试为例，以中国第一历史档案馆公布的朱批奏折、军机处录付奏折和上谕档等史料档案为研究文本，[②] 分析当时中央与地方政府关于借闱的争论，在此基础上反思借闱的当代价值。[③]

一、借闱的意蕴

“闱”的本义为中国古代宫室、宗庙中由外达内的小门。《说文·门部》：“闱，宫中之门也。”[④]《尔雅·释宫》：“宫中之门谓之闱。”[⑤] 郭璞注释其为宫内外相通的小门。郑玄《周礼·考工记·匠人》注：“庙中门曰闱。”[⑥] 隋唐以来，封建政府选拔人才的方式发生改变，科举考试应运而生。为了公平、公正、科学地选拔人才，封建统治者不断完善科举考试规则，重视科举考试的实施过程，逐渐形成较完善的制度。理所当然，科举考试制度也必须得到严格地贯彻和落实，保证公平公正，不容丝毫偏差，否则会影响社会的稳定。科举考试制度贯彻过程的严格与宫禁的森严十分类似，因此，“闱”成为科举学术语之一。

以“闱”为中心，衍生出的一系列术语，放大了“闱”的科举意义。就已有的资料显示，“闱”至少有三层意义：第一，“闱”可借指科举考试的场所，如贡闱、棘闱、闱差、入闱、出闱、分闱、合闱、锁闱等。第二，“闱”可借指科场前后的活动，如闱战、闱艺、闱墨、闱卷、闱姓等。

---

① “科举地理学”是科举学研究中的专门领域，不仅研究科举现象的地理分布、扩散和演变，以及科举活动的地域结构形成和发展规律，还探讨科举与地理之间的交互关系。具体而言，“科举地理学”主要研究科举人才的地理分布状况，包括其演变发展的历史、分区定额录取制度的起因与形成、冒籍现象及其惩处等，以及科举与区域政治、经济、教育、人口和社会风俗等之间的关系。参见刘海峰：《科举学导论》，华中师范大学出版社 2005 年版，第 308 页。

② 文中咸丰九年江苏安徽借闱浙江乡试的奏折均来自中国第一历史档案馆于 2019 年第 1 期《历史档案》上刊布的史料档案。

③ 《清圣祖实录》，卷六七：康熙十六年六月癸丑。

④ 许慎撰，段玉裁注：《说文解字注》，商务印书馆 1996 年版，第 14 页。

⑤ 郭璞注，王世伟校点：《尔雅》，上海古籍出版社 2015 年版，第 79 页。

⑥ 杨天宇：《周礼译注》，上海古籍出版社 2016 年版，第 875 页。

第三，“闱”可借指科举考试，如青闱、春闱、秋闱、两闱、南闱、北闱、漕闱、乡闱、省闱、会闱等。“借闱”一词，从字面上看是借用其他科举考试的考场，其中“闱”字属于第一层含义。

作为科举学术语之一，“借闱”是中国古代科举制度发展到一定阶段的特殊产物。从含义上考察，“借闱”指战争、自然灾害等不可抗力因素出现时，封建政府借用异地科场集中办理乡试或会试的科举现象，以保障科举制度的实行和杰出人才的选拔。从目前已掌握的资料看，“借闱”在清代的乡试和会试中时有出现：以乡试为例，康熙十六年（1677）丁巳科乡试，咸丰九年（1859）己未恩科乡试，光绪二十八年（1902）和二十九年（1903）壬寅、癸卯两科乡试，均出现“借闱”。以会试为例，光绪二十九年（1903）癸卯会试和光绪三十年（1904）甲辰恩科会试，亦借闱河南，两科公车皆赴汴梁而行。

从历史背景看，清朝政府实行科举借闱的意图稍有差异，大致有三：其一，政府把握时局，以借闱方式坚持科举制，彰显政府的定力和信心。如康熙十六年（1677）丁巳科乡试，时逢清廷“裁撤三藩”，导致三藩反叛，半壁江山刀兵未休；因此清廷采取干预手段，决定该年乡试仅直隶、江南、浙江和河南四地开科。具体而言，清政府决定直隶、江南和浙江等三省开科，是因为“贡监数多，应各遣官考试”[③]，若不予开科，恐助长“三藩”的嚣张气焰；为充分利用考场，清政府要求江西和湖广二省借江南省之闱，福建借浙江省之闱。另外，清政府决定河南省开科，主要基于其便捷的交通位置，“河南、山西、山东、陕西贡监数少，应会在河南省，遣官一同考试”[③]。其二，政府深陷战争泥淖，以借闱方式赓续科举制，保证抡才大典的顺利进行，笼络人才，安定士心，进而提高政府的影响和获得更多的支持。如咸丰九年（1859）己未恩科乡试也出现借闱现象，此时清政府无法平定太平天国运动。双方的对抗陷入“持续时间长、波及范围广、破坏规模大”的局面，这对当时文化教育产生不小的负面作用；而且太平天国打造了具有宗教色彩的科举制度，旨在笼络当时的人心和士心，却因制度设计欠妥，落实程度有限，“最终沦为装潢天国门面的彩绘”[①]。太平天国科举取士，实质上是在与清王朝争夺人才。为了吸引广大士子对

① 孟义昭：《太平天国科举制度探析》，载《史志学刊》2020年第4期，第46-50页。

清政府的支持，咸丰不得不决定江苏、安徽两省士子于咸丰九年（1859）十月借浙闱举行己未恩科乡试，补带乙卯年（1855）江南乡试。其三，囿于《辛丑条约》禁考条款的限制和贡院被毁的现状，部分地区无处举办乡试。政府以借闱作为变通之策，规避与西方列强的冲突。如光绪二十八年（1902）壬寅科和二十九年（1903）癸卯科的乡试。在庚子事变后，西方列强为了防止中国人民反抗力量的复起，“绝其少年入仕之路”①，在《和议十二款》第二款就明确规定，“诸国人民被戕害、凌虐之城镇，五年内概不得举行文武等各等考试”②。所议定的停考之地中，以直隶省、东三省、山西省的府州县最多。因此，壬寅、癸卯两科乡试，山西借陕西省之闱，与陕西同时举行乡试，秦晋二省士子同日进入贡院，秦籍士子占贡院以东应试，晋籍士子占贡院以西应试；秦晋二省考官同日入闱，各自取士，各自张榜，互不干涉，而监临、提调、监试、同考等官则均来自秦省。同样地，作为当时抗击八国联军入侵较为激烈的地区之一，顺天府也在禁考之列，无法在本地贡院举办乡试。加之当时顺天贡院因兵燹被毁无法使用，且清政府也不具备重修的条件。所以顺天乡试借豫闱于八月优先举行，而河南乡试延后至该年十月。

无论是上述哪一种意图，借闱都是政府在不可抗力因素的影响下采取的应急举措。之所以采取这一应急举措，是为了维护科举考试制度，选拔合适人才，继续巩固封建政府的统治秩序，逐步扩大封建政府的政治影响。

二、咸丰九年的借闱之争

随着太平天国运动的重心转移到长江下游地区，苏、皖二省的沿江地区深陷兵燹之祸，地方科举制度处于停滞状态。为了维护这一地区的封建统治秩序，咸丰九年有人提出采取借闱手段，恢复地方科举制度，以笼络民心，凝聚社会的力量，对抗太平天国运动的政治冲击；这一主张引起封

---

① 《英外务大臣蓝斯唐答斯宾赛伯爵词》，八咏楼主人：《西巡回銮始末记》，文海出版社有限公司 1972 年版，第 233 页。

② 《和议十二款译文原稿》，八咏楼主人：《西巡回銮始末记》，文海出版社有限公司 1972 年版，第 194 页。

建中央政府和地方政府的热议，争论较大。各级封建官员从各自的政治立场出发，充分讨论借闱制度，从不同角度阐述借闱制度的利与弊，争论时间长达三个月之久；最终，清政府决定当年苏、皖二省借浙闱举行江南乡试。当时争议的话题如下：

（一）借闱的必要性之争

借闱的必要性指的是借闱制度有没有必要实施。就借闱的必要性而言，当时存在两种不同的观点，本质上是对立关系：一种观点认为江南乡试已暂停两届，借浙闱是大势所趋；另一种观点认为苏、皖二省借闱浙江不具可行性，存在风险性，缺乏公平性，没有必要提倡。

咸丰九年三月十七（1859 年 4 月 19 日），两江总督何桂清、江苏巡抚徐有任和安徽巡抚翁同书等联名上奏，提出借闱主张，传达了江南绅士温葆淳和参加批司会议诸多官员们的意见。他们普遍支持借闱，具体理由如下：第一，“江南为人文渊薮”，江苏和安徽为科举大省，人才众多，文化底蕴深厚；如果不从两省抡才，人才很容易被太平天国所用。当时太平天国也施行科举制，“在形式和实质上进行许多变革”[①]，这些变革无形中对传统科举制度形成一种挑战[②]；但是其科考具有应试资格宽泛、随意举办、充满宗教色彩等特点。第二，“顺舆情”，受到太平天国运动的影响，长江中下游流域的江苏和安徽两省动荡不安，社会秩序在“起义”与“镇压”之间起起伏伏，因此咸丰五年（1855）和咸丰八年（1858）两科江南乡试未能如期举行。清政府暂停乡试对地方社会产生极大影响。江苏、安徽两省的士子制造舆论，要求清政府应及早恢复乡试，恢复地方的科举制度，重新打开阶级上升的渠道。第三，“广皇仁”，顺应民心、民意，借机安抚、笼络江南士子，从中取士抡才，大大提高江南文人士气，稳定二省士子的信心，保护二省的儒家文化底蕴，从而巩固政权统治的地方基础。第四，江宁迟迟未能收复，无法恢复江南乡试。早在咸丰三年（1853），由洪秀全领导的太平军就攻下江宁府，改名天京，新设为太平天国的首都。江宁祸患不平，江南贡院则无法修葺，进而导致江南乡试无重启之日。

---

① 于书娟：《太平天国的科举制度初探》，载《教育与考试》2007 年第 5 期，第 27-30 页。

② 杨银权：《论太平天国科举考试的特点及意义——对传统科举的挑战与冲击》，载《贵阳学院学报》（社会科学版）2009 年第 4 期，第 57-60 页。

短短几天后，三月廿二（4 月 24 日），浙江巡抚胡兴仁带头上奏，反对苏、皖二省同时借闱浙江；并在奏折中传达了沈秉桓、许乃钊、真熙、瑞昌等人反对江南借闱的立场。他们反对借闱的理由如下：第一，实施借闱不具有可行性，江南乡试为苏、皖二省合闱取士，应举的人数众多，远远超过浙闱的容量。第二，实施借闱存在风险性，很可能引祸入浙，动摇清政府平定太平天国运动的大局。第三，实施借闱无法保障公平性，尤其是在中式名额分配的问题上，很难达成统一的意见。既然苏、皖二省借闱浙江不具可行性，存在风险性，缺乏公平性，很可能酿成意料之外的祸患，就没有必要提倡。

四月初一（5 月 3 日），礼部事务大臣瑞麟代表清朝中央政府发言，将江南乡试借闱的提议定为决议。具体原因如下：第一，苏、皖二省人才济济，“该省士心固结不解”。第二，苏、皖二省合闱江南贡院，却被太平天国占领，没有实施江南乡试的场所，两次乡试已经暂停实施，人才选拔刻不容缓。第三，借闱实施江南乡试能够“仰见我国家涵濡之泽至渥且深”①，势必会吸引苏、皖二省士子，拒绝为虎作伥，起到伸士气、固民心的作用，使“怀才效忠之忱亦有郁积勃发而不容遏者”②。

（二）借闱可行性之争

借闱的可行性指的是借闱制度能不能顺利执行。就借闱的可行性而言，当时存在两种不同的观点，本质上是对立关系：一种观点认为当时浙江省在政治、经济、文化等条件上相对成熟，江南乡试借浙闱具有可行性；另一种观点认为江南乡试是苏、皖二省合闱，浙江贡院的规模狭小，无法承担如此规模的乡试。

三月十七（4 月 19 日），两江总督何桂清、江苏巡抚徐有任、安徽巡抚翁同书等人提议借闱在政治上、经济上、文化上均是可行的制度。主要理由如下：第一，浙江局势相对稳定，在咸丰十年（1860）之前较少受到太平天国运动的干扰，具有承担他省乡试的政治基础；而且，当时杭州驻

---

① 《大学士瑞麟等为议江南暂借浙闱举行恩科并补乙卯正科事奏折（咸丰九年四月初一）》，《咸丰末期江苏安徽借闱浙江乡试档案》，载《历史档案》2019 年第 1 期，第 31–44 页。

② 《大学士瑞麟等为议江南暂借浙闱举行恩科并补乙卯正科事奏折（咸丰九年四月初一）》，《咸丰末期江苏安徽借闱浙江乡试档案》，载《历史档案》2019 年第 1 期，第 31–44 页。

有八旗旗兵，旗兵在防务上起到举足轻重的作用，“打破了康乾以来关于旗兵不能战斗的说法”①。第二，浙江是相对富庶之地，据太平天国运动前的数据显示，浙江省乡绅近八万七千人，“数量上仅次于直隶，位列中国第二”②。为了支持清军和筹办地方团练，浙江乡绅成立筹饷局，“为筹措经费不辞劳苦，纷纷伸出援手”③，大大保障浙江省地方防卫的钱粮。作为相对富庶之地，浙江省能够承担借闱的部分费用。第三，浙江省是人文鼎盛之地，具有良好的学术传统，能够公正、择优、高效地选才。

三月廿二（4 月 24 日），浙江巡抚胡兴仁等人则认为借闱浙江不可行。主要理由是贡院的规模不够承办江南乡试：当时浙江贡院的号舍总数为一万一千有零，而据咸丰五年（1855）之前苏、皖二省合闱人数，贡院号舍规模至少容纳一万八千人，这一数字远远超过浙江贡院的号舍总数。在这一客观条件的影响下，可能会出现两种情况：其一，受到战事影响和交通阻碍，苏、皖二省赴浙江贡院应举的人数仅有（或少于）一万一千人，那么浙江贡院的规模可以承办江南乡试；其二，因为连续两届江南乡试停办，苏、皖二省累积的秀才人数过多，若赴浙江贡院应举的人数超过一万一千人，那么浙江贡院根本无力承办江南乡试。

浙江巡抚指出浙江省的实际情况，倒逼清朝中央政府不得不以具体问题为导向进行决策。三个问题都显得至关重要：一是，是否令浙闱承办江南乡试？二是，是否以政策限制苏、皖二省参加浙闱的总人数？三是，是否兴资扩建浙闱的规模？

上述三个问题并非孤立存在，而是存在密切的内在联系。就第一个问题而言，如果浙闱无须承办江南乡试，一切事端不必赘言；如果浙闱必须承办江南乡试，中央政府必须限制赴浙应考人数。就第二个问题而言，前提是如果浙闱必须承办江南乡试，清朝中央政府应制定相关政策，限制苏、皖二省赴浙的应举人数，以符合浙闱的规模，如此，其余问题也可迎刃而解；若清朝中央政府无法限制苏、皖二省赴浙的应举人数，就不得不

① 潘洪钢：《杭州驻防八旗与太平天国》，载《江汉论坛》2013 年第 12 期，第 116-121 页。

② 张仲礼：《中国绅士——关于其在 19 世纪中国社会中作用的研究》，上海社会科学出版社 1991 年版，第 166 页。

③ 张剑、寿自强：《浙江下层绅士与太平天国运动研究》，载《湖州师范学院学报》2017 年第 3 期，第 69-74 页。

在短时间内扩大浙闱的规模。就第三个问题而言，前提是若不刻意限制苏、皖二省的应举人数，那么清朝中央政府必须在短短几个月内兴资扩建浙江贡院，兴建贡院是中央政府的计划，自然不能将各项费用摊派到地方政府头上，如此后续困难也可努力克服。

面对浙江巡抚提出的“软钉子”，四月初一（5月3日），礼部事务大臣瑞麟代表清朝中央政府发表了意见，赞同两江总督何桂清、江苏巡抚徐有任、安徽巡抚翁同书等人提议，支持借浙闱举办江南乡试。鉴于当时的中央财政困难，礼部否定兴资另建浙江贡院的主张；要求浙江巡抚调查浙江贡院，评估贡院的实际情况，清点号舍的具体数量，以此作为借闱的主要依据。根据浙江贡院的号舍数量，礼部择期再制定政策，以削减苏、皖二省赴浙的应举人数。

（三）借闱安全性之争

借闱的安全性指的是借闱制度是否存在安全环境。就借闱的安全性而言，当时存在两种不同的观点，本质上是对立关系：一种观点认为在战时背景下实施的借闱具有极大风险性，另一种观点认为借闱的风险性是可控的。

三月廿二（4月24日），浙江巡抚胡兴仁等人率先对借闱的安全性提出担忧。具体担忧如下：第一，“逆氛未靖”，当时太平天国运动在长江中下游地区如火如荼地进行，贸然将苏、皖二省士子引入浙江，很可能将太平天国的叛逆氛围引入浙江，扰乱浙江的风清气正。第二，“奸良莫辨”，尤其是当时的安徽省，全省大半被太平军占领，被视为拱卫首都天京的战略要地，“是太平军建立政权最稳固、最长久的区域之一”①，无一种制度可以判断应试举子的真实身份。浙江官员担心，安徽应试举子或随从人役中难免藏匿长毛逆贼，这些长毛逆贼名为参加江南乡试，实则是充当细作——留心浙省的山水关隘。第三，“无从稽查”，举办浙江乡试本就程序繁芜，更不用说规模更宏大的江南乡试了；如果浙江贡院举办江南乡试的话，必将人员混杂，人多则良莠不齐，这无疑加重举办地的政治负担、财

① 潘如军、陈金锋：《近代皖籍文人对安徽地区太平天国运动的记载》，载《合肥工业大学学报》（社会科学版）2018年第4期，第58-65页。

政压力、社会隐患等。

面对浙江省对借闱安全的担忧，清朝中央政府并不十分在意。四月初一（5月3日），礼部事务大臣瑞麟的发言没有一一回应浙江省官员的担忧，似乎辨别应试人员奸良只是疥癣之疾，不足过于挂怀。他给出的指导意见是，待苏、皖二省士子集中后，浙江省再进行严密稽查；只有应举者符合要求，才能开考，严防匪徒混迹其中。

清朝中央政府的指导意见引起浙江省更大的担忧，为防范政治风险和减少财政开支，浙江省与“匪患”较轻的江苏省私下达成秘密协议。五月十一（6月11日），江、浙二省达成了“一致意见”，由江苏省向清朝中央政府提议，浙江省附和。具体提议是：首先，百年来江南乡试均为苏、皖二省合闱，为国抡才无数，实为良制；但是鉴于当时江淮战事不容乐观，江南乡试不得不“解绑”，采取分闱的方式，两省宜分别举行乡试。其次，清朝中央政府应优先安排江苏乡试：其一，此举上不负皇恩，下不负江苏士子殷殷盼望；其二，江苏考生规模与浙江相当，可以充分利用浙江贡院的号舍，避免中央政府兴资另建浙江贡院；其三，历年来江苏取额相对稳定，较安徽人数多，若是优先恢复江苏乡试，以原有的取额选拔人才，有助于抓住矛盾的主要方面；其四，除了江宁府，当时江苏政局相对稳定，来浙闱应试的士子及其出身清白有保障；其五，大运河沟通南北交通，将江、浙二省沟通起来，能确保考生安全赴浙应考。最后，为安全起见，安徽乡试宜等失地收复之后另行开科；若必须实施安徽乡试的话，应置于江苏乡试之后，既可重复利用已有的浙江贡院，也可为浙闱交通不便留有更多的时间。从中可见，“及至晚清，呼吁江南分闱乡试之声再起”①，应早在咸丰九年（1859）开始，经同治、迄光绪。

很快，江、浙二省达成的“一致意见”激怒了安徽士绅阶级，六月初四（7月3日），安徽士绅阶级开启“彻底地反击”，直指“一致意见”会悖逆祖制传统，导致江南乡试分闱，可能造成严重后果。仅就考试安全性而言，一方面，安庆府和江宁府均被太平军占领，二省均受到“贼氛窜扰”，为何江苏的奸邪易辨，安徽却奸邪难辨呢？另一方面，清朝中央政府如果允许江南乡试借闱，浙江必将层层盘查入浙士子，以区分良莠，绝

① 孟义昭：《清代江南乡试分闱动议考论》，载《史林》2017年第3期，第59-66页。

不会因为士子来自江苏就免于盘查；届时，安徽士子不妨与江苏士子一同接受层层盘查，以杜绝可能发生的祸端。此外，士子交通安全系无稽之谈，安徽的凤阳府和颍州府位于淮河以南，两地应举之人可聚于淮安，顺着大运河南抵浙江，交通便利程度远远超过淮河以北的海州和徐州。

（四）借闱公平性之争

借闱的公平性指的是借闱制度有没有保证公平。就借闱的公平性而言，当时存在两种不同的观点，本质上是对立关系：一种观点认为借闱是在特殊背景下产生的科举现象，可能会造成科举不公，引发或激化士子之间的矛盾；另一种观点认为借闱确实是在特殊背景下产生的科举现象，但不应区别对待，而要想方设法从整体上维护科举公平。

早在三月廿二（4月24日）浙江巡抚的奏折中，已有对江南乡试借闱浙江的反对，其中暗含对科举公平的担忧。如果浙闱必须承办江南乡试，清朝中央政府应制定筛选政策，限制苏、皖二省赴浙的应举人数，使应举人数满足浙江贡院的规模。因为涉及科举考试公平，筛选政策须由清朝中央政府制定。清朝中央政府制定筛选政策须慎之又慎，既要明确何种士子可参加江南乡试，以避免苏、皖二省在推选应举士子上产生冲突；又要便于浙江贡院的实际操作，以避免筛选政策的不公造成苏、皖二省士子在杭州酿成惊天大祸。否则，地方社会良序容易被彻底扰乱。浙江的担忧不无道理，四月初一（5月3日）瑞麟的表态中，已流露出清朝中央政府可能在浙江实际的基础上制定筛选政策的动向。

五月十一（6月11日），江、浙二省的"一致意见"中出现较多对科举公平的担忧：第一，苏、皖二省合闱对江苏举子不公平。江南乡试中，江苏和安徽的乡试定额大致成"六四分"，江苏约占六成，安徽约占四成。当时江苏（除了江宁府）受太平天国运动的祸害较小，参与江南乡试的人数变化不大，若江苏乡试定额不变的话，士子中举依然很难；而当时安徽深受太平天国运动的祸害，皖北道里过遥，资斧不继，学业抛荒，能过江应试者不过百人，这导致参与江南乡试的人数骤减，若安徽乡试定额不变的话，士子中举变得容易。所以本次江南乡试应采取分闱方式，苏、皖二省各自主持乡试，重新厘定乡试定额，避免冲突。第二，沦陷区举子参加乡试对收复区举子造成不公平，具体问题是，什么区域的举子具有参加江南乡试的资格呢？当时江苏和安徽均有收复区和沦陷区：江苏的收复区居多，沦陷区较少，应举之人多以良儒为主，忠君爱国；而安徽的收复区极少，沦陷区较多，逆氛未靖，奸宄混迹，以皖南四府一州为例，该区深陷战争泥淖，池州府和太平府尚未收复，徽州府、宁国府和广德州饱受太平军的袭扰。若同意收复区的举子具有参加江南乡试的资格，毫无争议；若同意沦陷区的举子具有参加江南乡试的资格，良莠不齐，恐造成收复区士子产生嫌弃之情。第三，中额分配情况也可能造成不公平。以安徽为例，徽州府、宁国府和广德州是仅有的收复区，其余六府（安庆府、池州府、太平府、庐州府、颍州府、凤阳府）四州（和州、滁州、泗州、六安州）为沦陷区。若按照以往的乡试中额分配，收复区必然感到不公平，还可能“藏污纳垢”；若重新议定乡试中额分配——均赐予收复区，沦陷区必然感到不公平，沦陷区士子会“转有怀才莫售之嗟”①，上述两种做法均非慎重科名之道，必须进行慎重的考虑。

六月初四（7月3日），安徽官绅一一反驳江、浙二省的“一致意见”，认为不必担忧科举公平。第一，苏、皖二省合闱为祖制，不存在对江苏举子不公的现象。安徽推荐参加江南乡试的举子完全是依据本省实际情况，江苏推荐参加江南乡试的举子也是依据本省实际情况。若举子感到科举不公，江苏可以制定策略，预先削减该省参加江南乡试举子的数量。第二，以沦陷区和收复区为区域分类标准，似乎可笑至极。沦陷区必然有忠君爱国的士子，收复区也可能匿藏个别卖国求荣的士子，应一律严格盘查；既不要漏过沦陷区任何一个忠君爱国的士子，也不要放过收复区任何一个卖国求荣的士子。无论身处沦陷区或收复区，战事未平不应成为区分举子参加江南乡试的标准。第三，中额分配情况不宜过早下定论，按照祖制以文为衡，不能因一些地区尚属沦陷，而肆意剥夺乡试中式名额；对沦陷区保持乡试中式名额，“以慰多士黾勉稽古之心”②。

（五）借闱保障性之争

借闱的保障性指的是借闱制度有没有保障措施，尤其是经费保障。就

---

① 《两江总督何桂清等为遵旨会议苏、皖借用浙闱乡试并酌拟分别办理事奏折（咸丰九年五月十一）》，《咸丰末期江苏安徽借闱浙江乡试档案》，载《历史档案》2019年第1期，第31-44页。

② 《安徽学政邵亨豫为皖省众绅请仍借浙闱举行本年乡试等事奏折（咸丰九年六月初四）》，《咸丰末期江苏安徽借闱浙江乡试档案》，载《历史档案》2019年第1期，第31-44页。

借闱的经费保障而言，当时存在一定争议。其根本原因是“太平天国战争空前深化了清政府财政危机，打破了中央与地方之间财政的平衡”①。

三月十七（4月19日），两江总督何桂清、江苏巡抚徐有任、安徽巡抚翁同书等人提议，浙江政局较稳定，相对富庶，有能力承担两省部分的借闱经费。这一观点看似不起眼，却想将浙江卷入其中，为江南乡试的部分支出“买单”，这自然引发浙江的不满。三月廿二（4月24日），浙江巡抚胡兴仁等人急于向清朝中央政府表明借浙闱须三思而后行：一方面，浙江确实相对富裕，但在借闱过程中为江南乡试提供考场和服务，不应再为江南乡试“买单”；另一方面，江南乡试历来由江苏、安徽合力出资兴办，而战争中安徽郡县大半沦陷，军费、物资等筹措困难，何来经费支持江南乡试？唯恐借闱一旦开展，安徽无法保障乡试经费支出，最终还是将经费支出转嫁到浙江头上。此外，两省参加江南乡试的人数众多，可能额外再建贡院，与之相关的花费绝非浙江一省所能承担，须清朝中央政府大量投入。浙江巡抚胡兴仁等人的奏折十分精妙，既说明了浙江为借闱的无私付出，又指出当时安徽的财政不力，将经费保障的难题上交清朝中央政府；并料准清朝中央政府疲于戡乱，无力大量投入浙江贡院建设，很可能知难而退，驳回江南乡试借浙闱的提议。

但是，浙江巡抚只猜中一半：四月初一（5月3日），瑞麟发表意见显示，清朝中央政府确实无力投入大量经费，重新修建浙江贡院。没有料到的是，清朝中央政府决议江南乡试借浙闱。为了推进江南乡试借浙闱，清朝中央政府了解浙江的付出，决议在考场修缮上予以一定经费支持，要求浙江重新清点贡院号舍。

浙江巡抚的奏折引起江苏的关注，为了及时恢复乡试，摆脱几百年来与安徽合闱的尴尬，江、浙二省私下达成“一致意见”，要求江南乡试分闱；江苏自办乡试，可以借用浙闱，而安徽不适合乡试借闱；江苏受“匪患”影响较轻，经济能力较强，可独力承担考试费和考生往来杭州的交通费。这一私下的“一致意见”直接激怒了安徽士子，六月初四（7月3日），安徽官绅指出江南乡试合闱是祖制，不容轻易变更；在当时背景下，

① 冯佳：《皇室与国家财政分开视角下的咸同财政危机》，载《暨南学报》（哲学社会科学版）2020年第5期，第119-132页。

江南乡试合闱的政治意义巨大，有利于增强安徽士人的向心力；战时经费维艰，擘画不易，如果苏、皖二省同时举行乡试，经费尚可互相分担，多途径筹措，且当时安徽士绅意志坚定，必定克服一切的困难，哪怕砸锅卖铁也要为江南乡试借浙闱筹措经费。

经过充分讨论之后，六月廿九（7月28日），何桂清等人上奏商议借闱乡试科场事宜。中央政府于七月十六（8月14日）奉旨批复，正式确定苏、皖二省士子于咸丰九年十月借浙闱举行已未恩科江南乡试，同时补带乙卯正科。自此，持续百天的借闱之争最终落下帷幕。此后清廷陆续颁布旨意，决定所有官卷、民卷中额均加倍，推迟浙江武闱乡试至咸丰十年二月举行。是年，江南乡试入场士子共计九千七百七十余人，均恪守场规，安静无弊，录取结果于十一月十二（12月5日）揭晓，科考顺利结束。从此次耗时三个多月的借闱争论看，赞成者多从教育公平、社会影响等角度分析借闱优势，反对者则从考场承载力、考场安全等方面质疑其实际可操作性。首倡借闱之议的是两江总督何桂清、江苏巡抚徐有任、安徽巡抚翁同书。在他们看来，苏、皖二省为科举大省，俊彦繁盛，文化底蕴深厚。若此次恩科乡试再因战事延宕，士子们将连续三届无法参加朝廷科考。在当时科举取士的年代里，这意味着诸多江南籍的读书人失去了步入仕途的机会。显然，这与清代选拔人才注重区域公平的理念相违背。所以，苏、皖二省的官员提议借浙闱举办江南乡试，传达当地士子对考试权利的理性诉求，希望通过借闱考试实现本地区受教育平等权的最大程度落实，从而稳定苏、皖二省士子之心。实际上，这也是地区在教育公平博弈下的无奈之举。反对借闱的官员是浙江巡抚胡兴仁。在他看来，苏、皖二省借闱浙江无疑给当地的社会资源系统和人才选拔机制带来较大冲击。这不仅会增加地区的管理负担、财政压力以及安全隐患，而且会影响浙江乡试的录取。归根结底，两方的核心争论点在于区域公平问题。即双方都希望所辖地的科举考试能够顺利进行，尽最大可能发挥其延揽人才的作用。最终中央政府通盘考虑当时政治形势，平衡涉考三省的利益，做出了江南两省同借浙闱的决定，以实现维护科举考试的区域公平、确保统治者的统治地位、保证国家的安定团结的目的。

国家认同视野下的清代台湾书院藏书、刻书活动

李毅婷*

摘　要：清代台湾书院之藏刻活动，渗透着其教育主旨。官办、官民合办及民办书院均以科举考试和义理之学为主要教学内容，均主张举业与德业不相矛盾、不可偏废。其中，官办与官民合办书院更重视端士习以化民成俗，民办书院更侧重文化的传播与普及。在各类书院的隐形分工之下，将清代台湾的文化认同空间划定在程朱理学，凝聚了导向性与控制性的文化认同与国家认同。

关键词：台湾书院；藏书；刻书；科举；理学；认同

作为古代中国传播文化之重要场所，书院实质上非单纯的教育机构，而是一种综合性的文化组织，具有教书育人、藏书修书、治学研究等多种功能。在书院尚未具备教书育人之职能时，已有藏书与刻书的功能。唐玄宗开元五年，于乾元殿大校群书，设知书官等八人掌管四库书籍。史载："(开元) 六年，乾元院更号丽正修书院，置使官及检校官，改修书官为丽正殿直学士……十一年置丽正院修书学士，光顺门外亦置书院。十二年，东都明福门外亦置丽正书院。十三年，改丽正修书院为集贤殿书院。"① 此时的丽正书院与集贤殿书院均为皇室修撰、校勘与收藏图书之所。书院之所以名为"书院"，即与其典藏图书和刊刻书籍之功能相关。书院藏刻活

* **作者简介**：李毅婷，浙江大学边疆研究院，博士，讲师，研究方向为思想史。

① （宋）欧阳修、宋祁：《新唐书》卷四七《百官二》，中华书局1975年版，第1213页。

动在清代达到了鼎盛，并成为书院教育功能的重要辅助，具有重要文化意义。① 清代台湾的许多书院亦有藏刻活动。

清代台湾书院不仅补官办儒学之所不及，且是清代台湾教育的重心。随着书院官学化，服务科举考试成为书院教育的主要目标。② 作为书院教育的组成部分，藏刻活动与清代台湾书院教育宗旨、科举考试之间究竟有何关系？众所周知，教育是塑造认同族群文化传统、价值理念、政权统治的基本方式。那么清代台湾书院教育如何凝聚文化认同与国家认同，其藏刻活动是否体现了该功能？前人学者已经考证了清代台湾书院一定的藏、刻书数据，但限于文献，仍有所遗漏，且未述及与书院教育、科举之关系，更遑论探究其背后塑造文化认同与国家认同之深意。③ 本文拟通过考察清代台湾书院藏刻活动，探究其所透视出的教育特质，进而探析清代台湾书院教育塑造文化认同与国家认同之历史功用。

一、清代台湾书院之藏书、刻书活动及其特征

书院的藏书和刻书，大致包括三个类型：一为公共图书，如经史子集等；二为教学图书；三为学术图书，主要为本院师生的成果，其中教学与学术类图书为藏、刻的重点④。清代台湾书院藏刻图书略同于此，同时表现出清晰的倾向性。

（一）藏书简况

书籍是教育不可或缺的工具，因而清代台湾书院向来重视藏书。如文

---

① 班书阁：《书院藏书考》，《近代著名图书馆馆刊荟萃续编》第 6 册，北京图书馆出版社 2005 年版，第 583-602 页；严佐之：《论书院刻书的历史传统》，湖南大学岳麓书院文化研究所编：《岳麓书院一千零一十周年纪念文集》第 1 辑，湖南人民出版社 1986 年版，第 399-409 页；刘志盛：《中国书院刻书纪略》，湖南大学岳麓书院文化研究所编：《岳麓书院一千零一十周年纪念文集》第 1 辑，湖南人民出版社 1986 年版，第 410-423 页；《书院藏书、刻书与书院教育》，李国钧主编：《中国书院史》，湖南教育出版社 1994 年版，第 951-979 页。

② 龚书铎总主编，毛佩琦主编：《中国文化发展史 · 明清卷》，山东教育出版社 2013 年版，第 169-173 页。

③ 杨永智：《清代台湾藏书考略》，载《东海中文学报》第 16 期；杨永智：《明清台南刻书研究》，台湾东海大学 2001 年硕士学位论文；方彦寿等：《闽台书院刻书的传承与发展》，载《福州大学学报》（哲学社会科学版）2013 年第 6 期。

④ 杨布生、彭定国：《中国书院与传统文化》，湖南教育出版社 1992 年版，第 57-65 页。

开书院之藏书便得到几位官员的鼎力支持：同治八年（1869），鹿港同知孙寿铭重修文开书院，曾藏书二万余部，共三十余万册；光绪初年，理番分府蔡嘉谷以富室罚锾购书数千卷，藏于书院；后蔡嘉谷调任彰化知县，又支出公款银五百两购置书籍一百二十部。① 又如台北登瀛书院，光绪十六年，台北知府雷其达禀请新建院舍，便以后楼为藏书室，搜集古今图书，以便利肄业之生童。② 部分台湾书院藏书颇丰，但在乙未之役遭到毁弃，如海东书院“院中藏书甚富，多官局之版，历任巡道每有购置。乙未之役，悉遭烧毁；府、县志版用以炊薪，是诚台湾文化之不幸矣”③！

台湾书院的藏书情况在现有的文献中记载并不多，仅有 2 所书院之藏书较为清晰明确。

其一为官办书院——仰山书院。道光六年（1826），福建巡抚孙尔准视察噶玛兰后，从鳌峰书院藏书中，抽调图书数种，运存仰山书院。史籍中有两种略有差异的记载：道光十七年（1837）成书的柯培元《噶玛兰志略》云：“道光四年，制军孙尔准巡台，以兰属人文未盛，皆由书籍稀少，无从扩其见闻，因就鳌峰书院中所藏四库板经史及先儒语录文集抽拔数种，发仰山书院存贮。此项发交台湾府，终未颁到。”④ 咸丰二年（1852）出版的陈淑均《噶玛兰厅志》云：“兰中向无子、史书。道光六年，孙文靖尔准制军时为闽抚，按部入兰，见诸生有向学之志，因就鳌峰藏书中，抽发‘迁史’以下四十六种，运存仰山书院，以为诸生稽览之佐。”⑤ 比较二说可知，截至道光十七年，孙尔准调发的书籍仍未运至仰山书院；陈淑均撰写厅志时，图书已运至书院。陈氏明确指出噶玛兰一向缺少子部和史部书籍，可见经集二部藏书较多。噶玛兰厅学直至同治十一年（1872）才被准予设置，厅中主要藏书处应为仰山书院，由此可以推知仰山书院应已经收藏了一定数量的经集二部图书。

---

① 《鹿港镇志》，转引自刘振维：《彰化鹿港文开书院儒学精神之研究》，《朝阳人文社会学刊》2005 年第 2 期，第 16 页；单文经：《一八九五年前鹿港教育史初探》，载《教育研究集刊》第 40 辑，第 131-132 页；[日] 伊能嘉矩：《台湾文化志》中卷第四章《图书搜集》，台湾省文献委员会 1985 年版，第 70 页。校按曰：年代或职称恐有一误。

② [日] 伊能嘉矩：《台湾文化志》中卷第四章《图书搜集》，台湾省文献委员会 1985 年版，第 70 页。

③ 连横：《雅言》，大通书局 1987 年版，第 58 页。

④ （清）柯培元：《噶玛兰志略》卷七《书院志》，大通书局 1984 年版，第 65 页。

⑤ （清）陈淑均：《噶玛兰厅志》卷八《杂识下 · 纪物》，大通书局 1984 年版，第 436 页。

陈淑均详细记载了调发书籍的书目、册数和版本，并对书籍的内容和思想内容作了简单介绍。今摘录于下：

1.《史记》，三十二本。

2.《诸葛武侯集》，二本（《诸葛忠武书》十卷。明杨时伟以王士骏所撰《武侯全书》十六卷伤于芜累，乃删存其连吴、南征、北伐、调御、法检、遗事六门，而更增以年谱、传略、绍汉、杂述四门）。

3.《陆宣公文集》，二本（唐陆贽撰……而此篇则多奏议者，乃宋元丰间苏轼校正进御之本，而张氏又复刊削也）。

4.《韩魏公集》，六本（宋韩琦撰。《安阳集》五十卷中之文）。

5.《司马温公集》，六本（宋司马光撰。《传家集》，原八十卷）。

6.《周濂溪集》，四本（宋周敦颐撰。先生博学力行，著《太极图》《易通》书，得孔孟之本源，为道学倡。是集九卷，乃至南宋掇拾而成者）。

7.《二程文集》，四本（宋程颢、程颐撰，胡安国编，十三卷。间有改削，朱子不以为然。至元，谭善心重刊，乃悉从朱议；又收遗文、遗事为附录二卷。张刻即据谭本也）。

8.《二程语录》，五本（程子门人所记，而朱子编次之。即二程遗书二十五卷也。又有《二程外书》十二卷，亦程门所记，朱子所补）。

9.《二程粹言》，二本（宋杨时编。乃其自洛归闽时，以二程门人所记师说，采撮编次，分为十篇）。

10.《张横渠集》，四本（宋张载撰。《张子全书》十四卷、《附录》一卷者；皆西铭正蒙经学理窟之书也）。

11.《上蔡语录》，一本（宋谢良佐语，曾恬、胡安国所录。朱子又为删定作三卷）。

12.《重编杨龟山集》，三本（宋杨时撰。集本四十二卷，此其节要也）。

13.《重编罗豫章文集》，二本（宋罗从彦撰，元曹道振编。原十七卷，皆集二程、龟山语录及己杂著之文）。

14.《李延平集》，二本（旧题《延平答问》一卷、《附录》一卷；乃朱子记与其师李侗往来论学之语，而以侗与刘平甫二书附之。《附录》则朱门取朱子论延平之语及祭文、行状并载焉）。

15.《朱子文集》，十四本（宋朱熹撰。本作《晦翁集》，一百卷，续集五卷，别集七卷。自咸淳以前传为旧本；后其裔孙朱玉割裂掺合，别名为《朱子文集大全类编》，多立门自，转无端绪）。

16.《朱子语类》，六本（朱子没后，辑门人分记之语者……宋黎靖德乃裒集删复，厘为二十六目，曰《语录》，一百四十卷；而语类固在焉。此本乃伯行摘刻在康熙丁亥）。

17.《朱子学的》，二本（明邱浚所编，张氏为之重订）。

18.《读朱随笔》，二本（国朝陆陇其撰，乃其读《朱子文集》随笔札记）。

19.《张南轩文集》，三卷（宋张栻撰，朱子编）。

20.《黄勉斋集》，四本（宋黄榦撰，原四十卷）。

21.《陈克斋集》，二本（宋陈文蔚撰，原十七卷）。

22.《真西山文集》，二本（宋真德秀撰，原五十五卷）。

23.《道统录》，三本（国朝张伯行撰）。

24.《伊雒渊源录》，四本（宋朱熹撰）。

25.《道南源委》，一本（明朱镇山撰。张氏又取程子《送龟山语》之义为之重订，凡涉异端者去之，所未备者补之）。

26.《濂、洛、关、闽、书》，五本（国朝张伯行辑。周、张、程、朱四子书出，其所曾诠解者，互相参订以成此帙；盖语录之类）。

27.《文文山集》，二本（宋文天祥撰，原二十一卷）。

28.《谢迭山集》，一本（宋谢枋得撰，原五卷）。

29.《重编熊勿轩集》，一本（宋熊禾撰，原八卷。在明天顺中旧刻犹为完帙，此经张氏删削，殊失其真）。

30.《许鲁斋集》，二本（元许衡撰。原作《遗书》八卷，《附录》二卷）。

31.《方正学集》，二本（明方孝孺撰，《逊志斋集》，二十四卷）。

32.《重编薛敬轩集》，四本（明薛瑄撰。原十卷，续录又十二卷）。

33.《居业录》，四卷（明胡居仁撰，原十二卷）。

34.《陈剩夫遗稿》，一本（明陈真晟撰）。

35.《罗整庵存稿》，二本（明罗钦顺撰。原二十卷）。

36.《困知记》，一本（明罗钦顺撰。原二卷，续记二卷，附录一卷）。

37.《学蔀通辨》，四本（明陈建撰）。

38.《杨椒山集》，一本（明杨继盛撰，《杨忠愍集》二卷，《附录》一卷）。

39.《张阳和集》，一本（明邹元标编）。

40.《思辨录辑要》，四本（国朝陆其仪撰。卷帙繁重，张氏删为十四门，故名辑要）。

41.《读礼志疑》，二本（国朝陆陇其撰《稼书》，以汉儒所述古制，互相考校，往往不合。因取《注疏》诸说，折衷于朱子之书；其疑而未决者，则仍缺之，故曰志疑。实六卷）。

42.《问学录》，一本（国朝陆陇其撰。金溪姚江之学，至明季而益坏，《稼书》学本宗朱，故有是录。张氏又删去其中之辨难太繁者）。

43.《陆稼书集》，二本（国朝陆陇其撰……此本又为张氏所选刊者）。

44.《学规类编》，六本（国朝张伯行撰。张氏既刊削诸书置于鳌峰书院，乃复编辑儒先所言学术，汇为此篇；盖犹《学的》之意云）。

45.《养正类编》，六本（国朝张伯行撰《学规》以教大学、《养正》以教小子；皆以类编辑，故曰类编。未复取周秦以下人事作为图说）。①

有几点需要注意：第一，陈氏所录共四十五种图书，与其所言四十六种有所龃龉。究竟是“四十六种”为笔误，抑或是陈氏仅见到四十五种，则不得而知。第二，陈氏所列书目仅有一部史书，其余大部分为集部书籍，且多为程朱理学相关。第三，此四十五种图书以理学为大宗，说明了孙尔准调书的目的是扩充仰山书院的理学藏书，令学生们能受到更为全面的理学思想熏陶。至此，我们可以确知仰山书院藏有集部和史部图书共四十五种，其中集部很可能以理学作品，至于经部和子部书籍的书目与数量则未能确定。

其二为民办书院之文英书院。文英书院与筱云山庄密切相关。同治八年（1869），乡绅吕耀初在筱云山庄内创设了文英书院。光绪四年，山庄内又建成藏书室筱云轩。《重修台湾省通志》言道：“文英书院与筱云山庄名二实一，互为表里，书院内不但具楼台花木之美，且轩中藏书万卷，自经史子集迄雀篆鸡碑无所不备，为文人荟萃之所，并延聘粤东名士吴子光

① （清）陈淑均：《噶玛兰厅志》卷八《杂识下·纪物》，大通书局1984年版，第436页。

为西席，造就不少英才。"[①] 是知筱云山庄与文英书院实为一体，山庄内所藏经史子集各部书籍亦为书院所有。据书院讲席吴子光《筱云轩藏书记》所载，院中藏书达二万一千三百三十四卷，囊括经史子集金石文献等。[②] 大概藏书情况如下：

经部：《诗经》《尚书》《易经》《春秋》《周礼》《礼记》《仪礼》《春秋左氏传》《春秋谷梁传》《春秋公羊传》《论语》《孟子》《孝经》《尔雅》十三经及御纂注疏共四千五百一十四卷；史部：纪传体正史自司马迁、班固以下至《明史》，编年体史书有《资治通鉴》、朱熹《通鉴纲目》，古史有《竹书纪年》，杂史有《吴越春秋》，总计有六千二百六十卷；子部：《老子》《庄子》以下至稗官百家言共三千六百七十五卷；集部：文家有汉唐宋明诸大家文集及清朝诸名家等古今文集，诗家有李白、杜甫、韩愈、苏轼、庾信、白居易、李商隐等诸大家及清朝诸名家等古今体诗集共五千一百四十二卷；金石文献，又仿照欧阳修《集古录》与赵明诚《金石录》之体例编录；又得一百五十三种，如山经、地志、字典、会典、子史精华、《渊鉴类函》《满汉名臣传》等原不同于杂家者，共一千五百九十卷。

虽然文英书院各部藏书的具体书目未能确知，且相关记载不如仰山书院的详细，但足以清晰地了解藏书总量及各部藏书的概况与卷数。可以说，此为台湾书院藏书情况最为全面之记载。由此或可推知部分大型书院之藏书情况。

（二）刻书活动

通过刻书，书院可以将自己的思想理念进一步传播出去，对书院教育有重要影响。因而，有能力刻书的书院都十分重视刻书，前述孙尔准所调鳌峰书院之书，即为张伯行在鳌峰书院所刊刻之正谊堂丛书本。台湾部分书院亦有刊刻书籍。

海东书院为台湾规模最大、级别最高之书院，人力、物力较为充足，

---

① 刘宁颜总纂，廖财聪编纂：《重修台湾省通志》卷二《土地志·胜迹篇》，台湾省文献委员会 1996 年版，第 90 页。

② （清）吴子光：《一肚皮集》卷七《筱云轩藏书记》，陈支平等主编：《台海文献汇刊》第 18 册，厦门大学出版社 2014 年版，第 453-457 页。

因而其留下的刻书记载亦较为多见。海东书院于史可考的最早刻书活动，为雍正六年（1728）巡台御史兼学政夏之芳主持编刻的《海天玉尺编初集》。[①] 其于岁试诸生之文中，择取尤雅训者付梓刊印。[②]。此为台湾撰修刊印试牍之开端。[③] 次年，为了令士子们明晓“盛朝文教之隆、设科取士之法，以明正大为宗”，夏之芳又选取岁试、科试所得优秀文章八十篇编成《海天玉尺编二集》刊行。[④]

乾隆三年（1738），俞荔主讲海东书院，著长诗《复性篇》以训诫诸生。[⑤]。俞荔以诗歌的体例，深入浅出的语言，简述了唐宋以来的复性明善论与道统学说，并将之作为海东书院的教材，以勉励诸生修身养性。既然作为教材使用，很可能刊印发给学子们记诵。六年，巡台御史兼学政张湄先是“手集先正大家名文三百篇”，置于海东书院，令诸生参考；后又效仿夏之芳，选取海东书院学子岁考应作之文数十篇，编成《珊枝集》刊刻出版。[⑥] 此外，张湄还撰有《瀛壖百咏》歌颂台湾风物，亦刊刻于台，未详是否刊刻于海东书院。[⑦] 十五年，巡台御史兼学政杨开鼎又效仿夏之芳、张湄，编刻试牍为《梯瀛集》。[⑧] 三十二年，分巡道兼提督学政张珽，编订《海东试牍》，亦刊行于海东。[⑨] 五十一年，曾中立任海东书院山长，曾将书院的课艺挑选付梓，其中以章甫的文章最多；又得章甫古今诗若干首刊

---

① （清）夏之芳：《海天玉尺编初集序》，（清）刘良璧：《重修福建台湾府志》卷二〇《艺文·序》，大通书局1984年版，第533页。

② （清）夏之芳：《海天玉尺编初集序》，（清）刘良璧：《重修福建台湾府志》卷二〇《艺文·序》，大通书局1984年版，第533页。

③ ［日］伊能嘉矩：《台湾文化志》中卷第五章《考试》，台湾省文献委员会1985年版，第89页。

④ （清）夏之芳：《海天玉尺编二集序》，（清）刘良璧：《重修福建台湾府志》卷二〇《艺文·序》，大通书局1984年版，第534页。

⑤ （清）刘良璧：《重修福建台湾府志》卷一七《人物·流寓》，第451页；（清）俞荔：《复性篇》，（清）刘良璧：《重修福建台湾府志》卷二〇《艺文·记》，大通书局1984年版，第561页。

⑥ （清）张湄：《珊枝集序》，（清）刘良璧：《重修福建台湾府志》卷二〇《艺文·序》，大通书局1984年版，第535页。

⑦ （清）张湄：《瀛壖百咏序》，（清）王必昌：《重修台湾县志》卷一三《艺文志·书序》，大通书局1984年版，第453页。

⑧ （清）张湄：《梯瀛集序》，（清）王必昌：《重修台湾县志》卷一三《艺文志·书序》，大通书局1984年版，第467页；（日）伊能嘉矩：《台湾文化志》中卷第五章《考试》，台湾省文献委员会1985年版，第90-91页。

⑨ （清）谢金銮：《续修台湾县志》卷六《艺文志·著述》，大通书局1984年版，第396页。

刻付梓。[①] 次年，杨廷理任台湾知府，在曾中立协助下编选《台阳试牍》，并亲自校订；先后编订三年，分为初刻、二刻、三刻，共三集。[②] 五十三年，杨廷理出资在海东书院重刊《柳河东集》，并作《重刻柳河东先生集序》。[③] 嘉庆二十五年（1820），台巡道叶世倬督学海东书院时，必亲临讲艺，其又重刊朱子小学，"统郡士而励以必读"，未详是否刻于海东书院。[④]

道光十七年（1837），左石侨主讲海东书院，在姚莹请求下，亲自编订、校正台湾县学教谕郑兼才文集，去其冗散数篇，编成《郑六亭文集》三编共十二卷，并于书院刊刻。[⑤] 道光二十八年（1848），台湾道徐宗干取其六世祖徐见行所著《孝经正解》谨慎校正，在海东书院"登之枣梨，付各师生为庠塾读本"[⑥]。次年，刘家谋任台湾府学训导，在海东书院山长施琼芳的协助下，先后选取海东书院诸生官、师两课课试中"考录制艺雅驯者"编为《东瀛试牍》初集、二集、三集，由台湾道徐宗干作序，先后于道光二十八年、二十九年、三十年在书院中刊刻。[⑦] 道光二十九年，徐宗干节选律赋数篇，在海东书院中重新雕刻刊印，散发给诸生记诵。[⑧] 徐宗干又在山长施琼芳的协助下，将诸生官、师两课课试中"说经、论史及古近杂体诗文并肄业及之者"选编为《瀛洲校士录》三集二卷，并为之作序，咸丰元年（1851）在书院中刊行。[⑨] 光绪十一年（1885），在台湾巡

---

① （清）曾中立：《半崧集序》，（清）章甫：《半崧集简编·原序一》，大通书局 1987 年版，第 3 页。

② （清）谢金銮：《续修台湾县志》卷六《艺文志·著述》，大通书局 1984 年版，第 396 页；（日）伊能嘉矩：《台湾文化志》中卷第五章《考试》，台湾省文献委员会 1985 年版，第 91 页。

③ 万曼：《唐集叙录》，中华书局 1980 年版，第 200 页；政协柳州市柳北区委员会文史资料编辑组编：《柳北文史》第七、八辑，1992 年版，第 70-72 页。

④ （清）黄本渊：《叶中丞传》，见（清）陈国瑛等：《台湾采访册》，大通书局 1984 年版，第 109 页。其文曰："课海东书院，必亲临讲艺，增课期，加赏钱，殷殷教导，视诸生如子弟辈。时复重刊朱子小学，统郡士而励以必读。"并未明确表明朱子小学刻于海东书院。据此，方彦寿等认为叶石倬在海东书院刊刻朱子小学，今不采其说。方彦寿等：《闽台书院刻书的传承与发展》，载《福州大学学报》（哲学社会科学版）2013 年第 6 期。

⑤ （清）姚莹：《中复堂选集·东溟文后集》卷九《郑六亭文集序》，大通书局 1984 年版，第 155 页。

⑥ （清）徐宗干：《斯未信斋文编·恭跋孝经正解》，大通书局 1987 年版，第 135 页。

⑦ （清）徐宗干：《斯未信斋文编·东瀛试牍三集序》，大通书局 1987 年版，第 133 页。

⑧ （清）徐宗干：《斯未信斋文编·虹玉楼赋选序》，大通书局 1987 年版，第 134 页。

⑨ （清）徐宗干：《斯未信斋文编·瀛洲校士录序》，大通书局 1987 年版，第 121 页。

抚唐景崧的授命下，海东书院山长施士洁拣选书院近年官、师二课的优选文章，重新评定，编为《台澎海东书院课选》，施氏为之作序，交付雕刻印刷。① 光绪十七年至二十一年，唐赞衮兼任台南知府，加强海东书院官课，又编刻《海东课艺》，借以开文教风气。②

海东书院还刻有《台人舆论》一书。道光二十三年正月，台湾兵备道姚莹与达洪阿均因台民抗击英军而被逮捕问罪。台人舆论哗然，各阶层人士撰文为其辩驳。“震无咎斋居士”既惜姚莹之去，又喜台人之善陈其词，乃拣选十五篇付梓以公同志。③ 原书封面有“道光癸卯花月”及“板存海东书院”字样。

仰山书院亦留下了刻书记录。自嘉庆十七年（1812）设厅始，噶玛兰一直未有厅志。道光十年，晋江人陈淑均应聘入台任仰山书院山长，恰逢“台湾通志”“台湾府志”重启书局，向噶玛兰征集史事。陈淑均从道光十一年夏九月至次年夏五月搜集文献材料，又花费四个月的时间汇编，但并未完书。道光十八年，陈淑均转聘文开书院。在讲课之余，重新整理头绪，终于次年完书，编撰成《噶玛兰厅志》八门十卷。④ 咸丰二年，此书刊刻于仰山书院。⑤

光绪六年正月，文英书院负责人吕汝玉刊行《文英书院规条》。⑥ 书中附有书院课艺佳作数篇，均为试帖诗。吴子光曾主讲文英书院，其著有《一肚皮集》前后集十八卷，二十余万字，吕汝玉兄弟刻其前集，后集待梓。⑦ 此文集为文英书院创建人后人刊行，很可能于书院刊刻。

台湾各书院刻书可考数量如下：海东书院21种，仰山书院1种，文英

① （清）施士洁：《后苏龛合集·后苏龛文稿》卷一《台澎海东书院课选序》，大通书局1984年版，第353-356页。

② （清）唐赞衮：《台阳集》，见《台湾关系文献集零》十六，大通书局1987年版，第145页。

③ 谢兴尧供稿《台人舆论》，见中国社会科学院近代史研究所近代史资料编辑部编：《近代史资料》总第82号，中国社会科学出版社1992年版，第1页。台湾学者杨永智存有《台人舆论》残本，其认为原有三十余篇，残本存十六篇。见杨永智：《明清时期台南出版史》，台湾学生书局有限公司2007年版，第183页。

④ （清）陈淑均：《噶玛兰厅志》卷一《前序》，咸丰二年（1852）仰山书院刻本。

⑤ 今台湾分馆藏有咸丰二年仰山书院藏版刊本《噶玛兰厅志》。参看蔡祖辉：《台湾的王爷与妈祖》，台原出版社1989年版，第21页。

⑥ （清）吕汝玉刊行：《文英书院规条》，收入陈支平主编：《民间遗存台湾文献选编》第八册《台湾民间教育文献选辑》，九州出版社2012年版，第259-313页。

⑦ （清）沈茂荫：《苗栗县志》卷一四《文职·吴子光》，大通书局1984年版，第203页。

书院2种。[①] 大致而言，台湾书院的刻书活动经历三个阶段，主持刻书者为地方官员、学政或书院山长。雍正、乾隆年间，主要刊刻科举试牍；乾隆五十三年后，名人文集、先人作品成为书院刊刻的主要对象；道光二十八年后，书院自身课试优秀作品取代试牍成为刻书的重点。据统计，有清一代，湖南思贤讲舍刻39种；广州学海堂刻21种，其中有大型丛书《皇清经解》1种；江苏南菁书院刻12种，其中有大型丛书《续皇清经解》1种；陕西味经书院刻12种；浙江诂经精舍刻9种；河南大梁书院刻9种，其中有丛书《经苑》1种；广东端溪书院刻6种；江苏暨阳书院刻5种，福建鳌峰书院刻4种，其中有大型丛书《正谊堂丛书》1种。[②] 相较而言，台湾书院所刻书籍种数并不算少，但卷帙多数较小，其中杨廷理主持刊刻的《柳河东集》可能卷帙最大。台湾本地直至日据时期才有制造刻书用纸，长期需要从福建购买运输，因而刻书成本高昂，导致本地书院难以负担，是为台湾书院刻书较少原因之一[③]。

表1　清代台湾书院刻书目录

书院名称	主持者	刊刻时间	书籍名称
海东书院	巡台御史兼学政夏之芳	雍正六年	《海天玉尺编初集》
	巡台御史兼学政夏之芳	雍正七年	《海天玉尺编二集》
	主讲俞荔	乾隆三年	《复性篇》
	巡台御史兼学政张湄	乾隆六年	《珊枝集》
	巡台御史兼学政杨开鼎	乾隆十五年	《梯瀛集》
	分巡道兼提督学政张珽、院长周澍	乾隆三十二年	《海东试牍》

① 据台湾学者杨永智统计，清代海东书院共刻书22种。海东书院最早的刻书为《台厦试椟》（又名《海外人文》），由台厦道陈璸刻于康熙五十年。此说有误：其一，陈璸刻《台厦试椟》在康熙五十一年，非五十年（［清］丁宗洛：《陈清端公年谱》，大通书局1987年版，第67页。）；其二，海东书院建于康熙五十九年，晚于陈璸刻书，因而陈璸不可能在海东书院刻书（方彦寿于此已有辨正，参见方彦寿等：《闽台书院刻书的传承与发展》，载《福州大学学报》（哲学社会科学版）2013年第6期。）杨永智：《明清台南刻书研究》，台湾东海大学2001年硕士学位论文，指导老师吴福助，附表15台南海东书院刻书一览表。该论文无页码，如果绪论为第1页的话，该表在第146-147页。

② 马镛：《中国教育制度通史》第5卷《清代（上）》，山东教育出版社1999年版，第270页。

③ 黄君名：《台湾书院的功能性研究》，台南大学2010年硕士学位论文，第45页。

续表

书院名称	主持者	刊刻时间	书籍名称
	院长曾中立	乾隆五十一年	书院课艺、章甫古今诗若干首
	台湾知府杨廷理、院长曾中立	乾隆五十二年至五十四年	《台阳试牍》初刻、二刻、三刻
	台湾知府杨廷理	乾隆五十三年	《柳河东集》
	主讲左石侨	道光十七年	《郑六亭文集》
	台湾道徐宗干	道光二十八年	《孝经正解》
	台湾府学训导刘家谋、院长施琼芳	道光二十八年至三十年	《东瀛试牍》初集、二集、三集
	台湾道徐宗干	道光二十九年	节选律赋数篇
	台湾道徐宗干、院长施琼芳	咸丰元年	《瀛洲校士录》三集二卷
	台湾巡抚唐景崧、院长施士洁	光绪十一年	《台澎海东书院课选》
	台南知府唐赞衮	光绪十七年至二十一年	《海东课艺》
	震无咎斋居士	道光二十三年	《台人舆论》
仰山书院	未详	咸丰二年	《噶玛兰厅志》
文英书院	书院负责人吕汝玉	光绪六年正月	《文英书院规条》
	书院负责人吕汝玉兄弟	未详	《一肚皮集》前集

综观清代台湾书院藏刻活动，虽然已知情况不多，却已经清晰地反映了两种不同旨趣。孙尔准为仰山书院拨置之书籍几乎全为理学家之作品；而文英书院藏书种类似乎更为丰富，更注重收集各部常见经典书籍，除了科举考试需要的经史典籍外，还着意收藏诗文集、金石文献、字典、会典等各类文献，并未特意收藏理学类书籍，似乎没有明显地传播理学之意。官办与民办书院藏书上的这种差异，在刻书活动中亦有展示。海东书院刻书以试牍、院内课试作品为主。据不完全统计，自雍正六年始，其共刊刻试牍、院内课艺 15 种，其他类刻书仅 6 种。试牍文章从本地科举应试作品中选取，院内课艺则选取各书院内官、师二课之优秀作品。刊刻试牍与课艺，既鼓励、褒奖相应生童，更为广大生童提供科考读物，便于生童进一步提升科考写作能力。在这近二百年的时间内，试牍和课试作品是海东书院的主要刊刻对象，体现了其培育科举人才之良苦用心，可视为书院教育

服务科举考试的又一例证。此外，海东书院还刊刻了《复性篇》《孝经正解》等体现理学思想的书籍。而文英书院所刻为书院规条、试帖诗与主讲人文集，展示了其较少科举制艺的束缚，更鼓励士子博览群书之倾向。值得注意的是，吴子光亦是程朱理学之信奉者，曾以天命、理论证祭祀文昌帝君之合法性。[①] 总而言之，从仰山、海东两所官办书院的藏刻看，台湾官办书院似有兼重举业与理学之倾向；就文英书院而言，虽亦有服务举业之倾向，亦不背离理学，但与二者之关系似乎并不十分密切。那么该现象是否可以理解为，清代台湾官办与民办书院在教学内容甚至教育主旨上的差异呢？是否可以进而断定二者在凝聚、塑造文化认同和国家认同上亦有所不同？

二、清代台湾书院之教育主旨

南宋朱熹取《礼记》中的《大学》《中庸》两篇独立成书，与《论语》《孟子》合成“四书”。元仁宗皇庆二年（1313），规定以《四书章句集注》取士。从此以后，《四书章句集注》成为科举考试的标准答案，也成了书院教育的主要教材。在清代，程朱理学依然是官方尊奉的正统学说，在科举考试中占据绝对优势，自然亦深刻地影响着书院教育。乾隆元年，谕令书院山长“酌仿朱子白鹿洞规条，立之仪节，以检束其身心”，为各书院教学内容与教学导向定下了基调。[②]

台湾部分书院在学规中，直接规定了教学内容与教学导向。已见的文献中，有3所官办书院与1所官民合办书院之学规得以流传。借此可以大致了解官方主导下的台湾书院之教学内容与教学导向。

乾隆五年（1740），巡道刘良璧定海东书院学规。其开宗明义，以“端士习事”为主旨，指明书院之设旨在兴贤育才，“耑为生童肄业；俾成人有德，小子有造”[③]。其三为“务实学”。其所谓实学，并非清初批判程

---

① （清）吴子光：《文英社梓潼帝君会序》，见氏著《一肚皮集》六，王国璠总辑：《台湾先贤诗文集汇刊》第三辑第六册，第1134页；又见《文英书院规条》，见陈云林主编：《民间遗存台湾文献选编》第八册《台湾民间教育文献选辑》，第260-261页。

② （清）陈培桂：《淡水厅志》卷五《学校志》，大通书局1984年版，第122页。

③ （清）刘良璧：《海东书院学规》，见氏著《重修福建台湾府志》卷二〇《艺文·记》，大通书局1984年版，第560页。

朱理学、提倡实用之经世实学，而是为经世实学所批判的内圣心性之学。在其看来，古今大儒明体达用、成己成物，均因其明晓“内重外轻”，因而“养成深厚、凝重气质；故出可以为国家效力宣猷，人亦不失为端方正直之士”[①]。其所言仍遵循程朱理学由内圣而外王的理路，希望诸生童取法先儒，重修身养性，切不可徒以研习八股文为业。其四为“崇经史”，强调“舍经史而不务，虽诵时文千百篇，不足济事”[②]。其五为“正文体”，要求学生应举帖括，须做到“理必程、朱，法则先正”，立言不偏不倚。[③]乾隆二十四年（1759），分巡道兼督学政觉罗四明所定学规第一条为“端士习”，盖谓“士为凡民表率，士习端，则民风淳，理固然也”[④]。希冀生童们端正品行，以为万民之表率，希望生童“且须理会个气象”[⑤]。所谓“气象”者，“辞令容止，轻重疾徐，足以见之矣。不唯君子小人于此焉分，亦贵贱寿夭之所由定也”[⑥]。气象不仅是君子小人之分野，且决定了人之贵贱寿夭。可见端士习、理会气象，实以养气、养心为先。因而生童们居常行动，“尤必厚重端凝，以固其基址；谨饬敛抑，以束其身心。凡一切轻薄浮夸，与夫奔竞钻营、荡检踰闲诸事，所宜痛戒”[⑦]。此条可谓宋明理学由修内圣心性之道而实现外王之业思想之简化。第四为“敦实行”，强调读书所以致用也。圣贤立教，“欲使人躬行实践，体验于身心，而推诸家国天下之间”[⑧]。生童应深自反省，倘若徒慕读书之名，“而于伦常行已间多不可问，则所为读书之本已失”。劝诫生童“凡一切言动视听以及五常、十义之伦，逐项须要认真，毋得仍前忽略；则士修之于家而献之天子之庭，将为言坊行表之儒矣”[⑨]。此条与“端士习”互为表里，亦是前规“务实学”之拓展。明确地指出，读书穷理之后，务必躬行实践穷得之理；

① （清）刘良璧：《海东书院学规》，见氏著《重修福建台湾府志》卷二〇《艺文·记》，大通书局1984年版，第560页。

② （清）刘良璧：《海东书院学规》，见氏著《重修福建台湾府志》卷二〇《艺文·记》，大通书局1984年版，第560页。

③ （清）刘良璧：《海东书院学规》，见氏著《重修福建台湾府志》卷二〇《艺文·记》，大通书局1984年版，第560页。

④ （清）余文仪：《续修台湾府志》卷八《学志》，大通书局1984年版，第356页。

⑤ （清）余文仪：《续修台湾府志》卷八《学志》，大通书局1984年版，第356页。

⑥ （宋）吕本中：《（吕氏）童蒙训》，万有文库本。

⑦ （清）余文仪：《续修台湾府志》卷八《学志》，大通书局1984年版，第356页。

⑧ （清）余文仪：《续修台湾府志》卷八《学志》，大通书局1984年版，第357页。

⑨ （清）余文仪：《续修台湾府志》卷八《学志》，大通书局1984年版，第357页。

浓缩了孔子的行己有耻观、朱熹穷理力行的复性说，更为集中地体现了程朱理学重内圣而外王的心性论。觉罗氏学规有多条涉及学习内容：①正文体，要求生童们奉桐城派为圭臬，将濂学、洛学、闽学及关学之义理渗透在文章中，从而在八股取士中取得佳绩；②崇诗学，朝夕咏诵唐人试帖如《国秀集》《中兴闲气集》《近光集》等及清代试帖如《玉堂集》《和声集》《依永集》等书，既可陶冶性情，又可完成试帖学习；③习举业，即修习为参加科举考试做准备的学业。表面上看，此三者皆为科举考试服务。时人分举业与义理之学为两端，更视举业为义理之妨害。觉罗氏认为，此分法出自浅学无识之士，实则二者并不相妨。其言道："盖举业代圣贤立言，必心和气平，见解宏通；自纲常名教以及细微曲折之理，万有毕备。然后随题抒写，汩汩然来。此正留心理义之学者，乃可因之以发其指趣。"[①] 举业必须熟悉且会通义理，书心中所得于笔端，不仅不妨害义理之学，而且可宣扬义理。虽以"习举业"为目，实则强调研习义理。因而，其有提出"看书理"，强调读书在穷理致知，而不在章句文义，一部四书"句句皆切于学者操存涵养之要、扩充体验之功、修齐治平之实"[②]。又要求生童看书时，"不当泛泛以书博我，而当以我看书。字字句句，实从经文传注涵泳而出，而又一一皆体之于身、验之于心，吻合无间；则积渐久，心地光明，自能脱然有会通处"。以陆九渊"六经注我，我注六经""学苟知道，六经皆我注脚"为依托，指出生童读书不可拘泥于文义与章句，应当以身心体悟、穷理。觉罗氏定学规时，清代重文字训诂的考据学派已日臻成熟、发展至顶峰。此条学规可谓训诂学（汉学）与义理学（宋学，理学为宋学一支）之争在书院指导精神中的体现，反映了训诂之学兴起对义理之学在后生子弟中的影响已产生了一定的冲击，可视为官方书院意欲重振义理之学、遏制训诂学的举措之一。总之，海东书院两学规均重视学习应举考试的学业，同时强调举业需以明晓贯通义理之学为基础。即希冀以修习举业令士子们浸润于理学思想之中。

乾隆三十一年（1766），澎湖厅通判胡建伟所定文石书院学规全面地承袭《白鹿洞书院揭示》，翔实地阐发朱熹思想，其重理学为台湾各书院

---

① （清）余文仪：《续修台湾府志》卷八《学志》，大通书局 1984 年版，第 359 页。
② （清）余文仪：《续修台湾府志》卷八《学志》，大通书局 1984 年版，第 357-358 页。

之最。其第二条为“端志向”，以朱熹“志者，心之所之之谓”为引，强调务必确立端正的志向，“而后可以渐进，以至于智虑通达，而为大成之候也”[①]。至上的志向即在立德，而非功名、科举。胡氏批判以科举功名为志向，并非真心想建立功名以垂不朽。立功、立德、立言为儒家“三不朽”，其最后旨归便是立名，即追求死后不朽之声名，乃无数士人穷极一生极力履践之人生理想。在胡氏看来，立德最上，而科第、官爵并非立功名之举。因而，勉励学子致力于心性之学，考中秀才之后当以天下为己任。第三条为“辨理欲”，强调理欲为圣人与狂徒之分界，不可不辨。引《刘子》之言，强调收情欲，须先敛破五关，而后方能修习五德。[②] 所谓五关大致从富贵贫贱起，人如能于富贵不处、贫贱不去，则取舍分明，如此则存养之功密，庶几可实现孔子所言“无终食之间违仁，造次必于是，颠沛必于是”的君子之境[③]。又引《东庄学约》言：“彼如应举一事，在明理者，入场赴考，认题作文，不过将平日之学养，发圣贤之道理；至于取中与否，则听其在天，毫无侥幸之想。今人则一团欲心，入场必思诡遇。拟题滥本，无所不至。”[④] 沉迷科考、为科举所累者，乃因其心为功利之欲所迷惑；体认天理、明晓理欲之辨，则视科考作文为圣贤教诲之所发，坦然面对科举成败。与前一条相呼应，批判视科举、官爵为功名之人不过是利欲熏心，未能辨明天理人欲，未能静修心性之学。在强调以修身养性为志向后，第四条为“励躬行”，强调将体认所得圣贤之道与天理付诸实践，并推而广之。克己复礼、主敬等均须就自身体覆，然后“引而伸之，推而广之，事事皆本古人之成法做去，即读得一句、行得一句矣”，亦是躬行实践之君子。第二、三、四条正是秉承了朱熹思想中穷理致知观。在教学内容上，亦重视经史，主张读经史可考圣贤之成法，可知人论世者；更重要的是，国家取士以经史为主，因而经与史不容偏废。[⑤]

---

① （清）胡建伟：《澎湖纪略》卷四《文事纪》，大通书局1984年版，第81-82页。

② 《刘子》一书的作者、思想流派归属素有争议。有学者考述各说，指出《刘子》作者为北齐刘昼，其思想倾向以儒家为主，同时杂合诸家思想。参看刘泽华总主编，张荣明、董志广主编：《中国政治思想通史·魏晋南北朝卷》，中国人民大学出版社2014年版，第487-525页。

③ 《刘子》一书的作者、思想流派归属素有争议。有学者考述各说，指出《刘子》作者为北齐刘昼，其思想倾向以儒家为主，同时杂合诸家思想。参看刘泽华总主编，张荣明、董志广主编：《中国政治思想通史·魏晋南北朝卷》，中国人民大学出版社2014年版，第487-525页。

④ （清）胡建伟：《澎湖纪略》卷四《文事纪》，大通书局1984年版，第82-83页。

⑤ （清）胡建伟：《澎湖纪略》卷四《文事纪》，大通书局1984年版，第84页。

光绪年间，主讲人林豪续拟学约，其一为“经义不可（不）明”，强调读经须明其义蕴而后经世致用。[①] 虽然世人推重朱熹注疏，但理应分别观之，不可全盘崇尚，如《易经》应以汉学为本。其推崇乾嘉考据学派之注疏，如江永《乡党图考》、阎若璩《四书释地》等。勉励生童们会通诸家注疏。其四为“性理不可不讲”，劝诫生童不可纠缠于片言只语、不要烦琐地研习心性。李光地所纂《性理精义》“所赅甚广，苟能明其一义，推而出之，亦足以开物成务”，因而生童们只需选择与本性相近、辞义可通者研读，便可有所领会。[②] 第五为“制义不可无本”，强调八股文、试帖均为道之载体。勉励生童，“典题用经义，贵能融化；理题靠朱注，贵有洗发手法。题尤要联贯有情，补侧得宜”。可见科举考试不可脱离理学，还需以理学为基础，以阐发理学为要务。[③] 除了明经义、通史学外，他还要求学生们读《昭明文选》、修习书法。读《文选》，则文章可免俗、超出时人；练习书法，科场之中可凭一手好字脱颖而出[④]。在其看来，写字端正工整亦是修持主敬工夫的一种。即练习书法亦是践履朱熹持敬、穷理的为学工夫。与觉罗四明相同，林豪亦要求学生学习试帖，但他更推重清末吴锡麟的《有正味斋》。[⑤]

嘉庆十六年，彰化县知县杨桂森手定白沙书院学规。第一条为“读书以力行为先”，强调必须孝顺父母、尊敬长上。凡从书上读得孝悌之事，则体贴在自己身上，一一仿效，自然逐渐熟悉、天理融洽。[⑥] 勉励生童们莫要妄自菲薄，只要读书时仔细体味个中道理，进而效仿，便可成圣成

---

① 原作“经义不可明”，据上下文及文义添“不”字。

② （清）林豪：《澎湖厅志》卷四《文事》，大通书局 1984 年版，第 121 页。

③ 陈昭瑛认为，林豪之学约虽偶尔提及朱子、宋儒，事实上全篇主旨背离了朱子学。此说未安。陈昭瑛：《道东之传：清代台湾书院学规中的朱子学》，宣读于 2000 年“朱子学与东亚文明——纪念朱子逝世八百周年朱子学会议”，后收入氏著：《台湾与传统文化（增订再版）》，台湾大学出版中心 2005 年版，第 23-84 页。

④ （清）林豪：《澎湖厅志》卷四《文事》，大通书局 1984 年版，第 122-123 页。

⑤ （清）林豪：《澎湖厅志》卷四《文事》，大通书局 1984 年版，第 122 页。

⑥ （清）周玺：《彰化县志》卷四《学校志》，大通书局 1984 年版，第 143-144 页。

贤。此条可谓深得程朱解“学而时习之”的含蕴。[①] 第二条为“读书以立品为重”，强调立品莫如严义利之辨。以伯夷、叔齐、舜帝与盗跖为例，深入浅出地讲述如何分辨义利。欲严义利，则莫如忍与让。而义利之辨又在生活日用间，生童切不可为了些许银钱而为人作状子，此即为能严义利之辨了。砥砺生童“要将气骨撑得住，毋为银银所害，便是身立千仞之上”[②]。第三条是“读书以成物为急”，强调生童应当劝导台人孝悌、明义利之辨、明忠佞之辨等。前两条是生童的自我修养与践履，第三条则是用自身所得劝导他人。综观三条，显然是内圣外王之道的理路。然而白沙书院用浅显易懂的文辞与例子传达儒家的内圣外王之道，将原本崇高的政治理想进一步矮化至生活日用之间与劝导乡邻。其要求学子们：读八比文，辨明眉目，不可囫囵吞枣；读赋，寻求正路，不可扯杂；读诗，“五古要读汉、魏、六朝，七古要读杜甫、温庭筠，五、七律要读初唐”[③]。在学习方法上，其规定双日作文；学习内容上的规定与此相匹配，目的均在于培养、提高学子的作文水平。

光绪十八年，苗栗知县叶桂森定英才书院学规。一曰“奋志气以望大成”，即确立志向。[④] 期望生童以实心自勉、以实学自励，切不可局限于八股文与八韵诗。其劝勉诸生童“鼓其锐意，衡其实功，日积月累，精进无疆，濡染熏陶，自可由小成以渐大成”[⑤]。其三曰“端举止以培学基”，要求生童时刻以儒生自持，着装、言行均须遵从儒者之道[⑥]。其又指出“凡一言一动，必循规蹈矩，乃蓄德之本，成学之基”[⑦]。将言行遵守儒者规则作为修身养德之本。学规中详细地规定了儒者规矩：

凡生必端庄，不许跷足箕踞；行走必温纯，不许放纵跳跃；并帽履陈

---

① 朱子《集注》曰：“学之为言效也。人性皆善，而觉有先后，后觉者必效先觉之所为，乃可以明善而复其初也。”引程子言曰：“习，重习也。时复思绎，浃洽于中，则说也。”“学”有效仿、觉悟之义，指效仿前贤言行从而明白修己、扶危济世的道理；与之相对应，“习”为实习、演习之义。(宋) 朱熹：《论语集注》卷一《学而》，氏著：《四书章句集注》，中华书局 1983 年版，第 47 页。

② (清) 周玺：《彰化县志》卷四《学校志》，大通书局 1984 年版，第 144 页。

③ (清) 周玺：《彰化县志》卷四《学校志》，大通书局 1984 年版，第 144 页。

④ 黄新发编纂：《重修苗栗县志》卷二六《教育志》，苗栗县政府 2006 年版，第 33 页。

⑤ 黄新发编纂：《重修苗栗县志》卷二六《教育志》，苗栗县政府 2006 年版，第 33 页。

⑥ 黄新发编纂：《重修苗栗县志》卷二六《教育志》，苗栗县政府 2006 年版，第 33 页。

⑦ 黄新发编纂：《重修苗栗县志》卷二六《教育志》，苗栗县政府 2006 年版，第 33 页。

弊，亦可戴穿，但帽应戴正，不许欹邪装巧，履则不许拖曳，橐橐作声；友侪间为研究学术，并许互为讨论，共为商榷，惟不许聚众漫谈啧啧或大声叫嚣。如此则矜情浮气，不形于外，放心渐敛于内。在己自得保儒者体面，不敢菲薄；在人则以儒者待之，而益敬重；然后读书人心，涵养渐纯，不负成学之基，成才之望矣。①

文字并不繁多，但涉及帽履、衣物、行步、言谈与坐姿等诸多方面，均为具体而简单可行之规矩。将理学修身养性之说落实于生活细节实处，要求生童必须严格恪守，否则责令退学。在此，并未涉及精深的理学内圣持敬之道，仅有生活细节的具体要求，儒学庶民化之特质展现无遗。其要求学子们，“于读五经之后，宜参诣传注，宜多读汉史文选，宜博览诸史通鉴，宜兼习经解诗赋各体古文”，读书应戒间断，积少成多，由浅入深。②

从教学内容与教学导向上看，上述四个书院的规定有几个特点：其一，清晰地体现出服务科举考试的教学目标。相较而言，海东书院为省级官属书院，更为重视迎接科举考试。因而其教学内容皆围绕科举考试展开，甚而明确地指出习举业与研读义理并不矛盾。文石、白沙二书院的教学内容比海东书院更为丰富，虽然也是围绕科举考试展开，但并未将培养应试能力作为唯一的目标。其二，教授儒学，尤其是程朱理学亦是书院的使命之一。如觉罗四明所言，习举业与修习义理之学互相促进，某种程度上准备科举考试与研修儒学其实是合二为一的工夫，难以完全区隔开来。其三，海东“务实学”“习举业”与文石“端志向”，均显露了台湾书院一个共同的倾向：明人伦、修道德为书院根本目的。各书院均强调此点，但所侧重的人伦不同。虽然书院各项制度均适应科举考试，然而教授八股文、试帖诗等却非书院办学的唯一指向，更非至关重要之目的。台湾书院最重要的教育主旨是，培育品德高尚、以万民楷模为己任的儒家君子，承载着程朱理学心性之学的核心思想。其四，“习举业”与“制义不可无本”，均体现了文以载道思想。在几个学规中，研习制艺八股文，不仅仅是为了科举考试，更是为了阐扬理学义理思想。只有融会贯通义理之学的

---

① 黄新发编纂：《重修苗栗县志》卷二六《教育志》，苗栗县政府2006年版，第33页。
② 黄新发编纂：《重修苗栗县志》卷二六《教育志》，苗栗县政府2006年版，第34页。

文章方是佳作。不难发现，台湾书院教学内容虽以科考内容为主体，然而其本质是宣传理学思想。此外，各书院教学方法多采用程端礼《读书分年日程》，此为各书院教育以理学为核心之一端。① 与其说精通义理之学有助于科举入第，倒不如说科举制艺对宣传理学大有助益。可以说，台湾书院学规透视出了弘扬理学的教育目的，教授举业亦是手段之一。该本质与培养儒家君子的教育目的相匹配。有学者指出，清代书院沦为官学附庸的主要标志就是教学目的的合流，由“教士之地”转为“课士之地”。② 此说与清代台湾书院并不相符。即便是官办书院亦未将帖括制艺作为最为重要之办学目的。

由于缺少学规，民办书院之教学内容与导向仅能从院长或讲席之诗文中探寻。文英书院主讲吴子光认为博览群书可答疑解惑，主张博学以文。③ 其《读书宜识字说》，主张读书应重视音韵、训诂、文字考证。④ 书院所有人吕氏汝玉、汝修亦醉心于音韵训诂之学。又其策问秀才亦以经、史为核心⑤此外，从书院课选作品均为试帖诗可知“崇诗学”应为文英之重要教学内容。综合上述几点，文英书院之教学内容很可能主要为经、史、试帖诗、小学，鼓励士子广泛阅读。至于其教学思想导向，应亦与理学相关。吴子光亦曾引前人之言道：“制艺代圣贤立言……从来工制艺者，必不从制艺入手，惟不以此为干禄之具，而以为性命之学。”⑥ 此论与前述海东书院二学规可谓如出一辙。

显而易见，上述诸官办书院与文英书院在教学主旨上的不同，与藏刻

① 学者指出：“《读书分年日程》的核心是程朱理学，它直接关涉当时的官方教育，与理学的复兴有内在的联系。”徐雁平：《书院之讲习与〈读书分年日程〉》，见卞孝萱，徐雁平编著：《书院与文化传承》，中华书局 2009 年版，第 139 页。

② 《书院藏书、刻书与书院教育》，李国钧主编：《中国书院史》，湖南教育出版社 1994 年版，第 955 页。

③ （清）吴子光：《君子博学以文论》，见氏著《一肚皮集》六《芸阁山人集》，王国璠总辑：《台湾先贤诗文集汇刊》第三辑第七册，龙文出版社股份有限公司 2001 年版，第 3-5 页。（清）吴子光：《开卷有益论》，见氏著《一肚皮集》七《芸阁山人集》，王国璠总辑：《台湾先贤诗文集汇刊》第三辑第七册，龙文出版社股份有限公司 2001 年版，第 25-28 页。

④ （清）吴子光：《读书宜识字说》，见氏著《一肚皮集》七《芸阁山人集》，王国璠总辑：《台湾先贤诗文集汇刊》第三辑第七册，龙文出版社股份有限公司 2001 年版，第 25-28 页。

⑤ （清）吴子光：《拟策秀才五首》，见氏著《一肚皮集》六《芸阁山人集》，王国璠总辑：《台湾先贤诗文集汇刊》第三辑第七册，龙文出版社股份有限公司 2001 年版，第 169-181 页。

⑥ （清）吴子光：《拟策秀才五首》，见氏著《一肚皮集》六《芸阁山人集》，王国璠总辑：《台湾先贤诗文集汇刊》第三辑第七册，龙文出版社股份有限公司 2001 年版，第 179 页。

活动的差异相一致。几个官办书院之教学内容多以经史、试贴诗、举业为核心，并主张举业与德业不相矛盾、不可偏废，强调端士风以化民成俗；文英书院的教学除了科举考试相关外，似乎更侧重文化的传播与普及，并未浓墨重彩地渲染理学与士风之意义；官民合办之英才书院大抵皆有官办与民办书院的倾向，只是其并未强调高深的理学义理，而是将理学修身养性之道具体到日用之间。这种差异，或许取决于书院的主导力量，某种程度上亦体现了书院之间的隐形分工。海东书院仅招收生员，多数书院兼收生童。一般而言，由于教育资源的不平衡，官办书院的学生更多为生员，民办书院之学子则以童生居多。教育对象与教学主旨相互影响，二者间形成了一个闭环，令不同性质的书院在不同的教育对象中发挥着传播文化、凝聚认同的作用。

三、清代台湾书院教育与认同

藏书为书院教育之重要工具，必然为教学服务，自然亦渗透着书院之教育主旨；至于书院刻书的开展不仅适应着书院教育，而且也推动着书院教育的发展。可以说，书院藏刻活动不仅与教育互为表里，更可谓是书院教育活动的组成部分。清代台湾各类书院之藏刻活动深刻地展现了其教育主旨，承载着凝聚文化认同之重责。

由于官办书院藏书主要为地方官员捐置，刻书活动也基本由官长主持，因而清晰地烙印着官方意志，呈现了官方对台湾书院教育之期待。台湾道徐宗干言道：“书院之设，非徒课文词也，所以造人才、敦士品也。”①台湾官办书院藏刻活动之展开，可谓基于对书院端士品、化民成俗的期许。

孙尔准调拨与仰山书院的图书为张伯行所刻正谊堂丛书本。张伯行删定、刊刻该丛书，乃是为了“使正学流传后世”，又共学于书院，“令有志于道而未能忘情举业者居之，亦循循善诱之意也”②。即其主要目的为传播程朱理学思想，矫正士子们沉迷举业、贻误修德向道之偏。正如陈淑均所

① （清）徐宗干：《斯未信斋文编·谕书院生童》，大通书局1987年版，第84页。

② （清）张师栻：《张清恪公年谱》卷上，乾隆四年正谊堂刻本。

言，这些图书多为先儒语录，有些书删节过多或不能完备，“然学者诚得其要领，即此亦足以为修己治人之资”[①]。台湾官办书院藏书不仅助士子准备科举考试，劝导士子修身养德之义，体现了台湾书院教育以程朱义理之学与举业为核心，并偏重义理之学的特征。

在海东书院的试牍、课选序最为多见者，莫过于对士风士俗之强调。巡台御史兼学政夏之芳在《海天玉尺编初集》序文中言道：“四民之众，士为之倡；士习之邪正，风俗因之。”[②] 士为四民之表率，士风邪正关乎民风民俗之端邪。因此“士习不端，只以文藻夸世，匪唯无益，抑且为民害马”[③]。他期望诸生童：“诚读书绩学、修身立品，使文章积为有用；而又以其诗书弦诵驯其子弟、化导乡人，俾淳庞和气，遍于蛮天菁岭间。”[④] 首先饱读诗书、修身立品，作文以载道，弘扬圣人之学；其次吟哦诵读诗书以教诲子弟、化导先民，从而令民风淳厚，百姓和睦。如此“则上以鼓吹休明、下以转移风俗，是固宣铎者所厚望；而观风训俗之责，亦可藉此以仰报天子矣”[⑤]。士人上可弘扬圣人之道，下可移风易俗，因而士风士习之端正尤为重要。其又在《海天玉尺编二集序》中言道：“大约文人之心，类从其地之风气。台士之文多旷放，各写胸臆，不能悉就准绳。”[⑥] 士风可导化民风，而士子之间亦会互相影响，使得一地士风相近。台湾士子文风旷达不羁，直抒胸臆，不守准绳，乃因台湾地处偏远，士子缺乏涵养化育。因而，其连续选编岁试、科考优选之文刊刻成书。其所选文章，“岁试所录，强半灵秀之篇；科试则多取醇正昌博者”，期望以此增进台地文风，“亦俾知盛朝文教之隆、设科取士之法，以明正大为宗，而不得囿于

---

① （清）陈淑均：《噶玛兰厅志》卷八《杂识下・纪物》，大通书局1984年版，第436页。

② （清）夏之芳：《海天玉尺编初集序》，（清）刘良璧：《重修福建台湾府志》卷二〇《艺文・序》，大通书局1984年版，第533页。

③ （清）夏之芳：《海天玉尺编初集序》，（清）刘良璧：《重修福建台湾府志》卷二〇《艺文・序》，大通书局1984年版，第533页。

④ （清）夏之芳：《海天玉尺编初集序》，（清）刘良璧：《重修福建台湾府志》卷二〇《艺文・序》，大通书局1984年版，第533页。

⑤ （清）夏之芳：《海天玉尺编初集序》，（清）刘良璧：《重修福建台湾府志》卷二〇《艺文・序》，大通书局1984年版，第533页。

⑥ （清）夏之芳：《海天玉尺编二集序》，（清）刘良璧：《重修福建台湾府志》卷二〇《艺文・序》，大通书局1984年版，第534页。

方隅闻见间也”[①]。是知其编刻试牍，乃是通过端正文风，从而端正士风，最终实现化民成俗之目的。

台湾道徐宗干亦指出，考评士子与诱导百姓看似不同，实则交相感应、互相影响：“方言不同，以文字通之；犷俗不扰，以诗书驯之。举善则民劝、举直则民服，校士与牖民，似不相谋而实相感。制科取士，宾兴贤能，化民成俗，一以贯之者也。”后又言道：“夫校士即以牖民、观风所以训俗，制治清浊之原，实在于此。”[②] 总之，考评士子即是诱导百姓，端正士风即是训导民风。其亦刊刻试牍以诱掖奖劝士人。在其看来，刊刻试牍乃是溯源寻根之举，非导人以好名：“由文而行，由艺而德，引以正鹄，则心不外求；范以驰驱，则才不泛骛。有以取之，无自弃也；有以荣之，无自辱也。”[③] 选编刊刻试牍，正是为士子们确立典范，帮助士子确立正确的目标。由奖掖文艺而褒奖德行，从而引导、鼓舞士子一心向学，端正文风，修养品德，最终实现“上为国家储黼黻之才、下为海邦广弦诵之教”[④]。

光绪十一年，海东书院院长施士洁重申习义理、修品行。[⑤] 其批判科举制度道：“国家以经义取士，人心士习之端倪，呈露者甚微，而征应者甚巨。”以经义取士难以考察士心士风。文以载道，其前提是学识修养兼备，“然后能随题抒写，汩汩其来，自纲常名教，以及一名一物，细微曲折，万有毕备。此正留心理义之学者，一题到手，自然融会，遂因之而鬯其旨焉”。因而士子当潜心义理之学，融会贯通之后，自然下笔如有神。他重申觉罗四明学规之“习举业”条，批评“分举业与理义之学为二事”的看法，然其旨趣却与觉罗氏大相径庭。在其看来，制艺八股文乃是代圣贤立言，弘扬圣人之道。因此“学者作文，苟能从经文传注涵泳而出，而又一一体验于身心，精实之作，自然不可磨灭”。其又言道：“‘举业’二字既认得真，以为拜献之先资可也，以为经传之羽翼亦可也。至如闱中墨

---

① （清）夏之芳：《海天玉尺编二集序》，（清）刘良璧：《重修福建台湾府志》卷二〇《艺文·序》，大通书局1984年版，第534页。

② （清）徐宗干：《斯未信斋文编·瀛洲校士录序》，大通书局1987年版，第121页。

③ （清）徐宗干：《斯未信斋文编·东瀛试牍三集序》，大通书局1987年版，第133页。

④ （清）徐宗干：《斯未信斋文编·瀛洲校士录序》，大通书局1987年版，第121页。

⑤ （清）施士洁：《后苏龛合集·后苏龛文稿》卷一《台澎海东书院课选序》，大通书局1984年版，第353-356页。

式，作者、阅者针芥相投，虽曰天命，亦由人事；要惟敛才就范，不失对扬之体而已。今人动以墨卷为腐臭不堪之物，相与菲薄而姗笑之。此诚末流之失，而岂国家取士之意本然耶?”同样秉承文以载道的理念，遣词造句亦十分相近，只是施士洁更为强调的是习举业，以制艺八股文书写圣人义理。

夏之芳、徐宗干与施士洁三人之论，均以“文以载道”为大前提。由此延伸，作为官长的夏、徐二人编选试牍以端士风，最终目的在于化民成俗；作为书院院长的施士洁则是期望士子将义理之学融会贯通于制艺八股文之中。这种崇重士习与义理之学的倾向，乃是海东书院学规之落实，更是国家意识形态的贯彻。在登基当年，乾隆便命方苞汇编《钦定四书文》颁布天下，以为举业指南。其指出：“国家以经义取士，将使士子沉潜于四子五经之书，阐明义理，发其精蕴，因以觇学之浅深与器识之浅薄。而风会所趋，即有关于气运。诚以人心士习之端倪，呈露者甚微，而征应者甚巨也。”[①] 乾隆五年，其又指出“国家以经义取士，使多士由圣贤之言体圣贤之心，正欲使之为圣贤之徒”，“况即为科举，亦无碍于圣贤之学”。[②]前述台湾书院诸学规可谓与此一脉相承。

不可否认的是，清代台湾书院尤其是官办书院之官学化程度极深。但这种官学化却有其特殊的积极意义。台湾官办书院之教育始终贯穿着国家正统思想。期望士子们，一方面是修习理学之义理、心性学说，明心复性，涵养身心，培养高尚的个人品德，成为一方风俗之楷模；另一方面是研习经史，钻研举业，成为经国治世之才，从而为士子们确立了两种并驾齐驱的人生追求：“出为国家天下之桢干，处为风俗人心之倚赖”。[③]。解决了士子们“我们是谁”“我们应当成为谁”的身份认同问题，将其文化认同空间限定在以清朝官方意识形态——程朱理学为核心的儒家文化上，从而塑造其文化认同；以科举考试相挂钩，帮助士子接触、进入国家政治生活，进而构建国家认同。又依仗士子们作为万民楷模，凝聚地方社会，引

① 《〈钦定四书文〉上谕》，景印文渊阁四库全书本第1451册，商务印书馆1986年版，第1页。

② （清）文庆、李宗昉等：《钦定国子监志》卷二《圣谕二·训示》，郭亚南等点校，北京古籍出版社1998年版，第21–22页。

③ （清）蒋允焄：《改建海东书院书院碑记》，（清）谢金銮：《续修台湾县志》卷七《艺文》，大通书局1984年版，第503页。

领普通民众认同国家正统文化与国家统治。

如果说人生追求导向塑造的是一种引导性的文化认同和国家认同的话，那么学规对人伦纲常的阐释，不仅仅塑造了一种引导性国家认同，更凝聚了一种强制性国家认同。受《白鹿洞规条》影响，台湾各书院学规均将人伦置于第一条。海东为省级官办书院，重君臣纲纪，受官方影响更深。刘良璧所定学规第一条为“明大义”，强调人伦五常，尤为注重君臣之道，视之为五常之首。制定者认为，若读书之人“知尊君亲上，则能谨守法度、体国奉公”，则“醇儒名臣由此以出”。此条学规的制定，既是清代忠君观念进一步加强在官方书院指导思想中的体现，是朱一贵之乱后台湾执政者在文化导向上的举措。[①] 文石书院学规第一条为“重人伦”，强调人伦五常即为性与天道之本，为学之大原即在人伦日用之间。五伦本有轻重、次第，孝为百行之首，乃是五伦之本。人能善事父母、悌爱弟兄，则必能忠君、信友、亲亲、长长，所谓“求忠臣，必于孝子之门”即是此理。因而重孝悌、父子之道正是为了移孝作忠，秉承汉魏以降忠孝互释的思想，实质是使忠孝合一，以孝为忠之张目。[②] 第五条“尊师友”，强调师友为“人生德业之所借以成就者”，因而必须诚心尊师、取辅德之友，切不可流于表面。朋友为五伦纲纪之一，除可切磋学问外，更可排解心中愤懑：“人或于君臣、父子、夫妇、昆弟中，有难言之隐、不白之情，积成嫌怨；得一良友，为我排释，为我解纷，委曲周旋，维持调护，俾得相好如初，其有益于人者，更为不浅。”泰州学派的何心隐等人强调朋友之伦，目的在于弱化君臣、父子、兄弟之间的支配性与隶属性，强调人和人之间的道德人格平等。[③] 胡建伟则将朋友作为君臣、父子、父母、兄弟四伦的润滑剂，希冀以朋友调和与排释此四种人伦关系之间的嫌怨、愤懑，从而稳固四伦。在第一条“重人伦”中，明确抛出了“求忠臣于孝子之门”的口号，第五条“尊师友”

---

① 陈昭瑛认为此条官方色彩太浓重，表明清政府对台湾边地提防太过。刘振维认为，刘良璧手定学规，实切合当时台湾所处之环境。刘氏还批评陈氏太过苛责古人。刘振维：《台南海东书院之始末及其基本精神》，载《朝阳人文社会学刊》第5卷第1期，第301页。

② 汉魏以降的忠孝互释思想，可参看唐长孺：《魏晋南朝的君父先后论》，见氏著《魏晋南北朝史论拾遗》，中华书局2011年版，第235-250页；宁可、蒋福亚：《中国历史上的皇权和忠君观念》，载《历史研究》1994年第2期，第78-96页；刘广明：《宗法中国——中国宗法社会形态的定型、完型和发展动力》，南京大学出版社2011年版，第50-54页。

③ 刘泽华总主编，葛荃主编：《中国政治思想通史·明清卷》，中国人民大学出版社2014年版，第202-212页；侯外庐：《中国思想史纲》，上海书店出版社2008年版，第328-330页。

又将朋友作为前四伦关系的调节。虽然文石书院学规并未强调君臣纲纪，却通过强调孝悌与朋友将君臣纲纪推至最高位。推崇孝悌与朋友，不过是崇重君臣之伦的手段罢了。两书院学规所重之人伦虽各有不同，但尊崇纲常、构建国家认同则完全一致。[①] 有学者认为，台湾作为反清基地，《海东书院学规》无可避免地背负政治宣传职责，“以政治认同为优先考量，理学家标榜的成德之学退居次要”[②]。此说忽略了理学作为清朝的正统思想本身即具有无可替代的文化向心力，在凝聚、塑造国家认同上有至关重要的作用。

当然，在凝聚文化认同与国家认同的过程中，文英书院这类民办书院亦有其不可或缺的作用。尽管其没有浓郁的意识形态导向，但是程朱理学早已渗透于书院教材与科举考试之中，故而民办书院亦在其教学与藏刻活动中向广大童生与生员传播着程朱理学，在潜移默化之中塑造了他们的文化认同与国家认同。

从结果上看，包括书院教育在内的清代台湾教育在国家认同的凝聚与塑造上，无疑是相当成功的。海东书院所刻《台人舆论》即是道光年间台人国家认同的缩影。乙未割台前后，台人发动的各种反抗活动，更是认同于“中国”这个政治文化共同体的最佳写照。

---

① 刘振维强调台湾书院学规塑造高尚人格的德育思想，其认为“台湾书院学规的最大特色，即要求学子要负起移风易俗、消弭社会不良风尚的重责大任，此自与台岛为一移民社会息息相关。此外，诸学规承载了传统儒学的核心意念，即明人伦与经世济民。透过强调读书宗旨、读书首在辨志、培养高尚品德、揭示尊师取友、戮力经世济民、实践读书之法、重视科举技法，以及珍惜有限光阴等学规的内容与要求，使台岛成为文风鼎盛的海滨邹鲁，十分坚持民族气节，乙未变局的抗争即为显例；此即是读书的精神具体呈显”。刘振维：《论清代台湾书院学规的精神及其对现代教育的启示》，载《哲学与文化》2008 年第 35 卷第 9 期，第 123 页。

② 林朝成、卢其薇：《从鳌峰书院到海东书院：论清代台湾朱子学的二个向度》，载《东华汉学》2009 年第 9 期，第 281-324 页。

清代八旗进士群体的科举网络与满汉融合研究

章　广*

摘　要：在科举考试中，八旗进士与汉族士人结成师生、同学、兰友、课友、同年等人际关系网络。师恩深重，易成师门朋党，既是利益共同体，又是交流平台；同学、兰友、课友一同考课学习，甚至结成“金兰之契”；而同年犹如“骨肉一般”，关系最为亲密。通过科举网络，八旗进士群体与汉族士人进行广泛、深入的交流，在交互情感的基础上促进了满汉民族融合。

关键词：八旗进士群体；科举网络；满汉融合

清军入关后，实行圈地、投充、薙发等民族压迫政策，在征服过程中，又肆意掠夺、凌辱民人，甚至大规模屠城，致使清初旗民关系势同水火。为维护八旗特权，满洲统治者处心积虑的设置各种障碍，实行旗民分治，旗民不混居、不交产、不通婚，连旗民的文化交往也被严格限制，人为织造满汉畛域，造成旗人与民人两个群体的隔离。但是，处于以汉族为主体的社会环境之中的八旗，与汉族的社会、经济、文化交往就不可避免，从康熙中期开始，旗民交流就开始普遍和正常化。在以往的研究中，学界多从政治变迁、经贸活动、旗制演变等方面论述旗民之间的交往与关系的演变。科举是八旗广泛认同与积极参与的重要制度，在长期的实践中，旗人与汉人构建了一个复杂的人际关系网络，主要有师生、同学、兰友、课友、同年等。科举网络对于人际关系的友好和谐以及社会的正常运

* **作者简介**：章广，岭南师范学院，博士，讲师。

转等发挥着不可替代的作用，本文即以此为基础探讨旗民的交流与融合。

一、师生与师门朋党

以科举为志业，则必先拜师读书。读书虽然不乏无师自通者，但极少，大多需要师傅的教导与传授。举业“切记不可一日无师，无师傅则无严惮，无稽考，虽十分用功，终是疏散，以自在故也”①。师傅教授知识，指示门径，更重要的是可以管课学生，督导学习，不致荒废学业。科举时代的每一个环节都与教师息息相关，故尤为尊师。“科举时代之师，类别颇多。曰受业师，朝夕侍教者也。曰问业师，偶诣函丈，有所请益，有所质问者也。曰受知师，则或为县府道试之主试官及其阅卷主任，或为科岁主试之学政，或为优拔主试之学政，会考之巡抚，或为乡会试之主考房考，或为朝殿考试之阅卷读卷各大臣，或为书院之山长、监院是也。”② 此外，把书院或地方官学出题考课之人称为课师，荐卷房考官称为房师等。其中以受业师和受知师对士人影响最大，受业师传道授业解惑，简称业师，本人自称为学生；受知师本无师生之名，但因有知遇之恩，故也尊称为师，对主考官称座师或座主，本人则自称为门生。

清朝统治者十分重视文化教育，敕谕各地隆重师儒，尊师重教，士子为科举功名也遍访师儒求教。满洲以武功定天下，时刻叮嘱八旗子弟秉持弓马骑射传统，但并非漠视文化教育。努尔哈赤、皇太极时期已经设立学校教授八旗子弟，顺治甫入北京，便在祭酒李若琳奏请下设立国子监八旗官学，之后又陆续设有宗学、觉罗学、景山官学、咸安官学等学校，教授满、汉文，主要培养可供各衙门任使的八旗职员。官学的设立对八旗教育的发展来说，发挥了一定作用，但真正促进八旗教育走向繁荣的是科举考试。科举是促进八旗教育发展的核心力量，顺治帝开八旗科举不数年，“八旗人民崇尚文学，怠于武事，以披甲为畏途”③，教育事业迅速发展。康熙初年，顺天学政蒋超按临考试，“八旗子弟应童子试者五百人，入泮

---

① （明）杨继盛：《杨忠愍公传家宝训》，《丛书集成续编》第60册，新文丰出版公司1989年版，第538页。

② 徐珂撰：《清稗类钞》第八册《师友类》，中华书局1986年版，第3579页。

③ 《清世祖实录》卷一〇六，顺治十四年正月甲子。

旗下三十七，汉人二十六”，他感叹说：“初谓旗下无文章，不意成章者二百余卷，取之不尽，入泮外尚有三十卷，皆遗珠也。”① 蒋超是江苏金坛人，顺治四年（1647）探花，文才出众，旗人文化教育的发展速度都出乎他的意料。欲参加科举考试必先拜师读书，八旗官学名额极少，因此大部分八旗子弟与汉人子弟一样，需自行拜师学习。在北京有专门教授八旗子弟的私塾，一般在门上贴一满文“学”字，教授满文。八旗科举兴起后，更多的是进入汉文私塾学习，如光绪三十年（1904）进士、杭州驻防满洲正白旗人金梁曾在汉人的顾氏塾、袁氏塾、盛氏塾中读书。但八旗教育中，家塾教育应该居于主导地位。有一定能力的八旗家庭都开设家塾，延请师傅尤其是汉人师傅教读子弟。据清末在北京为官二十余年的陈恒庆言：“满洲大家，车马衣服之外，有必备者六项。京谚云：‘天棚、鱼缸、石榴树，先生、肥狗、大丫头。’……先生乃教读者也，训子弟读书之外，兼可代写信函。所延者，山东秀才居多。”② 北京是八旗的主要聚居地，各旗王公贵族、高官显宦比比皆是，有俸饷和职务的一般八旗人等，经济条件也远较普通汉人优越，他们一般都有能力开设家塾教授子弟，家塾因此成为八旗家庭的标配之一。

除京旗外，驻防八旗和外任八旗大员设立家塾也极为普遍。乾隆三十七年进士（1772）铁保的父亲诚泰在乾隆三十三年（1768）任直隶泰宁镇总兵，他专攻举业，因此在北京延请师傅一同前往泰宁教读。嘉庆十四年（1809）进士麟庆的父亲完颜岱在嘉庆三年（1798）迁河南粮盐道，在道署后堂设家塾，最早是延请河南偃师人、乾隆乙卯进士郑道印教读，后延请安徽太湖岁贡生（崇实会试硃卷记为附监生）曹萃。曹萃教读应该卓有成效，使麟庆印象深刻，因此他后来任河道总督时，又延请曹萃教读他的儿子崇实、崇厚。嘉庆六年（1801），他祖父去世，遂回到北京居住，受业于舅父恽秉怡，学习经学。恽秉怡是江苏常州人，见外甥聪明好学，对他的教育更为严格。此外，他还受业于顺天人钮士元，后师生二人同登顺天戊辰科（1808）举人。嘉庆十一年（1806），他的父亲赴浙江任官，他与舅父恽秉怡一同随任，继续由他教导。麟庆后来长期在江南为官，也设

① 小横香室主人：《清朝野史》，中央编译出版社2009年版，第435页。
② （清）陈恒庆：《谏书稀庵笔记·六项》，文海出版社1966年版，第156页。

塾教授他的子辈，延请的师傅除曹萃外，还有浙江钱塘廪贡生赵贞复、江南辛巳举人许曾望以及浙江海盐人、顺天壬辰科举人潘诒棠等。文祥世居沈阳，他的祖父在家设塾，先后延请辽阳生员曾爽、山东诸城生员赵有成、辽阳童生赵尚絅、辽阳增生杨万青、山东生员陈锡智、辽阳生员高曰登为师傅，教文祥兄弟读书。后来文祥还在杨万青所设的私塾中读书，杨万青因其家贫而不受束修。

塾师不仅是启蒙教育，还包括教授科举考试的经学、八股文、试帖诗、书法等，是受业师中最主要的一种。八旗塾师有部分是自己的亲属，如兄长、叔、伯、舅、姑丈、表叔、表舅等，甚至还有以丈人为师，但大部分以外聘的士人为师。从整个科举考试过程来看，八旗受业师均以有功名的汉族士人为主。以下对76份八旗进士硃卷所列受业师的科举功名和民族成分进行统计，结果如表1所示：

表1　八旗进士业师统计表（单位：人）

功名	人数	民族成分	人数
无	53	汉人	472
生贡监	193	汉军	64
举人	169	满洲	99
进士	237	蒙古	17
总额	652	平均人数	9

76位八旗进士共列受业师652人，平均每位进士达9人。从民族成分来看，汉族士人达472人，占总人数的72%，高居榜首，其次是满洲士人和汉军士人。如整理和出版《红楼梦》的高鹗先生，是内务府镶黄旗汉军人，乾隆六十年（1795）进士，他的四位业师均系汉人。汉族士人本身基数大，人数多，而相对八旗来说，文化和科举都更为发达，因此成为八旗业师的最主要部分。从业师的科举功名来看，绝大部分都具有功名，而且进士、举人这类高功名又占绝对优势，两者达总人数的62%，仅有8%的人没有取得功名。功名在科举时代往往是学问、名望的代表，久经场屋的汉族士人也积累了丰富的应试经验，从而成为志在科场的八旗子弟的首选。而就八旗自身来说，他们也有条件延聘高功名的老师授业。

受知师是各级考官，如按临之学政、乡会试主考官、房官、殿试及朝考阅卷大臣等。“宦途最重是文衡，唐诗中即有是语，故有历主春秋两试者盈门桃李，众望之辄艳羡若仙焉。”① 人臣皆以典试为荣，晚清重臣李鸿章甚至以终身未典乡试为憾。在所见硃卷中，雍正、乾隆时期无论是汉人还是旗人，均未见有受知师的记载，仅部分载有业师。直到嘉庆时期才开始有受知师的记载，道光时期则业师和受知师的记载均十分普遍，说明在社会变革期，士人对于身份的强调，以及试图从中谋利的心态。因此，有些士子直接称受知师为恩师。如道光二十一年（1841）进士、内务府正白旗满洲人麒庆，在硃卷中载有恩师八人，分别为：卓海帆（秉恬。按：名字为笔者所加，下同），嘉庆壬戌科进士，现任吏部尚书、协办大学士，前任顺天府丞；毛伯雨（式郇），嘉庆己未科进士，现任吏部右侍郎、提督江苏学政，前任提督顺天学政；彭春农（邦畴），嘉庆乙丑科进士，前任翰林院侍读学士、提督顺天学政；沈鼎甫（维鐈），嘉庆辛酉科进士，前任吏部左侍郎、提督顺天学政；王晓林（植），嘉庆丁丑科进士，现任刑部右侍郎，辛卯顺天乡试同考官；李芝龄（宗昉），嘉庆壬戌科榜眼，前任督察院左都御史，辛卯顺天乡试副考官；宝献山（兴，觉罗氏，镶黄旗满洲人），嘉庆乙丑科进士，现任文渊阁大学士、四川总督，辛卯顺天乡试副考官；卢南山（荫溥），乾隆辛丑科进士，原任体仁阁大学士，辛卯顺天乡试正考官。② 在这项之前，载有业师六名，因此恩师显然不是受业师。前三位均担任过顺天府丞或学政，后三位是道光十一年（1831）辛卯科顺天乡试考官，因此属于受知师无疑。从这些受知师现任官职来看，都是朝中顶流，在当时的政治影响不言而喻，麒庆将其直书恩师，地位甚至超出业师之上，其中缘由应该是借此彰显他作为这些高官显宦的门生地位，希冀借助他们的影响为自己的仕途添利。这种现象并非个案，道光三十年（1850）进士、正黄旗满洲人成琦在硃卷中亦将受知师称为恩师。③

在成千上万考生中擢拔真才，对考官来说是抡才之本职，但对士子来说却是关键的知遇之举。光绪十六年进士（1890）延祺考取生员时的学政是王家璧，他不无兴奋地说：“祺经古蒙列正取，科考蒙取入庠，并勉祺

① （清）朱彭寿：《旧典备征》卷四《叠掌文衡》，中华书局1982年版，第104页。
② 《清代硃卷集成》第12册《麒庆》，第277-279页。
③ 《清代硃卷集成》第16册《成琦》，第365页。

潜心经史，甄别大课。各卷多蒙批改，启发良深。”① 受知师都有一定的功名和官职，对于科举士人入仕之后的发展也有很大的作用，因此在科举士人的各类履历资料均详细记载各类受知师的功名、官职。在光绪六年庚辰科（1880）进士、内务府正白旗汉军张平格的硃卷中，载录有二十一位受知师，是各级考试的考官，其中七位为旗人，十四位为汉人，均为进士出身。这些考官基本是中高级官员，在朝廷和社会均有一定影响，像李鸿藻、张佩纶、乌拉喜崇阿、宗室崑岗、陈兰彬等的官场威望和社会名望著于当时。明确这种门生关系，除了感激考官的知遇之恩外，还在于表明和深化这种关系，便于之后的交流，也为之后的发展奠定社会基础。

学生入学，先要行拜师礼。“受业弟子见师长礼，初见，师未出，先入，设席正位，俟堂下。师出召见，乃奉贽入，奠贽于席，北面再拜，师立答揖。兴，谨问起居。命坐乃侍坐。有问，起而对。辞出，三揖，不送。”学生对老师要行跪拜礼，在平时的时候对老师也是毕恭毕敬，“请业则起，请益则起。师有教，立听。命坐乃坐。师问更对，仍起而对。朝入暮出均一揖”。虽然地位不高、待遇不高在汉人塾师中不乏记载，但是对于亟于求知又“规矩多”“礼儿多”的旗人来说，对塾师的礼遇是普遍比较高的。如完颜氏家族的家塾，“老师位置在东西两山墙的窗户旁，长方大凳上放有大蓝布棉垫靠背，下铺有极厚的垫子，似清宫宝座一般，具体而微，非常朴素，尊而不华”②。

受业师教读的时间一般比较长，有些甚至十余年，对于八旗士人考中科举功名来说至关重要。铁保中举后因病未能参加会试，遂“延徐墨汀（按，即徐廷槐）先生高弟童湘岩先生下帷，键户拣练，揣摩为来年必售计”。他考中进士后说：“余性放达，不喜为寻行数墨之文，易数师皆不相得。湘岩先生一见余文即大喜过望，日取启、祯（按，即天启、崇祯）、国初诸大家文，朝夕讲贯，余亦相说以解，皆游其堂奥，遂魁甲榜。余又喜作诗，举业之暇，寝食于李、杜、韩、苏诸集，与先生唱和成帙，是以余诗无纤巧浮靡之气，湘岩先生之力也。”③ 童湘岩因材施教，赞赏铁保的诗文风格，并选择与其风格相似的诗文大家作品传授讲解，使他的诗文写

① 《清代硃卷集成》第68册《延祺》，第77页。

② 王佐贤：《满族家塾》，载《紫禁城》1990年第2期，第36页。

③ （清）铁保：《梅庵自编年谱》，《北京图书馆藏珍本年谱丛刊》第119册，第81-89页。

作风格既切合自己的性情，又符合举业的行规，故能得心应手，一举夺魁。文祥幼年体弱多病，学习进度缓慢，最初所延师傅又不能悉心教诲，后延山东生员陈锡智为师方得学习门径，“（陈锡智）课读严而有法，讲书尤真切。然以速成为戒，以故岁暮仅作至两大比”，使他受益良多。宗室宝廷的父亲常禄是道光十二年（1832）进士，但因故遭罢职，家渐中落，甚至无力延师教读。咸丰四年（1854）他家移居西山，名士车士騄见其聪颖过人，便舍弃其他生徒来教授他。之后又就教于冯霖，他善为诗，宝廷诗学因此大有长进。后因家中失火、久困场屋等原因，宝廷生活愈益困顿，冯霖爱惜其才，遂推荐他到乌拉灵寿家任教，方稍缓困境，得以继续用心于举业，终于在同治七年（1868）考中进士。光绪二年（1876）进士春溥的业师刘玉衡是辽阳州附生，“从学三载，深蒙启迪”；另一业师刘元芝，是辽阳州廪生，“从学六载，深荷栽培，大蒙启发”①。延祺的业师徐殿邦是奉天承德县人，没有功名，但是学问深厚，“从学八载，深蒙启迪，入庠时，仍从受业”；另一业师周僖是奉天海城县人，咸丰九年（1859）举人，主讲沈阳书院，他也“从受业数年，深荷陶成”②。光绪十八年（1892）进士贵诚的业师高显祖，是山东海阳县增贡生，他随其受业十余年，“师教诲不倦，及门中惟诚受恩最重”③。

业师传道授业解惑，对弟子的文化教育和人生发展来说具有举足轻重的作用，因此其恩德深重如山。“发蒙之处，固虑其无知；知识即开，又虑其泛骛。启颛蒙而使之领悟，去泛骛而纳诸中正，器识文艺，务必兼优，掩短护长，迎机科导，师恩宁可忘哉！若夫文章变化，得诸寸心，而就墨引绳，匪师不克。假以指南之手，拔诸广众之中，知吾之恩与教吾等。”④ 师恩深重，中国甚至有“一日为师终生为父”之说，“父与师是同等重要的，有时甚至超过父子血缘关系”⑤。八旗士人的大部分老师是汉族士人，虽然清王朝有意设置旗民差别，但在八旗科举中并未因此而形成民族隔阂。师生关系自古以来就受到世人的特别重视，因此透过科举形成的

---

① 《清代硃卷集成》第39册，第96页。
② 《清代硃卷集成》第68册，第76页。
③ 《清代硃卷集成》第73册，第333页。
④ （清）叶梦珠：《阅世编》，上海古籍出版社1981年版，第194-195页。
⑤ 何明星：《著述与宗族：清人文集编刻方式的社会学考察》，中华书局2007年版，第21页。

八旗与汉人的师生关系无疑在促进旗民关系发展与融合中发挥着重要作用。童湘岩对于铁保诗学、文学水平的提升以及考中进士都功不可没，铁保后来写诗怀念他："束发从游细柳营，百年天地几师生。汤盘禹鼎供研索，月窟天根见性情。百里才非容小试，千秋业在近无名（师仕翼城令）。康成老去笙歌歇，肠断天风蹴海鲸。"此外，他的另一位业师赵北溟对他影响也极大。赵北溟学问优长，在北京设塾教学，后来任象山县学训导，铁保两度从他学习经学。他写诗怀念说："两度都门侍讲筵，于今喜接孝廉船。青云事业余双璧，白发功名老一毡。洛下生徒惟我在，天涯诗赋几人传。执经授受垂衣钵，郑重门墙桃李边。"

受知师，尤其是乡会试主考官，被举子称为座主或座师，自称门生，结成特殊的师生关系。"门生者，门弟子也。颜、闵、游、夏等并受仲尼之训，即是师门。大朝所命，春官不曾教诲，举子是国家贡士，非宗伯门徒"，顾炎武亦指出："若科场取士，只凭所试之文，未识其名，何有师生之分？"① 然而这种关系本质上是一种利益互惠关系，座主将选取的举子视为门生加以提携，举子作为门生不无夤缘附会，甚至因此结成朋党，唐、明朋党之祸即与此有关。因此，唐、宋时即下令禁止考生称主考官为师门和自称门生，但此风反而愈演愈烈，在唐、宋称主考官为恩门、师门，至明则先称先生、夫子，后期则称老师、座师，关系愈密，"乃其朋党之祸亦不减于唐时矣"②。明末之风在清初延续，"往往干谒于事先，径窦百出酬谢于事后，贿赂公行。甚至平日全未谋面，一旦仕宦同方，有上下相关之分，辄妄托师生之称。或属官借名献媚，附势趋炎；或上官恃权相迫，恐吓要挟，彼此图利，相煽成风"，使"朝廷公典"成为臣子"借以罔上行私、市恩报德之地"。满洲统治者对此忿恨不平，顺治十四年（1657）正月，顺治帝给吏部颁布谕旨，下令："以后内外大小各官，俱宜恪守职掌，不许投拜门生，如有犯者，即以悖旨论罪。荐举各官俱照衙门体统相称，一切读阅卷考试等项，俱不许仍袭师生之号。即乡会主考、同考，务要会集一堂，较阅试卷，公同商订，惟才是求，不许立分房名色。如扬榜

① （清）顾炎武著，（清）黄汝成集释：《日知录集释》，上海古籍出版社 2006 年版，第 995、997 页。

② （清）顾炎武著，（清）黄汝成集释：《日知录集释》，上海古籍出版社 2006 年版，第 995 页。

后，有仍前认作师生者，一并重处不贷。尔部即通行严饬内外各衙门，务令恪遵，永绝朋党之根，以昭朕激劝群工，共还荡平至意。”① 科举本来是选拔人才的“朝廷公典”，结果却成为官员“罔上行私、市恩报德之地”，投认门生，勾结朋党，夤缘附会，甚至贿赂公行，加剧吏治腐败。清廷因此下令禁止考官与考生结成座主门生关系，澄清吏治。顺治十五年（1658），给事中胡悉宁上书言：乡会试不分经房，不称师生。御史杨雍也上书建议新中士子见主考官的时候“但用姓名书帖，不称门生”。但是历代积习已久，即使谕旨严禁也难以改观，至康熙己未（1679）以后，“禁渐迟，后修会典，则许其修师生之谊矣”②。雍正八年（1730）开始允许座师、房师以师生名义往来，之后“本科监试官、知贡举、监临等，推之复试、朝考、殿试，凡派为阅卷者，无不认为师生，乡、会榜有甲房拨入乙房者，于两房亦认师生。又童生县、府考取列案首，则与县官、府官称师生。童生科、岁两考蒙取入学，与生员取高等而因此补廪、增，或被取拔贡、优贡等，对于本省之学政，亦无不认为师生者”，过于泛滥。③

虽然座主门生关系容易导致朋党弊端，但是对于满汉关系的融合具有积极作用，满洲统治者实际上也认同这种关系。嘉庆十八年（1813），乾隆三十七年（1772）进士、正黄旗满洲人铁保升任礼部尚书，当时礼部汉尚书是安徽青阳人王懿修，是铁保会试座师，而左右侍郎英和是正白旗满洲人，乾隆五十八年（1793）进士，秀宁是正蓝旗满洲人、嘉庆六年（1801）进士，胡长龄是江苏南通人、乾隆五十四年（1789）状元，汪廷珍是江苏山阳人、乾隆五十四年（1789）榜眼，四人座师均是铁保。三代师生济济一堂，甚是荣耀，王懿修欣喜地对铁保说：“从来师弟同官，或后先接武而不必同时，或仅得一二人而不能一官之长，皆属师弟，要未有一堂三叶若斯之盛者。”因此嘱咐他作文记述这件盛事，而嘉庆帝甚至亲自询问这件事情渊源，俨然成为科林美谈。铁保记叙说：“按古者宗伯之职，治神人、和上下，厥责綦重，是以前代枚卜会推，非曾任礼宗者不与。今先生与煦斋（英和字，引者注）辈共居斯职，保十余年间连典封圻，远涉边徼，奔驰万三千里，纡折归来，恰与师若弟共掌邦礼，同堂六

① 《清世祖实录》卷一〇六，顺治十四年正月戊午。

② （清）阮葵生：《茶余客话（上）》，上海古籍出版社 2012 年版，第 52 页。

③ 商衍鎏：《清代科举考试述录》，三联书店 1958 年版，第 89 页。

座，衣钵相承，不唯一时僚寀侈为美谈。召对时，仰蒙圣主垂询，历数渊源，许为艺林胜事，尤千载希逢之异数也。”[①] 对于这种公然存在的座师门生关系，即使嘉庆帝都为之欣喜，因此其与业师弟子关系一样，对于促进旗民的交流融合都具有明显的积极作用。

此外，在清代，不同民族间的师生关系是相互的，八旗士人大部分业师和受知师是汉人，也有许多八旗士人担任汉人士子的受业师和受知师。八旗进士在康熙时期也按例可以担任乡会试考官，康熙三十八年（1699），康熙三十年（1691）进士喀尔喀、阿金和康熙三十三年（1694）进士觉罗满保、海宝均被点为乡试主考官，是“满臣典试直省主考之始”[②]。此后，大批八旗进士典为乡会试、殿试、朝考考官，有些甚至是屡次担任主考官，像雍正十一年（1733）进士、镶黄旗满洲人介福，官至吏部侍郎，“尝四主会试，四主乡试，其他殿廷衡文，不可枚举”，其自作《恩荣宴》诗云：“龙津桥上黄金榜，四见门生作状元。”大学士于敏中亦尝赠以联曰：“天下文章同轨辙，门墙桃李半公卿。”[③] 观保和德保兄弟“屡典贡举，为词林耆旧，迄今馆阁旧臣尚多二人门下士”[④]，德保之子英和“少年科第，六掌文衡，门生半天下”[⑤]。汉人投身八旗士人门下，这种关系对于促进旗民之间的交流融合无疑也发挥着同等作用。

二、同学友朋与“金兰之契”

古人认为“独学无友，孤陋寡闻”，故有“以文会友，以友辅仁”的传统。士人在科举考试过程中，也往往三五成群，一同会讲、会课、会文，甚至形成文会、文社一类性质的组织。科举网络中的同学友朋，特指因科举考试而形成的朋友关系，主要包括课友、兰友和砚友等，此外还有因此结成的谱兄弟。

课友、兰友是科举考试中相互学习交流、考课文章的同学友人，有同

① （清）铁保：《惟清斋全集》卷四《礼部师弟一堂同官记》，《续修四库全书》第1476册，第241页。

② （清）福格：《听雨丛谈》卷九，中华书局1984年版，第194页。

③ （清）陈康祺：《郎潜纪闻初笔》卷八，中华书局1984年版，第178页。

④ （清）铁保：《熙朝雅颂集》，辽宁大学出版社1992年版，第1166页。

⑤ （清）震钧：《天咫偶闻》卷四，光绪丁未（1907）甘棠转舍刊本，第二十四页。

窗同学，也有其他朋友，因关系亲密，又往往称为益友。士子在学习备考时，常约集数人甚至数十人一同学习考课，或对诗吟句，或写作四书文艺，相互切磋，品评高下，对于相互之间的进步有较大的促进作用。光绪九年（1883）进士、内务府正白旗汉军人张平格的硃卷载有课（兰）友共七十人，其中满洲九人、蒙古二人、汉军二十二人、汉人三十七人。在这些士人中，考中进士四名，举人十一名，贡生十一名，生员十六名，他与课友、汉军镶黄旗人乔保印还同科考取进士，因此取得的科举成绩是较为优秀的。① 这些课友中，还有二十二人已经获得或者在候补职务，满洲人桂锳甚至已经做到了兵部郎中、内仓监督，因此他们应该是张平格不同科考时期结成的朋友。张平格世居沈阳，课友、兰友以奉天民人和旗人为主，但是清末大量中原人口向关外迁徙，因此他的课友也有来自关内的汉人士人，如江苏新阳县人朱文鎏、广西临桂县人孙增、山西解州人罗文藻等人。他们前往关外大多为了生计，但仍不忘举业，因此与关外的士人结成课友、兰友，一同考课学习，见表2。

表2　张平格课（兰）友统计

姓名	籍贯/旗分	身份	姓名	籍贯/旗分	身份
徐荣甲	金州厅人	丙子科举人	李绍纲	辽阳州人	生　员
奎　光	蒙古正黄旗人	丙子科举人	李鹤亭	海城县人	丙子科进士
高天民	汉军正黄旗人	岁　贡	魏象书	承德县人	岁　贡
张振甲	复州人	岁　贡	殷瑞生	承德县人	癸未进士
陈占中	辽阳州人	生　员	徐兆鹏	汉军镶蓝旗人	候补笔帖式
王炜堂	辽阳州人	廪　生	韩照庚	承德县人	优　贡
白云逵	海城县人	优　贡	王化行	海城县人	生　员
钱绍彭	辽阳州人	岁　贡	商作霖	汉军正蓝旗人	廪　生
张炳辰	辽阳州人	优　贡	刘葆锋	汉军正白旗人	试用县丞
高卿云	辽阳州人	佾舞生	李毓芬	辽阳州人	增　生

① 《清代硃卷集成》第50册《张平格》，第195-198页。

续表

姓名	籍贯/旗分	身份	姓名	籍贯/旗分	身份
刘荣山	辽阳州人	童　生	董宗舒	承德县人	壬午科举人
陈贻龄	承德县人	生　员	赵鸿文	辽阳州人	生　员
杨克昌	辽阳州人	花翎同知衔	庆　云	满洲镶蓝旗人	笔帖式
薛宝宽	辽阳州人	生　员	桂　林	满洲正红旗人	笔帖式
马世荫	汉军正白旗人	佾舞生	善　铭	汉军正红旗人	笔帖式
杨桂华	辽阳州人	试用巡检	从　善	满洲镶蓝旗人	笔帖式
唐尚贤	辽阳州人	监　生	世　芳	汉军正白旗人	笔帖式
常　吉	内务府人	领　催	桂　铗	满洲人	兵部郎中
恒　惠	内务府人	领　催	世　荫	满洲镶黄旗人	员外郎
常　喜	内务府人	领　催	文　绰	满洲镶红旗人	廪　生
耆　龄	汉军旗人	候选笔帖式	承　庆	满洲镶蓝旗人	笔帖式
永　格	汉军正红旗人	候补笔帖式	官　庆	满洲镶蓝旗人	笔帖式
金式清	汉军正红旗人	监　生	熙　铗	汉军正蓝旗人	生　员
张国英	汉军镶白旗人	生　员	宋冠甲	汉军正黄旗人	副　贡
王振铎	汉军正白旗人	监　生	朱文鎏	江苏新阳县人	监　生
吴恩溥	辽阳州人	生　员	丁朝瀛	汉军正蓝旗人	候补主事
梁兆彭	辽阳州人	生　员	王兆兰	锦州锦县人	生　员
王澄普	辽阳州人	内阁中书	赵乃普	辽阳州人	优　贡
陈占云	辽阳州人	副　贡	李赓扬	汉军正白旗人	丁卯科举人
王宝澐	承德县人	己卯科举人	王文蔚	汉军正黄旗人	丙子科举人
孙　增	广西临桂县人	丙子科举人	赵祖昌	辽阳州人	拔　贡
罗文藻	山西解州人	乙亥科举人	科兴额	蒙古正黄旗人	壬午科举人
董绍舒	汉军正蓝旗人	壬午科举人	乔保印	汉军镶黄旗人	同榜进士
李镜蓉	辽阳州人	内阁中书	康毓英	汉军正黄旗人	丙子科举人
王灏普	辽阳州人	议叙州判	陆善格	锦州人	庚辰科进士

世居吉林的镶黄旗满洲人、光绪十八年（1892）进士贻榖，他的课友有四位，其中三位是汉人：王文珊是光绪壬午科举人，吉林榆树人；夏兰生是附生，张光甬是光绪己丑举人，吉林永吉县人，后考中光绪二十四年（1898）进士。另一位即同年进士、盛京正白旗汉军人裕绂。裕绂课友七人，其中张凤翔是奉天承德县附生，尚贤是正白旗蒙古人、同治十三年甲戌科（1874）进士，贻榖是同年进士，觉罗荣勋、桂森、景贤是满洲人、举人，管萃超是汉军人、举人。

河南开封驻防正蓝旗满洲人嵩寿，则与同学友人组织“咏莲文社”进行学习和考课，他的硃卷录有课友十三人，但开封驻防管理较为严格，因此他的课友基本由八旗满洲和八旗蒙古构成。他的课友中考中举人的有六人，增生两人，附生五人，他本人在光绪九年（1883）会试中式第七名贡士，但因故没有参加过殿试，甚为可惜。[①] 兰友、课友之间的相互切磋学习一直是士林盛事，八旗与汉人相互之间没有民族睥睨，互相取长补短，共同进取。

砚友关系相比课友关系来说要疏阔一点，士子的硃卷载录课友的较为常见，而砚友较少。在光绪十八年（1892）进士裕绂的硃卷中，载录了课友六人，详列其字号、籍贯或旗分、功名、职务，而砚友则言“不及备载”。大抵砚友不及课友关系亲密和重要，因此不及记载。

此外，在科举网络中，旗人与汉人结成谱兄弟也是值得关注的一个现象。谱兄弟，即盟兄弟，俗称结拜兄弟、拜把子，结拜兄弟时，需各书其谱系，互相交换，称为兰谱。乾隆一直强调旗人的特殊地位，对旗人与汉人称兄道弟之举很是反感，严辞下令禁止。但是随着旗民交流的加深，相互之间结为兄弟已不鲜见，清后期尤盛。光绪二年（1876）举人觉罗常寿，硃卷载录的课友中，就有四位是谱兄弟，其谱弟李毓科是铁岭县附生，“同学数载，情同手足，琢磨切磋，获益殊深”；谱兄靳德是盛京内务府正黄旗汉军人、廪生，“交游数载，受益良多”；谱兄尚安泰，正白旗满洲人，候补笔帖式；谱兄福安，镶红旗满洲人，领催。四人都是他的课友和益友。光绪二十年（1894）进士、镶黄旗满洲人寿朋，硃卷载录的谱兄弟有内务府汉军正白旗人曾培祺，系同治十年（1871）进士、翰

① 《清代硃卷集成》第51册《嵩寿》，第126页。

林院编修；奉天承德县人李达三，咸丰十一年（1861）举人，系广东南雄州州同，而这两人还是他的业师。光绪十九年（1893）举人、正白旗蒙古人义俊的益友、谱兄李杜，系光绪十五年（1889）举人，候选教谕；另一益友、仁弟何嘉澍，系太学生，两科乡试荐卷。谱兄弟本身是在相互之间感情比较深厚、了解比较清晰的基础上形成的朋友关系，在科举网络中的谱兄弟，相互之间取长补短，共同进取，甚至成为自己的良师益友。

三、同年与“骨肉之情”

科举时代，同年升贡、同科乡会试中式的均称为同年，中式恰逢周甲之期（六十年）的也称为同年。乾隆辛巳科探花赵翼在《陔馀丛考》中说：“余庚午乡举，宛平黄叔琳开府系前庚午举人，曾为先后同年之会；大学士史铁崖并及见先后进士同年，真为盛事。”① 同年之称起于唐，在科举时代非同一般，“虽曰同年非亲与旧，而其时同年之分谊已亲”②。后世情谊愈密，明代《醒世恒言》中邵翼明对褚嗣茂说：“你我虽则隔省同年，今日天涯相聚，便如骨肉一般。”③ 而且这种关系的影响还远不止于同辈之中，“本人对于同年之父，唐代称为同年丈人，后则称为年伯，祖父称太年伯，自称年侄、年再侄，同年之伯叔称年世伯、年世叔。同年之子若孙，互相称其父、祖父之同年亦曰年伯、太年伯，自称亦曰年侄、年再侄”④，形成复杂的关系网络。同年一般通过刊刻同年录或同年齿录来标榜相互之间的关系，用于同年之间的联谊和社会交往。同年录一般是按照科第名次刊载举人、进士的姓名、籍贯、履历等信息，而同年齿录是按照年龄长幼排列顺序，载录的信息也更为详细。⑤

同年关系是一种重要的人际关系，对于促进旗民关系发展与融合也发挥着积极的作用。早在入关前，参将宁完我建议皇太极实行科举考试时就

---

① （清）赵翼：《陔馀丛考》卷二十九《同年》，乾隆庚戌（1790）湛贻堂刊本。

② （清）赵翼：《陔馀丛考》卷二十九《同年》，乾隆庚戌（1790）湛贻堂刊本。

③ （明）冯梦龙：《醒世恒言》卷二十《张廷秀逃生救父》，凤凰出版社 2007 年版，第 429 页。

④ 商衍鎏：《清代科举考试述录》，三联书店 1958 年版，第 89 页。

⑤ 马镛：《清代三种科举名录辨析》，载《图书馆杂志》2007 年第 9 期。

强调："秀才人考不必言矣，即在六部中，金、汉大人并凌河将备等官，汗廷试时，悉令与考可也。一则汗得知此等人才调之有无高下，二则此等人亦从此科目出身，庶同贵此途而不生冰炭也。"① 科举不但可以分别人才之高下，更能凭借同为科举出身的相互关系即同年关系增进满汉间的交流与融合。清代共有文进士 24848 名，八旗文进士 1417 名，仅从此一项来说，八旗进士的汉人同年人数多，分布全国各地，对于旗民之间的关系发展产生深远影响。

科举中式之后，或继续苦读，或授官任职，或回籍候选，一般较少有长久的往来，"其遇合皆适然事，然分谊之亲虽兄弟不啻焉"②。同年关系的亲密与重要非一般关系可比，其中缘由，著名学者、乾隆四十五年（1780）进士、正黄旗蒙古人法式善说得很清楚："夫农之合耦而耕者，他日或遇于都邑，其话言色笑之相亲，必有异乎人人者矣。贾之共廛而市者，他日或遇于江湖，其赢缩有无之相急，必有异乎人人者矣。况士以文章相取质，道义相摩厉，功名相激劝，偕荐于有司，共登于天府者哉。然则予之流连于同举，岂独一人之私宜，亦诸君子之所共拳拳者已。"③ 曾经一同耕种的农夫、一起做生意的商人，在他乡异县相遇，尚且感情亲近，相互救急。如果说，这种人与人之间的关系是人之常情，那么同科取中的士人，是以文章相标榜，以道义相磨砺，以功名相激励，同登天子之堂，因此相互之间的感情真挚恳切异于常情。且这种感情并非个人或少部分人专属，而是同举诸人共同具有的情感。法式善考中乾隆四十四年己亥科（1779）顺天乡试举人，他与同科举人在乾隆五十六年（1791）、五十八年（1793）、六十年（1795）三次在陶然亭聚会。乾隆六十年（1795）时，法式善中举已经十四年，同年中大部分已经中进士在朝为官，但仍有少部分还在为功名苦读。该年乾隆准备退位，下诏举行恩科考试，且遴选举人任官，因此各地举人汇集京师。法式善乘机与在朝为官的同年，组织大家在四月初一日这天再次相聚于陶然亭。"是日也，旅揖而升，促坐而话，赋

① 罗振玉：《天聪朝臣工奏议》卷中《宁完我陈考试事宜奏》，《史料丛刊初编》本，文海出版社 1964 年版，第 260 页。

② （清）姚文田：《重刻己酉同年齿录序》，《邃雅堂文集续编》，道光元年（1821）江阴学署刊本。

③ （清）法式善：《存素堂文集》卷一《重刻己亥同年齿录序》，《续修四库全书》第 1476 册，第 683 页。

诗相答，极欢乃罢。盖举各直省之同举于乡者，靡不至焉，可不谓盛乎！”举人同年，尤其是全国各地的同科举人，人数达上千人，非参加会试很少聚集在一起，即使聚集在一起，也未必相互熟识，有些可能是素未谋面，诚如他自己所言：“气味毅然合，姓名休共猜。渚凫与滩鹤，同籍桂山来。小录重繙遍，须眉记不真。”法式善原名运昌，后奉旨改今名，所以聚会时很多人并不知道法式善是谁，而他自己翻阅《同年录》时也记不清谁是谁。然而这并不影响相互之间的感情，大家相聚一堂，行礼、座谈、饮酒、赋诗，何其欢快。每次聚会，法式善都饮酒赋诗，毫不掩饰自己的欢快之情。在第一次相聚陶然亭时，他就兴奋地写道：“湖海梦安托，酒场情最真。开门揖白鹤，举纲得红鳞。杨柳冷无色，蒹葭秋在人。平生众知己，晚节拟松筠。去日迅如此，秋花开不浓。草荒虫自语，酒冷客相逢。暝色倦飞鸟，小楼迟暮钟。归途明月好，且倚看山筇。”① 同年相聚总是最好的时光，无奈时光短少，只待下次再聚。乾隆六十年相聚时，重刊《同年齿录》，法式善又兴奋地为之作序，并赋诗道：“应举仕宦初，结契文章本。遭逢势难齐，风义要无损。浮云身聚散，听雨意肫恳。昔年忝同荐，著籍列近远。桂枝分东堂，兰臭合九畹。前岁始为会，仅一共餐饭。诏恩重开科，射策来蓬苑。看花及此时，芳春未畹晚。”② 在中举二十年后，他又约集同年再次相聚于陶然亭，赋诗道：“春过二十年，烟景仍娟好。人过二十年，发鬓渐衰老。彰义门前柳，陶然亭畔草。青青弗改色，一雨尘都扫。我愿随诸君，趁闲事幽讨。斜日下林迟，飞雁渡江早。神仙不可为，努力晚节保。”③ 此时同年两鬓已经开始斑白，但是感情依旧不变。

除同年集会外，法式善与许多同年都有往来，如王元梅、毛哲明、吴甸华、王宗炎、张怀泗、武亿等，经常往来唱和。王元梅是安徽贵池县人，是法式善进士同年，善诗，与他志趣相投，并且深得他的推崇。法式善在赠诗中说：“我醉非关酒，君才岂但诗。十年不相见，此恨有谁知。”可见二人之关系。张怀泗是他举人同年，后来拣选任顺义县知县，法式善有次秋夜前往顺义县与他相会，“宝剑灯前看，古琴花外听。几行竹枝写，

① （清）法式善：《存素堂诗初集禄存》卷三，《续修四库全书》第1476册，第487页。
② （清）法式善：《存素堂诗初集禄存》卷五，《续修四库全书》第1476册，第501页。
③ （清）法式善：《存素堂诗初集禄存》卷十一，《续修四库全书》第1476册，第554页。

古峡溯空舲"①，赋诗弹琴。武亿是法式善进士同年，河南偃师县人，著名学者，擅长经学、考据学、金石学，又善诗文，因此与法式善"交相得"，关系十分友善。法式善为他的学问与人品所折服，曾数次写诗唱和往来。他在诗中称赞道："官清那得更诗清，好句真疑咳唾成。自是神仙施狡狯，天风吹下玉琴声。"② 他辞官后，法式善为他题写《虚谷图》，在他去世后，又为他作传，盛赞他的高贵品格与学术成就。

作为一种重要的关系网络以及情感，同年得到八旗进士的普遍重视。乾隆二年（1737）进士、正白旗满洲人德保，与进士同年、云南永北府人刘慥一同在翰林院任职七年，编修国史。刘慥善诗文，为官清正，与德保颇为契合，因此二人关系密切。乾隆十年（1745），刘慥出任四川顺庆知府，德保特意赋诗送别："校书七载共朝班，简命新承到锦官。但使闾阎歌父母，不妨琴鹤笑寒酸。迎亲自喜滇池近，叱驭谁言蜀道难。陇树栈云回首处，应思旧雨在长安。"③ 铁保与浙江山阴人李尧栋是进士同年，二人聚会、唱和往来不绝，铁保在江南为官时，还与他多次相会。在两个人相识三十年之时，铁保回顾二人情谊，慨然赋诗两首赠送给他："卅年形影笑相窥，不合仓颜吐妙辞。壮志无凭闲后觉，心交有几别方知。缅怀燕市高歌日，苦忆巴山夜雨时。兰谱渐疏君又去，关河惟许梦相随。忆别江南又七年，吴山越水两茫然。鬓眉渐已同斑白，踪迹谁能问大千。使节居停存古谊，宦途萍水志前缘。涉江重有论文日，好寄新诗续旧编。"从壮年登第相识，至鬓白年老，二人情谊日深，虽然天各一方，但仍期待下次相聚之时。乾隆四十九年（1784）进士、镶白旗满洲人成书在乾隆四十四年（1779）中举人，与同年刘镮之相善。刘镮之是刘墉之侄，乾隆五十四年（1789）进士，嘉庆时官至户部尚书兼顺天府尹。嘉庆二十二年（1817），嘉庆自热河回京，诘问刘镮之延误抓捕教匪缘由，刘镮之仅以天气干旱不敢贸然行事为由搪塞。嘉庆又问赈灾需要多少粥厂、多少粮食，刘镮之均无法如实应对。嘉庆大怒，降旨斥责刘镮之玩愒，命降调侍郎候补。刘镮之因延误抓捕教匪、不详赈灾事宜而斥责降调候补，从清代官场来看，处

---

① （清）法式善：《存素堂诗初集禄存》卷四，《续修四库全书》第 1476 册，第 493 页。

② （清）法式善：《存素堂诗初集禄存》卷五，《续修四库全书》第 1476 册，第 501 页。

③ （清）德保：《乐贤堂诗》卷上《送刘介亭同年出守顺庆》，乾隆五十六年（1791）刻本，第十三页 a。

罚似乎过重，因此不免心中郁闷和不满，便写诗向好友成书诉说。成书时任泰宁镇总兵，得知刘镮之降调之事后也十分不平，他依刘镮之诗原韵，回了一首长诗给他。在诗中，成书调侃自己“书生老作边城将，喜见兜鍪压鬓斑”，文人出任武职，对他来说也是一种无奈，以此慰藉老友的痛楚，同时劝他正好利用候补这段闲暇时间安享生活。①

但是清代皇帝对于满汉之间较论同年关系的行为并不赞赏，乾隆甚至认为“与汉人较论同年行辈往来者，殊属恶习”，亲发上谕进行申饬，并规定“如有与汉人互相唱和、较论同年行辈来往者，一经发现，决不宽贷”②。乾隆的目的在于打击八旗子弟沾染汉习，力图维持满洲传统，但在科举成为八旗常态的情形下，他的措施和目的都将走向失败。

四、小结

科举制度是“帝制时代中国最为重要的一项政治及社会制度”③，影响深入社会各个方面。八旗认同科举，参与科举，在长期的科举实践中，与汉人形成师生、同学、朋友、同年等人际关系网络。这些人际关系因科举而生成，又因科举而遍布于社会各个层面，甚至各个角落，即使政治权力也难以左右，影响广泛而深远、持久。在科举网络中，八旗进士与汉族士人进行交互式的良性交流互动，师生恩情、朋友交情、同年骨肉之情，超越政治藩篱和民族隔阂，共同促进旗民关系的发展，促进清代民族的融合。

---

① （清）成书：《多岁堂诗集》卷四《和刘信芳尚书（镮之）寄怀原韵》，道光十一年（1831）刻本，第十八页 a。

② 《清高宗实录》卷四八九，乾隆二十五年五月庚寅。

③ 李弘祺：《宋代官学教育与科举》，联经出版事业公司 1994 年版，第 14 页。

鹰扬宴路费：清代武童生赴考开销问题研究

——以《石仓契约》中阙氏家族武童生为例

李士祥*

摘　要：科举考试，一直被奉为国家的“抡才大典”。有清一代，科举制度的规范，众多官方典籍已经较为充实和完善。但对最低层次的童生试赴考开销，缺乏明确记载，决定了我们了解的深度不够。《石仓契约》中阙氏家族武童生赴考开销的史料，可从细节处更好描绘出清代武科童生试时情景。赴考开销多、项目杂，家庭或家族经济支持为其后盾，开销呈递增趋势以及其精准性，是清代武童生赴考开销特点。民间文献视野下，关注清代武童生赴考开销问题，不仅延展了科举史料范围，而且对深挖清代武童生的家庭（家族）经济状况，对其清代家庭史或家族史建构，亦有裨益。

关键词：民间文献；清代；武童生；开销

科举考试，一直被奉为国家的“抡才大典”。因此，从原则上说“是一种很公开的制度，可以把统治阶层建筑在一个广大的基础之上”①。故国家对科举经费支出，清代形成了制度性规范。② 科举经费，多为官方常例开支和临时性开支，纳入政府财政支出。虽文举士子赴考有官府

---

* **作者简介**：李士祥，遵义师范学院历史文化与旅游学院，博士，讲师，研究方向为民间文献和土司制度。

① 杨联陞：《科举时代的赴考旅费问题》，载《清华学报》1961 年新 2 卷第 2 期。

② 有关科举经费支出，制度性规范，清代可参看光绪《钦定科场条例》《钦定武场条例》《大清会典事例》《清史稿》等。

经费扶持，但读书应考，仍开销较大。[①] 学界对科举经费研究，亦多涉及。[②] 其关注焦点多为文举方面，且多为乡试、会试经费开销。受史料限制，武举经费关注较低，尤其是最低层次的童生试。故武举中武童生赴考开销如何？换言之，在武举制度规范下，成为武生员，甚至荣赴鹰扬宴，其私人赴考成本多少？笔者利用民间文献《石仓契约》[③] 中阙氏家族史料，来释读清代武童生赴考开销问题[④]。献拙于学界，尚祈方家指正。

《石仓契约》中含有几份阙氏家族成员武举开销清单，分别为《道光三十年阙翰鹤武生员入泮簿》《同治五年阙翰鹤考试账》《同治七年阙翰鹤武童试应试簿》《光绪二年阙氏武科举登瀛书院应试簿》《光绪九年阙氏武科举应试簿及清醮薄》。[⑤] 其五份清单，详细载录了阙氏家族成员从道光至

---

① 有关科举时代，文举士子赴考旅费问题，可参考杨联陞：《科举时代的赶考旅费问题》，载《清华学报》1961 年第 2 卷第 2 期。

② 学界对清代科举经费研究，可参看张希清、毛佩琦、李世愉主编：《中国科举制度通史（清代卷）》，上海人民出版社 2017 年版；李世愉：《清代科举经费的支出及其政策导向》，载《清史论丛》第 20 辑，中央广播电视大学 2006 年。程伟：《清代河南乡试科场运作经费初探》，载《教育与考试》2021 年第 2 期；程伟：《清代科举经费与科场供应管理制度探析》，载《厦门大学学报（哲社版）》2017 年第 2 期；马镛：《清代中后期科举经费摊捐初探——以四川南部县衙档案为例》，载《科举学论丛》2016 年第 2 期；刘上琼：《清代科举经费的管理制度研究》，载《教育与考试》2010 年第 3 期；徐毅：《清前期地方政府对科举经费的管理与监督》，载《教育与考试》2010 年第 3 期；等等。

③ 自 2008 年，上海交通大学历史系曹树基教授带领研究团队在浙江省松阳县石仓地区陆续发现清代契约 7000 余件，账簿 350 余种。石仓文书不仅数量巨大，而且全部来源于石仓村落群，且长期保存于阙氏家族各支系建造的“大屋”中。既归家户，又以村落为中心，这使得石仓文书具有完整性和配套性。参见蒋勤：《清代石仓文书的“在地”与“有机”分析》，载《上海交通大学学报（哲学社会科学版）》2014 年第 3 期。关于石仓契约文书的基本情况，详见曹树基：《石仓契约的发现、搜集与整理》，曹树基、潘星辉、阙龙兴编：《石仓契约》第 1 辑，浙江大学出版社 2011 年版。

④ 科举文献定义，目前学术界有不同分类，分为狭义和广义之说。狭义科举文献是“指登科记、题名录、登科录、同年齿录、同年小录、科第录、科齿录、科名录、题名碑录、硃卷、科举试卷等科举文献……广义科举文献为，在上述狭义科举文献之外，还包括专门记载科举的历史档案，散见于各种书籍中的科举试题和试卷，各种文集、地方志、类书中专门记载科举的部分，以及笔记、小说、戏曲等所有各类文献中关于科举的直接记载。或可称之为科举资料、科举史料”。参考刘海峰：《科举文献与“科举学”》，载《台大历史学报》2003 年第 32 期。笔者所引用的民间文献《石仓契约》中阙氏家族武举赴考开销史料，为广义范围内的科举文献，即科举史料。

⑤ 曹树基、蒋勤、阙龙兴编：《石仓契约》第 5 辑第 4 册，浙江大学出版社 2018 年版，第 217-415 页。以下再次引用本资料，仅标注页码。

光绪年间参加武童试应及入泮的开销费用。研读这些开销清单，可使我们清晰地了解清代武举赴考的花销，对追梦鹰扬宴的成本更加细化。

一、赴考路线、亲供单

《道光三十年阙翰鹤武生员入泮簿》① 中，清楚写明了赴考路线。如下：

路呈②

家内八月廿七日起到县，廿八日到金圩，廿九日到北界，九月初五到七堪头□。（十月）初三日下沿，初四到兰溪，初五、初六夜下沿，初七日沿到九阳，初八日沿到桐庐，初九日沿到富阳，初……

十月十五日，杭州出城下沿，十六日沿，十七日沿开，十八日沿，十九日沿，廿日沿，到兰溪，到湖镇。（十一月）初四日，到溪口。初五日，到新路塆，初六日，到□□。③

阙氏家族，世代位居浙江松阳县的石仓乡。④ 其松阳县，“明改总管府为处州府，隶浙江布政使司，仍属浙东道，松阳县隶处州府。国朝因之仍属处州府”⑤。其县域为“府城西百四十里，东西广百九十里，南北袤百三十里，东南距西北百十里，东北距西南百四十里”⑥。阙翰鹤赴考的具体路线，八月廿七日，石仓至松阳县城，廿八日到金圩，廿九日到北界，九月

① 标题所拟与后面材料相矛盾。据《同治五年阙翰鹤考试帐》《同治七年阙翰鹤武童试应试簿》，为同治年间，阙翰鹤参加武童生的武科开销。只有通过武童生考试，才能被称为武生员。道光三十年，阙翰鹤还未通过武童生考试，故不能称为武生员。按载录内容分析，应为阙翰鹤武童生考试。

② 呈，应为程。为保持文献原貌，故未改。

③ 曹树基、蒋勤、阙龙兴编：《石仓契约》第5辑第4册，浙江大学出版社2018年版，第239页。

④ 有关石仓的详细介绍及地域分布，可参看《石仓契约》第1辑第1册中的表1“石仓源主要自然村分布”。曹树基、蒋勤、阙龙兴编：《石仓契约》第1辑第1册，浙江大学出版社2011年版，第5页。

⑤（清）支恒春纂修：《松阳县志》，卷一《舆地志·沿革》，清光绪元年刊本影印，《中国方志丛书》，成文出版社1975年版，第105-106页。

⑥（清）潘绍诒修，周荣椿纂：《（光绪）处州府志》，卷一《封域志》，见《中国地方志集成·浙江府县志集》，上海书店1993年版，第40页。

初五到七堪头□，十月初四到兰溪，初七日到九阳，初八日到桐庐，初九日到富阳。因原件破损，后面日程无法还原。十月十五日后，杭州出城，历经兰溪、湖镇、溪口、新路塆、□□。

《钦定武场条例》明确规定："验对亲供。雍正九年，覆准武童考试外场时，每人给亲供单一纸，各令亲书籍贯、三代年貌。俟取进时，再令复填写亲供，验对笔迹，以杜倩代之弊。"① 材料中，亦有亲供的记录，这或许是为外场所填时，以防遗忘。特引如下：

	祖曾其兴	祖懋官	父嵩山
认保	蔡懋勲	挨保	蔡大来
业师	叶廷芳	左邻	阙□□
右邻	阙麟彪		
飞龙	字登云	年已丑	二十二岁
学院	吴		
太爷	恒		
本县	讷		
老师	趙　汪②		

材料中，明确了籍贯、三代年貌、左右邻、认保、挨保等信息。其认保、挨保都是需要花费费用的，后面开销清单中，多次列举了此项费用的开销。

二、赴考开销清单

上述几份材料，详细载录了赴考开销费用。因篇幅较多，笔者分类列表如下所示。

① 《钦定武场条例》，卷十《武生童考试》，《故宫珍本丛刊》第338册，海南出版社2000年版，第261页。

② 曹树基、蒋勤、阙龙兴编：《石仓契约》第5辑第4册，浙江大学出版社2018年版，第240页。

表 1 道光三十年（1850）至咸丰元年（1851）阙翰鹤赴考开销

时间	开销	总和	备注
府里			
—	头报钱 400 文，出榜。小包钱 90 文，府兵房钱 64 文，章□□□连归钱 240 文。县兵房钱 180 文，挨保钱 400 文，上风钱 800 文。认保钱银洋 1 元，开基共去工钱 600 文。门斗送训喻钱 1100 文，上风去燥□□□。先生（轿）钱银洋 1 元，主人家上风钱□□□。县里船钱 2950 文，打石碑去钱□□。 百步船钱 1450 文	银洋 2 元，8274 文	共 150190 文，自己府上归来轿钱、伙食钱 1560 文
家内			
—	头报钱 900 文，买蛋钱 900 文。礼房钱 96 文，买蛋钱 960 文。学报钱 1800 文，买（蛋钱）钱 1840 文。学书卷租钱 800 文，买蛋钱 1600 文。兵房钱 520 文，买蛋钱 600 文。先生钱 12000 文，先生来轿钱 240 文	22256 文	—
—	去大红半匹，肉弍斤，买付皮四斤七两。修武堂地钱 500 文，买鸡叁只□□。圣庙去自烛弍斤，买鸡一只□□。买冬笋十弍斤，买鱼六斤。南洲先生来轿钱 160 文	660 文	以上共钱 25 千□□
—	帖三叔火炮钱 575 文。县官大爷去钱 800 文。黉案去人洋 1 元，又去钱 300 文。赵老师生日去钱 1000 文，送对联去钱 800 文	人洋 1 元，3475 文	—
咸丰元年（1851）五月二十日	请客二桌，戏金钱 2000 文。串爆香红烛消用共钱 3000 文	5000 文	—
五月二十四日	祠堂做戏，请客四桌，金戏钱 2000 文，串爆红烛消用钱 4400 文	6400 文	—
县考 来钱 5000 文			
—	先生钱 1200 文，学老师册钱□□□。兵房册钱 120 文，讷卷钱一百□。认保钱 120 文	大于 1440 文	—
—	八月初十日起身，十一日到郡	—	—

续表

<table>
<tr><th>时　间</th><th>开　销</th><th>总和</th><th>备　注</th></tr>
<tr><td colspan="4">府考　来钱 8200 文</td></tr>
<tr><td>—</td><td>洗衫、剃头买菜钱□□。先生钱 1200 文，学老师册钱□□（文），兵房伙食钱 40 文。纳卷钱□□（文），认保钱 120 文，挨保钱□□（文），并府考，□□千0六十七文，□□钱□□百廿文。大刀税钱 200 文</td><td>大于 1560 文</td><td></td></tr>
<tr><td colspan="4">院考　来人洋 10 元，来钱 3000 文</td></tr>
<tr><td>—</td><td>洗衫、剃头、买菜，并入□□□□、请先生钱 1200 文，学老师册钱□□。兵房伙食钱 4000 文，纳卷钱一百□，认保钱 120 文，挨保□□□□</td><td>大于 5320 文</td><td></td></tr>
<tr><td></td><td>赵、汪二老师，册钱洋银卅式□。束修钱 9600 文</td><td>洋银 32 元
9600 文</td><td></td></tr>
<tr><td>十二月十六日</td><td>去洋银 6 元</td><td>洋银 6 元</td><td></td></tr>
<tr><td>咸丰元年
（1851）
四月六日</td><td>付人洋□□</td><td>—</td><td></td></tr>
<tr><td>十二月初三日</td><td>去洋银 6 元</td><td>洋银 6 元</td><td></td></tr>
<tr><td>十二月十八日</td><td>去人洋□□</td><td></td><td></td></tr>
<tr><td>咸丰二年
（1852）
四月</td><td>去票钱 3200 文</td><td>3200 文</td><td></td></tr>
<tr><td>八月</td><td>□粉十包，钱□□文。小剪刀十把，头□40 文，绉纱一匹，钱 3700 文。小剪刀十把……钱 1100 文。文章隔，大，十二刀，又小，八刀，钱 309 文；顶子二个，钱 200 文</td><td>大于 5349 文</td><td></td></tr>
<tr><td colspan="4">壬子科</td></tr>
<tr><td rowspan="4">八月二十七日
起九月十一日
归城</td><td>贴钱□□</td><td></td><td></td></tr>
<tr><td>火房租人洋 1 元</td><td>人洋 1 元</td><td></td></tr>
<tr><td>册钱去钱一千□</td><td></td><td></td></tr>
<tr><td>伙食米钱 1800 文</td><td>1800 文</td><td></td></tr>
</table>

续表

时　间	开　销	总和	备　注
壬子科			
八月二十七日起九月十一日归城	菜钱1300文，马蹬大三，小四去钱□□，又小蹬三去钱240文，一去钱100文，买箭去人洋1元	人洋1元大于1640文	
	买马弓钱180文，买箭钱90文，地球箭钱32文，另（零）星钱1500文，沿钱加杂中出	1802文	
	兰溪十一日在内，归伙食钱2000文，担脚钱1600文	3600文	

资料来源：《道光三十年阙翰鹤武生员入泮簿》，见《石仓契约》第5辑第4册，第219-240页。

表2　同治七年（1868）阙翰鹤武童试赴考开销

时　间	开　销	总和（文）	备注
县　考			
六月二十一日	来鱼肚四两		武棚众用
七月初六日	来货纸钱116文	116	
七月二十日	来鱼肚二两，硬炭钱640文，来线钱240文	880	
七月二十六日	包义昌店，来鱼肚三两		
九月二十日	益昌店，来大连纸半斤，麦粉四两。包义昌店，来红纸、毛边28文	28	
十一月初二日	买硬炭一百五十七斤，去钱471文	471	
十一月初七日	包义昌店，来鱼肚二两		
同治七年(1868)二月二十一日	硬炭一百三十斤，箭牌纸钱88文。箭牌纸钱134文，头茅式两。鱼肚三两，硬炭123斤，扛弓、箱，并大刀，共三工	222	
	船钱1400文。归淮弓、箱钱100文。大刀钱46文。两头槌子钱46文。硬炭钱23文	1615	
四月初六日	午，火头食钱20文	20	

续表

时　间	开　销	总和（文）	备注
四月初七日	买硬炭钱 10 文，买罐 22 文，饭杓钱 12 文，杓钱 16 文，买松片钱 180 文，梹萝钱 32 文。早，豆腐钱 8 文，肉钱 90 文。午，马蹄菜 10 文，盐钱 150 文，虾皮 10 文，柴钱 16 文，火头面钱 20 文	576	
四月初八日	风炉扇钱 4 文，箭牌布纸钱 104 文，付干钱 6 文，笋钱拾 2 文，肉二（斤）钱 224 文，雷笋钱 26 文	366	
四月初九日	豆腐钱 20 文，买松片钱 524 文，买灯笼钱 220 文，买松毛柴 66 文，铁丝钱 10 文	840	
四月初十日	豆腐钱 12 文，肉钱 63 文，豆腐钱 8 文	83	
四月十一日	肉钱 160 文，买竹扫钱 5 文，豆腐钱 10 文，买笋钱 16 文	191	
四月十二日	买豆腐钱 8 文，付干钱 6 文，买笋钱 16 文，老酒钱 20 文	50	
四月十三日	买肉钱 160 文，买豆腐钱 10 文	170	
四月十四日	买松片钱 540 文，买鱼扣钱 10 文，买石笋钱 26 文，买豆腐、油钱 13 文	589	
四月十五日	买肉钱 70 文，炮付钱 30 文	100	
四月十六日	买肉钱 56 文，炮付钱 34 文	90	
四月十七日	买肉钱 112 文，季筍钱 30 文，买豆腐钱 12 文，灯光架钱 24 文	178	
四月十八日	买炮付钱 24 文，买筍油钱 30 文	54	
四月十九日	买柴松、柴片钱 648 文，买豆腐钱 24 文	672	
四月二十日	买付钱 16 文，带路去钱 20 文	36	
四月二十一日	买笋钱 15 文，买松毛钱 92 文	107	
四月二十二日	买肉钱 70 文，炮付钱 32 文，手折钱 12、14 文，买酒钱 18 文，买另菜、保先生钱 100 文	246	
四月二十三日	买另菜、酒钱 56 文。午，买肉付钱 53（文）	109	
四月二十四日	买菜酒钱 160 文	160	
四月二十五日	买肉、酒钱 300 文	300	

续表

时间	开销	总和（文）	备注
府考后			
	五合圩归轿钱120文，弓箱五合圩扛归力钱140文，大刀力钱72文，马架力钱72文	404	
六月初二日	箭牌布纸钱302文，鱼肚二两	302	
八月初四日	箭牌纸钱84文，硬炭钱90文	174	
八月二十一日	箭牌纸钱86文	86	
九月初六日	箭牌纸74文，鱼肚二两	74	
九月十九日	箭牌纸钱80文，买手折不（布）钱28文，扛弓箱、出五合圩钱140文，大力水笼力钱140文，来头茅半斤	388	
十月初七日	大江头火钱16文，埠头归弓箱、大刀力钱120文，买油罐钱20文，买松片钱170文，买灯光钱50文，火头钱20文，买松片钱160文，买茶油钱40文，买松片钱30文，买柴毛钱140文	766	
十月初八日	买饭、粥杓钱18文，买泥茶壶钱59文，灯盏盘在内。买茶油钱80文，买箭牌纸钱92文，买标扫钱20文，买松片钱450文，150文	869	
十月初九日	买带子钱16文，买柴片钱72文，买柴去钱140文	228	
十月初十日	买张（装）盐罐子16文，买硬炭钱24文，买匕钱30文	70	
十月十一日	买松片钱130文，买盐钱36文	166	
十月十二日	买松片钱1840文，买茶油钱60文	1900	
十月十三日	买硬炭钱110文，买柴钱150文	260	
十月十五日	买盐钱45文，买茶油钱60文	105	
十月十六日	买箭牌纸钱70文，买红烛钱16文，买泥壶钱15文，付放灯钱300文	401	
十月十七日	买柴钱150文	150	
十月十九日	买茶油钱40文	40	

续表

时　间	开　销	总和（文）	备注
十月二十日	买松片钱928文，又买松片钱150文，买茶油钱66文。买箭牌钱100文，付兵房食钱400文	1644	
十月二十四日	买茶油钱88文，买匕去钱50文	138	
十月二十六日	买硬炭钱125文，买松片钱1310文	1435	
十月二十八日	买松片钱88文，买茶油钱84文	172	
十一月初一日	买盐钱80文，付认保点心钱16文，付马扣钱162文，去松片钱749文	1007	
四月二十一日	来人洋1元，付肉钱	—	
四月初八日	来钱120文，又来钱140文，派去众钱1006文，又派去钱326文	1332	振　财
四月二十六日	来匕钱786文，来蛋3个，派火头钱220文	220	
四月初九日	来钱1000文	—	县上消清
四月二十四日	来钱1000文，船钱、柴钱、祭马道并另星派钱1000文，对除找众钱102文	1102	
七月二十九日	来人洋1元	—	清
十月初六日	来钱1000文	—	
十月二十六日	来人洋1元，此并另星钱1116文；廿六来钱343文，祭马道钱414文，刀税钱100文，船钱460文，硬弓钱200文；来人洋钱580文，找去钱89文	2722	起
四月初七日	来钱1000文，派去众钱1600文，又派去钱326文	1926	
四月二十八日	来钱926文	以上县上消清	
四月十一日	来人洋1元，船钱、柴钱、祭马道，并另星钱1900文，找来钱1000文。来蛋4个，派火头钱220文	2120	振　珧
十月十二日	来钱1200文，柴钱并另星钱1116文，菜钱343文，祭马道钱414文，刀税钱100文，船钱468文，硬弓钱200文 来钱441文	2231	

续表

时　间	开　销	总和（文）	备注
十二月初一日	来人洋 2 元，硬弓	—	
四月十一日	来钱 1000 文，派去众钱 1600 文，又派去钱 326 文	1926	
四月二十六日	来钱 926 文	以上县上消清	玉　琢
四月十六日	来钱 1000 文	—	
四月二十一日	来钱 100 文，船钱、柴钱、祭马道并另星钱 1900 文，找来钱 650 文。来连炮、派火头钱 220 文	2120 清	
十月十六日	来钱 1000 文，来火炮钱 600 文，柴并另星钱 1116 文，祭马道钱 414 文，船钱 468 文	2598 起	
十月二十六日	来人洋 1 元，菜钱 343 文，刀税钱 100 文，硬弓钱 200 文	643	
十二月初二日	来人洋 2 元，硬弓	—	
四月初九日	来钱 1000 文，收来人钱 1 元。船钱、柴钱、祭马道并另星钱 1900 文，来火头工钱 220 文	2120	
四月十一日	来钱 1000 文，派去众钱 1600 文，又派去钱 326 文	1926	
四月二十一日	来钱 112 文，来钱 1000 文	—	
四月二十五日	来钱 86 文，余钱 278 文，付大豆	以上县上消清	玉　响
十月初六日	来钱 600 文	起	
十月十三日	来钱 400 文	—	
十月三十日	来钱 1000 文，柴并另星钱 1116 文，菜钱 343 文，祭马道钱 414 文，刀税钱 100 文，船钱 768 文，硬弓钱 200 文	2941	
十一月初三日	来钱 441 文，府考来钱 200 文	—	

续表

时　间	开　销	总和（文）	备注
四月初十日	来钱 1000 文，派去众钱 1600 文，又派去 326 文	1926	振　廉
四月二十五日	来钱 926 文	县上消清	
九月初九日	来钱 1000 文，船钱、柴钱、祭马道并另星钱 1900 文	1900	
九月二十五日	来钱 900 文，火头工钱 200 文	200 清	
十月初八日	来钱 1000 文，柴并另星钱 1116 文，菜钱 343 文，祭马道钱 414 文，刀税 100 文，船钱 460 文，硬弓钱 200 文	2633 起	
十一月初二日	来钱 1641 文	—	
同治七年(1868)三月十一日	来银洋 2 元，硬弓	—	振　谦
四月初六日	来洋 1000 文，派去众钱 1600 文，又派去 326 文	1926	
四月二十五日	来钱 926 文	以上县上消清	
四月初十日	来人洋 1 元，余钱 1 文，入后東金钱船钱、柴钱、祭马道并另星钱 1900 文	1900	
四月二十五日	来钱 900 文，火头工钱 220 文	以上清	
十月十六日	来钱 1000 文，柴并另星钱 1116 文，菜钱 343 文，祭马道钱 414 文，刀税钱 100 文，船钱 460 文，硬弓钱 200 文	2633	
十一月初二日	来钱 1000 文	—	
十一月初五日	来钱 640 文		
同治八年(1869)四月初四日	来洋银 1 元	—	玉　章
四月初六日	来银 130 文	—	
四月十一日	来钱 1000 文	—	
四月十九日	来钱 440 文，派去众钱 1600 文，又派去钱 326 文	1926 以上县上消清	
二月初十日	来钱 1000 文	—	

续表

时　间	开　销	总和（文）	备注
二月十九日	又来钱 1000 文，众派钱 1900 文，火头钱 220 文，对除找众钱 60 文，	2180 结　清	玉　章
四月二十五日	来人洋 1 元，作屋租	—	
同治七年（1868）四月初四日	—来银洋 1 元，入后算	—	
四月十一日	来银洋钱 1200 文，派去钱 1600 文，又派去钱 326 文	1926	
四月二十七日	来钱 726 文	—	
二月十八日	来银洋 1 元，众派钱 1900 文，收来银洋 1 元，付火头工钱 220 文，对除找玉银钱 140 文	2260 以上清	玉　银
十月初七日	来洋 1 元，又来钱 1000 文，柴并另星钱 1400 文，菜钱 343 文，祭马道钱 414 文，刀税钱 100 文，船钱 468 文，硬弓钱 200 文，来头茅半斤	2925 起	
十一月初三日	来人洋 1 元	—	
—	派去众钱 1600 文，派去钱 326 文	1926 无日期	
四月十六日	来洋银 2 元。众派钱 1900 文，付火头 220 文。对除找玉京钱 80 文，	2200 清	
四月二十八日	来钱 1600 文	以上县上 消清	玉　京
十月十九日	来银洋 2 元，柴钱 1116 文，菜钱 343 文，祭马道钱 414 文，刀税 100 文，船钱 468 文，硬弓钱 200 文	2641	
同治八年(1869)三月十七日	来银洋 3 元，来银洋 1 元，钱 80 文，派去众钱 1600 文，又派去钱 326 文	1926	
三月二十七日	来钱 726 文	以上县上 结清	高萝梨
七月二十一	来钱 1100 文，来银洋 1 元，众派钱 1900 文，去火头 220 文，对除众钱 20 文	2140 收清	
十月十二日	来钱 1000 文	—	

续表

时　间	开　销	总和（文）	备注
十月二十九日	来人洋1元，柴钱1116文，菜钱343文，祭马道去钱414文，刀税钱100文，船钱468文，硬弓钱200文，来钱102文	2641	高萝梨
十一月初四日	来钱385文。祭马道消用：鸡钱390文。蛋钱160文。肉人洋1元。南货钱1060文。串炮钱600文。冬笋、馒首、冥甫、醋、付干、酱油、□鞋、红线、鲊鱼、豆腐、花生140文 船钱：船三只，计钱5400文，筏铁钱720文。计船钱4680文，各派去460文。十一，共钱774文，各派钱414文	2350 11260	
府　考			
	县上还玉桓松片钱192文	192	无日期
同治八年(1869)四月初九日	买松片钱230文，买匕去钱30文。又买松毛钱130文，弓箱归准力钱88文，大刀归准力钱44文，硬炭钱54文，付船钱1000文，付买松片钱320文	1896	
四月初十日	付买油并（饼）、罐钱100文，付买箭牌纸钱36文	136	
四月十一日	付买松片银洋1元，又付买松片钱870文，又付船钱4600文	5470	
四月十二日	付买饭杓钱8文，买匕去钱80文，付买饭碗钱420文	508	
四月十三日	付买泥茶钱30文，又去钱45文，县上火头买菜，付买硬炭钱45文	120	
四月十五日	付买硬炭钱60文	60	
四月十六日	付买茶油钱76文	76	
四月十九日	买松毛钱150文	150	
四月二十二日	付买松片钱830文，付买硬碳钱90文，付买手纸钱28文	948	
四月二十三日	付买茶油钱76文，付买泥壶子钱30文，	106共钱 10627文	

续表

时　间	开　销	总和（文）	备注
	大刀税钱 8000 文，十一各派，各 1057 文。祭马道共用钱 4686 文，十一各派各 426 文。修硬弓并买十二力，各派钱 200 文	12886	
四月二十九日	七人派 40 文，买松片钱 250 文，松片钱 30 文	320	
五月初一日	六人派 24 文，买松片钱 140 文	164	
十一月初二日	去报子钱 200 文，去面食 60 文	260	
十一月初三日	补报子钱 200 文	200	
十一月初四日	册钱 400 文，贤见钱 240 文，□包 48 文，共去钱 1568 文，共去人洋 3 元	688	
十一月初六日	去人洋 1 元	人洋 1 元	
十一月二十日	去贽见钱 120 文	120	
十一月二十六日	共去人洋 1 元	人洋 1 元	
十一月初一日	去钱 200 文	200	
十一月初五日	去钱 100 文	100	
—	玓子共去钱 2480 文，共去人洋 4 元，马蹬钱 840 文，众派钱 2041 文，屋租人洋 1 元	人洋 5 元 5361	
府考菜钱			
四月初九日	买菜头钱 12 文，又付干钱 20 文	32	
四月初十日	买鱼鲞钱 100 文	100	
四月十一日	买菜钱 180 文	180	
四月十二日	买菜钱 40 文	40	
四月十三日	买大肠钱 65 文，买白酒钱 20 文，买大蒜钱 14 文	99	
四月十四日	买付干肉 64 文，买虾皮钱 10 文，买酒钱 20 文	94	
四月十五日	买大肠钱 60 文，买酒钱 30 文，买豆腐钱 10 文	100	
四月十六日	买猪肺钱 104 文，买苋菜钱 10 文，买酒钱 15 文	129	

续表

时　间	开　销	总和（文）	备注
四月十七日	买肉 140 文，买白酒钱 20 文，买千张 15 文	175	
四月十八日	买豆腐钱 16 文，买菜钱 14 文	30	
四月十九日	买豆腐钱 18 文，买老酒钱 18 文	36	
四月二十日	买豆腐钱 10 文，买老酒钱 18 文	28	
四月二十一日	买黄瓜钱 8 文，买老酒钱 18 文	26	
四月二十二日	买豆腐钱 10 文，买豆芽钱 12 文，买肉钱 49 文，买老酒钱 18 文	89	
四月二十三日	买老酒钱 18 文，买肉钱 77 文，买蛋钱 12 文，买笋钱 20 文，买面钱 80 文	207	
四月二十四日	买肉钱 66 文，买黄瓜钱 16 文，买豆芽、醋钱 12 文，买正白钱 6 文，买大蒜钱 15 文，买老白酒钱 23 文	138	
	以上共钱 1503 文，十一名各派 137 文		
四月二十四日	买洋（羊）肉钱 90 文，买肉钱 100 文	190	
四月二十五日	买肉钱 44 文，买虾皮钱 8 文，买豆芽钱 8 文，买老酒钱 18 文	78	
四月二十六日	买老酒钱 18 文，买肉钱 99 文	117	
四月二十七日	买肉钱 110 文，买豆芽、豆腐钱 14 文，买老酒钱 18 文	142	
四月二十八日	买肉钱 115 文，买虾皮钱 12 文，买豆腐钱 10 文，买老酒钱 18 文	155	
四月二十九日	买肉、豆腐、老酒共钱 100 文	100	
五月初一日	买肉钱 44 文，买老酒钱 18 文	62	
	院考买菜		
十月初七日	买肉钱 30 文，买带鱼钱 33 文	63	
十月初八日	买大肠钱 64 文，买肉钱 60 文，买菜钱 16 文	140	
十月初九日	肉钱 144 文，买带鱼钱 40 文	184	
十月初十日	菜头钱 8 文，买鱼告钱 24 文，肉钱 78 文	110	

续表

时　间	开　销	总和（文）	备注
十月十一日	买带鱼钱31文，肉钱72文，买菜头、酱油钱10文	113	
十月十二日	买大肠钱84文，买菜钱24文	108	
十月十三日	买带鱼钱33文，买菜头钱7文，买肉钱66文	106	
十月十四日	买冬笋钱46文，买肉钱96文	142	
十月十五日	买大肠钱90文，买菜头、大蒜钱12文	112	
十月十六日	买肉钱96文，买菜24文	120	
十月十七日	买肉钱96文	96	
十月十八日	买肉钱168文，买菜油、酱油钱13文	181	
十月十九日	买白菜钱12文，买肉钱66文	78	
十月二十日	买菜钱10文，买肉钱168文	178	
十月二十一日	买菜钱16文，买肉钱96文	112	
十月二十二日	买菜钱16文，买大肠钱60文	76	
十月二十三日	买肉钱144文，买菜钱16文	160	
十月二十四日	买肉钱96文，买菜钱14文	110	
十月二十五日	买肉钱96文	96	
十月二十九日	买羊肉钱150文，买带鱼钱25文	175	
十月三十日	买菜、酒钱100文，买带鱼钱30文	130	
十一月初一日	买付干、肉、酒，钱120文，买腐干，肉，老酒，钱130文	250	
十一月初二日	买菜钱8文	8	
	以上共钱2837文，各派钱343文，余600文，后日菜		
十一月初三日	付腐干、菜，钱100文	100	
十一月初四日	去钱80文，买肉、菜钱74文	154	
	县考、府考、院考屋租		
—	铜钱5000文，十人派，各钱500文	500	县上屋租
—	银洋10元	10元	府考屋租
十月二十七日	付屋租洋银5元	5元	院考屋租

续表

时　间	开　销	总和（文）	备注
火头老司			
四月初六日	去钱 200 文	200	—
四月十一日	去钱 100 文	100	县考算清
四月十二日	去钱 80 文	80	
四月二十五日	去钱 2300 文，又去钱 120 文，	2420	帖县上买菜
十二月初四日	来六力硬弓一张，即付去银洋 4 元。又来八力硬弓一张，又去钱 550 文	银洋 4 元 550	衢州弓店
十二月初三	去修八力一张，来十二力硬弓一张，4 元，钱 400（文）	银洋 4 元 400（文）	福建弓店
十月二十日	去银洋 1 元	银洋 1 元	—
（同治）八年（1869）四月十五日	去钱 700 文，去银洋 3 元，去钱 400 文	银洋 3 元 1100	—

资料来源：《同治七年阙翰鹤武童试应试簿》，见《石仓契约》第 5 辑第 4 册，第 289-384 页。

表 3　光绪二至三年（1876—1877）阙氏赴考开销

时　间	开　销	总和（文）	备　注
光绪二年（1876）六月初八日	来银洋 1 元正。又来钱 100 文	—	县用
七月初十日	付伙食钱 250 文	250	
光绪三年（1877）四月初八日	去货钱 225 文，对（付?）乞。又付钱 26 文	251	
七月初二日	付弓带钱 40 文，付□通办众用钱 7 文	47	
八月二十四日	付□通办众用钱 7 文	7	林长芬
八月二十八日	付众用钱 25 文	25	
九月初一日	付众用钱 16 文，付担水	16	
十月初四日	付众用钱 200 文，付祭马道，又付众用钱 193 文	393	

续表

时 间	开 销	总和（文）	备 注
六月初十日	来银洋 1 元正，又来钱 100 文	—	林翔彪
七月初十日	付伙食钱 200 文	200	
（光绪）三年十月初四日	付老酒钱 176 文，付祭马道，又付花□钱 42 文	218	
六月初十日	来银洋 1 元正	—	林翔松
七月初十日	付伙食钱 200 文	200	
（光绪）三年八月二十七日	付众用钱 20 文	20	
六月初十日	来银洋 1 元正	—	阙玉瑾
七月初十日	付伙食钱 200 文	200	
（光绪）三年八月二十七日	付众用钱 20 文	20	
六月初十日	来银洋 1 元正	—	阙能禄
六月初十日	来银洋 1 元正	—	阙振猷
（光绪）三年二月初二日	付钱 1200 文，又付鱼肚三百文，付牛筋钱 125 文	1325	—
八月二十七日	付众用钱 8 文	8	—
六月初十日	来钱共 450 文，去箭支枝一排，六枝	—	阙玉篇
六月初十日	来八力硬弓一张，又十力硬弓一张，又十式力硬弓一张，又来拈把弓一张，又修十四力弓一张，即付去银洋 6 元正	银洋 6 元	唐连元宝号
七、八月初三日	林长芬，来箭五枝，去银洋 1 元正。又来步弓一把，去银洋 2 元正。林翔彪，来箭五枝，去银洋 1 元正。又来硬弓一把，去银洋 2 元正	银洋 6 元	高三元宝号
八月初十日	来步弓二张，回还步弓一把，又来紫桃红箭六枝，阙兆猷名下。林翔松，来箭伍枝，去银洋 1 元正。阙玉瑾，来箭伍枝，去银洋 1 元正。阙玉堵，来箭伍枝	银洋 2 元	
七月二十四日	阙振猷，来箭伍枝，去银洋 1 元正又来步弓一把，去银洋 2 元正	银洋 3 元	—

续表

时　间	开　销	总和（文）	备　注
六月初十日	丁府到城办弓，买油纸去钱 160 文，共付去船钱伙食计钱 600 文正	760	—
七月初十日	共付伙食钱 550 文，长芬、翔彪、翔松来纸扎钱 42 文，又来大连纸钱□廿八文	大于 592	阙益昌宝店

资料来源：《光绪二年阙氏武科举登瀛书院应试薄》，见《石仓契约》第 5 辑第 4 册，第 387-402 页。

表 4　光绪九年（1883）阙氏赴考开销

<table>
<tr><th>时　间</th><th>开　销</th><th>总和（文）</th><th>备　注</th></tr>
<tr><td>六月初十日</td><td>买硬弓去洋银 1 元，伙食又去钱 100 文，付玉兰手</td><td>洋银 1 元
100</td><td>—</td></tr>
<tr><td>十一月初十日</td><td>买步箭去洋银 1 元，付林长芬手</td><td>洋银 1 元</td><td>—</td></tr>
<tr><td>十二月初一日</td><td>伙食去钱 400 文，府修弓，自己买硬炭钱 100 文。买雨伞大小二抱，共去钱三百□文。买八条线 5 钱，共去钱 250 文。买药二占，共去钱 312 文。买荣布二扣，共去钱 154 文。买檽青布一尺七寸，去钱 109 文。买钉鞋去钱 320 文</td><td>1645</td><td>—</td></tr>
<tr><td>三月二十九日</td><td>带去洋银 3 元，又（去）钱 160 文</td><td>洋银 3 元
160</td><td rowspan="3">松阳县开用</td></tr>
<tr><td>五月初一日</td><td>付去船钱 100 文</td><td>100</td></tr>
<tr><td>五月十三日</td><td>祭马道、担脚钱去钱 80 文。带去米 1 桶，又籴米钱 480 文。去洗衫裤共去钱二百□文。扛脚船钱，祭马道各名派钱 536 文，自己钱付去钱 180 文，父亲付去钱 356 文。马蹬共去钱 2000 文，父亲付去。兵房，去红包钱 128 文，父亲付去。老司，又去红包钱 160 文，手摺钱 12 文，父亲付去</td><td>4468</td></tr>
<tr><td>八月十五日</td><td>带来洋银 4 元，又带来钱 550 文，又带来米 6 桶，又带来茶油 1 斤 12 两</td><td>—</td><td rowspan="4">考孝府开用</td></tr>
<tr><td>八月十六日</td><td>去火钱 32 文</td><td>32</td></tr>
<tr><td>八月十七日</td><td>买草，买门帐勾一付去钱 28 文，买烟筒木去钱 30 文</td><td>58</td></tr>
<tr><td>八月二十一日</td><td>买□□一顶去钱 280 文，船钱、担脚共去钱 605 文，父付</td><td>885</td></tr>
</table>

续表

时　间	开　销	总和（文）	备　注
府　考			
八月二十一日	马一当，少英雄	—	共付马当钱1080文，父付
八月二十二日	马一当，三元青	—	
八月二十五日	马三当，麒麟狗	—	
八月二十七日	马一当，文武魁	—	
八月二十九日	马一当，大云青	—	
九月初二日	马一当，大云青	—	
九月初七日	过大场，对大云青，马一当	—	
九月二十五日	大云青，马一当	—	不详
八月十六日	火豆去火（伙）食钱32文	32	

资料来源：《光绪九年阙氏武科举应试簿暨清醮簿》，见《石仓契约》，第5辑第4册，第403-415页。

三、赴考开销释读

释读之前，我们先理顺道光二十六年（1846）至光绪三年（1877），阙氏家族武生童参加的武举场次。《同治五年起阙翰鹤考试账》中详细罗列出此段时间武举信息，特列如下：

1. 道光二十七年（1847）三月，县考，县主郑；四月，府考，府主恒。

2. 道光二十八年（1848）四月，院考，学院赵。

3. 道光三十年（1850）八月县考，县主讷；九月，府考，府主恒；十月，院考，学院吴……认（保）蔡勋，挨（保）蔡大来。

4. 咸丰三年（1853）十月院考，学院万，考上等，第六名。

5. 咸丰六年（1856）十月院考，学院周，考二等。

6. 咸丰九年（1859）十月院考，学院张，考二等。

7. 同治三年（1864），十月院考，学院吴，欠考，未去。

8. 同治五年（1866）三月，县考，县主徐，武主叶；四月府考，府主清；九月院考，学院吴。

9. 同治七年（1868）四月，县考，县主徐，武主王；又四月，府考，府主清；十月院考，学院徐。

10. 同治十年（1871）县考，县主支，武主娄；府考，府主潘；十月院考，学院丁。

11. 同治十三年（1874）四月，县考，县主支，武主娄；九月府考，府主潘；十月院考，学院胡。

12. 光绪三年（1877）四月，县考，县主朱，武主娄；九月府考，府主潘；十月院考，学院黄。①

清代武童试和文童试类似，含县试、府试、院试三次考试。依照惯例，"各省学政考试文场发案后，再考试武生武童"②。故武童试县试时间多在二月，府试多在四月。院试分为岁考和科考，每三年各举行一次。③上引资料中，县考多为三、四月，也有八月；府考在县考完后推一个月；院考多为十月，也有九月。前面表格所列赴考清单，实为本资料中的道光三十年（1850）、同治七年（1868）、光绪三年（1877）的武童试赴考开销。

道光至光绪年间，阙氏家族成员武生童赴考开销，具有如下特点。

（一）目杂、开销多

表中所列开销项目众多，可谓是繁杂。赴考前，在家就有众多杂项名目。如表1列出头报钱、小包钱、府兵房钱、县兵房钱、挨保钱、上风钱、认保钱、门斗送训喻钱、先生轿钱、打石碑钱等。笔者统计共有二十七项。县考中，列出如先生钱、学老师册钱、兵房册钱、讷卷钱、认保钱等；府考列出洗衫、剃头、买菜、先生钱、兵房伙食钱、纳卷钱、认保钱、挨保钱、大刀税钱等；院考列出除以上开销外，还有票钱、文章隔、顶子等。资料中，壬子科开销还含有火房租、伙食米钱、菜钱、大小马蹬、买箭钱、买马弓钱、担脚钱等。

---

① 曹树基、蒋勤、阙龙兴编：《石仓契约》第5辑第4册，浙江大学出版社2018年版，第281-288页。

② 《钦定武场条例》，卷十《武生童考试》，《故宫珍本丛刊》第338册，海南出版社2000年版，第252页。

③ 一般丑、未、辰、戌年举行岁考，寅、申、巳、亥年举行科考。

同治七年（1868）四月县考，又四月，府考。换言之，同治七年（1868）闰四月府考。表2开销更加细化。县考中，详载了船钱、归准弓箱钱、大刀钱、两头槌子钱、硬炭钱、饭杓钱、松片钱、炮付钱等。府考中除以上外，还有付船钱、泥茶钱、茶油钱、大刀税钱、祭马道钱、报子钱、马当钱等。

具体到开销费用，表1府里150190文和归来轿钱、伙食钱1560文，共151750文。家内开销共37791文，外加人洋1元①。县考开销大于1440文，府考大于1560文，院考开销分别为5320文、洋银32元、9600文、洋银6元、洋银6元、3200文、5349文。② 表2中，县考开销共为8215文，府考开销共钱31806文，外加人洋11元。府考菜钱共开销2387文，十一名各派217文。院考买菜共3091文，各派281文。县考屋租各钱500文，府考屋租银洋10元，各派1元，院考屋租洋银5元。表中，振财开销5376文，振珧开销6277文，玉琢开销7287文，玉响开销6987文，振廉开销6659文，振谦开销6459文，玉章开销4106文，玉银开销7111文，玉京开销6767文。

由上所知，武童生赴考，其项目杂且多，开销较高，持续时间较久。并非其规范制度所讲那样简单，赴考开销是以较雄厚的家庭（家族）经济为后盾。

（二）家庭或家族经济支持

赴考开销清单中，罗列出众多开销名目，且支出较高，考试周期较长。若要顺利的赴考结束，必要家庭或家族经济上的支持。如表1中，县考来钱5000文，府考来钱8200文，院考来人洋10元，来钱3000文。表2中，多次出现来人洋（银洋）X元或来钱XXX文。表4中，光绪九年（1883）五月十三日，松阳县考时，赴考开销中，扛脚船钱，祭马道各名派钱536文，其中父亲付去钱356文。马当共去钱2000文，父亲付去。兵

---

① 开销中多次出现人洋、洋银等货币，与（制）钱的具体换算关系，可参看胡岳峰、蒋勤的《清代民间账簿中货币记录的释读——以石仓文书为例》，载《原生态民族文化学刊》2020年第4期。

② 因资料破损，一些具体开销无法识别。现统计出来的具体数字，均为清晰识别的开销。故总开销定会大于现所统计的具体开销数目。后面情况相同，特此说明。

房去红包钱128文，父亲付去。老司，又去红包钱160文，手摺钱12文，父亲付去。八月二十一日，船钱、担脚共去钱605文，父付。府考之时，共付马当钱1080文，父付。

《石仓契约》第五辑第五册中，《道光十七年至同治十年阙翰鹤雇工簿》《道光二十四年阙翰鹤总簿》《道光二十六年至咸丰二年阙翰鹤赵圩坝出入账》《咸丰四年阙翰鹤嫁女贺簿》等。[①] 第六册中，《咸丰六年至十一年阙翰鹤出入银洋簿》《咸丰六年阙翰鹤长子玉璠娶妻贺礼》《咸丰六年至同治十三年阙翰鹤父子账》等。[②]。清晰解读出，阙翰鹤家庭经济是富裕的，甚至可说较为雄厚。故才会有提供资金，多次赴考武童试。

（三）赴考开销呈递增趋势

依照武举制度规定，清代武童试和文童试类似，经过县试、府试、院试三次考试。资料中也明确列出了县试、府试、院试三次武童试开销。问题是三次赴考，开销呈何种趋势？换言之，武童生成为武生员过程中，县试、府试、院试开销比例如何？依据表2开销清单，或许能寻出答案。

同治七年（1868）县考时间为四月，故精准选取四月初六至二十五日，共二十天开销费用。其具体开销为4937文。府考时间为又四月，即闰四月，精准选取四月初九至四月二十九，共二十一天开销，即13206文，外加银洋1元。院考为十月，选取十月初七至十一月初一日，共十六日开销，即9351文。此外，若算上全部开销，县考为8215文，屋租各钱500文，共8715文。府考为31806文，菜钱开销2387文，屋租银洋各派1元，共34184文和银洋1元。院考买菜3091文，院考屋租洋银5元，即总开销为12442文和洋银5元。

表1中，县考大于1440文，府考大于1560文，院考最少是大于5320文。综观知，武生童赴考开销呈递增趋势，即院考开销最高，府考次之，县考最少。

阙氏家族中，阙进璋同治十年（1871）以第十名成绩，通过武童生考

① 曹树基、蒋勤、阙龙兴编：《石仓契约》第5辑第5册，浙江大学出版社2018年版，第3-70页、第71-129页、第129-153页、第411-442页。

② 曹树基、蒋勤、阙龙兴编：《石仓契约》第5辑第5册，浙江大学出版社2018年版，第49-74页、第75-116页、第117-170页。

试；同治十二年（1873），参加武科乡试；光绪元年（1875），乙亥恩科，武科乡试中第五十八名举人。[①] 之后，阙氏连番北上参加武会试，遗憾的是未能高中。阙氏经历了武童生、武乡试、武会试，其赴考开销逐层加大，以致造成“连番北上，经费浩繁，入不敷出，家遂中落”[②]。正如有学者指出，对阙氏家族参与科举开销的评价——无论是文举还是武举——“阙氏在科举参与取得成就的同时，一旦超越保身家的本意去追求真正的科举突破，无论是文科举的生活方式，还是乡试、会试的巨额花费，都会拖累本就脆弱的家庭经济”[③]。

（四）赴考开销精准性

依据有清一代武举制度规定，武童试对于报考限制相对较少，允许参加武童试人员范围更为广泛。[④] 虽然阙氏家族经济较为富裕，能够较好地负担起武童生的赴考开销。但武童生赴考开销，对家族来说，仍为较大支出。故赴考开销中，应避免奢靡的科举消费。[⑤] 参看综上表中，阙氏赴考开销精准性较高。其详细开销分为如下几类：

（1）日常生活的必须开销。如府考菜钱，其购买菜的品类较多，鱼鲞、大肠、大蒜、干肉、豆腐、猪肺等。县考、府考、院考屋租。赴考期间，此项开销无法避免，并受到物价波动之影响。

（2）考试中的必须开销。武举制度规定，“先考马步箭技勇，次考内场”[⑥]。第一场为马箭和步箭考核。首先为骑射考试，“弛马发箭三矢，全不中的者不续试”。[⑦] 故马道承载着武童生希望。如图1所示，马跑之处，

① 曹树基、蒋勤、阙龙兴编：《石仓契约》第5辑第4册，浙江大学出版社2018年版，第285-287页。

② 参见林钟祥：《国珍四兄传并赞》，引自民国《阙氏宗谱》，第5本，编号IMG—0796—797。转引自转引自蒋勤：《清代石仓阙氏的科举参与和文武之道》，载《社会》2018年第5期。

③ 蒋勤：《清代石仓阙氏的科举参与和文武之道》，载《社会》2018年第5期。

④ 清代武童试的应试资格，可参看《钦定武场条例》卷十《武生童考试》，见《故宫珍本丛刊》第338册，海南出版社2000年版，第252页。

⑤ 晚明以来，催生出奢靡的科举消费和冗繁的科举经费，清初则以规模宏大的“国家化”改革彻底净化了奢靡的科举消费，重新厘定了社会各阶层的权利和义务。参看徐毅：《明末清初的科举消费与科举经费》，载《中国经济史研究》2013年第1期。

⑥ 《钦定武场条例》卷十《武生童考试》，见《故宫珍本丛刊》第338册，海南出版社2000年版，第252页。

⑦ 商衍鎏著：《清代科举考试述录》，生活·读书·新知三联书店1958年版，第189页。

即为马道。①。祭马道，成为必有仪式，定有开销。再如考试中所用马匹，名称寄托着美好寓意，像三元红、报三元、文武魁等。但这些马匹使用都要付出马当钱。故祭马道钱、刀税钱、硬弓钱、马当钱等为必有开销。如表2府考中，四月二十三日，大刀税钱8000文，十一各派，各1057文。祭马道共用钱4686文，十一各派各426文。修硬弓并买十二力，各派钱200文。再如表4中，共付马当钱1080文。此类开销，为武童试中必须花费。

EXAMEN POUR LE BACCALAUREAT (CHANG-HAI).
Candidat decochant sa fleche en passant galop devant une des cibles.

图1　武童生考马箭②

（3）交通和药品的必须开销。阙氏成员赴考开销中，交通开销最大的是船钱，其次是担脚钱。因浙江水乡缘故，船只为乡民重要交通工具，亦为赴考的交通工具。松片，具有快速消炎、消肿、止痛作用。这也是习武之人必备品。

阙氏家族成员武童生赴考开销，基本上没有奢靡花销，都是一些必须开销，换言之，赴考开销精准性很强。或许与阙氏家族创业背景有关③，

① 骑射一般在郊外演武场举行，在演武场内筑有马道，马道低于地面，齐马腹部，在马道旁边设立一个箭靶，称为“鹄”。参见王晓勇：《清代武科举童试制度探析》，载《黑龙江史志》2020年第11期。

② 转引李冰：《清代武举制度旧影》，上海嘉定博物馆、厦门大学考试研究中心主编：《科举学论丛》第2辑，线装书局2010年版，第84页。

③ 阙氏家族创业背景的阐释，可参看蒋勤：《清代石仓文书的“在地”与“有机”分析》，载《上海交通大学学报（哲学社会科学版）》2014年第3期；蒋勤、曹树基：《后炼铁时代的石仓转型：以《阙翰鹤雇工账本》为中心（1837~1870）》，载《浙江社会科学》2012年第10期。

避免了巨额花费，拖累本就脆弱的家庭经济。

四、余论

有清一代，科举制度的规范，众多官方典籍已经较为充实和完善。无论是文举还是武举，都会涉及“科举经费”问题。[①]。其制度上的规范科举经费，都是从官方视角来解释。这也维持了科举考试稳定进行的原因。科举考试支出，不仅包括官方制度上的规范，较高层次的考试费用，如乡会士子路费、考官路费、科场经费、考试后的宴赏等，亦含有最低层次的赴考——童生试的开销。典章制度对童生试开销规范较少，决定了我们了解的深度不够。故扩展史料来源，从民间文献来窥视，是深化童生赴考开销研究的“新视野”。笔者选取的《石仓契约》中，阙氏家族武生童的赴考开销的研究，或许是一次尝试。

清代武生童赴考的制度性规范，如应试资格、考官设置、考试时间和内容、考试条规等，在《钦定武场条例》《大清会典事例》《清实录》《清史稿》中都有明确记载。但阙氏武科赴考开销簿中的项目，可从细节处更好描绘出清代武科童生试时情景。诸如箭牌纸、祭马道、马当等的花销，都是武童生赴考自费开销。赴考开销多、项目杂，家庭或家族经济支持为其后盾，开销呈递增趋势以及其精准性，是清代武童生赴考开销特点。

民间文献视野下，关注清代武童生赴考开销问题，不仅延展了科举史料的范围，而且对深挖清代武童生的家庭（家族）经济状况，对其清代家庭史或家族史建构，亦有裨益。这也是笔者今后意欲尝试的方向。

---

① 清代科举考试费用支出，常例开支分为乡会士子路费、考官路费、科场经费、考试后的宴赏；临时性开支，为赏落第举子盘费、天气变化之赏赐、奖励搜检兵役、对老年落第者之赏赐等。参见李世愉：《清代科举经费的支出及其政策导向》，载《清史论丛》第四辑，中国广播电视出版社 2006 年号。

中国科举制度的历史地位与作用

韦骅峰*

摘　要：毛邦伟是民国初期一位颇有影响力的教育家，曾三次担任北京女子师范大学及其前身的校长。关于毛邦伟的科举功名问题，学界有“进士说”和“举人说”两种相互矛盾的观点。通过考察毛邦伟中举人时间、是否有中进士的确切证据和留学日本的时间，基本排除了毛邦伟通过正常参加会试、殿试，以及留学奖励科名这两种途径获得进士功名的可能性。因而得出毛邦伟的科举功名是举人而不是进士的结论。

关键词：毛邦伟；科举功名；举人；进士

毛邦伟是民国初期一位颇有影响力的教育家。他曾三次担任北京女子师范大学及其前身——北京女子高等师范学校的校长，著有《中国教育史》《音乐与教育》等著作，并翻译引进了不少各国教育制度情况和外国教育家的思想、作品。关于毛邦伟的生平经历，其中较引人注目的是他的科举功名情况。目前学界对毛邦伟获得的最高科举功名有“进士说”和“举人说”两种不同的见解。考证这一问题真相，有助于还原历史的本来面目，并加深对其思想和行为活动的理解。

一、毛邦伟的基本情况和科名论述

毛邦伟（1873—1928），字子龙，贵州遵义人。曾东渡日本在东京高

* **作者简介：**韦骅峰，男，浙江大学教育学院科举学与考试研究中心博士生，主要从事科举考试和教育史研究的研究。

等师范学堂留学，归国后任学部佥事、内阁中书等职。辛亥革命后继任教育部佥事，并担任编纂委员会编纂员、主任，主持全国中小学新课本的编写工作。[①] 并于民国八年（1919）兼任北京女子高等师范学校校长，[②] 民国十年（1921）再次代理北京女子高等师范学校校长，[③] 民国十六年（1927）接任更名后的北京女子师范大学校长。[④] 并因为积劳成疾于民国十七年（1928）在校长任上逝世，享年 54 岁。[⑤]

关于毛邦伟的最高科举功名情况，学界主要有两种观点：分别是“进士说”和“举人说”。

持“进士说”观点的学者，主要认为毛邦伟是光绪甲辰（1904）恩科进士，即中国最后一科进士。如周川主编的《中国近现代高等教育人物辞典》中，对毛邦伟的科举和留学生涯归纳为“清末举人，1904 年中进士，任内阁中书。后留学日本东京高等师范学堂，修教育学”[⑥]。石鸥的《百年中国教科书论》中将毛邦伟的科举功名和学历记载为“进士，东京高等师范学堂教育系毕业”[⑦]。毛邦伟的外孙、贵州政协报记者王明也论述自己的外公“清光绪中举、甲辰科中进士，任内阁中书，后去日本东京高等师范学堂留学”[⑧] 等。另外互联网上关于毛邦伟的各类百科资料、网络博文等，也多沿用上述观点，认为毛邦伟是光绪甲辰（1904）进士。

持“举人说”的学者，主要认为毛邦伟是光绪二十七年（1901）庚子、辛丑并行科举人，未曾考中进士。如《遵义文史》中记载毛邦伟的父亲是贡生，光绪初年曾在遵义湘川书院教书。但毛邦伟父母早亡，所幸得到同乡举人蹇念典的资助，才在蹇氏私塾中读书。后考中遵义府生员，并在光绪二十七年（1901）举行的庚子、辛丑并行贵州乡试中考中举人，光

① 《民国四年十月十八日教育部饬第三六四号》，载《政府公报》1915 年第 1243 期，第 38-39 页。

② 《教育部委任令第十八号》，载《政府公报》1919 年第 1252 期，第 19 页。

③ 《训令第二百九十号》，载《教育公报》1921 年第 11 期，第 17 页。

④ 《女师大学校长林素园辞职、毛邦伟继任》，载《申报》1927 年 1 月 5 日第 10 版。

⑤ 《女师大校长毛邦伟逝世任》，载《益世报》（天津版）1928 年 10 月 21 日第 6 版。

⑥ 周川主编：《中国近现代高等教育人物辞典》，福建教育出版社 2018 年版，第 64 页。

⑦ 石鸥：《百年中国教科书论》，湖南师范大学出版社 2013 年版，第 161 页。

⑧ 王明：《民国时期三人北京女子师范大学校长毛邦伟述略》，载《贵州文史丛刊》2009 年第 2 期，第 110-112 页。

绪三十年（1904）赴日本留学，未曾进士及第。[①] 周凌玉在考察了毛邦伟的履历和贵州乡试考官、学政等相关人员的记载后，也认为毛邦伟仅获得了举人功名，并不是进士出身。[②]

关于毛邦伟科举功名情况的两种论述，在学界长期共存，并未得到明确地梳理和考证，容易造成对人物生平经历认识的混淆和失真。因而有必要在已有史料文献的基础上，对毛邦伟科举功名的确切情况进行考察和探究。

二、对毛邦伟科名情况的考证分析

从上述对毛邦伟科名情况两种观点的总结可以发现，无论是“进士说”还是“举人说”，都有一个共同的前提基础，那就是都认同毛邦伟至少获得过举人功名，这为考证毛邦伟确切的功名情况提供了一个突破口。由此可以引申出一个新的问题，即毛邦伟何时获得举人功名？对于这一问题，“进士说”并没有给予明确的答案，只表示毛邦伟是清末（光绪年间）举人；而“举人说”则更为具体，认为毛邦伟是光绪二十七年（1901）贵州乡试庚子、辛丑并行科举人。因而有必要首先对毛邦伟的中举时间进行考证。

（一）毛邦伟的中举时间考

对于这一问题，有较多的史料指向毛邦伟是在光绪二十七年（1901）举行的贵州乡试庚子、辛丑并行科中考取举人功名的。光绪二十七年（1901）是中国科举史上颇为重要的一年：其一是因为在此前的光绪二十六年（1900）是光绪三十岁寿辰，因而特开庚子恩科乡试，原本的庚子正科乡试顺延至光绪二十七年（1901）。但是由于八国联军入侵北京，慈禧、光绪西狩，原本的庚子恩科无法正常进行。经过朝臣、督抚间一系列的政治博弈，最终两广、云南、贵州、甘肃等省份于光绪二十七年（1901）八

① 唐斌主编：《遵义文史 · 遵义掌故（二）》，遵义市政协宣教文卫委员会 2000 年版，第 330-331 页。

② 周凌玉：《鲁迅著作中贵州人物与史实撷拾》，载《贵州社会科学》2013 年第 9 期，第 101-105 页。

月间并行庚子、辛丑两科乡试。① 其二是这一年慈禧发布上谕，从第二年（1902）起改革科举考试的内容和形式，废除八股文，乡会试均改为“头场试中国政治史事论五篇，二场试各国政治艺学策五道，三场试四书义二篇、五经义一篇”②。因而光绪二十七年（1901）庚子、辛丑并行乡试也是近代科举改制前最后一科考八股文的乡试。

据贵州地方史志记载，毛邦伟正是在这具有转折意义的乡试中考中举人。如《贵州通志·选举志》记载毛邦伟是“光绪二十七年（1901）辛丑乡试举人，遵义籍”③；《续遵义府志》中也将毛邦伟列为“光绪二十七年（1901）庚子、辛丑并行科举人，遵义人”④。两种地方史志资料都将毛邦伟中举的时间记录为光绪二十七年（1901）。此外，在民国九年（1920）敷文社编撰的《最近官绅履历汇编》中，也将时任北京女子高等师范学校校长的毛邦伟介绍为“光绪庚子、辛丑并科举人”⑤。此外，得益于近代报业的发展，各省乡试题名录由于颇受读者关注，因而时常被刊登在报刊上。庚子、辛丑两科的贵州乡试题名录就曾被 1901 年的《新闻报》所收录刊登。⑥ 对比乡试题名录的名单和贵州地方史志记载，加之尚未发现有关毛邦伟中举其他时间的记载，基本可以判断毛邦伟是光绪二十七年（1901）中举。

（二）毛邦伟是否进士考

在大致确定毛邦伟是光绪二十七年（1901）中举的基础上，可以进一步推论：假若毛邦伟果真考中进士，那时间必定在此之后。并且由于顺天贡院被毁、原定于光绪二十八年（1902）的会试推迟一年；且科举制度于光绪三十一年（1905）被正式废止。由此可知，若是毛邦伟曾考中进士，他必定是光绪二十九年（1903）癸卯科进士，或光绪三十年（1904）甲辰

---

① 韩策：《东南互保之余波：朝臣与督抚关于辛丑乡试展期的论争》，载《近代史研究》2017 年第 2 期，第 100-113 页。

② 朱寿朋：《东华续录·光绪朝（卷 168）》，上海集成图书公司 1909 年版，第 4427 页。

③ 刘显世修、杨恩元纂：《（民国）贵州通志》，民国三十七年铅印本 1948 年版，第 7524 页。

④ 周恭寿修、赵恺、杨恩元纂：《（民国）续遵义府志》，巴蜀书社 2014 年版，第 564 页。

⑤ 沈云龙主编：《近代中国史料丛刊第四十五辑·敷文社编最近官绅履历汇编》，文海出版社 1971 年版，第 96 页。

⑥ 《庚子、辛丑两科贵州乡试题名录》，载《新闻报》1901 年 11 月 12 日第 2 版。

科进士。结合“进士说”观点的持有者主要认为毛邦伟是甲辰科进士，对比已知的毛邦伟中举时间，是符合逻辑的。

但从这两科的进士题名录中，并未能找到毛邦伟的进士及第信息。如《明清进士题名碑录索引》记载的光绪二十九年（1903）癸卯科和光绪三十年甲辰恩科（1904）进士题名录中，皆未见毛邦伟的姓名。[①]《清朝进士题名录》中，上述两科也没有找到毛邦伟的名字。[②] 另外，在《贵州通志》和《续遵义府志》中，这两科的进士名单也并未记录毛邦伟的名字。而这两部贵州地方史志的主要撰写人之一的周恭寿，不但是毛邦伟在学古书院（后改为经世学堂）的同学，还与毛邦伟同是庚子、辛丑并行科（1901）举人，两者是“同年”关系；相关记载的可信度较高，不太可能错记、漏记毛邦伟的科名情况。[③]《最近官绅履历汇编》在介绍毛邦伟时，也仅说明其是举人，若其真曾考中进士，不太可能漏掉如此重要的履历不记。李林的《最后的天子门生——晚清进士馆及其进士群体研究》在总结最后两科进士的基本情况时，也未有毛邦伟的信息。[④] 结合“进士说”观点的持有者也并未给出毛邦伟考中进士的确切证据，因而有理由怀疑毛邦伟进士功名的真实性。

虽然上述最后两科进士题名录中均未见毛邦伟的姓名，但是结合清末科举革新的特殊背景和其曾经留学日本的经历，毛邦伟科举功名“进士说”还存在一种可能性——留学奖励科名。1904 年清政府颁布了《奏定学堂章程》，其中的《各学堂奖励章程》规定：分科大学选科毕业者，如政治、理财、法律等，考列最优等作为同进士出身；大学堂分科内实科毕业者，如农工商医选择其一，考列最优等者作为举人。[⑤] 在废除科举制度的 1905 年，光绪帝还主持了回国留学毕业生考试，给予金邦平、唐宝锷、曹汝霖等 7 人进士出身，陆宗舆、王守善、林启等 7 人举人出身。随后 1906

① 朱宝炯、谢沛霖：《明清进士题名碑录索引（下）》，上海古籍出版社 1980 年版，第 2862-2867 页。

② 江庆柏：《清朝进士题名录》，中华书局 2007 年版，第 1312-1339 页。

③ 刘钟荫修、周恭寿纂：《（民国）麻江县志（卷十九）》，民国二十七年（1938）铅印本，第 5760 页。

④ 李林：《最后的天子门生——晚晴进士馆及其进士群体研究》，商务印书馆 2017 年版，第 355-404 页。

⑤ 舒新城：《民国丛书第二编（46）》，上海书店出版社 1989 年版，第 63-65 页。

年学部的《奏定考验游学毕业生章程折》中，也规定每年八月对分科大学及高等学堂的留学毕业生举行考核，分别给予进士、举人出身。① 此外，科举制此时已经被废止，进士、举人更大意义上还是一种荣誉学位奖励，如詹天佑等人曾被授予工科进士，严复、辜鸿铭等人被授予人文科进士等。② 因而从理论上，留学日本东京高等师范学堂的毛邦伟，是有可能通过留学毕业生考试获得进士功名的。

但现有资料并不支持这一假设。如《贵州通志》记载光绪三十三年（1907）游学毕业生经钦差大臣和学部官员考试后，最优等给予进士，优等、中等给予举人。随后的光绪末年宣统补年（1908）对游学日本的毕业生进行廷试，其中陈正猷获得进士，毛邦伟等 13 人被授予举人。③《续遵义府志》也记载毛邦伟归国后是“日本理化科毕业，宣统三年（1911）考验合格奖给举人”④。虽然记载的时间略有出入，但两种史料都记载毛邦伟留学归国后被授予的是举人科名。可见其通过留学奖励获得进士科名的可能性不大。

（三）毛邦伟留学时间考

关于毛邦伟获得进士科名的两种途径：参加癸卯或甲辰会试、殿试，以及留学奖励进士科名，目前已有的史料都不支持上述两者的可能性。但也还有一种可能性，即毛邦伟曾在癸卯或甲辰科中进士，但进士题名录未记或漏记了他的名字。为了探讨这一猜想的可能性，还需要进一步考证毛邦伟留学日本的时间。

持“进士说”的学者认为，毛邦伟是在甲辰科中进士后，才出国留学日本的。因而其留学时间肯定晚于光绪三十年（1904）。如果毛邦伟留学日本的时间真的晚于光绪三十年（1904），那么是存在其中进士但是被进士题名录漏记、错记的可能性的（虽然这种可能性非常低）。清末曾设立留日学生监督处，对公派留日学生的经费使用和学习情况等进行监督和管

---

① 陈学恂、田正平编：《中国近代教育史资料汇编·留学教育》，上海教育出版社 1991 年版，第 61-62 页。

② 刘海峰：《科举学导论》，华中师范大学出版社 2005 年版，第 187-188 页。

③ 刘显世修、杨恩元纂：《（民国）贵州通志》，民国三十七年铅印本 1948 年版，第 7529-7530 页。

④ 周恭寿修、赵恺、杨恩元纂：《（民国）续遵义府志》，巴蜀书社 2014 年版，第 582-583 页。

理，其发行的《官报》记载了当时留日学生部分的学习生活情况，其中的贵州部分就涉及毛邦伟。如《官报》第二十一期记载，光绪三十四年（1908）批准“改给官费高等专门学校学生一名：毛邦伟”，给予毛邦伟公费留学支持。[①] 这是《官报》中第一次出现毛邦伟的姓名。随后《官报》第二十九期记载毛邦伟于己酉年（1909）毕业。[②] 但这并不能说明毛邦伟是 1908 年赴日，1909 年就学成毕业了。中间的《官报》第二十六期、第二十八期都记载此时毛邦伟是“本科三年”或者“第三年级”，说明毛邦伟至少在日本学习生活了三年，其最晚应是光绪三十二年（1906）赴日。

《官报》缩小了毛邦伟留日的时间范围，而与近代贵州教育有密切关系的教育家严修的日记，则进一步框定了其留学的起止时间。严修曾于 1894 年至 1898 年担任贵州学政，在任期间倡导新学，曾对贵阳学古书院进行改造，增强算学、格致学的重要性，改变了贵州的社会风貌，促进了近代贵州留学潮的兴起。[③] 而毛邦伟就曾就读于贵阳的学古书院（后改为经世学堂），与严修有师生关系。光绪二十八年（1902）严修赴日本考察教育，于 9 月 7 日前往东京时，就曾在日记中记载毛邦伟（编者注：其为举人功名）、黎渊、苏迈、蹇念益等贵州留日学生前往拜访；而在光绪三十年（1904）严修再次前往日本东京时，其 7 月 12 日的日记记录了出席贵州留学生欢迎会的情况，其中就读于东京高等师范学堂的毛邦伟也出席了活动。[④] 由于两者是师生关系，彼此较为熟稔，因而严修的记载可信度较高，不太可能连续两次记错毛邦伟曾出席活动。所以结合《官报》和严修日记的记载，可以基本确定毛邦伟留学日本的时间最晚从光绪二十八年（1902）9 月开始，至宣统元年（1909）。因而毛邦伟也就不可能通过参加癸卯（1903）、甲辰（1904）会试、殿试获得进士功名。

综上所述，在考察毛邦伟中举人时间、是否有中进士的确切证据和留

---

① 梁中美：《晚晴民国时期贵州留日学生与贵州近代化》，西南交通大学出版社 2014 年版，第 277 页。

② 梁中美：《晚晴民国时期贵州留日学生与贵州近代化》，西南交通大学出版社 2014 年版，第 304 页。

③ 田正平：《一位省级最高教育行政官员的工作日志——〈严修日记（1894-1898〉阅读札记》，载《现代教育论丛》2021 年第 1 期，第 2-20 页。

④ 严修撰、武安隆、刘玉敏点注：《严修东游日记》，天津市人民出版社 1995 年版，第 52-53、203-204 页。

日时间的基础上，基本排除了毛邦伟通过正常参加会试、殿试，以及留学奖励科名这两种途径获得进士功名的可能性。因而在没有新的、有力的支持其获得进士功名史料出现的情况下，基本可以确定民初遵义籍教育家毛邦伟获得的是举人功名，而不是进士功名。

边地科举

清代贵州科举考场述论

毛晓阳*

摘　要：贵州在清代为科举小省，在各级各类科举考场的建造方面，同样处于追赶者地位。清代贵州乡试贡院的号舍数量约5000间，全省各州县建造的县试考棚也只有6座，在全国仅多于甘肃、台湾两省。不过，清代贵州的学政试院却有14座，其绝对数量和空间分布率在全国都处于中等偏上水平。与全国其他地方一样，清代贵州各类科举考场的建造和维修也都有众多官绅参与其中，充分体现了清代科举考场“以公益求公平”的核心特质。

关键词：清代；贵州；科举考场；以公益求公平

贵州是中国西南边陲省份，少数民族分布广泛，历史时期受儒家文化的影响相对较晚。在科举选才方面，贵州籍考生先后被要求奔赴湖广、云南贡院参加乡试，直到嘉靖十六年（1537）才开始单独举行乡试。① 清朝建立后，贵州乡试录取定额屡经调整，乾隆九年（1744）定为40名，清末捐输广额后增至50名。据统计，明代贵州共考中了109名进士、1720名举人，清代则考中了621名进士，6000余名举人。②

按照清代的科名层级，清代科举制度可分为三大级（童试—生员、乡试—举人、殿试—进士）七小级（童试：县试、府试、院试；乡试：

* **作者简介**：毛晓阳，闽江学院，博士，教授。

① （清）鄂尔泰，靖道谟：《乾隆贵州通志》卷26《选举志》，见《景印文渊阁四库全书》第572册，商务印书馆1985年版，第2页。

② 庞思纯：《明清贵州七百进士》，贵州人民出版社2005年版，第2、6页。

科试、乡试；殿试：会试、殿试）。理论上讲，每一级考试都有与之对应的科举考场，即童生县试对应于县试考棚，童生府试和院试、生员岁试和科试均对应于学政试院，个别地方的府试建有专门的府试考棚，乡会试对应于各省贡院（会试以顺天乡试贡院为考场），殿试对应于太和殿（1789年以后为保和殿）。不过，由于乡会试三年一届，岁科试则三年各一次，清代科举考场利用率较低，成本过高，较低级别甚至是乡会试不一定在任何时期都建有专门考场，而是借用官署、孔庙、书院或庙宇组织临时考场。

有关清代贵州的科举考场，目前虽然发表了少量的成果，主要有刘隆民、王力对贵州乡试贡院的研究，① 易奎香、王彬彬和莫吉照对兴义府学政试院的研究，② 但对清代贵州科举考场的总体覆盖显然有所不足，尤其是较少严谨的学术论文，依然有深入探究的必要。

一、清代贵州乡试贡院

贵州乡试独立开科始于明代嘉靖十六年丁酉科（1537）。此前嘉靖十四年，巡按贵州监察御史王杏（生卒年不详，嘉靖八年进士）上奏，认为贵州建省后“设学校养士历百五十余年，文教茂往昔十倍”，应该准许其独立举行乡试，使考生不再“就试云南，苦于道路”。他同时指出，建造贵州乡试贡院的选址、经费条件都已经成熟，一是在贵筑县城“度地得西南隅甚胜，可以营建”，二是估算“需金二千四百有奇”，此项费用“检藩贮羡缗可办”③。在得到朝廷准许后，王杏主持建造了贵州贡院。这也是明代全国最晚建造的乡试贡院。

---

① 刘隆民：《大十字上消失的明代贡院》，载《贵阳文史》2013年第3期，第58-60页；王力：《明清贵州贡院的使用与维修》，载《贵州文史丛刊》2015年第1期，第82-87页。

② 易奎香：《兴义府试院的前世今生》，载《文化月刊》2012年第9期；王彬彬：《兴义府试院独特的历史文化风采》，载《贵州民族报》2013年7月26日第C04版；莫吉照：《兴义府试院探析》，载《长江丛刊》2018年第1期，第59-60页。

③ （明）吴维岳：《贡院碑记》，（清）鄂尔泰，靖道谟：《乾隆贵州通志》卷41《艺文志》，见《景印文渊阁四库全书》第572册，商务印书馆1983年版，第426页。

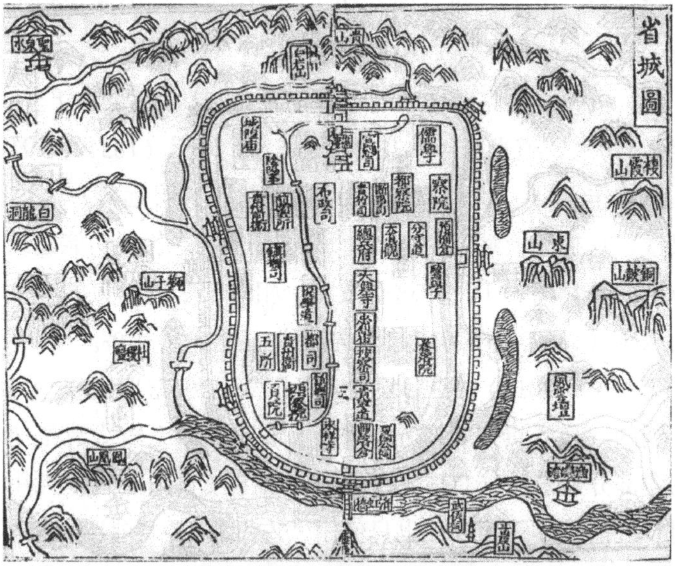

明代贵州贡院方位图①

明代贵州贡院初创时的规制为："中为明远楼、至公堂，后为天监堂。堂之东西为誊录、受卷、弥封、对读四所。堂之后为内帘，有门扁曰：'桂香深处'，有堂扁曰'文衡'。左右列屋，为考官阅卷之所。至公堂左为监临，右为提调，为监试。前为文场，场之前为门三重，供给所在三门外，而延会、搜检、巡绰则又居于'文运天开'门内之左右。"② 查各类文献均未见贡院号舍数量的记载，不过据礼部核议王杏奏折时曾提及，当时贵州乡试"每科应试之士数逾七百"，并提到"今于应试七百人之中取原定解额二十一人，则贵州一省自可成录"③；另外，康熙十一年（1672）扩建贡院时，也曾提及"题准增弥封、誊录、受卷等所官员房舍，及士子号舍七百余间"④，则似可以推知当时贵州贡院的号舍数量当不少于700间。

① （明）张道：《嘉靖贵州通志》卷首《省城图》，见《天一阁藏明代方志选刊续编》第68册，上海书店1990年版，第17-18页。

② （明）张道：《嘉靖贵州通志》卷5《公署志》，见《天一阁藏明代方志选刊续编》第68册，上海书店1990年版，第631-632页。

③ （明）张道：《嘉靖贵州通志》卷5《公署志》，见《天一阁藏明代方志选刊续编》第68册，上海书店1990年版，第638页。

④ （清）鄂尔泰，靖道谟，杜诠：《乾隆贵州通志》卷9《营建志》，《景印文渊阁四库全书》第571册，商务印书馆1983年版，第225页。

清朝建立后，由于贵州贡院在明末“毁于贼”，为此贵州巡抚赵廷臣（？—1669）于顺治十六年（1659）将其移建于省城贵筑县布政使司公署之左。此后，贵州贡院先后在康熙十一年（1672）、雍正六年（1728）、嘉庆十二年（1807）、道光八年（1828）、道光十一年（1831）多次进行修复或扩建。至咸丰初年，贵州贡院除头门、龙门、明远楼、至公堂、监临署、玉尺楼、弥封誊录对读收掌四所、内外巡绰等各类功能建筑外，共有供考生应试的号舍4931间。① 这个数量，相对于全国最大的科举考场江南贡院同治六年（1867）的20640间号舍，② 显然少了很多。

下图为王力（2015）根据咸丰《贵阳府志》卷四十三《学校略下》的记载绘制的《道光贵州贡院示意图》。该图总体上较为清楚地还原了贵州贡院的各部分建筑的分布情况，但由于咸丰《贵阳府志》纯用文字进行叙述，对贡院内各建筑的方位也只使用“左”“右”“前”“后”等词语进行表述，对各建筑所包含房间也只使用“间”进行表述，而完全没有提及具体的面积，因而在还原其精准方位、面积大小时，只能凭想象进行绘制，有些细节仍有值得商榷之处。

如关于贡院的号舍，按照咸丰《贵阳府志》的记载应该有6个分区。其中由“文运天开坊”向左经一道“小栅”行进有2个相连的号舍区，它们由一道“小栅”隔开，分别建有15 × 15 = 225间和27 × 14 = 378间号舍；过了“文运天开坊”往北行进，中间为“大道”，大道左右各有一片号舍区，合计建有号舍2907间；这片号舍区的后面正中有一道长栅，由栅栏左边往北行进还有两片号舍区，其中一片为道光八年（1828）学政许乃普主持修建的1385间新号舍，稍往北还有一小片新号舍区，仅有36间。显然，如果从比例关系来看，文运天开坊后面左右两边的2907间号舍的占地面积最大，大栅栏左边往北的1385间号舍次之，文运天开坊左边小栅连接的两片号舍再次之，最小的则是36间的新号舍，它相对于其他5个号舍区几乎可以忽略不计。而在王力所绘贡院图中，仅出现了5个分区，其中

① （清）周作楫、萧琯：《咸丰贵阳府志》，巴蜀书社2006年版，第619-621页。按，《中国地方志集成》著录该志版本为“道光”，但该志卷首序文中所署日期为“咸丰二年”，故其版本当作“咸丰”。

② （清）蒋启勋、赵佑宸、汪士铎：《同治续纂江宁府志》卷7《建置志》，江苏古籍出版社1991年版，第62页。

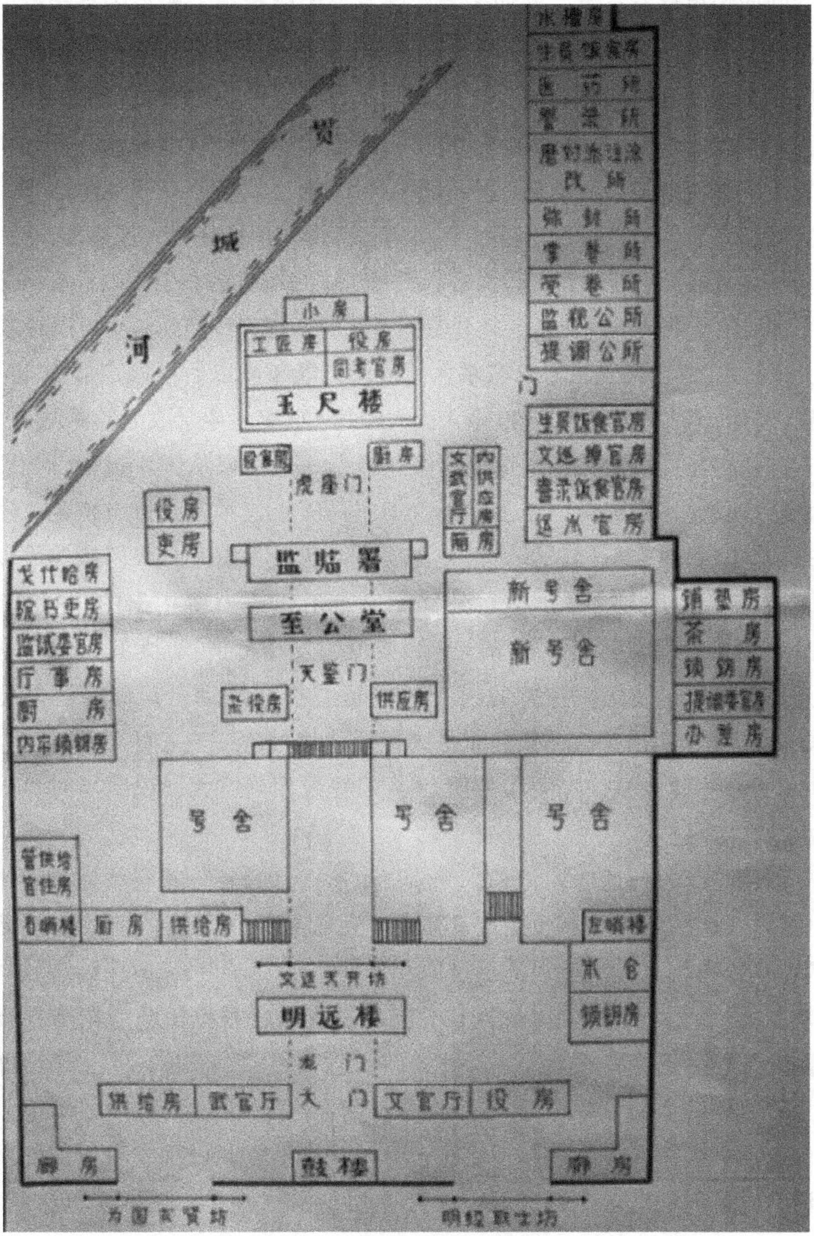

王力绘制《道光贵州贡院示意图》（2015）

36 间的新号舍小分区所占图内空间显然过大，而文运天开坊左边各通过一道小栅栏依次进入的 225 间的号舍区和 378 间的号舍区则未能分开，且所占空间面积也略有夸大。又如各省乡试贡院的明远楼一般位于号舍群的中心位置，而在该贵州贡院图中，明远楼却是位于号舍群的正南方向，且被龙门和文运天开坊隔开，与号舍区相隔甚远。另外，各省贡院的头门、龙门都是考生入场的搜检区，它们和左右两边的房屋一般都是连在一起，并与贡院围墙相连接，从而构成两个相对封闭的空间。但在该贡院图中，只有大门与左右两边的房屋形成了封闭状态，而龙门则像是一座牌坊。

从号舍数量来看，相比较而言，贵州乡试在清代的竞争激烈程度较之明代更加残酷。明代嘉靖十六年初建贵州贡院时全省大约700考生可以录取21人，大约每33名考生录取1名举人。清代乾隆年间以后录取定额为40人，至道光年间考生人数增至4900余人，大约每123名考生录取1名举人。

与明代相同，清代各省贡院的修建经费一般可以从国库报销，如顺治十六年的移建，康熙十一年、雍正六年、嘉庆十二年的维修与扩建，经费均来自政府财政。不过，尽管相关文献的记载极为简略，我们依然可以发现，清代贵州贡院的修建存在公益元素。正如王力所指出的，1828年、1831年两次维修贵州贡院都曾向士绅或僚属发动募捐。① 尤其是贵州学政许乃普（1787—1866）主持的道光八年贡院扩建活动，其募捐对象更是“阖省绅士”，而所完成的修建工作则包括“增号舍一千三百八十五间”和“买就近民房建监试、提调各公所”②，工程量相当巨大，说明当时募捐的钱款也必定很多。

据民国《贵州通志》记载，光绪三十年（1904）停止科举后，贵州贡院先是被设置“师范传习所”于其中，三年后又在贡院“前段改巡警总局”，次年再将其改建为“巡警道署及警务公所”，后来又改建为法政学堂及劝工局。③ 不过，据刘隆民回忆，光绪三十年曾根据清政府指令在贵州贡院北部建立贵州警察学校（又称警政学堂），招收35岁以下士子，课程分为补习科、必修科、随意科，其中补习科包括伦理、生理、历史、地理、数学、国文；必修科包括宪法、行政法、刑法、民法、商法、刑事诉讼法、民事诉讼法、国际公法、国际私法、条约操作；随意科包括测绘、

---

① 王力：《明清贵州贡院的使用与维修》，载《贵州文史丛刊》2015年第1期，第85页。

② 刘显世、谷正伦、任可澄、杨恩元：《民国贵州通志》卷2《建置志》，巴蜀书社2006年版，第236页。

③ 刘显世、谷正伦、任可澄、杨恩元：《民国贵州通志》，巴蜀书社2006年版，第236页。

理化、日语。学生的毕业证上还印有慈禧的半身像。[①] 该校在光绪三十三年停办后，在贡院西北部又设立了贵州官立法政学堂，学生分为官班和绅班。至民国二年（1913），该校被改为贵州公立法政专门学校，学制为预科一年正科三年，学习内容主要有大清会典、大清律典、法学通论、国际法学等。1928 年后，贵州省长周西成将法政学校并入贵州大学。不久贡院南部被改建为贵州警察厅，此外贡院原址还建起了民众教育馆。1939 年 2 月贵阳被日军轰炸，贵州贡院被全部炸毁。

二、清代贵州的院试试院

（一）试院与清代学政制度

院试试院的出现始于明代。随着明代提学制度的发展，明代地方府州县儒学中文武新生的录取、岁科试生员的考核定等，均逐渐交由各省提学最后裁定。提学全称提督学政，因任提学时本职官衔不同而有不同称谓，其中由监察御史任职提学者称为提学御史，多行之于南北两直；由各省按察使司副使、提学任职提学者则称为提学副使、提学佥事，合称为提学道，主要行之于十三行省。[②] 在此过程中，明代提学主导的“科举必由学校”制度也最终形成。为了方便生童就近赴考，明代除了在各省省城设立提学公署外，在省内其他府州，则按道里适中原则设置提学行署。最初一般是各府州所建之布政分司、按察分司衙署作为提学行署，后来逐渐成为定制。

与清代不同，明代并非每个府州都设立提学行署，而往往是若干府、州设一行署，各府州生童均在该行署考试。如江苏苏州府，明代宣德年间昆山知县罗永年在宋代范文穆公（范成大）石湖书院旧址建成巡抚行台，后来即被用作“提学御史校试苏、松两郡之所”[③]。又如贵州黎平府，由于清初“祇辖永从一县，仅府县两学，生童无几”，因而每逢童生童试及生

① 刘隆民：《大十字上消失的明代贡院》，载《贵阳文史》2013 年第 3 期，第 59 页。

② 王庆成：《清代学政官制之变化》，载《清史研究》2008 年第 1 期，第 74 页。

③ （清）金吴澜，汪堃：《光绪昆新两县续修合志》卷 3《官署》，成文出版社 1970 年版，第 58 页。

员岁科试，“皆赴镇远府合棚应试”①。有些省份甚至大多数府州都没有建造提学衙署，如贵州仅贵阳府提学公署建造时间较早，即正德二年（1507）提学副使毛科主持建造“贵州提学分司”，其建筑布局大致有“大门、仪门、廊庑、前厅、穿堂、后堂、轩室以至书办庖厨之所，颇为周备”②，其他府州则只有平越府由本地官至云南布政使的乡宦樊师孔在明代末年“致仕归后，辄舍居宅为本郡试院”③。

清初延续明制，直省提学依然分提学御史和提学道两种，或称提督学院与提督学道。顺治、康熙年间，为了进一步推动科举考试的公平性建设、提升提学的专业水准、减少地方督抚对提学道工作的干扰，各省提学逐渐改为由翰詹六部科道等中央官员考选派出。至雍正四年（1726）规定，“各省学政，一体俱为学院”。乾隆三十四年（1769）确定，各省学政原定养廉银多寡不等，应行调整，其中直隶、江苏、安徽、陕西、甘肃、山东、山西、福建、云南原为4000两，湖南原定3600两，应保持不变；河南、广东、浙江三省减少为4000两；江西、广西、四川、贵州、湖北增加至3200两。④

与明代一样，清代提学主持院试最初也是在其衙署中搭盖棚场进行考试。这是因为单个府州的考生人数较少，而考试专用之试院则使用频率太低，相对而言便显得成本过于高昂。如康熙二十二年（1683），因远隔重洋福建学政难以亲临台湾岛上主持岁科试，因而由台厦道代为行使学政职责。当时，台厦道公署“由大门而仪门、而厅事，扁曰‘敬事堂’。堂之右，为斋阁、为驻宅，其前为校士文场”⑤，也就是利用仪门和敬事堂中间的空间来搭盖棚场。又如贵州仁怀直隶厅，为了使考试更为公平、规范，各府州厅逐渐在修建学政衙署时规划号舍区域，或在原有衙署内部或旁边添建号舍。因此，清代学政行署往往也被称为“试院”或“考棚”，有些

---

① （清）俞渭、陈瑜：《光绪黎平府志》卷4《学校志上》，巴蜀书社2006年版，第367页。

② （明）毛科：《兴建贵州提学分司记》，刘显世、谷正伦、任可澄、杨恩元：《民国贵州通志》卷2《建置志》，巴蜀书社2006年版，第216页。

③ （清）瞿鸿锡：《清还樊氏余基记》，（清）瞿鸿锡，贺绪蕃：《光绪平越州志》卷10《建置志》，巴蜀书社2006年版，第145页。

④ （清）素尔讷：《钦定学政全书》卷8《学政事宜》，文海出版社1968年版，第177、184页。

⑤ （清）周元文《康熙台湾府志》卷2《规制志·衙署》，见《台湾文献史料丛刊》第一辑，台湾大通书局2009年版。第30页。

则直接称为“贡院”。如乾隆二年（1736）乾隆帝在审核巡台御史单德谟（生卒年不详）关于在台湾建造学政“考棚”的奏折时，便指出“向因台湾应试人少，故未建立考棚；今人文日盛，生童众多，非复畴昔之比”，为了不再因考试而“亵慢”圣庙，严密“关防”，乾隆帝要求“该督抚转饬地方有司，相度地方情形，修造试院”①。台湾学政试院除了乾隆帝谕旨中的“考棚”“试院”两个称谓，在乾隆六年版《重修福建台湾府志》和乾隆二十五年版《续修台湾府志》的绘图中都被标注为“校士衙”②，在乾隆十六年版《重修台湾县志》中则被称为“贡院”③。

据查清代及民国各类地方志，截至科举停废前夕，清代全国拥有乡试贡院的19个行省的304个府和直隶州、直隶厅一共建造了248座学政试院，普及率达81.58%。另外，地处东北的奉天省奉天府、锦州府也由奉天府丞吕文樱分别在雍正十一年（1733）和雍正十二年募捐建造了学政试院，④ 合计全国学政试院共为250座。

（二）清代贵州学政试院的文献记载与数量统计

清代贵州学政最初以按察使司副使、佥事充任，称为提学道。康熙四十一年（1702）裁提学道，改设“提督贵州、广西两省学政”。四年后，两省学政分设，提督贵州学政专设后，“驻会城，巡试各属”⑤。清代贵州各府、直隶州的升格、降级较为频繁。截至光绪三十一年（1905）科举停

---

① （清）庆桂：《清高宗纯皇帝实录（一）》卷53《乾隆二年十二月下》，中华书局1985年版，第957页。

② （清）刘良璧：《重修福建台湾府志》卷首《绘图》，《台湾文献丛刊》第74种，台湾银行经济研究室1961年版，第4页；（清）余文仪：《续修台湾府志》卷首《台湾县图》，《台湾文献丛刊》第121种，台湾银行经济研究室1962年版，第4页。

③ （清）王必昌：《重修台湾县志》卷首《城池图》，《台湾文献丛刊》第113种，台湾银行经济研究室1962年版，第4页。

④ （清）魏定国：《奉政大夫例授朝议大夫奉天府府丞提督学政西园吕公墓志铭》，（清）孙和相：《乾隆汾州府志》卷32《艺文志》，上海书店2005年版，第509页。（清）吕耀曾：《奉天试院记》，（清）阿桂，刘谨之：《钦定盛京通志》卷127《艺文志》，《景印文渊阁四库全书》第503册，商务印书馆1983年版，第593页。王文藻、陆善格：《民国锦县志》卷8《教育志》，成文出版社1974年版，第447页。

⑤ （清）俞渭，陈瑜：《光绪黎平府志》卷4《学校志上》，巴蜀书社2006年版，第368页。

废之前，全省共有12府、3直隶厅①、1直隶州，下辖11散厅、13散州和34县，以及53土司。按照清代中后期形成的学政试院的配置惯例，清代末年贵州16个府级行政区划单位应该建造有16座学政试院。不过，据光绪十二年（1886）贵州学政杨文莹（1838—1908）《平越重建试院记》，当时贵州全省共有13座学政试院："黔之试院，上下游凡十有三，最峨敞者铜仁，朴坚则兴义，自余以次降，而莫陋于思南。"② 杨文莹没有说明这13座学政试院分别属于哪13个府州厅。据乾隆《贵州通志》，乾隆年间贵州全境共设有9处学政公署或行署，分别位于贵阳府、安顺府、镇远府、思南府、黎平府、大定府、南笼府（嘉庆二年改名兴义府）、遵义府、平越府（嘉庆三年降为直隶州）。③ 而民国《贵州通志》则仅载有10座学政试院，分别位于贵阳府、安顺府、镇远府、思南府、黎平府、大定府、兴义府、遵义府、平越直隶州、都匀府，④ 较杨文莹所说的13座试院还少了3座。

据进一步查阅各府州厅地方志，我们发现科举停废之前贵州学政试院共为14座，分别位于贵阳府、安顺府、镇远府、思南府、黎平府、大定府、兴义府、遵义府、平越直隶州、都匀府9府1州，以及石阡府、铜仁府2府和仁怀直隶厅、普安直隶厅2直隶厅。清代一直未建造学政试院的是思州府和松桃直隶厅。杨文莹在光绪十二年未及写入《平越重建试院记》中的应该是仁怀直隶厅试院，它建成于光绪十五年（1889）。表1根据贵州各通志、府志、直隶州志和直隶厅志的记载，列出了清代贵州学政试院的兴建与维修情况。备注栏中列出的文献来源主要是各府州厅志。

---

① 赵尔巽《清史稿》卷75《地理志二十二》载为"直隶厅三"（中华书局1977年版，第2352页），不过正文部分仅列出了一个直隶厅即松桃直隶厅。这主要是因为仁怀、普安直隶厅在光绪三十四年（1908）才被降格为散厅，并分别改名为赤水厅和盘州厅，归入遵义府、兴义府管辖。故清代鼎革之前贵州省实际上只有1个直隶厅，全省府级行政区划单位合计为14个，即12府、1直隶厅、1直隶州。

② （清）杨文莹：《平越重建试院记》，（清）瞿鸿锡、贺绪蕃：《光绪平越州志》卷10《建置志》，巴蜀书社2006年版，第144页。

③ （清）鄂尔泰、靖道谟、杜诠：《乾隆贵州通志》卷8《营建志·公署》，见《景印文渊阁四库全书》第571册，商务印书馆1983年版，第139-150页。

④ 刘显世、谷正伦、任可澄、杨恩元：《民国贵州通志》卷2《建置志·公署公所·清》，巴蜀书社2002年版，第234-267页。按，其中兴义府试院则只是在记载兴义府教谕署、训导署时顺带提及，没有为其设置专门的条目。

表 1　清代贵州学政试院一览

地名	始建年份	修建规模与经费	备注
贵阳府	明弘治十八年	明弘治十八年提学副使毛科建提学道署； 顺治十七年佥事赵焘建； 康熙二十五年佥事袁时中、毕忠言先后主持迁建于粮驿道旧址； 雍正六年迁建； 道光年间，龙门以内东文场 14 间，坐号 430，西文场 14 间，坐号 345。大堂之东新堂设堂号三间，坐号 90，又东文场 15 间，坐号 720。合计坐号 1585 号； 乾隆三十七年学使孙毅扩建； 乾隆五十八年学使洪亮吉扩建； 道光二十一年重修； 光绪三十三年改为提学使司署； 宣统三年提学使陈石麟于署内建西式楼房三楹	咸丰《贵阳府志》卷 35《宫室图记》
平越直隶州	明末	乡宦樊师孔（万历四十六年举人，官至太仆寺卿）捐住宅为试院； 咸丰中寇毁，光绪十二年知州杨兆麟重修	光绪《平越州志》卷 10《建置志》
大定府	康熙四十三年	康熙四十三年以府署暂应考棚，学政张豫章题为考棚； 乾隆四十四年移文庙于学院坝，始以其地为考棚； 道光十三年知府王绪昆、二十二年知府姚柬之先后重修，共有坐号 1025	道光《大定府志》卷 21《治地志三》
遵义府	康熙四十六年	清初拨附夔州府及重庆府考棚； 康熙七年呈请学政按临，以奉裁道署为考棚； 康熙四十六年知府王元弼改建分司署为学院行署； 嘉庆二十一年知府赵遵律拓建，东西文场能容千七八百人； 光绪三十三年改设遵义协镇署	道光《遵义府志》卷 24《学校志》； 民国《续遵义府志》卷 3《公署》
兴义府	雍正九年	雍正九年巡抚张广泗、知府黄世文创建于府署右侧，后两次移建； 道光二十一年知府张锳移建于城内经历署右侧，共费银 30800 余两	咸丰《兴义府志》卷 20《学校志》

续表

地名	始建年份	修建规模与经费	备注
黎平府	雍正十一年	雍正十一年巡抚张广泗、知府滕文炯题准颁帑银800两并士民捐助建造，东西号房各九间，桌凳俱用石条加木，新号房七； 嘉庆五年知府富坤、知县崔本倡捐修； 道光七年知府刘绍琯、知县刘嗣矩倡捐重修	光绪《光绪黎平府志》卷4《学校志上》
思南府	未详①	先为流寓乡官郑氏私宅，后属于官。有东西号舍各五间； 乾隆四十六年知府胡邦盛、安化知县熊爵勋募捐修整，易号桌木足为石磴，用厚阔平直木板为桌面，贯于石足，俾无动摇，更以厚枋为号凳	—
思南府	未详	道光四年知府张元俊捐俸三百金添建号舍五大楹； 道光九年知府陈熙倡捐拓建号舍十三楹； 光绪二十四年新建于城东； 光绪三十一年停试后，厅堂号舍尽行圮毁，仅存斋房十余间	道光《思南府续志》卷5《学校门》
镇远府	乾隆五十七年以前	在府城内	乾隆《镇远府志》卷11《公署》
都匀府	未详（清中叶）	有清中叶始建试院，岁科连试； 咸丰八年毁于乱，知府吴德容先后设行署于荔波、独山及平舟司举行府县考试； 同治四年学政黎培敬试于独山州试院； 光绪元年知府罗应旒修复； 民国时期改设县议会	民国《都匀县志稿》卷9《官署》
安顺府	嘉庆九年	旧以府城内西南驿馆充； 嘉庆九年以游击署为督学行署； 道光二十六年知府朱德玑捐廉购买屋基，添修坐号五十间； 道光二十九年知府常恩捐廉倡捐，扩建号舍，东西号房六十九间	咸丰《安顺府志》卷18《公署志》

① 思南府最初以“乡官郑氏寓宅”为学政试院，乾隆四十六年、道光四年、道光九年先后重修、扩建，可知其最早不晚于乾隆四十六年（1781）。（清）夏修恕、周作楫、萧琯、何廷熙：《道光思南府志》卷5《学校门》，巴蜀书社2006年版，第174页。

续表

地名	始建年份	修建规模与经费	备注
普安直隶厅①	道光十五年	道光十五年绅民捐建； 同治七年兴义府陷于贼，学政乃调五属生童于普安厅考试，同知吴宗兰与绅民筹款重建号舍20余间； 光绪六年同知俞渭复增修号舍六区，号桌120张，号凳140条，号板40块	光绪《普安直隶厅志》卷7《营建志》
石阡府	道光二十一年	向无考棚，每逢岁科试俱搭思南棚； 道光二十一年知府宋庆常将书院改修考棚； 同治四年燬于贼，仅存其半。同治五年调赴铜仁府考棚，同治七年修复； 光绪三十年，改设董事会； 今设团防总局	民国《石阡县志》卷2《建置志》
铜仁府	未详②	试院在贵州全省最为峨敞	光绪《平越州志》卷10《建置志》
仁怀直隶厅③	光绪十五年	光绪己丑仁怀厅同知陈澐倡捐九千九百余缗，改建邑绅归公故宅为考棚，东西号舍各七楹。	光绪《仁怀厅志》卷7《艺文志》
思州府	无	—	民国《思州府志》（待查）
松桃厅	无	—	道光《松桃厅志》卷7《公署志》未载

① 普安直隶厅清初为普安州，属安顺府。雍正五年改属南笼府，嘉庆二年后为兴义府。嘉庆十四年普安州升为直隶州，两年后改为直隶厅。至光绪三十四年因与兴义府普安县同名，改名盘州厅，属兴义府。（赵尔巽：《清史稿》卷75《地理志·贵州》，中华书局1977年版，第2367页）

② 据查道光四年（1824）版《铜仁府志》未记载学政试院，可知其建造年份当不早于道光四年。见（清）敬文、徐如澍：《道光铜仁府志》卷3《营建志·公所》，巴蜀书社2006年版，第329-330页。

③ 仁怀直隶厅原为雍正八年所设之仁怀厅，乾隆四十一年升直隶厅，光绪三十四年降为厅，改名赤水厅，属遵义府。（赵尔巽：《清史稿》卷75《地理志·贵州》，中华书局1977年版，第2363页）仁怀直隶厅与普安直隶厅的存在时间分别为132年和99年，且降为散厅是在废科举之后，故本文将其科举考场级别列为学政试院。

（三）清代贵州学政试院特征分析

作为边疆省份，贵州文教的发展较全国其他省份具有一定的差距，读书应试者数量较少，导致国家给予各府州县官学的录取名额相对较少，从而反过来又限制了当地士子求学应试的积极性。清代贵州学政试院的建造过程，大致反映了贵州科举与文教的发展水平。

1. 部分府州从附试于他府试院到独立建造试院

清代初年，鉴于贵州作为边疆省份，少数民族众多，人文不兴，很多地理偏僻且人口较少的府州无法独立设置督学行署，因而采取因地制宜的政策，形成了“前赴别府，合棚就考”的定例。这一制度安排虽然节省了政府承办考试的成本，也减轻了贵州学政在省内各地奔波按试之苦，但考生却不得不承担长途赴考的差旅和食宿费用，甚至还要面对山川险阻或遭遇抢劫等旅途意外。遵义府生童甚至被调到四川重庆府参加岁科试，“裹粮千里，三载两试，山行险阻，蜀道青天”①，经济和身体的双重压力，令众多考生裹足不前。

随着清朝社会环境日益稳定，经济不断发展，人口逐渐繁殖，很多原本未设学政试院的府州逐渐呈请捐资建造试院。如黎平府在清初仅辖有永从一县，全府仅有 2 所儒学，考生人数较少，因而被安排附试于镇远府试院。雍正三年（1725）原属湖南的五开、铜鼓二卫划归黎平府管辖，并于两年后改为开泰、锦屏二县，同时湖南靖州天柱县又被划入黎平府，从而使黎平府增加到一府四县共 5 所儒学，童试考生的人数增加到二三千人。为此，时任贵州巡抚张广泗（？—1749）奏请朝廷，请求准予黎平府通过“士子等踊跃共捐”的方式筹集经费，独立建造试院。时任贵州学政晏斯盛（1689—1752）表示赞同，认为黎平府独立建造试院，符合清代学政“按府考校”的定例。而礼部在核准之后，也提出了“仰恳圣恩，准照所请，在于黎平府另行设棚考试”② 的处理意见。同期题请独立建造试院的还有南笼府（嘉庆二年改名兴义府）。南笼府最初为康熙二十五年（1686）

① 刘显世、谷正伦、任可澄、杨恩元：《民国贵州通志》《建置志》，巴蜀书社 2006 年版。第 250 页。

② （清）俞渭、陈瑜：《光绪黎平府志》卷 4《学校志上》，巴蜀书社 2006 年版，第 367 页。

设立的南笼厅，雍正五年升格为南笼府，所辖州县增加到3县1州1厅，经巡抚张广泗呈请，也被准许捐建试院，不必再远赴安顺府学政试院附试。① 总计科举时代贵州附试于其他试院的府州厅共有6个（见表2）。

表2　清代贵州各府州厅附试其他试院情况一览

府州厅名	所附试院	自建试院时间	备注
遵义府	四川夔州府、重庆府	康熙四十三年	道光《遵义府志》卷24《学校志三》
黎平府	镇远府	雍正十年	光绪《黎平府志》卷4《学校志上》
南笼府	安顺府	雍正十年	咸丰《兴义府志》卷20《学校志》
都匀府	平越府（直隶州）	清中叶	民国《都匀县志稿》卷9《官署》
普安直隶厅	安顺府、兴义府	道光十五年	光绪《普安直隶厅志》卷7《营建志》
石阡府	思南府	道光二十一年	民国《石阡县志》卷7《学校志》

2. 学政行署或试院的地址常有迁移

由于各方面的原因，贵州有5座府州厅学政衙署或试院在建成之后曾发生选址变化。（1）贵阳府学政公署，顺治十七年（1660）由提学佥事赵炁建于“城南隅”，至康熙二十二年（1683）提学佥事袁时中将其“迁于粮驿道旧址”，雍正六年（1728）“题请建今地”，也就是“府城南门内”②。（2）兴义府试院，初建于雍正九年（1731），位于府署右侧，后来先被迁于东门外，再被迁于城东北。道光二十一年（1841）知府张锳认为其过于低矮简陋，于是将原试院改建为先农坛，而另于城内经历署右侧建造了一座新的试院。③（3）安顺府学政试院，“旧以府城内西南驿馆充”，嘉庆初年“以游击署为督学行署，在城正北”④。（4）思南府试院。本为

---

① （清）张广泗：《请建试院疏》，（清）张锳：《兴义府志》，贵阳文通书局，清宣统元年（1909）铅印本，卷20《学校志》，第2页。

② （清）周作楫、萧琯：《咸丰贵阳府志》卷35《宫室图记》，巴蜀书社2006年版，第508页。

③ （清）张锳：《兴义府志》，贵阳文通书局，清宣统元年（1909）铅印本，卷20《学校志》，第1-3页。

④ （清）常恩、邹汉勋、吴寅邦：《咸丰安顺府志》卷18《公署》，巴蜀书社2006年版，第221页。

"流寓乡官私宅，后属于官"，改建为试院，在"小水关内"①。光绪二十四年（1898）"新建于城东"②。（5）大定府"贡院"，康熙四十三年（1704）"以府署暂应考棚"，乾隆四十四年（1779）"移文庙于学院坝，始以其地为考棚"，位于府城南门大街。③

3. 学政试院的修建体现教育公益属性

与贵州乡试贡院一样，清代贵州的学政试院的修建同样得益于官绅商富的捐助。尽管有些府州厅因文献记载较为简略，我们无法得知其学政试院的修建经费来源，不过依然有不少地方志透露了相关信息。总体来说，清代贵州各地官绅富商捐资修建学政试院的形式主要有两种，即倡捐与摊捐。倡捐是指由地方官或乡绅发动募捐。文献有较明确记载的有以下7座。（1）黎平府，雍正十年（1732）黎平知府滕文炯通过贵州巡抚张广泗向朝廷申请建造学政试院，被准予"颁帑银八百两，并士民捐助"，次年建成了包括"东西号房各九间、新号房七（间）"的试院；嘉庆五年（1800）知府富坤、知县崔本对试院进行"倡捐修"；道光七年（1827）知府刘绍琯、知县刘嗣矩"倡捐重修"④。显然，从最早创建试院，到此后重修试院，黎平府公益力量都做出了贡献。（2）兴义府，雍正九年（1731）创建，其经费"出自士子等踊跃共捐"。道光二十一年（1841）张锳任兴义知府时，"倡捐得白金三万有奇，迁建试院，都计得屋二百有九间"⑤。（3）思南府，最初以"乡官郑氏私宅"，乾隆四十六年（1781）重修，其经费是由知府胡邦盛和安化县知县熊爵勋"倡募各学"即募捐而来。道光四年（1824）添建"号舍五大楹"，经费来自知府张元俊"捐俸三百金"。道光九年（1829）添建"号舍十三楹"，其经费知府陈熙"倡公项钱三百

① （清）夏修恕、周作楫、萧琯、何廷熙：《道光思南府志》卷5《学校门》，巴蜀书社2006年版，第174页。

② 刘显世、谷正伦、任可澄、杨恩元：《民国贵州通志》卷2《建置志》，巴蜀书社2006年版，第264页。

③ （清）黄宅中、邹汉勋：《道光大定府志》卷21《治地志三》，巴蜀书社2006年版，第329-330页。

④ （清）俞渭、陈瑜：《光绪黎平府志》卷4《学校志上》，巴蜀书社2006年版，第367页。

⑤ （清）张锳、邹汉勋、朱逢甲：《咸丰兴义府志》卷20《学校志》，巴蜀书社2006年版，第251页。

千，并募府县四属暨石阡、龙泉童生钱一千一百八十千文”①，说明三次试院修建工程经费均主要由捐资完成。（4）安顺府，道光二十六年（1846）知府朱德璲“以坐号少，捐银交杨春发等构买屋基，添修坐号五十间”。这次主要是官员捐资。三年后，知府常恩发现号舍依然不敷使用，且“正堂湫隘”，于是“复捐廉”，并且“谕各属捐输”，广购基址，添修正房、对厅、大花厅、大堂、龙门、仪门、辕门等各类房屋113间，东西号房69间。② 这次则是官绅共同捐资。（5）普安直隶厅，始建于道光十五年（1835），为时任普安直隶厅同知“率绅民择基于南坛山捐修”③。（6）仁怀直隶厅，创建于光绪十五年（1889），为同治八年（1869）同知敖京友、光绪十四年（1888）同知陈漂“因邑绅归公故宅而拓之”最终建成，整个工程总共“计费九千九百余缗”，其来源为“漂捐薄俸以为之倡，余皆邦人士所乐输而致者”④。（7）遵义府，为了使本府生童不再“富者艰于跋涉，贫者更苦于措资，千里往还，多致裹足”，康熙四十六年（1707）由经历王士伟等“劝捐督修”，并由千总段启俸“复捐甬壁外地”⑤，建成学政试院。

摊捐是指官绅商议用附加田税的方式筹集经费。目前只发现都匀府试院存在摊捐情形。该试院始建于“有清中叶”，咸丰八年（1858）“毁于乱”，因战乱原因，此后的岁科试先后在荔波县、独山州及平舟司设学政行署举行考试。光绪元年（1875）知府罗应旒着手修复府城学政试院，经费筹集方式为“檄各属户收谷者，按纳钱二枚，共榷金三千有奇”⑥。摊捐介于捐输与摊派之间，尽管和倡捐一样也是由地方官与士绅商议后决定，但由于是增加了田税征收比例，与“违制妄取”极为接近，对于地方官来

① （清）夏修恕、周作楫、萧琯、何廷熙：《道光思南府志》卷5《学校门》，巴蜀书社2006年版，第174、175页。

② （清）常恩、邹汉勋、吴寅邦：《咸丰安顺府志》卷18《公署》，巴蜀书社2006年版，第221页。

③ （清）王粤麟，曹维祺：《光绪普安直隶厅志》卷7《营建志》，成文出版社1975年版，第305页。

④ （清）陈漂：《考棚碑记》，（清）崇俊、王椿、王培森：《光绪仁怀厅志》卷7《艺文志》，巴蜀书社2006年版，第264页。

⑤ （清）黄乐之、平翰、郑珍：《道光遵义府志》卷24《学校志三》，成文出版社1968年版，第527页。

⑥ 窦全曾、陈矩：《民国都匀县志稿》卷9《官署》，巴蜀书社2006年版，第99页。

说，存在着被人检举告发的风险。

4. 贵州学政试院的修建体现了官绅合作

与清代其他省份的学政试院一样，贵州各府州厅学政试院的修建，也都得益于地方官与当地士绅的通力合作。地方官往往是修建学政试院的积极推动者，而当地士绅则是修建经费的捐助者和修建工程的承担者。以兴义府试院为例，道光二十一年（1841）的重修工程，便是由知府张锳全力推动、相关乡绅鼎力支持，最终得以大功告成。首先，张锳担任兴义知府后，发现“旧试院在城外，居民寡少，兼无旅店。士子就试，悉寓城中，风雨往来，多苦跋涉。且号舍不满五百，垣墉卑陋，关防弗竣（峻）”，而且建成已经50多年，房屋多已朽坏，于是决定“卜地别构”。其次，张锳采取措施募捐移建试院的经费。他首先向本府所辖贞丰州、兴义县、普安县、安南县以及普安直隶厅的地方官发出书信，要求他们“劝士民输资”。作为号召，张锳自己首先捐银1000两，普安直隶厅同知张瀚中也捐银200两，最终获得捐款“白金三万八百余两”。再次，张锳和众人一起选定新试院地址，即“旧东门内经历署右、书院左”，用捐款购买民宅“十余区”。又次，张锳选择合适人选督建试院。这些“廉能官绅”主要包括“教授郭超凡、拔贡生桑滋、岁贡生张万春等”。最后，张锳撰写了《捐修试院详稿》和《修竣试院详稿》《试院岁修经费详稿》，向云贵总督、贵州巡抚进行汇报，并请其代向朝廷申请对相关捐资者与督建者给予嘉奖，“加级、予衔有差”①。正是由于张锳的积极规划，才使兴义府试院成为“规模宏阔甲天下”的学政行署与院试考场。

5. 学政试院兼具书院育才功能

为了使学政试院不被人为破坏，清代各地在建成试院后多订立章程，禁止非考试期间将试院借为他用。不过，由于公费难筹，有些地方也通融考虑，平时则令试院兼作书院，使其同时承担了育才与选才的双重职能。如遵义府，康熙四十四年（1705）将贵州按察使分司衙署改建为提督学院行署后，除了府试、院试时期作为考场，“平时府县官课士，亦在是焉”。不少遵义地方官积极参与育才活动，其中典型代表如知府赵

① （清）张锳、邹汉勋、朱逢甲：《咸丰兴义府志》卷20《学校志》，巴蜀书社2006年版，第252页。

文源，“课三书院生童，往往在东西两场阅各生文稿，如题者褒之，否则为之指示，娓娓不倦，俨师之课弟，终日无惰容”，使得本地文风“日寖优长”。另如知府余上华、知县张济辉“添课诗字”，知县任胜、赵文伟“加课诗文”①。又如兴义府，道光二十一年（1841）张之洞之父张锳倡议士绅捐银3万多两，建造了有房屋209间的学政试院，除了供知府、学政举行县试（兴义府无附郭县，有府辖地）、府试、院试，“平时课书院士子，擢其尤秀出者读书其中，延名师童刺史暈课之”，张锳自己也“时过从，亲为讲论，如是者有年”，在试院中读书的学生纷纷“选拔而贡于朝，捷乡闱而联翩以去”，令张锳连连感叹“试院拓，关防密，而后真才出”②。

6. 学政试院建筑格局参照乡试贡院

以黎平府学政试院为例，从光绪《黎平府志》卷首所刊刻的《提学考棚》图以及卷四上《学校志》对试院的文字描述来看，③ 黎平府试院的建筑格局和省城贡院一样，也包括搜检区、号舍区、考官阅卷区三个主要的功能分区。其中搜检区由龙门、头门、仪门及其左右房屋分隔为两个封闭空间；号舍区主要包括东文场、西文场两个分区；考官阅卷区主要由大堂、二堂、内署组成。三个功能分区主要由仪门、大堂和周边围墙相互分隔开来。

---

① 刘显世、谷正伦、任可澄、杨恩元：《民国贵州通志》卷2《建置志》，巴蜀书社2006年版，第251页。

② （清）张锳、邹汉勋、朱逢甲：《咸丰兴义府志》卷20《学校志》，巴蜀书社2006年版，第251页。

③ （清）俞渭、陈瑜：《光绪黎平府志》，巴蜀书社2006年版，第28、367页。

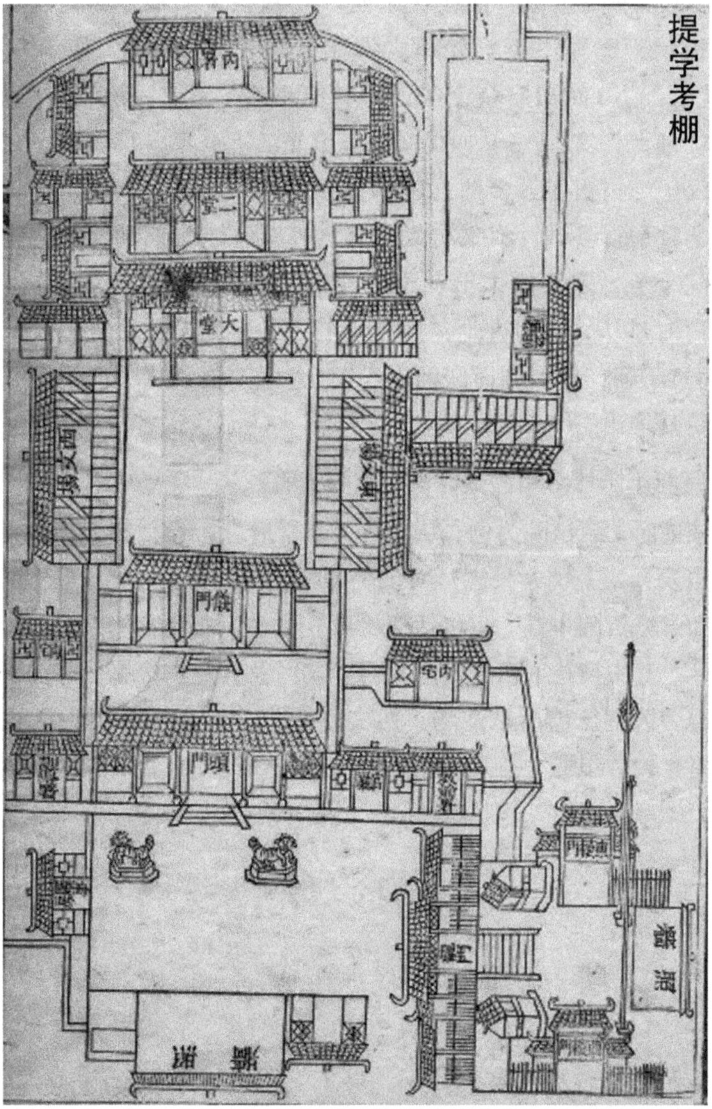

贵州黎平府提学考棚图

三、清代贵州的县试考棚

县试是清代科举最低级别的考试。清代县试考棚的出现，意味着科举考场防弊制度补上了最后一环。据统计，清代全国共建造了 410 座县试考棚。其中除了湖南岳州府华容县，目前尚无法确定是否确实已在明代建成了用于县试的“试院”①，以及目前尚无法确定创建年代的37座考棚之外，其余372座考棚全部建成于乾隆至光绪的科举制度存续期间，其中乾隆年间44座，占比10.7%，嘉庆年间78座，占比19%，道光年间147座，占比35.9%，咸丰年间16座，占比3.9%，同治年间42座，占比10.2%，光绪年间45座，占比11%。从每年平均新建县试考棚的数量来看，道光年间新建的县试考棚数量最多，30年间每年新建4.9座，其次依次为同治3.23座，嘉庆3.08座，光绪1.5座，咸丰1.45座，而乾隆年间则为0.73座。在清代科举制存续期间，从清代第一座县试考棚即湖南安化县“明伦堂考棚”在乾隆十四年（1749）建成开始，到清代最后一座县试考棚即贵州镇远府天柱县“文昌考棚”于光绪二十七年（1901）建成，在153年间平均每年建造县试考棚2.68座（见表3）。

相对来说，作为一个科举小省，清代贵州建成的县试考棚也相对较少，仅有6座，主要分布于贵阳、遵义、都匀、镇远4府。

表3　清代贵州县试考棚一览

地名	创建时间	修建规模与经费	备注
遵义府绥阳县	道光十七年	道光十七年知县李毓馨募建新添书院，其中附建左右考棚十六间；同治初年燬于贼；其址于民国年间尽为民居	道光《遵义府志》卷24《学校志》；民国《绥阳县志》卷2《营建下》
贵阳府贵定县	道光十九年	道光十九年知县俞汝本劝县人王仁溥捐资，于文昌宫内创建考棚，两廊号舍各七间	民国《贵定县志稿》“学校志”
都匀府独山州	道光二十七年	道光丁未邑廪生张万春、增生张馥春、监生咏春兄弟捐资1080两，建造号舍530余座；咸丰五年苗乱毁，同治四年知州吴德容增修大堂、龙门、头门及号舍；光绪末年改为高初等小学校	民国《独山县志》卷19《学校志》

① （清）孙炳煜、张钊：《光绪华容县志》卷5《学校志》，成文出版社1975年版，第139页。

续表

地名	创建时间	修建规模与经费	备注
都匀府麻哈州	同治十三年	咸丰戊午三台书院毁于乱，同治十三年修复后，即为州试考棚； 光绪三十二年书院改设为学堂	民国《麻江县志》卷7《营建志》
镇远府黄平州	光绪十九年	光绪癸巳，知州瞿鸿锡委绅张政、周之冕、张兰皋、黄品超、韩邦森筹募捐款，修复书院，并建考棚； 光绪三十一年就书院考棚改办高初小学堂	民国《黄平县志》卷10《书院》
镇远府天柱县	光绪二十七年	光绪二十七年于文昌宫兴修奎阁一座，左右考棚各五间	光绪《续修天柱县志》卷2《营建志》

与清代全国其他州县一样，对于是否有必要为县试建造专用考场，贵州士绅也颇为怀疑。如道光十九年（1839）贵阳府贵定县捐建考棚时，便出现了多种不同的声音："贵定以外县，学使者并不按临，何以必设考棚？或曰：殆以饰观也。或又曰：县试士子不多，扃署门试之足矣。考棚可不设。"这种质疑，应当也是贵州大多数州县没有建造县试考棚的主要原因。不过，面对各种质疑的观点，贵定知县俞汝本却态度坚决，认为县试考棚不可不建。其理由有三，一是贵定县是"两省通衢"，每年公差押解犯人、滇黔押运兵饷都要经过县衙，一旦遇到县试，很难不受影响；二是县衙空间狭窄，"县署卑狭，地不能容，人皆露处，争燥湿，较宽狭，不成事体"；三是县衙缺乏考桌考凳等考试基础设施，每至考试，"诸童就试，自负以来，试毕又负之以去，排挤喧哗，劳苦万状"。而且不仅是头场一次而已，"招覆初、二场亦然"①。为了减轻考生负担，俞汝本首先捐资打造了100张考桌，堆放于县署，接着接受乡绅王仁溥的捐助，选定基址，建造考棚，前后仅历时两个多月便告成功。

与学政试院一样，清代贵州6座县试考棚的建成，除了得益于地方官的积极推动，更离不开各州县士绅的慷慨捐助。如贵定县考棚便是由县人

① （清）俞汝本：《新建贵定考棚碑记》，（清）周作楫、萧琯：《道光贵阳府志·余编》卷10《文征十》，巴蜀书社2006年版，第167页。

王仁溥独力捐资建造的，而县人宋樽文、陶曙升则“各捐田以为岁修之费”①。又如镇远府黄平州知州瞿鸿锡在光绪十九年（1893）委托绅士张政、周之冕等“筹募捐款，修复书院，并建考棚”，并为考棚撰写了一副对联：“试院听茶声，忆昔年露布书勋，此事已自崖而返；宏规开社厦，看今日风檐献艺，诸君当磨砺以须。”② 而都匀府独山州考棚则是由廪生张万春、增生张馥春、监生张咏春兄弟“奉其父命”合力捐资建造的，共耗费白银“一千零八十两”，同时还捐资购买田产，每年收租作为“经理修葺”之费。③ 与贵定县考棚不同，黄平州、独山州考棚都是独立的县试考棚。

当然，贵州作为边远省份，各地州县不仅文教发展稍显落后，赋税收入也不及长江中下游各府州县。在建造县试考棚的过程中，也会将考棚与县中其他文教类公共建筑如文昌宫、书院等结合起来，以便节省经费。如贵定县考棚便是建成于文昌宫内，“大堂就文昌宫之中庭为之，龙门即魁星阁，头门即文昌宫之外门”④。与贵定县一样，清代全国最后建成的县试考棚天柱县“文昌考棚”也是利用了文昌宫内的奎阁，光绪二十七年（1901）兴修时“兼为试士考棚”⑤。有些县试考棚则与书院结合在一起。如遵义府绥阳县知县李毓馨在道光十七年（1837）募捐建造了新添书院，除了大门、二门、上舍等房舍外，还有“左右考棚十六间”⑥。又如都匀府麻哈州同治十三年（1874）修复三台书院，“即为州试考棚”⑦。

---

① （清）周作楫、萧琯：《道光贵阳府志》卷43《学校略下》，巴蜀书社2006年版，第621页。

② 陈绍令、李承栋：《民国黄平县志》卷10《教育志·书院》，巴蜀书社2006年版，第269页。

③ （清）韩超：《捐修考棚记》，王华裔、何幹群：《民国独山县志》卷19《学校志》，巴蜀书社2006年版，第467页。

④ （民国）贵定县采访处：《民国贵定县志稿·学校志》，巴蜀书社2006年版，第24页。

⑤ （清）林佩纶、杨树琪：《光绪续修天柱县志》卷2《营建志》，巴蜀书社2006年版，第178页。

⑥ （清）黄乐之、平翰、郑珍：《道光遵义府志》卷24《学校志三》，成文出版社1968年版，第532页。

⑦ 刘锺荫、周恭寿：《民国麻江县志》卷7《营建志》，成文出版社1968年版，第213页。

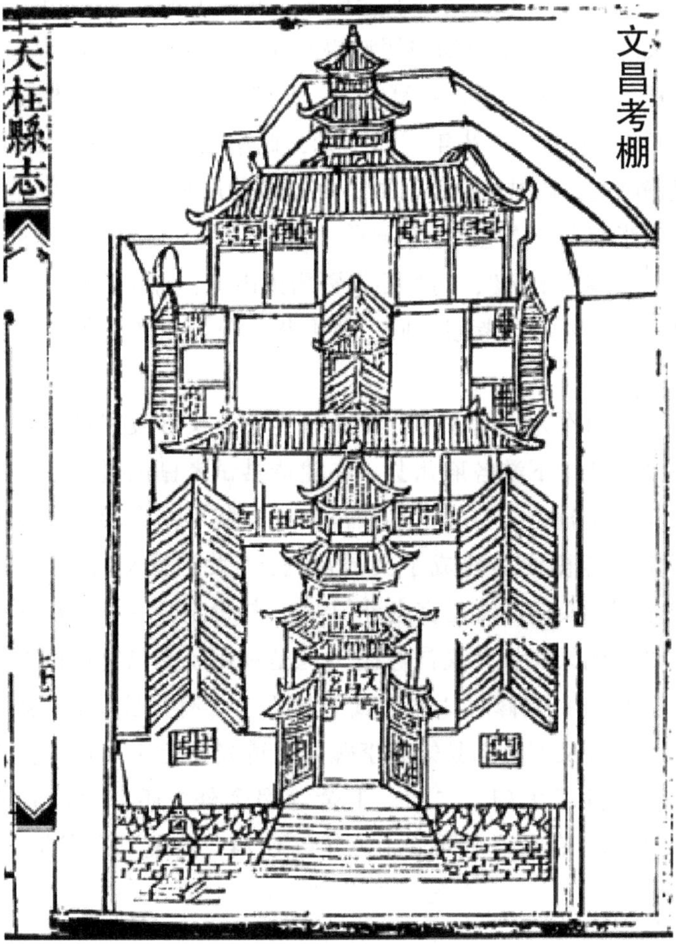

贵州天柱县文昌考棚图

四、结语

尽管作为清代的科举小省，贵州在乡试录取定额和进士中式人数等方面均落后于全国其他省份，但是在科举考场建设方面，贵州却不甘人后。据统计，清代贵州各府州厅学政试院的普及率为 87.5%，在全国排在第 9 位，仅落后于江西、安徽、山东、陕西、福建、江苏、浙江、湖北等 8 个省份，超过了河南、湖南、直隶、广西、广东、四川、云南、山西、甘肃、台湾等 10 个省份。在绝对数量方面，清代科举制存续时期，贵州 16

个府州厅共建造了 14 座学政试院，在全国仅次于四川（19 座）、直隶（18 座）、山西（16 座）、广东（15 座）、湖南（15 座），与江西、安徽、云南并列第 6 位，超过了山东、陕西、福建、江苏、浙江、湖北、河南、广西、甘肃、台湾等 10 个省份。这在一定程度上体现了清代贵州官绅商富对科举文化建设的重视，他们积极从事科举考场建设，不仅是希望减轻考生长途跋涉奔赴其他府州考棚应试的经济负担，而且也是希望通过建造专门的考场，减少各类舞弊行为，从而提升科举考试的相对公平。虽然清代贵州各地州县建造的县试考棚只有 6 座，且并非全部都是功能纯粹的专用考场，在全国各省的总量也敬陪末位，仅比甘肃多了 3 座，比台湾多了 4 座，但是却同样体现了清代中后期以来贵州基层地方社会对科举最低级别的县试考试场规建设的日渐重视。如果不是科举停废，贵州的县试考棚必定会日益增多。作为清代西南边疆省份，贵州已经告别了明代以前的文化落后省份地位，日渐融入了中国传统儒家文化的大一统国度。另外，值得强调指出的是，无论是乡试贡院还是院试试院或者是县试考棚，清代贵州各类科举考场的建造和维修都离不开官绅商富的大力捐助，这与清代全国其他省份科举考场建造活动中所体现的“以公益求公平”的教育公益特征完全一致。

简论科举制在边疆民族地区的实践与影响

彭武麟*

摘　要：本文认为：一、科举制在边疆民族地区的实践是中国科举发展史的一个重要组成部分；二、科举制在边疆民族地区的推行，促进了民族地区教育文化与社会经济的发展，推动了民族交往与融合；三、科举制对于多民族统一国家的认同与发展具有十分积极的意义。

关键词：科举史；科举制与边疆民族地区；统一多民族社会政治文化关系

目前学术界关于科举制研究几成显学，国内外在该领域发表了相当数量的论著。[①] 虽然其中一些文章涉及边疆民族地区历史上推行科举制的问题，但大多仅限于断代区域性或某个少数民族范围，而且在内容上也是对具体问题的材料总结。[②] 本文在参阅相关文献及现有研究成果的基础上，试图对古代科举制在边疆民族地区的实践与影响做一粗略的整理和概括，不足之处敬请方家指正。

---

* **作者简介**：彭武麟，中央民族大学历史文化学院教授，博士生导师，主要研究方向为民族关系史。

① 参见刘海峰：《科举学导论》，华中师范大学出版社 2005 年版。

② 相关文章如哈正利：《回族与科举制》（《中南民族大学学报》2003 年第 1 期）、李文泽：《金代女真族科举考试制度研究》（《四川大学学报》2003 年第 3 期）、张杰：《清代科举制度对满族文化发展的多元影响》（《学习与探索》2004 年第 4 期）等。

一、科举制在边疆民族地区的实践

目前学术界关于科举制产生的问题仍然有不同的意见和争论，[①] 但笔者认为作为一项国家关于官员选拔的制度安排，中国古代科举制源远流长，从其产生和发展的历程看几乎与中国古代社会相始终。就制度的传承与流变的基本特点和一般规律而言，它可以分为先秦至隋的起源阶段、隋唐时期的形成阶段以及宋元明清时期的发展成熟阶段。钩稽史籍文献，不难发现科举制在其不同发展阶段都不同程度地在边疆民族地区推行开来。

科举制产生的思想渊源是先秦时期“选贤任能”的儒家政治管理理论。自秦汉建立封建大一统中央集权制度后，中央王朝就十分重视边疆民族地区的政治和文化统一问题。秦并六国，厉行“车同轨，书同文，人同伦”，奠定了中国封建中央集权政治制度的基础。汉承秦制，在官员选拔方面推行作为科举制初始形态的察举制。察举制自汉初始，到汉武帝时基本形成定制。当时，一方面是按郡国户口多寡比例定举额，另一方面则采取优待边缘州郡的办法，规定“缘边郡口十万以上岁举孝廉一人，不满十万二岁举一人，五万以下三岁举一人”[②]。这说明科举制在其起源初始阶段，就考虑到边疆民族地区的政治文化发展问题，对于后来唐代科举按州、府、道大小定额解送及明清实行分区定额取中的制度产生了积极的影响，开科举制在边疆民族地区的实践之先河。

隋唐时期是科举制正式建立和形成阶段，同时这一制度也在边疆民族地区推行。当时，中央王朝直接控制的少数民族地区主要是今天的湖南、贵州、广西、广东等地省区，这些区域均有科举名额分配。据《唐摭言》卷一载：“会昌五年（845）举格节文：其荆南、鄂岳、湖南、西川、东川等道所送进士不得过十五人，明经不得过二十人。福建、黔府、桂府、岑

① 目前学术界关于科举制起源产生问题意见不一，主要有“察举为科举论”“隋代起始论”“唐代起始论”等，参见刘海峰：《科举学导论》第四章“科举起源论”，华中师范大学出版社2005年版。

② 《后汉书》卷4《孝和帝纪》，第189页。

南、安南、岭南道进士不得过七人，明经不得过十人。”① ” 虽然当时少数民族地区的科举名额较少，但说明科举制同样在民族地区实施则是不争的事实。据研究，贞观七年（633）广西腾县李尧臣中进士，成为壮族地区历史上第一个进士；唐至五代，壮族地区士子共中进士 12 人。② 这在当时的教育水平很低，而且人口偏少的情况下，已经是很难能可贵的了。少数民族聚居的云南当时虽然处于大理段氏政权统治之下，但也深受中原地区儒家文化的影响，也有类似科举制的办法设科取士。据《大理行记》载："师僧有妻子，然往往读儒书；段氏而上国家者，设科选士，皆出此辈。"可见，大理国也实行了类似于唐王朝的科举考试。由于唐王朝的开明、开放的文化政策，在当时的国学、太学还吸收了藩属国的生员。如太宗贞观五年以后，“国学、太学、四门亦增生员，……无何高昌、吐蕃诸国酋长，亦遣子弟请入国学之内八千余人。国学之盛，今古未有”③。

宋朝是科举制的发展时期，科举考试制度日趋成熟。有宋一代，十分重视在边远民族地区的科举，并在政策上给予一定的照顾。据《宋史·选举志》载，“凡州县学生曾经公私试者，复其身，内舍免户役，上舍仍免借，借如官户法”，还规定“自川、广、福建入贡者给借职券，过二千里给大将券，续其路食，皆以学钱给之”，以保证那些路途较远的考生的旅费和伙食费。宋时北有大辽、金，西北有西夏，西南有大理国，其直接统治的少数民族地区仅限于今川、黔、两湖、两广地区。当时这些地区的考生也要到北宋都城开封参加科考，路途遥远，士子要不远千里，长途跋涉，异常辛苦。为了解决这个问题，朝廷决定在四川设立科场，并派考官前去监考。高宗二十九年，“蜀去行在万里，可使士子涉三峡、重湖耶？遂诏监司，守倅宾客力可行者赴省，余不在遣中。是岁，四川类省试始从朝廷差官”④。南宋时，为了方便云南少数民族地区士子参加科考，南宋政府曾规定，“四川州解士，只就安抚制置司类，省试毕，径赴殿试”⑤，即当时贵州士子要去四川参加科考，西南地区的会试科场设在四川。此外，

① 王定保：《唐摭言》卷 1《会昌五年举格节文》，上海古籍出版社 1978 年版，第 2 页。
② 本书编委会：《中国少数民族教育史》第 2 卷，广东教育出版社 1999 年版，第 45 页。
③ 《文献通考》卷 41《学校二》。
④ 《宋史》卷 156《选举二》，第 3631 页。
⑤ 张羽琼：《贵州古代教育史》，贵州教育出版社 2003 年版，第 58 页。

对少数民族地区士子在录取时也采取特殊照顾政策，“时江南未平，进士林松、雷说试不中格，以其间道来归，亦赐三传出身”①。值得一提的是，在宋真宗时，高句丽始贡一人。

与宋王朝并立而存的辽、金、西夏等少数民族政权，也不同程度地实行了科举考试制度。辽代在景宗保宁八年恢复了考试机构，并在圣宗统和六年正式开科取士。据统计，从辽兴宗朝开始，仅东北地区就有19位进士入仕途。② 尽管辽代统治者推行科举的目的在于笼络汉、渤海等族地主阶级知识分子，但从客观上促进了我国北方及东北地区科举考试的发展。继辽之后，金承辽、宋之制，也确立了科举取士制度。《金史·选举志》载：“其设也，始于太宗天会元年（1123）十一月。”金代科举之创建，就是女真进士科的设立。大定二十九年（1189），“诏许诸人试测策论进士举”③，这里的“诸人”，即女真人及其他少数民族。“女真进士科的设立在中国科举史上，第一次给少数民族以相应的地位，其意义是不容忽视的。”④ 西夏王朝的统治者一直提倡习诵儒家典籍，传播儒家思想，以维护其统治，并建立学校，推行儒家教育。至夏仁宗时，西夏即开始实行“策举人，始立唱名法”⑤ 的科举考试制度，以选拔人才。于是，西夏形成了儒士云集、文人荟萃的局面。正如有的学者指出的那样，儒学的发展是西夏文化的一个重要特点。⑥

元朝代宋之初，认为北宋之亡在于科举制度使之人才文弱、社会重文轻武之风盛行，曾一度废除了科举，直到仁宗皇庆二年（1313）才下令恢复科举。由于元代统治者推行民族歧视、民族压迫政策，其科举考试中也一以贯之。例如，在考试科目的设置上，规定蒙古、色目人仅考两场，而汉人、南人则需考三场，又明确规定了，“蒙古、色目人愿试汉人、南人科目，中选者加一等注授”⑦。在录取人数方面更有许多不合理的规定，虽然汉人、南人参加考试的人数明显要比蒙古、色目人多得多，但录取的人

① 《宋史》卷155《选举一》，第3606-3607页。

② 王鸿宾等主编：《东北教育通史》，辽宁教育出版社1992年版，第119页。

③ 《金史》卷51《选举一》，第1142页。

④ 王鸿宾等主编：《东北教育通史》，辽宁教育出版社1992年版，第1599页。

⑤ 尤中：《中华民族发展史》，晨光出版社2007年版，第619页。

⑥ 史金波：《西夏文化》，吉林教育出版社1986年版，第124-127页。

⑦ 《元史》卷81《选举一》，第2019页。

数却是一样的。元代的科举制度在仿效宋制的同时，各省按名额分配。全国“选合格者三百人赴会试，于内取中选者一百人”，其中“蒙古、色目、汉人、南人分卷考试，各二十五人”①。以上规定可以看出，色目人和蒙古人有同样的优待，而色目人中则以畏吾儿为主，其中也包括回回等31个少数民族。如仁宗延祐二年（1315）京师会试，色目人中举者75人。畏吾儿人在元代中进士者为数不少，粗略统计有13人之多，除此之外，在回族人中也占有不少的比例。有元一代，从仁宗延祐二年（1315）到顺帝至正二十六年（1366），共举行了16次廷试，每次录取进士最少时50人，最多时100人，其中蒙古族就中过16名状元②。元祚虽短，但其科举考试的水平已经相当进步了，在中国科举史上起到了承上启下的作用。

明清时期，科举制日臻完善成熟，同时在边疆民族地区的实践也超过前代。明朝建立之初便确立了“治国以教化为先，教化以学校为本”的指导思想，并诏令“郡县皆立学校，延师儒，授生徒，讲论圣道，使人日渐月化，以复先王之旧”③。明太祖朱元璋在一次给广西左右江溪峒官民的谕文中称：“朕惟武功以定天下，文德以化远人，此古先哲王威德并施，遐迩威服者也。”④ 自明代开始推行改土归流，同时在民族地区实行科举制。据《大明会典·礼部三十五》载，永乐元年（1403），令广西、湖广、四川土官衙门按照云南例选贡。永乐十八年（1421），又令贵州选贡送监。在贵州东部，永乐十一年将思州、思南二宣慰司改土归流，所设各府都建立了儒学，当地的土家等少数民族子弟可以和汉族子弟一样进入学府学习，并参加科举考试。弘治十三年（1500），令“云南、四川、贵州等处，除军民指挥使司儒学军民相间一年一贡，其余土官及都司学照先年奏准事例三年二贡”⑤，嘉靖二年（1523），又奏准贵州宣抚司儒学生员一年一贡。于是，“云南、四川皆有土官生入监读书，辄加厚赐，并给其从人。永、宣间，先后络绎”。据《云南图经志书》记载，明代楚雄府的彝族不仅“稍变其俗，更慕诗书，多遣子弟入学。今亦有中科第者”。“明末云南保

① 《元史》卷81《选举一》，第2021页。
② 本书编委会：《中国少数民族教育史》第2卷，广东教育出版社1999年版，第42页。
③ 《明史》卷69《选举一》，第1686页。
④ 《明史》卷318《广西土司二》，第8230页。
⑤ 张学强：《明清多元文化教育研究》，民族出版社2006年版，第14页。

山回族闪氏一姓，就有举人、贡生、进士21人；云南蒙自沙甸一村就有回族举人、贡生、进士13人；云南玉溪龙门附近的三个回族村子里，有举人、贡生、进士11人。”①

清朝入关后即举行科举考试，顺治元年（1644）诏开科举时，“八旗人士不与”。到了顺治八年（1651），方允许八旗士子应试。最初，乡、会试、殿试，均满洲、蒙古为一榜可，汉军、汉人为一榜。至康熙二十六年（1687），乃诏同汉人一体应试。② 如明代一样，清代自雍正年间即开始对西南各土司统治之地，进行大规模的改土归流。改流之后，在这些地区建立流官的统治，并推行一系列发展文化教育的事业。“雍正年间，云南丽江土知府改土之后，丽江县建立了府学、书院和义学，掌握汉文化的人便不像明朝时期那样只限于木氏土司一个家族了，一般富裕家庭的子弟也有了就学的机会，先后出现了能够掌握汉语文的文人学士，有许多人还登科及第。”③ 清代雍正元年（1723）规定：俟熟番学业有成，令往教诲生番子弟，再俟熟习通晓之后，准其报名应试。④ 在西北羌族地区，雍正八年（1730），松茂道郑其储题准羌民与汉“一体考试”。⑤ 虽然由于清朝开放的文教政策，少数民族的科举考生不断增多，但是由于地区文化教育水平的差异，其考中者仍然很少。有鉴于此，清朝制定了一系列鼓励政策。首先，为了鼓励少数民族子弟入学，在少数民族地区广泛开设社学、义学。据《清史稿》和《清朝文献通考》记载，云南、贵州、广西、广东等少数民族地区就广设义学、社学，为少数民族子弟入学提供场所。其次，为了照顾少数民族子弟入学，在科考时还给予少数民族考生特别照顾。有史载：除国子监在学的士族生员外，每三年特批25名学额让云南土官族属及一般士人参加考试，考中者报经礼部核查后即视为生员。⑥ 如乾隆年间云南石屏县彝族李元程、李元汉兄弟，李茂彩、李向礼分别先后中举。而对于云南举人赴京会考落选者，朝廷也特许在其中选择一些文尚可观、人才可用者候旨录用、直接任命为第一级或数级的职务，而且不拘人数。此

① 本书编委会：《中国少数民族教育史》第1卷，广东教育出版社1999年版，第36页。

② 本书编委会：《中国少数民族教育史》第2卷，广东教育出版社1999年版，第67页。

③ 尤中：《中华民族发展史》第3卷，晨光出版社2007年版，第1404页。

④ 《清朝文献通考·学校八》。

⑤ （嘉庆）《四川通志》卷七十七。

⑥ 张学强：《明清多元文化研究》，民族出版社2006年版，第154页。

外，还采取增加录取名额的方式。如康熙二十二年（1683），差往筹划土司事宜的侍郎库勒纳关于“云贵二省应各取土生二十五名”① 的奏请被采纳；雍正六年（1728），清世宗谕礼部曰：“今滇、黔、楚、粤等省苗民向化，新增土司入学额数，为学宦者尤宜加意禁饬，毋使不肖士子冒籍贯，阻土民读书上进之路。”② 嘉庆十三年（1808）规定：“苗疆凤、乾、永、保四厅县（今属湘西土家族苗族自治州）士子应乡试者，另立边字号，数在三十名以上，于本省额内取中一名，又苗生应乡试者另立田字号，数在十五名以上，于额外取中一名。③” 道光、同治年间，湖南乾州厅苗族中举3人，嘉庆至同治年间永绥厅苗族中举19人。④

综上所述，科举制自其萌生特别是自隋唐确立以来，就不断在边疆少数民族地区推行开来，无论是中央王朝还是地方少数民族政权都无一例外。毫无疑问，边疆民族地区的科举制实践是中国科举制发展史的一个重要组成部分。

二、科举制与边疆民族地区的社会发展

科举制在边疆民族地区的推行，对于发展民族地区教育、培养人才、传承民族文化、维护边疆民族地区的社会稳定与经济发展等方面产生了深远的影响，具有十分积极的作用和意义。

（一）繁荣民族地区教育，培养少数民族人才

科举考试，其内容与形式重在文化知识与才能，因此科举制的推行促进了边疆民族地区学校教育的发展，在一定程度上提高了边疆民族地区社会文化水平，既为中央王朝在民族地区的开科取士、选拔人才提供了丰富的人力资源，又为当地社会文化的发展创造了良好的社会基础和条件。

为了科举考试制度更好地在民族地区推行，历朝统治者都推行鼓励和

---

① 《清圣祖实录》卷二十。

② 《清朝文献通考·学校四》。

③ 湖南省少数民族古籍办公室：《湖南地方志·少数民族史料》(上、下)，岳麓书社1991年版。

④ 张学强：《明清多元文化研究》，民族出版社2006年版，第148页。

发展民族地区文化教育的举措，带动了当地的教育发展和人才培养。如明代，在民族地区设府、州、县、卫所学、宣慰司学等，要求民族上层子弟入学，在选贡名额等方面还给予特殊的照顾；鼓励土官子弟进入国子监学习并给予特殊的照顾；鼓励在民族地区普遍设立社学和书院以推行教化；在少数民族比较集中的地区，如两广、两湖、川、黔、滇等民族地区吸引少数民族学生参加科举考试，并不断增加名额。据学者研究统计，明代在南方五省（湖广、广西、贵州、四川、云南）土官地区共建府学最多时达26所。[①] 各级学校的设立，使得儒学在民族地区得以广泛传播和普及，人才辈出。像“贵州文风一开，人才日盛，学者明经登第而为世用者，往往与中州相伯仲”[②]，中举人、进士者数百人。终明一世，贵州共录取举人1759名（其中武举20名），进士137名（其中武进士32名）。[③] 由于明代起，把学校真正纳入科举考试之中，成为科举开始的附属物，因此，造就了一大批书院的兴起。仅贵州地区就共建书院达38所，[④] 极大地推动了当地文化教育事业的发展。

一般来说，凡是科举制推行比较深入的民族地区，其社会经济文化发展水平就相对较高；相反，凡是科举制实施比较薄弱的民族地区，其社会经济文化发展水平也相对滞后。如云南大理白族地区，自隋唐以来该地区就深受内地儒家文化的影响，无论是在南诏统治时期，还是后来被纳入中央王朝的统治范围以下，该地区的教育文化水平相对云南其他少数民族地区来说都是最为先进的，因此科举制在这个地区的实施也是最为深入的。据相关资料的统计，大理地区自元代以来，共产生进士217人，武进士14人；举人1724人，武举人278人。[⑤] 同时，云南大理白族地区，自隋唐以来的经济文化发展水平都是高于其他少数民族地区的。另外像广西壮族地区、湘鄂渝黔边的土家族地区，也因科举较普及而与汉族社会经济发展水平相当接近。而那些科举制实施比较落后的民族地区，其社会经济文化事业也相对较为滞后。例如，元朝时期，蒙古族在经济文化等各方面的发展

① 黄明光：《明代南方五省少数民族地区教育状况述论》，载《学术论坛》2000年第5期。
② 张羽琼：《贵州古代教育》，贵州教育出版社2003年版，第90页。
③ 张羽琼：《贵州古代教育》，贵州教育出版社2003年版，第145页。
④ 张羽琼：《贵州古代教育》，贵州教育出版社2003年版，第121页。
⑤ 《大理白族自治州教育志》，云南民族出版社1991年版，第82页。

水平较高；但是到了清朝统治时期推行蒙汉分治政策，把蒙古地区与内地隔离起来，在清朝建立之初也是不允许蒙古人参加科举的，直到后来才有所改观；清朝的这一政策，也造成了蒙古族在文治武功方面的逐渐衰败，使得整个北方蒙古游牧民族的整体落后。而像西藏、新疆等民族地区，科举制几乎没有涉足，当地的社会经济文化发展与内地差异较大，也相对滞后。

尽管历代中央王朝在边疆少数民族地区推行儒学教育，其最终目的是为了维护其统治基础，但不可否认的是这些做法，在客观上为民族地区培养了大批优秀人才，对维护边疆地区的社会安定和经济发展、民族融合具有十分积极的作用。

（二）传播先进汉文化，传承民族文化传统

科举考试的内容是儒家经典，因此随着科举考试制度在民族地区的推行，以儒家文化为核心的汉文化也不断在民族地区传播开来，同时对于当地少数民族文化的发展和传承产生了积极的影响。

科举考试对于发展和传承民族文化的积极影响的一个最鲜明的例子，就是云南大理白族地区。自唐代时的大理国开始，白族就很注意吸收和借鉴中原地区的汉文化，“在云南，积极吸收汉文化以发展自己民族文化的，第一是白族”①。白族知识分子不仅学习汉文化和汉语言，而且在白族语言中吸收了大量的汉语词汇，丰富和发展了白族语言和词汇。白族士子不仅学习儒家经典以投身科考，并在吸收汉文化的基础上继承和发展自己民族的文化。例如，明朝景泰年间，白族文士杨黼不仅汉文化程度高，而且用白文书写了《词记山花碑》，对于保留和传承白族文化起到了重要的作用。另一位白族士子李元阳考中进士，其主持纂修的万历《云南通志》及嘉靖《大理府志》仍流传至今。

正如有的学者在对回族历代科举所做的研究时得出这样的结论，即认为科举在回族中的实施，不仅是回族学习汉文化的主要途径之一，并且是保持和发展伊斯兰文化的重要途径。“即使在回族人民倡言复兴伊斯兰文化之时，也未忽视儒家文化的重要地位，而且积极追求‘儒与回相表里，

① 尤中：《中华民族发展史》第3卷，晨光出版社2007年版，第628页。

因一以贯之’的理想境界，力求使伊斯兰文化与儒家文化在理论上相互适应，并且一步一步在实践中进行具体实施，从而确立儒家文化在回族文化中的重要地位，决定了回族伊斯兰文化独具的特色，为两种文化在相同的社会条件下的共同发展开辟了一条广阔的道路。”① 可见，科举考试制度在传播儒家文化和发展伊斯兰文化都起到了极大的促进作用。

土家族也是一个汉文化程度很高的少数民族，显然是得益于科举考试。明弘治十四年（1501），明孝宗下令规定，凡承袭土司职位者，“悉令入学，渐染风化，以格顽冥，如不入学者不准承袭”②。明政府这种强制推行汉文化的政策，虽然其主观目的在于加强中央王权的统治，但这种做法在客观上有利于土司、土官文化的提高，为土家族统治阶层培养了一批有文化的人才。正如有的学者所指出，“土家族之所以没有创造自己民族的文字，就因为他们长期与汉族接触的机会多，通汉语，因而习用汉语文的缘故”③。土家族在各少数民族中是受汉文化影响比较深的，因此在其聚居区的社会经济文化发展相对其他少数民族而言是比较进步的。

作为少数民族掌握中央统治权的元朝和清朝，以及与宋同时并存的辽、西夏、大理少数民族政权，为了加强自己的统治，也都十分重视吸收和借鉴儒学教育，推行科举考试，培养和选拔人才。虽然科举考试秉承的主要是以儒家经典为核心的汉文化，但是其他少数民族通过吸收和借鉴汉文化中先进的因素，来发展本民族的文化，使之与时俱进，保持本民族文化的兴盛和活力。

（三）兴礼盛德，移风易俗

科举考试在民族地区的实施尤其是开闯乡试之后，便以其巨大的政治功能和教育功能对民族地区社会文化风气产生了巨大的导向作用，对于破除民族地区落后的风俗习惯和传播儒家礼仪文明起到极大的推动作用。

科举考试是各朝统治者文教治国的重要内容，也是管理边疆民族地区的重要手段之一，通过科举考试，使汉文化和中原先进的礼仪教化更容易在民族地区传播。成化十七年（1481）二月，巡按云南右副都御史吴诚奏

① 哈正利：《回族与科举制》，载《中南民族大学学报》2003年第1期。

② 《明史》卷310《湖广土司》，第7997页。

③ 尤中：《中华民族发展史》，晨光出版社2007年版，第646页。

请令土官衙门各应袭子孙于附近各府州县儒学读书，“使知忠孝礼义，庶夷俗可变而争袭之弊可息”，明宪宗也认为“云南土官世修职贡，无敢违越，但争袭之风往往有之，盖虽由干政而未化于教也。其令土官各遣应袭子孙就学，如巡抚官及尔礼部所言，使蛮貊乘争之风潜消，而华夏礼义之化远暨”①。据《明史·湖广土司》载：弘治十年诏，土官应袭子弟悉令入学，渐染风化，不入学者不准承袭。故永顺司亦尝从学。据明代贵州志乘记载，明中期以后，贵州各地的社会风气有较大的改观，尊崇诗书，讲习礼仪成为时尚。如明万历年间的贵阳“渐渍文明之化，易兵戎为城廓，变刁斗为桑麻，民不喜争，士皆期雅”，“礼宗考亭，不随夷俗，文教丕扬，人才辈出”。② 可见，这些都不能不归结为科举考试的功效。

另外，通过科举从民族地区走出来的士子，在成为王朝的官员之后，也对民族的文化发展产生了积极的影响。康熙三十五年，贵州巡抚阎兴邦曾奏请增加贵州乡试中名额说，“仕进之路既广，诵读之士愈奋，边地文化日益振兴矣”，认为让更多的少数民族士子参加科举，得为流官，则可“入中原礼仪之乡，睹文物之盛，观感兴起，必有大变犷悍之习者”③。

（四）维护社会稳定，促进民族团结

科举教育有助于促进社会尚学风气，把中原儒家文化传播到边疆民族地区，使得各民族政治文化渐趋一统，中央王朝的统治基础和行政能力进一步稳定和提高，有益于社会稳定和促进边疆民族地区的民族团结。

以明朝为例，明王朝历代君主都十分重视对西南边疆地区的治理问题。明建立之初朱元璋就发出了这样的疑问，“边夷土官，皆世袭其职，鲜知礼义，治之则激，纵之则顽，不预教之，何由能化？”而讨论的结果无疑是推行文教政策以“怀化”之。从明英宗正统年间（1436—1449）到明景宗景泰年间（1450—1456），明政府为了稳定西南局势，在科举名额上不断向西南地区倾斜，多次诏令“云贵乡试不拘额”，“其云南边夷土官，皆设儒学，选其子孙弟侄之俊秀者以教之，使之明君臣、父子之义，

---

① 《明宪宗实录》二百一二。
② 郭子章：《黔记》。
③ 《清一统志》。

而无悖礼争斗之事，亦安边之道也”①。嘉靖十年（1531）礼部奏折称：夷地边方如云贵、辽东等处，其人才不与中原比，一概考校，必多黜落，人怀无用之志，将来必至废学，恐非羁縻化道之深意也。② 事实上，在各土司统治地区，经常发生为争夺世袭官位而大动干戈、刀枪相见的仇杀事件，以致影响到中央王朝在这些地区的统治权威。而随着儒学在这些地区的推广和各种学校的建立，儒家关于社会、伦理、人文的思想价值观念也随之传播开来，“使之明君臣、父子之义”，在一定程度上起到了缓和与调解土司集团内部矛盾的作用。

历代中央统治者在少数民族地区建校兴学、大兴科举的主观动机就是希望利用教育和科举的价值导向作用，以“缓和其与少数民族上层以及少数民族上层之间的矛盾，以长期维护其在各少数民族地区的封建统治”③。尤其是明代，其在少数民族地区建立各种地方儒学的目的有两个，“一个是为少数民族地区培养人才，为科举制度的实施创造条件；二是培养土司制度的接班人，尽可能消除土司因承袭问题带来的争斗，保证土司地区的社会秩序和对明王朝的向心力”④。即科举制可以消除边疆民族地区社会内部的隔阂、离心和冲突的因素，从而使社会成员的行为逐步集中在一个以主流价值观为方向来释放其潜能，不断形成政通人和、社会稳定的政治局面。可见，通过在民族地区推行科举考试，不仅可以化解或消除民族地区的社会矛盾，起到稳定边疆民族地区的作用，还有利于中央王朝在这些地区的改土归流政策的推行。同时，由于科举的强大社会导向作用，使之在基层社会形成了一个强大的士绅阶层，这个阶层在稳定基层社会上、连接皇帝与庶民方面发挥了重要的作用。“科举制度造就了士绅阶层，但由于国家每次开科取士的名额有限，所以这一阶层中除了小部分入仕从政、参加社会流动外，绝大多数人滞留在社会下层，成为文化的传播者，发挥文化普及作用。”⑤

综上所述，科举制以其强大的社会功能，对中国古代边疆民族地区的

① 《明太祖实录》卷二三九。

② 《明世宗实录》卷一百二十七。

③ 黄明光：《明代南方五省少数民族地区教育状况述论》，载《学术论坛》2000年第5期。

④ 张学强：《明清多元文化教育研究》，民族出版社2006年版，第17页。

⑤ 谢俊美：《科举制度存废的历史考察》，载《历史教学问题》1998年第4期。

社会政治、经济、文化、教育等各方面均产生了深远的影响，对于维护边疆民族地区社会稳定和中华民族大一统格局起到了积极的促进作用。

三、科举制与多民族统一国家的认同与发展

科举制在边疆民族地区的实施，对边疆民族地区的社会经济、政治、文化等各方面产生了深远的影响，尤其是对中华民族统一多民族国家认同的形成起到了积极的促进作用。它以其强大的政治文化功能，促使各民族之间、各民族内部的认同与凝聚，促进了多民族统一国家的认同与发展。

首先，科举制在民族地区的实践，促进少数民族地区对大一统王朝的政治认同，极大地促进了中华民族多元一体格局的形成和发展。科举在边疆民族地区的推行，促进了儒学在民族地区的广泛传播，加强了内地与边疆地区的交流和文化联系。统一的考试内容，使全国形成了统一的语言文字成为可能，更有利于形成共同的文化心理素质和价值追求，为中华民族一体认同的形成起到了极大促进作用。“各少数民族在全新的文化背景和社会条件下，努力保持自己民族的特色，运用儒学的价值和思维方式，整理本民族的传统文化，进而在新的高度上发扬本民族的优秀文化”①，并“在历史发展中逐步形成了近现代一体多元的民族文化新格局”②。科举制这种强大的社会功能，远比秦始皇推行的“书同文，车同轨”的强制手段要高明得多。如果说秦始皇统一六国，开创了中国大一统格局，那么科举制则是推动这个车轮前进的重要力量，而且以科举制为凝结力的大一统格局，其内部结构更加紧密，联系更加深刻，更加稳固。正如有的学者在对明代南方少数民族地区教育进行研究时所言，“明朝在南方诸省少数民族地区开科招考，使一部分少数民族知识分子通过科举考试进入封建仕途官场，到中央政权机关或汉族地区当官任职，这有助于改变封建统治阶级民族成分单一的情况，推动汉民族与少数民族的政治文化交往，促进民族融合”③。而元朝时期，也是民族大融合时期。“元代的科举考试是中原汉族儒士学习和继承儒家传统文化，是蒙古族和其他民族出身的知识分子学习

① 张羽琼：《贵州古代教育》，贵州教育出版社2003年版，第148页。
② 党乐群：《云南的科举》，载《云南教育学院学报》1992年第8卷第4期。
③ 黄明光：《明代南方少数民族地区教育状况探议》，载《民族研究》1991年第2期。

中原文化的一个重要契机，它有力地促进了元代不同民族间的文化交流与元代的民族融合。”① 元代的科举考试对于民族间的融合起到了相当重要的促进作用。以清代科举制对满族的影响为例，“满族人通过参加科举考试，加速了汉化的进程科举考试的作用，除了要求满族人必须使用和精通汉文之外，更为重要的是这一过程中潜移默化的影响满族人在应试过程中，由于熟读‘四书五经’，而逐渐接受汉族信泰的孔孟之道，他们学作八股文和诗赋时，也养成了汉族人的思维方式与文人风尚，科举考试还使满族人与汉族人结成同年和师生关系进而密切了两个民族的关系”②。

其次，科举制促进了民族认同意识与统一国家观念的形成。科举考试是在民族地区传播汉文化最好的方式之一，也是加强中央集权和国家政治统一的有效手段。在历史上爆发了许多的少数民族反抗中央王朝的起义，例如在黔、湘、鄂地区历史上曾爆发过多次大规模的苗民起义，但是对于同样生活在当地的土家族人民来说，却很少发生这样的事件。这一现象固然有多方面的原因，但后者因科举程度较高而与中央王朝的政治联系相对紧密无疑是其中重要的因素之一。中华民族多元一体格局，是中国古代民族关系的基本特点。由于科举考试的主要内容是以儒家经典为基础的汉文化，因此科举制在民族地区的推行，在传播汉文化的过程中也确定了汉族的主体民族的地位，形成了以汉族为主体的各民族共同发展的民族格局。科举制度的实施，促进了民族地区文化教育事业的发展，文化教育事业的发展是民族心理和文化认同的基础，在文化认同的基础上，促进了各民族对中华民族大一统格局和天下观念的政治认同。因此可以说，历代封建统治者在边疆民族地区的科举实践，是中国历史上民族认同意识与统一国家观念形成的重要纽带。特别是像蒙古人建立的元朝和满族人建立的清朝，在取得中央政权之后，也无一例外地实行了科举制度，选拔治理国家的人才。随着科举制度的实施，也加快了其自身的汉化过程，最终使得这些少数民族建立的中央王朝得到汉族知识分子的认同，成为整个中华民族大一统的重要组成部分，取得正统的合法统治地位。“科举考试成为把各种信仰、种族、观念、家庭背景、经济利益不同的人与国家政治取向联结在一

---

① 秦新林：《试论元代的科举考试及其特点》，载《殷都学刊》2003 年第 2 期。

② 张杰：《清代科举制度对满族文化发展的多元影响》，载《学习与探索》2004 年第 4 期。

起的纽带；进一步增强了社会的凝聚力和整合社会各种力量的黏合剂。随着科举考试内容日益深入人心；中国如此众多的民族和各种利益不同的集团、人群不但没有分裂成众多小国家，而是不断走向成为一个统一的民族众多、信仰各异的泱泱大国。”①

最后，尤其值得注意的是，近代以来中国边疆危机空前严重，在北部蒙古地区、西部新疆、西南西藏等民族地区均发生过少数民族上层企图脱离中央政府、分裂祖国的现象。而在同样地处中国大西南的云南并且是少数民族众多的省份，却没有发生类似的事情。这与云南地区历史上科举程度较高、儒家文化的高度繁荣有很大的关联，当地少数民族对统一多民族国家的认同很强，虽然其民族自治意识也在不断增强，但前提是在对统一多民族国家的认同之下的。可见，科举考试对边疆少数民族政治一体认同，对统一多民族国家和中华民族多元一体格局的形成，其影响至深至远。

---

① 张宝昆：《科举制与社会稳定的政治学研究》，载《云南师范大学学报》2006年第1期。

清代西南边疆的学额配置及科举中额政策述论

杨永福*

摘　要：清代，中央对各省府州县学均实行严格的学额控制政策。一般而言，学额是按照各地区行政级别并参照文风、人口与赋税情况来具体设置的。乡试中额同样参照各省文风、人口与赋税情况，分为大、中、小省三个等级来录取，即便是会试中额，也从初期的凭文录取到分卷制度，再发展到分省定额政策。但是，清廷为了更好地对西南边疆进行治理，其学额政策在西南边疆有所变通，予以一些优惠的政策措施。如此做法，产生了较大的实际效果，也为后人留下值得借鉴的一面。

关键词：清代；学额政策；分区定额；分省取士；西南边疆

清代，中央对各省府州县学均实行严格的学额控制政策。其根本的缘由在于，从明代开始，"科举必由学校"，学校教育制度与选官制度紧密衔接，而清朝的学校与科举，向沿明制。由于清帝国幅员辽阔，各地自然与社会人文环境千差万别，经济社会及教育水平亦有很大不同，如西南边疆与中原内地、江南地区，就有着较大的差距。方面为了有效地对西南边疆进行治理，在学额政策上，清廷在西南边疆基本上实行统一的政策规定；另一方面又基于西南边疆的特殊性，给予一些优惠措施，有明显的灵活变通。

* **作者简介**：杨永福，遵义师范学院历史文化与旅游学院，博士，教授，研究方向为西南边疆史。

关于清代科举制度与学校教育，学界前贤已经有非常丰硕的成果。①但专门论及学额政策在西南边疆的实施及效果，就笔者目力所及，尚属鲜见，故在此尝试叙述之，敬请读者指正。

一、唐宋以降学额配置的变化

尽管唐宋时就有了学额的规定，但由于与选官制度没有完全统一、衔接，所以不具有普遍社会意义；到了明代，学额的社会意义方凸显起来。②

伴随着中央集权制度高度发展，明代的选官制度亦进一步完善。其“选举之法，大略有四：曰学校，曰科目，曰荐举，曰铨选”，但前后期选官途径有较大变化，“荐举盛于国初，后因专用科目”。科举盛行时“卿相皆由此出”③。

明代科举与唐宋时期相比较，除了科考层级增加，科目减少，其最大的变化在于“科举必由学校”④。正因为如此，以朱元璋为代表的明朝统治者十分重视学校教育，在其统一全国后，在各地大力兴办儒学，“明代学校之盛，唐、宋以来所不及也”，出现了“无地而不设之学，无人而不纳之教”，“庠声序音，重规叠矩，无间于下邑荒徼，山陬海涯”的状况。⑤虽然过于夸张，但明代学校教育的发展确实超越前代。由于科举选官制度与学校教育密切衔接，学额开始凸显以往所未有之社会意义，明政府对学额于是有了明确的规定。

据《明史·选举志》，洪武二年（1369）定“府学四十人，州、县以次减十”，然而“未几即命增广，不拘额数”。宣德年间（1426—1434）

---

① 如李世愉的《清代科举制度考辩》（沈阳出版社2005年版）、载《清代科举制度考辩续》（北方联合出版传媒（集团）股份有限公司万卷出版社2012年版），王德昭《清代科举制度研究》（中华书局1984年影印本），刘希伟的《清代科举冒籍研究》（华中师范大学出版社2012年版），梁志平、张伟然《定额制度与区域文化的发展：基于清代长三角洲地区学额的研究》（漓江出版社2013年版），王美芳《文教遐宣——清朝西南地区文教措施研究》（台湾师范大学2006年版）等，相关论文则更多，在此不一一列举。

② 梁志平、张伟然：《定额制度与区域文化的发展：基于清代长江三角洲地区学额的研究》，漓江出版社2013年版，第9-13页。

③ 《明史》卷六九《选举一》。

④ 《明史》卷六九《选举一》。

⑤ 《明史》卷六九《选举一》。

“定增广之额”，其数与初定之“廪膳生员”数相同，“及其既久，人才愈多”，于是又不得不“于额外增取，附于诸生之末，谓之附学生员”。① 而附生是无定数的，故而生员的数量到后来终于失控，有的学者认为，“明初生员只三万有奇，而明末突破60万”②。生员数量的无限膨胀，带来了一系列问题，顾炎武便称：“天下之病民者三：曰乡宦，曰生员，曰吏胥。”③ 为解决生员无限膨胀带来的问题，万历三年（1575），明廷开始定地方儒学进学人数，至崇祯年间，“命礼臣将天下州县分为大、中、小三等入学，以定为差，著为令，大州县五十，中三十，小十五”④，但是，因为积习已久，加之明朝末年政治黑暗，时局动荡，学额的规定成为具文。⑤

“有清学校，向沿明制。京师曰国学，并设八旗、宗室等官学。直省曰府、州、县学。”⑥ 清代科举制度沿袭明制，但做了改革，最重要的一点，就是对各级学校每一科录取的新生实施限额。这样，生员的总数得以进入一个可以控制的发展轨道。⑦ 在清代，进入官学（又称儒学）成为士子的第一级晋身之阶。得以入学的称为“生员”（俗称“秀才”），入学考试称为“童子试”，这一考试也就成为科举考试体系中最基础的一环。而成为生员意味着获得“功名”而成为四民之首，享有若干政治、经济特权。顺治九年（1652），命各地学宫立卧碑文：“朝廷建立学校，选取生员，免其丁粮，厚以廪膳，设学院、学道、学官以教之，各衙门官以礼相待。”⑧ 康熙九年（1670），礼部题准给予生员若干优恤政治待遇：“生员如果犯事情重，地方官先报学政，俟黜革后，治以应得之罪。若事讼小事，发学责惩，不得视同齐民，一律扑责。”⑨ 成了生员就意味着步入绅士

---

① 《明史》卷六九《选举一》。

② 陈宝良：《明代儒学生员与地方社会》，中国社会科学出版社2005年版，第196-216页。

③ （清）顾炎武撰，华忱之点校：《顾亭林诗文集》之《亭林文集》卷二，《生员论中》，中华书局2008年版。

④ （明）崇祯《兴宁县志》卷二《学校》。

⑤ 陈宝良：《明代儒学生员与地方社会》，中国社会科学出版社2005年版，第202-204页。

⑥ 《清史稿》卷一〇六《学校一》。

⑦ 梁志平、张伟然：《定额制度与区域文化的发展：基于清代长江三角洲地区学额的研究》，漓江出版社2013年版，第15页。

⑧ （光绪）《钦定大清会典事例》卷三八九《礼部·学校·训士规条》，中华书局1991年影印本。

⑨ 梁志平、张伟然：《定额制度与区域文化的发展：基于清代长江三角洲地区学额的研究》，漓江出版社2013年版，第2页。

阶层。正因为如此，众多士人耗尽毕生精力也要入学。根据学者的统计分析，19 世纪平均一个县的童生数要略高于 1000 人，而学额却只有几十名。① 这样看来，学额堪称当时社会上非常重要的社会文化资源。因此，清政府对学额的控制与配置非常严格。总体而言，各省的府州县学额实行统一配置的政策，但在具体的实施过程中，对某些地区，则又有一些灵活性、差异性做法。

二、清代官学学额配置的基本政策及在西南边疆的实施

清代不仅府、州、县学之学额是按照区域来进行配置的，乡试中额也是参照各省文风、人口与赋税情况，分为大、中、小省三个等级来录取的；即便是会试中额，也从初期的凭文录取到分卷制度，再发展到分省定额政策。在此全国性政策背景下，在西南边疆有一些变通的或者说优惠的政策和措施。

一般而言，学额是按照各地区行政级别并参照文风、人口与赋税情况来具体设置的，因此，各地的学额便存在着差异，首先表现在府、县学额数上；其次，即使同为府学或县学，也会因为文风、人口与赋税而造成学额数上的差异。大体而言，此种政策规定在全国范围内是一致的。从记载来看，清代各省官学的学额在顺治四年（1647）就开始明确规定，此后有过几次调整：

顺治四年定：直隶、各省儒学，视人文多寡，分大、中、小学取进童生。大学四十名，中学三十名，小学二十名。

又定：直省各学廪膳生员，府学四十名，州学三十名，县学二十名，卫学十名。增广生员名数同。

顺治十五年题准：直省取进童生，大府二十名，大州、县十五名，小学四五名。

康熙九年题准：各直省取进童生，大府、州、县仍旧，州学十二名，小学或八名，或七名。

---

① 张仲礼：《中国绅士——关于其在 19 世纪中国社会中作用的研究》，上海社会科学院出版社 1991 年版，第 89-90 页。

雍正二年奉上谕：我圣祖仁皇帝寿考作人，六十年来山陬海澨，莫不家弦户诵。直省应试童子，人多额少，有垂老不获一衿者。其令督、抚、学政，会核人文最盛之州、县，题请小学改为中学，中学改为大学，大学照府学额取录。督、抚务宜秉公详查，不得徇私冒滥。①

从上述史料得知，顺治四年（1647）开始明确规定各地学额，顺治十五年（1658）第一次调整，康熙九年（1670）第二次调整，雍正二年（1724）第三次调整。最后一次调整成为清代大部分时间里学额的定制。此后虽有调整，但均为局部的、临时性的措施。表 1 是康熙、雍正时期几次学额调整的情况列表统计：

表 1　清代府州县学学额（文）总例

时间	府学（名）	大学（名）	中学（名）	小学（名）	调整范围
顺治四年	40	40	30	20	全国
顺治十五年	20	15	12	4~5	全国，府为大府
康熙九年	20	15	12	7~8	全国
雍正二年	25	25	20	16	人文最盛之州县

资料来源：（嘉庆）《钦定学政全书校注》卷四二《学额总例》，武汉大学出版社 2009 年版；光绪《大清会典事例》卷三七〇《礼部·学校·学额通例》，中华书局 1991 年影印本。转引自梁志平、张伟然：《定额制度与区域文化的发展：基于清代长三角洲地区学额的研究》，漓江出版社 2013 年版，第 20 页。

表 1 反映的是全国总体的情形。西南边疆与全国其他地区一样，在学额制度层面，执行的是全国性的政策，是根据府、州、县经济社会发展以及人口情况，对各级学校严格分配学额。但在实际的操作过程中，由于各地区经济社会发展水平存在差距，因此西南各府州县学学额其实是有较大差异的。加之，西南边疆民族众多，清廷为了加强统治，更好地进行教化，采取了一些特殊的政策，比如，对学额进行一些必要的调整，对苗、瑶等民族子弟实行专门学额制度等。

当然，清代与明朝一样，学额的确定就是两条原则，一是钱粮丁口多

① （清）索尔讷等纂修，霍有明、郭海文校注：《钦定学政全书校注》卷四二《学额总例》，武汉大学出版社 2009 年版，第 154 页。

寡，即经济发展状况，二是文风高下。正如商衍鎏所言："每县学额，按文风高下与钱粮丁口多寡以为差，分为大、中、小学。"① 与内地发达地区相比，西南边疆经济社会发展水平要落后很多；因此，西南边疆地区大多数的官学基本是按照中学、小学的学额来录取的。

随着经济社会的发展，也有增加名额取进的情形，如雍正二年遵旨题准："贵州之贵阳、威宁二府学，向各止取十五名。镇远府学，向止取十六名。今均准如各府学额，各取进童生二十名。贵筑县，照府学额，取二十名。毕节县，改照大学，十五名。贵定、清镇、普定、瓮安、安化五县，改为中学，各十二名。"雍正九年议准："贵州大定府，原系州学，额取童生十五名。威宁州，原系府学，额取童生二十名。今大定改州为府，照府学例，取进二十名。威宁虽改府为州，然读书向学者多，仍旧考取，免其减额。"② 需要说明的是，雍正二年的调整，是在全国范围内进行调整的全国性政策，且作出上调的主要是"人文最盛之州县，题请小学改为中学，中学改为大学，大学照府学额录取"③。贵州显然不属于人文最盛之州县，因此雍正二年上述提及各府县学学额的调整，应该是该地经济社会有一定发展的结果。

与贵州相似，云南也有增加学额的例子。由于云南在清统治者眼中是一个蛮夷族群众多，经济文化较为落后，各地发展不平衡的省份，因此与内地发达省份相比，不仅学校层级要低，在学生员名额亦较少。但也正是基于云南鲜明的边疆民族特点和地位，清廷也适时增加云南各级学校生员名额，如雍正三年（1725），"增云南省各学取进文童额数。安宁、晋宁、寻甸、建水、石屏、新兴、邓川、赵州、剑川、腾越等十州，昆明、宜良、南宁、通海、河西、河阳、太和、浪穹、保山、楚雄等十县，向系大学，准照府学例，各取进二十名。陆良、霑益、宁州、阿迷、宾川等五州，呈贡、蒙自、云南等三县，向系中学，升为大学，各取进十五名。和曲州向系小学，升为中学，取进十二名。添置黑井、白井、琅井三学为小

① 商衍鎏：《清代科举考试述录》，生活·读书·新知三联书店1958年版，第13页。

② （清）索尔讷等纂，霍有明、郭海明校注：《钦定学政全书校注》卷六一《贵州学额》，武汉大学出版社2009年版，第233-234页。

③ （清）索尔讷等纂，霍有明、郭海明校注：《钦定学政全书校注》卷四二《学额总例》，武汉大学出版社2009年版，第154页。

学，各取进八名”[①]。

在广西，也有同样的情形。雍正二年遵旨题准：广西之全、横、宾、郁林四州，临桂、苍梧、怀集、宣化、新宁、上林六县，照府学额，各取进童生二十名。灵川、兴安、灌阳、桂平、贵、隆安、永淳、武缘八县，改为大学，各十五名。平南县，改为中学，取十二名。[②]

贵州、云南、广西的这几次学额上调，是紧接着雍正二年（1724）在国内人文最盛之州县调整学额政策之举动；但显然，贵州、云南等地是不属于人文繁盛之区的。因此有的学者认为，在云南、贵州、广西等西南边疆调整学额，是在雍正即位之初，更多的恐怕是要向西南边疆民族宣示皇恩浩荡，以示鼓舞士气。[③] 不管如何，上调西南边疆各地的学额，毕竟是有积极意义的。

由于各种原因，西南边疆有的州县一度并未设立专门学额，这种情形在边远地区比较常见。例如，一些土司原属地区在改土归流之前以及改土归流之初的一段时间内并未设立学校，甚至也未设置专门学额。康熙五十年（1711）议准，“广西西隆州，自改流以来从未建学。今已建学宫。嗣后，岁科两考，取进文生各六名，岁考取进武生六名。拨武缘县儒学训导移驻西隆州，以专督课”。雍正十三年（1735）议准，“广西崇善县为太平府首邑，未经设学，以前崇邑文武童生取附府学其生员考居优等者，即于府学帮补廪、增……”[④]

也有因为某地应试生童人数较少，而在一省范围内调剂学额的情形，如乾隆三十年议准：“广西桂林府属永宁州，庆远府属河池州，太平府属左州、养利州，人文较少，应各减进额三名，添入思恩府属武缘县五名，太平府属崇善县四名，梧州府三名。又怀远、迁江二学，廪缺稍多，应各减去四缺，增入思恩府属上林县、郁林州属北流县二学，各为额廪十六

① 《清世宗实录》卷三三，雍正三年六月壬午条。

② （清）索尔讷等纂，霍有明、郭海明校注：《钦定学政全书校注》卷五九《广西学额》，武汉大学出版社2009年版，第224页。

③ 梁志平、张伟然：《定额制度与区域文化的发展——基于清代长三角洲地区学额的研究》，漓江出版社2013年版，第20页。

④ （清）索尔讷等纂，霍有明、郭海明校注：《钦定学政全书校注》卷五九《广西学额》，武汉大学出版社2009年版，第225页。

缺。增生额数，亦照此增减。”① 此种情况在云南、贵州均有存在。

进一步仔细分析，清政府在西南边疆实施的学额政策，可以看出大多数官学的学额都是按照中学、小学的级别配置的，而且出贡的频次较低，间隔较长，很多学校为三年一贡或四年一贡。如云南省的昭通府学、镇雄州学、永善县学、东川府学、黑盐井学、琅盐井学、白盐井学、顺宁县学、丽江县学、镇沅州学、恩乐县学，均为四年一贡。贵州省的永丰州学、荔波县学、仁怀厅学、水城厅学、古州厅学、八寨厅学、松桃厅学是四年一贡，龙里县学、郎岱厅学则是三年一贡。广西省的崇善县学、左州学、养利州学、永康州学、宁明州学、太平土州学、西隆州学、西林县学、归顺州学、思恩县学、东兰州学为四年一贡，泗城、镇安二府学，上思、河池、永安、修仁、来宾、罗城、天河、迁江八县学及永宁州学，则是三年一贡。而在科举大省江西，所有的县学都是二年一贡，没有三年一贡或四年一贡的情况。

上述情形，反映出：一是西南边疆总体上社会、经济、文化教育均比较落后，且此种情形从各省中心向边远民族聚居区呈现逐渐增强之态势；二是清政府的分区定额虽然对西南边疆各省是一种优惠政策，但是亦控制在一定的度量之内，这说明清廷在全国范围内的政策总体上体现了公平性原则。

三、乡试中额的配置政策及在西南边疆的实施

清代乡试中额，从全国范围内来说，主要是根据各省文风高下、赋税轻重以及人口多寡来确定，且分为科举大、中、小省三个等级。有研究者认为，“举额是根据各省的贡赋和人文情况来决定，并随着各省实际情况的变化进行”②。依据清代科举考试的有关规定来划分，直隶、江南（含江苏、安徽）、江西、福建、浙江、湖广（含今湖南、湖北）为科举大省，山东、山西、河南、陕西、四川为中省，广西、云南、贵州为小省。所谓大、中、小省，也就是各省在每届乡试中举名额的分配方面存在较为明显

① （清）索尔讷等纂，霍有明、郭海明校注：《钦定学政全书校注》卷五九《广西学额》，武汉大学出版社 2009 年版，第 226 页。

② 刘海峰、李兵：《中国科举史》，东方出版中心 2004 年版，第 370-371 页。

的差距。[①] 请看表 2：

表 2　清代大中小省乡试中额数统计

省份或地区	乡试中额数	特殊字号分配	地区分配
顺天	—	满字号 27 名。贝字号 106 名。合字号 14 名。南皿 36 名。北皿 40 名。中皿无定额，每 20 名取中 1 名	—
山东	69 名	内耳字号 3 名	—
山西	60 名	—	—
河南	71 名	—	—
江南	114 名	—	江苏 69 名，安徽 45 名
福建	89 名	内台湾至字号 3 名（闽籍），田字号 1 名（粤籍）	—
湖北	47 名	—	外一名，由湖南、湖北轮科取中
湖南	45 名	内边字号 1 名，外田字号 1 名	
陕西	62 名	丁字号 2 名（宁夏），聿左号 1 名（甘州、西宁），木字号 1 名（榆林）聿右号 1 名，聿中号 1 名	—
四川	60 名	内丁字号 1 名（宁远府）	—
广东	71 名	—	—
广西	45 名	—	—
云南	54 名	—	—
贵州	40 名	—	—

注：（清）杜受田、英汇等：《钦定科场条例》卷十九《乡会试中额》。文清阁编：《历代科举文献集成》，燕山出版社 2006 年版，第 2516-2517 页。

从表中可以明显看出，分区定额或说分省定额是在全国范围内实行的基本政策，在此前提下，又有一些局部调整。在西南边疆，由于行政区划的变更也会对乡试中额进行调整。如雍正七年（1729），“礼部议复：云贵广西总督鄂尔泰疏言：‘贵州一省，原辖十一府、四十州县，每科乡试，

① （清）昆冈、刘启端等：《钦定大清会典事例》卷三三七《礼部·贡举·录送乡试》，续修四库全书本，上海古籍出版社 1995 年版，第 348 页。

额取文举人三十六名、五经二名、武举二十名。近于四川、湖广两省内将十三州县，改隶贵州，赴试人数较多，请增贵州乡试解额，加中文举人六名，共四十二名；武举三名，共二十三名。庶不致人多额少。黔省既经议加，则四川、湖南应行议减。请将四川解额，文举人减四名，武举减二名。湖南解额，文举人减二名，武举减一名。’应如所请。从之”①。

就西南边疆情形看，广西、云南、贵州均被划为科举小省，但与文风较盛的发达地区相比，其乡试定额数量还是较为突出的，如广西、贵州与江南的安徽就比较接近，云南则还要多出安徽九名；如果单纯比较文风高下，西南边疆三省显然是不如安徽的。而据《钦定学政全书》记载，关于清代录送乡举额数比例，乾隆九年（1744），经议准规定其标准如下：直隶、江南（安徽、江苏）、浙江、江西、湖广（湖北、湖南）、福建为大省，每举人一名，录送科举八十名；山东、河南、广东、陕西、四川为中省，每举人一名，录送科举六十名；广西、云南、贵州为小省，每举人一名，录送科举五十名。② 举例来说，湖广属于大省，湖南取中四十五名，应取录送科举三千六百名；四川属于中省，取中六十名，应取录送科举为三千六百名；广西、贵州、云南为小省，取中四十五名、四十名、五十四名，应取录送科举分别为两千两百五十名、两千名及两千七百名。从这里可以看出，实行分区（分省）定额政策对西南边疆意味着明显的优惠。

四、会试中额的配置政策及在西南边疆的实施

清代关于会试中额的政策，总的来看有一个变化的过程，最初是凭文取录，后来实行分卷制，最后采取分省定额的措施。

实行凭文取录政策的时间比较短，主要是在顺治时期。顺治三年（1646）丙戌、四年（1647）丁亥、六年（1649）己丑三科会试实行完全的凭文取录。顺治十二年（1655），兵部给事中魏裔介称：“我朝丙戌、丁

---

① 《清世宗实录》卷八四，雍正七年闰七月癸酉条。亦参见王戎笙：《中国考试史文献集成》（清代卷），高等教育出版社 2003 年版，第 333 页。

② （清）素尔纳等纂修，霍有明、郭海文校注：《钦定学政全书校注》卷三六《录送科举》，武汉大学出版社 2009 年版，第 129 页。

亥、己丑三科奉旨凭文选取，不必分南北中卷。”①

顺治九年（1652），虽然改为南北中卷取中，中额比例相差悬殊，边远省份中式者仍属不易。② 顺治十八年（1661），礼部具题：会试取士，原分南、北、中卷，后因云贵等省未经平定，将中卷分入南北卷内，今各处省份俱全，应仍将浙江、江西、福建、湖广、广东五省，江宁、苏、松、常、镇、徽、宁、池、太、淮、扬十一府，广德一州为南卷。直隶及山东、山西、河南、陕西四省，奉天等处为北卷。四川、广西、云南、贵州四省，庐、凤、安庆三府，徐、滁、和三州为中卷。其南北中卷，中式额数，照赴试举人之数均派，获准。③ 康熙三十年（1691），御史江蘩条奏科场事宜，获礼部议准将南北中卷复分左右名色。④ 不久即因于南北中卷内各分左右，致使阅卷者不尽衡文，左副都御史梅鋗上疏建议仍分南北中卷，唯概去左右名色，并将云南、贵州、四川、广西四省，去其中卷名色，每科云南定为“云”字号，额中二名；四川定为“川”字号，额中三名；广西定为“广”字号，额中一名；贵州定为“贵”字号，额中一名。康熙三十九年会试，恩诏加额，应将云南、四川各加中二名，广西、贵州各加中一名。获九卿议覆从之。⑤ 在这样的优惠措施下边远省份中式者仍然很少。其后复规定，会试若有“脱科之省”，则在未中卷中“拣选进呈，取中一、二名”⑥。

康熙五十一年（1712），会试取录又从分卷制发展到分省定额录取。这一年，“礼部题：嗣后会试不必预定额数，亦不必编南北字号，并分官字号名色。请按省编字号，印于卷面，以便分别取中。其满洲、蒙古、汉军卷面，亦如各省例，另列编字号。俱令知贡举核算进场举人实数，临期

---

① 《兵部给事中臣魏裔介为科考南北分卷宜公事题本》，载《历史档案》1987 年第 3 期，第 16-17 页。

② 顺治九年（1652），礼部议覆壬辰科会试恩诏广额，取进士四百名。照会典开载南、北、中卷之例，南卷应取二百三十三名，北卷应取一百五十三名，中卷应取一十四名。南、北、中卷中额相差极为悬殊。《清世祖实录》卷六十二，顺治九年壬寅条。《清朝文献通考》卷四十七《选举一》。

③ 《清朝文献通考》卷四十七《选举一》。

④ 《清圣祖实录》卷一五一，康熙三十年五月辛亥条。

⑤ 《清圣祖实录》卷一九六，康熙三十八年十二月乙酉条。

⑥ 《清圣祖实录》卷二一二，康熙四十二年五月壬戌条。

具题，恭请皇上酌量，分省大小，人数多寡，定额取中。从之”①。同年，又奉谕旨：

近见直隶各省考取进士额数，或一省偏多，一省偏少，皆因南北卷中未经分别省份，故取中人数甚属不均。……自今以后，考取进士额数，不必预定，俟天下会试之人齐集京师，着该部将各省应试到部举人实数，及八旗满洲蒙古汉军应考人数，一并查明，预行奏闻。朕计省之大小，人之多寡，按省酌定取中进士额数。考取之时，就本省卷内择其佳者照所定之数取中。②

个别官员曾表示反对分省定额制度，认为应当完全凭文取录，“会试亦毋庸分别省份，概凭文艺取中”，但乾隆皇帝却认为，“国家取士，博采旁求，于甄录文艺之中原寓广收人才之意。且各省文风高下，互有不齐。(如概凭文艺取中) 势必至江浙大省取中人数居其大半，而边远小省或竟至一名不中，殊非就地取才之意”③。

从这一思路出发，清廷也会增加西南边疆在会试中的中额名数。如康熙五十一年（1712），因左副都御史赵申乔奏请量增云南、贵州、广西三省会试中额，礼部等议覆其奏称：“此三省路远人少，每至脱科，念边陲穷士，跋涉山川，曾谕该部酌量增额，以示劝兴。”④ 其后议准将其三省备卷举人一并带来参加复试，并改变会试分南北中卷的录取办法，规定各省的会试中额，对于边远省份是较有利的，基本上边省中式者亦逐年增加。⑤雍正十一年，“诏于云、贵、广东西、四川、福建会试落卷，择文理可观、人才可用者，拔取时余等十人，一体殿试，赵绳其等四十人，拣选录用。乾隆初，拣选如例，则边省士子犹沐殊恩也”⑥。其后之明通榜，应该亦是在照顾西南边疆地区云贵等六省士子的情况下制定的优惠措施。

---

① （清）蒋良骐：《东华录》卷三，康熙五十一年（1712 年）四月。参见王戎笙：《中国考试史文献集成》（清代卷），高等教育出版社 2003 年版，第 329 页。

② （清）张廷玉：《清代文献通考》卷四八《选举考》。

③ （清）王先谦：《东华续录》（乾隆朝），《乾隆一百七》。转引自刘希伟：《清代科举冒籍研究》，华中师范大学出版社 2012 年版，第 68 页。

④ 《清圣祖实录》卷二四九，第 471 页，康熙五十一年三月癸卯条。

⑤ 《清朝文献通考》卷四十八《选举二》。

⑥ 《清史稿》卷一〇八《选举三》，第 3168 页。

五、在西南边疆实行的部分学额变通措施

此外，清代又有一些特殊名目的学额。“各省学额为普遍计，尚有客童、寄籍、畲民、沙学、公额、苗童、瑶童、土生等。”① 这些学额主要是为寄籍士子、少数民族士子或者是其他某些特别考生群体而专门设立的。比如在贵州，由于民族种类众多，尤其是苗民群体（包含苗、侗、布依等族）分布广、人数较多，因此，清廷还实行专门配置苗籍学额的政策，以示优恩、笼络之意。从顺治到乾隆时期，清廷就有过多次的指令下达：

顺治十六年题准：“贵州省属大学，取进苗生五名。中学三名，小学二名。均附各学肄业。廪额大学二名，中、小学一名。至出贡，原照州学，三年贡二人。但现在苗生新进尚少，暂令附大学者三年一贡，附中、小学者五年一贡。俟入学人多，另照州学例。”②

顺治十六年议准：“贵州苗民，向化归顺，广示教训。令该地方官，查苗民中有稍通文理者，开送学道考试。择其优者，量取送附近府、州、县、卫学肄业。不许各处士民冒考。仍令该学道酌量所取名数。准其补廪、出贡，随将定额报部存查。”③

顺治十七年题准：“贵州省属苗生，分大、中、小学定入学、补廪额数，俱附各学肄业。另立一册，勿与府、州、县卫学额数相混。”④

雍正三年议准：“贵州苗童应试，准于各府、州、县定额外，加取一名。”⑤

雍正十二年议准：“贵州南笼府属永丰一州，虽属苗疆，归化已久。其子弟从师义学者，亦多俊颖。顶冈、长坝、泽亨、罗斛等处，学习

① 商衍鎏：《清代科举考试述录》，生活·读书·新知三联书店1958年版，第14页。

② （清）素尔讷等纂修，霍有明、郭海文校注：《钦定学政全书校注》卷六一《贵州学额》，武汉大学出版社2009年版，第233页。

③ （清）素尔讷等纂修，霍有明、郭海文校注：《钦定学政全书校注》卷六一《贵州学额》，武汉大学出版社2009年版，第233页。

④ （清）素尔讷等纂修，霍有明、郭海文校注：《钦定学政全书校注》卷六一《贵州学额》，武汉大学出版社2009年版，第233页。

⑤ （清）素尔讷等纂修，霍有明、郭海文校注：《钦定学政全书校注》卷六一《贵州学额》，武汉大学出版社2009年版，第234页。

《诗》《书》者均出应考。应将永丰州照荔波县设学之例，取进童生四名。如文理未顺，宁缺毋滥。又黎平府所属之古州，虽未设学，然地方辽阔，田土殷饶，苗民繁庶，子弟皆喜向学。亦应照天柱、开泰两县从前增设苗童考取之例，择文理通顺者，酌取一二名，附入府学苗童之后，以示鼓励。”①

乾隆四年议准：“凡贵州归化未久之苗，有能读书赴考者，准照加额取进。其归化虽经百年，近始知读书者，亦准与归化未久之苗童报名应试，于加额内取进。其余归化年久，在未经题请加增苗额之先，已同汉童考试者，仍与汉童同照原额取进。”②

在云南，也有类似的政策实施情形。如雍正三年议准：云南威远地方，夷人子弟，令就元江府附考。与府学定额外，加取二名；雍正五年议准：云南东川府土童，有能作文艺者，该抚具题到日，照湖广考取苗、猺例，另编字号考试。于东川府学额数内，酌量分拨一二名；雍正十年议准：云南镇沅府及恩乐县，新经改土归流。均照小学例，取进童生八名，分定土著、寄籍各四名。③

但是，在贵州专门设置苗籍学额的政策措施，乾隆十六年以后就停止了，而没有长期执行下去。乾隆十六年朝廷议准：“贵州各属苗民，岁、科两试，仍与汉童一体合考，不必分立新童，加额取进。学臣考试，不得以粗浅之苗卷滥行录取”④。原因是，清廷担心苗疆地区广大“苗蛮”子弟“识字以后，以之习小说邪书则甚易。徒启奸匪之心，难取化导之效”。为此，不仅取消了专门设置的“苗额”，且对苗疆义学教育亦进行阻抑，“查贵州苗疆设立义学，原期化其犷野，渐知礼义，以昭圣朝声教之盛。但在士子稍知自爱者，必不肯身入苗地设教。而侥幸尝试之徒，既不能导人以善，转恐其相诱为非。且苗性愚蠢，欲其通晓“四书”义理甚难。……应

① （清）素尔讷等纂修，霍有明、郭海文校注：《钦定学政全书校注》卷六一《贵州学额》，武汉大学出版社2009年版，第234页。

② （清）素尔讷等纂修，霍有明、郭海文校注：《钦定学政全书校注》卷六一《贵州学额》，武汉大学出版社2009年版，第234页。

③ （清）素尔讷等纂修，霍有明、郭海文校注：《钦定学政全书校注》卷六〇《云南学额》，武汉大学出版社2009年版，第229页。

④ （清）素尔讷等纂修，霍有明、郭海文校注：《钦定学政全书校注》卷六一《贵州学额》，武汉大学出版社2009年版，第234页。

将新疆各社学所设社师，已满三年者，均以无成淘汰。未满三年者，届期亦以无成收回”[①]。这一政策的重大转变，对新辟苗疆地区“苗蛮”子弟的出路无疑是不利的，亦使得苗疆义学教育很快陷入低谷。

事实上，早在雍正晚年，在四川部分民族地区就已经收窄政策口子了，如“雍正十三年议准：川省各属土司苗童，与汉民文、武童生一并凭文去取。卷面不必分别汉、苗，取额不必加增。通行各省，俱照此例”[②]。依据此条史料，在此之前，应该是川省各属土司苗童，并非与汉民文武童生一条线上凭文取录，卷面是分别汉、苗的，且单独设置“苗额”。

如前所述，学额政策属于教育制度和科举制度范畴，但在清代，却成为清廷治理西南边疆民族地区的有效手段之一。原因在于，学额属于地方上一种稀缺性资源。利用学额配置政策的导向作用，可以有效地培养西南边疆各民族社会精英对清政府统治及其背后的国家及其主流文化价值观的认同。基于此，清廷对于官学学额的基本配置，以及乡试、会试的中式名额分配上，一方面根据丁口多寡、经济社会发展水平及文风高下来执行，另一方面又较为充分地考虑到西南边疆民族众多以及其在国家治理中的重要性，给予一定的优惠及变通。历史发展的实践证明，这种做法总体上是有一定成效的，促进了西南边疆民族地区社会内地化进程，亦给后人留下了值得借鉴的一面。

---

① （清）素尔讷等纂修，霍有明、郭海文校注：《钦定学政全书校注》卷七三《义学事例》，武汉大学出版社2009年版，第289页。

② （清）素尔讷等纂修，霍有明、郭海文校注：《钦定学政全书校注》卷六九《土苗事例》，武汉大学出版社2009年版，第268页。

土司参加科举与科举制度对西南少数民族社会影响研究

郗玉松*

摘　要：明至清初，朝廷以“土司无用流官之例”，不许土司参加科举考试。雍正十三年，土司获准参加科举考试。土司获得参加科举考试的资格，是在雍正朝大规模改土归流，土司制度日趋衰落的背景下获得。请求参加科举考试和日后实际参加科举考试的土司，均为长官司等低级别的土司。科举制度在西南等少数民族地区的推行，是大一统国家在文化领域的诉求，有利于多民族统一国家的巩固和发展。清代西南等地区少数民族参加科举考试，丰富和发展了科举制度的内容，让科举制度焕发了新的生机与活力。

关键词：土司；科举；阶层流动；冒籍

土司是中央王朝在西南等地区任命的当地少数民族首领管理少数民族事务的官员，是元明清时期职官体系的重要组成部分。土司制度的核心内容就是世袭制，土司世代承袭，土司继承人不需要参加科举考试，即可承袭。

雍正时期，贵州黎平府属亮寨长官司长官龙绍俭请求参加科举考试，土司参加科举考试，从制度规定上是不允许的，因为科举考试的目的就是选拔官员，而土司本身就是朝廷任命的官员。土司请求参加科举考试，其原因在于清代以来，伴随着大规模的改土归流，土司权威日益丧失，他们希图通过参加科举考试，取得更高的社会地位，纳入主流社会。从这个意

* **作者简介**：郗玉松，遵义师范学院历史文化与旅游学院，博士，教授，研究方向为中国少数民族史。

义上来说，土司参加科举，是土司制度日益衰落的表现，也是明清以来，中央王朝对土司地区长期教化的结果。在文化意义上来看，土司参加科举，是边疆与内地一体化历史进程中的一部分。

本文试图就土司参加科举考试问题做一初步探讨。

一、土司不准参加科举

从官员选拔的体制来看，土司制度本身就是元明清时期中央王朝管理西南等少数民族地区的政治制度，中央王朝任命少数民族地区的首领为土司，土司制度最重要的一个特征就是世袭，土司世代承袭，无须参加科举考试。即使改朝换代，土司仍被新朝廷任用。土司制度是一种特殊意义的行政管理制度，其实施的主要区域为西南少数民族地区，时间范围是元明清统治时期。

而科举制度是一种具有普遍意义的选拔官员考试制度，通过科举考试选拔人才，科举考试是官员选拔的最重要途径。土司制度实施期间，土司承袭，需按照中央王朝规定的相关制度，履行承袭手续即可，无须参加科举考试。

（一）明代土司地区的科举问题

正统九年（1444），朝廷明确要求土司继承人读书、乡试，让应袭土官子弟读书，参加科举考试，“命各处土官衙门应继儿男俱照军生例，遣送官学读书、乡试。其相离地远者，有司计议或二卫、三卫设学一所。从贵州思南府经历李骥言也”①。

成化十七年（1481），贵州程番府知府邓廷瓒奏：“本府新立学校，土官、土人子弟在学者，乞岁贡一人如选贡例。”邓廷瓒从土司地区设置学校，选拔人才，从土司与内地一体化的情形提出“岁贡一人如选贡例”。但宪宗皇帝认为：“朕以蛮夷率化，既建学置徒比之内地，但科举之业未可猝成，宜岁贡生员一人，俾观我国光相劝于学，以称立贤无方之意。”②

① 《明英宗实录》卷一百十九，正统九年闰七月辛丑。

② 《明宪宗实录》卷二百二十一，成化十七年十一月己卯。

也就是说，土司地区的学校可以与内地一样兴办学校，但这些地区尚不能推行科举。

嘉靖元年（1522），因土司争袭情形时有发生，贵州巡抚杨沐认为应明确土司世袭，教化土司子弟，其中也建议在土司地区推行科举，“大变其俗”达成“教化”的目的。

贵州巡抚都御史汤沐上议：一、预制土官。言今土舍私相传接，支系不明，争夺由起。宜如军职贴黄例，岁终令土官各上其世系、履历及有无子嗣字，状于布政司。三岁当入觐，则预上其籍于部。其起送袭替及争袭奏扰者，按籍立辨，可以消争夺之衅。一、作养世禄。欲令土官应袭年三十以下者得入学习礼，不由儒学者，不得起送承袭。其族属子弟愿入学者，听。补廪、科举，与军民武生一体。则可以大变其俗……兵部覆奏，沐议皆可行。上从之。①

这里提到的“补廪、科举”，指的是土司“其族属子弟”，也就是说土司子弟可以参加科举，而非土司本人。

嘉靖三年，“加镇远府推官杨载青俸二级。载青以土舍袭职，尝中贵州乡试。巡抚杨一渶请如武举袭荫之例，加升一级，以为远人向学者之劝。吏部覆：土司额设定员，俱各在任，难以加升，宜于本卫量加俸给。着为例。报可”②。这段文字说明，杨载青原为镇远土舍，曾考中举人，地方官想为他加升一级，但未批准，只给加俸二级。土司是国家管理的有固定职衔的官员，即使考中科举，也是不能加官晋爵的，只能给予物质鼓励。杨载青参加乡试的身份是土舍，为土司的族属，当然可以参加科举。

明代在土司地区推行科举，目的是引导土司地区特别是土司族属子弟参加科举考试，在教育、科举等问题上，使土司地区与内地逐步一体化。

（二）清初土司仍不准参加科举

清沿明制，土司仍不准参加科举考试，至康熙二十二年（1683），云贵总督蔡毓荣上疏，仍然是关于“土官族属子弟”科举考试的问题，从教化的目的出发，“请就郡邑一体应试”。

---

① 《明世宗实录》卷二十，嘉靖元年十一月己未。

② 《明世宗实录》卷四十四，嘉靖三年十月甲寅。

先是，云南贵州总督蔡毓荣疏言："土司世相承袭，不由选举，罔识礼义。嗣后，土官族属子弟内有通晓经义、志图上进者，请就郡邑一体应试。"至是，差往区画土司事宜侍郎库勒纳疏请，如蔡毓荣言。寻，礼部议："云、贵二省应各录取土生二十五名。其土司隶贵州者，附贵阳等府学；隶云南者，附云南等府学。不准科举，亦不准补廪、出贡。"从之。①

蔡毓荣的上疏没有得到批准，土生只允许入学，不许科举。相比于明代，这是在土司地区科举问题上的倒退。

康熙《大清会典》有同样的记载，却道出了土司不能参加科举考试的原因在于"土司无用流官之例"。

康熙二十二年题准："……贵州土官族属子弟，并土人应试，附于贵阳等府，三年一次，共考取二十五名，俱另行开造，附于各府学册后，照例解送礼部礼科查核，其土司无用流官之例，应将土生，不准科举，并不准补廪出贡，但将文义通达者考取，若取不谙经书，不通文义者，将试官参处，如不愿考试，亦不必勒令应考。"二十五年覆准："各土司官子弟，有愿读书者，准送附近府州县学，令教官训课，学业有成者，该抚查明，具题奖励。"②

其后，对土司子弟的应试条件放宽，允许土司子弟参加科举，但不同地区的执行情况不同。如康熙三十六年，礼部认为："贵州黎平府文武生员七十四名，除三名实系民籍，与部册相符外，余七十一名皆系土司并土司族属，照黔省例，将黎平府每考应取土司生员额数抵算完日，再行考取。其从前未经分析，违例送考之官，查参议处。廪保邻佑交该府惩黜。"这一现象说明，土司族属靠特权挤入官学，为此，朝廷要削减其数额，并追查责任，而贵州巡抚阎兴邦却认为："是贵州与粤西同一土官土目，同一弟男子侄，在粤西得领乡荐仕进，在贵州独行摈斥化外，不许考试，阻其仕进，锢其终身，实勘悯恻。"原因在于贵州土司子弟不能参加科举，所以都挤入学校，请求"一并准照粤西之例与汉人一体考试"③。

从明清时期土司地区的科举情况来看，每个时期的特点不一样，明朝

① 《清圣祖实录》卷一百十三，康熙二十二年十一月癸酉。

② 康熙《大清会典》卷五十一，《礼部·仪制清吏司·学校·儒学》。

③ （清）阎兴邦：《题为谨遵诏旨等事一案》，乾隆《贵州通志》卷三十五，《奏疏》。

廷曾允许土司地区土司族属及其子弟可以参加科举考试，但清康熙二十二年，朝廷不允许土生参加科举考试。但查阅土司地区的一些族谱，清代康熙年间，也有土司家族的子弟考科举并取中的情况。如亮寨长官司土司家谱《龙氏迪光录》载，其家族长房人龙亨极就是“康熙辛卯贵州乡试举人”①。

从明代到清康熙时期，土司地区的土司族属或土司子弟可以参加科举考试，只是康熙二十二年有一段时间不允许土司子弟科举。从明至清康熙年间，土司本人均没有参加科举考试的资格。

二、土司获得参加科举资格与土司制度的衰落

作为朝廷任命的官员，土司不能参加科举考试，但土司族属、子弟可以参加科举考试。雍正十二年，贵州黎平府亮寨长官司长官龙绍俭呈请参加科举考试。第二年，经贵州学政晏斯盛上疏，礼部认为，龙绍俭虽为生员，但已经承袭土司职务，不能再参加科举考试。按照清代惯例，此事要由皇帝做最终裁决。不料，雍正帝却“准其一体考试”。自此，土司获得参加科举考试的资格。

土司获得参加科举考试，是在雍正朝大规模改土归流的背景下获得的，自雍正四年开始，朝廷对西南等少数民族地区大规模改土归流，势力较大的土司多改设流官，对于未改土归流的土司，朝廷和地方官员发布了一些政策，剥夺、限制土司的财政权、司法权等，土司羡慕“汉官”，陈请科举，在这样的背景下，雍正帝同意土司参加科举考试，也是有其教化目的的。

（一）土司获得参加科举考试资格

雍正十三年六月，土司获准参加科举考试的资格。在此之前，康熙四十三年，贵州巡抚于准曾上疏，认为：“即间有一二苗民志切上进，又以土人无用流官之例，不准参加科举考试，遂使若辈沉沦黑海，罔见天日。”

---

① （清）龙文和、龙绍讷编著，龙泽江点校：《苗族土司家谱龙氏家乘迪光录》卷二，《科第》，贵州大学出版社 2018 年版，第 134 页。

因此，“自应照汉人之例，一体考试举贡，俾图上进”①。

据《清实录》载，雍正十三年六月，“礼部议覆：贵州学政晏斯盛疏奏：‘黎平府属亮寨正长官龙绍俭呈称由生员出身，请应科举。’查龙绍俭既已承袭土官，不便准其乡试。得旨：土司龙绍俭原由生员出身，既有志观光，陈请科举，准其一体应试。若得中式，其土司世职着伊将应袭之人举出承袭”②。礼部认为，龙俭已经承袭土官，不能参加科举考试，但雍正帝认为，龙绍俭“有志观光”，“准其一体考试”，自此，土司获得参加科举考试的资格。

根据晏斯盛的《楚蒙山房集》中的奏疏，我们可以考察龙绍俭陈请科举的来龙去脉。

臣晏斯盛谨奏，为奏请事。

窃臣上年十二月科试黎平，有该府属亮寨长官司正长官原系府学附生龙少俭呈称：恭逢圣朝，文教遐宣，家弦户诵，职叨沐教化，得厕宫墙，奈因父故着替祖职，遂致山鸡戢翼，莫同威凤云翔。然而地厚天高，情未甘于局蹐，前岁壬子勉赴秋闱，终以匏击末员观场，无自转思皇仁浩荡，作育无方，现在各学教职皆得赴科登甲，窃不自揣，恳求格外题达，援照教官科举之例，俯准观场等因。臣伏思边徼遐方，凡有下情即当上达。今该土司龙绍俭有志观光，自请科举，盖以汉官之前途远大而土职之上进无阶，冀与汉人同列绅士，愿比教职，并与贤书。揆之向慕之殷，似亦嘉来之道，臣不敢壅于上闻，理合奏明，为此具奏，伏乞圣明睿鉴施行，谨奏。③

作为长官司正长官的龙绍俭，因承袭土司职位，不能参加科举考试，因而呈书给贵州学政晏斯盛，认为“汉官之前途远大而土职之上进无阶”，请求参加科举考试，获得“与汉人同列绅士”的机会。

再查土司家谱，据亮寨长官司家谱《龙氏迪光录》载，龙绍俭“年十七为诸生”，雍正七年，承袭亮寨长官司长官，“时抚军张广泗开辟古州等

① （清）于准：《苗民久入版图请开上进之途疏》，乾隆《贵州通志》卷三十五，《奏疏》。

② 《清世宗实录》卷一百五十七，雍正十三年六月甲申。

③ （清）晏斯盛《楚蒙山房集·奏疏·土司乡试》。载《清代诗文集汇编》编委会：《清代诗文集汇编》第270册，上海古籍出版社2010年版，第84页。

处”，龙绍俭跟随张广泗出征，立有军功，奉旨优叙，“读书以古为期，视世事无足当意者。然阨于例，每以不获大试为叹。会晏公斯盛督学黔中，一见奇其才品，因特疏请，比教职并预贤书。制曰：可。于是长官有乡试之例，时雍正十三年乙卯秋七月也”。土司获得参加科举考试的资格，但龙绍俭的科举之路并不顺畅，“丙辰，特恩开科”因病没能考中外，又参加了辛酉、甲子、丁卯科，即参加乾隆六年、九年、十二年的考试，“屡试皆蹶”，于是“绝口不谈乡试者十年”之后，重新振作，相继参加丙子、己卯、庚辰科，即乾隆二十一年、二十四年、二十五年参加科举考试，“又见黜”。①

亮寨长官司长官龙绍俭参加科举考试，前后两个阶段，第一阶段考了四次，中间修整十年，后又参加三次，共参加了七次科举考试，没能考中。这是科举考试中的常态，“怀才不遇”，号为“遯园居士”，逃避现实，却心有不甘。

龙绍俭没能考中举人，但土司可以参加科举考试，成为定例，之后，陆续又有土司参加科举考试。如乾隆元年，“礼部议：贵州学政邹一桂奏：‘思南府属蛮夷长官司正长官安守仁、安化县土主簿杨世正，俱由廪生承袭。’广西学政潘允敏奏：‘土司徐国丞由生员承袭，俱呈请一体乡试。’得旨：准其一体乡试。”② 这些土司都是生员，都曾入儒学学习。由于顺治十六年清政府规定，“今后土官应袭，年十三以上者令入学习礼，由儒学起送承袭”③。因此，参加科举考试的土司，都是由生员承袭，具备了科举考试的资格。这些土司参加科举考试，在现有文献中尚未发现土司考中举人的记录，但土司获取了科举考试的资格，对于土司地区的影响很大。

（二）土司制度的衰落

雍正十三年六月，土司获准参加科举考试，这是明清以来，中央王朝在土司地区教化的结果。明代就有土司应袭子弟因考中举人而辞袭的情况，如贵州蛮彝长官司安氏土司，“万历二十八年，国臣子尧封袭。尧封

① （清）龙文和、龙绍讷编著，龙泽江点校：《苗族土司家谱龙氏家乘迪光录》卷四，《遯园居士传》，贵州大学出版社2018年版，第443页。

② 《清高宗实录》卷二十一，乾隆元年六月癸未。

③ 《清世祖实录》卷一百二十六，顺治十六年五月壬午。

子渊，乙酉科举人，辞袭，授兵部职方司主事”①。

从要求参加科举考试的土司和实际参加科举考试的土司来看，他们都具备了生员的身份，具备了科举考试的条件。这至少说明，王朝在土司地区推行文教政策，土司子弟读书向学，在文化教育上，土司地区与内地日益一体化。

贵州学政晏斯盛奏请由生员出身的土司参加科举，按照王朝的政策，礼部仍不同意土司参加科举。而雍正帝同意土司参加科举，这并非偶然，与当时的实际情况密切相关。从雍正四年开始，鄂尔泰奏请改土归流，从雍正五年到雍正十三年，西南、中南等土司地区大规模改土归流。到雍正十三年，湖广四大土司桑植、保靖、永顺、容美及其数十家小土司均顺利改土归流，“合境无土司名目”。云南、贵州等地的改土归流也比较顺利。在大规模改土归流和土司势力日益衰落的背景下，雍正帝同意了土司参加科举。

清政府限制、剥夺土司的权力，也是土司请求参加科举考试的重要原因，“严禁土司越境、严禁土目扰民、严禁土司私自延幕、严禁土司买卖田产等，清政府还不断剥夺土司的核心权力如司法权与财政权等，将这些权力归于府州厅县的流官”②。在这样的背景下，土司请求参加科考考试，希望获得更好的发展机会，“冀与汉人同列绅士”。土司的权力大大削弱，如清代亮寨长官司族谱所载“土司之在今日，官为冷官，署为冷署”③。在《黎平竹枝词》中载：“土司也是一员官，老署萧条六月寒。案牍簿书无一事，阶前青草自雕刊。”④

土司参加科举考试，是从自身利益选择出发，在雍正朝改土归流的大背景下，大量土司被废除，剩余的土司其权力也受到限制，在这种背景下，土司请求参加科举考试。土司参加科举考试，是长期受儒学教育影响的结果，朝廷从“教化”的目的出发，既然这些土司“有志观光”，雍正帝也就同意土司参加科举考试。

---

① 道光《思南府续志》卷五，《秩官门 · 土司》。

② 郗玉松：《论清政府对土司的限制与对土司权力的剥夺》，载《青海民族研究》2020年第1期。

③ （清）龙文和、龙绍讷编著，龙泽江点校：《苗族土司家谱龙氏家乘迪光录》卷二，《衙署》，贵州大学出版社2018年版，第354页。

④ （清）龙文和、龙绍讷编著，龙泽江点校：《苗族土司家谱龙氏家乘迪光录》卷四，《黎平竹枝词五首》，第453页。

三、科举制度与西南少数民族社会

科举制度在西南等少数民族地区的推行，对这些地区产生了深远的影响，有利于社会阶层流动。同时，我们也应该看到，西南等少数民族社会对科举制度的影响，这些地区的少数民族参加科举考试，丰富和发展了科举制度的内容，科举制度焕发了新的生机。

（一）科举制度推动了西南等少数民族社会的发展，有利于社会阶层流动

毫无疑问，科举制度对西南少数民族社会影响重大。土司制度带有专制、残暴、封闭等特征，与之相比，科举制度则有“公开考试、平等竞争、择优录用”的特征，因此，相对于土司制度，科举制度的优势就体现出来，对西南少数民族社会产生了重要的影响。土司制度下，土司、土目、土舍、土民阶层固化，土司社会缺乏生机与活力，科举制度相对公平的特征则有利于社会阶层的流动，从而为社会带来生机。

土司制度下，土民社会地位卑微，生命、财产毫无保障，其经济、政治地位如蓝鼎元在《论边省苗蛮事宜书》所言：

愚闻黔省土司，一年四小派，三年一大派。小派计钱，大派计两。土民岁输土徭，较汉民丁粮加多十倍。土司一日为子娶妇，则土民三载不敢婚姻。土民一人犯罪，土司缚而杀之，其被杀者之族，尚当敛银以奉土司，六十两四十两不等，最下亦二十四两，名曰玷刀银。种种朘削，无可告诉。①

土司垄断了受教育权，采取愚民政策，不许土民读书，“威远土州，向来土官不容夷人应考，恐其入学，与之抗衡”②。丽江土司木氏“虞民用智而难治，因如秦人之愚黔首，一切聪颖子弟俱抑之奴隶中，不许事诗书”③。改土归流后，丽江流官兴建学校，仍遭到木氏的反对，学官“为土

---

① （清）蓝鼎元：《鹿洲初集》卷一，《论边省苗蛮事宜书》，《鹿洲全集》上，厦门大学出版社 1995 年版，第 38 页。

② （清）高其倬：《筹酌鲁魁善后疏》，师范《滇系·艺文》。

③ （清）杨馥：《迁建丽江府学记》，乾隆《丽江府志略》下卷，《艺文略·记》。

酋所挠，事几中寝，迁就图成，势使然也”①。广西“思明土府虽有学，原无土童拨入。泗城土府虽有学，土官禁绝其头目子弟，不容读书，亦无土童与考”②。

清政府对云南、贵州等省推行寄籍考试的措施，允许生童在省内跨府考试，康熙四十二年题准：“贵州生童，照滇省例许同省各府之人应考，俟人文充盛，再行禁止。”在内地，绝对禁止冒籍跨考，可云南、贵州则允许跨府考试，是对少数民族地区科举政策的倾斜照顾。雍正二年覆准：“贵州儒童，日渐增益，即下州小县，亦可不至缺额，嗣后将考取童生隔府隔县拨入别学之例，永行禁止。”从康熙四十二年到雍正二年，前后大概二十年时间，清政府在贵州推行教育取得了很大的成绩，“即下州小县，亦可不至缺额”③。

土司地区学风日盛，潜心向学，如亮寨长官司“十八寨民无叛志，以筋力之勤惰争贫富，以生童之多寡争盛衰，以人士之贤愚争贵贱”④。

（二）西南等少数民族地区参加科举考试，丰富和发展了科举考试的内容

我们还要看到西南等地区的少数民族社会对科举制度的影响。明朝后期，即有许多有识之士提出废除科举的言论，科举制度因本身的局限性而有日趋衰落之势。但清朝在西南等少数民族地区推行科举，科举制度在这些地区的推广，冲击了少数民族社会的固有势力，有利于边缘地区与内地逐步一体化的进程。因而，科举制度在西南等少数民族地区的推行，丰富和发展了科举制度的内容，如官府在推行科举的过程中，对西南等少数民族地区的科举优惠政策、防止冒籍的措施等。

1. 对西南等少数民族地区的优惠政策

从明代开始，朝廷对西南等少数民族地区参加科举考试给予优惠政策，成化十七年（1481），“贵州程番知府邓廷瓒奏，本府学校中有土人子

① （清）万咸燕：《跋迁学宫碑后》，乾隆《丽江府志略》下卷，《艺文志·跋》。

② （清）彭鹏：《题禁南太两郡土童冒籍疏》，《彭氏遗著·西粤疏抄》，北京图书馆古籍珍本丛刊，书目文献出版社1998年版，第575页。

③ 嘉庆《大清会典事例》卷三百十三，《礼部·学校·生童户籍》。

④ （清）龙文和、龙绍讷编著，龙泽江点校：《苗族土司家谱龙氏家乘迪光录》卷二，《风俗》，贵州大学出版社2018年版，第350页。

弟在学者，宜分别处置，以示奖励。上曰：蛮夷向化，其意可嘉，既已建置生徒，有同内地，则一体相视，原无分别。只科举文义，未易猝办，先应岁贡生员一人，俾观光上国，相劝于学，以称立贤无方之意"①。这些地区虽不能参加科举考试，但给贡生名额，到国子监学习。

清代，为西南等少数民族地区设置学额，为少数民族单独设置学额。顺治十七年（1660）题准："贵州省属大学，取进苗生五名，中学三名，小学二名，俱附各学肄业。其廪额，大学二名，中小学一名，照案帮补。至出贡，原照中学三年贡二人，今苗生新进者少，暂令附大学者三年出贡一人，附中小学者五年出贡一人，俱另立一册，将苗生挨年序贡，勿与府州县卫额相混，俟入学人多，另照州县举行。"②

清政府鼓励少数民族学生入学，将学习相对优秀的学生送到附近的官学学习，并参加考试。顺治十七年，礼部议覆："贵州巡抚卞三元疏言：'贵州苗民中有文理稍通者，准送学道考试，择其优者取入附近府、州、县、卫学肄业，仍酌量补廪出贡。'从之。"③

根据西南地区"文风日盛"，读书考试者越来越多的情况，清政府增加云南、贵州、广西三省取中进士名额，康熙五十一年（1712），上曰："朕先因此三省路远人少，每至脱科，念边陲穷士跋涉山川，曾谕该部酌量增额以示劝兴。故今三省文风日盛，士子俱各黾勉肄业，考试者渐多，但取中额数尚少，宜更加增。"④其后更采取分省取士。道光二十年（1840），清政府为苗疆八寨厅设置学额，设置训导等，谕内阁："前据礼部奏：'贵州添设厅学，加增学额，该抚未与学政会衔。'降旨令贺长龄、王庆云各行专折明白回奏。嗣据贺长龄奏：'八寨厅添设学额，与王庆云再三面商，缮折之时因王庆云出省考试，未及会衔'等语。本日又据王庆云奏到，核与贺长龄所奏无异。惟事关学校，该抚该学政前此并不联衔具奏。均属非是，贺长龄、王庆云均着交部议处，所请八寨厅添设厅学及加增学额之处，着礼部议奏。"寻奏："八寨厅岁科考试童生，附入都匀府学

① 毛奇龄：《蛮司合志》卷二，《贵州一》，杨东甫等：《蛮司合志校注》，广西人民出版社2015年版，第27页。

② 康熙《大清会典》卷五十一，《礼部·仪制清吏司·学校·儒学》。

③ 《清世祖实录》卷一百三十五，顺治十七年五月壬申。

④ 《清圣祖实录》卷二百四十九，康熙五十一年三月癸卯。

取进，向无定额，拟请添设文、武学额四名，再于都匀府学裁拨二名，共计六名，移都匀县学训导为八寨厅学训导，恩拔岁贡、廪、增各生，均照小学办理。从之。”①

清政府在西南等少数民族地区推行科举制度，对该地区施行优惠政策，并长期执行，“使土司地区产生极大的向心力，对国家政治统一和民族凝聚力的不断加强起到了重要作用”②。

2. 防止考试冒籍的措施

从明代开始，国家就严禁冒籍考试，万历四年（1576）题准：“广西、云南、四川等处，凡改土为流州县及土官地方建有学校者，令提学官严加查试，果系土著之人，方准考充附学，不许各处士民冒籍滥入。”③

清代，对西南等少数民族地区的冒籍问题，管控更加严密。顺治十六年题准：“贵州苗民向化归顺，应广示教训。令该地方官，查苗民中有稍通文理者开送学道考试，择其优者量取，送附近府州县卫学，肄业应试，不许各处士民冒籍滥入。仍令该学道，酌量所取名数，准其补廪出贡，随将定额报部存查。”

雍正六年（1728），针对冒籍问题比较严重的问题，重申不许冒籍，以保证少数民族读书的权利。“考试冒籍之弊，向来习以为常，理当清查禁约。况今滇、黔、楚、粤等省苗民向化，新增土司入学额数，为学臣者尤宜加意禁饬，毋使不肖士子冒其籍贯，阻土民读书上进之路。”④

道光元年（1821），官府对冒籍的判断，基于是否在该地有“田园庐墓”，是否在该地受理“钱粮词讼”，从而判断考生应在何处参加考试。“湖南新设直隶晃州厅管理地方钱粮词讼，其所属士子自应俱归晃州考试。该厅邓姓一族前曾冒考黔省思州，兹查明田园庐墓俱在晃州，所有邓姓阖族之人与各姓冒籍贵州入学中式，并报捐贡监职员。凡现居厅治者，无论年份久暂，均着改归晃州厅原籍管理，以杜歧冒而归画一。”⑤

总之，科举制度对西南少数民族社会产生了深远的影响，而西南少数

---

① 《清宣宗实录》卷三百三十五，道光二十年六月戊寅。
② 李世愉：《清朝在土司地区推行科举制度述略》，载《青海民族研究》2016年第4期。
③ 《明会典》卷七十八，《礼部三十六》。
④ 《清世宗实录》卷六十六，雍正六年二月壬寅。
⑤ 《清宣宗实录》卷十二，道光元年正月己巳。

民族参加科举考试，丰富了科举制度的内容。

四、结语

雍正十三年，土司获得参加科举考试的资格，这一资格的获得，是明至清初，中央王朝对西南等少数民族地区不断推行教化的结果。在大规模改土归流、土司权力不断受到限制的情形下，土司为追求更好的前途，请求参加科举考试。参加科举考试的土司，均为长官司级别的小土司，在承袭土司职位前，作为生员，他们已经具备了参加科举考试的资格。

科举制度在西南等少数民族地区的推行，打破了过去土司统治下的等级秩序，促进了社会的流动，有利于西南等少数民族地区文化的发展。从另外的一个角度来看，西南等少数民族参加科举考试，丰富和发展了科举制度的内容。总之，作为人才选拔的科举制度，对西南少数民族地区的民族凝聚与国家认同发挥了重要作用。

清代广西科举考试的特点述略*

蓝　武**

摘　要：清代是广西科举考试的鼎盛时期，无论是科举考试的规模，还是取士数额，均远超前代。鼎盛时期的广西科举受社会政治、经济与文化等诸方面因素的影响，呈现出十分鲜明的时代特点，然学界迄今尚无专文对此进行深入论述。对清代广西科举考试的特点及其成因进行专门研究，不仅可以透视大清帝国科举制运行下的乡土社会发展变迁状况，而且可以充实中国科举制度研究的内容。

关键词：清代；广西；科举考试；特点

一、问题的提出

清代是中国科举考试的鼎盛时期。从中央到地方，各级政府均十分注重对人才的抡选。顺治二年（1645）秋八月，举行乡试，顺治三年（1646）春二月，举行会试。据《钦定大清会典事例》记载，清代依明制规定："嗣后以子、卯、午、酉年乡试，丑、辰、未、戌年会试。奉特旨开科，则随时定期。"清代科举考试制度由此确立。史载："有清一代科举为抡才大典，虽初制多沿明旧，而慎重科名，严防弊窦，立法之周，得人之盛，远轶前代。"① 清代科举考试的举送程序、组织管理、录取原则与授官方式虽大抵仍沿明制，但在长期推行过程中不断充实、完善和发展，堪称集前代

* 基金项目：2018 年度《广州大典》与广州历史文化研究资助专项（项目编号：2018GZZ02）。

** **作者简介**：蓝武，男，广西南宁人，广西师范大学历史文化与旅游学院教授，历史学博士，博士生导师，主要研究方向：岭南教育史、区域文化史、西南边疆民族史。

① （民国）赵尔巽等奉敕撰：《清史稿》卷一〇八，《选举志三》。

之大成者。与王朝国家科举考试的发展同步，清代也是广西科举考试的鼎盛时期。鼎盛时期的广西科举具有什么样的特点？这些特点又是如何形成的？遍查学界现有成果，有关清代广西科举考试的特点及其成因的专门研究，迄今学界尚属罕见。鉴此，笔者特以此为题进行专门探讨，借此不仅可以透视大清帝国科举制运行下的乡土社会发展变迁状况，而且可以进一步充实中国科举制度研究的内容。未当之处，敬祈学界同仁指正。

二、清代广西科举考试的主要特点

如众所知，历代科举科目众多，唯进士科的社会影响力与政治文化意义无以比肩，故本文只讨论进士科系统，不及其余。同时，科举有文武之分，而武科的社会文化意义明显居于文科之下，故本文唯聚焦文科，武科不在讨论之列。据统计，清代全国共举行乡试 112 科。广西由于战乱，前后只举行乡试 100 科，文科中式举人计 5075 人，中式进士共 585 人，其中状元共 4 名。中式人数之多，大大超过以前任何一个朝代。清代由此成为广西科举考试发展史上的鼎盛时期。鼎盛时期的广西科举，在王朝国家的主导下，地方各级政府协同推进，不仅规模空前，成就显著，而且特点鲜明，独具时代特色。

（一）官府重视

清代乡试是省一级最大规模的选拔性考试，是整个科举考试过程中竞争最为激烈、影响最为深远的一级考试。乡试发榜的次日，主考官、监临、学政、内外帘官、新科举人等都要参加由巡抚主持的“鹿鸣宴”，以示各布政使司对新考中的举子的祝贺和对乡试全体考官的酬谢。其实，“鹿鸣宴”之设始自唐朝，清代因之，堪称有过之而无不及。在宴会上，须给主考、监临等官金银花、杯盘、绸缎等物，以示酬谢，发给新榜举人顶戴衣帽等，以表祝贺，并同时表演“魁星舞”，歌唱《鹿鸣》诗以助酒兴。此乃乡试之一大盛事，颇受各地政府重视。史载，嘉庆九年（1804）甲子，广西在桂林举行乡试后，就曾特邀乾隆进士、曾任翰林院编修的武缘（今武鸣）县人、84 岁高龄的刘定逌以乾隆九年（1744）甲子解元的身份重赴“鹿鸣宴”，当时广西巡抚张百龄曾即席手书“玉清尊宿”四字以赐之，尊之为德高望重的学界前辈，足为新科举人师范。乡试“鹿鸣宴”虽不可与“进士赐宴”等同而语，却有异曲同工之妙，实为隆重的待士仪式和激励士进之良策，充分彰显了王朝国家对科举考试的重视及对知识与人才的尊重。

另据史书记载，乾隆九年（1744）十月二十七日，乾隆帝亲临翰林院，赐大学士及翰林等宴，“因便阅贡院”，“得诗四首”，其文云：

幸翰林院赐大学士及翰林等宴，因便阅贡院，及知云路鹏程诚不易也，得诗四首。

翰苑凉庭筵酌令辰，棘闱来阅凤城侠。百年士气经培养，寸晷檐风实苦辛。自古曾闻观国彦，从今不薄读书人。白驹翙传周雅，佐我休明四海春。

尽道文章接上台，菁莪乐育济时才。千秋得失非虚也，咫尺云泥亦幻哉。若有泪眶啼挂落，那无笑口对花开。凤池多少簪豪者，都向龙门烧尾来。

万里扶摇正翮抟，飞龙利见岂为干？志贤圣至应顺立，玄孔终无大是难。见说经纶推国土，从来桃李属春官。但合姓字朱衣点，那惜三条泪烛残。

周遭闱棘院沉沉，景物当前总入吟。材拟圭璋方特达，文归雅正薄艰深。禹门鱼变辞凡水，乔木莺迁出故林。寄语至公堂里客，莫教冰鉴负初心。

乾隆九年十月二十七日御笔

今桂林王城内广西师范大学国学堂的后墙上仍镶嵌着此方乾隆赐翰林诗刻。康熙二十年（1681），清政府将广西贡院设在明靖江王府旧地。清末，广西贡院全部拆去，改建学校。乾隆帝赐翰林诗文石碑便成为清代广西贡院留下的珍贵遗存之一，成为清代王朝国家重视科举考试和培育人才的历史见证。

（二）“盛于往昔”

清代广西科举的乡试盛况堪称空前，远超以前历朝诸代，这从清同治《广西乡试录序》及其后序所叙中即可得到明显的反映。为便于读者阅览与求证，兹将其全文抄录如下：

同治六年丁卯夏五月，礼臣以广西分试考官请得旨命，臣钱宝廉偕臣王师曾往司厥事，伏念臣浙西下士，知识庸愚，由翰林荐升学士，春秋分校晋楚，持衡未报涓埃，方深兢惕，兹复渥邀恩简典试粤西，闻命之余，感悚何报。谨偕臣王师曾星驰就道，依期入闱。时监临官署理广西巡抚布政使司布政使苏凤文，协同点名官兼署广西等处承宣布政使司事按察使司按察使兼管驿务臣佛尔国春，提调官署广西分守桂平梧玉盐法道事右江兵备道臣朱文江，监试官盐运使衔广西补用道臣方炳奎，内监试官泗城府知府臣郭垣，恪恭将事，内外肃清，乃进学臣孙钦昂，所录士扃闱三试之，臣钱宝廉偕臣王师曾，率同考官知府衔补用同知浔州府武宣县知县臣沈芬，题补思恩府迁江县知县同知衔臣罗超崧，太平府左州知州臣孙源、委用知县臣沈藻芬、即用知县臣陈荣洙，桂林府灌阳县知县臣王鍸绅、试用知县臣张塏，坐补梧州府怀集县知县臣洪福朝，详慎校阅，取士如额，择其言尤雅者恭呈御览。臣谨拜手稽首，飏言简端。臣惟宾兴之典，昉于成周，后世因之，而诗赋、经义、策论、制艺，代有变更，详略不一。至我朝而法始善，二百余年，得人称盛。桂林为古荆州域，山川之胜奇秀甲天下。而士之读书好学者率皆潜修笃行不沾沾焉，以仕进为荣，以故历年乡举应试者不过二三千人。咸丰年间，数被兵革。而士之读书好义者又因团卫乡闾不汲汲焉，以科名为务，以故历科补行乡举，应试者仍不过三千余人。今皇上御极之六年，寰宇又安，人文蔚起，各直省乡试循例举行，广西与焉。臣奉命典试，駪征不遑，历武昌、长沙至零陵而西入粤境。见夫榛莽尽辟禾麻，遂生耞枷之声，与絃诵之声相应答窃，喜粤民之得复旧业，而士之励志读书谓必加于往日者。入闱校艺，取试卷而综计之，盖四千五百有奇。既幸粤省谈书之士日以增而尤，惧臣等衡文之识有不逮失，勤矢慎殚二十昼夜之力，得士凡五十二人，不敢谓所甄拔者，尽有合于成周乡举之选，而书文试律经艺策问亦各有所长，而不为唐宋以来剿窃浮靡之习。乃益见我朝立法之善，取士之真，而今日之躬与宾兴者，尤愿坐言起行，以无负圣天子作养人才之至意焉。维时官斯土者，兵部尚书廉都察院右都御史总督两广等处地方提督军务兼理粮饷臣瑞麟，提督广西全省水陆等处地方军务，节制各镇、统辖汉土官兵臣冯子材，镇守广西左江南太浔梧玉上等处地方总兵官臣李起高，署理广西右江隆恩上等处地方总兵官臣黄仲庆，署广西分巡左江兵备道布政使衔补用道臣覃远琎，署广西分巡右江兵备道事左江道臣陈庆桂、桂林府知府盐运使补用道臣赵元模，例得备书。咸安宫总裁、国史馆纂修、翰林院侍讲学士臣钱宝廉谨序。

附：《广西乡试录》后序

同治六年丁卯，直省举行乡试。夏五月，礼臣以广西考官请得旨，副臣王师曾、副臣钱宝廉往司厥事。伏念臣山左下士，知识庸愚。咸丰九年成进士，改庶吉士散馆授职编修转补御史，甲子丁卯京察一等，蒙恩记名，前于壬戌乙丑两校春闱，悚惕方深，涓埃未报，兹复渥膺，龙简俾佐抡材。闻命之余，弥增感惧。谨偕臣宝廉駪征抵境，斋祓入闱，得士如额，择其之尤雅者恭呈御览。臣例得缀，言简未窃，惟文艺不先于器，识道德必发为文章。儒者枕胙经传流览诸史子集，由是著于文词，以一抒其所素蓄，盖穷陬僻壤，亦必有好学深思心知其义者矣。矧桂林山水擅天下之奇，臣自溯漓水，渡融江，踰桂山以望玉林，灵秀所钟意必有孝行，如梁诏气节，如张翀经术，如陈元才艺，如曹唐其人者，散处于山巅水湄，足与古人相颉颃也。虽兵燹之余，士民凋敝，而輶轩所过，户解絃歌，今岁应试之士，尤盛于往昔。则我朝教泽之深，其沦浃于人心，诚有不以艰危易虑者。臣本因言见道之义，以求所谓好学深思忠孝节义文学之士，庶几于科目中遇之。与臣宝廉谨率同考官，竭夙夜之力，悉心校阅，义取其正大，词取其精深，而浮薄肤浅之作，概屏弗登。夫以臣等之愚，何敢谓遴选。悉当要惟矢慎矢，公黾勉将，事期有合，于崇实黜华之旨，而尤望与斯选者，不徒矜其学术，而务饬躬行不自诩，其科名而弥端，志趣束，修砥砺，争自濯，磨自足，与其乡之先正后先，媲美焜耀于三江五岭之间，则他日本其所学，赞襄盛治，胥不愧为有用之才，以仰副圣天子吁俊兴贤之至意，此则臣等区区微忱所愿，与多士共勉者尔。掌山西道监察御史臣王师曾谨序。

按上引清同治六年（1867）丁卯科广西乡试主考官、时任国史馆纂修翰林院侍讲学士钱宝廉于《广西乡试录序》① 中所称，从大清立国至同治六年共200余年的时间里，科举考试因“至我朝而法始善”，故“得人称

① 李彦福等编：《广西教育史料》，广西人民出版社1990年版，第49-50页。原载于清同治《广西乡试录序》。

盛”。广西“桂林为古荆州域，山川之胜奇秀甲天下。而士之读书好学者率皆潜修笃行不沾沾焉，以仕进为荣，以故历年乡举应试者不过二三千人。咸丰年间，数被兵革。而士之读书好义者又因团卫乡闾不汲汲焉，以科名为务，以故历科补行乡举，应试者仍不过三千余人。今皇上御极之六年，寰宇又安，人文蔚起，各直省乡试循例举行，广西与焉”。在这种情况下，钱氏“奉命典试”，“喜粤民之得复旧业，而士之励志读书谓必加于往日者”。结果，“人闱校艺，取试卷而综计之，盖四千五百有奇。既幸粤省读书之士日以增而尤，惧臣等衡文之识有不逮矢，勤矢慎弹二十昼夜之力，得士凡五十二人，不敢谓所甄拔者，尽有合于成周乡举之选，而书文试律经艺策问亦各有所长，而不为唐宋以来剽窃浮靡之习。乃盖见我朝立法之善，取土之真，而今日之躬与宾兴者，尤愿坐言起行，以无负圣天子作养人才之至意焉”。时广西乡试副考官掌山西道监察御史王师曾于《广西乡试录后序》[①] 中亦称：“……虽兵燹之余，士民凋敝，而輶轩所过，户解弦歌，今岁应试之士，尤盛于往昔。则我朝教泽之深，其沦浃于人心，诚有不以艰危易虑者。”由此可见，清代广西科举乡试之盛堪称前所未有。兹据清嘉庆年间谢启昆修《广西通志》及今人相关统计，将广西历代科举中式进士人数列表统计如表1，从中亦可略窥清代广西科举考试的鼎盛状况之一斑。

表1　广西历代科举进士及第额数对照一览

朝代	中式人数（名）	占总人数的百分比（%）
唐代	12	1.07
宋代	279	24.8
元代	10	0.89
明代	239	21.24
清代	585	52
合计	1125	100

① 李彦福等编：《广西教育史料》，广西人民出版社1990年版，第50-51页。原载于清同治《广西乡试录序》。

（三）“数被兵革”

清代广西科举受战争与政局的影响较为明显。由于受到社会动荡的影响，科举考试时有起伏，呈现出一定的不稳定性。前已述及，清代乡试始于顺治二年（1645）。广西由于曾是明末抗清的中心，直到顺治十三年（1656）才始为清朝所统治。同年，清廷始定“广西省于明年丁酉科举行乡试”。顺治十四年（1657）丁酉广西乡试首度举行。因此，同全国其他地区相比，清代广西科举乡试举行的时间相对略晚，正、恩两科乡试共计迟了5科。随后，照例举行了6科。此后，由于政局动荡等原因，广西乡试出现了时停时补，多科未能按例依期举行的局面。譬如，康熙年间，由于吴三桂叛清，康熙十一年（1672）壬子科之后，鉴于地方骚乱，广西乡试停了2科；康熙二十年（1681）辛酉，广西乡试因筹备不及而未能按期举行，是年十二月，清廷始谕命补行，以编修乔莱为正考官、员外郎杨佐国为副考官，于次年（1682）二月补行乡试。自此至道光末年，广西乡试仍照例举行。但自道光末年至咸丰年间，因太平军兴，天地会党起事，全省局势动荡，广西乡试遂停补无常。譬如，咸丰元年（1851）辛亥恩科，二年（1852）壬子及五年（1855）乙卯正科，3科乡试皆因太平军兴而未能如期举行，直至咸丰六年（1856），清廷鉴于广西地方局势初定，谕准广西特开1科，将辛亥恩科与乙卯正科归并举行；咸丰八年（1858）及九年（1859），因天地会党起事，戊午正科、己未恩科两次乡试广西均未能按期举行，直到咸丰十一年（1861），清廷才谕准广西补行壬子正科及九年己未恩科乡试，本年（1861）辛酉科及戊午科，着于次年（1862）特开1科归并举行；同治元年（1862），清廷谕命各省举行恩科乡试，广西依例办理并补行辰午及辛酉两正科。至此，旧缺补齐，广西乡试步入正轨。据统计，清代全国正、恩两科及加科乡试共计112科，广西由于上述种种原因，乡试开科总数相对略少，共计开举100科。光绪二十九年（1903）癸卯恩科乡试，是广西举行的最后一次乡试。其后不久，清廷谕令废止科举，乡试亦随之“寿终正寝”，同全国一样，广西科举正式停开。

（四）区域失衡

由上可知，清代广西科举文科考试总体上较之以前各个朝代均有了很大的发展和显著的进步。明代广西历科乡试取中文科举人共计 5098 名（含原属广东、现属广西地区的举人在内），取中文科进士共计 239 名（含恩赐）。降及清代，广西文科乡试共开 100 科，总计中式举人 5075 名（含原属广东、现属广西地区的举人在内），中式进士共计 587 名（含恩赐），数量大大超过了前代。这说明，从总体上看，在王朝国家主导下的科举考试中，清代广西的科举考试发展水平还是大大超越了前代。但是，我们应该看到，就清代而言，由于整个广西地区社会经济和文化教育发展水平仍存在一定的区域差异性，导致清代广西地区各地科举考试的发展及其成效还存在一定的区域差异性与不平衡性。先以中式举人数额为例，顺治十四年（1657）至道光二十年（1840）间，广西地区各行政区历朝乡试中式举人数额分别如表 2 所列：

表 2　表 2　清代广西历朝乡试各地中式举人额数统计

府名	顺治	康熙	雍正	乾隆	嘉庆	道光	合计	备注
桂林府	51	389	143	598	265	202	1648	（1）本表根据《广西通志稿》选举中式名册统计。（2）本表所列中式人数仅系顺治十四年至道光二十年的中式举人数额。
柳州府	3	45	19	15	36	28	146	
平乐府	2	61	17	64	15	26	185	
梧州府	5	79	24	64	30	50	252	
浔州府	0	28	17	77	56	42	220	
郁林府	5	51	24	115	35	42	272	
南宁府	3	47	15	104	35	37	241	
思恩府	3	16	10	36	24	16	105	
庆远府	0	11	3	8	6	10	38	
泗城府	0	0	2	5	2	0	9	
太平府	0	15	17	23	16	8	79	
镇安府	0	0	0	0	3	2	5	

从表 2 统计的数字来看，清代广西地区从顺治十四年至道光二十年的 100 多年间，考中举人的共有 3200 人，其中桂林府 1648 人，柳州府 146 人，平乐府 185 人，梧州府 252 人，浔州府 220 人，郁林府 272 人，南宁府 241 人，思恩府 105 人，庆远府 38 人，泗城府 9 人，太平府 79 人，镇安府 5 人。由此不难看出，其时各地中举人数和科举考试发展水平的差距还是比较明显

的。其中，桂林府居于首位，其中举人数占全省中举总额的50%以上；郁林府和梧州府次之；而土司统治所在的桂西南、桂西和桂西北一带，庆远、泗城、太平和镇安四府中举总额还没有平乐府中举人数之多，合计庆远、太平、思恩、泗城、镇安五府中举额数，尚不到当时广西全省中举总额的8%。这表明，直至清代，广西地区文化教育发展的区域差异与不平衡性仍然明显地存在着。再以中式进士数为例，自顺治十四年（1657）至道光三十年（1850）间，整个广西地区中式进士数为308人，其中，桂林府161人，占52%左右；而少数民族聚居的庆远、太平、思恩、泗城四府，总共只有进士20人，占6%左右；镇安府更是无一人中式进士。又自咸丰初年至光绪六年（1880），广西地区共计取中进士139名，其中桂林府78人，约占全省进士总额的56%；梧州、浔州、郁林、南宁四府州取中进士合计46人，约占全省进士总额的33%；而庆远、镇安二府竟无一人中式进士。即便是从整个清代来看，少数民族聚居的庆远、思恩、泗城、镇安、太平五府也仅有进士26名，仅占全省进士总额的4.4%左右。由此可见，清代广西境内各地区的科举水平明显存在着一定的区域差异与不平衡性，这在一定程度上也反映出当时广西地区文化教育发展的区域差异性与不平衡性。

四、结语

总而言之，清代是中国科举考试的鼎盛时期，从中央到地方，各级政府都十分注重对人才的抡选，广西也不例外。就广西而言，其清代科举的发展同全国科举的发展总体而言是同步的，清代也是广西科举考试发展的鼎盛时期。据统计，清代全国共举行乡试112科。广西因受战乱影响，前后只举行乡试100科，文科中式举人计5075人，中式进士共585人，其中状元共4名，其考试规模之大，中式人数之多，远远超过以前任何一个朝代。如众所知，一定的文化（当作观念形态的文化）是一定社会的政治和经济的反映，又给予伟大影响和作用于一定社会的政治和经济。经济基础决定上层建筑。清代之所以成为广西科举考试发展的鼎盛时期，显然是与这一时期清代全国社会经济的发展、王朝国家对科举考试的重视及广西本土社会经济与文教事业的空前发展有着密切的联系的。限于篇幅，笔者将另文阐述，此不赘言。

清代云南文举人数额考

邹　翀*

摘　要：清代云南的文举人究竟有多少，目前还没有一个准确的数字，有人统计为5700人，亦有人说为5697人，其依据均为民国时所修《新纂云南通志》。由于《新纂云南通志》因文献缺失，误载、漏载情况较多，其中的数据准确性有待商榷。而清代云南的乡试录所存极少。我们可以根据清政府分配给云南的各项乡试中额，即云南各科的乡试中额、临时性的增广中额、捐输加广中额、恩赏老年士子为举人之数额，作一个相对准确的统计。根据这一统计，从理论上说，清代云南应有文举人5746名。

关键词：清代；云南；文举人；中额；广额；恩赏

明清易代之际，云南成为南明政权最后的居所，康熙初年，又成为“三藩之乱”的重灾区。顺治十六年（1659），清军攻占云南。康熙元年（1662），吴三桂带兵入缅，擒获永历帝并将其格杀，李定国也病死于缅境，这标志着南明政权覆灭。康熙二十年（1681），清政府平定了吴三桂发动的“三藩之乱”，捍卫了统一的成果，在新的基础上形成统一。战后，作为“三藩之乱”策源地的云南，已是满目疮痍。清政府通过重建统治设施，调整民族政策，使云南开始由大乱走向大治。科举考试，作为清廷治理国家的重要手段，也是选拔人才的重要措施，对云南的发展有着重要的作用。

清代科举考试分为院试、乡试、会试、殿试四个层级。乡试是清代科举考试系统中最为重要和最具影响力的一级考试。顺治二年（1645）仿明

* **作者简介**：邹翀，云南师范大学博士研究生。

制，规定嗣后凡逢子、卯、午、酉年，八月举行乡试，是为正科，其后又有加科与恩科。乡试取中者为举人。

在科举时代，举人数量是衡量一个省份文风、教育、经济状况的重要指标。很多地方的学者对本省清代的举人做过统计，如江西、福建、山东、江苏、浙江、直隶等。由于云南清代的乡试录所存极少，人们很难对清代的文举人有准确的统计。目前对清代云南文举人数的统计，大多根据《新纂云南通志》。其中，有人统计为5700名，有人统计为5697名。实际上，据《新纂云南通志》中《清文举人表》统计，应为5697名，其中，顺天乡试中举者43名。① 又由于《新纂云南通志》有文献缺失，误载、漏载情况在所难免，其准确性有待商榷。清代乡试中额，即各省乡试中举人之数额，政府都有明文规定，各省均需按定额取进，不得任意增减。若出现无故漏取或多取之情况，朝廷就会进行严厉处罚。所以，清代云南举人之额数，应当与朝廷所批准云南取中举人数额是一致的。由此，统计清代云南举人数额，可以通过清廷所批云南取中名额来计算。各省举人数额的计算，应包括各科的乡试中额，这是最基本的数字，此外还应包括临时性的增广中额、捐输加广中额，以及自乾隆朝开始的恩赏老年士子为举人的数额。本文统计的举人数额即根据上述各款而定，但不包括副榜，因为副榜并不具备举人资格，仅具有准举人的身份；也不包括在外省如顺天、四川等省参加乡试的中举者。

一、云南乡试开科情况

了解云南乡试的开科情况是统计举人数字的基础。有清一代，共开科112科，其中正科84次，而云南因各种原因，并未达到这一标准。此外，除正科外，还有加科与恩科，共28次。恩科分万寿恩科和登极恩科，万寿恩科是皇帝或皇太后生日之年举行的科举考试，登极恩科则是皇帝即位之年特开之科举考试。万寿恩科始于康熙五十二年（1713），登极恩科则始于雍正元年（1723），自后沿用为例。万寿或登基庆典若恰逢正科之年，

① 《新纂云南通志》卷16《历代贡举征辟表·清文举人表》，云南人民出版社2007年版，第358页。

则以当年为恩科，而正科则提前一年或延后一年举行，不会因此取消。《钦定科场条例》卷一载："凡乡会试加科，俱由特旨，其试期或仍于八月乡试，次年三月会试，或改以三月乡试，八月会试，均临时酌定，不拘成例。有与正科同岁者，或移正科于前，或移正科于后，亦不拘成例。"① 如乾隆帝八旬万寿，以五十三年（1788）戊申科预行正科乡试，而正科的己酉乡试则改为恩科乡试。② 除恩科外，正科之外另增的考试，称加科。清代有两次加科乡试：其一，顺治三年（1646）加科乡试；其二，康熙十六年（1677）加科乡试，这次只在顺天、江南、浙江、河南四省举行，③ 湖广、江西考生在江南考试，福建考生在浙江考试，山东、山西、陕西考生在河南应试。④ 涉及云南的加科、恩科，据统计共 21 次，具体情况详情见表 1。

表 1　清代云南加科、恩科情况

科　　名	加科、恩科缘由
康熙五十一年（1712）壬辰科	万寿恩科
雍正元年（1723）癸卯科	登极恩科
乾隆元年（1736）丙辰科	登极恩科
乾隆十六年（1751）辛未科	万寿恩科
乾隆二十五年（1760）庚辰科	万寿恩科
乾隆三十五年（1770）庚寅科	万寿恩科
乾隆四十四年（1779）己亥科	万寿恩科
乾隆五十四年（1789）己酉科	万寿恩科
乾隆五十九年（1794）甲寅科	万寿恩科
嘉庆五年（1800）庚申科	复开庚申万寿恩科
嘉庆十三年（1808）戊辰科	万寿恩科

① 奎润等纂修：《乡会试期·乡会试加科附补行正科》，《钦定科场条例》卷 1，李兵点校，岳麓书社 2020 年版，第 15 页。

② 商衍鎏：《清代科举考试述录及有关著作》，百花文艺出版社 2004 年版，第 49 页。

③ 奎润等纂修：《乡会试期·乡会试加科附补行正科》，《钦定科场条例》卷 1，李兵点校，第 14 页。

④（清）陈康祺：《康熙丁巳科乡试止四省》，《郎潜纪闻初笔》卷 6，中华书局 1984 年版，第 116 页。

续表

科　　名	加科、恩科缘由
嘉庆二十三年（1818）戊寅科	万寿恩科
道光元年（1821）辛巳科	登极恩科
道光十一年（1831）辛卯科	万寿恩科
道光十五年（1835）乙未科	万寿恩科
道光二十一年（1841）辛丑科	万寿恩科
道光二十四年（1844）甲辰科	万寿恩科
咸丰元年（1851）辛亥	登极恩科
咸丰九年（1859）己未	万寿恩科（因军务展缓）
同治元年（1862）壬戌	登极恩科（因军务展缓）
光绪元年（1875）乙亥	登极恩科

此外，清朝还有各省贡生、监生，或外地籍士子参加顺天乡试。顺天乡试因其独特的地理和政治位置，乡试中额一直位于全国之首。清廷为区分顺天乡试内不同地域的士子，实行编列字号。据《钦定科场条例》记载，顺天乡试中额分编满、合、夹、承、旦、贝、南皿、北皿、中皿字号取中。贝、承、旦字号分别代表直隶、承德、宣化地区，夹字号属于东北的奉天，满、合字号属于八旗科举。各省贡监生参加顺天乡试，奉天、直隶、山东、河南、山西、陕西的贡监生为北皿；江南、江西、浙江、福建、湖广、广东的贡监生为南皿；四川、广西、云南、贵州的贡监生为中皿①。因这部分云南举子并未于云南贡院参加科考，故本文亦不列入云南乡试举人之列。

清代乡试试期一般为八月，共考三场，初九日为第一场，十二日为第二场，十五日为第三场。每场都在考前一天点名搜检入场，第二天交卷出场②。整个清朝，自顺治二年至光绪三十一年（1905），共开乡试 112 科，其中正科 84 科，加科 2 科，恩科 26 科。云南由于战乱之原因，开科最晚。至顺治十七年（1660），朝廷始允许云南举行乡试，但云南刚刚平定，贡

① 奎润等纂修：《〈乡会试定额·各省乡试定额附分经定额旧案〉，钦定科场条例》卷 20，李兵点校，第 335 页。

② 奎润等纂修：《乡会试期》，《钦定科场条例》卷 1，李兵点校，第 1 页。

院未及修好，不能组织全省考试，加上朝廷所派的学臣未到，故朝廷下诏该年庚子科乡试，于十八年辛丑科补行①。其后，云南乡试基本如期举行，但其中也有两个时期因战乱致使乡试停科。第一个时期是康熙十一年（1672）至康熙二十年（1681），因吴三桂在西南叛乱而罢停康熙十四年（1675）乙卯科、康熙十七年（1678）戊午科、康熙二十年（1681）辛酉科这三科乡试，后于康熙二十二年（1683）癸亥科补行辛酉科一科②。第二个时间段是咸丰初年，广西爆发太平天国起义，云南靠近战乱源头，地方治安和文教深受影响，从而导致云南乡试屡次停科或延后举行。咸丰八年（1858）戊午科、咸丰九年（1859）己未科、咸丰十一年（1861）辛酉科、同治元年（1862）壬戌科、同治三年（1864）甲子科、同治六年（1867）丁卯科6科因战乱停科，后于同治九年（1870）庚午科补行戊午、己未两科，光绪元年（1875）乙亥补行壬戌一科，光绪二年（1876）丙子科补行甲子一科，光绪五年（1879）己卯科补行丁卯一科，详见表2。有清一代，云南共开科97次，其中补行6科，实际取中103科举人。

表2　清代各省乡试停科补科简况

停　　科	补科情况
康熙十四年（1675）乙卯科	未补
康熙十七年（1678）戊午科	未补
康熙二十年（1681）辛酉科	康熙二十二年（1683）癸亥科补行
咸丰八年（1858）戊午科	同治九年（1870）庚午科补行
咸丰九年（1859）己未科	同治九年（1870）庚午科补行
咸丰十一年（1861）辛酉科	未补
同治元年（1862）壬戌科	光绪元年（1875）乙亥科补行
同治三年（1864）甲子科	光绪二年（1876）丙子科补行
同治六年（1867）丁卯科	光绪五年（1879）己卯科科补行

① 奎润等纂修：《乡会试期附改期》，《钦定科场条例》卷1，李兵点校，第8页。
② 蔡毓荣：《请补行乡试疏》，（乾隆）《云南通志》卷29《艺文四》。

二、云南各科的乡试中额

乡试中额，指乡试中固定录取名额，或者说是一个录取基数。清制，各省乡试均由朝廷规定取中名额，称中额，亦称定额。顺治二年，清廷确定各省乡试举人中额，其具体标准通常以各省田赋、人口、文风为依据，以大、中、小省来划分等级，确定数额。其后，顺治十七年及康熙三十五年（1696）、五十年（1711）有过几次调整，至乾隆九年（1744），各省乡试中额基本确立，此后各朝基本遵行无改。云南共开科 97 次，取中 103 科举人。相应各科中云南中额如下。

顺治二年，朝廷给予云南举人定额为 54 名，顺治十七年题准："云南初定，首举乡试，照旧额取中。"① 到康熙二年（1663），"云南乡试，减半中二十七名"。康熙三十五年，经议，"云南原取中二十七名，今增十五名，共取中四十二名"。到康熙四十七年（1708），又增加云南乡试中额 5 名，共 47 名。康熙五十年覆准："云南额中四十七名，今增九名，共中五十六名。" 乾隆九年议准："云南额中五十九名，酌减五名。请以乾隆丁卯科为始。"② 自乾隆十二年（1747）丁卯科起至科举废除，云南额定中数再无变化，为 54 名。经过梳理，云南额定举人数具体情况为：

（1）顺治十八年（1661）辛丑 1 科，定额 54 名；

（2）康熙二年（1663）癸卯科、五年（1666）丙午科、八年（1669）己酉科、十一年（1672）壬子科、二十二年（1683）癸亥科补行辛酉科、二十三年（1684）甲子科、二十六年（1687）丁卯科、二十九年（1690）庚午科、三十二年（1693）癸酉科，共 9 科，定额 27 名；

（3）康熙三十五年（1696）丙子科、三十八年（1699）己卯科、四十一年（1702）壬午科、四十四年（1705）乙酉科，共 4 科，定额 42 名；

（4）康熙四十七年（1708）戊子 1 科，定额 47 名；

（5）康熙五十年（1711）辛卯科、五十二年（1713）癸巳科、五十

① 奎润等纂修：《乡会试定额·各省乡试定额附分经定额旧案》，《钦定科场条例》卷 20，李兵点校，第 362 页。

② 奎润等纂修：《乡会试中额·各省乡试定额附分经定额旧案》，《钦定科场条例》卷 20，李兵点校，第 338-367 页。

三年（1714）甲午科、五十六年（1717）丁酉科、五十九年（1720）庚子科，雍正元年（1723）癸卯恩科、二年（1724）甲辰科补行癸卯科、四年（1726）丙午科、七年（1729）己酉科、十年（1732）壬子科、十三年（1735）乙卯科，乾隆元年（1736）丙辰恩科、三年（1738）戊午科、六年（1741）辛酉科、九年（1744）甲子科，共15科，定额56名；

（6）乾隆十二年（1747）丁卯科一直到光绪二十九年（1903）癸卯科，共67科，定额54名；但其中，同治庚午科及补行戊午、己未2科，共计3科；光绪乙亥科及补行壬戌1科，共计2科，丙子科及补行甲子科1科，共计2科，己卯科及补行丁卯科1科，共计2科，每科定额均为54名。

经过统计，云南确定举人中额总数为5348名。

三、云南临时增广中额数

清代乡试录取除定额制度外，实际录取中，清政府还不时会行广额之举，即为增广中额。清王朝自顺治三年为笼络汉族士大夫阶层和吸收治国人才而开的丙戌科，成为清王朝科举实施的开始。经过多年的兴学校、育人才，到康雍乾时期，文风日盛，想凭借科举出仕的读书人越来越多，然而三年一举的乡、会试，录取名额又非常有限，这让许多士子终老都看不到出仕的希望。自康熙五十二年癸巳特开恩科后，其后各朝代帝王无不对恩科怀有极大热忱，以期增加录取名额，从而达到“鼓舞而振兴”士林的目的；此外，因为皇帝临雍视学，或以朝廷庆典，又或新帝继位，朝廷也会兴增广中额之举。

清代乡试增广中额属于一次性举措，需依旨而行。广额对象，或为国子监生，或为某省某字号，或面向乡试各省。顺治八年正月，因皇帝亲政，推恩天下，故诏令增加当年乡试中额，大省加15名，中省加10名，小省加5名。[①] 观清朝历史，广额始于顺治亲政，终于光绪亲政，此期间共广额34次，其数也高达4300余名。梳理相关史料，云南增广情况具体如下。

---

① 《清世祖实录》卷52，顺治八年正月庚申。

康熙八年，奉恩诏“云南、贵州、广西加中三名”；康熙二十年恩诏“加二十三年乡试中额，大省十名，中省七名，小省三名”，云南与广西、贵州同为小省；康熙四十二年奉恩诏“四十四年乡试广额，大省十名，中省七名，小省三名”；康熙了六十一年准奏“雍正元年四月特行乡试并加中额，大省三十名，中省二十名，小省十名”。雍正七年奉旨“壬子科乡试，每正额十名加中一名，其十名之外有零数者，亦加中一名”；雍正十三年奉恩诏“乡试大省加三十名，中省加二十名，小省加十名”。乾隆元年准奏“亲遵恩诏，大省加中三十名，次省加中二十名，小省加中十名”；乾隆二十年准奏“丙子年各省乡试，大省广额十名，中省广额七名，小省广额五名”。嘉庆元年奉恩诏“（嘉庆三年戊午科）乡试大省加三十名，中省加二十名，小省加十名……云南、贵州、广西照小省例各加十名”；嘉庆二十五年奉恩诏“乡试大省加三十名，中省加二十名，小省加十名……云南、贵州、广西照小省例各加十名”。道光三十年奉恩诏“乡试大省加三十名，中省加二十名，小省加十名……云南、贵州、广西照小省例各加十名”；旋因道光帝去世，及咸丰登基恩科，此科移至咸丰二年壬子科。道光三十年奉恩诏“乡试大省加三十名，次省加二十名，小省加十名”；同治九年具奏“查同治五年，内阁学士刘崑等以云贵乡试久未举行，请将该而生恩广中额十名，归于丁卯科顺天乡试”；同治十一年具奏“同治十二年癸酉科乡试恩诏广额，……云南、贵州、广西照小省例加十名”。光绪元年（1875）奉恩诏“查云南现尚有壬戌、甲子、丁卯三科未补，本年举行乙亥恩科乡试，请带补壬戌恩科乡试一科，其甲子、丁卯二科归入下两届分次带补。至该省壬戌恩诏广额十名，查同治六年、九年，业于顺天场内另编字号取中，应毋庸议”①。光绪八年议准“黔省各报效欠饷，广中额一名，壬午科取中”②。根据核算，清代云南临时增广举人额数总计为91名。

四、云南捐输广额之统计

捐输加广乡试中额，其例始于咸丰三年（1853）。咸丰年间太平天国

① 奎润等纂修：《乡会试广额》，《钦定科场条例》卷23，李兵点校，第407-414页。
② 奎润等纂修：《乡会试广额》，《钦定科场条例》卷23，李兵点校，第442页。

起义使得清政府军费开支浩大，国库空虚，为了弥补财政困难，不得不借资民力，以至朝廷允许地方直省捐输银两来换取乡试中额。捐输广额分一次性加广中额和永远加广中额两种情况。朝廷制定了捐输广额章程，规定了捐输银两数额和加广额的比例。一次性加广中额方面，各省捐银至10万两，可加乡试中额1名，但所捐额数递加，即捐至数百万两以上，亦不得过恩诏广额大省30名、中省20名、小省10名之数。永远加广中定额方面，一省捐银30万两，加文武乡试定额1名，均以10名为限。① 捐输章程颁布之后，各省地方绅民踊跃捐输银两，以换取乡试举人名额。捐输增额中，一次性加广和永远广中额同时并行，由于捐饷数目日益增大，各省所加广中额数目也日益增长，实际上永远加广中额没有遵循章程中10名为限的规定。对此朝野颇多议论，清廷觉得若不稍加变通，会导致科名太滥。于是礼部在同治十三年（1874）议定："嗣后各省捐输，只准请加一次性乡试中额，概不准加永远定额；且加一次性中额改为，一省捐银三十万两者，准广文武乡试中额一名。"②

云南捐输广额仅有两次。一次是"咸丰五年议准：捐输广中额二名，乙卯科取中"。二次是光绪元年奉上谕："据岑毓英奏，请加云南文、武乡试永远中额各十名，当经部议，与新章不符，改为加广一次文、武乡试中额个二十名。兹复据该抚称，云南自军兴以来，绅民竭力捐输十有余年，合计捐银一千零七十余万两，从未请加中额，仍恳加云南文武乡试永远中额等语。加恩着照所请，云南文、武乡试各加永远中额十名。"③ 根据核算，清代云南捐输永远加广中额10名，共享18科，合计180名；捐输一次性加广中额2名；两者合计182名。

五、恩赏云南老年士子为举人之统计

恩赏年老落第士子，是清科举落第政策中的一项重要内容。始于乾隆三十五年（1770），完善于嘉庆朝，之后一直沿用，直到光绪二十四年（1898）结束。乾隆三十五年，清高宗听闻当年乡试中有3位85岁以上年

① 奎润等纂修：《捐输加广乡试定额》，《钦定科场条例》卷24，李兵点校，第421页。
② 奎润等纂修：《捐输加广乡试定额》，《钦定科场条例》卷24，李兵点校，第424页。
③ 奎润等纂修：《捐输加广乡试定额》，《钦定科场条例》卷24，李兵点校，第435页。

老士子参考，认为年老尚来赴试，“不无望恩之意，寿考作人，亦盛典也”。于是在查明之后，特赐举人，“以满其志”①。由此开清代恩赏年老举子之先例。

年老举子恩赏制度，在出现之后不断发展，乾隆五十四年（1789），“定制三场均能完竣，年届八十以上者，俱著加恩赏给举人，准其一体会试；七十以上者俱著加恩赏给副榜”②。乾隆五十九年又规定：“下科乡试奏报年长诸生时，应将例监及入学年份较近，并精力衰迈不能进京之人先行汰去，毋得概行胪列。”③ 嘉庆六年（1801），朝廷又放宽恩赏标准，凡三场完卷即可奏请施恩，其进京与否悉行其便。恩赏制度的推行，使得谎报年龄之事逐渐增多，随后清廷再严恩赏年限，嘉庆十八年（1813）起，乡试恩赏制度调整为80岁以上可赏副榜，90岁以上才可赏举人。④ 这一制度在调整社会心理，保持社会稳定上有重要作用。同时也是安抚落第者的一项重要措施，在清代产生了极大的影响。

清代云南赏给年老举人具体情况为如下。

乾隆五十三年（1788）戊申科乡试，云南袁景一名，钦赐举人；乾隆五十四年（1789）乙酉恩科乡试，云南汤祗昌等2名，俱钦赐举人；乾隆五十七年（1792）壬子科乡试，云南舒朕元等4名，俱钦赐举人。乾隆五十九年（1794）甲寅科乡试，云南郝宣等6名，俱钦赐举人；乾隆六十年（1795）乙卯科乡试，云南杨世溥等6名，俱钦赐举人；嘉庆三年（1798）戊午科乡试，云南苗世浦等4名，俱钦赐举人；嘉庆五年（1800）庚申恩科乡试，云南向舒等13名，俱钦赐举人。嘉庆六年（1801）辛酉科乡试，云南王来培等6名，俱钦赐举人；嘉庆九年（1804）甲子科乡试，云南张灿华等9名，俱钦赐举人；嘉庆十二年（1807）丁卯科乡试，云南张世麟等15名，钦赐举人。嘉庆十三年（1808）戊辰恩科乡试，云南李品元等24名，俱钦赐举人。嘉庆十五年（1810）庚午科乡试，云南段玉堂等6名，俱钦赐举人；嘉庆十八年（1813）癸酉科乡试，云南陈庄猷等26名，

① 奎润等纂修：《举人·年老举人给衔附历科乡会试钦赐职衔、举人、副榜各案》，《钦定科场条例》卷24，李兵点校，第1000页。

② 《清高宗实录》卷1344，乾隆五十四年十二月丙辰。

③ （光绪）《大清会典事例》卷354，《礼部·贡举·恩赐一》。

④ 奎润等纂修：《举人·年老举人给衔附历科乡会试钦赐职衔、举人、副榜各案》，《钦定科场条例》卷24，李兵点校，第1000页。

俱钦赐举人；道光二十四年（1844），云南陈富五一名，钦赐举人；道光二十六年（1848）丙午科，云南赵侣鼎一名，钦赐举人；咸丰二年（1852）壬子恩科乡试，云南杨国恩一名，钦赐举人。[①] 根据核算，云南钦赐举人额数为125名。我们之所以将恩赏老年举人亦统计在云南文举人数额之内，一是他们均出自云南贡院，只不过三场完卷而未被录取；二是他们被赏举人是实实在在的举人出身，与榜上有名者可以一同赴京城参加会试。

六、云南文举人中额之统计

经过对史料的整理，清代云南文举人额数具体情况见表3。

表3 清代云南文举人额数统计（名）

序号	科名	定额	广额	永远中额	捐输广额	年老举人	总计
1	顺治十八年辛丑科	54	0	0	0	0	54
2	康熙二年癸卯科	27	0	0	0	0	27
3	五年丙午科	27	0	0	0	0	27
4	八年己酉科	27	3	0	0	0	30
5	十一年壬子科	27	0	0	0	0	27
6	二十二年癸亥补行辛酉科	27	0	0	0	0	27
7	二十三年甲子科	27	3	0	0	0	30
8	二十六年丁卯科	27	0	0	0	0	27
9	二十九年庚午科	27	0	0	0	0	27
10	三十二年癸酉科	27	0	0	0	0	27
11	三十五年丙子科	42	0	0	0	0	42
12	三十八年己卯科	42	0	0	0	0	42
13	四十一年壬午科	42	0	0	0	0	42
14	四十四年乙酉科	42	3	0	0	0	45
15	四十七年戊子科	47	0	0	0	0	47

① 奎润等纂修：《举人·年老举人给衔》，《钦定科场条例》卷53，李兵点校，第1001-1011页。

续表

序号	科名	定额	广额	永远中额	捐输广额	年老举人	总计
16	五十年辛卯科	56	0	0	0	0	56
17	五十二年癸巳科	56	0	0	0	0	56
18	五十三年甲午科	56	0	0	0	0	56
19	五十六年丁酉科	56	0	0	0	0	56
20	五十九年庚子科	56	0	0	0	0	56
21	雍正元年癸卯恩科	56	10	0	0	0	66
22	二年甲辰补行癸卯科	56	0	0	0	0	56
23	四年丙午科	56	0	0	0	0	56
24	七年己酉科	56	6	0	0	0	62
25	十年壬子科	56	0	0	0	0	56
26	十三年乙卯科	56	10	0	0	0	66
27	乾隆元年丙辰恩科	56	10	0	0	0	66
28	三年戊午科	56	0	0	0	0	56
29	六年辛酉科	56	0	0	0	0	56
30	九年甲子科	56	0	0	0	0	56
31	十二年丁卯科	54	0	0	0	0	54
32	十五年庚午科	54	0	0	0	0	54
33	十六年壬申恩科	54	0	0	0	0	54
34	十八年癸酉科	54	0	0	0	0	54
35	二十一年丙子科	54	5	0	0	0	59
36	二十四年己卯科	54	0	0	0	0	54
37	二十五年庚辰恩科	54	0	0	0	0	54
38	二十七年壬午科	54	0	0	0	0	54
39	三十年乙酉科	54	0	0	0	0	54
40	三十三年戊子科	54	0	0	0	0	54
41	三十五年庚寅恩科	54	0	0	0	0	54
42	三十六年辛卯科	54	0	0	0	0	54
43	三十九年甲午科	54	0	0	0	0	54

续表

序号	科名	定额	广额	永远中额	捐输广额	年老举人	总计
44	四十二年丁酉科	54	0	0	0	0	54
45	四十四年己亥恩科	54	0	0	0	0	54
46	四十五年庚子科	54	0	0	0	0	54
47	四十八年癸卯科	54	0	0	0	0	54
48	五十一年丙午科	54	0	0	0	0	54
49	五十三年戊申预行己酉科	54	0	0	0	1	55
50	五十四年己酉恩科	54	0	0	0	2	56
51	五十七年壬子科	54	0	0	0	4	58
52	五十九年甲寅恩科	54	0	0	0	6	60
53	六十年乙卯恩科	54	0	0	0	6	60
54	嘉庆三年戊午科	54	10	0	0	4	68
55	五年庚申恩科	54	0	0	0	13	67
56	六年辛酉科	54	0	0	0	6	60
57	九年甲子科	54	0	0	0	9	63
58	十二年丁卯科	54	0	0	0	15	69
59	十三年戊辰恩科	54	0	0	0	24	78
60	十五年庚午科	54	0	0	0	6	60
61	十八年癸酉科	54	0	0	0	26	80
62	二十一年丙子科	54	0	0	0	0	54
63	二十三年戊寅恩科	54	0	0	0	0	54
64	二十四年己卯科	54	0	0	0	0	54
65	道光元年辛巳恩科	54	10	0	0	0	64
66	二年壬午科	54	0	0	0	0	54
67	五年乙酉科	54	0	0	0	0	54
68	八年戊子科	54	0	0	0	0	54
69	十一年辛卯恩科	54	0	0	0	0	54
70	十二年壬辰科	54	0	0	0	0	54
71	十四年甲午科	54	0	0	0	0	54

续表

序号	科名	定额	广额	永远中额	捐输广额	年老举人	总计
72	十五年乙未恩科	54	0	0	0	0	54
73	十七年丁酉科	54	0	0	0	0	54
74	十九年己亥科	54	0	0	0	0	54
75	二十一年辛丑恩科	54	0	0	0	0	54
76	二十三年癸卯科	54	0	0	0	0	54
77	二十四年甲辰恩科	54	0	0	0	1	55
78	二十六年丙午科	54	0	0	0	1	55
79	二十九年己酉科	54	0	0	0	0	54
80	咸丰元年辛亥恩科	54	10	0	0	0	64
81	二年壬子科	54	10	10	0	1	75
82	五年乙卯科	54	0	10	2	0	66
83	同治九年庚午科带补戊午科、己未恩科	162	0	10	0	0	172
84	十二年癸酉科带补辛酉科	108	0	10	0	0	118
85	光绪元年乙亥恩科带补壬戌恩科	108	0	10	0	0	118
86	二年丙子科带补甲子科	108	0	10	0	0	118
87	五年己卯科带补丁卯科	108	0	10	0	0	118
88	八年壬午科	54	1	10	0	0	65
89	十一年乙酉科	54	0	10	0	0	64
90	十四年戊子科	54	0	10	0	0	64
91	十五年己丑恩科	54	0	10	0	0	64
92	十七年辛卯科	54	0	10	0	0	64
93	十九年癸巳恩科	54	0	10	0	0	64
94	二十年甲午科	54	0	10	0	0	64
95	二十三年丁酉科	54	0	10	0	0	64
96	二十六年庚子辛丑恩正并科	108	0	20	0	0	128
97	二十九年癸卯科	54	0	10	0	0	64
共计		5348	91	180	2	125	5746

七、总结

本文根据清代可能获得举人出身的途径，对云南文举人之数额进行理论数据上的考证，并对相关举人制度进行简要的介绍。根据《钦定科场条例》中云南中额变动情况统计，自顺治十七年至光绪二十九年最后一科乡试，云南共开科 97 次，取中 103 科举人，文举人中额共计 5348 名，增广中额 91 名，捐输加广中额 182 名，钦赐年老举人 125 名，整个清代云南共有文举人 5746 名。而《新纂云南通志》所记载云南文举人除顺天乡试的 43 名外，共 5654 名。需要说明的是，清代云南乡试，因为冒籍现象较为严重，不少他籍士子冒云南籍参考，但因清代云南地方志与乡试录等史料缺失较为严重，这是考证上的缺憾，最终确定云南籍的举人数据仍需进一步考证。

论明清时期贵州进士家族的分布

万国崔*

摘　要：明清时期，贵州儒学教育兴盛。独立开科、独设乡试使得贵州儒学教育空前发展，进士人数骤增。贵州省共产生文进士 787 人，他们中出现了 54 个进士家族，涵盖 140 位进士。经研究得出：明清时期贵州进士家族不均衡地分布于贵州省各个地区，其分布中心由黔东地区向贵阳发展；其进士家族种类大多为二代进士以下；明代进士家族之应试身份大多为官籍或军籍。作为地方名门望族，贵州进士家族对地方文化教育以及政治、经济都产生一定的影响，共同促进了贵州社会的发展。

关键词：明清时期；贵州；进士家族；科举

明清时期，儒学教育在贵州兴盛，贵州省独立开科、独设乡试使得贵州儒学教育空前发展，进士人数骤增，贵州省科举事业达到史上顶峰。据统计，明清时期贵州省共产生文进士 787 人，出现进士家族共计 54 个。目前，学界对贵州进士的研究有些成果，均集中在对贵州进士的地域分布的探究上，而缺少对贵州进士家族的研究。研究贵州进士家族的分布，可深化贵州教育史的研究，对贵州当代家庭教育也有一些借鉴作用。兹界定进士家族，梳理明清时期贵州进士家族分布状况，分析得出其分布特点及影响，以期为此域之研究聊尽绵薄之力。

---

* **作者简介**：万国崔（1971— ）男，湖南辰溪县人，贵州师范学院教育发展研究中心副主任、教授，历史学博士，主要从事中国思想文化史、教育史研究。

一、明清时期的贵州进士分布状况及进士家族

自明代始，贵州省设立官学，兴办书院。明嘉靖十四年，贵州省被准许独立开科，并建立贡院开设乡试。此后，科举在贵州兴盛起来。明清时期，贵州共中文进士（以下简称“进士”）787人，他们不均衡地分布于全省各个地区。其中，明代有进士123人，主要分布在今贵阳市、思南、盘县、铜仁市、安顺市五大地区。清代有进士664人，进士人数最多的地区是贵阳府，为254人。其次是大定府和安顺府。

（一）明清时期贵州进士分布状况

1. 明代贵州进士分布状况

关于明代贵州进士人数，目前还有几种说法：庞思纯《贵州七百进士地域考》中，明代贵州进士共109人（其中只包括文进士），孔令中《贵州教育史》统计明代贵州进士有156人，其中有123人是文进士，33人是武进士。通过查阅相关资料，统计得出具体进士人数为后者。①

《明代贵州各府州县、卫文进士地域分布数统计表》② 为明代贵州省各府、州、县、卫文进士地域分布人数。可见，明代贵州文进士大多分布在今贵阳市、思南、盘县、铜仁市、安顺市五大地区，其文进士占明代贵州进士人数的一半以上。

《明代贵州各府州县、卫不同年间的文进士数量统计表》③ 为明代贵州省不同年间的文进士分布情况。可知，在明代建文、永乐、洪熙、泰昌年间，贵州没有文进士。

2. 清代贵州进士分布状况

在明代的基础上，清代贵州科举得到进一步发展，进士人数大为增加。清代贵州进士人数有几种说法：庞思纯《贵州七百进士地域考》统

---

① 朱保炯、谢沛霖编《明清进士题名碑录索引》，明人王耒贤、许一德纂修的《万历贵州通志》以及贵州各相关地方的府、州、县志中的选举志、教育志、人物志、贵州通史编委会编《贵州通史》（二）。

② 孔令中：《贵州教育史》，贵州教育出版社2004年版，第167-183页。

③ 孔令中：《贵州教育史》，贵州教育出版社2004年版，第167-183页。

计为621人；孔令中《贵州教育史》统计人数为611人；张羽琼、郭树高等著《贵州教育发展的轨迹》统计人数为609人；《明清进士题名碑录索引》统计的人数为606人。兹结合贵州各地方府志，以在贵州乡试中式作为确定贵州进士人数的标准，统计得到清代贵州文进士人数为632人（见表1）。①

表1　清代贵州各朝代进士统计（名）②

朝代	贵阳	大定	安顺	遵义	镇远	平越都匀	思南黎平	铜仁石阡	思州兴义	普安仁怀	合计
顺治	1							1			2
康熙	13	3	4	3	3	5		3			34
雍正	4	3	3	7	3	7	7	1	1		36
乾隆	35	22	18	14	17	18	7	5	6	2	144
嘉庆	36	15	10	7	4	14	7	6		1	100
道光	46	10	6	7	6	7	9	1	2	2	96
咸丰	14	5	1	3	2	1	2	1	1		30
同治	22		7	5	2	5	3	1			45
光绪	83	13	10	10	4	8	9	6	2		145
合计	254	71	59	56	41	65	44	25	12	5	632

可以看出，清代贵州进士最多的地区是贵阳府，其次是大定府、安顺府。贵阳府的进士人数领先于其他各府。尤在光绪年间，贵阳府的进士人数远超于其他各府的总和。从横向看，贵州省进士人数在乾隆年间速增，在嘉庆、道光年间持续发展，而在咸丰、同治年间有所下降，光绪年间又迅速增加，且光绪、乾隆年间成为清代贵州进士人数出现最多的时期。从各府进士人数看，贵阳府在光绪年间进士人数也是最多，其他各府多数是乾隆年间的进士人数最多。

表1是以府、州来统计贵州的进士人数的，表2以县、厅③统计清代

① 说明：遵义府于雍正六年（1728年）划入贵州省，此前，遵义府考中进士的人数也列入其中。

② 参考1. 朱保炯，谢沛霖等：《明清进士题名碑录索引》上海古籍出版社，1980年；2. 相关地方府志；3. 孔令中：《贵州教育史》，贵州教育出版社2004年版。

③ 周作楫：《贵阳府志》，贵州人民出版社2005年版，第2201-2204页。

贵州进士。

清代贵州的进士相对于前代，不仅在量上增加，更是在质上提升。光绪十二年（1886），青岩人赵以炯考中状元，打破贵州文进士无状元及第的状况；光绪二十四年（1898），麻江人翁同龢状元及第；光绪二十九年（1903），遵义人杨兆麟考中探花。三人与康熙四十二年（1703）武科状元曹维城（贵阳人）被称为“三鼎甲一探花”。同时，清代还出现贵阳何家“一榜三进士”，即何亮清、何鼎、何庆恩同中咸丰十年（1860）进士，以及“五代七翰林”，即何锦、何德新、何德峻、何学林、何泌、何应杰、何亮清五代人同入翰林。

（二）进士家族

1. 何为进士家族？

研究进士家族，明确界定进士家族的概念是十分必要的。首先界定家庭、家族、宗族这三个概念之间的关联与区别。从社会学意义言，家庭是指以婚姻或血缘结成的、以共同生活为主要特征的基层社会群体，这是一个社会范畴；家族是指我国传统社会中在家庭基础之上、基层的社会组织，它包括同一血统的几辈人。家族与家庭不同，它已不是同居共灶、共财的关系，而是行政范畴，着重于地缘关系和血统。正如杜正胜所说：“家族包含‘家’与‘族’，家指‘家庭’，是同居共财的近亲血缘团体，族则是两千年来多指‘家族’与‘宗族’”①。春秋以后，家族的范围大体以五服为标准，“大功以上是共财的最大范围，主要为父、己、子三代，最广可推到同祖父者，这是家庭的范围；小功至缌麻同出曾高之祖而不共财，是‘家族’；至于五服以外共远祖之同姓，为‘宗族’”②。可见，家庭、家族与宗族的区别还在于：家庭是同居共财的近亲血缘团体；家族是小功至缌麻、同出曾高之祖而不共财；宗族是指五服以外、共远祖之同姓。相对于五服以外共远祖同姓的宗族，家族则是更为亲近的一种关系。

在中国传统社会的科举考试中，一个进士的产生，往往需要一个家族

① 杜正胜：《传统家族试论》，载黄宽重、刘增贵主编：《家族与社会》，中国大百科全书出版社 2005 年版，第 1-87 页。

② 叶可汗：《明代福建进士家族研究》，辽宁师范大学 2012 年版，第 42 页。

几代人的不懈努力，需要相当数量的生员和举人作为支撑。何为进士家族？郭培贵把进士家族定义为："以进士本人为基点，往上追溯其父、祖、曾祖、高祖直系四代的科名状况，其中有一人考中进士者，即确定其家族为进士家族。"① 这里将五代内考中两名或两名以上进士的家族称为进士家族，这里的五代指以进士本人为中心，向上追溯四代：高祖父—曾祖父—祖父—父亲—进士本人，是以直系血缘关系连接的直系血亲。叶可汗认为，② 五代内至少考中两名或两名以上进士的家族可称作进士家族。兹把五代内出过包括自己在内的两名及以上进士的家族定义为"进士家族"。五代指以自己为中心，向上追溯四代，即高祖—曾祖—祖—父—自己的直系血缘关系，兄弟也同样是。可见，进士家族是指包括进士本人在内的、家族五代以内有两人考中进士的家族。

2. 进士家族的统计标准

进士家族的统计有以下标准。

以直系血缘关系为确定家族进士的统计标准。一些进士是同一家族的，但不能证明他们之间的关系，如咸丰年间的"一榜三进士"：何庆恩、何亮清、何鼎。他们都是清初自安徽移民贵阳的何家，但没有资料证明他们之间的直系亲缘关系，从而不能确定其为进士家族；

同一进士家族的进士籍贯不同情况的统计标准。一般情况下，进士家族中的进士都是同籍贯的。但也有不同的，如兄弟进士家族中，萧宗元、萧附凤、萧聿焄、萧馥春、萧凤翙兄弟，均为乾隆年间进士。前四人为都匀府人，萧凤翙为贵阳府人。此类情况，采取少数服从多数的原则。

不同朝代的进士家族的统计标准。以进士本人为中心，五代以内出过进士，但其不是同一朝代，不计入内。如贵阳府人夏承煜，道光二十一年（1841）进士，其父夏国琦为明朝进士。对此，其父不计入清代进士家族；此外，清代贵州进士家族以632名文进士为统计基础，武进士不在统计范围之内。

统计明代贵州进士家族的资料有：朱保炯、谢沛霖《明清贵州进士题名碑录索引》、贵州地方志及孔令中《贵州教育史》，这三种资料综合记载

① 郭培贵：《明代庶吉士群体构成及其特点》，载《历史研究》2011年第6期。

② 叶可汗：《明代福建进士家族研究》，辽宁师范大学2012年版，第43页。

了进士的科名、籍贯、甲第、年龄、应试身份、本经、婚姻、上三代或兄弟姓名及任官情况、乡试会试情况等，对进士的籍贯、应试身份、上三代或兄弟姓名及任官情况都有记载。

通过考证及统计，明代贵州有兄弟、叔侄、父子二代进士家族，以及五代内的进士家族；清代贵州有兄弟进士、二代进士、三代和四代进士家族。

二、明清时期贵州进士家族分布状况

明清时期，贵州共中文进士（以下简称“进士”）787人，他们中出现了54个进士家族，涵盖140位进士。其中明代8个，涵盖16位进士；清代46个，涵盖124位进士。这些进士家族不均衡地分布于贵州省各地区。

（一）明代贵州进士家族的分布状况

明代贵州共有进士156个，其中进士家族数为8个，出身于进士家族的进士共有16人。从进士家族类别来看，有兄弟进士家族、叔侄进士家族、父子进士家族以及祖上出过进士的进士家族共四类。

表3　明代贵州进士家族分类统计表①

进士家族种类	兄弟进士	叔侄进士	父子进士	祖上出过进士	合计
进士家族数（个）	2	1	4	1	8
家族进士数（人）	4	2	8	2	16

可以看出，明代贵州进士家族中父子进士4个，占总进士家族数的一半；其次就是兄弟进士2个、叔侄进士和祖上出过进士各占1个。每个进士家族中出的进士数都是2人，且都是二代进士。

① 贵州相关地方志；叶可汗：《明代福建进士家族研究》，辽宁师范大学硕士论文，2012年；孔令中主编：《贵州教育史》，贵州人民出版社2004年版。叶可汗在《明代福建进士家族研究》中记载的全国共有进士家族数2074个，出身于进士家族的进士共4945人，并列出各省份的总进士数、进士家族数及家族进士数，在其表3-2中贵州的总进士数、进士家族数及家族进士数分别是97人、5个、10人，对贵州的进士统计有一些遗漏，笔者根据上述资料考证、综合统计得出上表。

进士家族源流是指进士的家庭出身，即进士本人的高祖、曾祖、父辈身份情况，其籍如儒生、军籍、民籍、官籍等。明代进士的应试身份可分为民籍、军籍、匠籍、儒籍、卫籍、官籍等。

表 4 明代贵州的进士应试身份①

进士应试时身份	军籍进士	民籍进士	官籍进士	无籍进士	合计
进士数（人）	33	28	35	27	123

可见，明代贵州文进士 123 人中，他们籍贯种类有军籍进士、民籍进士、官籍进士、无籍进士，分布较均匀。每一种籍的进士都在 25 人以上。其中官籍进士人数位列第一，为 35 人。② 位列第二的是军籍进士，为 33 人。③ 第三是民籍进士，为 28 人。④

（二）清代贵州进士家族的分布状况

清代贵州进士家族有 46 个，共涵盖 124 名进士，占清代贵州进士总数的 19.5%。这些进士家族包括一代进士家族、二代进士家族、三代进士家族、四代进士家族。具体如表 5。

---

① 贵州相关地方志；朱保炯、谢沛霖编：《明清进士题名碑录索引》，上海古籍出版社 1980 版；孔令中主编：《贵州教育史》，贵州人民出版社 2004 年版。本表是根据上述资料统计得出明代贵州进士 156 人，其中不包括武进士 33 人，因为在笔者所能查阅的资料中没有记载武进士应试时身份，所以在合计一栏中只有 123 人。

② 分别是：申祐、王敞、周瑛、杨遵、朱璧、汪大章、侯位、赵维垣、王炯、闻贤、钱嘉猷、李佑、孙裒、姚世熙、孙应鳌、许一德、李大晋、宋儒、孙世帧、陈尚象、唐一鹏、沈权、蒋杰、马文卿、丘禾实（《民国贵定县志稿》、邢端著《贵州明清历科进士表》作邱禾实）、杨师孔、王尊德、娄九德、刘述祖、张慎言、王祚远、徐卿伯、马士英、田景新和田景猷。这些人有的是来自同一府县，如同属于今贵阳市（贵州卫、贵州前卫、贵州宣抚司、贵筑长官司、新贵县均治今贵阳市）的人有朱璧、许一德、马文卿、杨师孔、王尊德、刘述祖、徐卿伯和马士英。

③ 分别是：张谏、黄绂、陈迪、彭果（《黔记》、康熙《贵州通志》作彭杲）、钟震、赵侃、朱谦、毛鉉、李珉、俞玑、徐节、周昺、梅月、蒋宗鲁、缪文龙、刘秉仁、陈治安、汪若泮、梅惟和、邵元哲、蒋思孝、沈存仁、邵以仁、王显节、何汝岱、龙起雷、董绍舒、梅友月、熊文灿、潘润民、费道用、扶纲和周祚新。

④ 分别是：秦颙、易贵、黎逊、熊祥、郭珠、田秋、汤冔、敖宗庆、陈珊、陈扬产、郑国柱、箫重望、俞政、万士英、徐穆、杨如皋、田仰、张应吾、汤景明、胡允恭、杨廷昭、敖荣继、万任、姚峇俊、胡允敬、李觉先、刘宪模和苏国澜；无籍进士人数是最少的，分别是：赵仕禄、越昇、李睿、詹恩、潘埘、杨尚文、潘瑞、潘潼、汤训、张守宗、李贵臣（邢端著《贵州明清历科进士表》作李良臣）、龙遇奇、曾采凤、谢士章、谢上选、陈昌期、孙顺、张一甲、蒋克达、李之驹、张佐辰（《贵州玉屏县志》作张佐宸）、涂宏猷、谭道开、黄琼和周士贵。

表5 清代贵州进士家族统计①

进士家族代数	一代	二代	三代	四代	总计
进士家族数（个）	21	22	1	2	46
家族进士人数（人）	51	59	4	10	124

可见，清代贵州进士家族以一代和二代为多，分别占清代贵州进士家族数的45.7%、47.8%，一代和二代进士家族数之和占总进士家族数的93.5%。二代进士家族最多共22个，所出进士59人。其中，在二代进士家族中，如果按平均每代出现一个进士来算，清代贵州二代进士家族应该产生进士44人，而统计的二代进士家族产生的进士为59人，说明清代贵州二代进士家族中有兄弟同为进士的情况。清代贵州46个进士家族以府州为单位分布情况如表6。

表6 清代贵州各府（州）进士家族统计②

府（州）	进士家族数（名）	所出进士数（名）	府总进士数（名）	占总进士比例
贵阳	25	69	254	27.2%
大定	6	16	71	22.5%
镇远	4	11	41	26.8%
都匀	3	10	31	32.3%
遵义	2	4	56	7.1%
思州	1	2	7	28.6%
石阡	1	2	10	20%
黎平	1	2	18	11.1%
思南	1	2	26	7.7%
安顺	1	4	59	6.8%
平越直隶	1	2	34	5.9%

① 朱保炯、谢沛霖等：《明清进士题名碑录索引》，上海古籍出版社1980年版；相关地方府志；孔令中：《贵州教育史》，贵州教育出版社2004年版。

② 朱保炯、谢沛霖等：《明清进士题名碑录索引》，上海古籍出版社1980年版；相关地方府志；孔令中：《贵州教育史》，贵州教育出版社2004年版。

续表

府（州）	进士家族数（名）	所出进士数（名）	府总进士数（名）	占总进士比例
铜仁			15	0
兴义	—	—	5	0
普安、仁怀			5	0
合计	46	124	632	19.6%

可以看出，清代贵州的进士家族大部分集中在贵阳府，共有25个进士家族，占总进士家族的54.3%。其次是大定府、镇远府，共有10个进士家族。另外，进士家族还零星分布在都匀、遵义、思州、石阡、黎平、思南、安顺、平越直隶等府州，共有进士家族11个。而铜仁、兴义、普安、仁怀府州则一个进士家族也没有。以府州为单位统计的清代贵州进士家族分布状况，在宏观上体现了进士家族的地域分布情况。

三、明清时期贵州进士家族的分布特点

明清时期，贵州共出现54个进士家族，涵盖140位进士。其中明代8个，清代46个。这些进士家族不均衡地分布于贵州省各个地区。其种类大多为一、二代进士。明代进士家族之应试身份大多为官籍或军籍。

（一）明清时期贵州进士家族地域分布中心由黔东地区向贵阳发展

明代贵州进士家族分布在印江、石阡、德江、安顺、铜仁、盘县和凯里七个地区，其中凯里出现了两个进士家族，为父子进士和叔侄进士。

明代贵州进士家族种类地域分布为：思南府朗溪长官司（治今印江县朗溪乡）和石阡葛彰葛商长官司（治今石阡县）各有兄弟进士家族1个，共4人；清平卫（治今凯里市炉山镇）有叔侄进士家族1个，2人；思南府水德江长官司和安化县（均治今德江县）有祖上出过进士的进士家族1个，2人；普定卫（治今安顺市）、铜仁长官司（治今铜仁市）、普安卫（治今盘县）和清平卫（治今凯里市炉山镇）分别有父子进士家族各1个，共8人。

这些民族地区的进士家族都是汉族，他们是跟随祖先入黔为官而来。

如今印江县朗溪乡的田氏兄弟，即“田景新，万历四十七年（1619）己未科进士，思南府朗溪长官司（治今印江县朗溪乡）人，官籍……原籍陕西蓝田。田景猷，天启二年（1622）壬戌科进士，思南府朗溪长官司（治今印江县朗溪乡）人，官籍……景新兄……原籍陕西蓝田”①。从其中“思南府朗溪长官司（治今印江县朗溪乡）人，官籍”与“原籍陕西蓝田”发现，田氏兄弟原籍与现居地不一样，可见田氏兄弟是由外省进入贵州的。

从“文后附录”可以看出，清代贵州进士家族主要集中在经济、文化相对发达的府及府、州治所所在地，与进士分布状况基本趋向一致。清代贵州进士家族总共有46个，其中贵阳府的进士家族有25个，占清代贵州进士家族的54.3%；其次是大定（6个）、镇远（4个）、都匀（3个）、遵义（2个）等州府，思州、石阡、黎平、思南、安顺、平越直隶等府州都只有一个进士家族；而铜仁、兴义、普安等府州则一个进士家族也没有。

由此可见，明清时期贵州进士家族在各府、州的分布是极不平衡的。明代进士家族集中分布于靠近中土、流官频入的黔东地区，到清代，进士家族数量倍增，且集中于省城贵阳府及其周边地区。这说明，明代贵州建省极大地促进了贵州省的文化教育事业的发展，同时，全省文化教育优质资源逐步向省城汇集。

（二）明清时期贵州进士家族种类大多为二代进士以下

明代贵州进士家族有8个，共培养出进士16人。在这8个进士家族中有兄弟进士、叔侄进士及父子进士等。

表7　明代贵州进士家族情况统计②

地方	印江	石阡	德江	安顺	铜仁	盘县	凯里	合计
家族种类（种）	兄弟进士	兄弟进士	出过进士	父子进士	父子进士	父子进士	父子、叔侄进士	4
进士家族数（个）	1	1	1	1	1	1	1，1	8
家族进士数（人）	2	2	2	2	2	2	2，2	16

① 孔令中：《贵州教育史》附录一，贵州教育出版社2004年版，第180页。

② 贵州相关地方志；朱保炯、谢沛霖编：《明清进士题名碑录索引》，上海古籍出版社1980年版；孔令中主编：《贵州教育史》，贵州人民出版社2004年版。

可知，明代贵州进士家族在种类上均是二代进士。进士家族的种类有兄弟、叔侄、父子等，这里进士家族主要集中在父子进士上。明代贵州进士家族总共有8个，而父子进士就占了一半，兄弟进士只有2个，其余的分布在叔侄进士和祖上出过进士的进士家族中。每一种进士家族中的进士家族所产的进士均只有2人，他们或是父子，或是叔侄，或是兄弟，其间最远的仅相隔一代。如祖上出过进士的进士家族今德江县人敖宗庆与敖荣继，敖荣继是敖宗庆的后裔，敖宗庆是嘉靖十七年（1538）的进士，敖荣继是天启二年（1622）的进士，两者之间相差84年。可以说，父子进士、叔侄进士是明代贵州进士家族最典型的二代进士。

从文后“附录”可见，清代贵州进士家族总共有46个，其中一代和二代进士家族分别占清代贵州进士家族数的45.7%、47.8%，两者之和占总进士家族数的93.5%。其中二代进士家族最多，共22个，所出进士59人。

可见，明清时期贵州进士家族种类大多为二代进士以下。

（三）明代进士家族之应试身份大多为官籍或军籍

明代贵州进士家族之应试身份大多为官籍或军籍。具体分布见表8。

表8 明代贵州进士家族进士统计①

姓名	关系	籍贯	附考	应试时身份	总数（个）
胡允恭	兄	石阡葛彰葛商长官司	原籍四川内江	民籍	16
胡允敬	弟	石阡府	原籍四川内江	民籍	
敖宗庆（号梅坡）	?	思南府水德江长官司	原籍江西新喻县	民籍	
敖荣继	梅坡后裔	安化县	原籍江西新喻县	民籍	
田景猷	兄	思南府郎溪长官司	原籍陕西蓝田	官籍	
田景新	弟	思南府郎溪长官司	原籍陕西蓝田	官籍	

① 朱保炯、谢沛霖等：《明清进士题名碑录索引》，上海古籍出版社1980年版；相关地方府志；孔令中：《贵州教育史》，贵州教育出版社2004年版。本表根据以上资料综合统计而成。对于本表中敖宗庆和敖荣继之间的关系由于资料有限没有考证出。对于本表不做解释，后文相关章节有相应的解释。

续表

姓名	关系	籍贯	附考	应试时身份	总数（个）
梅月	父	普定卫	原籍陕西三原	军籍	16
梅惟和	子	普定卫	原籍陕西三原	军籍	
蒋宗鲁	父	普安卫	原籍应天府溧阳	军籍	
蒋思孝	子	普安卫	原籍应天府溧阳	军籍	
陈珊	父	铜仁长官司	原籍四川富顺县	民籍	
陈扬产	子	铜仁府	原籍四川富顺县	民籍	
李佑	父	清平卫	原籍崇安县	官籍	
李大晋	子	清平卫	原籍崇安县	官籍	
孙裒	叔	清平卫	原籍南直隶如皋	官籍	
孙应鳌	侄	清平卫	原籍南直隶如皋	官籍	

表9 明代进士家族分籍统计①

进士应试时身份	军籍	官籍	民籍	无籍	合计
进士家族数（个）	2	3	3	0	8
进士家族所在地域（个）	盘县、安顺	印江、凯里	铜仁、德江、石阡	0	7

从表8、表9可看出，明代8个进士家族，没有一个进士身份是无籍的。且都只出了一名进士，就再也没有后续的跟上。8个进士家族主要分布在官籍、民籍和军籍上，其中官籍和民籍均有3个。

四、结语

明清时期，贵州共有进士家族54个，共产出进士140人。其中明代贵州进士家族8个，产出进士16人；清代贵州进士家族46个，产出进士124人。这些进士家族多为地方名门望族，他们对贵州地方文化教育以及政治、经济都产生一定的影响，共同促进了贵州社会的发展。

首先，明清时期贵州进士家族的出现与兴盛推进了地方文化教育事业

① 朱保炯、谢沛霖等：《明清进士题名碑录索引》，上海古籍出版社1980年版；相关地方府志；孔令中：《贵州教育史》，贵州教育出版社2004年版。

的发展。入仕是古代社会读书人参加科考的主要目的，他们秉承儒家修身、齐家、治国、平天下的人生理念，对贵州这一民族地区融入中国文化体系起到了重要的作用。

明清时期贵州进士家族在其形成过程中，十分重视地方、家族文化教育。考中、入仕后，关心、提携家族、地方后进的文化教育。辞官归隐后，则回到地方兴办学校、讲学，为地方培养后进人才。如清平卫（治今凯里市炉山镇）人孙应鳌在隆庆三年（1569），因病告假回乡，在清平建学孔书院，以及后来的学孔精舍、山甫书院等。孙应鳌为家乡子弟亲授儒学三年之久。在其努力和影响下，明清时期凯里的教育发展很快，中进士19人、举人者86人。

为兴盛乡里文教，除亲授儒学外，进士家族还聘请名师教导后辈，对当地的文教发展起到了推动作用。如安平卫（今安顺平坝县）人陈法，康熙五十二年（1713）进士，因母逝回黔，主讲贵山书院，亲自制定《学约》《学规》，将每年主讲所得捐给书院，用以购置图书等。培育了一代黔中学子；贵阳人何泌，乾隆五十二年（1787）进士，官至翰林院编修。因淡泊官场，上任后不久便倦仕回乡，潜心发展儒学教育，主讲于贵山书院。其任主讲期间，与院监翟翔时进行教法改革，“严纪律，谨教学，广知识，勤诲人”①，促进了贵山书院的发展，为贵州培养了大批文士；修文人刘炜，嘉庆十六年（1811）进士，其母病逝、服孝家中，遂不复仕。主讲于正本、习水、贵山三书院，“十余年所裁成率多敦实之士”②。

进士家族也聚集了许多文人雅士，他们著书立说，参与地方志、族谱等的修撰。如明代贵州卫（治今贵阳市）许一德，参与编撰嘉靖《贵州通志》；普安卫（治今盘县）蒋宗鲁著有《治浚款议疏草》《诗文集》《嘉靖普安州志·序》等，其《碧云洞》被清代学者莫友芝收入《黔诗纪略》；清代安平卫（今安顺平坝县）陈法著有《犹存集》《易笺》各八卷，《内心斋诗稿》十二卷，《河干问答》《明辨录》《塞外纪程》等，其诗被选入《黔诗纪略》。

同时，明清时期贵州进士家族也积极主持或参与地方公益事业的建

① 周作楫：《贵阳府志》，贵州人民出版社2005年版，第145页。
② 孔令中：《贵州教育史》附录一，贵州教育出版社2004年版，第218页。

设。进士家族同时也是地方望族、乡贤人家，他们在地方上颇具影响力，积极承担和倡导了一些地方如兴修水利、修路造桥等公益事业的建设，对地方治理、经济发展都起到不可或缺的作用。如雍正八年（1730）进士何锦，于雍正十四年（1736）乞假还乡。他在今贵阳东门外建造十余间房舍，名为“白云庄”，在此读书耕作。何锦乐善好施，城郊下坝南明河水流湍急，多处木桥年久失修。他带领族人捐银百两，修建石桥，造福一方。在距“白云庄”不远的螺丝山上，常有商人雇工凿石谋利。何锦呼吁、制止，在被破坏处修“清溆阁”。

科举与宋元明播州文化教育的嬗变

陈季君*

摘　要：播州地区的文化教育与中原文化有密切联系，南宋时期文教昌盛，明朝初年学校教育随之兴起，儒学教育也达到较高的水平，形成了播州以中原文化和儒家学说为主的文化教育。明代中后期播州文教在土司统治的桎梏中又陷入停滞落后。这一现象与播州在科举上的盛衰密切相关。

关键词：播州；教育；科举

播州，古代州名，该地历史久远，古为夜郎，历秦汉，唐贞观九年（635）置郎州，十三年改称播州。宋时置安抚司，行羁縻制；元明改宣抚司、宣慰司，行土司制。明万历二十九年（1601年）改土归流，置遵义府，隶属四川省。清朝因袭遵义府，雍正六年（1728）改隶属贵州。播州作为地名存在962年，时空系唐初至明末的今黔北地区。

黔北地区设立学校，是从东汉之季牂牁郡人尹珍（79—162）北赴中原学成归来，在现遵义正安县境筑帐授徒开始，使“南域始有学焉”①，之后千余年间，文教寂灭无闻。唐末杨氏领播州，“文教盖蔑如也”，不兴文教，直到南宋初杨氏11世土官杨选开始择师礼贤，注重文教，黔北地方教育才真正开始了它的进程。自南宋以来，受过中原文化熏陶的播州杨氏土官大都注重文治教化，效忠朝廷，与中央王朝保持着良好关系。因抗元有

---

* **作者简介**：陈季君，教授、博士，现为遵义师范学院历史文化与旅游学院院长，铸牢中华民族共同体意识研究中心主任。

① （晋）常璩撰，刘琳校注：《华阳国志》，成都时代出版社2007年版，第197页。道光《遵义府志》卷二十二《学校一》遵义市志编纂委员会整理出版1986年版，第583页。

功，南宋朝廷恩准杨氏在播州开科取士，这对促进播州地区的中华文化认同与地方文教发展起到了积极作用。

一、南宋时期，开播州科举之先河

唐初播州山川险峻，地远天荒、人口稀少，汉官视播州为“非人所居”之地，也是朝廷贬谪罪臣、流放囚徒的地方。大诗人李白因受永王李璘夺权失败牵连，被治罪流放夜郎（唐夜郎县，在今桐梓县夜郎坝），写下了不少与夜郎有关的诗篇，例如：“我愁远谪夜郎去，何日金鸡放赦回”①，“去国愁夜郎，投身窜荒谷。半道雪屯蒙，旷如鸟出笼。”② 尽管他未必真正达到夜郎，他的诗形象地描绘了播州的遥远荒蛮。

此时，世居于川南的僚人随着农业生产的发展，中原和成都平原先进的农业工具和农业技术的传入，实力逐渐得到增强，其中以居住在叙永以东，合江、泸县南境赤水河流域下游一带，以杨端为首的杨保族势力较为强大。乾符三年（876），僚族土酋杨端，偕八姓族人兴兵，自泸州、合江进入今遵义县南，打败水西罗闽人和当地僚人，据有播土。从此杨氏开始了对播州长达725年的世袭统治。

杨氏自唐末领播后，最初由于立足未稳，四处征战，既要抵御周围土著豪强的侵扰，又要开疆扩土，加之内部弟兄叔侄之间的夺权相残，因而“无暇修文”。北宋初年，朝廷以杨氏所献之地诏建播州。南宋初年，播州局势稳定，随着汉文化在播州的传播，杨氏土官为达到长治久安的目的，开始注重提倡学习汉文化，播州文化教育方兴。播州杨氏土官在两宋时期的文化教育主要体现在三方面：

1. 通过与汉族知识分子交流，学习汉文化

两宋时期，播州地区较为安定，北方和巴蜀地区大批汉族文人进入播州地区，杨氏土官对他们以礼相待，并给以“官养”，平日与他们“论志讲业”。史载，土官杨选“性嗜读书，择名师授《子》《经》；闻四方有贤

① （清）曾国藩纂：《十八家诗钞上》，岳麓书社2015年版，第447页。

② （清）乾隆御定，乔继堂整理：《唐宗诗醇》，上海科学技术文献出版社2020年版，第84页。

者，则厚币罗致之，每岁以十百计”。例如，有成都文人房禹卿到播州买马，被当地少数民族所劫，几经转卖，杨选得知后即把他赎出，安顿于客馆并给予衣食，几年后适逢大考，杨选厚赠禹卿并派卫兵送回成都，后来禹卿中进士。[①] 此事一时传为佳话。杨选不但要求族中子弟读书上进，而且对其他的聪颖好学的平民青年也乐于培养。杨选之后，杨轸袭土官职，其弟杨轼“留意艺文，蜀士来依者愈众，建庐割田，使安食之。由是蛮荒子弟，多读书攻文，土俗为之大变”[②]。通过与汉族知识分子的交往，土官及其子弟学到不少汉文化知识，渐染华夏封建礼仪，这种交往成为这时期播州地区上层子弟受教育的一种形式。

2. 提倡儒家学说，修建学宫

杨轼之子杨粲幼年天资聪颖好学，喜欢鼓琴投壶，老师教授他诸子文章和保江山社稷的道理。南宋宁宗嘉泰初年承袭播州安抚使职，他领播后，“士类羽流，皆称其乐善而种德，喜儒而好礼”[③]，他一生修造琳宫、梵刹多处，建学养士，极力提倡儒家学说，首次在播州修建学宫。他还很重视家教家风，以儒家封建道德标准为指导，制定了《家训十条》：“尽臣节，隆孝道，守箕裘，保疆土，从俭约，辨贤候，务平恕，公好恶，去奢华，谨刑罚”[④] 并将此刻于石，自身亦身体力行。这“三字经”被宋濂等大师誉为“有功名教，遗福子孙”的至理名言。杨粲当政四十余年，物质财富日益增多，经济文化有显著发展，从而出现了“土俗大变”“俨然与中土文物同”[⑤] 的好局面，史称“播州盛世”，这与杨粲重视文化教育有很大关系。其子杨文在执掌播州期间，更是“留心文治”，于嘉熙三年（1239）在笔花峰南麓（今遵义市红花岗区凤凰山）修建孔子庙（今贵州辖区最早的孔庙），“以励国民，民从其化”。从此，儒家文化在播州传播更加深远。当时，正值蒙古兵大举南进，蜀中人士纷纷举家迁播避难，他们不仅带来了巴蜀文化和中原文化，还带来了先进的农耕技术，促进了播州地区经济、文化的发展；移居播土的蜀人，与当地的土著民族杂居，相

① 道光《遵义府志》卷31《土官》遵义市志编纂委员会整理出版1986年版，第991页。

② 道光《遵义府志》卷31《土官》遵义市志编纂委员会整理出版1986年版，第955页。

③ 遵义市文化局：《遵义地区文物志》，1984年版，第54页。

④ 遵义市文化局：《遵义地区文物志》，1984年版，第76页。

⑤ 遵义市文化局：《遵义地区文物志》，1984年版，第78页。

互取长补短，促进了各民族文化的交流交融。

3. 设科取士，中进士 8 人

隋唐以来，朝廷设科取士，均未涉及播州。杨粲在位期间，进行了大规模的办学，播州文教渐开，读书向学者越来越多，学养深厚的也不乏其人。杨价袭父杨粲职掌管播州，受父濡染，英姿伟岸，卓尔不群，好读书，善作文，重教育，推崇儒家学说。南宋末年，蒙古军队大举南下进攻南宋西南地区，战乱中蜀人纷纷南逃至播州境内避难。杨价、杨文兄弟遵循杨粲所定的“尽臣节”家训，忠于南宋朝廷，积极参与抗击蒙古的战争。端平中，蒙古军队进犯四川，杨价激愤地说道：“此主忧臣辱时也，其可后乎?”播州土兵在杨氏率领下，开赴抗元前线，与南宋汉族军民一道保卫宋室而英勇抵抗。播州兵英勇善战，被朝廷授予“雄威”军称号，并逐渐成为南宋西蜀战区抗击蒙古的主力部队之一。

杨价也因此受到宋廷的荣宠和嘉许，南宋朝廷累诏授雄威军都统制、武功大夫、阁门宣赞舍人、右武大夫、文州刺史，赠开府仪同三司、威武宁武忠正军节度使，死后赐庙忠显，封威灵英烈侯。杨价以抗元军功，上奏朝廷，让播州人有机会参与科举考试，获得了南宋王朝认可，准其“每岁于播贡士三人”，播州由此得开科举之先河。这为播州读书人寻求到了一条“学而优则仕”之路，可以说是播州教育发展水平的一项重要标志。南宋嘉熙二年（1238），播州贡士，遵义人冉从周，荣登皇榜，成为播州（亦是今贵州）历史上第一个进士，时称“破荒冉家”。此后四十年间，播州接连高中进士者有杨震、李子敏、尤道明、白镇、赵炎卯、杨邦彦、杨邦杰等人。整个南宋时期，播州共中进士八人（贵州境内也只有这八人）。另外，值得一提的是南宋末年受知余玠而首画城钓鱼之策的播州冉氏兄弟。《宋史》载：“播州冉氏兄弟琎、璞，有文武才，隐居蛮中，前后阃帅辟招，坚不肯起，闻玠贤，相谓曰：‘是可与语矣’……（玠）密以其谋闻于朝，请不次官之。诏以琎为承事郎，权发遣合州，璞为承务郎，权通判州事。”① 冉氏兄弟由于有才能而被荐辟为官，他们竭力协助余玠经略四川，主导四川军民建立山城防御体系，对稳定长江上游战局，粉碎蒙古军队攻蜀灭宋的战略计划，延长南宋王朝“国祚”功不可没。

---

① 《宋史》卷四百一十六，列传第一百七十五，《余玠》。

杨价墓出土教子升天金杯盘①

宋代是民族矛盾突出的时代，宋太祖吸取唐代藩镇割据、五代分崩离析的教训，加强了中央集权，使各级官吏和人才置于自己控制之下。为了网罗天下俊才，太宗赵光义对侍臣说：“朕欲博求俊彦于科场中，非敢望拔十得五，止得一二，亦可为政治之具矣。”② 两宋的科举，基本上因袭唐朝，但制度更趋完备和严密，取士规模不断扩大，达到了科举制度的鼎盛时期。这使得人才辈出，史称“宋有天下三百载。视汉唐疆域之广不及，而人才之盛过之。”③ 不能不说与科举制度有关。播州在南宋时期科举取得如此辉煌，是与宋代宽松的怀柔为主的羁縻边疆治理政策和发达的科举制度有密切的关系，也与宋代“恃文教而略武卫”④ 的政策有关，更与播州杨氏土官顺势而为发展教育事业直接关联。郑珍、莫有芝在《遵义府志》一书中作播州文化教育和土司杨氏对文教事业的推进作用了实事求是的评价：“遵义自晋以后，经六代不见天日；隋末唐初，开山峒，招豪长，始稍稍木刊棘剪矣。……杨氏遂取之南诏，出五代之乱以入于宋。据宋文献（宪）

① 2013年4月，为配合遵义市中桥水库建设对其水淹工范围内的文物进行发掘而发现了播州杨氏第14世土司、敕封威灵英烈侯杨价夫妇墓。它是迄今为止已发现的播州杨氏土司墓中唯一的土坑木椁墓（其余均为土坑石椁墓），也是唯一未经盗扰的杨氏土司墓葬。在如此低调的墓葬里，清理出了80余件金银器，其精美程度令人惊艳，无疑是南宋“播州盛世”的佐证。其中教子升天金杯盘1副由金杯和承盘组成，出土时教子升天杯倒扣于承盘之上。螭龙金杯和金盘是南宋杨氏墓葬出土的文物中，最具有代表性的金银器，因为这个金杯所反映出来的文化，是典型的科举文化，可看成是后人对杨价为播州“开科取士”所做出贡献的奖杯。双螭首的金杯是采用了一种高浮雕的工艺，双螭缠绕其上，两螭首对称探成为杯柄。金盘采用了捶揲的工艺，盘心为翻涌的浪花，双螭盘旋，口尾互衔。金杯、金盘上的教子升天纹是宋以后流行的纹饰，由天上的大龙和海水中的小龙组成，通过大龙呼唤小龙升天，来借喻父母教子成龙的愿望。

② 《宋史》卷一百五十五《志第一百八・选举一》。

③ 《范仲淹全集》，《重建文正书院记》，四川大学出版社2007年版，第1196页。

④ 《宋史》，卷四百九十三《 吏列传一》。

《杨氏家传》，南渡以前，上下州不相能。闽罗诸蛮僚世世构杀，亦不暇修文矣。选始嗜读书，岁致四方贤士以十百计；轼益留意艺文，由是蛮荒子弟多读书、攻文字，土俗大变。至粲乃建学养士；价乃以取播士请于朝，而每岁贡三人。然则天荒之破，杨氏之功也。”① 也就是说杨氏在宋代文化兴盛的历史条件下，乘势而上，开启和推动了播州文化教育的大发展。

二、元明时期播州科举的兴衰

元朝建立以后，为了巩固统治、加强管理，在西南少数民族地区实行的一种特殊的统治方式——土司制度，即由中央政府任命少数民族贵族为世袭地方官，并通过这些官吏对各族人民进行管理，达到对西南部边疆少数民族地区进行控制和管理。明代沿袭了这种制度，并在元朝的基础上更加完善。土司制度大大加强了中央对少数民族地区的管辖，对少数民族地区生产力的提高、社会经济的发展，对加强民族间的交流和融合、捍卫多民族国家的统一均起了积极的作用。从元朝土司制度创立之始到明时的土司制度推行的过程中，封建王朝都注意到土司地区文化教育的发展。元朝在南方民族中提倡儒学、设立学校；明朝廷提出“蛮夷教化”方针，边夷土司设儒学，土司子弟可以优待进入国子监就学，强制土司应袭子弟入学，并对土人入学给予奖励。这些措施都提高了土司地区各民族的文化水平，特别是在土司及其子弟中提高较快，土司文化素质的提高必然促进南方各民族文化教育的发展。在明代永乐年间以后，由于吏制的腐败和土司统治阶级的内部纷争，致使播州科举陷于停滞落后。

1. 元朝时期，中进士 1 人

元朝除了政治上和军事上对土司设官封爵之外，同时还十分注重在土司地区施行文治教化，以完善其民族统治政策。作为文治教化措施的一项重要内容，就是大量设置学校，推行中原文化，利用儒家伦理纲常来笼络规范民族地区人民的思想。根据有关的史料记述加以分析，可以明显地看出播州的学校教育，是始于中央王朝在其地设立土司制度的时期。如汉英当政，“急

① 《遵义府志》卷二十二,《·学校一》，遵义市志编纂委员会整理出版 1986 年版，第 583 页。

教化，大治泮宫（州县的学校）”①。元朝时期播州儒学兴盛起来，《大元一统志》卷十载：“（播州军民安抚司）宦户、儒户与汉俗同”，儒户乃教职人员，文中专门提到“儒户”，必有相当数量②。通过儒学教育，播州土司的文化水平普遍提高。元朝时期汉英勤奋好学，《新元史》载：“汉英究心濂洛之学，为诗文，典雅有则。著有《明哲要览》九十卷、《桃溪内外集》六十卷”③，“南北士来归来者众，皆量材用之。”④ 他曾经三次赴京朝觐，视野大开，成为名噪京师的学者、诗人。播川县人杨朝禄恩赐进士，是元代贵州地区唯一的进士。

2. 明朝初期，中进士 1 人，中举人 6 人

明朝洪武二十八年（1395 年），明太祖朱元璋“诏诸土司皆立儒学”⑤，进一步刺激了土司头人兴教办学的热情，纷纷呈书朝廷，要求设立学校。播州地区的学校发展同时获得了大好的机会。洪武十三年（1380 年）诏建播州长官司学。永乐四年（1406 年），播州长官司学升为宣慰使司学。永乐初，22 世土司杨升“请开学校荐士典教，州民益习诗书礼义”⑥。这应该是黔北古代教育史上最早出现的普通学校的记载，这也反映了明代初期播州地区学校教育普及程度提高。他还“修学校、延明师、育人才，而致文风日盛于前，此其崇儒术也甚至。”⑦ 洪武时赵仕禄中进士；永乐年间廖沈、聂一心、谢传芳、谢继中、聂格心、金欧卜中举人。嘉靖元年（1522）明世宗准宣慰杨相上奏，赐播州儒学《四书集注》⑧。儒家经典被用来作为生员的学习教材，可见明代播州的学校教育，完全是以中原文化为背景的。

明王朝为了加强对土司地区的统治，对土司实行内地化政策，使土司行为更能符合儒家传统规范，作出土司子弟不入学者，不准承袭的强制性规定。在明代统治者的大力推动下，播州土司为了提高统治能力，巩固统

① 《遵义府志》卷三十二《土官》遵义市志编纂委员会整理出版，第 961 页。
② 贵州通史编委会：《贵州通史》（第一卷），当代中国出版社 2002 年版，第 484 页。
③ 《新元史》卷二百二十一《列传第一百十八》，上海古籍出版社 1989 年版，第 863 页。
④ 道光《遵义府志》卷三十二《土官》，遵义市志编纂委员会整理出版 1986 年版，第 965 页。
⑤ 《明史》卷三《本纪第三・太祖三》，中华书局 2000 年版，第 35 页。
⑥ 道光《遵义府志》卷二十二《学校一》，遵义市志编纂委员会整理出版 1986 年版，第 583 页。
⑦ 道光《遵义府志》卷三十二《土官》，遵义市志编纂委员会整理出版 1986 年版，第 965 页。
⑧ 《明史》卷三百十二《列传第二百・四川土司二》，中华书局 2000 年版，第 5386 页。

治地位，保证权势世代相承，土司及其子弟纷纷到儒学就读；还利用王朝给予土司子弟可以进入当时的最高学府国子监的优待，积极送子弟进国子监深造，公元1388年“（洪武）二十一年，播州宣慰司并所属宣抚司官各遣其子来朝，请入太学，帝敕国子监官善训导之。”① 这些入学的土司子弟，除了享有当时最好的学习条件外，还直接受到京城中原文化的熏陶。这些经过明政府精心培养出来的土司，能更好地维护明王朝的的统治利益，而且文化素养高。如杨升执政“明断宽裕”，遇疑难则“博询于众”，先后九次赴京朝觐，得到永乐皇帝的恩宠，“屡赐玺书褒奖”，他学问深广，撰文作诗出人意表。杨纲守职勤、用人善、尊贤重士、崇儒好礼。杨辉博览经史，歌咏得唐人之音律；大书行草书皆遒劲可爱；在文学上颇有造诣。杨斌研究儒家经典、道藏、《易》学，诗文有功底，所作《桃源洞口题刻三首》，韵律工整。他自撰自书的鹤鸣洞摩崖诗，书法飘逸飞舞，较有功力。

3. 明代播州科举发展的反转

明代播州科举一落千丈，除了在洪武年间出现一个进士外，后来无一个进士出现，举人与其他人才也不显著，而明代的贵州科举赢得109名进士和1172名科举人的好成绩②。这种现象的产生，深层次上看应是土司制度本身的固有弊端。土司制度是元明清中央王朝对西南民族地区采取的一种过渡性统治措施，作为一种历史发展的产物，虽然它在一定时期为社会发展做出过积极作用，但就其本身来说有着许多不可避免的短板，随着历史的向前发展，土司制度固有的落后性更加突出。平播主将李化龙在其《播地善后事宜疏》中写道：“播故有学，宋元世，俊茂朋兴，如冉从周、尤道明、白镇之流，具登进士，蜚声上国。自逆龙禁锢文字，寇仇儒生，……盖坑儒焚书，以愚黔首。”③ 杨汉英曾请翰林学士程钜夫撰写《忠烈庙碑》，刻石于杨粲忠烈庙前，要求子孙后代“承家事君”，“何以似之，曰忠曰勤。何以永之，咨尔后人”④。无奈其后裔日益骄恣，从正统十四年（1449）第24世杨辉领播开始，族内争权夺利，梯祸数世。最后五代更是

① 《明史》卷三百十二，列传第二百《四川土司二》，中华书局2000年版，第5386页。

② 代其平：《黔教代育》，贵州人民出版社2013年版，第50页。

③ （明）李化龙：《平播全书》，大众文艺出版社2008年版，第195页。

④ 贵州省遵义县县志编纂委员会编著：《遵义县志·碑文》，贵州人民出版社1992年版，第1163页。

轻贱文人，禁锢文教，隳先德，终丧其宗祀。明万历二十八年（1600），明王朝发动平播之役，杨应龙兵败自杀，官兵杀戮甚重，播地化为废墟，“播土旧民，自逆囚芟夷之后，大兵征讨之余，仅存者十之一二耳，遗弃田地，多无主人”①，在这样一种惨境下，生产恢复尚且艰难，教育更是受到重创，文化复苏更需时日。

4. 元明科举对播州的影响

历史发展至元朝，其统治充分显示出游牧民族统治的特征。在元代统治机构中，从中央到地方，“官有常职，位有长员，其长则蒙古人为之，而汉人、南人贰焉”②。故《新元史》中记载：“终元之世，未有汉人南人为正官者”。而且，忽必烈早已对儒生“日为诗赋空文”极为反感，这些思想都直接影响他对科举的态度。元朝统治者不重视科举取士，不仅屡建屡废，而且取人较少。考试题目、范围和场次，蒙古、色目、汉、南人有难易之别。顺帝至元元年（1335）不经科举选任的官吏很多，一年中通过科举取仕的还不到二分之一。顺帝至元六年（1340），仅取十八名。可见隋唐以来的科举制度，在宋代得到巨大发展，到元代则受到了冷遇，其选官制度的落后性是很明显的，这与元代的民族歧视政策有极大关系。但值得注意的是，元朝考试科目重经义，罢诗赋或并诗赋于经义。其题全部出自朱熹的《四书章句集注》，答题也必须以此为准。不许士子发挥自由思想，严防思想反抗。这一点对明代的科举制度产生了影响。

以后，我国封建帝制社会进入晚期，各种社会矛盾日趋激化，中央集权高度发展。表现在科举制度上更为保守，压制人才，摧残人才，反映了处于封建社会晚期的地主阶级的腐朽性。八股文便是封建专制政治的产物，是科举制度走向僵化的标志。明朝永乐年间，播州教育直走下坡路，大大落后于同时期的贵州，这一现象在文化底蕴深厚的黔北是极不正常的。这种现象的产生，原因是复杂的，归结起来，主要是土司制度本质上是分封制的残余，具有封闭性和落后性。土司对土民及其子弟读书有限制，担心他们读书有思想后与之对立，因此，限制士民读书也就限制了科举的发展，也就导致了科举发展受阻。

---

① （明）李化龙：《平播全书》，大众文艺出版社2008年版，第195页。

② 《元史》卷85，志第三十五《百官一》。

清代贵州考棚述略

吴晓芳*

摘　要：清初随着贵州区划调整、改土归流和开辟苗疆后，为持续推进国家统治的需要，科举制度在贵州不断完善，各府厅州县相继开设考棚。考棚为童试抡才之所，是科举制度中的重要组成部分。贵州考棚由官绅合力建造，其中地方官员通过向清廷奏请生员“合棚”或“分棚”就试等协调科举资源，完善科举机制；士绅则出资督办设考棚，以强化地方文教基础设施。晚清以后，由于地方政治变动，为增加国家收入，清廷允许地方士绅捐输以广学额，于是修建考棚进入高峰时期。科举制度废除后，贵州考棚失去原有功用，逐渐转型为近代学堂等机构，继续发挥服务地方社会文化教育的作用。

关键词：贵州；科举政策；考棚

科举制度在清代发展较为完善，特别是童试制度日益规范，大量考棚的修建就是其中标志之一。科举考场即“开科取士”之地，是科举体系中的重要组成部分。目前学界对科考场所研究多以进士系内的会试考场与举人系内之乡试考场研究较多，[①] 生员系内之童试考场“考棚”研究相对起步稍晚、成果虽少，但近年来呈现出较好的发展态势。自 20 世纪 90 年代起，学界开始关注府、州、县等科考场所，有学者将其作为个案研究突出

---

* **作者简介**：吴晓芳（1995—），女，苗族，贵州松桃人，中央民族大学历史文化学院博士研究生，主要研究方向：民族关系史。

① 关晓红：《议修京师贡院与科举制的终结》，载《近代史研究》2009 年第 4 期；刘海峰：《贡院：千年科举的背影》，载《社会科学战线》2009 年第 5 期；王力：《明清贵州贡院的使用与维修》，载《贵州文史丛刊》2015 年第 1 期；陈宁宁：《河南贡院碑记两通》，载《历史档案》2012 年第 4 期。

了对地方的影响力，[①] 而后有学者指出考棚是出于地方公益与社会捐资的考试辅助而设置，[②] 还有学者将考棚作为科举资源引发江南地区地方利益争夺的媒介为出发点进行研究。[③] 以笔者所见，目前学界对考棚的研究多以内地为主，对民族地区关注不多，如贵州考棚尚无专门研究。本文以民族地区文教治理为视域，通过对清代贵州设立考棚的情况进行考察，分析贵州历经政区变动、政局变化、科举政策调整之关系，以期在西南民族地区文教研究上有所补益。

一、清代贵州考棚修建动因

明代贵州建省后政区变动较大，至清初基本稳定，这在一定程度上为贵州科举教育发展创造了条件。永乐十一年（1413）贵州建省，正式成为省级行政单位，而后府、州、县各级行政建置的设立和完善也在进行，对行政区划的调整直到清朝初期才大致成型。由于政制与政区频繁的变动，使得贵州科举教育体系的建立与发展亦受到影响，尤其是贵州原本的教育基础较差的一些地区与周边省份历史上存在被统辖关系地区，即使在建省后贵州部分地区考生依然需到省外参加科考。

贵州在建省之前，其地分属在湖广、四川、云南三省辖区内或为大姓土司及众多小土司所控制，或为完全脱离朝廷与土司控制的“外化”之“生苗地界”，情况较为复杂，明代建省后政区变动也受此影响。永乐十一年（1413）思南宣慰使田宗鼎与思州宣慰使田琛因纷争致使地区动乱，明朝政府从中协调无果，将改原属思南宣慰司属地改思南、乌罗、铜仁、镇远四府，以及思州宣慰司辖区的思州、黎平、新化、石阡改为府。成化十二年（1476），水东土司辖区内金筑安抚司会同十六位长官司“俱隶贵州卫，后以金筑安抚司直隶贵州布政司”[④]。万历二十九年（1600）废播州宣慰司改遵义、平越府。万历四十年（1614）水东金筑安抚司金氏“乞改土

① 刘文刚：《阆中清代试院考棚》，载《四川文物》1989年第2期；方修德、胡金望：《安庆考棚沿革小考》，载《安庆师范学院学报》1993年第5期。

② 毛晓阳、邹燕青：《以公益求公平：清代州县考棚述论》，载《清史论丛》2017年第1期。

③ 孟义昭：《清代江南科举的三次考棚之争》，载《历史档案》2017年第1期。

④ 《宪宗纯皇帝实录》卷155，成化十二年七月壬子，台湾历史语言研究所校勘，1962年影印本，第2826页。

为流，设官建制，钦定州名”①。明末水东土司所辖改隶为贵阳、安顺府。康熙四年（1665）清廷平水西土司、乌撒土府后设平远、大定、黔西及威宁四府，贵州宣慰司的水西、水东土司平定后，其辖属改设府州。至此贵州境内四大宣慰司基本完成向府州体系的过渡，政区从整体上初具规模。

由于明代贵州政区的不稳定，在建省之初当地考生参加科考只能附试于周边省份，如朝廷对贵州乡试考场规定是“洪熙元年令贵州就试湖广，宣德四年又令附云南乡试”②，直到嘉靖十年（1531），时任给事中的田秋以《请开贤科以宏文教疏》请求贵州与云南分闱，任巡按御史的王杏，到任贵州后组建贵州乡试贡院选址一事并上奏朝廷：“今既查省城南隅有空闲分司堪立贡院，即动支前项官银于议定基址建立贡院，依期开设乡试，以备省宾兴之制。”③ 嘉靖十四年（1535）贵州开乡试，并予以二十五名解额。至此，贵州生儒免去长途跋涉之苦，是贵州科举体系完善的重要一步。由于分闱考试，地方政府依照计划择省城西南隅投入资金修建乡试贡院，接收贵州地方大量新增的科考生儒，奠定了清代贵州开科取士之基础，同时促进了各级科举考场在地方上修建。

清初贵州存在土司统辖之地与苗疆“生界”，是中央王朝的化外之地，于是雍正时期实行大规模的改土归流与“开辟苗疆”政策。在完成之后，清廷对土司与各族群的安抚成为统治后期首要任务，尤其是文化上的大一统势在必行，而科举则成为民族地区笼络人才、引导苗民向“善”从儒的最好途径之一。清廷对土司子弟与苗民在科举上给予拨入学额的优待，使土司子弟、苗民参与科考直接导致科举的受众增加，于是广设义学、书院施行教化。八寨厅每届学院案临，文武诸生童仍就都匀府会合，七属一同试院。④ 道光十二年（1832）台拱厅归并镇远府学，每届岁科两试，学使

---

① （明）张廷玉等撰：《明史》卷316《贵州土司传》，岳麓书社1996年版，第4686页。

② （民国）《贵州通志·学校志二》，《中国地方志集成·贵州府县志辑》第8册，成都：巴蜀书社2016年版，第519页。

③ （明）王来贤、陈尚象修纂，贵州省文史研究馆古籍整理委员会编：《贵州通志·万年历》卷19《经略志一》，贵州大学出版社2010年版，第353页。

④ （民国）《八寨县志稿》卷11《学校》，《中国地方志集成·贵州府县志辑》第19册，巴蜀书社2016年版，第164页。

按临，凡台拱士人之应童子试者即附镇远府学。[①] 道光十三年（1833）古州厅岁科两试各取进文童六名。[②] 至此已开化之地皆赴辖府考试。地方上对科举体系也相应不断增设考棚。

清代贵州在未设考棚之前，地方上的学宫附带童试阶段考试场所的职能。如荔波学宫作为考棚设置前的科考场地使用。[③] 康熙二十七年（1688），贵州巡抚田雯《请建学疏》中指出“全黔边徼遐陬，民苗杂居，礼让未兴，剽悍成习”，“旧学于既裁，或议新庠于初创”，“平溪、清浪二卫学历系黔属思州府提调，应试贵阳不过五百余里，前因用兵之际将驿站改隶楚南，而学校随之”[④]。即因教化所需而设学；因裁旧学所需而设学；因政区调整所需而设学，基于以上三点设学理由清廷批准贵州设学。至雍正时期，鄂尔泰奏请西南地区改土归流，随后陆续设立了“苗疆六厅”，为加强对以苗民为主要群体的治理，科举政策上给予苗民“岁科两试加额取进”[⑤] 的优待。在苗疆地区治理取得一定效果后，乾隆十六年（1751）取消贵州“加额进取”改为“贵州各属苗民岁、科两试，仍与汉童一体合考”[⑥]。这一政策调整背后的原因，是在清王朝统治基础扩大与政治环境相对稳定，清廷依据当地文化水平与民族关系做出调整，由此迎来贵州科举迅速发展的阶段，也是考棚能够推行修建的契机。

晚清太平天国运动时期，张秀眉、刘义顺以及陶新春兄弟分别领导贵州各族民众起事，其中以张秀眉为主的“苗变”规模最大且持续时间较久，贵州政局也产生动荡。咸同时期的贵州科考也受战乱影响乡试六次停科，是这一时期停考次数最多的三个省份之一。[⑦] 清廷面对太平天国起事

① （民国）《台拱县文献纪要·学制书院》，《中国地方志集成 贵州府县志辑》第20册，巴蜀书社2016年版，第591页。

② （光绪）《黎平府志》卷4上《典礼志》，《中国地方志集成·贵州府县志辑》第17册，巴蜀书社2016年版，第343页。

③ （咸丰）《荔波县志资料稿》卷4《营建志》，《中国地方志集成·贵州府县志辑》第24册，巴蜀书社2016年版，第85页。

④ （清）田雯：《黔书》，贵州人民出版社2010年版，第9页。

⑤ （清）素尔讷等纂修，霍有明、郭海文点校：《钦定学政全书》卷69《土苗事例》，武汉大学出版社2009年版，第268页。

⑥ （清）素尔讷等纂修，霍有明、郭海文点校：《钦定学政全书》卷69《土苗事例》，武汉大学出版社2009年版，第269页。

⑦ 除贵州外，广西和云南同为停科6次的省份，咸同年间停科情况详见王立新：《咸同年间文闱停科问题考订》，载《历史研究》2016年第5期。

后，军需浩繁，财力不支只能广开捐输，咸丰三年（1853）谕令各省督抚妥为劝导，规定无论已捐未捐省份，凡绅士商民捐赀备饷，一省捐至10万两者，准增加该省文武乡试中额各一名。[①] 各省绅商闻此颇为感奋，纷纷踊跃捐输，之后朝廷不得不规定，各省增广乡试中额，最多不得超过十名。像贵州这样因战乱停科的省份，在后来乡试广额与正额均进行了补行，一方面原设书院、考棚等因战乱损废需要复建，另一方面科举名额的增加也大大刺激了地方新建科举教学与考试场所，因此贵州在晚清出现了修建考棚等教育设施的高潮。

二、清代贵州考棚修建模式

推动清代贵州考棚修建的主导力量为地方官员，由于既往考棚与书院数量相对较少的原因，增设书院和考棚就成为许多贵州地方官员致力于推动当地教育文化发展的主要方式。除地方官员外，考棚的修建通常还需要朝廷的政策支持以及地方士绅与民众在财力、物力等方面的支持，在多方面的合力下完成。在此过程中考棚往往作为书院、文庙等教育场所修建的一部分来完成，是改善教育系统工程中的重要组成部分。

在清康雍时期，由于贵州原本考棚资源的不足，存在较为普遍各府、州、县科举考生“合棚”就考的情况，又因涉及省内不同政区间以及少数省际间的协调问题，地方官员通常上书朝廷来提出方案，“仰恳圣恩准照所请”，寻求中央政策支持。康熙年间清廷准许贵州“同省隔府之人往试”[②]，在这一境况下各府并非皆设考场，多数情况是赴别府合棚就考，然而随着科举制度在贵州的不断推广与完善，各地学子相继投身科考行列，考生人数的增多引发了地方官员对政区资源分配的关注，提出增设考棚的提议。如地处贵州西南部的南笼厅原属安顺府管辖，在未设学以前当地生员具赴安顺府考试，直至雍正三年（1725）清廷议准贵州已经设学的南笼厅“照例设廪额二十名”[③] 以增学额。雍正五年（1727），南笼由厅改府，

---

① 《文宗显皇帝实录》卷89，咸丰三年三月癸丑，中华书局1986年版，第190页。

② 《清圣祖实录》卷215，康熙四十三年二月丙子，中华书局1985年版，第180页。

③ （清）素尔讷等纂修，霍有明、郭海文点校：《钦定学政全书》卷61《贵州学额》，武汉大学出版社2009年版，第234页。

下辖普安、永丰二州，安南、普安二县，而普安、永丰二州距安顺府途约六七百里，这对南笼府考生而言，实属不便。在此背景下，雍正九年（1731），时任贵州巡抚张广泗上《请建试院疏》，提出“各州县生童先赴府试，后复往安顺候考，尤为远涉”①。奏南笼府设棚考试一折获准。

地处黔楚交界的黎平府因涉及卫所与州县治权调整并涉及同城考生分属两省等问题，情况更为复杂。黎平于康熙五年（1666）由湖广划归贵州，但“卫人以粮赋难与府同科，请将学校改附靖州”。其出现了“同城而籍贯实分两省，隶黔者内六所仍考府学，隶楚者外十所仍考卫学”，② 即部分卫所子弟考籍隶属湖广的情况。该区域长期以来位于两省政区犬牙交错地带，且黎平府下属辖区仅永从县，该府州两地的生员考试皆附镇远府考试，雍正三年（1725），原湖广的五开、铜鼓二卫改隶属黎平府，雍正五年（1727）废除五开卫置开泰县、铜鼓卫置锦屏县，并置湖广靖州的天柱县一并拨入黎平府，又因清廷开辟“苗疆六厅”于雍正八年（1730）置古州厅拨入黎平府，共辖一厅四县。政区调整明确后，较之前的辖区扩大了一倍有余，且原属三县“生童不下二三千人”③，基于以上情况，雍正九年（1731）贵州巡抚张广泗奏《分棚考试疏》以“各生童公恳设棚缘由所当”④ 请设黎平府考棚。后经清廷准获南笼、黎平两府修建考棚，南笼府考棚于雍正九年（1731）建成，由知府黄世文建于府署之右，后迁于东门外大佛山麓⑤。黎平府于雍正十一年（1373）新建考棚告成“阖属生童永免跋涉之苦”⑥。考棚的建立规范了各州县附试科考的归属问题，在一定程度上为各府相继开设考棚提供了借鉴。

在改土归流与苗疆开辟后，贵州各府不断推广科举完善教育体系，大

---

① （咸丰）《兴义府志》卷20《学校志》，《中国地方志集成·贵州府县志辑》第28册，巴蜀书社2016年版，第252页。

② （光绪）《黎平府志》卷4上《典礼志》，《中国地方志集成·贵州府县志辑》第17册，巴蜀书社2016年版，第310页。

③ （民国）《贵州通志·学校志二》，《中国地方志集成·贵州府县志辑》第8册，巴蜀书社2016年版，第528页。

④ （民国）《贵州通志·学校志二》，《中国地方志集成·贵州府县志辑》第8册，巴蜀书社2016年版，第528页。

⑤ （咸丰）《兴义府志》卷20《学校志》，《中国地方志集成·贵州府县志辑》第28册，巴蜀书社2016年版，第251页。

⑥ （光绪）《黎平府志》卷4上《典礼志》，《中国地方志集成·贵州府县志辑》第17册，巴蜀书社2016年版，第367页。

规模进行学宫、文庙、书院等修建，而地方上通常将依附于学宫、文庙、衙署、书院等地的科考场所单独设立考棚，因此设考棚成为地方文教修建系统工程中的重要环节，将原有代替考棚功能性场所的地方进行改建，其中“官倡绅办民建”成为这一阶段设立考棚的主要方式。贵州巡抚贺长龄于道光十八年（1838）与道光十九年（1839）针对铜仁府与松桃直隶厅共赴镇远府参加岁科两试实属不便的情况，[①] 以及石阡府与思南府距离较远造成“四乡间隔，道里迢遥，得信稍迟，每至误考”[②]，分别奏请铜仁府与石阡府分设考棚。

对于地方奏请修建考棚等事宜，中央通常不予财政支持，所以只要地方上有条件开办自筹资金皆可开设，具体操作大多依靠官倡、绅办与民建的方式进行，建成后朝廷通常给予相关官员“议叙”奖励。如道光二十一年（1841）兴义府地区“普安同知张瀚中，及所属署贞丰州知州吴师之、李克勋，署州同傅裕、陶琮，代理兴义县知县周湜，代理普安县知县乔维春，署安南县知县娄镕，劝士民输赀，前后共得白金三万八百余两”[③]。此外，知府张锳自捐千两以作表率，并任用“教授郭超凡、拔贡生桑滋、岁贡生张万春等督建”[④]。

各地倡捐款项并非仅用于考棚，而是对整个地方文教事业的开支。如贵阳文庙、考棚悉数尽毁后地方官员倡议“司道首府县捐廉倡率，绅民踊跃捐输，共银一万八百馀两”[⑤]，石阡府“其应建考棚书院经费，均系士民捐办，共捐银一万五千九百八十两”[⑥]。在贵州巡抚贺长龄的支持下向礼部倡捐议叙鼓励“由臣督饬地方官分别奖以花红扁额外，所有捐银一千两之贵阳府文童钱鹏，八百两之遵义县监生华人杰，六百两之江苏兴化县知县

---

① 《奏为铜仁士子赴考无力远行请分设考棚事》，道光十八年十月二十八日，军机处录副折，档号：03-3668-083，中国第一历史档案馆藏。

② 《奏请在石阡府分设考棚事》，道光十九年九月二十八日，军机处录副折，档号：03-3670-024，中国第一历史档案馆藏。

③ （咸丰）《兴义府志》卷20《学校志》，《中国地方志集成·贵州府县志辑》第28册，巴蜀书社2016年版，第252页。

④ （咸丰）《兴义府志》卷20《学校志》，《中国地方志集成·贵州府县志辑》第28册，巴蜀书社2016年版，第252页。

⑤ （清）贺长龄撰，雷树德点校：《贺长龄集》卷6《耐庵奏议存稿》，岳麓书社2010年版，第158页。

⑥ （清）贺长龄撰，雷树德点校：《贺长龄集》卷8《耐庵奏议存稿》，岳麓书社2010年版，第204页。

周际华，三百两之河南按察使成世埴、湖北候补知府但明伦、江苏通州知州景寿春、贡生李向阳、文童张德盛、徐焜，二百两之监生颜正用等十名，仰恳圣恩交部分别议叙。再，此项工程系官民捐办，请免造册报销”①。

三、晚清贵州考棚的发展与转型

咸同时期贵州各地爆发“兵燹”，各州县学宫、衙署、书院受此影响遭到不同程度上的损坏，且因战局影响贵州乡试多达六次停科，在此期间修建考棚一度进入停滞状态。“兵燹”结束后朝廷采取对停科进行补录等措施增加科考名额，各地官员便采取善后措施，修缮与扩建书院和考棚等设施则成为贵州各州县的重要任务。各州县在复修的过程中考虑到原本未专设地方科场情况，于是择地搭建考棚，迎来了考棚修建的大发展时期。如同治十三年（1874），麻哈州将原属三台书院修复为州试考棚。② 水城厅于光绪元年（1875）由通判陈昌言改建文庙以原基址创修考棚“衡文堂三间，东西文属各五间，仪门三间，头门三间，东西辕门各一，龙门一照墙及周围墙垣共计八十一文”③。光绪四年（1878），仁怀厅知县吴光銮以募建文庙余款，于城西营盘街，新街新建此棚，以备童生县试。④ 光绪十九年（1893），黄平州知州瞿鸿锡委绅张政、周之冕、张兰皋、黄品超、韩邦森等筹募捐款书院，并建考棚。⑤ 光绪二十七年（1901），天柱县开始兴修兼为试士考棚重修后殿三楹，考棚各五间，牌坊一座，榜曰“文昌”，牌坊阶下左右各四间，周围红墙如制坛庙。⑥ 在清中前期，贵州考棚的修

---

① （清）贺长龄撰，雷树德点校：《贺长龄集》卷6《耐庵奏议存稿》，岳麓书社2010年版，第158页。

② 民国《麻江县志》卷8《学校》，《中国地方志集成·贵州府县志辑》第17册，巴蜀书社2016年版，第379页。

③ （光绪）《水城厅采访册》卷6《学校》，《中国地方志集成·贵州府县志辑》第15册，巴蜀书社2016年版，第321页。

④ （民国）《续遵义府志》卷15《学校》，《中国地方志集成·贵州府县志辑》第34册，巴蜀书社2016年版，第605页。

⑤ （民国）《黄平县志》卷10《书院》，《中国地方志集成·贵州府县志辑》第21册，巴蜀书社2016年版，第269页。

⑥ （光绪）《续修天柱县志》卷2《营建志》，《中国地方志集成·贵州府县志辑》第21册，巴蜀书社2016年版，第178页。

建起初因政区间分配不均问题而引发地方科举资源分配的关注，并由官员倡议设棚，同时相关的学宫、书院、文庙系列修缮工程借此契机得以迅速开展。晚清时期，咸同兵燹虽一度让贵州考棚修建陷入停滞，但各州县考棚在兵燹善后由于朝廷的补录等政策迎来新的发展高峰。当然，这个高峰也较为短暂，因为不久之后随着科举制度的废除，考棚也退出历史舞台。

光绪三十一年（1905）清廷废除科举，同时制定新学制、开办新式学堂以培养符合国家所需的新式人才，而作为考试功能的考棚与学宫、文庙、书院一样，随着科举废除也完成了其历史使命，虽然许多考棚从此消失，但也有一些考棚完成转型，转变为新式教育或政治功能场所继续在文教与社会发展中发挥作用。光绪三十一年（1905）黄平州书院考棚改办高初小学堂;[①] 光绪三十二年（1906）仁怀厅试棚改设高等小学堂；光绪三十四年（1908）普安厅南台山考棚改办为南台高等小学；光绪三十三年（1907）石阡府考棚改为董事会，民国时期设团防总局；绥阳县考棚改为学务、经费等局。

考棚功能的转型是传统社会向近代社会转型时期的表现之一，其被科举时代赋予的使命已完成，历史意义应当铭记。通过前文讨论可知，清代贵州考棚的修建，是中央政府、地方官员、基层乡绅与民众共同参与而协作完成，这反映出科举制度在传统社会可以将各方力量整合、凝聚共识，对于社会治理有着巨大价值。具体到贵州地区，由于少数民族众多且自身文化差异较大，科举制度的推行在清朝大规模改土归流与开辟苗疆后贵州民族地区治理中起到了十分关键的作用。科举除了能促进民族地区培养人才、传承民族文化以及促进与其他区域与民族经济文化交流之外，对于贵州各民族增强多民族统一国家的认同与中华民族共同体意识也具有重要意义。

科举促进了作为正统思想的儒学在该地区的传播，加强了苗疆与内地之间的文化联系，而科举考试所采用的统一的考试内容，有利于贵州各少数民族形成中华民族共同的文化心理素质和价值追求。从历史对现实的启示来看，清政府通过文教作为稳定边疆少数民族地区长久稳定的政策，即

---

① （民国）《黄平县志》卷10《书院》，《中国地方志集成·贵州府县志辑》第21册，巴蜀书社2016年版，第269页。

通过推行科举和学校教育增进少数民族文化上的认同感，在当今对于维护民族团结、促进民族地区稳定与发展仍然具有较高价值。

综上所述，以考棚修建来考察清代贵州科举制度的发展历程以及其文教方面的历史作用可知，清代贵州科举制的发展与其他省份具有共通之处，都是在清中期开始大规模修建考棚。然而，贵州科举的发展亦有其自身特点，如贵州改土归流与开辟苗疆对贵州科举发展影响较大，是其独特历史与多民族文化特征的反映。此外，也要从宏观历史发展的视角来看待科举与考棚问题，中国在1840年鸦片战争爆发后即步入近代，追赶世界潮流的近代化也开始于19世纪60年代，而这时期承载着许多不合时宜旧文化的科举与考棚发展却呈勃兴之势，其中表现出的历史的惯性与世界潮流相悖，也是中国近代化道路的艰难与曲折的反映。

清代贵州科举人才的地域分布

马菲菲　代周韦*

摘　要：科举制度是封建王朝重要的官员选拔制度，科举人才成为衡量一省文化教育水平、政治经济发展状况的重要指标。本文通过分析清代贵州科举人才的地域分布情况，发现清代贵州科举人才分布的基本特点，如地域分布广泛、地域间发展不平衡、同一个行政区域内不同地区之间的人才分布存在很大的差异。究其根源，是由于各个地区间的经济发展状况、国家政策、文化教育水平、交通状况存在差异而导致的。

关键词：清代；贵州；科举人才；地域分布

科举制度是中国封建王朝重要的官员选拔制度，自从隋朝开始形成，历代王朝不断丰富着科举制度的内容，清朝的科举制度沿袭明朝，据《清史稿·选举制》记载清朝科举“悉仍明旧称也”①，可以说清朝是科举制度发展的顶峰，直到1905年清政府正式宣布“著即自丙午科为始，所有乡会试一律停止，各省岁科考试，亦即停止，其以前举贡生员，分别量予出路，及其余各条，均著照所请办理”②。通过科举应试考中而产生的状元、榜眼、探花、进士及举人即为科举人才，科举人才的数量不仅反映当地文化教育水平的发展，更能深刻地反映该地区社会的发展状况。因科举考试有文试与武试之分，本文论及的科举人才是指在科举制度下，参加文试而

---

* **作者简介**：马菲菲，黑龙江鸡西人，遵义师范学院副教授，云南大学历史与档案学院学院博士研究生，主要研究方向：西南边疆史；代周韦，贵州遵义桐梓人，贵州省遵义市习水县第二中学教师。

① 《清史稿》卷一百八十，中华书局1977年版，第3147页。

② 《清德宗实录》卷五四八，光绪三十一年八月甲辰。

获得成功的进士与举人。

贵州省文史研究馆陈福桐完成《六千举人，七百进士》[①] 一文，可见明清之际贵州文化教育的成果颇丰。在陈先生的基础之上，庞思纯先生完成《明清贵州700进士》《明清贵州6000举人》，进一步证明明清时期贵州科举发展的事实。吴根洲《清代进士历史地理分布研究》、楚江先生的《清代举人数额统计》对清代全国各地进士、举人的数量及分布进行了详细的研究。李良品《乌江流域民族地区历代科举人才的地理分布》对宋、明、清三代，乌江流域民族地区科举人才的分布格局、分布特点、分布成因进行探究。本文将从地理分布、特征分析、原因分析三个部分进行阐述和分析清代贵州科举人才的地域分布情况。

一、清代贵州科举人才的总体分布情况

贵州作为西南地区的重要组成部分，至明永乐十一年（1413）二月，中央政府决定废除思州、思南两处宣慰使司，“永乐十一年置贵州等处承宣布政使司。领八府，州一，县一，宣慰司一，长官司七十六。北至铜仁，南至镇远，东至黎平，西至普安，距南京四千二百五十里，京师七千六百七十里”[②]。贵州成为全国第十三个行省，在历史上第一次有了省一级的政区建置。至清，沿明制，为贵州省，雍正年间改土归流后，云南、广西、四川等省份多地相继划入贵州版图。

以谭其骧先生编的《中国历史地图集（清时期）》中嘉庆二十五年贵州省范围为基础绘制清代行政区划图，包括：贵阳府、平越州、石阡府、安顺府、大定府、兴义府、遵义府、普安厅、仁怀厅、都匀府、镇远府、思南府、思州府、铜仁府、黎平府、松桃厅。

清代政府根据人口数量、税赋情况等确定一省科举考试乡试的数额。据《钦定科场条例》载：在科举制度推行中将全国省份分为大省、中省、小省，直隶、江南、浙江、江西、湖广、福建为大省；山东、河南、陕

① 六千举人、七百进士是陈福桐统计贵州在明清两代贵州所产生的举人与进士的数量，据作者统计清代贵州举人为4180人，进士为605人。

② 《明史》卷四六，中华书局1974年版，第1197-1198页。

西、广东、陕西、四川为中省；广西、云南、贵州为小省。[①] 以此规定各省科举考试的应试数额。贵州被划为科举小省，应试名额相对较少。虽然较其他地区而言贵州科举发展相对缓慢，但在清朝有了较大进步，出现“四千举人，六百进士”的盛况，是贵州在科举事业上的巨大进步。清代贵州在不同时期发展状况不一致，产生的人才数量也大不相同，这些科举人才的地域分布更是差异显著（见图1）。

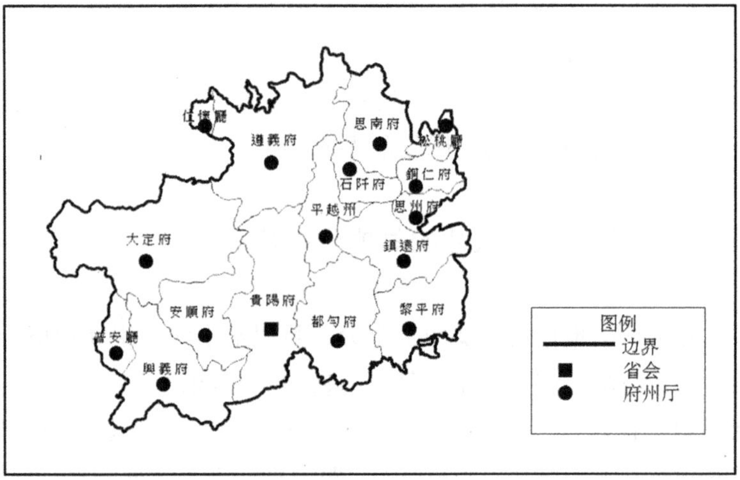

图1　清代贵州行政区划[②]

（一）清代贵州科举人才的时间分布

清朝统治中国268年，这段时期，贵州不仅在社会经济方面取得了较大的发展，在文化教育方面也有长足进步。科举制度作为封建社会文化的重要组成部分，日趋完善，科举考试产生的人才较前代有所增加，有清一代贵州共产生进士605人、[③]、举人4119人，[④] 在文举方面出现两位状元、一位探花，为了更好地呈现清代贵州科举的发展状况，现将顺治至光绪年

① （光绪）《钦定科场条例》卷三，海南出版社2000年版，第34页。

② 根据谭其骧：《中国历史地图集》（明清卷），1850年贵州行政区划绘制。

③ 根据《清实录》《贵州通志》《明清进士题名碑录索引》《贵州教育史》统计，与其他学者统计数字稍有出入。

④ 根据民国《贵州通志》《贵州省志·人物志》《贵州教育史》统计，与其他学者统计数字稍有出入，《贵州教育史》统计清代贵州进士为614人。

间贵州地区举人及进士数量统计如表1所示，具体情况如下：

表1 顺治至光绪年间举人、进士数量统计

年代	举人数量（人）	进士数量（人）
顺治	20	2
康熙	541	35
雍正	259	34
乾隆	1073	129
嘉庆	441	98
道光	593	90
咸丰	92	29
同治	402	44
光绪	698	144
总计	4119	605

注：以上数据根据《清实录》、民国《贵州通志》《明清进士题名碑录索引》《贵州教育史》整理。

从数据统计中可以看出，在康雍乾盛世时期，举人数量及进士数量也相应较多；咸丰、同治年间由于受到太平天国运动的影响，贵州地区爆发了长时间的农民起义，动荡的社会环境影响了科举考试的进行，因此从数据统计上看，咸丰年间是贵州科举人才产生较少的时期。

为了更加清晰、直观地了解清代贵州举人、进士人才在时间上的分布情况，根据表1数绘制做清顺治至光绪年间举人及进士在时间上分布的数据曲线图，具体情况如图2、图3所示：

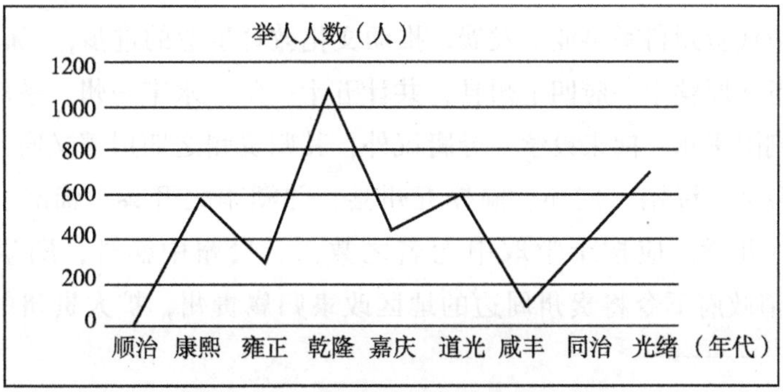

图2 顺治至光绪时期举人数据曲线

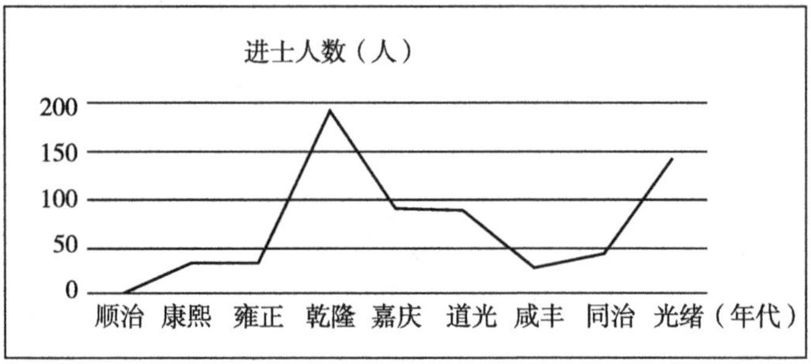

图3　顺治至光绪时期进士数据曲线

从图2、图3中可以非常清晰地看出清顺治至光绪年间举人及进士在时间上的分布情况及数量变化曲线，且在同一时期举人的数量分布基本与进士在数量分布上呈正相关。

清朝初年为拉拢大量知识分子，巩固清朝统治基础，清政府大力开科取士，贵州的科举得以发展。在清前期贵州产生的科举人才也是较多的，据民国《贵州通志·选举志》记载顺治、康熙、雍正三朝共产生进士71人、举人820人。顺治十六年（1659），清政府取得云、贵统治权之后，谕礼部："云、贵新经内附，地方绥辑需人，现在候选各员尚不足用，应预为甄取，以备任使。著于今秋再会行试，尔部即通传遵行。"① 顺治十七年（1660），贵州开科举行乡试，这一时期贵州的乡试定额为40名，但中额仅有20名，此后贵州科举乡试中额逐渐增多。雍正年间，清政府在贵州实行改土归流，进一步加强了中央对贵州乃至整个西南民族地区的管理和控制，打破了过去贵州地区土司与流官并治的局面，进行了大规模的改土归流，同时清政府为了加强统治大力在贵州地区推行科举制度。为了进一步促进清代贵州科举事业的发展，推动文化教育事业的进步，"雍正七年，贵州一省，原辖十一府四十州县，共计五十一学。永丰一州，系广西长坝等地方割附贵州，向未设学，毋庸议外，其归贵州之四川遵义府，及所属正安、遵义、绥阳、仁怀、桐梓五州县，并湖南之开泰、锦屏、天柱三县，共计九学。应按十学取中七名之数，于贵州中额外，酌量加中六名"②。清政府下令将贵州周边的地区改隶归属贵州，扩大贵州的统领区

① 《清世祖实录》卷一百二十三，顺治十六年二月庚午。
② （光绪）《钦定科场条例》卷二十三，乡试广额例案，海南出版社2000年版，第262页。

域，贵州的乡试定额也因此增加。

乾隆、嘉庆、道光年间，因有康乾盛世的基础，贵州人口大量增加，据《贵州通史》记载，乾隆后期贵州省人口有五百余万人。这使得科举乡试的名额也随着人口的增加而增加，贵州乡试定额，康熙八年“恩诏广额，顺天、江南、浙江、江西、福建、湖广加中十名，山东、山西、河南、广东、陕西、四川加中七名，云南、贵州、广西加中三名，奉天府夹字号加中一名”①，因名额的增加，乾隆、嘉庆、道光年间产生的科举人才数量是最多的，根据《民国贵州通志》记载，清中期产生的进士 317 人，举人 2107 人（根据表 1），超过清代贵州科举人才半数。清咸丰、同治、光绪年间，由于中国遭受西方列强的侵略，加之咸丰时期贵州乡试因太平天国运动的影响，当地也发生了长时期的农民起义，因而出现停科。尽管乡试定额没有减少，但受社会环境等因素的影响，这一时期科举人才的数量在减少。但因晚清学习西方，使部分民众意识得到觉醒，带动贵州文化教育的发展，科举人才在同治、光绪年间有所增加，且在晚清殿试中取得了不错的成绩，光绪殿试中出现了贵州历史上仅有的两位状元：赵以炯、夏同龢，一位探花：杨兆麟。

（二）清代贵州科举人才的地域分布

贵州于明永乐十一年（1413）建省以来，与周边省份边界一直未曾明确。清朝建立后，顺治、康熙、雍正三朝大力进行对贵州的行政建置工作，通过裁卫并县、改土归流和省界划分等措施，对贵州省内的府厅州县的设置进行大规模调整。至嘉庆、道光时期贵州的各级行政区域划分基本固定，“全省行政区划为十二府、三直隶厅、一直隶州、十一散厅、十三散州、三十四县”②。便以此行政区域的划分为依据，同时根据《贵州通志·选举志》点校本记载，以及庞思纯先生的统计，对清代贵州科举人才的地域分布进行整理，具体的分布情况如表 2 所示：

---

① 贵州省文史研究馆点校：民国《贵州通志·学校·选举志》，贵州人民出版社 2008 年版，第 302 页。

② 贵州通史编委会：《贵州通史》卷三，当代中国出版社 2002 年版，第 82 页。

表 2　清代贵州各府、直隶州、直隶厅科举人才分布

府，直隶州、直隶厅	所属	进士数量（人）	举人数量（人）
贵阳府	贵阳	71	411
	贵筑	114	531
	新贵	3	30
	修文	21	124
	开州（今开阳）	13	59
	广顺（今长顺）	12	94
	贵定	8	52
	龙里	1	37
	定番（今惠水）	3	55
	小计	246	1393
安顺府	郎岱（今六枝特区）	1	23
	普定	18	152
	镇宁	6	43
	永宁（今关岭）	4	27
	清镇	12	112
	安平（今平坝）	11	71
	小计	52	428
都匀府	都匀	16	129
	独山	5	20
	清平	8	37
	麻哈（今麻江）	2	21
	八寨（今丹寨）	1	4
	荔波	0	2
	小计	32	213
镇远府	镇远	11	88
	黄平	19	105
	施秉	3	25
	天柱	4	17
	小计	37	235

续表

府，直隶州、直隶厅	所属	进士数量（人）	举人数量（人）
思南府	思南	13	105
	安化（今德江）	6	47
	印江	3	40
	务川	2	39
	小计	24	231
石阡府	石阡	11	80
	龙泉（今凤岗）	1	7
	小计	12	87
思州府	玉屏	7	25
	思州	0	8
	青溪	0	1
	小计	7	34
铜仁府	铜仁	12	77
	小计	12	77
黎平府	黎平	17	74
	开泰	0	45
	锦屏	0	2
	永从	0	4
	古州（今榕江）	1	6
	小计	18	131
大定府	大定（今大方）	13	99
	平远（今织金）	12	88
	黔西	7	77
	威宁	6	30
	毕节	29	214
	水城	0	1
	小计	67	509

续表

府，直隶州、直隶厅	所属	进士数量（人）	举人数量（人）
兴义府	兴义	2	27
	安南（今晴隆）	2	7
	南笼（今安龙）	1	6
	贞丰	0	3
	小计	5	43
遵义府	遵义	45	305
	绥阳	6	43
	桐梓	0	37
	正安	1	14
	小计	52	399
松桃直隶厅	松桃	2	14
	小计	2	14
普安直隶厅	普安（今盘县）	5	50
	小计	5	50
仁怀直隶厅	仁怀	3	35
	小计	3	35
平越直隶州	平越（今福泉）	18	109
	瓮安	7	67
	湄潭	6	44
	余庆	0	20
	小计	31	240
	总计	605①	4119②

注：以上数据根据民国《贵州通志》《贵州省志·人物志》《贵州教育史》等资料归纳整理。

① 与其他学者统计有所出入，后期会进行更加详细的统计、比对。
② 与其他学者统计有所出入，后期会进行更加详细的统计、比对。

“从顺治三年（1646）首次开科取士，至光绪三十年（1904）举行最后一次考试，259年间，共举行文科常科考试112次，取中进士26849名。”[①] 根据笔者统计，其中贵州进士有605人，举人4119人，进士占进士总人数的1.9%；清代举人共152100名[②]，贵州有4119名，占全国举人总人数的2.7%，尽管这一数字要低于文化发达、人才辈出的江浙地区，与地处中原地区的省份也有较大的差距，但是，贵州平均举人考中进士的比例为12.3%，其中贵阳府、都匀府、石阡府、思州府、同仁府、黎平府、大定府、遵义府、松桃直隶厅、平越直隶州几府厅进士占举人比例分别为17.7%、15%、13.8%、20.5%、15.5%、13.7%、13.1%、13%、14.2%、12.9%，上述比例可以间接反映出，这些区域科举发展水平要高于贵州平均水平，这也看出贵州科举制度在清代得到一定发展。

但与明代对比，不可否认清代贵州科举考中者人数远胜于明朝，可以看出贵州科举是在发展和进步的，发展的速度也比明朝快。

二、清代贵州科举人才分布特点

清朝统治时期是贵州社会历史发展的重大时期，与其他朝代相比较，在政治、经济、文化等各方面均有明显的发展和进步。科举制是隋朝至清朝时期选拔人才任以官员的选官制度，但其施行的根本目的是维护统治者的统治，所以清代贵州科举制度的实施，科举人才的产生必然受政府政策、经济文化发展等多种因素的影响，使得清代贵州科举人才在地域分布上呈现出自身的特点。

（一）地域分布广

贵州科举的发展虽然起步较晚，在明朝才正式开始开科取士，但它呈现出来的不是单一的、孤立的发展势态，而是各地区相互联系的遍地开花式的发展趋势，形成了清代贵州科举人才地域分布较广的特征。不仅是经济政治发展较好的黔中、黔北地区科举发展较好、产生人才较多，连较为

① 江庆柏：《清朝进士题名录》（上册），中华书局2007年版，第3页。
② 楚江：《清代举人额数统计》，湖南大学硕士学位论文，2012年。

偏远落后的周边山区科举也在缓慢的发展，这一点主要体现在清代贵州科举人才的地域分布上（见表2），清代贵州共产生了进士605人、举人4119人，在全省十六个行政区每个行政区都有科举人才产生。清代贵州科举人才不仅在数量上胜于明朝，在人才的地域分布上也比明朝广泛得多，明朝贵州考中了109名进士，主要集中在黔中地区，偏远周边的民族地区则没有科举人才的产生。而通过表2我们可以看出清代贵州科举的发展，不是单一的集中在某一地区的发展，而是遍布全省广泛的发展；同时我们也可以从侧面了解到清代科举制度在贵州实行是全面的，科举制度在贵州的产生的影响与作用也会覆盖到全省范围。

（二）地域间发展不平衡

清代贵州全省有十二个府、三个直隶厅、一个直隶州，这些府州厅在清朝时期科举事业都有所发展，都有科举人才产生，但受多种因素的影响，各地区的科举事业发展不均衡，科举人才数量在地域分布上非常不均衡，差异较大。清代贵州各府州厅科举人才数量占贵州人才总数比例如图4、图5[①]所示：

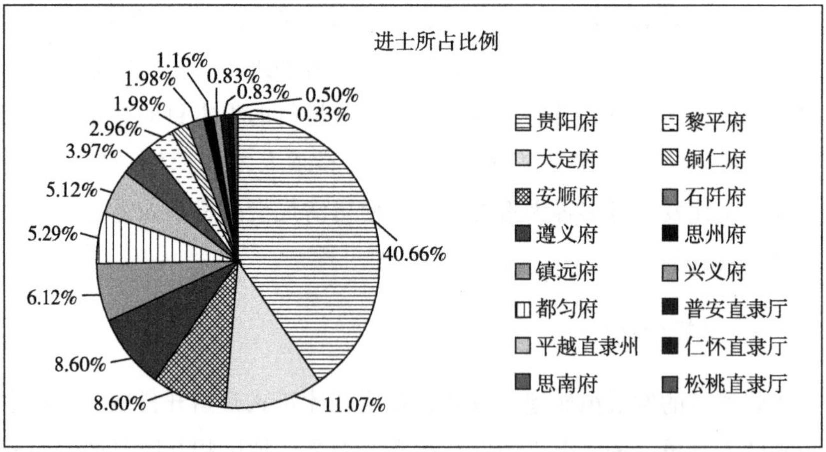

图4　清代贵州各府、直隶州、直隶厅进士占全省比例

① 根据表2数据绘制。

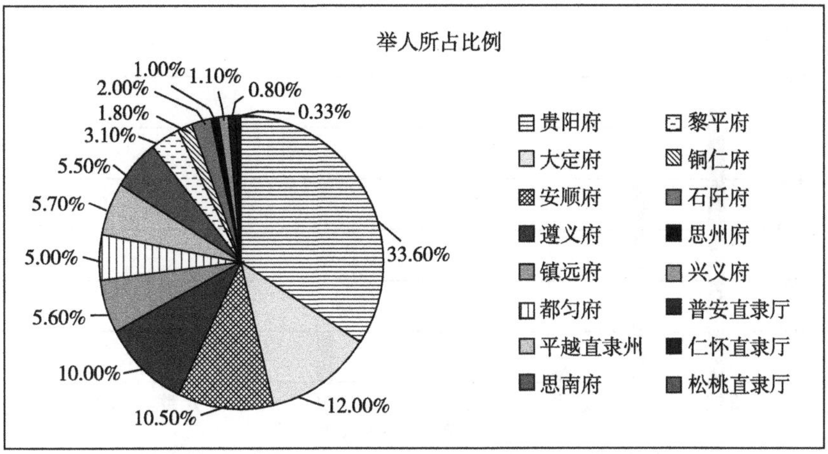

图 5　清代贵州各府、直隶州、直隶厅举人占全省比例

贵阳府作为贵州的省会、政治中心，科举人才在数量上占绝对优势，由图 4 和图 5 可知，贵阳府是清代贵州科举人才最为集中的地区，处于第一层次，贵阳府的进士为 246 人，举人有 1393 人，贵州仅有的两位文状元就出自贵阳，远远高出贵州的其他府、直隶州与直隶厅。贵阳府是贵州的政治、经济以及文化中心，教育水平较为发达，进士人口数量占优势也不足为奇。大定府、安顺府、遵义府处于第二层次，这三个府的科举人才也是较多的，占贵州进士、举人总人数的 28.3%、32.4%。主要原因是安顺府、遵义府、大定府三府在贵州的地理位置较好，交通便利，文化底蕴也较好，所属的散厅、散州以及县较多，科举事业发展较好，成为贵州科举的重要组成部分。第三层次是镇远府、都匀府、平越直隶州、思南府、黎平府构成，是贵州科举人才较为分散区，虽然行政区较多，但社会发展较缓，科举事业也受影响，在科举考试中产生进士 142 人、举人 1050 人。铜仁府、石阡府、思州府、兴义府、普安直隶厅、仁怀直隶厅、松桃直隶厅组成第四层级，这七个行政区所属的散厅、散州和县较少，且地理位置较偏，交通落后，经济文化发展基础薄弱，产生的科举人才也因此较少，是清代贵州科举人才分布最为稀疏的区域。

（三）各行政区内部分布也不均衡

清代贵州不仅仅在各府、直隶州与直隶厅之间的进士分布差异较大，且在各府州厅内部的分布也是严重的不均衡，图 6 就以贵阳府为例加以说明。

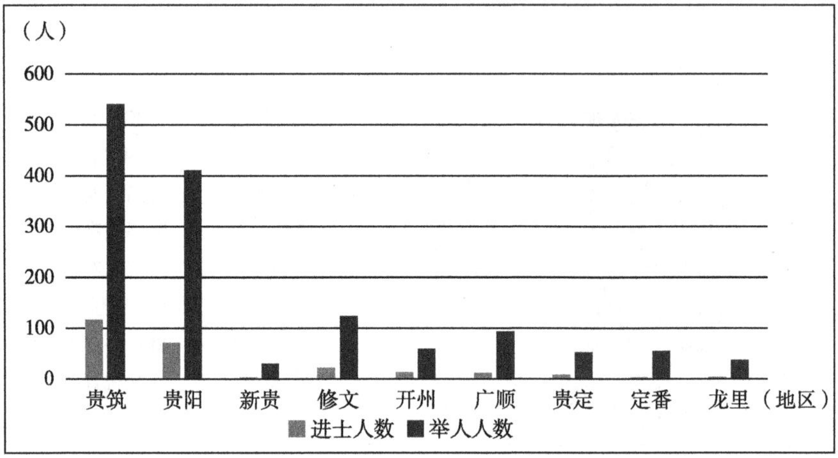

图 6　清代贵阳府各所属地区科举人才统计①

从图 6 可以看出，贵阳府所治的各个区域科举人才分布严重不平衡，分布差异巨大。贵阳府科举人才数量最多的是贵筑县，其次是首府贵阳，贵筑与贵阳的科举人才数量比贵阳府其他地区科举人才总人数的总和还要多出一倍有余，进士数量占贵阳府进士的 75. 2%，在整个贵州省进士人数也占了约 30. 6%；举人所占比例是整个贵阳府的 67. 6%，且贵阳府仅有的两个状元在贵阳。贵筑与贵阳的科举人才远远超过贵阳府其他地区。此外，还有遵义府所治的遵义县，大定府的毕节县等地的科举人才数量在各自的府内也是遥遥领先于其他地区。

三、清代贵州科举人才分布特点的成因

明清时期科举制度在贵州的实行，客观上极大地促进了贵州文化教育的发展，让远离中原文化核心的贵州人有机会到京城等地学习，进行文化交流，同时也扩大了贵州人寻求仕途的途径，有机会施展自己的才华与能力。但是科举制度是封建国家的选官制度，也是中央加强对地方和人民控制的手段，因此贵州科举事业的发展受诸多因素的影响，使得科举人才在地域分布上不得不受政府政策、经济、文化以及交通等的影响，形成了其

① 根据表 2 数据绘制。

独有的地域分布特征。

（一）政策因素

科举制是隋朝至清朝时期选拔人才任以官吏的选官制度，它结束了九品中正制导致的“上品无寒门，下品无士族”的局面，具有相对公平公正公开的特征，对广大封建知识分子具有强大诱惑力，但其根本目的是维护中央王朝的统治。清代贵州的士子在封建文化及传统儒家文化的影响下，以寒窗苦读寻求仕途为法则，以金榜题名光宗耀祖为理想，世世代代追求科举仕途的通达，当他们有了一条相对公平的通往仕途的途径，他们便会为之奋斗，统治者便借此来加强统治，不断将科举选才规范化，推广科举应试的范围。

贵州是众多少数民族的聚居地，不仅少数民族人口数量庞大，而且民族类型繁多。在清朝以前，众多的少数民族没有参加科举的机会。清朝初期，贵州苗民起义不断，面对这种情况，统治者出台了一系列政策来加强统治，在利用科举考试来巩固统治方面，贵州表现得尤为突出。“苗卷”是清政府对贵州少数民族地区科举实施的一种特殊政策，不仅改善了贵州民族地区的教育，还给民族地区读书人提供了参与科举考试的机会，“苗生新进尚少，令附大学者三年一贡，附中小学者五年二贡，俟人学人，多另照开州学例三年两贡”①。在《清史稿》中也有类似记载：“贵州苗民中，有文理稍通者，准送学道考试，择其优者取入附近府、州县学肄业，仍酌量补廪、出贡。”② 允许少数民族进入学校学习且参加科举考试，也体现了清政府对贵州民族地区的政策倾斜，使得贵州这样民族众多，纷繁复杂的地区接受儒家文化的教化。士人参与到科举考试中去，促进贵州各个地区科举的发展，形成清代贵州科举人才地域分布较广的局面。

但也由于政策的因素导致了各行政区之间及府州厅内部的人才数量存在巨大差异，“贵阳府学，额进二十名，廪生四十名，增生四十名，一年一贡。贵筑县学，额进二十名，廪生二十名，增生二十名，二年一贡”③。在学额上的不均等使得科举人才在同一地区间分布不均衡。

---

① （民国）《贵州通志》卷七十八，选举志二。

② 《清史稿》卷一百八，中华书局1977年版，第3161页。

③ （清）索尔讷等纂：《钦定学政全书校注》卷六十一贵州学额。

（二）经济因素

清代贵州各地区经济发展为知识分子读书与参加科举考试提供了必要的物质条件，因此一个地区的经济发展状况在一定程度上影响着科举事业的发展，影响着科举人才的地区分布。清代贵州社会经济比明代有了进一步发展，康、雍、乾时期变化更为显著。随着政治军事制度日趋完善，全省人口大量增加，耕地面积不断扩大，农业发展有明显进步，手工业和商业也逐渐兴盛，省内外经济联系不断加强，经济的兴盛为文化教育事业的发展奠定了物质基础。清代贵州科举人才大量出现，地域分布较广也是基于此，“义学的经费大多数是私人捐赠，也有由公田拨粮创办的，受教育者免费入学，故而得名”。此外清代贵州还有许多学校、书院是由富裕商人捐资修建，“伏念试院工程浩大，今虽完固，焕然一新，第恐日久风雨飘摇，屋瓦难免罅漏，柱扉常须漆饰，岁修之费不可不预为筹备。旋据本城盐商夏裕兴等呈称：愿货盐百斤，捐银三分，约计一年捐银百两。自本年九月十一日始，按月捐缴为试院岁修之费，出具承认呈府”[①]。由此可见社会经济的发展，促进了科举事业的进步。

因地理位置、政策等因素的影响，省内经济发展也是不均衡的，贵阳府作为贵州的省城，拥有着许多的发展优势，传统农业发展水平较高，“贵阳府亲辖一厅三州四县至道光年间共有成熟田259750亩其所属定番州和广顺州日渐富庶，定番州‘农劝耕作，产米故饶’，广顺州‘田亩近州治者水旱无虞’，故全城食米全赖定番、广顺，若定番之米日不至，价则陡昂”[②]，足以说明贵阳府农业发展之快，在贵州的重要地位。贵阳府的商业也较发达，“贵阳府共有贸易、手艺、佣工并无苗产客民2177户”[③]，可以看出清代贵阳府的手工业和商业发展较好。贵阳府较好的经济发展为该地区文化教育的发展以及人才的产生打下了经济基础，据《民国贵州通志》统计，清代贵阳府有23个学堂、12个义学、5个书院是由士绅、乡绅、商人独资创办或捐资创办的。反之，经济发展缓慢地区产生的科举人才也是较少

① 贵州通史编委会：《贵州通史》卷三，当代中国出版社2002年版，第719页。

② 李振纲、史继忠，范同寿主编：《贵州六百年经济史》，贵州人民出版社1998年版，第98-99页。

③ 李振纲、史继忠、范同寿主编：《贵州六百年经济史》，贵州人民出版社1998年版，第148页。

的，如松桃直隶厅“属山多田少，承平日久，生齿渐繁，地利已无余力，谷有黏谷、晚谷、糯谷之分。米贱，每官斗价银一钱二分，米贵递增，斗米值价银一钱至二钱不等，米价昂贵，甲于黔省。岁稍歉，即不敷民食”①。当百姓还在为生计发愁，更无心文化教育事业，因而科举发展较缓，产生科举人才较少。经济是基础，经济水平决定文化教育事业的发展势态，影响科举人才的地理分布，造成了清代贵州地区科举人才的分布不均衡。

（三）交通因素

交通的发展状况与地区经济发展水平息息相关，封建时代，交通的发达与否对文化教育事业发展水平有重大影响。古代科举考试需要到固定的地点进行，乡试地点一般都在省府举行，而会试与殿试则远在京城，便捷的交通有利于士子读书求学、参加科举考试，因此士子参加科举应试对交通条件的要求较高。

由于贵州省地处西南云贵高原，山高谷深、地势起伏大，交通不便，而清朝时期贵州会试全在省会贵阳举行。交通不便对边远山区的考生前来贵阳参加考试实非易事，“官民自黔之滇之楚之粤，皆于道远行，不得取直道由苗地过”②，交通受阻使得路程遥远路上行程时间久，危险性更大。因此对于边远山区的考生而言，参加科举考试的级别越高，往来通行的压力就越大，面临的困难也就越大，“且以贵州至云南相距二千余里，如思南永宁等府乃至云南且有三四千里者，而盛夏难行，山路险峻，瘴毒浸淫。生儒赴试其苦最极，中间有贫寒而无资者，有幼弱而不能徒行者，有不耐辛苦而返于中道者。至于中冒瘴毒而疾于途次者，往往有之”③。足以说明交通不便给士子带来了巨大的困难。就贵州中部地势较低，四面皆有高大山脉，所以黔中地区发展较好，交通也比其他地区发达，科举发展也较快，地处黔中的贵阳府、安顺府、平越直隶州等地的科举人才人数较多。而远在贵州省周边的松桃直隶厅、兴义府、仁怀直隶厅等地，地势偏远，前来参加科举考试的人相对较少，“嘉庆四年（1779）添设松桃厅学，文、武童不下三千余人，及赴镇远

① 杜文铎等点校：《黔南识略·黔南职方纪略》，贵州人民出版社1992年版，第168页。

② 民国《贵州通志·前事志》，选举志二。

③ 贵州省文史研究馆点校：民国《贵州通志·学校·选举志》，贵州人民出版社2008年版，第56页。

考试仅有其半，缘相隔太远至三、四百里至七八百里不等。应试之人寒酸居多，每因无力远行致阻上进”。因交通不便导致了科举事业发展的落后，产生的科举人才较少，尤其是进士人数屈指可数。

（四）文化教育因素

清朝出现了我国历史上最后一个盛世——康乾盛世，这一时期贵州的经济得到了快速的发展，科举是选拔人才的手段，学校是培养人才的地方，二者相互联系，相辅相成。清代贵州科举考试名额不断增加，这为许多士人提供了更多入仕的机会，在贵州掀起了向学之风。根据《民国贵州通志》统计，清代贵州全省共有官学 69 所，其中，府学 12 所、直隶厅学 3 所、直隶州学 1 所、县学 34 所、厅学 6 所、州学 13 所，学额府学 40 名、州学 30 名、县学 20 名，书院、义学、私塾伴随着官学的扩大也大量的建立起来。根据《民国贵州通志》统计，乾隆、嘉庆之后，贵州书院数量达到 133 所，贵阳府属 13 所、安顺府属 11 所、大定府属 11 所、遵义府属 15 所、黎平府属 20 所，虽然科举人才数量的多少与所设书院的数量不成正比，但是书院多的地区人才人数也是较多的，而人才数量少的普安直隶厅、仁怀直隶厅、松桃直隶厅对应设立的书院分别只有一所、两所、三所。其中著名的书院有贵阳的贵山书院、正本书院、正习书院，遵义的湘川书院，这些书院多在科举事业较发达地区。

四、结语

尽管清代贵州科举发展状况远不如其他地区，科举人才的数量也与教育发达地区相差甚多，但与明代贵州相比清代贵州科举事业及教育事业均得到了较大进步。从地理分布上看，科举人才人数分布较广，遍布在贵州的各府、直隶州、直隶厅，但是各府、州、厅之间科举人才数量多寡有别，具有层次性和不平衡性，且各行政区内部也分布不均，这些特点的形成与贵州当地经济发展、政府政策、交通条件、文化教育等因素相关，同时也体现出国境对边远地区的治理及影响。总之，清代贵州科举人才的兴起，推动了贵州文化教育事业的进步，逐渐缩小与中原地区在文化教育上的差距，形成贵州丰厚的文化底蕴。

文化史视野下科举失利对个人的影响

——以“西南大儒”郑珍为例

李　琛*

摘　要：科举制度兼具选拔人才参与国家治理，提供平民入仕途径的二重社会功能，郑珍一生曾先后多次参加科举考试。郑珍早年热衷科举的主要原因，既有受清代士子普遍追求功名的影响，也有自幼接受良好教育的浸染与遵义地区悠久文教传统的推动。郑珍的科举之路一波三折，最终以会试落第告终，而科举过程中的失利经历也对郑珍产生重要影响。影响不仅表现在郑珍个人的文化成就上，而且也对贵州教育与沙滩文化的发展产生重要意义。

关键词：文化史；科举失利；影响；西南大儒；郑珍

郑珍生活在乌江流域附近的遵义地区。遵义明代属播州宣慰司，是西南地区重要的土司辖地之一。遵义地区先经播州杨氏土司倡导兴学，明代万历年间改土归流后文教更趋昌盛。郑珍自幼接受良好家庭教育，稍长先后进入湘川书院和遵义府学，十七岁中童试，食廪饩银，又受业于府学教授莫与俦，后得到时任贵州学政程恩泽的提携，道光五年（1825）拔贡生，青年时的郑珍可谓前途无量。然拔贡生之后，郑珍的科举之路却显得坎坷不平与充满苦难，二十年九试，喜少忧多。通过观察郑珍的科举之路及其失利经历，可以展现晚清剧烈社会变革背景下，一个传统中国士人对科举的反思及科举失利对其人生经历的影响，亦可从侧面加深对晚清士人与科举制度关系之间的认识。

---

* **作者简介**：李琛，男，贵州师范大学硕士研究生。

一、郑珍参加科举的原因

明清时期，科举的发展进入到一个相对稳定的时期。清代，只有家世清白，未受刑罚、未因罪革职，且不在服丧期的士子才被允许参加科举考试。举子参加科举前除必须承诺上述内容外，还需填写“廪保互结亲供单”，经由同县生员作为保证人，再与应试童生五名互结保后，方可正式参加科举考试。

（一）清代士子热衷功名

童生一经进学为生员，便可获得一定程度上专属士大夫阶层的特权，其中一部分成绩尤为优异的生员还会被拔为“廪生”，享受来自国家的经费补贴，即“廪饩银”。生员还可以进一步取得举人资格，或拔贡生后经“出贡”入仕，从而踏上仕途之路。举人或出贡途径入仕者多充任低级官吏，虽然是正途入仕，但多数士子仍以中会试为目标。会试合格者经吏部铨选后授任官职，即可脱离科举士子群体，成为帝国官僚系统的组成部分。许多士子，特别是出身贫贱的士子，将科举视为改变人生的唯一方式，而清代社会也会给及第者极高殊荣。“所以士子本人对于科名孜孜以求，锲而不舍，而家人父兄之于子弟，所督责与期待者，也唯此一事。”①

家人殷切的希望与清代“士风”促使郑珍踏上科举之路。郑珍家族原系江西吉水，是明末平播战争军事移民的后裔，郑珍于《阿卯晬日作》中自述：“我族食遵义，八叶当吾身。维昔别子公，锋冠刘綎军。”② 其子郑知同在《郑子尹府君行述》中提及：“史迁祖益显公原籍江西吉水，明万历庚子，以刘綎部将从平播。……逆酋郭士奇、吴上才系狱，府道忧容不决，致令结党入寇，城陷，王公死之。公率十里土司捣贼营，分兵新站，绝其归路，尽歼之，郡以安全。”③ 郑益显死后，其子孙多不仕，以耕织为业，至第四代孙郑瑄，方有进士。“越我曾祖，得瑄公成进士。”④《遵义府

① 王德昭：《清代科举制度研究》，中华书局 1984 年版，第 128 页。
② 郑珍、白敦仁笺注：《巢经巢诗抄笺注》，巴蜀书社 1996 年版，第 106 页。
③ 郑珍、白敦仁笺注：《巢经巢诗抄笺注》，巴蜀书社 1996 年版，第 1474 页。
④ 郑珍：《巢经巢诗文集》，上海古籍出版社 2016 年版，第 509 页。

志》有传曰："郑瑄，字献虞，益显四世孙，乾隆己未进士，以亲老就教职黄平州学正。"① 郑瑄是郑珍曾祖父郑崧的堂兄弟，也是郑氏一门百年中科考成就较高者。郑珍的祖父郑仲桥以行医为业，曾积攒下一定家业。然至郑珍时，郑家已经中落，特别是迁居乐安乡后，常年需租赁他人房屋居住。

郑母出身于本地书香门第沙滩黎氏，嘉庆庚申年（1800）与郑珍的父亲郑文清成婚，育有三子二女。郑珍拔贡生后，郑母曾告诫郑珍："所望汝得名者，冀不堕先声，为科目，儿侍裙腧耳。宦险路，一行作，即我生死不见知。春秋榜命可再取，可勿图仕。即艰食，可授学，给我破衣粗齏，杭织海错无取也。"② 郑母希望郑珍通过科举改变家族命运，重振家族的传统与声望，但也告诫郑珍如果宦路艰险难寻，可以回乡以教书为业奉养父母妻儿。待郑珍至中年，还会于诗作中以："少志横四海，夜梦负天飞。将老气血静，少乐多所悲。"③ 追忆自己青年时对功名利禄的追求。

（二）郑珍自幼接受良好教育

郑珍自幼接受良好家庭教育。郑珍祖父郑仲桥以儒医闻名乡里，郑珍首先师从祖父学习认字与读书。郑珍的父亲郑文清仍以行医为业，虽未进为生员，但也懂文墨，能作诗。郑文清不仅教授郑珍应举所需的经史与集注，还允许郑珍阅读《山海经》等"杂书"。郑文清曾携郑珍与其表兄黎兆勋北上山东探望外祖黎安理，至河南朱仙镇遇天理教之乱，被困旅店时仍督促二位少年读书不辍。郑母黎氏出身传统知识阶层，因此格外重视子女教育。她不仅勉励子女做人要持守正道，同时也勉励子女多读圣贤之书，对于子女教育更是不吝重金："我嫁时银饰，尽为汝丙子年师资。"④ 黎夫人亦不惜苦劳，供给子女读书："尔想此一本书，是我多少汗换出来？焉得不发愤？"⑤

黎氏远祖为唐代京兆尹黎干的孙子黎植，家族先后徙居江西新喻（今

① （道光）《遵义府志》卷34，巴蜀书社2006年版，中国地方志集成，第142页。
② 郑珍：《巢经巢诗文集》，上海古籍出版社2016年版，第557页。
③ 郑珍、白敦仁笺注：《巢经巢诗抄笺注》，巴蜀书社1996年版，第437页。
④ 郑珍：《巢经巢诗文集》，上海古籍出版社2016年版，第547页。
⑤ 郑珍：《巢经巢诗文集》，上海古籍出版社2016年版，第543页。

江西新余）和四川广安，明万历中迁居遵义。郑珍的外祖父黎安理，乾隆己亥（1779）举人，以举人大挑二等授永从县训导，后任山东长山知县，素有善政。郑家搬至尧湾后毗邻黎家，已返乡的黎安理时常教授郑珍读书，病重时亦对郑珍所问有所解答。郑珍于《检外祖黎静圃安理府君文稿感成》写有："耕家倘有人，学成尽堪俟。此后执经来，请业吾语尔……无知尚肆姐，持册前问字。先生不挥去，曰居待吾起。力疾为指说，声轰所凭几。"① 黎安理去世后，郑珍的教育工作先由二舅黎恺（雨耕）担任，后由返乡丁忧的大舅黎恂（雪楼）接任。黎恂是嘉庆甲戌（1814）进士，原任浙江桐乡知县。黎恂和黎恺都是当时饱学之人，由黎恂自浙江带来的大量藏书充实了黎家的藏书。郑珍在大舅与二舅的门下研读唐宋古文运动代表韩愈与宋代新儒家的作品，完成了由蒙童到立志成为真正学者的转变。

（三）遵义地区悠久的文教传统

遵义地处黔北，唐时为播州地，自唐末以来就为杨氏所据。杨氏一说僚人土酋，一说汉人远裔，于播州世土世侯，且杨氏内部常年互相争斗，外战内乱不息，使播州"难被声教"。南宋时播州土官杨选以优厚条件招徕"蜀士"，将中原文化大规模传入播州。宋金战争愈演愈烈，致使许多巴蜀士人逃亡播州避难，"蜀士来依者愈众，结庐割田，使安食之。由是蛮荒子弟多读书攻文，土俗为之大变"②。杨粲袭职土官后，"大修先庙，建学养士"③。至杨粲子杨价时，播州文教略开，并争取到贡士名额三人。嘉熙二年（1238），"播州士人冉从周考中进士，他是贵州历史上进士第一人"④。另参见《遵义府志》卷三十二《选举志》："遵义地区在宋元时除冉从周外，还有进士杨震、李敏子、白震、犹道明、赵炎卯、杨邦彦、杨邦杰七人，恩赐进士杨朝禄一人。"⑤

嘉靖九年（1530），给事中田秋上《请开贤科以宏文教疏》，希望贵州

---

① 郑珍、白敦仁笺注：《巢经巢诗抄笺注》，巴蜀书社 1996 年版，第 143 页。
② 宋濂：《宋濂全集》卷 1，人民文学出版社 2014 年版，第 353 页。
③ 宋濂：《宋濂全集》卷 1，人民文学出版社 2014 年版，第 353 页。
④ 贵州省招生考试院：《贵州教育考试史》，贵州教育出版社 2012 年版，第 2 页。
⑤ （道光）《遵义府志》卷 32，巴蜀书社 2006 年版，中国地方志集成，第 91、92、93 页。

科举能独立开科，以摆脱建省以来科举依附周边省份的现状。“嘉靖十四年（1535），朝廷正式批准云南、贵州分别开设乡试科举。”① 明代遵义属四川承宣布政使司，万历二十八年（1600）平播战争后，分析平越府和遵义府。清初，遵义府属四川省管辖，因地处偏僻，未设考棚，遵义士子应试不便，“遵义旧无考棚，试者就重庆，每试非寒即暑，往还多致毙者……县试者，首附夔州棚，继附重庆棚，士非素饶，不能赴试”②。后经乡人罗大昌与李先立的请求与倡议下，朝廷始设遵义考棚，进而极大地刺激了遵义士子参加科考的积极性。雍正六年（1728），遵义自四川改隶贵州后，经济文化有了较大发展。一方面，由陈玉殿引入的蚕桑术使遵义经济得到了较好发展，“乾隆七年春，知府陈玉殿始以山东槲茧蚕于遵义……郡故多槲树……遣人归历城售山蚕种，兼以蚕师来至”③。另一方面，遵义改土归流百年后成果渐显，文教风俗渐同于内地。据《遵义府志》，自康熙三十三年（1694），李先立登甲戌科进士以来，至道光二十年（1840）庚子科进士钟廷玺（钟汉章），遵义全府共有进士 35 人，其中共 30 人登科时间为 1728 年至 1840 年的 112 年间，占《遵义府志》所统计清代进士的 85.7%，可见这一时期遵义的文化教育正趋于繁盛。郑珍长期生活在遵义地区，且多与遵义境内的文化名人交往，势必为遵义流行的士风所影响，进而追随先辈步入科举之路。

二、郑珍的科举历程

郑珍毕生追求科举功名，二十年中九次参加科举考试，不幸的是，其中绝大部分均以名落孙山告终。郑珍青年即在生员中脱颖而出成为贡生，然而直至中年，方考中举人。入京会试接连落第，使得郑珍对自己长年的科举生涯产生反思，促成了他放弃科举、不再应考的想法。

（一）童试

嘉庆二十一年（1816），黎夫人典当嫁妆银饰为郑珍筹集学费。次年，

① 贵州省招生考试院：《贵州教育考试史》，贵州教育出版社 2012 年版，第 41 页。

② （道光）《遵义府志》卷 34，巴蜀书社 2006 年版，中国地方志集成，第 137、138 页。

③ （道光）《遵义府志》卷 16，巴蜀书社 2006 年版，中国地方志集成，第 347 页。

郑珍正式入学开蒙读书，“先生年甫十二，貌尫脊，授句读于塾师张先生”①。同年，郑珍进入遵义府城东麓的湘川书院，湘川书院始建于乾隆年间，延请江西大儒李腾华讲席。郑珍于湘川书院涉猎广泛，不仅阅读了庾信与鲍照的文学作品，还通读了史学经典《史记》与《汉书》。然而郑珍于湘川书院的学习生活仅持续到二十三年（1818）秋，郑珍因故不得不离开书院返乡，次年仲春，因“河梁里氛稔恶……以己卯春举室东走乐安溪上，僦田宅尧湾以居，依外曾祖静圃安理黎公”②。

嘉庆二十四年（1819），郑珍 14 岁，初次应童试，不中。郑珍后于《母教录》中记述自己科考的初次失利的境遇：“小试不售。归，十日不就塾。”③ 初试不利对郑珍影响很大，此前郑珍仅学过贴括，即如何作八股文，“恒意天下人所读书必不尽是”④。第一次童试失利的时机恰逢郑家迁居尧湾，郑珍于是先后向外祖黎安理、二舅黎恺学习，以期精进学问待下次科考机会。

道光二年（1822），郑珍 17 岁时，“十七补县学弟子员，旋食廪饩”⑤。此前，郑珍拜大舅黎恂为师学习，遍览黎氏自浙江带来的藏书，“藏书数千卷，纵观古今，殚心四部，日过目数万言。未几，即浅俗学为不足尚，尤征涉猎为无所归”⑥。郑珍在认识到自己学习所存在的问题基础上，进而博览群书，学问进步很快。因此郑珍顺利通过童试的选拔，正式成为遵义县学的生员，不久后又以成绩优异选廪生，官方的经济补贴一定程度上缓解了郑家紧张的经济近况。次年，“独山莫与俦，任遵义府学教授，到官。先生往受业”⑦。莫与俦是著名汉学家阮元的弟子，主张会通清代“汉学”与“宋学”两种主流学派，而莫与俦倾囊教授给郑珍的“汉学”，则对郑珍未来的学术道路产生重要影响。

① 凌惕安：《郑子尹年谱》卷 2，商务印书馆 1941 年版，第 25 页。
② 郑珍、白敦仁笺注：《巢经巢诗抄笺注》，巴蜀书社 1996 年版，第 1475 页。
③ 郑珍：《巢经巢诗文集》，上海古籍出版社 2016 年版，第 544 页。
④ 郑珍、白敦仁笺注：《巢经巢诗抄笺注》，巴蜀书社 1996 年版，第 1475 页。
⑤ 郑珍、白敦仁笺注：《巢经巢诗抄笺注》，巴蜀书社 1996 年版，第 1475 页。
⑥ 郑珍、白敦仁笺注：《巢经巢诗抄笺注》，巴蜀书社 1996 年版，第 1475 页。
⑦ 凌惕安：《郑子尹年谱》卷 2，商务印书馆 1941 年版，第 31 页。

（二）乡试

郑珍经道光六年（1826）会试落第后，游程恩泽幕府作宾两年，启程返回贵州应道光八年（1828）乡试，结果再度落第。此后郑珍又先后参加道光十一年（1831）、道光十四年（1834）两次贵州省乡试，均折戟而归。

道光八年（1828），郑珍离开程恩泽幕府返乡时，程恩泽化用东汉马融礼送郑玄东归的“吾道东矣”典故，以“吾道南矣”相送。同年，郑珍乡试不第，回乡整理藏书，“颜其室为巢经巢，无者假之舅氏及遵义故家”①。道光十一年（1831），郑珍再度落第，而此次落第对郑珍打击极大，其子郑知同后来追述：“先子以屡试不售，益肆力于古，往来数家藏书丛中，春秋讲贯大旨，先洞悉文字，根以穷经。”② 郑珍此后更加醉心于“小学”研究，但亦无法放弃科举，此种矛盾心态体现于次年为子郑知同所作的《阿卯晬日作》中：“我年十七八，逸气摩空盘。读书扫俗学，下笔如奔川。谓当立通籍，一块所欲宣。……腾身九霄上，袍笏光且鲜。”③ 道光十四年（1834），乡试再度不售。同年，郑珍随黎恺与表兄黎兆熙赴京师探望候选的大舅黎恂，同时希望以自己的新作《说文新附考》当面请教于已升任礼部侍郎的老师程恩泽。程恩泽极为欣赏郑珍的研究成果，“由于郑珍连年乡试都未通过，所以程恩泽很难为其谋到官职”④，于是便希望他留在京城暂任大学士王宗诚家任塾师，以期善用京师海量图书。郑珍因急于南返而婉言拒绝，回程路经湖北沙洋，作《三月初十沙洋》，抒发自己壮年不第的苦闷，其诗曰：“舟义身感今日，吾年倏三十。儿女齐送我，老路从此入。精力更几何，前去更难执。”⑤

道光十七年（1837），郑珍中当年贵州省乡试，登道光丁酉科举人。考前数月，郑珍曾以：“男儿生世间，当以功勋显。”⑥ 表明心志，但就实质而言，郑珍并非特别关心这次科考的结果。郑珍于考完后作《完末场卷，矮屋无聊，成诗数十韵，揭晓后因续成之》：“我亦胡不足，而必求功

① 郑珍、白敦仁笺注：《巢经巢诗抄笺注》，巴蜀书社 1996 年版，第 1476 页。
② 郑珍、白敦仁笺注：《巢经巢诗抄笺注》，巴蜀书社 1996 年版，第 1476 页。
③ 郑珍、白敦仁笺注：《巢经巢诗抄笺注》，巴蜀书社 1996 年版，第 106 页。
④ 施吉瑞、王立译：《诗人郑珍与中国现代性的崛起》，河南大学出版社 2017 年版，第 56 页。
⑤ 郑珍、白敦仁笺注：《巢经巢诗抄笺注》，巴蜀书社 1996 年版，第 197 页。
⑥ 郑珍、白敦仁笺注：《巢经巢诗抄笺注》，巴蜀书社 1996 年版，第 266 页。

名？名成得美仕，岂遂贵此生？十年弃制艺，汗漫窥六经。……所以来试者，亦复有至情。父母两忠厚，辛苦自夙婴。一编持授我，望我有所成。未尽无所成，而世以此轻。”① 表示自己年近而立，屡试不第，非求功名以得富贵荣华，但求不负父母的养育之恩，且不因没有功名而为世间所轻视。然而丁酉乡试却使郑珍可以洗刷屡次不第的“屈辱”，且举人头衔也可使郑珍再度继续参加在北京举行的会试。

（三）会试

道光五年（1825），郑珍被时任贵州学政程恩泽选为拔贡生。贡生是名义上的国子监学生，拔贡生是贡生中较为优异的群体，因此郑珍拥有了一次可以不经乡试，而直接赴京参考会试的资格。次年（1826），郑珍与获得举人资格的二舅黎恺一同北上进京应考，不幸的是他与舅父均名落孙山。按照清代制度，拔贡生落第后需回原籍参加乡试，待有举人功名后方可继续参加会试，然而郑珍常年科场不顺，因此直到12年后，郑珍才再度有机会赴京会试。

道光十七年（1837），郑珍与莫友芝北上赴道光十八年（1838）会试。“冬月晦，先生将以明日赴春官。”② 郑珍与莫友芝赴京前，需先去省会贵阳领取所需文书。贵州举人赴京会试，照旧例又可领取火牌，可使沿途驿站有所优待。郑莫二人取道镇远北上，过黔阳境时，郑珍开始质疑这趟旅途的意义：“忆我出门时，梅花绕茅亭……读书稍何用，只觉伤人情。”③ 二人至澧州，正逢新春，思念故园亲人，思考功名的意义：“无名亲戚悲，名得又反累。得失俱可怜，伤哉功名事。”④ 渡汉水，气候恶劣，幸得善人相助。至叶县，谒汉光武帝庙，再渡黄河，到安阳，再拜比干墓。直趋河北安肃县的路上，苦闷的旅程使郑珍对科举的不满化为诗句：“十年不作科名想，一堕仍为牛马身。”⑤ 至京师后，郑珍即病，以病体参加会试。等待会试放榜的途中，接舅父黎恂自云南来信，喜不自矜，对科举愈发怀疑

① 郑珍、白敦仁笺注：《巢经巢诗抄笺注》，巴蜀书社1996年版，第296页。
② 凌惕安：《郑子尹年谱》卷3，商务印书馆1941年版，第69页。
③ 郑珍、白敦仁笺注：《巢经巢诗抄笺注》，巴蜀书社1996年版，第301页。
④ 郑珍、白敦仁笺注：《巢经巢诗抄笺注》，巴蜀书社1996年版，第307页。
⑤ 郑珍、白敦仁笺注：《巢经巢诗抄笺注》，巴蜀书社1996年版，第326页。

与厌恶："人言读书成名可以显亲，我未见有益而徒累人……我为何兮安饱于此都也？曰将贡举而得美官。噫吁嗟兮吾官何处？"① 会试放榜后，郑莫二人皆落第，于是南归。返回遵义后，郑珍以"岂不贤铦空，徒苦脚板皮"② 总结此次进京会试。

道光二十三年（1843），郑珍三度启程赴京参加会试。临行前，作《贵阳寄内四首》，其一有："六年不试北风寒，又历人间行路难。"③ 表达对赴京会试的厌恶之情。"这次入都，遭遇很不佳：先是眼病，临考前又患疟疾，差点埋骨异乡。"④ 会试已然化为梦幻泡影，然而为了取得返程火牌，郑珍还是拖着病体参加了会试，最终以白卷出场。郑珍出考场后作《六绝句》，有："鞠骥苍凉断鹤哀，廿年九宿试官槐。掷将空卷出门去，王式从今不再来。"⑤ 该诗是郑珍对自己一生科举经历的反思，也表达出看破功名，决心以后不与应举产生任何瓜葛的志向。

三、郑珍科举失利的影响

郑珍于科场不顺的背景下，逐渐摆脱"八股文"的桎梏，开始在师友的引导下探索自己的治学道路，终成一代西南巨儒。放弃科举后，郑珍又先后四任学官，对清代贵州省的教育发展做出了杰出贡献，并留下了弥足珍贵的教育思想。

（一）科举失利对郑珍文化成就的影响

郑珍受程恩泽点播，开始潜心研究"经学"，尤其致力于训诂文字的"小学"与"三礼"考释，留下大量珍贵学术著作。"郑珍学宗许（慎）、郑（玄），善治文字、音韵、训诂，精通三礼，又继承发展乾嘉学派的治学传统，在道咸之际，自成一家。"⑥ 加拿大学者施吉瑞认为："他被落榜

① 郑珍、白敦仁笺注：《巢经巢诗抄笺注》，巴蜀书社 1996 年版，第 330 页。
② 郑珍、白敦仁笺注：《巢经巢诗抄笺注》，巴蜀书社 1996 年版，第 361 页。
③ 郑珍、白敦仁笺注：《巢经巢诗抄笺注》，巴蜀书社 1996 年版，第 485 页。
④ 黄万机：《郑珍评传》，巴蜀书社 1988 年版，第 95 页。
⑤ 郑珍、白敦仁笺注：《巢经巢诗抄笺注》，巴蜀书社 1996 年版，第 504 页。
⑥ 史光辉、Peng Ping：《绝代经巢第一流：西南大儒郑珍的小学研究》，载《孔学堂》2018 年第四期，第 71-78+170-175 页。

的失败所打击，但同时，他开始重视自己文学创作的天分和学术研究的能力。”①

郑珍因返黔乡试不第，回家后潜心研究经学，以“小学”见长，“文字自《说文》《玉篇》而外，该古今异文，经自注疏以下，极各家解义，罔不究心，不立门户，一一为折衷持平”②。郑珍深感许慎《说文解字》千百年流传过程中多有脱简、讹误，尤其是宋代以来的“新附字”多可疑之处，虽前人有诸多考释著作，但皆未能使郑珍满意。郑珍于是动手广搜材料，逐字校订，遂成《说文新附考》一书。道光十四年（1834），郑珍进京将书稿呈予程恩泽，得到了此书学术成就已超过钮树玉同名著作的评价，该书至郑珍晚年才最终定稿，并终于光绪五年（1879）刻板付梓。

郑珍的史学成就主要体现于道光《遵义府志》上。道光十八年（1838），郑珍赴京城会试不第，返黔后闲居数月，年末因好友遵义知府平翰邀请，入遵义府志馆主修府志，并延请莫友芝辅助修书。《次韵寄张子佩威宁》载修志缘起：“呼扫听莺轩，郡乘属修改。城东有莫五，为人不惧馁。兹事诚有成，山川一生采。……念为此邦士，文献当有在。”③ 郑、莫二人对此书要求极高，“旧稿无一备，作者头脑乖。……终四竟此业，匪望千秋垂。使识汉郡县，不与苗疆侪。”④《遵义府志序》载：“郑生尝以采著颠末，告余曰；‘议之始盖茫然无刺手处，留心一年，盖始知有《孙志》《陈志》，及各州、县草志，而蒐得之。又一年，乃悉发荒碑仆碣及各家所遗旧记、事状。知不可复有得，乃始具稿。’”⑤ 道光二十一年（1841），书稿略成，征引书目358种，全书共48卷，80余万言。道光《遵义府志》行文流畅、体例得当，且广征博引、考据详实，于晚清府州志中属一等作品。梁启超评《遵义府志》：“郑子尹、莫子偲之《遵义志》，或谓为府志中第一。”⑥

郑珍主要经学著作除《说文新附考》六卷外，还有《仪礼私笺》八卷、《汉简笺正》八卷、《郑学录》五卷、《说文逸字》两卷、《亲属记》

① 施吉瑞、王立译：《诗人郑珍与中国现代性的崛起》，河南大学出版社2017年版，第49页。
② 郑珍、白敦仁笺注：《巢经巢诗抄笺注》，巴蜀书社1996年版，第1476页。
③ 郑珍、白敦仁笺注：《巢经巢诗抄笺注》，巴蜀书社1996年版，第346页。
④ 郑珍、白敦仁笺注：《巢经巢诗抄笺注》，巴蜀书社1996年版，第361页。
⑤ （道光）《遵义府志》贺序，巴蜀书社2006年版，中国地方志集成，第4页。
⑥ 梁启超：《中国近三百年学术史》，江苏人民出版社2015年版，第301页。

两卷、《轮舆私笺》两卷、《凫氏为钟图说》一卷，诗文集则有《巢经巢诗钞》前后集共十五卷、《巢经巢文集》六卷、《播雅》二十四卷，史学著作则有与莫友芝合著《遵义府志》四十八卷、《荔波县志稿》一卷，其他类型的作品则有《母教录》一卷、《樗茧谱》一卷。《樗茧谱》为专记黔北蚕桑之书，经莫友芝作注，于道光十七年（1837）刻版印刷，因实用价值极强为时人所重视，黄万机评价说："此书的传播，有力地推动了贵州及临近省区山蚕饲养业的发展。"[①] 民国时期，《仪礼私笺》与《汉简笺正》被任可澄、杨恩元辑入"黔南丛书"，而道光《遵义府志》也为后续民国《续遵义府志》、民国《遵义新志》与民国《贵州通志》的编纂提供大量材料。郑珍尚有大量散佚或未定书稿，实为贵州文化界一大损失。郑珍著作考证详尽、态度严谨，素为后人称道，于晚清儒林中可谓"独步西南"。

（二）郑珍科举失利对贵州教育的影响

郑珍放弃科举后曾四任地方学官，又先后讲学于启秀、湘川二书院，致力于贵州教育的发展，凡生徒登门请教者，皆来者不拒。"山居期间，常乐于接引亲朋子弟，凡登门求教者，他都谆谆教诲，详加解说，务使其洞悉原委，心悟神会。"[②] 道光二十三年（1843），郑珍会试落第且决心不再参加科举考试，以举人身份去吏部参加"大挑"，以二等铨补教职，回本省听用。道光二十五年（1845），年末，郑珍补"权古州厅儒学训导"兼掌榕城书院。次年二月，郑珍赴古州（今榕江县）上任，任上积极整顿学务，广受生徒好评，然任职仅数月就于当年十一月去职。道光三十年（1850），郑珍补"权威宁州学正"，此时距上次任学官已有五年，使得郑珍对晚清官场的腐败有了新的认识，"冷官贱于毛，为贫安得辞。欲买长官骂，先输因鬼赀。"[③] 然而此次郑珍到官仅仅三日，威宁州学正随即到任，使郑珍哭笑不得，不得不提前卸任，临行前为故友题《至大定府受威宁州学正三日实任者至将还赠同年杜杏园》，诗中有一句："稽盘一笑非容

① 黄万机：《郑珍评传》，巴蜀书社 1988 年版，第 53 页。
② 黄万机：《沙滩文化志》，中国文史出版社 2006 年版，第 72 页。
③ 郑珍、白敦仁笺注：《巢经巢诗抄笺注》，巴蜀书社 1996 年版，第 657 页。

易，昨日应官明日回。”① 同年秋，再选“镇远州训导”，次年夏季即去职。咸丰四年（1854），郑珍再选“荔波县教谕”，此时距其参加“吏部大挑”已经十一年，三度任官，皆是卑微的“冷官”，且无一任在官时间满一年，“为口求官三十年，论资且足买山钱。千金大物方归手，八品高阶等上天。……乾坤漠漠干戈满，恐此头衔亦枉然”②。此时又逢杨龙喜、舒光富以“反清复明”为号召发动起义，遵义府境亦为兵祸波及，十一月，郑珍携全家赴荔波上任，次年二月至荔波。“荔波是个风景秀丽的地方，但教育体系丧失殆尽。”③ 郑珍曾力图重振本地教育，同时搜集史料，欲著《荔波县志》，然又遇潘新简起义，二者皆未果，同年夏季即去职。

郑珍权古州厅儒学训导时，留下丰厚的教育思想。古州厅属黎平府，为清代雍正年间开辟的“新疆六厅”之一，文教远远落后于省内贵阳、遵义、安顺等开发较早的地区，“（古州）旧为夷疆，道光朝始立学校，诸生夷汉各半，学植荒陋”④。郑珍到任后并不歧视生徒中的“苗民”，也不因当地文教颓败而轻视当地士子，对家贫的士子也多有关怀，“科试，州人刘炳蔚补弟子员，奉钱四千文为贽，先生赧受之。……而生犹言其愧，色甚瞿。盖州学设未久，训导师所取给，率科试取文武生十四名者是恃。苛下户贽，亦每至一二十金。生之愧也以贫也。其瞿也，不知余也”⑤。郑珍坚持“有教无类”的态度，尽心教授求学的生徒：“初以文赋开其塞，继以性道化其顽。”⑥ 这种教育方式成效渐显，几个月后，“远近肄业至百余人，邻县数百里，有负笈来者。坐则侍立一堂，行则从游塞路，先子乐甚，广为甄陶”⑦。郑珍也乐于度过这种生活，“携子知同，与诸生渡江，饮车砦载酒阁”⑧，至年末去职时：“门人有泣送者，是后称广文郑老。”⑨

郑珍于教育方法上尤其重视“因材施教”，区分不同类型的学生加以

① 郑珍、白敦仁笺注：《巢经巢诗抄笺注》，巴蜀书社 1996 年版，第 711 页。
② 郑珍、白敦仁笺注：《巢经巢诗抄笺注》，巴蜀书社 1996 年版，第 835 页。
③ 施吉瑞、王立译：《诗人郑珍与中国现代性的崛起》，河南大学出版社 2017 年版，第 96 页。
④ 郑珍、白敦仁笺注：《巢经巢诗抄笺注》，巴蜀书社 1996 年版，第 1478 页。
⑤ 凌惕安：《郑子尹年谱》卷 4，商务印书馆 1941 年版，第 129 页。
⑥ 郑珍，白敦仁笺注：《巢经巢诗抄笺注》，巴蜀书社 1996 年版，第 1478 页。
⑦ 郑珍、白敦仁笺注：《巢经巢诗抄笺注》，巴蜀书社 1996 年版，第 1478 页。
⑧ 凌惕安：《郑子尹年谱》卷 4，商务印书馆 1941 年版，第 131 页。
⑨ 郑珍、白敦仁笺注：《巢经巢诗抄笺注》，巴蜀书社 1996 年版，第 1478 页。

适当指导。郑珍于古州："得士胡长新能文，后成进士。刘之琇能诗。"[①]胡长新，字子何，登道光丁未年（1847）进士，曾求学于郑珍。凌惕安《郑子尹年谱》转引胡长新《述闻录》载："（郑珍）教诲所及，猝难领会。转盼辄忘。下学之功，竟竟无入路如斯耶？因就所闻于先生者，随笔录记，籍志服膺，亦聊为救拙计耳。"[②]郑珍到任后，便发现胡长新与众人不同之处："作文不动主司听，作事乃与君相亲。"[③]郑珍认为"此子若不废学，必作黔东冠鸡。得此一士，足相告语耳"[④]，又曾作《黎平木赠胡生子何》勉励他，"似子实难得，所要用力精。勿拔千岁根，贪取百日稻"[⑤]，提醒其注意千万不要因急功近利而以小失大。

郑珍于黎平的另一位重要门生刘之琇，字子莹，平时靠札纸灯笼维持生计。郑珍看出了他的文学天赋，平日里多指导其作诗，郑珍去职时，怕他因贫废学，特地作《赠刘生子莹生布衣业烛笼为活》相赠："华亭肖木匠，富水李衣工。诗并传当世，生今继此风。穷居临粪巷，秀句出灯笼。吾道无绅布，怀哉五字功。"[⑥]勉励他不要因从事百工而荒废学业，即便日常需维持生计，也可二者兼顾。郑珍用同为"百工"出身的诗人激励刘之琇的创作热情，足见郑珍"因材施教"的教学理念。时至今日，郑珍于教学中秉持的"有教无类"和"因材施教"的理念仍具有当代价值，对新时代贵州教育的发展具有重要参考意义。

四、结语

道咸之际，郑珍作为一个传统的中国士人，始终对科举考试抱有崇高的理想。然而科举考试却不断打击郑珍的精神与身体，科举失利，特别是最后两次进京会试的经历，使得郑珍对这一日趋僵化的考试形式无比失望。郑珍果断地放弃了继续参加科举考试的想法，通过吏部大挑获得铨选学官的资格，他的余生选择了以举人身份回乡，造福家乡教育，并为贵州

---

① 郑珍、白敦仁笺注：《巢经巢诗抄笺注》，巴蜀书社1996年版，第1478页。

② 凌惕安：《郑子尹年谱》卷4，商务印书馆1941年版，第126页。

③ 郑珍、白敦仁笺注：《巢经巢诗抄笺注》，巴蜀书社1996年版，第565页。

④ 郑珍、白敦仁笺注：《巢经巢诗抄笺注》，巴蜀书社1996年版，第553页。

⑤ 郑珍、白敦仁笺注：《巢经巢诗抄笺注》，巴蜀书社1996年版，第551页。

⑥ 郑珍、白敦仁笺注：《巢经巢诗抄笺注》，巴蜀书社1996年版，第598页。

教育留下宝贵财富。科举失利还使郑珍得以专心学术工作，实现了个人的学术价值，终成一代“硕儒”。

郑珍科考不第返乡后与家乡学人的文化交流，直接推动了沙滩文化的产生和发展，对贵州文化教育事业做出不可磨灭的贡献。沙滩文化是贵州文化发展史中浓墨重彩的一笔，郑珍外祖黎安理、大舅黎恂、仲舅黎恺均为遵义名士，黎恺四子黎庶昌曾于日本编《黎氏家集》分赠日本亲友，代表沙滩文化至早于清末，业已走出国门。郑珍与莫友芝被章士钊赞为“西南两巨儒”，著作遍及经、史、子、集，福泽贵州文化。郑珍之女郑淑昭是道咸年间贵州著名女诗人，于晚清闭塞的社会风气下，尚能留诗“五十六首”，彰显出沙滩文化的包容性。另外，根植于中国儒家“耕读传家”思想的沙滩文化也有消极的一面，这需要我们辩证地看待沙滩文化中一些带有落后性的因素，正确地对待这份文化遗产。

附录：

第二十届科举制与科举学国际学术研讨会参会论文目录

中国科举制度的历史地位与作用 …………………………………… 张希清

科举文化与科举学 …………………………………………………… 刘海峰

从制度建设看科举制度的历史意义 ………………………………… 李世愉

“中国第五大发明”及当代启示

——科举制度的创建对隋唐选官制度变革的影响 ………… 金滢坤

有关科举研究的数据分析 …………………………………………… 李大龙

21 世纪以来中国科举研究的热点与前沿

——基于核心期刊（2001—2020）的文献计量分析 ………… 朱沛沛

中国古代状元梦及其文化意蕴探析 ……………………… 许 露 李 晓

“日本科举学”的思想射程与话语批评 …………………………… 吴光辉

科举时代录取标准演变探析 ………………………………………… 罗立祝

《儒林外史》日译本科举词汇浅析 ………………………………… 严得秋

科场经历的记忆与重构

——以《实庵自传》为中心 …………………………………… 刘佰合

论科场中的信号传递：要素、机制与价值 ……………… 毛鹏程 杨 滢

“旧学”与“新知”：科举学学科性质论 …………………………… 冯用军

东亚历史上科举考试 ………………………………………………… 杨齐福

进士籍贯之争

——历史学视阈下的古代甘肃教育管窥 ……………………… 王小红

18 世纪中期中国与朝鲜王朝士人关于科举的认识与比较

——以《乾淨衕笔谈》为例 …………………………………… 张晓波

科考的调整与士子的答题：从科举的视角看海外“新清史”学派的
“非汉化”论 …… 秦行国
简论科举制在边疆民族地区的实践与影响 …… 彭武麟
科举“岁时”民俗的形态、仪式与内涵
——以福建方志为中心的考察 …… 白金杰
浅谈九品中正制与庶族兴起 …… 韦　豪
无锡文状元析论 …… 丁祖宏
徘徊于“仕”“隐”之间
——以孟郊应举经历为例 …… 贾瑞芬
重文政策下的北宋科举变革 …… 祖　慧　费习宽
宋代科举繁盛与省试同知贡举官增设 …… 钟伟春
宋代科举下神童教育的方式及特征 …… 苑津山　林传舜
《江苏省通志稿·选举志》北宋进士考 …… 许友根
科举与宋元明播州文化教育的嬗变 …… 陈季君
江南贡院的发展及遗址保护的思考 …… 冯家红
宋代常山进士及第高峰与“宋诗之河”文化浅析 …… 徐功富
蜀道与中国古代科举文化 …… 马　强
辽代状元释褐职任蠡测 …… 周腊生
元代科举与社会舆论的生成及传播 …… 申万里
基于语言学理论的《元史·选举志》科举词汇研究 …… 姜琴琴
论“儒术选士”对元代云南行省的社会影响 …… 咸成海
明代贵州科举发展及其进士规模和构成特点 …… 郭培贵
明代会试同考官选任规则探析 …… 李思成
明代科举研究的基石
——《明代登科总录》 …… 龚延明
明清绍兴府巍科人物录 …… 孙伟良
论明代会试费用的供给制度 …… 刘明鑫
明代贡院多重用途考论 …… 郑　欣
明代南直隶进士的地域分布与社会流动 …… 管宏杰
明代福建科举家族的任官情况及其政治影响 …… 蔡惠茹
明代状元群体仕途浅论 …… 牛明铎

明代科举罚科的起始与运行 …………………………………………… 刘小龙
明代武举会试述论 ………………………………………………………… 黄群昂
聚散靡常：明代的科举同年会 ………………………………………… 裴家亮
明代科举文献中的中医史料 …………………………………………… 陈长文
明代儒生弃举从医现象略论 ……………………………… 张献忠 尹金秀
台北故宫博物院所藏乾隆時期廣8 鄉試科舉檔案選件 ………… 陳維新
举人的进击：明清时期大运河上的科举、社会与国家 …………… 丁修真
论明清时期贵州进士家族的分布 ……………………………………… 万国崔
谈谈明代贵州开科取士及其历史意义 ………………………………… 何先龙
清代落第士子的出路对今天的启示 …………………………………… 贺晓燕
科舉視野下的邊陲華夏
——從台灣宜蘭一對旗竿石座談起 ………………………………… 张 琏
清代贵州考棚述略 ………………………………………………………… 吴晓芳
八股文与戊戌变法运动 …………………………………………………… 陈维昭
张之洞与近代学科知识的传播 ………………………………………… 袁浪华
咸丰九年科举借闱之争及其当代启示 ………………………… 傅冠华 许 露
国家认同视野下的清代台湾书院藏书、刻书活动 ………………… 李毅婷
《福建清代科举人名录》与清代福建举人群体之研究 …………… 孙清玲
清代贵州科举考场述论 …………………………………………………… 毛晓阳
曹雪芹高祖曹振彦科名考 ……………………………………………… 宋巧燕
清代八旗进士群体的科举网络与满汉融合研究 …………………… 章 广
清代顺天乡试名人考 ……………………………………………………… 张 森
江南贡院飞虹桥浅析 ……………………………………………………… 王 凡
清代会试覆试在馆选中的功能探讨 …………………………………… 邹长清
文化与治边：边境管理视阈下清朝西南边境土司的儒学教育 …… 马亚辉
清代广西科举考试的特点述略 ………………………………………… 蓝 武
清代科举史料整理出版的新成果
——论《贾江溶藏稀见清代科举史料汇编》的资料价值
……………………………………………………………… 贾江溶 刘 扬
清代杭州府进士群体时空分布变化及特色分析 …………………… 张 超
清代云南文举人数额考 …………………………………………………… 邹 聃